U0007248

1. 一九五八年四月七日,以「禁用核彈」為訴求的裁軍運動示威遊行隊伍經過倫敦。他們的目的地則是五十英里之外,位於奧爾德馬斯頓的核武研究基地。這次遊行演變為年度活動,裁軍運動支持度迅速升高,鼓舞了西歐各地的反核示威。(*Bentley Archive/Popperfoto/Getty Images*)

2.（下圖）一九五三年六月十七日，西柏林群眾在查理檢查哨圍觀蘇聯陸軍
戰車。由於民眾示威反抗東德政權，蘇軍唯恐共產黨統治遭到削弱，於是在
當天部署進行鎮壓。（*PhotoQuest/Getty Images*）

3.（右圖）一九五一年十
一月二十一日，形塑戰後
西歐局勢的兩大人物——
法國外相舒曼（居右）與
西德總理艾德諾在巴黎會
面。法德友好關係為未來
的歐洲經濟共同體打下
基礎，最終發展為歐盟。
（*AFP/Getty Images*）

4.（上圖）一九五三年三月九日，婦女們在史達林的葬禮上落淚。大批民眾在寒冬中出門，哀悼他們的前任領導人。對無數蘇聯民眾來說，史達林並非殘酷的獨裁者，而是偉大的戰爭英雄。（*Keystone-France/Gamma-Keystone via Getty Images*）

5.（右圖）一九六三年，南斯拉夫總統狄托在貝爾格勒接待來訪的蘇聯領導人赫魯雪夫。一九四八年起，南斯拉夫與蘇聯關係破裂，後於一九五五年正式修好。（*Keystone/Hulton Archive/Getty Images*）

6. 一九五六年匈牙利革命期間，布達佩斯街頭發生激戰，蘇聯戰車與當地建築物遭到破壞。蘇聯殘酷鎮壓革命之舉，不僅震驚西方，也傷害蘇聯在崇拜者心中的形象，許多西歐人紛紛退出所在地的共產黨。（*Sovfoto/UIG/Getty Images*）

7. 一九六二年九月十六日，阿爾及利亞志願軍抵達南法里沃薩爾特（Rivesaltes）的難民營。他們曾經協助法國殖民政權，因此被迫逃離獨立的阿爾及利亞。（*STF/ AFP/Getty Images*）

8. 一九六三年十月二十二日，沙特與西蒙・波娃到羅馬一遊。存在主義哲學家沙特是法國當年最著名的知識分子，而他的伴侶西蒙・波娃則深深影響了早期的女性主義運動。（*Keystone-France/Gamma-Keystone via Getty Images*）

9. 一九五〇年代，搖滾狂潮席捲歐洲。圖為搖滾巨星小理查一九六二年歐洲巡迴的照片。巡迴期間，有幾天他曾與披頭四同台演出。當時的披頭四還是個沒沒無名的樂團，幾個月後卻風靡全球。（*Siegfried Loch – K & K/Getty Images*）

10.（上圖）一九六〇年代「搖擺倫敦」
的標誌：卡納比街的迷你裙。時尚精品
店旁邊的女裝店還沒有擺出最新潮的服
飾。（*Jean-Philippe Charbonnier/Gamma-
Rapho/Getty Images*）

11.（下圖）一九六〇年代中期富裕的法國：巴黎香榭麗舍大道的展示間裡擺了一排雪鐵龍DS轎車。（*Charles Edridge/ Getty Images*）

13.（右圖）一九六八年八月三日，蘇聯領導人布里茲涅夫在布拉提斯拉瓦接受笑容與鮮花的歡迎。捷克共和國總統斯沃博達緊握布里茲涅夫的手。捷克斯洛伐克共產黨第一總書記杜布切克（右）滿臉笑容，等著獻上另一束花。後排為蘇聯總理柯西金（左）、最高蘇維埃主席團主席波德戈爾內（布里茲涅夫背後），以及捷克斯洛伐克總理切爾尼克（杜布切克背後）。（*Keystone-France/ Gamma-Keystone via Getty Images*）

12.（下圖）一九六八年五月的巴黎。大規模示威期間，警察穿著鎮暴裝備與學生對峙。乍看之下，動盪的蔓延正威脅政府的穩定。不只歐洲，許多國家在一九六八年都發生大規模學運。除了法國，義大利與西德也有大型示威活動。（*Hulton-Deutsch/Corbis via Getty Images*）

14.（上圖）布拉提斯拉瓦的虛情假意之
後才三個禮拜，華沙組織便在一九六八年
八月二十日夜裡派兵，入侵捷克斯洛伐
克。圖中是布拉格街頭，兩名年輕人在廢
棄的蘇聯戰車上揮舞國旗，一旁的汽車燃
著熊熊大火。然而，反抗很快就被軍隊鎮
壓下去。（*Popperfoto/Getty Images*）

15.（下圖）一九七〇年十二月七日，西德總理布蘭特（下）拜訪波蘭期間，來到華沙的紀念碑前下跪致意，紀念一九四三年猶太隔離區起義期間遭納粹殺害的猶太人。布蘭特試圖以新政策對待東歐國家，改善西德與前蘇聯集團國家的關係。（Bettmann/Getty Images）

16. 反對婦女投票權的瑞士海報。雖然一九七一年二月七日的公投終於給予婦女聯邦級選舉投票權，但各邦仍未完全給予地方議題投票權，還要再過二十年才完全開放。（*Swiss National Museum, Zürich*）

17. 一九七四年五月一日，大批勞工走上里斯本街頭示威。統治葡萄牙長達將近半世紀的威權統治，已經在幾天前四月二十五日的「康乃馨革命」中和平畫下句點。
（*Hervé Gloaguen/Gamma-Rapho via Getty Images*）

18.（上圖）一九八〇年在杜伊斯堡
（Duisburg）的土耳其人。杜伊斯堡位於
德國西北的魯爾區，是鋼鐵業重鎮。一九
六〇年代，開始有大量土耳其外籍勞工
（Gastarbeiter）來到西德，填補經濟蓬勃
發展時欠缺的勞動力。不過，原先認為這
些勞工終將返鄉的期待卻落空了。外籍勞
工就和歐洲其他地方的移民一樣面臨偏見
與歧視，尤其是初來乍到時。（*Henning
Christoph/Ullstein Bild via Getty Images*）

19.（下圖）一九七二年七月二十一日，愛爾蘭共和軍在北愛爾蘭貝爾法斯特（Belfast）市中心發動炸彈攻擊，圖為一名女子緊張踩過瓦礫堆。當天愛爾蘭共和軍在貝爾法斯特至少引爆二十二枚炸彈，炸死九人，一百三十人受傷。（*Bettmann/Getty Images*）

20. 一九七九年二月六日，走訪故國波蘭的教宗若望保祿二世在華沙主持彌撒，望彌撒的群眾人山人海。教宗的到訪，大大強化了波蘭民族認同與天主教之間的關係，過程中也大幅削弱了人們對共產政權的忠誠。（*Bettmann/Getty Images*）

21.（上圖）一九八〇年八月，前波蘭總統華勒沙（中）與工人一同在格但斯克的造船廠罷工。罷工的目的在於要求組織工會與罷工的自由，以及出版自由。（*Jean-Louis Atlan/Sygma via Getty Images*）

22.（右圖）法國總統密特朗與西德總理科爾雙雙站在杜奧蒙（Douaumont）的紀念碑前，悼念一九一六年在凡爾登戰役中殞命的人，以行動象徵和解與友誼。（*Régis Bossu/Sygma via Getty Images*）

23. 一九八七年三月底，蘇聯領導人戈巴契夫在英國首相柴契爾走訪莫斯科期間和
她交談。一九八四年，兩人首度於倫敦會面。雖然意識形態不同，但不妨礙他們此
後一直相處融洽、合作愉快。（*Georges De Keerle/Hulton Archive/Getty Images*）

24. 一九八九年十一月六日，數以萬計的群眾在萊比錫的雨中抗議東德政權。三天後，柏林圍牆倒塌。這場星期一示威（Monday Demonstrations）規模之所以如此龐大，是因為活動早在九月初就開始了，為東德政權帶來愈來愈難以抵擋的變革壓力。（*Georges Merillon/Gamma-Rapho via Getty Images*）

25. 一九八九年十二月，布加勒斯特一名男子站在王宮廣場（Palace Square）的陽台邊，手持羅馬尼亞國旗，旗幟中間的共產黨符號被挖掉了。廣場上的戰車，暗示了一九八九年的羅馬尼亞革命絕對稱不上平順。（*Peter Turnley/Corbis/VCG via Getty Images*）

26. 一九九一年，普羅旺斯反對《馬斯垂克條約》。九月的公投中，法國人以極小的差距追認了這項條約。（*Philippe Giraud/Sygma via Getty Images*）

27. 一九九二年六月六日，塞爾維亞軍隊開砲擊中塞拉耶佛城郊的房子。圍城戰自四月便展開，延續了將近四年，期間成千上萬的平民喪生。（*Georges Gobet/AFP/ Getty Images*）

28.（左圖）一九九九年十二月三十一日，克里姆林宮為俄羅斯總統葉爾欽（右）舉辦卸任儀式。俄羅斯總理普丁向葉爾欽獻花致敬。先前葉爾欽突然宣布辭職，並任命普丁就任代理總統到二〇〇〇年三月的大選。普丁立刻裁定葉爾欽及其家屬將不會面臨任何貪腐指控。（*AFP/Getty Images*）

29.二〇〇四年三月十三日，大批群眾走上馬德里街頭。兩天前，巴斯克分離分子襲擊區間車，導致二百人喪生，約二千人受傷。群眾抗議政府非但不是譴責凶手，而是譴責蓋達組織。要求和平的標語內容，旨在抗議保守派政府派兵參加伊拉克戰爭。當局在隔天的大選中挫敗。四月底前，社會主義政黨執政的新政府從伊拉克撤軍。（*Pool Almagro/Duclos/Vandeville/Gamma-Rapho via Getty Images*）

31.（右圖）二〇一三年十二月三十一日，大批民眾在基輔獨立廣場示威，舉起手電筒與手機，抗議政府取消原訂與歐盟的聯合協議，估計有二十萬烏克蘭人參加。（*Sergei Supinsky/ AFP/Getty Images*）

30.（下圖）二〇一〇年二月二十四日的雅典，警方與憤怒的示威者在這場為時一日的大罷工中激烈衝突。政府採取嚴格撙節措施，試圖阻止該國嚴重的金融危機繼續惡化，避免經濟崩潰，結果引發罷工抗議。（*Milos Bicanski/Getty Images*）

32. 二〇一五年九月二日，博德魯姆（Bodrum）的土耳其警察在岸邊輕柔抱起三歲大的敘利亞孩子艾蘭的遺體。艾蘭所搭乘的難民船，在試圖前往希臘科斯島的途中沉沒。難民危機堪稱人道悲劇，世界各地都把這張照片視為這起悲劇的象徵。
（*Nilufer Demir/Dogan News Agency/AFP/Getty Images*）

激盪

Roller-Coaster

EUROPE, 1950-2017
二十世紀歐洲百年史

‖卷二‖

Ian Kershaw

伊恩·克蕭◉著 林華◉譯

時代

導讀

歐洲歷史發展給予台灣人的反思

張國城*

　　《激盪時代》提供了一個讓讀者觀照歐洲歷史的大視野。將歐洲歷史娓娓道來，有縱的歷史階段介紹，也有橫的各國介紹和對比。本書的組織以時間順序為基礎，每章涵蓋的時期不長，章內按主題分節。簡短的導言概述了對這段歷史的解讀。這是筆者在閱讀和著述（如《國家的決斷》）歷史書籍時最喜歡的方式。也形成個人推薦本書的第一個理由。

　　本書是一部很好的簡明歐洲現代史，同時可以提供我們對台灣現況的重要反思。有些部分，如第一章提及歐洲國家在冷戰開始到一九五〇年代，社會對核武出現的態度以及反核武運動出現的背景。這點對筆者這類讀國際關係的人來說，是過去在課堂上再熟悉不過的事，但對台灣人來說卻非常陌生。**然而不了解這段歷史，很難了解歐洲人對中國的綏靖態度**（二〇二三年的今天，台歐關係更加熱絡沒有疑問，但這種根本態度其實沒有改變）。

　　當時西歐人不少人相信有核武、有軍備，反而更容易招致戰爭。這和美國的看法大相逕庭，美國在冷戰時期，大多數時間無論是共和

* 台北醫學大學通識中心教授。

黨抑或民主黨執政，基本上都篤信「有實力才有和平」，所以要以強化軍力來保障和平。在過去，台灣社會熟悉的是美國思維。但近年來，台灣社會出現了「避戰」的氛圍，如何「避戰」？主張「避戰」的人多數認為就是「不要挑釁」，而「強化軍力」、「軍購」反被認為是挑釁，是引發戰爭的原因。這和過去西歐的左派思維頗為相似，在台灣面臨巨大威脅時出現。

　　然而，不同於西歐的是，亞洲沒有北約組織，沒有國家有義務協防台灣或支援美國對台灣的軍事支援。這種形勢比西歐任何國家都來的更為惡劣。

　　其次是本書有助於台灣讀者了解「國家」的重要。書裡面每個章節，每件敘述的史事，都是以國家為討論的單元。第二章提到一件非常重要的事情：

　　　　鐵幕兩邊的陣營內部絕非鐵板一塊。歐洲儘管分為東西兩個陣營，但仍然是由民族國家組成的大洲。民族國家是政治組織與身分認同的公認基礎。在這個意義上，二次大戰雖然造成了前所未有的破壞，戰後新時代開始時卻一切如舊。這其中有一個重要的分別：東邊的民族國家大多在一戰結束後方才建立，經常是受了西方的啟發才發展出政治覺醒；西方民族國家則大多歷史較長，有的十分悠久。民族認同、歷史、傳統、文化與政治變遷塑造了大陸上各個民族國家，這些因素根深柢固，不會因超國家的結盟而輕易或快速淡化。

　　這可以讓我們對歐盟的一些誤解有所改變。歐洲的歷史告訴我們，先要有「國家」才能有「超國家」的合作。唯有在合作過程中能保障各個合作個體的權益，合作才能進行下去。**「國家很重要」這個**

原則貫串於全書，非常值得台灣讀者參考。

　　在本書的八、九章，描述了歐洲的重大變化——蘇聯解體和兩德統一，整理的非常簡明，但又沒省略重點，對筆者來說讀來津津有味。這段讓筆者感到某些由法律或國際現勢所創設，而非基於民族意識而成立的國家（如東德）是非常脆弱的。東德的出現來自於二次大戰後盟國對於德國的分區占領，與西德的分離完全是政治因素。當支撐東德的政治因素，也就是蘇聯改變態度之後，它的命運也就注定了。換句話說，東德並不是東德人民付出努力所建立起來的國家，因此之後它的人民要拋棄它也毫無留戀。台灣的國家體質是否也是如此？至少有一點很類似，就是兩者都有以統一為目的的憲法。

　　東歐民主化和蘇聯解體的歷史也讓許多人迷惑：為何當時蘇聯或東歐的共黨執政者不採用大規模流血的武力鎮壓？本書告訴我們，這個區域的非共化雖然必定是美國和西歐所樂見，但並沒有證據證明自由世界的政策有任何決定性的作用。當地人民自發的抗爭和示威遊行從未得到「任何外部力量將會有效支持」，或是「外國軍隊會進入他們國土去阻止共黨的武力鎮壓」的保證，事實證明也並沒有。但是事情還是發生了。例如一九八九年十一月四日，五十萬公民參加了在東柏林中心的亞歷山大廣場舉行的廣大示威，電視直播了示威活動。示威者要求自由選舉、言論自由、政府下台、反對派團體合法化，以及結束共產黨對國家領導權的掌管。這開啟了東德政權崩潰的道路。但在二〇一九年，更多的香港市民聚集在香港街道上，要求的事務遠比東歐的人來的和緩，甚至更具正當性（香港《基本法》是允諾香港特首採取普選產生的），但卻沒有帶來任何改變，甚至之後讓共產黨的控制更為嚴苛。東西方文化的差異，其實是筆者建議讀者在閱讀本書時可以列舉比較的。同樣的，書中也描述了波蘭因為選舉而導致變天的過程。很明顯的，中國共產黨是吸取了另類的教訓——絕對不能舉

辦選舉。**本書的價值就是讓讀者從蘇聯和東歐的歷史，去反推中國共產黨會做什麼不會做什麼。**筆者從二十年前就開始這麼做，發現預測的成功率非常高。

　　第四是現實主義（realism）的重要。現實主義是國際關係理論的主幹，它強調國際社會的「無政府狀態」，因此國家首先需要保護自身安全，生存是國家存在的首要目的。作者提到「一九五〇年代到六〇年代前半段，在美國軍援和金援直接或間接的幫助下，自由民主制度在西歐大部分地區都牢固地確立了下來，這點非常關鍵。西歐在五〇和六〇年代非凡而持久的經濟成長，大大促進了個人自由，但如果沒有打下自由民主制度的基礎，個人自由就不可能蓬勃興盛。」這清楚地說明了政治的首要意義。同時還揭櫫了一個非常重要的原則，就是**民主並不能自動地防衛極權的威脅。沒有美國硬實力保衛西歐國家的主權完整，就沒有民主政治，沒有民主政治，就沒有真正的自由。**

　　歐洲雖然已經一體化，不會再有一個歐洲國家去侵略另一個歐洲國家，但是作者認為歐洲最巨大的挑戰依然是安全方面的挑戰。國家安全曾經幾乎完全是國家的事。民族國家的頭號任務就是保護自己的公民。但是，種種因素使國家安全成為具有首要跨國意義的問題，這些因素包括全球化、旅行的便利、交通運輸的高速，還有電腦技術這個最重要的因素。「國界擋不住國際恐怖主義，所以，安全措施也必須跨越民族國家的邊界。」由於書中內容截止至二〇一七年，因此沒有討論到二〇二二年發生的俄羅斯侵略烏克蘭戰爭。這種性質的衝突反而是二戰後歐洲人最不熟悉，可能也是最沒有準備面對的衝突。但是目前看起來，歐洲的應對沒有太大的問題，這也源於數十年的密切合作所形成的共識和互信。當然證明了美國硬實力支撐的北約完全沒有過時。

　　書中有很大的篇幅描述在西歐廣泛實施過的社會主義政策，是另

一個非常值得台灣讀者借鏡的地方。台灣不像歐洲各國有左右派政黨的區分，各政黨都是讓左右派政策雞兔同籠，但在本書中文版即將出版的二〇二三年七月，台灣選民正熱烈討論政府是否要「打房」的問題。書中舉出了英國的例子：

　　雖然英國工業區的民眾對柴契爾主義普遍懷有敵意，但將所有權從國家手中再分配給私人的政策，也讓工人階級中的許多人獲益。幾十年來，國家出資為窮人建造了大批政府公宅，約一百七十萬戶以政府開出的超低補貼價買下了自己住的房子。這被稱讚為通往「擁有地產的民主」之路。出售政府公宅給國庫增添了二百四十億英鎊的收入，給了政府減稅的底氣。但是，這筆收益是一次性的。國家一旦售出了公宅，就不能將其再次出售。如果國家不再建造公宅（柴契爾政府顯然無此興趣），長此以往就會出現住宅短缺，租金收入則會落入私人房東手中。

　　這其實就是台灣的國宅、軍宅、眷村改建條例所做的事。只不過分到房子的人不太一樣。歐洲的福利制度向來為不少台灣讀者神往，**然而歷史證明福利制度不僅需要有高稅收支撐，也要注意唯有「正常國家」和落實轉型正義，才能有公平的福利，否則必然成為「利出一孔」的溫床。**

　　就筆者看來，八旗文化選擇翻譯出版這部巨著，算的上是慧眼獨具，譯筆也相當正確流暢。如果各位親愛的讀者能從筆者這篇鬆散的導讀中，抓到一些對台灣現況的反思，並能以歐洲的發展歷程做參酌，將會是讀者和台灣社會的巨大收穫。

推薦序

告別加速時代，
邁入信心陷阱的下一個世紀

蕭育和*

> 比如說我幾乎無法理解，一個年輕人如何能下定決心騎馬去
> 下一個村莊？且不說什麼事故，就不擔心一生日常平安的光陰，
> 是遠遠不夠一次遠行揮霍的嗎？
>
> ——卡夫卡，〈下一個村莊〉

克蕭（Ian Kershaw）這部寫到二○一七年的二十世紀歐洲百年史第二卷，遠遠超過了嚴格意義上的「二十世紀」，原因可能單純是二○一七年正好是初版面世的前一年。可是，試想一個讀者假若發現這本著作只寫到二○○○年，很大可能是以九一一事件做結，心中肯定泛起一種奇特的感覺，一種彷彿那是「很久之前」的事，而這將不太迎合人們閱讀一本與自己年代上最接近歷史敘事的期待。固然在動輒以百年為單位的歷史敘事計數中，二十年理應不過是一個小小的區間，何以會有那已是行將遺忘事件之感？不只是因為人有將某個時期

---

*國科會人文社會科學研究中心博士級研究員。

之前的記憶無差別歸納的慣性，更是因為，戰後的二十世紀是一個「加速」的時代。

克蕭對這個戰後時代的比喻是「雲霄飛車」（Roller-Coaster），一個貼切的意象，人們在一個個關口的加速中感受到新刺激，同時也在下一個激盪中，忘記了前一段加速帶來的衝擊。後冷戰出生的西歐人很難感受那種因鐵幕不得其門而入的感覺；同樣的，在九一一事件前後出生的世代，也很難體會那種在新聞上目睹雙子星大廈遇襲的震撼。

不若大戰之前的二十世紀有個不斷下探人性底線的戰爭地獄主線，人們很難為戰後迂迴曲折的二十世紀，界定出一個歷史進程的主軸，標誌出一個概括這個時代的事件。甚至於，人們很難確認，我們到底從這段時代中收穫了什麼？

戰後的二十世紀下定決心不再重蹈「地獄之行」，聯合國安理會的大國集體安全機制記取了國際聯盟的失敗教訓，並以《非戰公約》將戰爭的非法化為基石，為國際規範提供了四個新的支柱：征服行為非法、侵略唯罪論、強迫性協議無效，以及允許制裁。康德曾經力主大國的衝突是世界和平的最大障礙，而這個時代正是人類歷史上少數沒有大國全面武裝衝突的時代。可是，也是在這個時代，出現了「保證相互毀滅」的大規模毀滅性武器，戰後的倖存世代如鄂蘭與歐威爾，都對這個世界恐將陷入無盡毀滅憂心忡忡，生活在這個時代前半段的人們始終籠罩在核武的威脅中。而就在冷戰結束後十年，九一一事件所象徵的恐怖主義，以全球維安和反恐名義所進行的「特別軍事行動」，透過不對稱的暴力以及無人機遠距攻擊，創造出前所未有的殺戮形式。

戰後的二十世紀在冷戰的陰影中倖免於大國之間的毀滅性衝突，但我們正朝著「永久和平」前進嗎？

　　活躍於這個時代的政治家具有一種有別於上個世代的務實與開闊。西德的「東方政策」在冷戰未歇的年代率先打破意識形態的高牆，也不再主張統一後的德國將維護第三帝國的固有疆域。後冷戰的波蘭放棄了大波蘭聯邦的政治迷夢，讓新的東歐秩序不再陷入民族情緒的衝突。一手推進蘇聯改革的戈巴契夫自然是翹楚，他的彈性甚至於幾無底線，德國的統一是一例，立陶宛的一月事件更是經典。「不統不獨不武」本是美蘇對波羅的海的地緣政治共識，西方世界因為柏林圍牆倒塌誤判形勢，鼓動波羅的海獨立浪潮，戈巴契夫多次警告後選擇動武本在料想中，但最後的結果卻是戈巴契夫遭遇西方壓力後迅速宣布撤軍收場。

　　我們很難想像，上一個世代的政治家會用如此近乎詼諧的方式處理重大地緣政治衝突。彷彿是一種預兆，戰後的時代曾經見證人類歷史上最極端的意識形態全面對抗，而它同樣以一種近乎鬧劇的形式終結。作為蘇聯瓦解最重要、儘管是不情願的推手，戈巴契夫寥落的走完他的後半生，他的訃聞只短暫占據了兩天的媒體版面。

　　不再以意識形態鼓動衝突似乎是戰後二十世紀政治菁英的共識，後冷戰的全球經濟一體化似乎深化了這個共識。然而，當英國脫歐成真，當俄羅斯以「文明型國家」以及洗刷國恥為由發動兼併「不正常國家」時，人們顯得手足無措。當普丁在二〇一四年出兵克里米亞時，人們必須上溯到希特勒入侵捷克，才發現以為會在這個時代絕跡的大國兼併居然還是發生了。有些嘲諷的是，克里米亞也是當年同盟國達成《聯合國協議》共識的地方，羅斯福總統曾經在此宣告這份文件將「終結一切的戰爭」。

　　冷戰結束時，忐忑的西方陣營靠著「歷史終結」論述，終於相信自己的勝利並非偶然。克蕭所謂的「西歐成形」指的是一種人類政治共同體的模範，此前的「歐洲」是一個強權割據傾軋的四戰之地。而

在戰後的二十世紀，市場經濟、社會民主以及超民族國家制度的成形，共同護持住在上個世代搖搖欲墜的自由民主代議體制。不過，隨著一九七○年代後的新自由主義治理導致中產階級的解體，西歐成形的政治經濟基礎遭到逐步蠶食，建制政黨的趨中化更讓自覺在市場經濟博弈中被拋下的底層階級無所依歸，這些都是日後右翼民粹崛起的遠因，也催折了人們對民主建制的信心。

這個時代見證了一個人類歷史上前所未見的現象，舊的兩極秩序並不是因為戰爭而瓦解，「西歐成形」與「美利堅治世」的自由主義秩序在冷戰中茁壯，並因冷戰的結束而鞏固擴大，由此埋下了後歷史終結時代的隱憂。加入西歐成形的新大國並沒有改變其政權性質，「和平演變」也沒有如預期般發生，非民主的大國也沒有成為區域安全負責任的利益相關者，反倒成為抗拒自由主義秩序的主力。戰後的二十世紀看似迎來自由民主勢不可擋的全面勝利，可是中國、俄羅斯與右翼民粹，卻反映了自由民主政治基礎的脆弱。冷戰結束時人們的心情是忐忑的，後冷戰的第一個十年人們逐漸樂觀，但普丁在二○○○年政權移交之際所發表的〈千禧年門檻上的俄羅斯〉，如今看起來像是後冷戰第二個十年新震盪的先聲。

戰後的二十世紀也是個「大思想」消逝的時代。儘管它有最極端的意識形態對抗，但僵化的蘇聯社會主義與社會民主的改良，讓左翼的知識分子痛惜革命與烏托邦或許已再無號召力，左翼戰略的改良者主張吸納綠色運動與身分政治的能量，於是不得不承認上一個馬克思主義世代鄙視的資產階級代議民主有其優越性，只能告別無產階級革命。而右派的自由主義者警示，由善意鋪成的社會民主道路，將通往法西斯地獄。然而，後來滋養歐洲新法西斯勢力的卻不是海耶克所說的「園藝型國家」，而是對於戰後初期黃金時代的懷舊。生活在這個時代的人們享受了前人未有的繁榮與富庶，資本主義週期性的經濟危

機都沒能造成全球性衝擊，消費主義與日常生活的政治化催生出高度個人主義式的虛無意識與身分政治議程。人們不會質疑進步，卻不得不承認這個時代不再有大敘事式的政治願景。

夜幕低垂時，貓頭鷹的啼叫是哀傷的。

戰後的二十世紀是一個充滿危機（crisis）的時代，卻從未有過真正的劇變（catastrophe）。成長於戰後二十世紀的世代習慣了與一次又一次的危機共處，從未真正經歷劇變的人們不免油然而生僥倖心態，如果核武、蘇維埃、恐怖主義與金融海嘯等等二十世紀的危機都沒能摧毀這個世界，那麼，何以難民、氣候風險、民粹領袖與極權大國，這些在二十一世紀之初湧現的危機，會有全面衝擊此世歲月靜好的能量呢？

二十世紀的危機都有一個具體的對象以及明確的政治應對策略，可是這些二十一世紀的危機，更像是系統失靈所致。人們知道終有災變，但不知道會發生什麼、如何與何時發生，這讓政治行動的聚焦極為困難，不禁沮喪於行動與複雜系統之間的連結，而如果沒有意願重新起造系統，就注定只能與危機浮沉共存。所以，正如克蕭表明，跟幾部在千禧年前後出版的二十世紀歷史研究著作的基調相比，他的這部著作沒有這麼積極樂觀，在他看來，歐洲乃至於整個世界都仍在雲霄飛車上顛簸，還可能將驟然經歷大起大落，「歐洲的長期展望可以說吉凶難測」。

在後冷戰自由社會安全成長的世代，很難理解上一個世代對抗極權的集體意識，《一九八四》對他們來說是更像是類似於《黑鏡》影集的科幻反烏托邦作品，而不是極權主義的另類紀實。馬克思曾經說德國的命運是「跟其他各國一起經歷了復辟，可是沒有一起經歷革命」，對於後冷戰的世代而言，他們一起享受了「西歐成形」的政治與社會紅利，可是從未體會威權體制的威脅，自由民主對他們來說是

既定政治低標與市場交易，而不是需要嚴肅奮鬥的事業。早在冷戰結束之初，福山就以「末人」（the last man）來描述戰後世代過剩的虛無，但末人世代也並非全是任性，因為整個二十世紀留給他們的是被新自由企業殖民侵蝕的公共領域，是對認真公共論辯沒有興趣，唯聲量導向的私營媒體，是被企業財團的遊說扭曲了的公共利益，而在世紀之初尚為堅韌的在地組織，如今變形成各種高度個人取向的療癒群體與自助組織。

　　戰後安穩成長的世代，像是卡夫卡寓言中恣意策馬遠行的年輕人，他們那些從災難中倖存的父祖輩，則不得不尋思晚輩是否過於揮霍？但他們則理直氣壯，既然此世難免遭遇一場又一場、人力所無能阻卻的系統性危機，那麼索性放膽一番，況且，能始終僥倖於危機的幸運也不是沒有，至少戰後二十世紀的歷史似乎就是這麼走完的。

　　戰後的二十世紀是個難以定義的時代，「好壞參半」與「大起大落」都難以描述其雲霄飛車般的加速震盪於萬一。它的政經格局發源於上個世紀與二十世紀上半段的思想理念以及地獄般的經歷，它的成就展現在始終能抑制劇變的制度韌性與調節能力，然而它留給下一個世紀的卻是「信心陷阱」（confidence trap）。如果我們不再對這個時代的成就抱有信心，那個世紀初的極權逆襲恐將強勢回歸；而如果我們對這個時代的僥倖太有信心，那麼那些被輕視的危機恐將以更可怕的形式永劫輪迴。

目次
contents

地圖

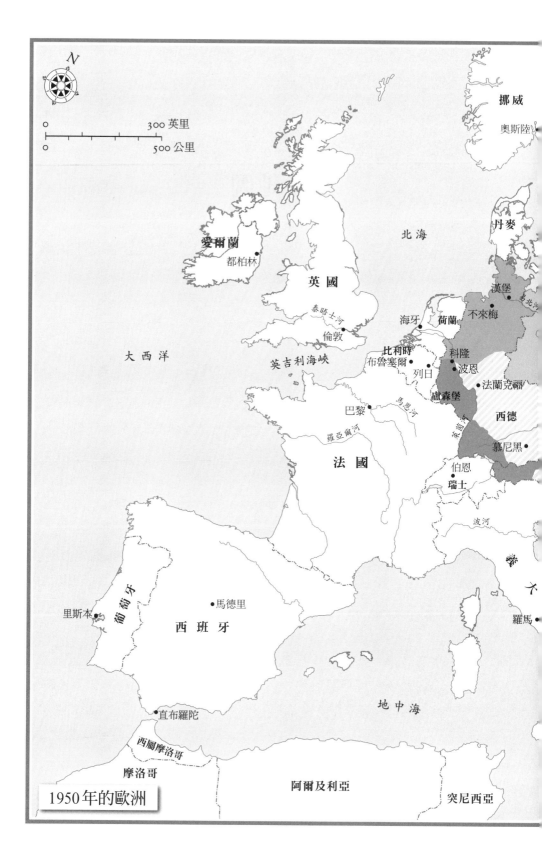

挪威
奧斯陸

丹麥

愛爾蘭
都柏林

英國

北海

漢堡

不來梅

300英里
500公里

N

大西洋

泰晤士河

倫敦

海牙 荷蘭

科隆
波恩

法蘭克福

英吉利海峽

比利時
布魯塞爾
列日

盧森堡

西德

馬恩河

巴黎

萊茵河

慕尼黑

羅亞爾河

法 國

伯恩
瑞士

波河

葡萄牙

里斯本

馬德里

西 班 牙

羅馬

直布羅陀

地中海

西屬摩洛哥

摩洛哥

阿爾及利亞

突尼西亞

1950年的歐洲

芬蘭
赫爾辛基 · 列寧格勒
瑞典
斯德哥爾摩
愛沙尼亞
莫斯科 ·
拉脫維亞
波羅的海
立陶宛
哥本哈根
加里寧格勒
俄 羅 斯
尼曼河
頓河
柏林
東德
波 蘭
· 華沙
基輔 哈爾科夫 · 頓涅茨河
第伯河
布拉格 ·
維斯瓦河
捷克斯洛伐克
烏 克 蘭
多瑙河
· 維也納
· 布達佩斯
奧地利
敖德薩
匈 牙 利
克里米亞
羅 馬 尼 亞
塞瓦斯托波爾 ·
· 札格雷布
的里雅斯特 ·
布加勒斯特
黑 海
南 斯 拉 夫
貝爾格勒
亞 得 里 亞 海
保 加 利 亞
利
阿爾巴尼亞
索菲亞
伊斯坦堡
· 安卡拉
希臘
愛琴海
土 耳 其
馬爾他
雅典
賽普勒斯

2018年的歐盟

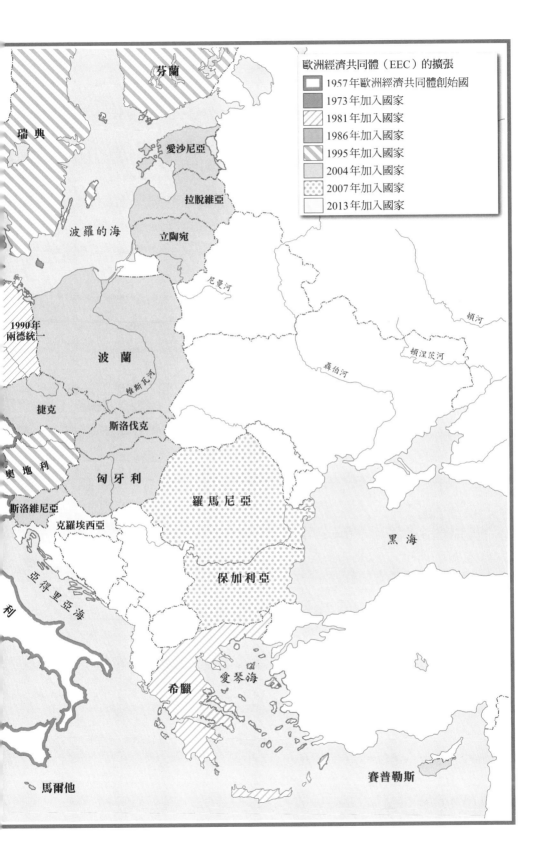

芬蘭

瑞典

愛沙尼亞

拉脫維亞

波羅的海

立陶宛

尼曼河

頓河

1990年
兩德統一

頓涅茨河

波蘭

轟伯河

維斯瓦河

捷克

斯洛伐克

奧地利

匈牙利

羅馬尼亞

斯洛維尼亞

克羅埃西亞

黑海

亞得里亞海

保加利亞

利

希臘

愛琴海

馬爾他

賽普勒斯

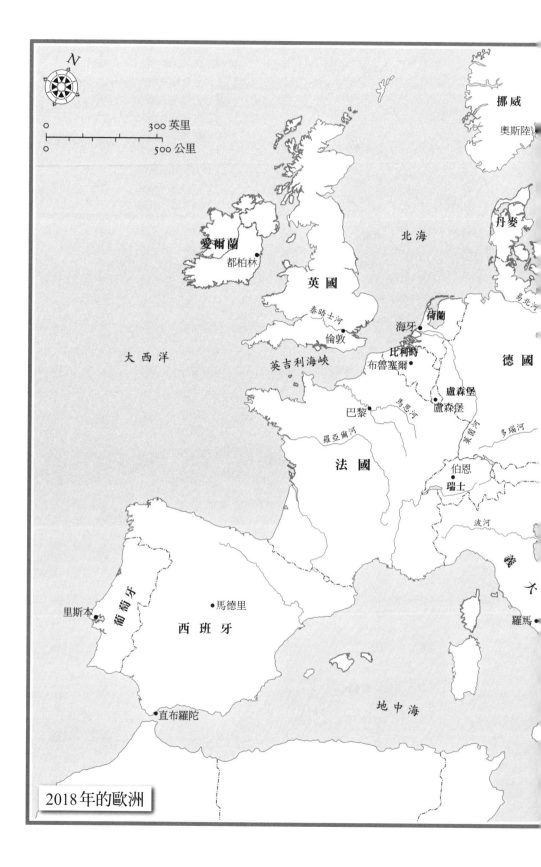

2018 年的歐洲

作者序

　　我曾在《地獄之行》的序中寫道，它是我寫過最難的一本書，但那是在我動手寫作本書之前。本書作為自一九一四年至今的歐洲史下卷，其撰寫過程中無論是對事件的解讀還是對材料的組織都更加困難。其中重要原因是自一九五〇年至今的歐洲史沒有一個概括性主題，不像前一卷會圍繞著一九一四到一九四九年的世界大戰這明顯的主題展開。《地獄之行》沿著一條直線，進入並走出一場戰爭後，又進入並走出另一場戰爭。然而，一九五〇年以來的歐洲歷史錯綜複雜，遠非直線型敘述所能涵蓋。它迂迴曲折、跌宕起伏、風雲激盪、瞬息萬變。一九五〇年以來的歐洲歷史恰似乘坐雲霄飛車，充滿了興奮刺激，也令人心驚膽戰。本書旨在述說歐洲在這數十年間，如何以及為何從一個巨大的不安全時代，跌跌撞撞地進入另一個巨大的不安全時代。

　　雲霄飛車這個比喻其實並不十分恰當。雲霄飛車儘管驚險刺激，但畢竟有固定的軌道和預知的終點。另外，用雲霄飛車這個遊樂場設施來形容二戰以來嚴肅、沉重，經常是悲劇性的歐洲歷史，也許也失於輕率隨便。但是，這個形象的確捕捉到數十年來那些令人心悸的顛簸起伏，以及所有歐洲人以各種方式被捲入不可控制的時代大潮中那種身不由己的感覺。

　　這個時代的歐洲歷史錯綜複雜，如何搭建本書的「架構」令我大

傷腦筋。鐵幕造成的歐洲四十多年的分裂，更是使本書的組織難上加難。那幾十年間，歐洲只是一個共同文化身分的概念（儘管這個所謂的共同文化由於宗教、國家、族裔和階級的區別而四分五裂），實際上並不存在。它的兩半（西歐和東歐）是純粹的政治結構。一九八九年到一九九一年東歐劇變、蘇聯解體之前，大陸兩半各自的內部發展迥然相異，不可能整合為一體。在那之後，雖然東西歐之間的差別依然深刻，但由於迅速加快的全球化的影響（這是本卷的一個關鍵主題），我們終於能夠將東西歐作為一個整體來對待，不再需要將它們分開。

　　本卷所涉內容極為廣泛，所以我像撰寫《地獄之行》時一樣，不得不高度倚賴他人的研究和著作，且應該說本卷更甚，因為我本人從未對這段歷史的任何方面做過專門研究。僅僅在這段歷史時期生活過並不能代替研究。我準備動筆寫作本書時，有人對我說，此事應該不難，因為我一生的大部分時間正好是在這段時期中度過的。然而，親歷歷史留下的記憶可能有幫助，也可能有不確實之處。我在少數地方用注腳的方式加上了我自己的回憶，但沒有寫入書的正文。我認為，個人逸事最好與歷史評價分開。且不說人的記憶並不可靠，日常生活中也大多是雞毛蒜皮的小事。要評價重大事件的意義，幾乎總是不僅需要掌握事件的詳細情況，還需要時間來消化理解。

　　所以，其他人的學術著作不可或缺，許多是專題論文或學術刊物上的文章。我在《地獄之行》的序中提到了幾部傑出的二十世紀歐洲通史，現在還要加上康拉德・雅勞施（Konrad Jarausch）的《歷劫重生》（Out of Ashes）。具體到二十世紀下半葉，最引人入勝的通史是東尼・賈德（Tony Judt）的《戰後歐洲六十年》。賈頓艾許（Timothy Garton Ash）的幾部著作把優質新聞報導與對當代歷史的洞見絕妙地融為一體，對研究中歐尤為寶貴。溫克勒（Heinrich

August Winkler）、魏爾辛（Andreas Wirsching）、凱爾伯樂（Harmut Kaelble）、羅德（Andreas Rödder）和泰爾（Philipp Ther）等德國歷史學家的著作也讓我受益匪淺。這些著作和其他對我特別有幫助的書，都一道列入了部分參考文獻表中。但該表列舉的不過是巨大冰山的一角。與上卷一樣，按照「企鵝歐洲史」系列叢書的體例，沒有章節附注參考。因此，我沿循上卷的做法，在我直接引用過的參考文獻旁打了星號。

　　與《地獄之行》一樣，本卷著力描繪歷史展開過程中的戲劇性發展，以及經常出現的不確定性，偶爾也介紹當時的人對某起事件的觀點。所以，本書的組織以時間順序為基礎，每章涵蓋的時期不長，章內按主題分節。簡短的導言概述了對這段歷史的解讀。頭三章以歐洲的第一個戰後不安全時代開始，從冷戰的緊張局勢講到東西歐兩大敵對陣營的建立，直到六〇年代中期。第四章和第五章討論了戰後驚人而持久的經濟繁榮，以及其產生的社會影響，接下來介紹了文化的兩個方面：一方面是不久前的歷史留下的悲哀遺產，另一方面是有意營造出來的一種新的、振奮人心的現代氛圍。第六章探討了這一切如何爆發為六〇年代晚期的青年抗議，以及學生運動時期發生的社會與文化價值觀的改變。第七章聚焦七〇年代到八〇年代初那個關鍵十年內的滄桑巨變。進入八〇年代，鐵幕東邊的國家已是問題叢生，令那些國家的領導人憂懼交加。第八章集中介紹戈巴契夫個人的作用，他無意中給了蘇聯致命的一擊。第九章則重點敘述自下而上的求變壓力，在一九八九至一九九一年歐洲「天鵝絨革命」中發揮的作用。東歐國家向著多元民主和資本主義經濟的過渡困難重重，民眾因而普遍感到失望幻滅；南斯拉夫爆發了災難性的族群戰爭，這些是第十章的主要內容。二〇〇一年，美國遭到恐怖攻擊，隨後爆發了阿富汗戰爭和伊拉克戰爭；第十一章審視了這些事件發生後歐洲內部的變化。最後，

我在第十二章探討自二〇〇八年以來歐洲遭遇的一系列危機，它們共同構成了歐洲土地上一場嚴重的大規模危機。後記則從過去轉向歐洲的未來，既展望了短期的前景，也設想歐洲大陸在新的不安全時代中將會面臨的比較長期的問題。

我在《地獄之行》結尾的調子是積極的。隨著歐洲在一九四五至四九年逐漸走出兩次世界大戰的災難，通往更加光明未來的路標清晰可見，儘管上空仍籠罩著兩個超級大國擁有的原子彈構成的陰雲。本書的結尾則比較曖昧不明，歐洲的長期展望可以說是吉凶難測。

事態可能急轉直下，歷史也可能因之轉瞬即變。霍布斯邦（Eric Hobsbawm）在九〇年代之初的著作中，曾陰鬱地預測歐洲可能遭遇長期危機，在悲觀的結論中強調了資本主義的破壞力。然而，多數分析家對歐洲近期歷史的評判卻積極得多。千禧年前後出版的幾部研究歐洲二十世紀歷史的重要著作，就採取了明顯樂觀的基調。例如馬佐爾（Mark Mazower）認為，「國際形勢展望」看來「比過往任何時候都更加和平」。韋南（Richard Vinen）談及「穩健貨幣的時代」。哈羅德·詹姆斯（Harold James）提到「民主和資本主義幾乎全方位興起」（不過他也指出這種興起造成的日益加大的失望）。他幾乎完全將全球化視為好事，認為全球化「重新創造了國際社會、文化和經濟」。但進入二十一世紀以來這段不長時間內的事態發展，也許會讓人對上述積極論斷產生懷疑。

東尼·賈德進入新千禧年五年後完成的權威著作，也是以樂觀調子收尾的。他宣稱，在歐洲，「民族主義來而復去」。他達成的結論是，「二十一世紀也許仍然屬於歐洲」。然而，二〇〇八年以來歐洲一片混亂，鼓吹民族主義和排外主義的政黨在許多國家興起，歐洲面臨各種長期挑戰，中國顯然正不可阻擋地崛起為有影響力的世界大國。有鑑於此，上述假設值得嚴重懷疑。

　　當然，短期變化基本上無法預測。歐洲仍在雲霄飛車上顛簸，它將來可能會經歷驟然間的大起大落。目前（二〇一七年秋），各種兆頭比起僅僅幾個月前有所好轉，但預見未來的水晶球仍是一片模糊。長期變化則是另一回事。這方面歐洲（和世界其他地區）面臨的問題十分嚴峻。氣候變化、人口走勢、能源供應、大規模移徙、多元文化主義造成的緊張、自動化、不斷擴大的收入差距、國際安全和全球衝突的危險——這些都是今後數十年的重大挑戰。我們很難說歐洲是否有足夠的能力來處理這些問題。如何應對挑戰、打造歐洲的未來，這並不全由歐洲人決定，但他們可以發揮很大的作用。船隊經過危險水域時最好緊密結隊而行，不要分散行動。這意味著依靠並加強戰後逐漸建起的團結、合作與共識，儘管它們並非盡善盡美。如果導航得宜，大家就都能渡過急流險灘，抵達較為安全的彼岸。

　　撰寫我自己生活時代的歷史對我而言是巨大的挑戰，但也使我受益良多。比起從前，現在我對塑就了我生活的各種事件與變化的了解大大增加。寫完本書後，我對於我自己所在大陸迄今的發展脈絡，有了更清楚的了解。對我來說，這本身就值得我為撰寫本書付出的所有心血。至於未來，歷史學家的預言並不比別人更加準確。

　　　　　　　伊恩・克蕭，二〇一七年十一月於曼徹斯特

導言

歐洲的兩個不安全時代

Europe's Two Eras of Insecurity

歷史與大自然以及所有的深刻問題一樣，愈深入認真地鑽研，困難就愈大；古往今來，莫不如此。

——歌德

一九五〇年，歐洲正從歷史上最慘烈戰爭的黑暗年代中甦醒過來。整個大陸處處可見炸彈留下的斷壁殘垣，它們是見證那場戰爭的累累傷痕。城鎮可以很快重建，但精神與道德上的創傷卻久久無法癒合。事實上，不久前的人性淪喪給歐洲投下的深重陰影，在後來的數十年間一直揮之不去。自一九四五年戰爭結束以來，人們向著建設新歐洲邁出了重要步伐。不過，戰爭給它剛結束的那段時期留下的最突出的兩個遺產是：一、歐洲被鐵幕分成了兩半；二、戰後新時代成了核子時代，兩個超級大國都擁有能造成大規模毀滅的超級武器。

歐洲的戰火硝煙已經散去，但核子戰爭似乎近在咫尺，直接威脅到歐洲文明存續的根本。核子戰爭的危險如同懸在歐洲頭上的達摩克利斯之劍，能否成真不單單取決於歐洲範圍內的事態發展。核子超級大國在全球任何地方的對抗都會波及歐洲。一九五〇年韓戰的爆發，以及一九六二年古巴導彈危機這兩個距歐洲萬里之遙的事件，就代表

著冷戰中歐洲最危險時期的開始與結束（一九八〇年代初又出現了為時較短的一段威脅升級期）。

　　戰後嬰兒潮的孩子們出生在新時代，他們一生中目睹的變化是他們的父輩所無法想像的。政治、經濟、社會和文化領域中變化的速度，也超過了以往的和平時期。這些孩子降生在戰爭直接導致嚴重物質短缺的年代，為了給數百萬流離失所以及居所被炸毀的人提供居所，歐洲大部分地區，特別是中歐和東歐，都施行了住宅建築計畫，但多為急就章的臨時建築。戰爭中得以倖存的房屋大多嚴重失修。大部分居所的環境衛生條件非常原始。食品和衣物普遍短缺。只有富裕人家才擁有能使婦女擺脫繁重家務勞動的家用電器，如洗衣機、電話、電冰箱和小汽車。就連富人可能也沒有幾戶有電視機。

　　戰後嬰兒潮世代的成長過程中，醫學進步驚人，使他們因此受益。高度經濟成長使福利國家制度得以建立和推廣，也給他們帶來了巨大的好處。鐵幕另一頭國家的生活水準很快遠遠落到了西歐國家後面，但是廣泛的社會福利與支持體系是共產主義制度的固有特點（儘管實際執行有可能腐敗無能）。這是第一個關鍵的突破。無論在西歐還是東歐，它提供民眾空前的社會安全。至少在西歐，戰後經濟出現了持久的繁榮，而繁榮又推動社會進步，消費主義開始萌生，助長人們對未來的樂觀感受。上述種種在某些方面沖淡了這個處於潛在核子戰爭威脅下的大陸人們，心中的不安全感。

　　自那以來的物質進步令人驚嘆。一九五〇年或在那之前任何時代的人，若是看到今天任何一個歐洲國家一般超市中琳瑯滿目的豐富食品，都一定不敢相信。今天的一家人若是看到住宅沒有浴室、廁所設在院子裡（經常還要和別人家合用），必然會大驚失色。過去只有極少數人才享受得到的高級奢侈品，如今司空見慣。多數家庭都有車，一戶兩輛車也毫不稀奇。冷藏食物的冰箱被視為理所當然。一九五〇

年只有富人才能出國旅行，而現在，出國旅行者多達數百萬人。幾乎戶戶都有電視機。通訊衛星使人們得以在電視上觀看地球另一邊的新聞直播或體育比賽的實況轉播。現在甚至可以用手機看電視，這在不久前還是不可想像的。過去在海外旅行時若想給家裡打電話，只能在電話亭裡或者到郵局去打長途電話，但如今用手機不僅可以輕易地打電話回家，向世界任何地方發送訊息，而且可以把手機當作小型電腦做許多其他事情，包括隨時查閱新聞，跟數千里之外的親朋好友聯絡，不僅交談，還能在螢幕上看到他們。電腦的體積愈來愈小，愈來愈普及，這給生活帶來的巨變在不久前都無法想像，更遑論在一九五〇年。

　　發生巨變的不僅是物質財產，還有態度和思想。一些觀點一九五〇年時在歐洲頗為普遍，七十年後卻成了過街老鼠。一九五〇年不久前的一九四八年十二月，聯合國通過了《世界人權宣言》（*Universal Declaration of Human Rights*，因為人權在二戰期間遭到了殘暴踐踏），但沒有多少人明白它在實際生活中的意義。在當時，人們廣泛接受種族主義觀點和公開的種族歧視，不覺得奇怪。歐洲各國居民基本全是白人，沒有有色人種。死刑仍然存在，犯下最嚴重罪行的人被處以極刑是常態。同性戀仍然算是刑事犯罪。墮胎為非法。基督教會的影響深遠，參加教堂禮拜儀式的人仍然很多。但到戰後出生的孩子老去的時候，人權成了天經地義（無論在實踐中對人權的尊重是多麼不如人意），持有種族主義觀點在社會中最為人所不齒（雖然東歐和南歐不如西歐那樣嚴格），多元文化社會成為正常形式，歐洲廢除了死刑，同性戀婚姻和合法墮胎得到廣泛接受，基督教會的作用大為減弱（但現代歐洲城市中日益增多的清真寺證明了宗教對於穆斯林少數人口的重要性，至於在一九五〇年，歐洲幾乎一座清真寺也沒有）。

　　這種轉變以及許多其他變化可以視為後來被稱為全球化進程的一

部分。全球化不僅代表資本、技術與資訊的自由流動導致的經濟一體化，而且反映在跨越國界、遍及世界各地區的相互交織的社會與文化進步之中。但全球化遠非物質不斷豐富的一路奏凱，它也有明顯的陰暗面。例如，全球化造成了大規模環境破壞、貧富差距擴大、基本上無法控制的移民大潮加劇，還有因技術進步實現了自動化而導致的失業問題，且目前這一切仍在持續中。全球化帶來的轉變是貫穿本書各章的一條主線。全球化遠非皆大歡喜的成功故事。歐洲新的不安全時代與全球化的加深密不可分地相互交織著。

＊＊＊

　　歐洲沿著蜿蜒曲折的道路從一個不安全時代走入另一個不安全時代，從核子戰爭的威脅到今天多層次的普遍不安全。本書探討了這段歷史的轉折起伏，並試圖解釋自一九五〇年至今歐洲發生的多方面複雜變化。這段歷程中，一九七三年、一九八九年、二〇〇一年和二〇〇八年代表著劃時代的轉捩點，其間有提高、進步和改善，也有挫折、失望，有時還有幻滅。

　　一九五〇年以來的七十年間，歐洲的變化有條一以貫之的主線，那就是德國的核心重要性。這個國家在二十世紀上半葉給歐洲大陸帶來的巨大破壞無人能及，可它經歷的變化也尤其深遠。儘管德國作為民族國家在二次大戰結束時遭逢滅頂之災，但它仍然是歐洲發展的中心。戰後經濟復甦、冷戰、冷戰的結束、歐洲一體化的擴大、歐元創立、歐元區危機、移民危機，以及歐盟最近迭遇艱難後開始採取的尚處於萌芽階段的改革措施，德國都處在這一切事態發展的中心。與此同時，德國成了穩定的自由民主體制的中流砥柱，它的經濟為歐洲最強，克服四十年的分裂實現了國家統一，並勉為其難地擔起了領導歐洲的責任。德國自身的轉變在歐洲的戰後歷史中起了關鍵的作用，是

歐洲成功故事的一部分。

歐洲轉變原因眾多，三言兩語難以說清。政治、經濟和文化的動態發展錯綜交織，無法乾淨俐落地分類釐清促成變化的各種因素。歐洲的轉變主要反映在深刻的社會經濟變革中，這一變革是全球化的現象，不僅限於歐洲。二戰後的歐洲重建本身就是在持續二十多年，超越歐洲的全球性空前經濟成長的背景下發生的。一九七〇年代，經濟成長戛然而止，經濟形勢急轉直下，這象徵一個決定性的轉折，其影響在二十世紀的剩餘年月裡一直持續著。

歐洲在二戰剛結束那幾十年間的驚人復甦是由可以稱為「重生模型」中的要素決定的。《地獄之行》作為一九一四年至今的歐洲史的上卷，結語部分已經概述了這些要素。其中包含了德國強國野心的完結、中歐與東歐地緣政治秩序的重組、各國的國家利益對兩個超級大國利益的附從、空前猛烈的經濟成長，還有核子武器的威懾。到一九七〇年左右，模型中所有要素的重要性都比二戰剛結束時大為降低，最為關鍵的變化是經濟成長速度明顯放緩。長期的經濟繁榮宣告結束，戰後經濟秩序即將迎來根本性改變。若我們回過頭看，這個典範轉移代表著一個新模型開始萌芽，在後來的二十年間逐漸成形，最終成為「新的不安全模型」，其組成要素有解除了管制的自由化經濟、不可阻擋的全球化進程、資訊技術的重大革命，以及一九九〇年後國際力量的多極化現象。一直以來，這些因素的結合帶給了歐洲許多積極變化，但也導致了新的不安全感，其特點迥異於一九五〇年代期間和六〇年代初，核子戰爭威脅造成的那種命懸一線的不安全感。

鐵幕倒塌後，全球化步伐明顯加速，一個重要原因是爆炸性技術進步和網際網路的迅速擴大，特別是（一九八九年發明的）全球資訊網自一九九一年開始普及之後。在那以前，重大的文化變革已經開始，其中心內容是爭取社會自由的抗爭、對個人主義的強調和身分政

治的起始。從一九六〇年代中期開始，價值觀體系與生活方式的變化使歐洲在許多方面比以往更加寬容、開明、放眼國際。但是，許多以往的確定性與規範也逐漸消失。

在各個領域的客觀事態發展中，還要加入個人的作用與短期政治決策的因素。以戈巴契夫和科爾為突出代表的少數關鍵人物的行動，不能說是僅僅反映了促成變化的結構性因素。在一些重大關頭，這些人物在歐洲的轉變中也發揮了決定性作用。

本書各章將討論自一九五〇年至今七十年來歐洲的變化。這整個過程絕非純粹的成功故事。歐洲的近期歷史遠非一片大好。歐洲有過一些非凡的積極發展，但總體情況只能算好壞參半。

歐洲的未來仍坎坷艱難。

第一章

緊張對峙

The Tense Divide

> 阻止大規模戰爭的可能性加大了,但代價是無限期的「不和之和」。
>
> ——喬治·歐威爾對原子彈的評論,一九四五年

一九五〇年,二次大戰的餘波漸平,新歐洲悄然成形,但它是個一分為二的大洲,無論是在意識形態方面、政治方面,還是社會經濟方面。歐洲歷史上一個空前不安全的新時代就此開啟。形成這個時代的根本性因素一是二戰的主要遺產——歐洲的分裂,二是令人驚駭的核滅絕威脅。

四十多年間,歐洲的東西兩半因冷戰而漸行漸遠。它們的發展各走各路,卻有一個重要的共同點:把軍事實力置於首位。戰後歐洲的鐵幕兩邊都以軍事實力為最重要的特徵,而掌握軍事實力的只有兩個國家——美國和蘇聯。兩國都極為關注國家安全,都決心不許對方主導歐洲。美蘇之間緊張關係的一個全新因素是,兩國關係歸根究柢靠的是破壞力恐怖到誰也不敢動用的武器。僅僅數年,這種武器就發展成為足以摧毀一切的力量。美國和蘇聯一個已經是超級大國,另一個馬上就要成為超級大國。到一九四九年,兩國都擁有了原子彈,四年

後又都造出了威力大得多的氫彈。很快的，它們的核子武器庫就足以消滅地球上的文明生活數次有餘。

一九五〇到一九六二年是冷戰最激烈、最危險的時期。歐洲在這段時期的大部分時間內都是冷戰的中心。但事實上在核子武器時代，超級大國在世界任何地方的對抗都會給歐洲帶來極為慘重的後果。

冷戰方酣

大戰硝煙才散，美蘇衝突已現苗頭。有時黑雲壓城，然終未發生災難性事件。可是，新的十年甫一開始，就爆發一場可能帶來嚴重後果的危機。危機爆發的地點是在遙遠的朝鮮半島，這最清楚地顯示歐洲無法在兩個超級大國的全球性衝突中置身事外。一九四五年之前，美國被拉入歐洲事務，心不甘情不願地參與了兩次世界大戰。而現在，西歐卻實質上成了美國外交政策的附屬，儘管是重要的附屬。東方陣營（除了二戰後拒不依附莫斯科的南斯拉夫）更是直接投入，支持蘇聯在世界各地對抗美國。

朝鮮半島自一九一〇年被日本人吞併後一直受日本統治，直到結束。接著，美蘇協議暫時分治朝鮮，把朝鮮半島沿北緯三十八度線大致分成了兩半。到一九四八年，朝鮮要實現統一已經沒了指望，分裂自此固定了下來：北邊的部分由共產黨統治，實際上是蘇聯的衛星國，被莫斯科視為蘇聯勢力範圍的一部分；南邊的部分激烈反共，受美國利益支配。一九四九年九月，中國共產黨打敗蔣介石領導的國民黨，在二十多年（包括一九三七到一九四五年血流成河的全面抗日戰爭期間）的殊死內戰中贏得了勝利，朝鮮半島因此失去了隔離共產主義的屏障。在共產主義影響的這片廣袤地區，南韓成了僅存的非共產主義飛地。一九五〇年六月二十五日，韓戰爆發，超級大國的對抗隨

之急劇升級。美國決心遏制蘇聯的勢力，十分警惕共產主義可能會進一步擴張，無論是在歐洲還是在東南亞。南韓一旦失守，日本顯然就將門戶大開，這是美國完全無法接受的。

美國人猜想得不錯，朝鮮發生摩擦不可能事先不經史達林的准許。事實上，史達林數週前就開了綠燈，但他不願意派遣作戰部隊，而是希望中國在必要時出兵援助。美國領導層認為，要防止出現骨牌效應，必須當即阻卻共產主義的擴張。美國總統杜魯門說，如果我們對朝鮮半島的情況坐視不理，蘇聯人就會「把亞洲一塊塊吞掉」。而且「如果我們放棄亞洲，近東將崩潰，歐洲會怎麼樣就很難說了」。在戰後的歐洲，人們不是最後一次以一九三〇年代綏靖政策的失敗作為採取軍事行動的理由。有人說，如果現在不擋住共產主義的推進，第三次世界大戰就會發生。

美國獲得了一九四五年十月創立的聯合國的支持，使用武力來保衛一個遭到攻擊的會員國。這是歷史首次以聯合國的名義用兵，是由於蘇聯的一次失誤造成的。一九四五年二月的雅爾達會議上就創建聯合國達成協議時，史達林和美國領導層都如願以償，獲得了將要設立的安理會中的一票否決權。安理會的五個常任理事國除美蘇之外還有英國、法國和中國。當時認為，有了大國控制的安理會，聯合國將比國聯有效得多。但冷戰期間的事態多次證明這個假設大謬不然，因為只要一個超級大國使用否決權，安理會就必然陷入僵局。只有一次例外，那就是一九五〇年蘇聯為抗議安理會不肯接納中華人民共和國而暫時杯葛安理會，安理會於是得以批准援助南韓。史達林很快意識到自己的失算，蘇聯又返回了安理會，但為時已晚，無法阻止美國指揮的「聯合國軍」去支援南韓的軍隊。韓戰結束時，包括南韓軍隊在內的聯合國軍總數幾乎達到九十三・三萬人，其中南韓軍隊（五十九・一萬人）和美軍（三十・二萬人）占了壓倒多數。一些歐洲國家也派

出了作戰部隊，有英國，也有出兵少得多的法國、比利時、希臘和荷蘭，盧森堡派的部隊更是為數寥寥。

美軍把北韓軍隊逐出了半島南部，接著越過三十八度線挺進北部。史達林擔心和美國直接兵戎相見，拒絕了北韓要蘇聯干預的請求。然而，中國領導人毛澤東不想讓整個朝鮮半島落入美國控制之下，因為那可能會成為美國將來攻打中國的跳板（那時中蘇關係已經不太和睦）。一九五〇年秋，毛澤東派大軍揮師朝鮮，迫使美軍第八集團軍倉皇後撤。這初次表明，西方必須面對中國是軍事強國這一事實。不到兩個月，整個朝鮮半島北部又回到了共產黨手中，朝鮮半島南部的漢城（今首爾）也被攻陷。對此，華盛頓驚惶不安，甚至考慮要動用原子彈。

據某些人估計，美國與蘇聯相比，在可投入作戰行動的原子彈數量上占據七十四比一的絕對優勢。但是，具體應該打擊什麼目標呢？韓戰的主要戰場在農村地區，沒有明顯的打擊目標。還要考慮使用核子攻擊可能會激起大規模報復，造成這場區域戰爭升級，也許會導致蘇聯入侵西歐，甚至對歐洲城市投擲原子彈。一九五〇年歲末，擴大衝突將引爆第三次世界大戰成為實實在在的可能，對此美國軍方領導層開列了一份準備攻擊的蘇聯和中國城市的清單，並考慮向中國發出最後通牒，要求中國退回鴨綠江另一邊。如有必要，將「立即使用原子彈」。

明智的意見最後占了上風。到了一九五一年春天，中國的軍隊在大量的流血中被阻擋了下來，美國人重新獲得主導權，聯合國軍的部隊最終逼退了共產主義軍隊。接下來的兩年裡，雙方陷入了可怕的消耗戰。一九五三年七月達成朝鮮停戰協議時，情況與開戰前幾乎沒有不同，雙方又回到了三十八度線後自己的一邊。長達三年的慘烈戰爭造成數百萬人傷亡，其中絕大多數是南北朝鮮的人。美國的負傷人數

接近十七萬，死亡人數超過五萬，歐洲的傷亡人數超過八千，其中大部分是英國人。

　　歐洲與朝鮮半島相距遙遠，也不是主要參戰方，卻受到這場戰爭的重大影響，其緣由是美國的國防開支急劇增加。韓戰爆發前，蘇聯於一九四九年八月在今天哈薩克境內的塞米巴拉金斯克（Semipalatinsk）實驗場試爆了第一顆原子彈。美國因此感到亟須進一步發展核子技術，繼續保持領先蘇聯的地位。於是杜魯門總統不僅下令加快生產原子彈，而且於一九五〇年一月三十一日要求製造「超級炸彈」（super-bomb）。韓戰造成美國軍費開支飆升，但在那之前，軍費成長已經進入了快車道。一年之內，美國的國防預算翻了四倍有餘。一九五二年，軍費開支幾乎占到美國國內生產毛額（GDP）的五分之一，而僅僅三年前，這個比例還不到二十分之一。在同年（一九五二年）的十一月一日，美國試爆了第一顆超級炸彈。氫彈爆炸時「遮蔽了整個地平線」，把實驗場所在的太平洋島嶼（埃尼威托克環礁，Eniwetok Atoll）炸得無影無蹤。而僅僅九個月後的一九五三年八月十二日，蘇聯在中亞的沙漠裡也試爆了自己的氫彈。後來，邱吉爾恰當地形容說，這是帶來「一視同仁的滅絕」的「新恐怖」。

　　美國視蘇聯為迅速增長的威脅，制定了在全球範圍內遏制蘇聯的政策。因此，不出所料，美國感到必須審查軍費開支，也要重新考慮對海外的投入。這顯然影響到了歐洲。美國對歐援助的重點日益轉向軍事領域。一九四七年為刺激歐洲戰後經濟復甦而制定的馬歇爾計畫已經執行完畢，在該計畫下，美國四年內向歐洲提供了約一千三百萬美元的援助。到一九五一年年底，美國對歐的軍事援助卻幾乎達到了五十億美元。而在一九五二年，由於韓戰爆發導致的軍備增加，美國對西歐的援助百分之八十都是用於軍事目的，而非民事重建。

　　為了防衛西歐，一九四九年四月成立了北大西洋公約組織（北

約），最初有十二個成員國：美國、加拿大、英國、法國、義大利、丹麥、挪威、荷蘭、比利時、盧森堡、葡萄牙和冰島（一九五二年增加了希臘和土耳其）。但美國領導人從一開始就清楚地看到北約軍力不足。他們覺得，歐洲國家應該多承擔一些它們自己的自衛費用，美國要擔負世界警察的角色，不能繼續為防衛歐洲而承載完全不合比例的沉重負擔。於是，北約的每個歐洲成員國都增加了國防開支。德意志聯邦共和國（或稱西德）被禁止製造武器，但它不斷增加軍用機械、工具和車輛的產量。旺盛的鋼鐵需求使西德大為受益，從一九四九到一九五三年，西德的鋼產量增加了百分之六十以上，為它生機勃勃的「經濟奇蹟」加了一把火。軍費開支必須轉化為軍力，所以北約成員國在一九五二年的里斯本會議上決定，兩年內至少增加九十六個師的兵力。

然而，人們無法再對最重要的問題視而不見。如果不讓西德重建軍隊，加強北約就只是一句空話。可是，人們不久前才靠著強大的同盟粉碎了德國的軍事力量，以為從此將一勞永逸。也因此，西德的鄰國不出所料地因德國軍國主義可能東山再起而憂心忡忡（蘇聯對這個可能性感到恐懼也完全可以理解）。一九五〇年，韓戰爆發後不久，美國人就提出讓西德重整軍備。他們不停地推動此事，北約的西歐成員國也不得不承認美國人言之有理。如果歐洲人自己都不願意為歐洲的防衛付出，美國人為什麼要繼續承擔大部分費用呢？在歐洲人這方面，他們總是有一絲揮之不去的擔憂，怕美國會退出歐洲，像是美國在一九一八年後就退出了歐洲，二戰結束時也一度有過這個打算。歐洲人也認識到，需要確保西德與西方聯盟的緊密連結。一九五二年，史達林曾提出讓德國完成統一、保持中立，企圖誘使西德脫離西方聯盟，但遭到西方領導人的斷然拒絕。史達林這一倡議被西方解讀為企圖把美國趕出歐洲，該倡議也顯然是為了防止西德更緊密地融入西方

聯盟（而這正是艾德諾總理領導下的西德政府盡力爭取的目標）。現在，這與西德建軍的問題緊密地連在了一起。

　　如何既使西德成為軍事強國，又不得罪激烈反對此提議的歐洲國家，這個難題讓人大傷腦筋。一九五〇年的一個提議似乎有可能在這個問題上有所突破。令人意外的是，這個提議來自法國，由法國總理普利文（René Pleven）在一九五〇年十月提出，目的是想避免西德像美國希望的那樣加入北約。法國想成立一個歐洲防衛組織，允許德國加入，但控制它的參與程度。這個提議設想建立一支歐洲軍隊，裡面包括西德部隊，但指揮權不在德國人手中，而是由歐洲掌握（這實際上確保了法國對西德部隊的監督）。在這一提議的基礎上，一九五二年五月通過了建立歐洲防衛共同體（European Defence Community）的條約。

　　但這個名稱與實際狀況不符，歐洲人設想成立的防衛共同體甚至沒有包括西歐的所有國家。這個組織從一開始就遇到後來幾十年間妨礙實現歐洲一體化的所有努力的根本性問題：如何在成立超國家組織的同時，堅持各成員國的國家主權。一九五〇年，舒曼計畫（Schuman Plan，以法國外長舒曼命名）被提了出來。次年，在舒曼計畫的基礎上成立了歐洲煤鋼共同體（European Coal and Steel Community）。歐洲共同市場（Common Market）以及後來的歐洲經濟共同體（European Economic Community）於是雛形初具。歐洲煤鋼共同體的成員有法國、西德、義大利、荷蘭、比利時和盧森堡，但是英國選擇不加入。歐洲防衛共同體採用了類似的模式，成員國也是同一批。與法國並列歐洲頭號軍事強國的英國雖然歡迎歐洲防衛共同體的成立，並保證自己作為北約成員國將與之進行最緊密的合作，但並未成為它的成員。英國不想派軍隊無限期地為歐洲提供防衛能量，也不想參與一個旨在（如一九五二年英國外交大臣艾登所說）為「歐

洲聯邦鋪路」的組織。加入超國家的歐洲防衛共同體將意味著國家主權受到削弱，這是英國完全不願意考慮的。北約的北歐成員國也持有同樣的觀點。於是，歐洲防衛共同體只能像最初打算的那樣，成員僅限於在經濟政策上開始趨於一致的國家。成立共同體的條約必須得到成員國的批准，而這個關節卻在發起國法國出了問題。關鍵還是國家主權。一九五四年八月三十日，批准成立歐洲防衛共同體條約的議案被提交給法國國民議會，卻遭到堅決拒絕。歐洲防衛共同體就這樣胎死腹中。

　　然而，德國並未打消重整軍備之議。艾德諾對歐洲防衛共同體的夭折深感遺憾，因為他認為這是完成西歐一體化的重要一步。他起初覺得，法國國民議會的投票結果使他想讓德國重新獲得主權的希望落了空。但其實，這次的失敗恰好為艾德諾打開了大門，使他得以實現他（以及英國和美國）念茲在茲的目標，那就是讓西德建立軍隊，成為北約名副其實的成員國，並被承認為主權國家。現在正是邁出這一步的好時機，史達林在一九五三年三月去世了，韓戰結束了，西德已成為西方聯盟的堅定一員。關於西德保持中立、完成統一的念頭也名存實亡（但身為在野黨的社會民主黨領導層仍然不肯放棄這個念頭，他們也獲得了相當一部分德國輿論的支持）。在一九五四年九月的倫敦會議和十月的巴黎會議上，北約成員國同意結束對德國的占領（但盟軍部隊在德國的同意下將繼續駐留），接受西德為主權國家，並接納西德為北約成員國。一九五五年五月五日，西德獲得了國家主權。四天後，西德正式加入北約。自此，西德獲准組建陸軍（不能多於五十萬人）、空軍和海軍，不過絕對不能擁有核子武器。

　　從蘇聯的角度來看，西方的事態發展讓它深感憂心。美國是唯一在戰爭中實際使用過原子彈的國家。美國率先研發出氫彈，軍事干預了朝鮮事務，在美蘇間正在展開的軍備競賽中，跑在了前頭。現在，

美國又在西歐鞏固了反蘇聯盟，把重整軍備的西德也拉入聯盟。蘇聯曾千方百計試圖阻止這件事情發生，它對「德國軍國主義」的東山再起感到憂懼，甚至在一九五四年向西方國家表示自己願意加入北約，試圖以此削弱或破壞西方聯盟的決心。但蘇聯白費了心思，它的建議當即遭到西方國家的回絕。

蘇聯的提議不出所料地撞上了南牆，而且在蘇聯眼中，北約是由美國領導層的鷹派把持、與蘇聯為敵的侵略性聯盟，因此，蘇聯會對北約接納西德一事迅速做出反應也就不足為奇了。僅僅十天後，華沙條約組織（華約）在一九五五年五月十四日成立，把波蘭、捷克斯洛伐克、匈牙利、羅馬尼亞、保加利亞、阿爾巴尼亞和德意志民主共和國（或稱東德）同蘇聯綁在一起，組成軍事聯盟。同時，蘇聯也著手跟戰略上重要的「流動」歐洲國家，特別是南斯拉夫和奧地利，改善關係，以確保它們不致於被拉入西方聯盟。蘇聯跟南斯拉夫之間的裂痕自一九四八年狄托和史達林翻臉後，就一直沒有彌合，但現在至少在官方層面上得到解決。一九五五年六月二日，兩國在貝爾格勒發表宣言，宣布互相尊重獨立和領土完整，保證互不干涉內政。五月十五日，華沙條約組織成立次日，美、蘇、英、法四個戰勝國簽署了《奧地利國家條約》（*Austrian State Treaty*，定於七月二十七日生效），結束對奧占領，使奧地利成為一個獨立的主權國家。蘇聯同意邁出這一步的條件是，奧地利必須保證不在自己領土上設立軍事基地，也不加入任何聯盟。一九五五年十月二十六日，占領國撤離的第二天，奧地利正式宣布中立。而在那之前的一個月，蘇聯關閉了赫爾辛基附近的一個海軍基地，表明蘇聯允許芬蘭更明確地確立中立地位，真正獨立於強鄰蘇聯，但不加入北約。

歐洲就這樣形成了隔著鐵幕彼此對峙的兩個軍事聯盟，各自的盟主都是超級大國，都擁有破壞力大得超乎想像的武器。鐵幕為世界帶

來了一段短暫的穩定期，冷戰的冰層雖然沒有融化，但至少也沒有加厚。美蘇兩國領導人看來都願意緩和緊張局勢。一九五五年七月十八日，美、蘇、英、法的政府首長在日內瓦舉行會議。這是他們十年來的首次聚會，上次還是在二戰歐洲戰場的戰事剛結束時召開的波茨坦會議。這一次的峰會（人們開始如此稱呼這個級別的會議）討論了各種問題，尤其是影響到安全的問題。這場峰會似乎為建立和平共處的基礎帶來了一線希望。兩個超級大國的領導人至少願意坐下來談，這是這場峰會能夠抓住的稻草。然而，峰會並沒有達成任何有意義的結果。艾森豪總統提議執行「開放天空」（open-skies）政策，讓美蘇兩國能夠空中偵察彼此的領土。但因為蘇聯人不想讓美國看到他們的核子設施，怕美國發現蘇聯的遠距轟炸能力是多麼有限，所以當即拒絕了這個提議。（不過這對美國人毫無影響。不久後他們就開始派遣新的U-2偵察機飛越蘇聯，直到一九六〇年五月一架U-2飛機被擊落，飛行員蓋瑞‧鮑爾斯〔Gary Powers〕被俘，造成國際事件為止。）「日內瓦精神」很快就煙消雲散了。一年之內，冷戰重新抬頭。匈牙利事件與十一月初爆發的蘇伊士運河危機（其間蘇聯領導人赫魯雪夫威脅要對英法使用「火箭武器」）恰好同時發生，這些事件使國際關係再次變得十分緊張。

　　此時，核武軍備競賽已接近白熱化，不過鐵幕兩邊大部分一般百姓對核子武器儲存的規模都毫不知情。英國在一九四七年就決定必須製造自己的原子彈（認為這樣才能保證自己在國際外交「頭桌」上有一席之地）。英國工黨首相艾德禮（Clement Attlee）早在一九四五年八月美國對廣島和長崎投下原子彈時，就努力倡議英國要研發自己的原子彈。隔年，當其他人，包括艾德禮自己，都猶豫動搖的時候，戰後工黨政府的主要人物——外交大臣貝文（Ernest Bevin）也力主英國要能夠自己製造原子彈。他宣稱，無論花費多大，「我們都**必須擁**

有這種武器。必須讓上面有聯合傑克[1]。」一九五二年十月，英國在澳大利亞西海岸外的蒙特貝洛群島（Monte Bello Islands）進行了首次核子試爆，成為第三個擁有核武的國家。不出兩年，英國政府又決定製造氫彈。一九五七年，不斷擴大的熱核武器庫中增加了英國的氫彈。接替艾德禮任首相的邱吉爾說，這是坐上世界強國的「頭桌所付的代價」。法國和英國一樣，也認為擁有自己的原子彈（然後是氫彈）是大國地位的象徵，不可或缺。於是法國在一九六〇年二月於阿爾及利亞撒哈拉沙漠中的拉甘（Reggane）附近，試爆了第一顆原子彈，一九六八年法國製造出了熱核武器，成為「核子俱樂部」的新成員。這一切造成了令人擔憂的核子武器擴散，雖然擁有核武的都是二次大戰的戰勝國。但關鍵問題是，兩個超級大國正競相獲得愈來愈大的毀滅能力。

　　一九五四年三月，美國人在馬紹爾群島（Marshall Islands）的比基尼環礁（Bikini Atoll）上試爆了一顆氫彈，其威力比夷平廣島的原子彈大了七百五十倍。一百多公里以外都有人因爆炸產生的原子塵輻射而喪生。蘇聯人不甘落後，同年九月在南烏拉爾（Southern Urals）奧倫堡州（Orenburg Oblast）的托茨科耶村（Totskoye）附近，試爆了一顆更大的氫彈，次年又首次試爆了機載氫彈，比他們的第一顆原子彈威力大一百倍。同時，美國正在研發製造能夠裝在導彈彈頭裡的小型「戰術」核子武器。自一九五三年秋天起，美國逐步在歐洲增加戰術核子武器的儲存量，最終達到了相當大的規模。很快的，美軍軍官就在訓練中開始學習如何在被核子武器炸得滿目瘡痍的歐洲戰場作戰。次年，美國的鷹派國務卿杜勒斯（John Foster Dulles，是他構想了新的政策目標，不再僅僅「遏制」，而是要「擊退」蘇聯共產主義）

1　譯者注：Union Jack 是英國國旗的俗稱。

告訴北約領導人，必須把原子彈視為西方聯盟防禦能力的常規部分。在歐洲打一場有限的核子戰爭似乎成為實實在在的可能。美國考慮對蘇聯發動閃電癱瘓式打擊戰。一九五四年三月，在對美軍各軍種代表的一次通報中，戰略空軍指揮部司令李梅將軍（Curtis LeMay，他在二戰末期指揮轟炸日本城市）介紹了對蘇聯發動大規模空襲的計畫，設想「兩小時後，整個蘇聯將變成濃煙滾滾的輻射廢墟」，李梅「堅信三十天即足以打完第三次世界大戰」。

　　核武力量的升級令人瞠目結舌。一九五○年，美軍擁有二百九十八枚原子彈。到一九六二年，美國手中的核彈達到了二萬七千一百枚，還有二千五百多架遠程轟炸機。蘇聯是有一些可以到達美國目標的遠距轟炸機，但在數量和性能方面都遜於美國。不過，到了一九五七年，蘇聯在軍備競賽中連下兩城，再次讓它的對手陷入了焦慮。那年八月，蘇聯發射了世上首枚洲際彈道飛彈。更驚人的是，在莫斯科時間的十月五日凌晨，蘇聯用洲際彈道飛彈把第一顆人造衛星送入了外太空，這顆人造衛星名為「史普尼克號」（Sputnik），意思就是「旅行上的伴侶」。雖然大多數歐洲人都為此歡欣鼓舞，視其為了不起的成就，是探索外太空的第一步，但是美國科學家和政治人物卻馬上意識到「史普尼克號」的真正意義——蘇聯可能很快就能夠從外太空向美國發動核子攻擊。美國的一份報告指出，美國在技術上落到了蘇聯後頭，必須警惕。報告呼籲大力發展美國的導彈力量，這當然需要增加大量經費。到一九五九年，美國的軍費開支占到了聯邦預算的一半。前一年，美國緊隨蘇聯之後進入了外太空，用「探險者」火箭和（在一次丟臉的失敗後）「先鋒」火箭把自己的衛星送入軌道。同年，一九五八年七月，美國國家航空暨太空總署（NASA）成立，負責針對外太空的科學探索，但它的一部分資金來自五角大廈（Pentagon，美國國防部），專門用於導彈研究，這突出了美國迅速擴大的太空計

畫的軍事意義。美國政治和軍事領導人對美國相對於蘇聯的「導彈差距」懷有近乎偏執的恐懼，認為美國落在了後面。但其實，一九六〇年十一月甘迺迪當選美國總統時，美國可用的核子武器可能已經是蘇聯的十七倍有餘。

　　然而，此時比拚哪個超級大國的核武庫更大，基本上已經沒有意義了。一九六〇年代初，核武軍備競賽早已達到了被恰當地稱為「保證相互毀滅」[2]的水準。洲際彈道飛彈幾分鐘內就能把毀滅性的炸彈送達目的地。轟炸機和潛艇編隊都裝載了核子武器，一聲令下即可發射。危機也許會升級到按下核子按鈕的程度，偶發的事故都可能會引爆核彈，造成巨大破壞，例如說在一九五七年，一架美國轟炸機墜入一處存有三枚核彈的倉庫，差一點就毀掉東盎格利亞（East Anglia）。我們的世界只能面對這一現實。一九六一年十月三十日，蘇聯在北極圈以北的北冰洋新地群島（Novaya Zemlya archipelago）上空引爆了冷戰期間體積最大、威力最強的核彈，再次讓世人看到核子戰爭將造成的無法想像的破壞。那次爆炸的蘑菇雲直上四十英里的高空，進入了地球的平流層。爆炸的閃光在六百英里以外都能看到。這顆五十兆噸級的龐然大物破壞力大得超乎想像，據說比投在廣島和長崎的兩顆原子彈加起來的威力大一千四百倍，遠遠超出二次大戰中所有交戰方使用過的所有彈藥。

　　在那之前的三年中，柏林再次成為超級大國間緊張關係的焦點。一九四八年，史達林試圖把西方盟國趕出柏林，引發了一次重大危機。雖然柏林由四個戰勝國共同占領，但是柏林的位置卻在位處蘇聯控制區約一百英里的深處。西方盟國為打破史達林針對柏林的封鎖，執行了將近一年的「柏林空投行動」，直到史達林在一九四九年春天

2　譯者注：mutually assured destruction，縮寫MAD，恰巧是「瘋狂」的意思。

終於讓步。一九五八年，史達林的繼任者赫魯雪夫認為是時候再次在柏林問題上向西方盟國施壓，他這樣做是為了回應美國在西德政府的鼓動下，準備在西德部署中程核子武器的計畫，而美國的計畫本身又是為了回應蘇聯發射衛星和赫魯雪夫大肆吹噓自己的核武能力。

　　一九五三年史達林死後，克里姆林宮內部的權力鬥爭持續了兩年多。最後，赫魯雪夫力壓群雄，登上了蘇聯領導人的寶座。赫魯雪夫身兼部長會議主席和共產黨第一書記二職，等於包攬了國家總理和至為重要的黨主席的權力，成為蘇聯的最高領導人。赫魯雪夫是史達林一手提拔起來的（在歷次清洗中也起了作用），他出身窮苦，沒有受過多少教育，行為粗魯但頭腦機敏。他表面上隨和友好，但轉眼間就可能發怒。一九五〇年代中期，西方一度希望能跟赫魯雪夫領導下的蘇聯改善關係，減少緊張。但是，赫魯雪夫在外交事務中比史達林更難以預測。這增加了超級大國衝突迅速失控的危險。

　　柏林地位問題一直讓東德領導人和蘇聯如芒刺在背。西柏林好比蘇聯控制的大海中一個由西方管理的小島。西方占領軍有權進出東柏林（正如蘇軍巡邏隊偶爾也進入西柏林一樣，因為整個柏林城嚴格來說是由所有四個占領國控制的）。東柏林居民可以暢通無阻地進入西柏林這個展示西方繁榮的櫥窗。東柏林人不單是去西柏林轉一圈再回來，他們中間許多人在西柏林找到了工作，定居下來，享受了西德更高的生活水準。一九五三到一九五六年年底，有一百五十多萬東德人用腳投票，離開了東德。一九五七至一九五八年，又有近五十萬人加入了離去的人潮。如此大規模的人口外流打亂了東德領導層的經濟與政治規劃，也不利於維持東德這個抵禦西方資本主義的堡壘。除了經濟上的考慮，不久前還發生了一系列事情，諸如西德重建軍隊，加入北約，領土上還部署了美國的核武。此外，西方還在西柏林大肆從事間諜和宣傳活動（愈來愈多的東柏林人每天都透過從西柏林傳來的電

視節目，受到西方宣傳的影響）。赫魯雪夫認為是時候對現狀提出挑戰了。重啟柏林地位的問題就意味著重啟德國問題。

　　一九五八年十月二十七日，東德領導人烏布利希（Walter Ulbricht）在一次重要談話中宣稱，「整個柏林都位處德意志民主共和國的領土之上」，在它的主權範圍之內。此言完全與柏林作為受四個占領國共同控制的城市的地位不符。但烏布利希的談話顯然得到赫魯雪夫的首肯，因為僅僅兩週後的十一月十日，赫魯雪夫就在莫斯科宣稱，結束柏林占領的時刻已經到來了。十一月二十七日，赫魯雪夫向美、英、法三個西方國家發出了最後通牒，要它們在六個月內接受西柏林的非軍事化，就此結束它們的「占領政權」，否則蘇聯和東德就將採取單方面行動來完成這個目標。而那樣的話，作為占領柏林的基礎的戰時協議也將隨之作廢。

　　顯然，如果接受這個最後通牒，西方國家的力量將遭到嚴重削弱，而且不只在柏林。西方國家因此展開半妥協的外交活動（但實際上沒有做出任何讓步），艾森豪總統又邀請赫魯雪夫於一九五九年訪美，結果避免了雙方的攤牌。最後通牒規定的時限平安過去了，沒有任何動靜。一九五九年九月十五日，赫魯雪夫開始長達十二天的美國訪問。那次訪問儘管沒有產生實質性的成果，但兩個超級大國的領導人借此機會見了面，兩國間的冰冷氣氛也出現了短暫的升溫。

　　山雨欲來的危機暫時平息了下去。蘇聯之所以願意緩和中歐的緊張局面，原因之一是蘇聯跟中國關係惡化（毛澤東無視赫魯雪夫就是個證明）。然而，緊張局勢必定會重啟，因為有大批東德人越過邊界進入西柏林這個根源性的問題愈發嚴重。為阻止人口不斷西流，東德政權早在一九五二年就關閉了西德邊界。但是，東西柏林之間的邊界並未關閉，想去西方的人仍然可以由這條路離開東德。

　　此時，每天都有數百名東德人越過邊界。在高峰時期，像是一九

六一年四月六日一天內就有二千三百零五人從東柏林進入西柏林。離開東德的大多是年輕人，許多人是農民，他們為了逃避一九五八年六月開始的農業生產集體化運動而選擇西去。去西德尋求更好生活的人群中，還有大批技術工人、剛畢業的學生和年輕的專業人員，這樣的人才是東德損失不起的。一九六〇年，有大約二十萬人離開了東德。一九六一年人數可能還會增多。僅僅當年四月的一個月內就有三萬人越過邊界，一去不回。自東德從一九四九年十月建國到一九六一年八月，就有二百七十萬名東德人（占全國人口的一成五）離開社會主義東德，遷往西德。

　　一九六一年六月三日到四日，赫魯雪夫和甘迺迪在維也納首次會面。在兩人生硬的討論中，柏林問題是討論的中心。赫魯雪夫完全不把經驗不足的美國新任總統放在眼裡。當年四月，美國中情局為推翻古巴的共產黨政府策動了豬玀灣事件（Bay of Pigs Invasion），卻遭到慘敗，把甘迺迪弄得狼狽不堪。因此赫魯雪夫在會面中抓住了主動權，提出新的最後通牒。如果西方國家不同意把柏林變為「自由地」，宣布放棄進入柏林的權利，他就會把蘇聯在西柏林與西德之間的空中走廊享有的權利，全部移交給東德，迫使西方國家的飛機在東德領土上降落。甘迺迪並不畏懼赫魯雪夫的威脅，說如果赫魯雪夫堅持他的要求，那就等著爆發戰爭。

　　赫魯雪夫原本認為不太會爆發戰爭，但數週後，有報導說北約理事會同意採取軍事措施防止進入西柏林的通道被阻斷，這讓赫魯雪夫改變了想法。此時他才同意烏布利希三月在華約組織的莫斯科會議上提出的要求，決定封閉西柏林與東德之間的邊界。（其實，早在一九五二年，就有過阻斷東西柏林之間通道的計畫。）一九六一年七月二十四日，作為德國統一社會黨（東德的共產黨）領導機構的政治局決定展開適當的準備工作。八月初，華約組織成員國表示支持這項計

畫。八月十二日，烏布利希下令自當天午夜起關閉邊界。次日，八月十三日，東德先是沿邊界迅速立起帶刺的鐵絲網，不久後又改成綿延近一百六十多公里、高三公尺多的混凝土牆，沿牆修建了崗哨、布置地雷、安排警犬，衛兵受命射殺任何膽敢越過高牆兩邊「死亡地帶」的人。東西柏林之間的邊界就此封死，這一封就是二十八年。

西方的回應非常低調。事實上，西方國家都不想把事情鬧大。英國這個老牌帝國力不從心，想減輕占領德國帶來的財務負擔。法國也同樣捉襟見肘，它在阿爾及利亞的殖民地爆發嚴重危機，使它無暇他顧，而且它更是不願意（用法國國防部長的話說）「為柏林而死」。在西方國家中顯然占主導地位的美國也不想為柏林而戰。所以，西方除了提出意料之中的口頭抗議之外，並未採取任何實際舉措，只是在邊界關閉幾天後，美國副總統詹森和一九四八年空投行動的英雄盧修斯・克萊（Lucius D. Clay）將軍訪問了西柏林，象徵性地表達聲援。作為另一個象徵性的姿態，美國向西柏林派遣了一支一千五百人的作戰部隊，這支部隊沿西柏林的主要街道選帝侯大道（Kurfürstendamm）行進時，受到了西柏林人的熱烈歡迎。

但其實，華盛頓發出的訊號已經暗示了，只要蘇聯不採取行動改變西柏林的地位，美國就不會阻止它隔斷東柏林。七月底，甘迺迪總統向美國人民發表電視談話，宣布了關於柏林的基本政策：美國會保證西方盟國的駐留權、自由出入權、西柏林人民的自決權，但談話中隻字未提東柏林或東柏林的居民。甘迺迪承認蘇聯對中歐和東歐的安全應維持合理的關注（不過甘迺迪也說他將請求國會批准增加三十二億美元的軍費，主要用於常規部隊，這讓赫魯雪夫火冒三丈）。甘迺迪總統向他最親密的一位助手說，他可以動員西方聯盟來保衛西柏林，「但我不能為了保持東柏林的開放而這麼做」。美國國會參議院外交政策委員會主席傅爾布萊特（William Fulbright）在七月三十日

的一次電視採訪中表示，他認為東德人有權封閉邊界——這簡直就像是請東德放手去做。於是，和西方國家一樣不希望打仗的赫魯雪夫得以從這場他一手挑起的危機中全身而退。

一九六一年八月十三日關閉邊界的時機拿捏得恰到好處。那個星期天一早，柏林人一覺醒來，才發現東德工人在武裝衛兵的監督下，一夜之間就在全城立起了帶刺的鐵絲網。甘迺迪到中午才得知此事，當時已是柏林的傍晚。他和他的幾位主要顧問認為，儘管建起阻隔是可憎的行為，但總比打仗好。「這是個差勁的辦法，」甘迺迪說，「但是圍牆可比戰爭好得太多了。」美國國務卿魯斯克（Dean Rusk）也私下承認，關閉邊界「會使柏林的問題更容易解決」。

不出所料，其他西方國家也未做出強硬反應。英國駐柏林大使克里斯多夫‧史蒂爾爵士（Sir Christopher Steel）表示，他感到吃驚的是東德拖了這麼久才封閉邊界。法國駐柏林的部隊指揮官需要請示巴黎，但不可能立即接到指示，因為外交部大部分人在休假。法國總統戴高樂依然在科隆貝雙教堂村（Colombé-les-Deux-Églises）的鄉間別墅安然度假，八月十七日才返回巴黎。在英國，柏林邊界被封的前一天是「光榮的十二號」，每年八月十二日是英國上層階級捕獵松雞季節開始的日子，首相麥克米倫（Harold Macmillan）正在他的姪子德文郡公爵的約克郡領地享受打獵的樂趣，不能打擾。

兩個月後的一九六一年十月，柏林的一件小事突然毫無必要地鬧到了危險的地步，成為焦點事件。有一位美國外交官偕夫人去東柏林看戲，因不肯向東德邊防哨兵出示護照而被拒絕入境。作為回應，美國派遣了一隊士兵護送那位外交官進入東柏林，並在接下來的幾天擺出尋釁的姿態，下令手持步槍、子彈上膛的美軍士兵開著吉普車護送平民越過邊界。接著，強硬的克萊將軍把十輛美軍坦克調到查理檢查哨（Checkpoint Charlie）。蘇聯人以牙還牙，也調來了自己的坦

克，在離邊界一百公尺處一字排開十輛坦克。這場對峙中任何的擦槍走火都可能危及世界和平。不過，誰也不想因為這點小事就引爆核子災難。用英國首相麥克米倫的話說，這件事是「幼稚的胡鬧」。雙方領導人都清楚，此事必須降溫。甘迺迪總統決定，鬧得差不多該收場了。他給（同樣不想把事情鬧大的）赫魯雪夫發去電報，向他保證只要蘇聯撤退，美國也會撤。經過十六小時的對峙後，雙方同時後撤，開始時撤退的速度十分緩慢，但危機算是過去了。

在這之後，不僅柏林，而且德國以至歐洲都不再是冷戰的中心。此後近三十年的時間內，超級大國在歐洲形成了僵局，為此付出代價的是東歐人民，特別是東德人民。雖然柏林圍牆包圍了西柏林，但是真正遭到隔離的是東德的人民。他們被剝奪了在歐洲大陸旅行的自由，通訊方法被削減，許多人跟親友分離，遭受政府的嚴格限制和密切監視，無緣享受（他們從西方電視節目中看得到的）西德同胞迅速改善的生活水準。

自此，向西的人口流動戛然而止。如今，想離開的東德人若試圖越過邊界，就要冒著被開槍打死的危險。第一批槍殺事件中有一次發生在建牆一週年後不久，在西柏林引起了強烈不安。一九六二年八月十八日，十八歲的男孩彼得·費希特爾（Peter Fechter）在離查理檢查哨不遠的地方試圖逃往西柏林。他在攀爬到離西柏林前的最後一道鐵絲網，距自由只有一碼之遙時，倒在了一陣彈雨中。此時一家西德電視台的攝影人員正在拍攝一部關於柏林圍牆的紀錄片，當時恰好在場。他們拍下了那位男孩痛苦叫喊、垂死掙扎的畫面，而東德的邊防衛兵就在哨位上袖手旁觀。根據官方數字，柏林圍牆存在的二十八年裡，共有一百三十九人死亡，但其他的估計數字要多得多（第一個人死在柏林圍牆建起的一週後，最後一個死在它倒塌的六個月前）。

以上這些是柏林圍牆造成的最慘重的人的代價，但在政治層面

上，柏林圍牆產生了平息事態的作用。如果柏林危機繼續發展下去，很有可能引發核子災難，所有主要當事方都不能容許這種情況發生。誰也不想打仗。柏林圍牆雖然顯露出令人髮指的殘酷，但若是沒有它，東德經濟就會遭受無法承受的損失，因而動搖東德政治制度的基礎，而沒有東德，由蘇聯衛星國組成的整個東方陣營就岌岌可危。對此，蘇聯領導層不可能坐視不管。儘管柏林圍牆造就了悲哀的局面，但它不僅為德國，而且為整個中歐都帶來了平靜。

然而，接下來的世界形勢一度發展到至為緊張的地步，那是冷戰的四十多年間世界唯一一次來到核子大戰懸崖邊緣的關頭。這件事發生在距離歐洲數千英里外古巴附近的海域上，卻險些使歐洲陷入核子浩劫，這在在顯示超級大國間的衝突已經發展為世界範圍內的相互對抗。

危機的起因是赫魯雪夫於一九六二年十月決定在古巴部署中遠程和中程核子導彈。在整個危機期間，美國領導層始終認為古巴危機跟柏林問題有關，認為蘇聯意圖借此向美國施壓，迫使美國在西柏林問題上讓步，而這的確看起來是促使赫魯雪夫採取這一危險舉措的間接原因。赫魯雪夫一直耿耿於懷德國問題，他認為興建柏林圍牆實際上是社會主義東方的失敗，馬列主義在世人眼中丟了臉。不過，他也有別的動機。這位容易衝動的克里姆林宮主人深知蘇聯的遠程導彈能力遠遜於美國。美國設在英國、義大利和土耳其的軍事基地都部署了瞄準蘇聯的中遠程導彈，這讓他如芒刺在背。赫魯雪夫的部分考慮是要「以其人之道還治其人之身」，在距美國海岸不遠處部署導彈瞄準美國，好讓美國人恐懼不安。另外，赫魯雪夫似乎也希望借此維持蘇聯在古巴的威信（當時預想美國會再次試圖推翻古巴共產黨領導人卡斯楚），並在拉丁美洲推動更廣泛的革命。

對於有四十二枚中遠程核子導彈正在前往古巴的途中的這條驚天

消息，甘迺迪政府於十月二十一日做出回應，美國威脅要攔截蘇聯運送導彈的船隻，並同時下令美軍進入離戰爭僅差一步的最高核子警戒狀態。世界來到了大決戰的邊緣。甘迺迪和赫魯雪夫之間這場高賭注的邊緣博弈（brinkmanship）持續了整整一週。經過數日難以承受的緊張後，十月二十八日赫魯雪夫終於退了一步，下令把導彈運回蘇聯。全世界都鬆了一口氣。美國人可以聲稱自己獲得了勝利（儘管五角大廈一些魯莽的強硬分子因沒有動武而感到遺憾），但蘇聯人也並非一無所獲。甘迺迪公開保證不再企圖入侵古巴。他也同意撤除設在土耳其的導彈基地，當時這部分交易是保密的，因為設在土耳其的基地嚴格來說屬於北約，美國撤除基地是單方面行動。次年，導彈撤出了土耳其，隻字未提此舉與古巴危機的關聯。

　　冷戰期間，核子戰爭從未有哪個時刻比古巴導彈危機時更近在咫尺。誰也不能確知以後這種一觸即發的情況會不會再次發生。華盛頓和莫斯科都認識到了這點，這促使美蘇雙方領導人結束或至少限制瘋狂的軍備競賽。一九六三年，白宮和克里姆林宮之間建起了電話「熱線」（hot line），表明雙方都願意減輕緊張，避免局勢升級為核子衝突。一九六三年八月五日，美、蘇、英三國在莫斯科就《部分禁止核子實驗條約》（Nuclear Test Ban Treaty）達成協議，除地下核子實驗之外，條約禁止其他形式的核子實驗（法國沒有簽署該條約）。這只是小小的一步，但至少是個開始。

　　一年多一點後的一九六四年十月，赫魯雪夫在克里姆林宮的一次「政變」中被解除了權力。他下台的原因之一是他挑起了古巴導彈危機，損害蘇聯的國際聲望。他授權修建柏林圍牆也成為一條罪狀。赫魯雪夫下台後，冷戰少了一個難以預測的人物。取代他的是兩位新領導人：布里茲涅夫（Leonid Brezhnev）擔任蘇共中央總書記，柯西金（Alexei Kosygin）則擔任總理。克里姆林宮的權力轉移開啟了冷戰的

新階段。當然，未來還會發生緊張事件，但柏林圍牆的建立、古巴危機的緩解和赫魯雪夫的倒台，代表著冷戰最嚴重的緊張時刻已經過去。之後的一段時間內，歐洲在國際事務中風平浪靜。

與核彈共處：惶恐畏懼還是聽天由命？

近五十年後，歐洲史學巨擘霍布斯邦憶及「蘑菇雲的陰影」時說：「我們都處於一種神經質的歇斯底里之中。」這是一位知識分子的想法。此言在多大程度上能夠適用於歐洲的一般百姓呢？大多數人民是否處於長期的恐懼下，生活在「神經質的歇斯底里之中」呢？這個問題很難回答。

經過一代人的戰爭、流血、苦難和破壞後，無論在東歐還是西歐，大部分人最渴望的莫過於和平與「正常」。之前的幾十年間當然沒有正常可言。歸根究柢，正常意味著恢復以家庭與工作為中心的生活，享受體面的物質條件，免於最嚴重的貧困和不安全。隨著二次大戰的恐怖逐漸消退，新歐洲的輪廓開始在廢墟上成形，安全、穩定與繁榮成為大多數人心目中的頭等大事。人們開始盼望過上好日子。但是，現在兩個大國控制了歐洲，隔著把歐陸分成兩半的鐵幕彼此虎視眈眈，它們之間爆發核子戰爭的可能性給歐洲投下了長長的陰影。在毀滅一切的核武面前，歐洲人民完全無力抵抗。歐洲各地（和歐洲以外）的人們只能學會與核彈共處。有人惶恐畏懼，有人聽天由命。二者的理由都很充足。

當然，適應自身生存受到威脅這個新現實的方式因人而異，決定在每個人的自身處境、信仰觀念、社會階層、所屬國籍、地理位置和眾多其他因素。人們從政黨及其領導人、大眾傳媒與社會評論家，以及各級有影響力的個人那裡接受的訊息，尤其會影響他們的適應方

式。儘管很難一概而論，但一九五〇到六二年間看似存在著一個矛盾現象：在這段冷戰對抗最危險的時期，卻沒有太多反對核武的聲音。

冷戰最烈之際，反核運動仍處於萌芽階段，未能引起民眾的廣泛共鳴。總的來說，西歐國家的政府成功地灌輸民眾深刻的反蘇觀念，以及對美國相應的信任感，使民眾相信，這個被普遍視為西歐救星與西歐未來福祉保證者的國家，能為西歐提供安全。在英法這兩個新核武國家中，民眾也普遍相信本國擁有核武能產生威懾效果。因此可以說，西歐對核武的恐懼基本上是雙重標準的（此言或有誇大，但情有可原）。老百姓一方面害怕蘇聯的核武，但卻將北約（實際上是美國，還有英國和法國）擁有的核武視為安全的保證。反美情緒在一九五〇年代期間並不明顯，到六〇年代末才開始促進反核抗議運動的擴大，其中民眾對越戰的反應起了很大的作用。

娜拉‧拉斯特（Nella Last）是位六十來歲的下層中產階級已婚婦女，這位保守黨的支持者在英格蘭北部的巴羅因弗內斯（Barrow-in-Furness）過著安靜的生活，我們可以從她的日記中瞥見五〇年代早期一些英國人對核子戰爭前景的反應。一九五〇年元旦那天，她想到未來，心情沉重。她在朋友給她的一本美國雜誌上讀到一篇文章，裡面說一九五一年後戰爭將不可避免，還說「比起蘇聯正在研製的細菌彈」，原子彈簡直是小巫見大巫。她在報紙上讀到的、從電台廣播中聽到的、與朋友們聊天談到的事情，共同形成並確認了她對於方興未艾的冷戰的明確觀點。五月，對核武的威脅深感擔憂的娜拉聽說，斯德哥爾摩正在修建「二十多公尺深的防彈掩體」，因此擔心新的戰爭可能來臨，進而猜想人類在地下深處將如何苟且度日。六月末韓戰爆發時，她產生了一種「不祥的感覺」，擔心事態發展可能會「摧毀我們所知的文明」，也好奇鐵幕後面的蘇聯手中到底有哪些武器。她贊成西方採取行動「阻止共產主義的前進野心」。同月晚些時候，她參

加了民防訓練，看到人們試戴防毒面具，沮喪地聽說只要一顆原子彈就能毀掉巴羅因弗內斯，還聽到坐在她旁邊的一位男人悲觀地說：「早點完，早點死。」她最後寫道：「普通人無能為力，只能祈禱。」

近七月末，她覺得試爆「可怕的氫彈」是個凶兆，不知道美國是否會對朝鮮半島投擲原子彈（她說這會使史達林理直氣壯地說西方代表著「死亡和殘害」）。她認為，虛弱的英國無力影響美國的決定。接著她在日記中說，「如果真的發生了這樣可怕的事情，而蘇聯也有（原子彈），那麼很可能會天下大亂。前景不堪設想。」娜拉「深感恐懼人們會再次使用原子彈」，認為這個可能性正不斷增加，「沒有其他武器能抵禦這個可能性」。接近年底時，她「感覺到人類或世界各國有史以來從未遇到過如此困難的局面」，因為「史達林一定有了周密的計畫，要吞併歐洲，進而統治全世界」。她對蘇聯感到極度恐懼和焦慮，寫道：「與蘇聯相比，從前的德國簡直不算什麼了。」

然而，韓戰最激烈的階段一旦過去，娜拉在一九五〇年多次表示過的對原子彈的憂慮，似乎就煙消雲散了。也許她比同時代的許多英國人更加關心政治，不過，當韓戰的爆發令人憂心忡忡之時，她的觀點可能代表她那一代人和她那個社會階層的典型觀點。然而，我們也很難說她那種顯而易見的恐懼，是否也代表更廣泛的社會階層的感覺。重整軍備顯然在左派群體中激起了強烈的反對情緒。一九五二年三月，在野黨工黨的五十七名議員違背黨領導層的意旨，譴責英國重整軍備的計畫。同年秋天，英國試爆了自己的第一顆原子彈，工黨中的左派對英國擁核的強烈譴責開始急劇增加。一九五七年，英國試爆了破壞力大得多的氫彈時，工黨在此問題上似乎趨於分裂。一九五七年工黨年會上提出了一百二十七項呼籲裁軍的動議。激進左翼活動家比萬（Aneurin Bevan）領頭向工黨領袖蓋茨克（Hugh Gaitskell）發起了猛烈攻擊，也激烈批評工黨支持英國獲取核武威懾力量的立場。

然而，工黨領導層在絕大多數黨員的支持下，仍然堅決反對英國單方面進行裁軍。

　　一些英國聖公會的教士也發聲反對英國擁核。五十一名教士簽署了一份請願書，敦促英國人民拒絕英國擁有核彈，民眾卻置之不理。反對英國成為核武國家的只有少數人。一位前工黨議員承認，多數人對這個問題不感興趣。他們關心的是社會和經濟問題。至於核彈，他們就「集體聳聳肩表示無所謂」。

　　民眾當然覺得核彈可怕，但有總比沒有好，而且老百姓對此事反正也無能為力。不過，到了一九五〇年代晚期，人們對核彈的恐懼以及要求英國放棄核武的呼聲都開始加大。各種文學作品和電影會以直白或隱晦的方式表達這種焦慮感，但是一九六五年拍攝的電影《戰爭遊戲》（*The War Game*）被英國廣播公司（BBC）禁播，因為電影中描繪的英國遭到核武攻擊後的情景太陰暗、太恐怖，觀眾不宜。

　　到了五〇代末，大眾對核武的恐懼激起了第一批有組織的群眾反核運動。一九五八年二月，核裁軍運動（Campaign for Nuclear Disarmament）成立，支持者中有一些著名左翼知識分子和公眾人物，包括傑出的哲學家、長期反戰人士伯特蘭・羅素（Bertrand Russel）和著名的英國聖公會教士約翰・柯林斯（John Collins），他是倫敦聖保羅大教堂的教士，也是熱誠的和平主義者。次年，核裁軍運動在倫敦召開首次會議，要求英國施行單方面裁軍。與會者共五千人，主要是工黨的支持者。到一九五九年，核裁軍運動已經在英國各地建立了二百七十個支部。自一九五八年起，核裁軍運動每年復活節都會組織遊行，參加者愈來愈多，一九六二年據估計達到十五萬人。第一次遊行是從倫敦走到五十英里以外的奧爾德馬斯頓（Aldermaston）的核子研究基地，後來的遊行路線反向而行。參加遊行的主要是受過良好教育的中產階級成員，大多數都支持工黨。他們來自各個年齡層，三分

之二是男性，幾乎一半是基督徒，還有一半是堅定不移的和平主義者。

　　這些人之中有些是不諳世事的理想主義者。朵拉·羅素（Dora Russel，伯特蘭·羅素的第二任妻子）極力宣揚女權，為社會問題積極奔走。俄國革命給她的思想留下了不可磨滅的烙印。她會開著一輛撞得坑坑疤疤的宣傳車，打開後車廂為遊行者提供茶水。一九五八年的奧爾德馬斯頓遊行啟發了她，使她興起了跟東歐和蘇聯的婦女聯合起來共同組織一場和平活動的念頭。她六十四歲那年組織了「婦女爭取和平大車隊」（實際只有她那輛老舊的廂型車和一輛福特牌卡車），共有十九名婦女參加。她們的非凡遠征歷時十四個星期，途經中歐和東歐大部，最後抵達莫斯科。她們在那裡跟蘇聯和平委員會（Soviet Peace Committee）會面，由主人招待參觀了幾個事先定好的集體農場，然後乘火車返回英國。她們在倫敦舉行了宣講會，介紹這次史詩的旅行，然聽者寥寥。

　　一九六二年十月的古巴導彈危機期間，人們恐懼核子戰爭即將爆發的情緒最為強烈[3]，而這也代表著近二十年間核裁軍抗議活動的高潮。次年，幾個國家簽署《部分禁止核子實驗條約》之後，大眾對核裁軍的支持度也隨之下滑。核裁軍從來就是少數人的運動，當然有重大的意義，但它即使在工黨內部也從未獲得多數人的支持。大部分的英國人都明白，以為英國有了核彈就能在爆發核子戰爭時從美國手中獲得真正的自主權，這種想法是錯誤的。人們在古巴導彈危機期間的焦慮明顯表現出，他們知道若真的發生核子戰爭，英國無論有沒有核

3　作者注：在整個冷戰期間，我只有這一次感覺到這種恐懼。我當時剛上大學，十分擔憂英國未來會遭受核子攻擊，所以我想回家和家人團聚。幾天後，危機過去了，我的恐懼也隨之消失。

武都很可能成為被攻擊的目標。反對英國擁核的人因此說，擁有核彈就變得毫無意義。然而，大部分人卻不這樣想，大多數英國人都不贊成英國放棄自己的核武。他們把核武視為一種保障，一種威懾敵人的方法。幾乎所有人都認為攻擊最有可能來自蘇聯，至於英國何時會使用核武、能否不問美國的意見自行決定部署核武，很少有人對此提出疑問。人們普遍確信，英國可以依靠美國這個達成二戰勝利的盟國，這種感覺可能的確助長了民眾一定的自信，甚至是自滿。

　　不過，老百姓也不熱情支持英國擁核，大多只是無奈接受自己無力改變的事情，同時對未來抱持謹慎樂觀的態度。一九五九年有做過一次民意調查，其中一個問題是請答題者展望未來，預想一九八〇年會發生什麼事情，只有百分之六的答題者認為可能會爆發核子戰爭，百分之四十一的答題者認為蘇聯和西方屆時可能會「和平共處」。五年後，在一九六四年的大選中，僅有百分之七的選民把國防作為自己的優先關注事項。大部分人操心的是日常生計問題，不是動用核子武器的大決戰。

　　一九五〇年代及六〇年代初，在面對冷戰威脅的反應上，英國和西德在許多方面處於兩個極端。英國自認為基本上游離於歐陸之外，是二次大戰的戰勝國，依然是領土遍及世界的強大帝國，一九五二年更是有了自己的核子武器。至於西德無論在物質上還是心理上都因為二戰的慘敗而傷痕累累。此外，西德的國土還處於分裂狀態，（一九五五年以前）一直被外國占領，不能擁有自己的軍隊，卻又位處冷戰對抗的最前線。萬一超級大國之間發生戰事，它顯然就是戰場。如果雙方對抗失去控制，它也最可能遭遇核子浩劫。英國和西德兩國人民對核子戰爭危險的反應有相似之處，也有巨大的差異。

　　西德在戰後年代的風雲變幻中常常是風暴的中心，民眾因此對國際危機、對世界和平構成的威脅特別敏感。例如，一九五六年十月一

下子發生了匈牙利事件和英法兩國在蘇伊士運河冒險失敗的兩場危機，西德人深恐危機會引發戰爭，英國卻沒有多少人有此擔憂。英國民眾普遍同情遭到蘇聯血腥鎮壓的匈牙利人民，但一般並不擔心暴動會導致戰爭。英法聯軍和以色列軍隊入侵埃及儘管在英國民眾中造成了尖銳的意見分歧，但在入侵發生的時候，多數英國人還是表達支持（入侵行動失敗後就是另外一回事了）。相比之下，一九五六年十一月，西德人有一半以上擔心會爆發戰爭，且幾乎同樣比例的公共輿論認為，蘇伊士運河爭議若是沒有解決，蘇聯一定會說到做到，向英法發動火箭攻擊。一九五〇年代初，大多數西德人認為，從長遠來說，西方民主國家和東方共產國家無法和平共處。一九五一到六三年之間，受訪者有將近一半的人焦慮又一場戰爭的逼近，覺得恐怕會爆發新的世界大戰，且有三分之一的受訪者認為未來的戰爭中將動用核武。

法蘭茲・格爾（Franz Göll）就有這樣的擔心。格爾上了年紀，住在西柏林，屬於下層中產階級。他自己一個人住，日記是他傾吐心聲的唯一對象。一九五八年，格爾認為，「我們離第三次世界大戰僅有咫尺之遙，已經做好了準備，離戰爭爆發的時間可能以**小時**來計算。」他堅決反對在德國土地上部署核武，因為那將使德國在任何未來的戰爭中都成為被攻擊的目標，而且會限制德國在超級大國發生對抗時的行動選項。他並未因西德加入北約而感到放心，還擔憂會發生無法預測的事件，引得美國動用核武。他認為，武器儲存愈多，一有威脅「就愈容易按下核子按鈕」。因此，他認定軍備與核武對德國的安全是種威脅，不是保障。

雖然有這些明顯的焦慮，但在冷戰最危險的那段時間內，反核抗議在西德進展不大。一九五七年，包括魏茨澤克（Carl Friedrich von Weizsäcker）、哈恩（Otto Hahn）和海森堡（Werner Heisenberg）在內的十八位蜚聲國際的西德原子物理學家，連署了一封呼籲書，反對

新成立的聯邦國防軍（Bundeswehr）使用戰術核子武器（聯邦政府正在考慮這樣做）。他們的宣言引起了世界範圍內的回應，在西德國內卻反響不大。但儘管如此，在這次抗議的激勵下，在英國核裁軍運動力量的感召下，一九五八年初西德成立了一個領導西德反核運動的組織。支持這個組織的有西德社會民主黨內的一部分人、一些著名知識分子、幾位公眾人物和一些新教神學家。這個組織自稱為「反原子死亡」（Kampf dem Atomtod），主要代表有新教神學家尼莫勒（Martin Niemöller）、天主教知識分子科貢（Eugen Kogon）（兩人都曾在納粹集中營被監禁過），有西德最傑出的作家之一海因里希・伯爾（Heinrich Böll），還有古斯塔夫・海涅曼（Gustav Heinemann），他是新教教會的重要人物，也是重要的政治人物（他曾在艾德諾的第一屆德國基督教民主聯盟政府中擔任部長，但他是社會民主黨黨員，後來成為西德總統）。

　　關於核子武器的問題，西德新教教會內部分歧深刻，但還是積極參與了相關的辯論，天主教會的官方立場則是不捲入辯論。一九五〇年，身為科隆大主教的樞機主教弗林斯（Josef Frings）表達了天主教會的立場，宣稱拿起武器反對極權主義是一種道德責任。天主教會依然主張，有「正義戰爭」這回事，甚至可以在戰爭中使用核武。這個立場來自反抗納粹主義的經驗，不過現在矛頭轉向了天主教會眼中邪惡的蘇聯共產主義。一九五九年，一位名叫格朗德拉赫（Gustav Grundlach）的耶穌會教士發表了一種極端（甚至是荒唐）的觀點，說即使讓核子戰爭毀掉全世界，也比受邪惡的極權統治來得強（這個觀點遭到其他天主教撰著者的譴責）。

　　「反原子死亡」努力動員民眾反對新成立的聯邦國防軍取得核武，力圖促使盟國把核武撤離西德。一九五九年冬，新聞報導說德軍實驗了核武。於是就在一九六〇年，「反原子死亡」效仿英國核裁軍

運動組織的奧爾德馬斯頓遊行，在復活節那天舉行了反核示威遊行。接下來的幾年裡，參加反核遊行的人愈來愈多。到了一九六四年，德國幾乎每個大型城鎮都舉行了這樣的遊行，據估計共有十萬名公民參加。知識分子、神職人員、作家、藝術家、律師和工會會員在遊行隊伍中占據了突出位置，年輕人也非常踴躍。但是，主要政黨（德國基督教民主聯盟、自由民主黨和德國社會民主黨）和大部分媒體仍對反核運動抱有敵意。

鑑於政黨與媒體對公共輿論的強大影響力，反核抗議對大多數德國民眾沒有吸引力並不是件奇怪的事。民眾眼中的共產主義威脅近在咫尺，裁軍的提議顯然難以獲得人民支持。反核抗議運動起步時又恰逢赫魯雪夫挑起柏林危機。對大部分人來說，他們都擔憂衝突會升級，但卻並不因此反對核武。目前似乎不是冒險裁軍的時候。共產黨人在西柏林奪取了「反原子死亡」的領導權（雖然正式的西德共產黨在一九五六年已經被取締），這對爭取民眾支持來說只是在幫倒忙。「反原子死亡」運動成果甚微，曇花一現。要直到二十多年後，西德的反核運動才重獲新生。

法國是第二個獲得自己的原子彈的西歐國家，那裡的反核抗議運動也舉步維艱。一九五九年，法國在自行研發原子彈的問題上，公共輿論中贊成方和反對方平分秋色。保守派報業媒體贊同，左翼報業媒體則反對。後來幾年的民意調查顯示，愈來愈多的人贊成各國都應該裁減核武。但是法國擁有核彈被法國人認為是國威的象徵，是法國大國地位的表徵。一些重要人物反對法國擁核，但他們沒有多數民眾的支持。老百姓更加關心慘烈的阿爾及利亞戰爭，而不是法國是否應當成為核武國家。一九五九年，數百名作家兼公眾人物（其中包括沙特和西蒙·波娃）、學者、科學家以及宗教領導人，向一年前就任新成立的法蘭西第五共和國總統戴高樂發出呼籲，懇請他放棄核子實驗。

但是到了一九六〇年二月十三日，法國仍舊按計畫進行了第一次核子實驗。隔月的民意調查顯示，民眾對此事大多持贊成態度，約百分之六十七的受訪者認為擁有原子彈提高了法國在國際事務中的地位。然而，到一九六四年，《部分禁止核子實驗條約》（法國沒有簽署）締結一年後，反對法國建立核武防禦部隊的人數超過了支持的人數。輿論的分歧反映了法國國內在這個問題以及其他問題上的尖銳政治分歧。一九六〇年代中期，對於法國擁核，非戴高樂主義政黨持反對立場，保守政黨則表示贊成。

此時西歐大部分地區都出現一種相當普遍的模式，反核運動在受過良好教育的中產階級和極端左派中尤其獲得支持，但也會遭到政治當權派、軍方和大部分報業媒體的反對。通常的狀況下，主要政黨沒有一個會支持反核運動，荷蘭就是一例。荷蘭的工黨和保守黨派就同個鼻孔出氣，一同支持北約在荷蘭部署核武。天主教國家中，反核抗議會遭到教會反對，像是義大利就是這樣，那裡的天主教會支持執政的天主教民主黨的擁核政策，不過教宗若望二十三世一九六三年發布了通諭《和平於世》（*Pacem in Terris*），影響了全世界天主教徒關於戰爭與和平的思想，也促使義大利天主教會開始改變立場。

所以說，各國的反核運動都未能贏得大多數民眾的支持。民意調查就顯示，各國人民日益強烈地廣泛支持所有國家全面裁減核武，作為向此目標邁出的一步，也贊成禁止實驗核武。但是，要他們自己先裁減核武卻完全是另外一回事。

除英國與西德之外，最強烈支持反核運動的是希臘（這有些奇怪，因為希臘並無強大的和平主義傳統）。不過即使在希臘，反核運動也遭遇來自政治和軍事建制當局的阻撓。希臘反核人士同樣主要是受到奧爾德馬斯頓遊行的啟發。古巴導彈危機引起的憂懼促使大批人加入反核行列，尤其是學生。希臘的共產黨人也支持反核運動，但共

產黨在一九四〇年代晚期爆發內戰時就已經被取締了。保守派把持的政府在反核抗議運動中先是看到了革命的火苗，於是採行高壓措施予以鎮壓。一九六三年，政府不僅禁止了（模仿奧爾德馬斯頓遊行的）從馬拉松到雅典的遊行，還逮捕了二千名抗議者，打傷了數百人。但政府的所作所為產生的結果事與願違，人民對反核運動的支持不降反升。一九六三年那次被禁的馬拉松遊行中，唯一走完全程的是希臘無黨籍議員蘭布拉基斯（Grigoris Lambrakis，因為他是議員享有豁免權）。而當他死於右翼準軍事組織的謀殺後，足足有五十萬人加入了為他送葬的行列。次年，當局批准了馬拉松遊行，據估計，遊行最後階段的參加者人數達到二十五萬人。但是，希臘的反核運動依然缺乏有序的組織，也沒有明確的政治目標。它依賴共產黨人的支持，因此引起了許多希臘人的反感，此外它還遭受政治建制派和軍隊不遺餘力的反對。馬拉松遊行的確動員起了大批群眾，但我們不應誇大反核運動在希臘獲得的支持。在希臘，如同在所有的西歐國家，民眾對核武這種可怕的新武器意見仍不一致，但如果裁撤核武意味著可能落入蘇聯的統治，那麼大多數民眾還是贊成保留核武。

即使在中立國瑞士，人們對原子彈的恐懼也沒有自動轉化為對反核運動的支持。瑞士公共輿論同樣深受報紙的影響，而報紙反映的是政治建制派和軍方的擁核立場。為阻止瑞士軍隊配備戰術核子武器，瑞士人發起了一場基層運動，迫使政府舉行公民投票。公投結果顯示，有三分之二的投票者支持政府的立場。瑞士政府雖然在公投上取勝，但這個問題爭議太大，政府擔心會激起反對派的憤怒、造成分裂，所以最終還是沒給瑞士軍隊配備核武。

只有在丹麥和挪威，反對核武與政府政策相符而不相悖。為了防止政府取得核武或允許在本國國土上部署核武，這兩個國家都舉行了反核示威遊行。丹麥的抗議者基本上沒有遭遇多少阻力，因為所有主

要政黨都不贊成在丹麥部署核武。挪威也是一樣，國家議會拒絕了在挪威部署核武的提議，得到民眾的大力歡迎。但除此之外，挪威的反核宣傳由於缺乏明確的實際目標，獲得的支持相當有限。而在瑞典，在超級大國之間軍備競賽不斷升級的情況下，人們反對核武軍備的呼聲愈來愈高。打自一九五七年開啟關於核武的辯論後，瑞典人對本國製造核彈的支持度就急劇下滑，起初還有四成的瑞典人支持這項主張，但過了十年左右，反對者的比例達到了百分之六十九。到了一九六〇年代中期，瑞典政府已是堅定地致力於無核武防衛政策。

西歐每一個國家都曾發展過反對核武的運動，起初經常是受了英國核裁軍運動的啟發。英國反核運動的重點是要求各國單方面裁減核武，但在多數情況中，反核運動的目標是在全世界消除核武，並立即禁止核子實驗。這個訴求混雜了和平主義的理念，但遠遠不止於和平主義。反核運動在一九五七到一九六三年之間曾達到一波高潮，一九六三年各國締結《部分禁止核子實驗條約》之後，國際緊張得到緩解，反核運動也逐漸消退。核裁軍運動的廣泛影響顯示了和平運動的國際特點，但即使如此，占絕對主導地位的還是國家因素。一個國家在背景與文化傳統上是屬於「大國」，還是趨於中立不結盟的國家，這對該國國民的態度影響至深。另外，基督教會影響力的大小，左翼政黨所得到民眾支持的程度，國民的教育水準，大眾媒體出於支持執政黨政策的立場，而在煽動對共產主義的恐懼和破壞抗議運動中發揮的作用，這些因素也強烈影響著各國國民的態度。

我們難以估測西歐人民在這段時期內對核武到底有多麼恐懼、無奈和反對，更絕無可能清楚地了解東歐人民的真實想法。東歐人民不能公開表達對蘇聯在核武、冷戰和西方問題上的傾向的反對意見。東歐的公共輿論由蘇聯及其衛星國的領導層決定、操縱，用來打造對政府政策的一致支持。人民無法公開發表不同的意見，而且反正也寥

寥無幾。政府的宣傳無休無止，猛烈抨擊西方人是「帝國主義者」、「戰爭販子」和「法西斯主義者」，說他們虎視眈眈著蘇聯和其他社會主義國家的和平、民主及社會主義制度。這些宣傳中會使用誇大鋪張的辭藻，譴責「揮舞著原子彈」的美國人，蘇聯則「為了捍衛和平而時時刻刻保持警惕」。

　　一九四〇年代末，冷戰態勢加深，蘇聯陣營的這種姿態也隨之日趨強硬。到一九五〇年，蘇聯開始把自己描繪為一場規模浩大的國際運動的領袖，領導著人民大眾追求和平，拒斥「西方帝國主義者」手中核武的暴政。同年三月，主要出於會跟美國開戰的擔憂，一個由親蘇積極分子組成的名為「世界和平大會常設委員會」（Permanent Committee of the Partisans of Peace）的國際組織，在斯德哥爾摩開會制定綱領。這次會議產生出《斯德哥爾摩和平呼籲書》（Stockholm Peace Appeal），要求「無條件禁止核武」。接著該委員會又發起一場精心組織的大型運動，在蘇聯陣營的所有成員國以及蘇聯陣營以外的一些國家召開群眾大會，在工廠、作坊組織宣傳活動，甚至挨家挨戶拜訪，用這些手段來動員民眾，讓大家在支持《和平呼籲書》的請願書上簽名。

　　據稱，請願書收到了七十九個國家、五億多公民的簽名，其中四億人來自共產主義國家，其餘大多是別的國家中同情蘇聯的人。一九五〇年年底，有超過一・一五億蘇聯公民在請願書上簽名，約為蘇聯的全部成年人口。匈牙利宣布它共有七百五十萬國民簽名，但這是不可能的，因為它的全部人口（包括兒童）才只有九百二十萬。波蘭簽名的人數是一千八百萬，沒有簽名的十九萬人（有人說自己是因為生病或行動不便才沒有簽名）被指為「富農、城市投機分子……神職人員中的反動派和耶和華見證會成員」。只有自一九四八年與蘇聯決裂後一直受蘇聯詆毀的南斯拉夫另闢蹊徑。南斯拉夫的和平運動既譴責

西方國家的侵略，也痛斥「蘇聯帝國主義」對世界和平的威脅。

　　一九五三年史達林去世後，他那種對不同意見最嚴酷的鎮壓也隨之告終，但是，人民仍然不能公開明確反對政府的核武政策。一些重要的蘇聯科學家會在幕後提倡控制核武數量與裁減核武，有時當他們接觸了參與反核抗議的西方同行後，也會鼓起勇氣。但即使是高階的科學家也不能保證平安無事，例如核子物理學家沙卡洛夫（Andrei Sakharov）在蘇聯研發氫彈的過程中發揮了重要作用，但到了一九七〇年代，他卻因直言不諱批評蘇聯的人權狀況和蘇聯壓制人民自由而飽受迫害。一九六一年，沙卡洛夫在莫斯科的一場政府領導人和科學家的會議上表示反對恢復核子實驗，結果赫魯雪夫在全體大會上痛罵了他整整半個小時。

　　當然，在非公開會議上發表的反對意見沒有傳到公眾耳中。我們從一件事中可以窺見，在核武的問題上，政府的官方立場與民眾的觀點並不完全合拍。一九六一年，有三十一位反戰遊行者舉行了一次非同尋常的和平之旅，他們的旅途從舊金山開始，結束於莫斯科。在長達五千英里的旅程的最後一段，他們得到官方允許，穿行了蘇聯全境，途中經過眾多城鎮鄉村，所到之處都得到數百人的熱烈歡迎。然而，至於人們私下裡對核武軍備競賽升級有何想法，以及他們的憂懼有多普遍，就只能靠猜測了。

　　一個合理的假設是，多數蘇聯民眾的觀點與西方對蘇聯的恐懼一樣，只不過對象正好相反。蘇聯政府對西方「帝國主義」威脅的渲染、對美國和北約構成的核武危險的強調（經常是有根據的），以及人們遭受核子威脅的民防宣傳，這些可能助長了老百姓的焦慮。同時，我們有理由認為大部分民眾相信官方（與西歐的敘事觀點完全對立）的冷戰宣傳，他們也堅信強大的蘇聯能最好地保護他們不受北約的侵略。因此，蘇聯陣營的人民看到蘇聯展示軍事裝備和核武能力也

許會感到高興（西方卻視之為威脅），認為那是自己的安全保障，能抵禦來自西方，尤其是美國的威脅。

鐵幕的分隔造成了兩邊民眾對核子威脅態度的巨大分別，正如它在其他方方面面把歐洲分為兩半。但無論如何，核武造成的毀滅是歐陸兩半面臨的共同威脅。即使兩邊的民眾（或民意代表）反應不同，核子威脅都構成了他們日常生活揮之不去的大背景。在某些重要關頭，特別是一九六二年古巴導彈危機期間，核子威脅會驟然走到前台，但通常時間不長。不過，儘管收集與解讀證據殊為不易，但迄今我們了解到的情況顯示了，前面提到霍布斯邦關於民眾生活在對原子彈「神經質的歇斯底里之中」的說法，其實沒有足夠的根據。

毋庸置疑的是，幾乎所有人都支持限制軍備競賽，若能終止最好。大部分人也贊成所有核武國家都裁減核武，儘管單方面裁減核武要另當別論。一九五〇代末，氫彈可怕的破壞力已廣為人知，歐洲又發生了危險的柏林危機，因此，在英國發起的反核運動在幾乎每個西歐國家都開始強勁發展。然而，反核運動在任何國家都未曾贏得多數民眾的支持。反蘇宣傳與人們心目中的蘇聯威脅，還是足以確保西歐國家大部分民眾對本國政府冷戰立場的支持。在蘇聯陣營中，政權對輿論的控制更是杜絕人民對國家核子政策的任何質疑，同時又確保官方幾乎同聲致力於和平。宣傳機器不厭其煩地反覆渲染美國和北約危險的好戰野心，更反襯出己方的愛好和平。

在東方，據我們所知情況來看，民眾希望最好實現全世界範圍內的裁減核武，至少要做到限制核武。東歐與西歐的和平運動雖然組織結構不同，但都比較現實。在世界上完全消除核武是多數人的理想，但人們也明白，核武既然已經被發明出來，盼是盼不走的。核武是現實的存在，如果對它念念不忘，就會時刻擔驚受怕。所以，人們不願意多想發生核子大戰的未來，而是將其拒於腦海之外。他們照常過自

己的日子，對蘑菇雲的威脅有意識，但不會讓它支配自己的生活，更遑論讓自己陷入歇斯底里的狀態。人們慢慢適應了恐懼，對核子衝突的懼怕是一種隱性的存在，不是劇烈的煎熬（除了幾段短暫時期）。人們因此而能夠在恐懼中正常生活。恐懼產生的主要效果是造成了人們的宿命感，對於自己能否繼續生活在沒有核子戰爭的世界上聽天由命。一定有人甚至歡迎冷戰雙方都掌握核武，認為這才最有可能避免發生第三次世界大戰，但我們無法估計到底有多少人抱持這種觀點。至少在西歐，民眾一般還惦記著別的事，最明顯的是如何充分享受經濟蓬勃發展帶來的生活水準的大幅改善。

第二章

西歐成形

The Making of Western Europe

> 戰後並未實現大國在政治和經濟上的統一，反而出現了蘇聯
> 及其衛星國一個陣營，世界其他國家為另一個陣營的大分
> 裂。簡言之，出現了不是一個，而是兩個世界。
>
> ——查爾斯・波倫（Charles E. Bohlen），外交官，
> 蘇聯問題專家，杜魯門總統顧問，一九四七年八月

自一九五〇年代初開始，由於超級大國在朝鮮問題上的較量，以及核武破壞能力的可怕升級，歐洲的政治動脈開始硬化。東西歐在政治制度上自一九四五年就不可阻擋地漸行漸遠，隔閡現已擴大為無法彌合的鴻溝。

現代早期的旅行者眼中的歐洲從北到南一分為二，通常以東正教的勢力範圍分界。早在二次大戰之前，歐洲就清楚地分為比較繁榮、工業化水準較高的北歐與西歐，以及貧窮許多、以農業為主的南歐與東歐。但是，一九四五年後出現的分裂在性質上完全不同。戰後不久，鐵幕降下，隔開了東歐與西歐，它們的政治制度彼此對立、不可調和，意識形態互相敵視，而這意味著兩邊的經濟、社會以及公民心態的發展軌跡彼此迥異。

　　隨著那個時代日益遠去，東西歐的分裂愈來愈像是天方夜譚。當時西歐人對華沙、布拉格或布達佩斯等偉大城市不得其門而入，或東歐和中歐的公民無法去巴黎、羅馬或倫敦旅行的那種感覺，生在冷戰結束後的歐洲人即使在抽象層面上能夠理解，但卻也很難「感受」得到。歐洲不僅在土地上被分為兩半，而且從一邊穿越鐵幕來到另一邊，就等於進入一個完全不同的世界，人會因那裡陌生可畏的環境而產生混雜著焦慮與孤獨的疏離感。

　　冷戰確定了新的地理。中立國即使官方宣布不跟任何一個超級大國主導的防衛組織（北約和華約）結盟，實際上也難免被視為屬於「西方」（如奧地利或芬蘭）或屬於「東方陣營」（如南斯拉夫）。希臘和土耳其在地理位置上不屬於西方，卻被視為「西方」的一部分，而鄰近的巴爾幹國家則屬於「東方」。此時的西班牙和葡萄牙仍處於不合時宜的獨裁政權統治之下，但它們也被歸入「西方」，因為它們激烈反共，也因為它們作為連接大西洋和地中海的橋梁而具有戰略意義。

　　但鐵幕兩邊的陣營內部絕非鐵板一塊。歐洲儘管分為東西兩個陣營，但仍然是由民族國家組成的大洲。民族國家是政治組織與身分認同的公認基礎。在這個意義上，二次大戰雖然造成了前所未有的破壞，戰後新時代開始時卻一切如舊。這其中有一個重要的分別：東邊的民族國家大多在一戰結束後方才建立，經常是受了西方的啟發才發展出政治覺醒；西方民族國家則大多歷史較長，有的十分悠久。民族認同、歷史、傳統、文化與政治變遷塑造了大陸上各個民族國家，這些因素根深柢固，不會因超國家的結盟而輕易或快速淡化。例如說南斯拉夫成為民族國家僅有一代人的時間，但蘇聯怎麼也無法迫其就範。東方陣營中的其他國家，特別是波蘭與匈牙利，也很快表明，它們為維護民族利益不惜抗爭拚搏、反抗壓迫，拒絕對莫斯科俯首貼耳，即使它們最終不得不認識到，權力歸根究柢來自蘇軍坦克的砲

塔。蘇聯的軍事力量確保了任何針對蘇聯控制的挑戰，都注定會失敗。一九五三至一九五六年間，蘇聯對東歐的控制似乎有所鬆動，但之後又無情收緊，持續三十多年沒有再鬆手。

西歐民族國家各有特點，它們不久前的歷史以及政治文化的首要特徵，都決定了它們的政治發展遠遠不像鐵幕東邊的國家那樣步調一致。但即使如此，有某些特徵是超越國界的。戰間期造成不穩定的壓力已不復存在，只有令人不齒的一小撮頑固分子還抱著法西斯主義和國家社會主義不放。冷戰開始後，共產主義的革命理念對西歐民眾已經失去了吸引力，擁護革命理念的只有少數人，在義大利、法國和芬蘭相對較多，但在其他國家則可以忽略不計。

政治上的限制儘管在西歐不像在蘇聯陣營那麼公開，但依然存在，其主要成因就是冷戰，而把西歐各國團結在一起的一個重要因素，就是美國為了把西歐建立成堅固的反共堡壘而發揮的影響力。西方國家彼此間的紐帶透過北約這個防衛聯盟得到建立與加強，而北約在相當程度上就等同美國在歐洲推行外交政策的機構。無論西歐各國的政治制度有何差異，它們都因反共的意識形態團結在了一起。

飛速成長的市場經濟需求也推動西歐的政治趨向一致（見第四章）。的確，與東歐相比，西歐各民族國家的自身利益是超國家政治（supranational politics）面臨的一個重大障礙，因為超國家政治可能違背甚至壓倒國家主權。英法這兩個戰前「大國」和二戰的戰勝國對任何看似會威脅國家利益的事物，都尤其敏感。不過，西歐各國政府面臨的壓力其實都差不多，目標與政策多有共同之處。有些國家開始努力推動更大的一體化，或至少先從經濟層面開始。這樣的努力最終帶來了一九五七年的《羅馬條約》（Treaty of Rome），該條約創立了由法國、義大利、西德和荷比盧經濟聯盟的成員（荷蘭、比利時和盧森堡），組成的歐洲經濟共同體。

　　戰後的幾十年內，國際因素加上經濟壓力共同把西歐塑造為一個明確可辨識的政治實體，無論西歐國家之間有何分別，它們都奉行確立的自由民主原則，都建立在日益緊密交織的資本主義經濟之上，與美國的連結也比戰前密切得多。那些年間，歐洲西半部還發生了另一個引人注目的變化：民族國家告別了殖民國家的地位（只有葡萄牙多堅持了一會兒）。歐洲帝國主義因大戰而被迫退居守勢，但毫髮無損，曾睥睨天下的英法兩國無意放棄自己龐大的殖民地。但是，戰爭結束二十年後，它們失去了大部分的殖民地，只剩下幾塊小小的殘餘。殖民帝國轉眼間土崩瓦解，這意味著一個驚人的轉變，不僅對新獨立的國家來說，而且對前殖民國家的政治意識與國際地位都影響深遠。這狀況也意味著西歐注意力的焦點從此將放在鞏固自己的政治、經濟與文化特性上面。任何的擴張理念，無論是在海外開疆拓土，還是在歐洲蠶食鯨吞鄰國，都屬於一個已經逝去的時代。

鞏固民主

　　一九五〇年代時，歐洲西半部有七個君主立憲制國家（英國、比利時、荷蘭、丹麥、挪威、瑞典和希臘）、一個大公國（盧森堡）和十個共和國（奧地利、芬蘭、法國、愛爾蘭、義大利、瑞士、土耳其、西德、葡萄牙和西班牙，它們當中最後兩個國家的專制政權一直延續到七〇年代中期）。此外，還有幾個小型獨立國家：安道爾、列支敦士登與摩納哥是封建時代留下來的公國；小小的共和國聖馬利諾歷史悠久（一九四五到一九五七年之間共產黨曾經參政）；梵諦岡根據一九二九年的《拉特蘭條約》（Lateran Treaty）確立了獨立國家的地位。馬爾他一九六四年才擺脫英國統治獲得獨立。直布羅陀時至今日仍處於非正常狀態，算是英國附屬地。

　　在地理上，西歐僅僅是由民族國家組成的鬆散集合體，作為一個政治上的概念，它在冷戰前並不存在。西歐的形成是個漸進零散的過程，但到了一九四九年，它已逐漸發展成為建立在法治與國際合作基礎上的自由民主國家的集團。這個集團的成員為了共同利益，特別是防衛上的共同利益，在體制上結合在一起。西歐最早是因為堅決支持美國領導的反蘇聯盟而成形的，具體表現則為一九四九年四月成立的北約。

　　同年，有十個國家（比利時、丹麥、法國、愛爾蘭、義大利、盧森堡、荷蘭、挪威、瑞典和英國，除瑞典外均為北約創始國）共同組建了歐洲理事會（Council of Europe），旨在促進民主、人權與法治發展（其依據是聯合國一九四八年十二月通過的《世界人權宣言》）。僅僅一年後，希臘、土耳其、冰島和西德也加入了歐洲理事會。截至一九六〇年代中期，歐洲理事會又吸收了奧地利（一九五六年）、賽普勒斯（一九六一年）、瑞士（一九六三年）和馬爾他（一九六五年）。歐洲理事會的第一個重大舉措是在一九五〇年制定了《保護人權與基本自由公約》（*Convention for the Protection of Human Rights and Fundamental Freedoms*，該公約一九五三年得到批准）。[1]同年，理事會根據上述公約成立了歐洲人權法院，提供個人指控成員國違背公約時的訴訟場所。《保護人權與基本自由公約》想要建立一個基礎，以防止二戰期間對人類犯下滔天大罪的往事重演，且提供一個與蘇聯控制下的東歐迥然不同的社會與政治發展框架。

　　一九五〇年代到六〇年代前半段，在美國軍援和金援直接或間接的幫助下，自由民主制度在西歐大部分地區都牢固地確立了下來，這點非常關鍵。西歐在五〇和六〇年代非凡而持久的經濟成長，大大促

1　編按：俗稱《歐洲人權公約》。

進了個人自由，但如果沒有打下自由民主制度的基礎，個人自由就不可能蓬勃興盛。這清楚地說明了政治的首要意義。

　　然而，在西歐南部邊緣的大部分地區，民主要麼不存在，要麼就是在苦苦掙扎。但儘管如此，為了反共這個優先的目標，美國（和其他西歐國家）仍然支持著這些地方。雖說它們支持的是高壓政權，或只是口頭上空談民主的國家。

　　民主在南歐的孱弱是有原因的。土耳其、希臘、葡萄牙和工業化相對發達的西班牙在二戰前都曾名列歐洲最貧窮的國家（西班牙稍好一些）。財富一直集中在少數權力菁英手裡，以務農為生的大多數人口則生活在赤貧之中。即使有多元政治，也是恩庇式的。政治制度的主導權常常掌握在軍方手中，社會被不同的意識形態撕裂，爭奪政治權力的各方彼此敵視、不可調和。在南歐，政治上的暴力司空見慣，各種類型的專制主義大行其道，或僅僅隱藏在表面之下。葡萄牙和西班牙的天主教會也利用其巨大影響力，來支持高壓的右翼專制政權。二戰期間，希臘在德國占領下曾遭受巨大破壞，人民苦難深重，緊接著又陷入一九四六到一九四九年慘烈至極的內戰。土耳其、葡萄牙和西班牙在二戰期間曾靠著中立地位逃脫了戰爭破壞，但這三個國家長期以來一直處於某種形式的專制統治之下。一九二五年，凱末爾（Mustafa Kemal Pasha）建立了土耳其民族國家，自那時起，土耳其就是一黨專政。一九二六年，葡萄牙的軍方奪取政權，自此建立專制統治。一九三九年，西班牙的民族主義勢力則在慘烈的內戰取得勝利後，確立了專制統治。

　　西班牙的佛朗哥（Francisco Franco）將軍違逆歷史的大潮，建立了獨裁政權，但這並未阻止美國歡迎西班牙成為西方反共保護傘下的一員。在一九四〇年代中期，佛朗哥對內戰中與他為敵的社會主義者和共產主義者最猖狂的野蠻報復其實已經收斂了不少，但西班牙的極

度貧困狀態仍一如既往。布雷南[2]一九四九年回到他在內戰前居住的西班牙時，所到之處的極端貧困讓他怵目驚心。他發現，西班牙「腐敗衰朽，情況十分不堪，除了靠黑市發財的少數人以外，所有人都期盼改變。但革命鬧不起來。警察和軍隊一直嚴陣以待，他們是這個搖搖欲墜的政權中唯一堅實可靠的力量。」在國家團結的光鮮表面下，西班牙依然分裂嚴重。特別是在加泰隆尼亞、阿斯圖里亞斯和巴斯克地區這些工業區，內戰中落敗的左翼勢力憤恨難平，但在有少數統治階層、經濟菁英、天主教會和龐大的軍官團撐腰的反動獨裁政權的鎮壓下，左翼勢力只得被迫就範。西班牙曾想加入北約，但因為其他歐洲國家左翼勢力的反對，而無法如願。但美國仍在一九五三年與西班牙達成協議，以軍事援助換取在西班牙設立海軍和空軍基地。一九五〇年代末，西班牙加入了世界銀行（World Bank）、國際貨幣基金組織（IMF）和關稅暨貿易總協定（GATT），開始走向經濟自由化，也認識到了旅遊業的巨大潛力。從那時起，有錢的北歐人開始來西班牙度假消費，享受這裡的明媚陽光。

　　西班牙那日漸不合時宜的專制政權暫時還能跟經濟的高速現代化共存，並從中受益，但氣數已盡。到了一九六〇年代晚期，隨著經濟成長率的飆升，傳統上支持專制政權的內地鄉村地區開始衰敗，因為勞動力流向了城市和更加繁榮的經濟行業。即使在專制政權的壓迫下，產業工人討價還價的力量也有所提高，工人們一旦認識到這點，態度就強硬了起來，開始挑戰專制政權的嚴格管控。

　　葡萄牙是西歐最貧窮落後的國家之一，自一九三二年起，掌權的就是曾在科英布拉大學教授經濟學的薩拉查（António de Oliveira Salazar）。堅持對葡萄牙民族的信念、強烈反共產主義、熱誠致力於

2　譯者注：布雷南（Gerald Brenan），英國作家，西班牙問題專家。

傳統天主教價值觀、決心維護廣大的海外帝國（葡萄牙是最老牌的帝國主義國家）──以上這些都是薩拉查政權意識形態的基礎。由於薩拉查政權致力維護它嚴厲控制下的帝國，美國因此很難去支持這樣的一個政權。但最終，冷戰的大業壓倒了反方的意見，葡萄牙還是獲得馬歇爾計畫的援助，一九四九年又成為北約的創始國。葡萄牙能夠加入北約的關鍵是因為亞速群島在新興的冷戰中對美國而言的戰略意義，在亞速群島擁有軍事基地，對美國來說非常重要，所以美國雖然在原則上支持六〇年代初非洲興起的反殖民運動，但卻也當作沒看見葡萄牙鎮壓安哥拉起義的行徑。

一九四七年，杜魯門總統頒布了保衛「自由國家」不受共產主義荼毒的「杜魯門主義」，宣布美國承諾向希臘和土耳其提供軍事援助與財政援助，這是促使土耳其的菁英走向民主和經濟自由化的有力誘因。一九五〇年，土耳其加入了歐洲經濟合作組織（OEEC），獲得馬歇爾計畫的援助，也成了歐洲理事會的一員。一九五〇年，土耳其率先派遣部隊參加進入朝鮮半島作戰的「聯合國軍」，這為土耳其兩年後加入北約鋪好了道路。土耳其成為北約成員國讓土耳其人舉國歡騰，因為這意味著一旦蘇聯來犯，西方必將提供軍事支援，也確保了源源不斷的美國金援。

不過，一九四六年土耳其施行的多元政治制度只是表面上的民主。一九五〇年代晚期，隨著經濟困難日益加重，土耳其政府愈來愈褊狹保守、鎮壓異己，直到一九六一年軍方政變推翻了政府。雖說多元政治不久後就得到恢復，但軍方的影響力依然是無時不在的威脅，十年後軍方又發動了另一場更加右傾、強烈反共的政變。土耳其在民主方面的表現不佳，但它的戰略位置確保了美國的強力支持。

希臘兩極分化嚴重，非常窮困，但跟土耳其一樣，在北約的冷戰防禦戰略中占有關鍵位置。希臘高度依賴美國的大量援助，強烈反共

的希臘軍隊和安全部門也得到了美國中情局的支持。希臘複雜的國內政治會受以下因素的強烈影響，包括社會主義左派（此時共產黨已經被查禁）與保守右派的深刻分歧、希臘與土耳其的宿仇（雖然兩國關係在一九五〇年代已經有改善），以及英屬賽普勒斯殖民地的持續緊張局勢（賽普勒斯的多數人口贊成跟希臘結盟，占少數的土耳其族裔卻要求分治）。因為希臘政治領導人激烈反共，所以美國支持希臘的議會制度，但該制度缺乏透明、貪腐盛行，導致一九六〇年代中期政府十分不穩。最後，軍方領導人於一九六七年發動政變，因為他們擔心定於當年舉行的選舉會讓希臘往左翼傾斜，打開共產主義影響政局的大門。

　　然而，除了西歐南緣那些在政治、經濟和社會上落後的國家之外，自由民主的政府形式在一九五〇年代已空前牢固地確立為人們普遍接受的社會框架。各國民主的特點各不相同，這原本不可避免，像是有些民主政體，特別是英國、法國、斯堪的納維亞國家、低地國家和瑞士，民主源遠流長，還有些國家的民主曾經因為德國占領而中斷，但仍然根基牢固。不過，對歐洲的未來至關重要的是，一九五〇年代期間，民主在前軸心國，包括義大利、奧地利和西德變得強固，而過去就是它們摧毀了歐洲的和平。

　　這是一個重大的進步，無論是與戰間期那段騷動不安的時期相比，還是與二戰剛結束的那幾年相比。戰後初期，巨大的政治動亂仍不可避免地持續肆虐，在當時，我們無法確定政黨改革和多元政治的恢復將導致何種結果。起初，看起來左派借戰時抵抗納粹的英名可能會壯大他們的聲勢，但隨著鐵幕降下，保守政黨普遍獲得了更多的支持。直到一九六〇年代中期，保守主義在西歐大部都占了上風。

　　在保守派主導的普遍格局中，斯堪的納維亞是一大例外。那裡的社會與政治發展的獨特形式在戰前即已確立並且進一步深化，戰爭僅

只打斷了這個發展進程，但並未使之徹底終結。大戰之前，受共同利益的驅動，勞資雙方之間以及工人政黨和農民政黨的政治代表之間都願意建立合作的基礎。戰後幾十年內，協商一致程度較高的政治得到了維持。斯堪的納維亞與歐陸大部分地區在地理上相距遙遠，這也許幫助形成了它的例外主義的文化基礎。北歐的人口較少（一九五〇年，整個斯堪的納維亞地區的居民總數只有二千萬左右），大城市中心和工業中心不多，這也有助於加強社會凝聚力。但最重要的是，斯堪的納維亞模式非常有成效。瑞典、挪威和丹麥的國內情況當然各不相同，但是，在維繫著政治共識的妥協精神的幫助下，斯堪的納維亞從歐洲一個相對貧窮的地區，搖身一變成為最繁榮的地區。這段旅程中的重要一步是一九五二年成立的北歐理事會（Nordic Council），這使該地區國家的公民無須護照即可自由跨國通行，並為共同勞動市場打造了框架（一九五五年芬蘭也加入了共同勞動市場）。或許就像別處一樣，斯堪的納維亞的繁榮得益於戰後遍及全歐的非凡經濟成長，但北歐的發展有一個特點（各國又各自有別），那就是廣泛的社會服務與福利網，而這個網絡需要倚靠高稅收來維持，並由穩定的政府來推行。斯堪的納維亞各國與戰後歐洲比較普遍的情況不同，主導政府的是社會民主黨，而不是保守黨。

　　芬蘭的情況則不完全一樣。它緊鄰蘇聯，故此不得不小心翼翼，在跟其他北歐國家合作的同時（和瑞典一樣）也嚴守中立，不加入西方陣營（芬蘭並沒有加入北約，並要到一九八九年才加入歐洲理事會）。[3]大戰結束後的頭幾十年間，芬蘭一直是斯堪的納維亞地區最貧窮的國家，選民基本上分為四大陣營（社會民主黨、農民黨、共產黨

3　編按：二〇二二年烏俄戰爭後歐洲情勢大變，芬蘭也在二〇二三年四月正式加入北約。

和自由－保守黨），政府不穩定（一九四五到一九六六年換了二十五屆政府），選民中共產黨人的比例很高，達到百分之二十。這與瑞典形成了鮮明對比，瑞典共產黨贏得的選票不超過百分之五，可以忽略不計，相反的，得票率占百分之四十五的社會民主黨一直是戰後占支配地位的政治力量。由於蘇聯的壓力，芬蘭的社會民主黨在一九六〇年代中期前在政府中幾乎不起作用。但即使如此，芬蘭還是逐漸地、不可阻擋地進入了西方的軌道。芬蘭的社會經濟制度與其他北歐國家日益接近，開始從貧窮的農業國轉變為技術先進、生活富裕的國家。

位處歐洲西部邊緣的愛爾蘭在某些方面也是歐洲政治發展大勢中的例外。與通常的情況不同，決定愛爾蘭民眾政治歸屬的不是階級因素。特別在愛爾蘭南方，其政治局勢反映了一九二二至一九二三年內戰帶來的影響。在意識形態上，主要的執政黨共和黨（Fianna Fáil）和主要的在野黨統一黨（Fine Gael，它靠著與小黨聯合才有過幾次短期執政）分別不大。獲取政治權力經常靠地方贊助和家族關係，而不是明確的政治主張。愛爾蘭也有工黨，但它和最強硬爭取愛爾蘭統一的新芬黨（Sinn Féin）一樣，只有少數人支持。愛爾蘭共和國最明顯的特點是天主教會在政治與社會中的支配地位，絕大多數老百姓對此也欣然接受（愛爾蘭民眾參加教堂禮拜活動的比例遠超任何其他西歐國家）。在這個仍以農業為主的國家中，天主教會對社會福利、教育和公共道德影響至深。儘管愛爾蘭自一九五〇年代中期起開始採行刺激經濟的新舉措，但它仍然是歐洲的落後閉塞之地。

在北愛爾蘭，與愛爾蘭的分治是決定政治與社會生活的關鍵因素。阿爾斯特省（Ulster）六個郡的人口沿著幾乎可與種族隔離相比擬的嚴格界線，分為新教徒多數和天主教徒少數，前者對英國國王的忠誠從堅定發展為狂熱，後者在住宅、教育、就業以及大多數其他生活領域中則備受歧視，他們認同國界另一頭的愛爾蘭共和國，把對未

來美好生活的希望寄託在共和國身上。在北愛爾蘭，阿爾斯特統一黨（Ulster Union Party）在選舉中百戰百勝，總能贏得三分之二以上的選票，因而確保新教徒在省內一貫的統治地位。直到一九六〇年代中期之後，形勢瞬息萬變，日趨動盪，新教的統治力才開始減弱。

然而，在西歐大部分地區，民主的鞏固態勢還是以比較常見的社會主義與保守主義之分為基礎。大戰甫一結束，二者便已涇渭分明。一九四〇年代末，西歐各國共產黨在冷戰的影響下失去了民眾的支持，因此，實際上代表社會主義的是主要以產業工人階級為基礎、支持多元民主的社會民主黨。保守主義的代表通常是基督教民主黨，它在各國的具體表現形式或有不同，但都高度重視傳統的宗教價值觀。西德的基督教民主黨有意識地努力超越戰間期造成極大破壞的狹隘教派政治。而在荷蘭，戰前「支柱化」（pillarized）的次文化（天主教、新教和社會主義）延續到了戰後，所以，天主教人民黨所代表的基督教民主黨的活動依然不出教派支持的範圍。義大利的基督教民主黨則又不同，這個國家沒有重大的教派分別，所以基督教民主黨透過天主教的組織網絡，主要靠訴諸天主教社會與道德價值觀和堅決反共（外加政治施恩），在農村和城市中產階級建立了可觀的群眾基礎。基督教民主黨與它意識形態方面的某些前身不同，它無論採取何種形式，都毫不含糊地致力於民主原則，願意接納（並操縱）社會變化，而不是予以抵制。按選票來算，左派和右派的支持度經常相差不多，但是，從一九五〇年到一九六〇年代中期，各種形式的保守政黨依靠它們在戰後復甦早期制定的綱領，一般都能勝選。

大戰期間與大戰方休的時節，天下大亂，人民顛沛流離、苦難深重，民眾普遍渴望能過「正常」生活、和平安寧、安居樂業，人們因而更加支持保守主義。對大部分人來說，穩定壓倒一切。冷戰方興未艾，內部穩定是每個西歐國家的重中之重，政府將維穩作為關鍵目

標，為此願意支持福利改革，將其視為保持穩定的前提。一個良性的循環就此形成，穩定給予人民安全感，而這種安全感又是穩定進一步得到加強（和保守派繼續成功）的基礎條件。在一些經歷過德國占領的國家中，那段歷史留下了深深的積怨，這些國家的政治制度不是戰後新建立的，就是經歷了徹底重建。這些國家要走向穩定需要某種程度的集體失憶，需要人們肯著眼當下的穩定與繁榮，而不再糾纏痛苦的過去。

但僅靠這些強烈的願望也許還不足以過上「正常」的生活，更重要的是那些年經濟空前成長（見第四章）造成的前所未有的繁榮。大多數人的物質生活水準迅速提高，因此願意維持看來十分成功的現行做法。建議另闢蹊徑的政黨因此很難贏得支持。但這一切到了一九六〇年代中期，情況生變，起因是人們對權威的尊重日益削弱，尤其是在戰後出生的年輕一代當中，還有個原因是堅定支持基督教民主黨的教會不再擁有過去的影響力。

保守主義在西歐自由民主的鞏固過程中獲得成功的根本原因是冷戰。一九五〇年代初，冷戰有助於維持政治穩定，西歐各地對共產主義的支持基本上都日趨式微。其主因是美國倡議的西方反共宣傳抓住了史達林主義在東歐的高壓統治，以及民眾對共產主義擴張的恐懼。雖然說西歐任何國家的反蘇情緒都沒有達到美國那樣偏執的程度（例如說一九五〇年代期間，美國參議員麥卡錫發起的獵巫行動，使得美國人懷疑「床下藏著赤色分子」的歇斯底里情緒達到高潮），但激烈的反蘇情緒還是幫助鞏固了西方的自由民主。此外一九五〇年代初的韓戰也加劇了西歐的反共情緒，各類保守黨因之民望大增，成為反共的主要受益者，比較溫和左傾的社會民主黨也加入了完全拒斥蘇聯共產主義的行列。

英國跟多數西歐國家一樣，也轉向了保守主義，從一九五一到一

九六四年，英國政府一直由保守黨執掌。但儘管如此，英國在許多方面還是跟其他西歐國家不同。在歐洲的交戰國中，英國是唯一逃脫了敵人占領的國家。英國是大戰的戰勝國，雖然大戰結束時它也筋疲力竭、瀕臨破產，但它的政治、經濟與社會制度均完好無缺。戰爭造就了英國空前的國家團結，至少暫時克服了深刻的階級分歧，全國上下都因戰勝了納粹主義而驕傲自豪。英國王室深受愛戴，英國的議會民主制得到幾乎全體國民的支持。英國「簡單多數當選」（first-past-the-post）的制度與大多數西歐國家的比例代表制不同，對小黨極為不利，容易產生執政黨在議會中占相當優勢的穩定政府。

事實上，即使保守黨和工黨在得票上幾乎平分秋色，選舉還是能夠產生清楚的勝選者。一九五〇到一九六四年間的五次大選中，保守黨的得票率在百分之四十三‧四到四十九‧七之間，工黨的得票率在四十三‧九到四十八‧八之間。其餘的選票大多投給了自由黨，這個曾威風一時的大黨現在只剩下百分之九左右的選民支持（一九五一年甚至降至百分之二‧六）。極端政黨則在英國選舉中無足輕重，即使在一九三〇年代，法西斯主義在英國議會大選中也是毫無斬獲，現在更是被完全唾棄。共產黨也幾乎得不到任何選民支持，像是一九五〇年的選舉中，共產黨推出了一百名候選人，可他們的平均得票率不超過百分之二。所有這些因素都大大幫助了英國政治的持續穩定，並確保只會調整政策，不會劇烈變革。

一九五一年，保守黨勝選，近七十七歲高齡的戰時英雄邱吉爾重登首相寶座，這讓許多英國人感到放心。新上台的保守黨政府並未與前任工黨政府的政策決裂，例如說保守黨人高度重視社會和諧，對強大的工會（成員近一千萬人）持妥協和解的態度。他們沒有試圖全面扭轉前任工黨政府推行的產業國有化，僅僅在一九五三年施行了鋼鐵工業和公路貨運的非國有化。新政府仍維持福利國家制度，增加國民

保健服務開支，並進一步擴張住宅建築計畫。一九五四年，新聞記者甚至創了個新詞「巴特茨克主義」（Butskellism），指前工黨財政大臣蓋茨克（Hugh Gaitskell），與繼任的保守黨人巴特勒（R. A. Butler）推行的經濟政策高度一致。外交和國防政策也延續未變，工黨執政期間開始的帝國收縮政策繼續進行，愈來愈多的非洲和亞洲殖民地開始轉為自治自主的英聯邦成員。無論是對韓戰、對北約、對建立「獨立核子威懾能力」，還是對美國的關係，英國的承諾均維持不變。保守黨也完全延續工黨的立場，敬而遠之歐陸朝著一體化邁出的初步試探性步伐。英國仍然自詡為在世界事務中舉足輕重的大國，它與大西洋彼岸的關係比跟英吉利海峽另一邊的關係要重要得多。

　　英國保守黨政府雖然不願意承認，但它其實是戰後工黨政府被迫施行的撙節政策的受益者。到一九五〇年代初，經濟狀況明顯好轉，貿易條件對英國有利，英國不再需要透過大量出口來購買進口商品。一九五五年，國民收入比一九五〇年高了百分之四十，配給制度終於結束。所得稅的標準稅率降到百分之四十二・五，並在往後二十五年內保持不變。整個一九五〇年代期間，經濟蓬勃發展，消費品日益豐富，至關重要的民眾「幸福感」得到了維持。借此東風，保守黨在一九五五和一九五九年的選舉中勝選。首相麥克米倫在一九五九年選舉的三個月前恰當地捕捉到了公眾的樂觀情緒，聲稱英國的繁榮史無前例。他在一九五九年七月的一次演說中宣布：「實話實說，我們大部分人民的生活從來沒有像今天這麼好過。」

　　然而，到了一九六〇年代初，經濟問題開始增多，工資控管引起了民眾不滿，政府還被陸軍大臣普羅富莫（John Profumo）的性醜聞弄得焦頭爛額。一九六三年一月，法國總統戴高樂拒絕了英國延宕數年終於提出的加入歐洲經濟共同體的申請，更讓英國民眾覺得政府懈怠無能。一九六四年，工黨在足智多謀的威爾遜（Harold Wilson）的

領導下以極小差距贏得了選舉。威爾遜的作風親民，似乎能帶領國家走向未來，而不是回到過去。十三年的保守黨政府就此結束，英國進入了一個新的、更加動盪的階段。

英國的保守主義源遠流長，與歐陸上許多國家的保守黨不同，後者依靠的是具有明顯宗教色彩的理想，比較重要的保守黨更是明確致力於「基督教式的民主」。事實上，基督教民主黨的成功是戰後早期西歐各國內部政治最重要的發展，一九五〇年代比較穩定的形勢也為基督教民主黨鞏固其初步成功提供了框架。

一九五〇年代期間及六〇年代初，比利時、盧森堡、荷蘭、瑞士、奧地利、義大利和西德的基督教民主黨（在有些國家名異而實同）在政治中發揮了重要作用，且經常是主導性的作用，雖然方式不盡相同。而到了六〇年代中期，基督教民主黨的主導地位才普遍開始減弱。瑞士政府的運作比較複雜，因為各行政區居民的地方忠誠感很強，而且經常舉行民眾直接參與的公民投票（這造成了政黨間的政治妥協與合作，總的來說有利於保守主義）。上述國家的選舉制度以比例代表制為基礎，一般都是聯合政府。例如，在荷蘭，天主教、社會民主和自由－保守三種次文化作為傳統「支柱」一直並肩矗立，到一九六〇年代中期才開始減弱，所以，政黨願意跟競爭對手合作，以確保穩定及有效施政。

比利時在語言上分為法蘭德斯語區（Flemish-speaking）和法語區，「支柱化」次文化於是更加複雜。因此，社會黨與基督教社會黨兩大政黨之間達成妥協就比較困難，而且不斷發生激烈衝突。至少在戰爭剛結束的那些年，王室本身也不能團結國民。老百姓對國王利奧波德三世大戰期間的不光彩表現耿耿於懷，人們指控他對德國占領者過於友好，甚至說他犯了叛國罪。利奧波德結束流亡從瑞士返回祖國時，民眾還舉行了大規模罷工以示抗議，他在公投中獲得的支持票也

僅僅勉強達到多數。於是在一九五一年，利奧波德宣布退位，由他的兒子博杜安（Baudouin）繼位。在這個問題上，選民的態度因地而異。在社會黨占統治地位的瓦隆（Wallonia），只有百分四十二的選民支持國王，而在基督教社會黨的大本營法蘭德斯（Flanders），國王的支持率達到了百分之七十。博杜安在國王位子上一直坐到他一九九三年去世。他做到了他父親沒能做到的，成了國家團結的象徵。比利時總算是沒有分裂，但歸根究柢，這個國家的兩半部留在一起比各走各路更加有利，特別是在經濟日益繁榮之後。不過，不同語言間的敵對在後來數十年間仍將繼續影響比利時政治。

在奧地利，為了確保給希特勒製造了可乘之機的嚴重分裂不再重演，尤其就需要各方妥協合作。一九五〇年代期間和六〇年代初，在選民的支持方面，走基督教民主路線的奧地利人民黨（這個保守黨的前身是戰前的基督教社會黨）和社會黨平分秋色。包括共產黨在內的其他政黨都無足輕重，納粹黨當然已不復存在，許多前納粹分子對自己不光彩的過去都祕而不宣，數次大赦也讓他們得以徹底隱藏自己過往的惡行。除了在納粹時期犯下了最嚴重罪行的人，所有奧地利人都能得到大赦，特別是因為國際上正好把奧地利視為希特勒的「第一個犧牲品」，而既往不咎一九三八年德奧合併時奧地利人對希特勒的熱烈歡迎，以及他們後來是如何全力參與納粹政權。一九三〇年代期間，奧地利不同政治黨派曾彼此視如寇讎，導致了一九三四年的一場短期內戰和準法西斯專制國家的建立（以一九三八年德國入侵告終）。戰後，奧地利政治超越了那種嚴重的敵意，這是一個關鍵成就。

一九四七到一九六六年，奧地利政府由兩大政黨的「大聯盟」執掌。在這個雙頭馬車制中，信奉基督教民主的右派和堅持社會民主的左派瓜分了政府各部委和公共行政部門，按照各自獲得的（幾乎同樣的）支持比例來分配官員名額。這不可避免地導致了一種恩庇政治。

只要對黨忠心，就能一路綠燈，獲得地位、晉升、住宅、工作、生意許可證和眾多其他好處。這樣的制度行之有效。因為經濟成長，生活改善，所以人們願意儘量避免勞資爭端，以免打破現狀。奧地利在地理上緊鄰共產主義東方陣營（它對自己的部分國土一直被蘇聯占領到一九五五年記憶猶新），這也使人們不願另生枝節。奧地利脫胎換骨，從一九三〇年代中歐的動盪離亂之地，搖身一變成了民主的牢固柱石。

一九四〇年代末，天主教民主黨在義大利政治中脫穎而出，成為最大的政治力量，它在五〇年代和六〇年代初一直保有約四成的選民支持率。左翼的社會黨和共產黨加起來通常能獲得三成五左右的支持，但由於社會黨內部不團結，它的一部分支持者流向了組織更嚴密、社會主張更激進的共產黨，尤其是在北方工業區。到一九六〇年代初，共產黨得到了約四分之一選民的支持，把北方的大工業城市變成了自己的票倉，一舉成為天主教民主黨的主要對手。其餘的選票分散到一些小黨手中，如自由黨、共和黨、保王黨和新法西斯黨。天主教民主黨與左翼政黨的政治分裂反映了義大利在社會與意識形態方面的深刻分歧。於是，出現了各種次文化，政治忠誠成為獲得就業和晉升機會的通行證，這導致義大利加入這個或那個政黨的人數為西歐之最。

義大利各屆政府輪流粉墨登場，從一九四五到一九七〇年，每屆政府的平均執政時間不到一年。天主教民主黨初創時期的傑出人物加斯貝利（Alcide de Gasperi）一九五三年辭職後（他於次年過世），佩拉（Giuseppe Pella）繼任總理，從那開始到一九六〇代末，義大利共換了十二任總理。加斯貝利本人曾主持過八屆政府，但佩拉的政府卻維持不到五個月，佩拉的繼任者范范尼（Amintore Fanfani）的內閣壽命也僅有短短二十一天。但是，在變化的表面下，義大利政治無論是人員還是政策都維持了很強的連續性。和一次大戰之前一

樣，內閣部長如走馬燈一般換來換去。范范尼一共當過五次總理，塞尼（Antonio Segni）當過兩次，萊昂內（Giovanni Leone）也當過兩次。在每一屆政府中，天主教民主黨都是中流砥柱。對派系林立的天主教民主黨來說，保住權力，尤其是保住恩庇制度（義大利實行的是這種制度中比較腐敗的一類，稱為「次級政府」〔sottogoverno〕）乃第一要務，意識形態反而退居次位。在名為「梅索茲阿諾」（mezzogiorno）的貧窮義大利南方，天主教民主黨之所以成功在很大程度上是因為它利用國家資源，控制了那裡根深柢固的恩庇制度。天主教民主黨幾個最大的據點都位在北方，它利用大型天主教徒協會的廣泛關係網夯實了群眾基礎，並獲得了天主教會的重要支持。

一九五〇年代期間，連續數屆走中間路線的聯合政府軟弱短命、施政無力，導致一九六〇年聯合政府一度想把新法西斯右派吸納入政府。但此舉卻激起了廣泛的抗議，其間警察打死了若干示威者。於是，天主教民主黨來了個大轉彎，開始向反共的中間偏左派示好。其結果是最終於一九六三年產生了由莫羅（Aldo Moro）領導的聯合政府，政府裡甚至包括社會黨人。不過，社會黨卻因此陷入分裂，因為黨內一個包括許多工會會員在內的重要左傾派別，無法容忍社會黨跟天主教民主黨合作。

莫羅的三屆政府持續了五年，但原來許諾的社會改革大多無疾而終。莫羅的政府行政部門臃腫龐大，從一九四八到一九六九年膨脹了一倍，卻一直沒有改革，長期效率低落。司法部門主管的法律制度運作遲滯緩慢，從義大利南方法學院畢業生中招聘的人員多得不成比例。這個部門的人員極端保守，明顯傾向於反對左派，最關心維護自己職業發展的前景和不受政府干涉的獨立地位。此外，義大利的軍隊規模龐大、資金充足，但成天無所事事。每艘軍艦都配有兩名海軍將領，與南斯拉夫接壤的邊界每二百公尺就配有一名陸軍將領。整個國

家在社會和制度上陷於停滯，但對天主教民主黨來說，保住權力本身就是目的。

　　義大利政治和社會中阻擋激烈變革的障礙既巨大又眾多，但天主教民主黨卻從未盡全力推動變革，反而常橫加阻撓左派改革勢力。義大利一直是個分歧嚴重的國家，在天主教民主黨統治的漫長歲月裡，國家的分裂和內部問題僅僅是受到控制，但並未真正克服。對天主教民主黨領導人來說，這就足夠了。雖然政府不穩是義大利政治的一大特點，但是它其實與制度本身的穩定相當契合。

　　西歐政治的穩定和民主化過程中，最為關鍵的國家無疑是西德（西柏林作為德國的前首都，仍處在四強占領之下，尚未正式成為西德的一部分）。一九四九年德意志聯邦共和國成立之時，它的穩定還完全無法保證。這個新國家是戰敗與分裂的產物，西德在一九五二年恢復對外事務的主權之前，嚴格說來是被占領國，直到一九五五年才被承認為完全的主權國家。西德沒有軍隊，也沒有確立的政治制度。這個國家的意識形態分歧極深，且由於它不久前的納粹歷史，讓它在道德上聲名狼藉，它的歐洲鄰國（以及美國和蘇聯）都極不信任它。此外，西德還面臨著要讓數百萬難民和被驅逐者，融入新建立起來的民主社會的任務（代表這些人利益的壓力團體能夠對政府施加巨大的影響力）。同樣需要融入民主社會的還有許多曾狂熱支持希特勒獨裁政權的公民，他們當中甚至有人直接參與過希特勒政權犯下的反人類罪行。

　　西德之所以關鍵，最主要是因為它的邊界未定。一九五〇年代初，邊界問題造成了德國公眾的分裂。多數人贊成早日完成統一，保持政治中立，不贊成國家無限期地分裂下去，也不願意被拉入西方冷戰政治的軌道。這也是作為主要在野黨的社會民主黨的立場。

　　一九四九年八月，西德舉辦第一次聯邦選舉，參加的政黨眾多，

但大多是新瓶裝舊酒，許多政黨在很多方面都跟威瑪時期非常相似。艾德諾的基督教民主聯盟（以下簡稱基民盟）在選舉中獲勝，但得票率只有百分之三十一，與它的主要對手德國社會民主黨（以下簡稱社民黨）百分之二十九·二的得票率僅有一線之差。艾德諾在威瑪共和國期間當過科隆市長，此時已是七十三歲高齡。他透過強迫威逼的手段和精明的討價還價組成了執政聯盟，聯盟中舉足輕重的夥伴是親企業主的自由民主黨，另外也吸納了一些小黨。西德的首都選在了萊茵河畔的小鎮波恩（Bonn），而不是顯然更合適的美因河畔的法蘭克福，因此波恩被人諷刺地稱為「首村」。對艾德諾來說，波恩的一大好處是跟他的家鄉萊茵蘭離得很近。艾德諾當選為聯邦總理僅比別人多一票（而且還是他投給自己的一票），但他在一九六三年最終辭職時，卻被大部分西德人視為比俾斯麥還偉大的政治家。

在此就出現一個問題，持續了十四年的威瑪共和國以希特勒掌權而告終，波恩共和國成立十四年後，自由民主體制卻得到了鞏固。為什麼德國第二個民主政體如此大獲成功，第一個卻如此一敗塗地呢？

憲法的改變起了作用，但不是主要原因。西德《基本法》（*Basic Law*）的起草者當然意識到了《威瑪憲法》（*Weimar Constitution*）的缺失，並成功地做了些彌補。聯邦總統如今基本上只能行使代表職能，而透過不信任投票推翻政府的難度也大了許多。此外可能最重要的規定是，只有得票率超過百分之五的政黨才有資格獲得議會席位（起初只在地區一級施行，自一九五三年起擴大至聯邦一級），這樣就防止了小黨行使過分的影響力。

民主在西德得以成功站穩腳跟，關鍵依靠兩個因素。第一是被稱為「經濟奇蹟」的異常快速而強勁的經濟成長，它使德國人的生活水準超過了西德建立時最大膽的想像。普通老百姓因此覺得自己跟新的政治制度休戚與共。他們體驗到了民主帶來的物質裨益，這是威瑪共

和國從未做到的。

西德和所有其他西歐國家一樣，有幸趕上了二戰後全世界範圍內的經濟繁榮。此外它還有幾個利於成長的特有條件，例如難民的到來讓它受益良多，湧入西德的一千多萬難民中有許多素質高、能力好的人，他們非常願意工作，迫切希望改善生活，願意接受低工資。西德非常需要這些人，因為國家重建的巨大任務產生了大量就業機會。德國強大的工業能力在二戰中雖然受損嚴重，但並未完全被毀壞，其實還部分地完成了現代化，因此在戰後能夠迅速反彈。韓戰是給予西德經濟天上掉下來的禮物，各國既然不准西德生產武器軍備，工業就轉向生產消費品。西德生產的消費品因而暢銷海外，既滿足了快速成長的國內需求，又帶來出口繁榮。為解決戰爭及難民湧入造成的住宅荒，亟須建造新房屋，這又是一個刺激經濟成長的因素。在一九五〇年代期間，西德建造了五百多萬所住宅，強力推動了建築業的眾多附屬產業的發展。

一九四四年在美國新罕布夏州的布雷頓森林（Bretton Woods）商定的安排，以及三年後通過的關稅暨貿易總協定（GATT），實現了世界貿易的自由化，同時也確立了貿易的監管機制，並提供將重現榮景的世界貿易的國際框架。在此框架下，西德活力四射的經濟更加興旺。一九五三年，有關西德商業債務的管理辦法，各國在倫敦達成協議，規定西德要在直到一九八八年的三十多年的時間內按完全負擔得起的低利息，付清總額約一百五十億美元的欠款（這些是德國戰前與戰時向外國債權方，主要是美國公司借的貸款）。這是西德經濟復甦的又一個重要步驟，它牢固樹立了西德作為債務國的信譽。事實上，由於西德經濟成長規模巨大，這些債務到一九五〇年代末即已基本付清。不過，有關支付大多數住在東歐社會主義國家中的納粹受害者的賠償金問題，卻被往後推遲了，要待談判達成和平條約後再做處理。

（另根據單獨達成的一項協議，西德支付以色列和其他地方的猶太人的賠償總額達三十四・五億馬克。）

民主到六〇年代中期得以在西德站穩腳跟的第二個原因是冷戰。韓戰再次引起了人們對新的世界大戰的恐懼。許多西德人和其他西歐國家的人一樣，認為韓戰證明了共產主義是多麼危險。「另一個德國」的存在更強化了西德人的反共意識形態。幾乎所有人都非常懷疑共產主義東德所代表的模式，而它就近在咫尺，大眾媒體又不斷渲染。就連反對艾德諾和基民盟的人也因此接受了過去納粹政權反覆鼓吹的反共思想。

冷戰加大了西德對美國的依賴，促使艾德諾決心尋求與其他歐洲國家某種形式的一體化，特別是要一泯跟法國的宿怨。對來自萊茵蘭的艾德諾來說，這既是情勢所逼，也是良策妙招。然而，國家轉向西方有著很大的爭議性，因為它必然使得東西德統一遙遙無期，這是一劑難以下咽的苦藥。社民黨領導人舒馬赫（Kurt Schumacher，他在納粹集中營裡被關押十年的經歷為他贏得了威望）不願意放棄國家統一的優先目標，雖然他也同意，統一的條件是自由必須得到絕對保證。對舒馬赫和占人口三分之一左右的社民黨支持者來說，統一、中立的德國要比把西德與美國主導的資本主義（和軍事化的）西方綁在一起好得多。

對於西德將加入針對蘇聯的西方軍事聯盟一事，史達林深為警惕。一九五二年三月十日，西方占領國即將與西德簽署一項旨在恢復西德大部分主權（將於一九五五年完全生效）的根本性條約之際，史達林提議要建立一個統一、中立的德國。史達林設想要締結一項和平條約，「讓民主政黨與組織可以自由活動」。美國與英法兩國磋商後，做出的回應儘管沒有嗤之以鼻這項提議，但也相當冷淡。四月九日，史達林發出了第二封「照會」（Stalin Note），具體建議在統一的

德國舉行自由選舉，並讓其「擁有自己的武裝力量」以保衛國家。

融入西方是艾德諾的絕對優先目標，他也馬上看到了史達林的提議會對他的希望造成的危險，當即予以拒絕。艾德諾的內閣（在猶豫一陣子後）也支持他的決定。然而，史達林的提議卻對許多西德人很有吸引力。因為把融入西方置於國家統一之上不可避免地會引起巨大爭議，所以艾德諾必須步步為營。不過，他堅持立場毫不動搖。艾德諾爭論說，只有靠西方的幫助才能完成統一。西方占領國接受了他的意見，並未答覆第二份「史達林照會」。五月二十六日，西德和西方占領國簽署了《德國條約》（Germany Treaty），牢固確定了它們在可見的未來的關係。至此，「史達林照會」成為過去。

不管是在當時還是在後來，都有人問這是不是錯失了機會。答案卻是否定的。如果當時各國接受了「史達林照會」提出的條件，要建立並鞏固穩定的自由民主政體很可能會困難得多，甚至根本無法做到。就算史達林真的遵守他開出的條件（這點很值得懷疑），整個德國也可能會被逐漸吸入蘇聯的勢力範圍，因而不值得冒這個風險。實際情況是，西德繼續全心全意地努力融入西方，特別是進入美國的保護傘下。它的努力也產生了回報。雖然建立歐洲防衛共同體的提議在一九五四年被發起國法國親手打掉，但如第一章所談到的，最終西德頂住了起初的巨大爭議，創立了自己的軍隊「聯邦國防軍」，使其成為北約的組成部分。艾德諾終於如願以償，西德獲得了完全的主權。

但不出所料的，統一還是人民情感之所繫。根據民意調查，即使在一九六〇年代中期，仍有三分之二的西德人把德國統一視為關鍵的政治目標。不過，他們也都承認，統一在今後多年內僅是不切實際的期望。艾德諾政府把國家統一定為終極目標，拒絕承認東德為主權國家。然而實際上，早在一九六一年八月築起柏林圍牆，把德國的分裂用混凝土澆築固定下來之前，統一就已經成了空談。

　　至此，艾德諾已經在一九五三年和一九五七年兩次大選中取得了無可置疑的勝利。他領導的黨在一九四九年的選舉中僅僅勉強過關，現在卻是眾望所歸。一九五七年的聯邦議會選舉中，基民盟和它的巴伐利亞姐妹黨基督教社會聯盟（簡稱基社盟）贏得了絕對多數（百分之五十·二的選票），如此徹底的勝利在西德歷史上絕無僅有。艾德諾的選舉口號「不做實驗」與民眾心聲契合得天衣無縫，反映了老百姓對「經濟奇蹟」帶來的日益富足的生活的滿意。由於經濟突飛猛進，總理因而得以對社會福利做出一項重要增補──保證退休金指數能跟生活費用掛鉤，這是他勝選的一個重要因素。現在，民眾進入老年後也能享受富裕生活了。

　　日子愈來愈好過，階級鬥爭的老調就失去了吸引力。社民黨領導層認識到這一點，一九五九年在波恩附近萊茵河畔的巴特戈德斯貝格（Bad Godesberg）召開的一次黨大會上，決定要放棄馬克思主義言論（實際上社民黨也一直只是口頭上說說馬克思主義而已），因為這樣的言論現在頂多對社民黨在工業區核心票倉的少數人還有吸引力。社民黨為了爭取中產階級的支持，贏得政治的中間地帶，不再敵視資本主義，也拋棄了生產工具國有化的最終目標。社民黨也已經不再堅持旨在完成國家統一的對外政策。次年，一九六〇年，社民黨明確表示接受融入西方，重整軍備，加入北約。社民黨綱領的根本性改變表明西德已成為現代化民主國家。儘管歷史以及冷戰造成的分裂形成了它的一些專有特點，但西德的政黨政治制度實質上與歐洲其他國家的制度大同小異。政策的改變靠的是逐步調整，而不是鼓吹建立完全另一種制度。

　　一九六〇年代初，艾德諾總理已是耄耋老人，權威開始減弱。一九六一年的選舉中，基民盟／基社盟獲得的選民支持比例首次出現些微下降。次年十月，新聞雜誌《明鏡》（*Der Spiegel*）刊登了一篇攻

擊國防部長史特勞斯（Franz-Josef Strauss）的文章，裡面揭露了西德常規國防能力的不足。對此，政府突襲了《明鏡》雜誌社的辦公室，使用的手段讓人想起了納粹時代。此事引起軒然大波，使艾德諾的威望掃地。大批民眾走上街頭抗議，他們認為艾德諾不惜踐踏法律而支持這次專橫的行動，使人們對穩固的民主制度產生了懷疑，擔心會倒退回國家專權的時代。「明鏡事件」象徵著艾德諾漫長的總理生涯走向終結，即使已八十七歲高齡，他仍不願告別政壇，但是他在位的時間實在太長了。

一九六三年十月，艾德諾等於被黨內逼宮，被迫離職。隨之而來的是一段政治和社會的動盪期。保守派主導的時代就此完結。許多西德人，特別是左傾自由主義知識分子，對艾德諾時代古板乏味的鄉民習氣非常不滿，而他們的不滿有一定的道理。他們認為，西德在藝術上墨守成規、缺乏創新、死氣沉沉，為此經常嘆息不已。威瑪共和國充盈著創新活力，但它的政治長期不穩定，最終導致了希特勒的興起。定都波恩的共和國在文化活力方面的確蒼白無力，卻創造了長治久安和持續繁榮。

有些文人認為知識分子的牢騷實在太多了。一九五九年，作家蓋塔尼德斯（Johannes Gaitanides）承認，「聯邦共和國有它的弱點、錯誤和缺失」，但他說，我們也不能視而不見顯著的成就。他問道：「如果國家沒有創造經濟奇蹟，沒有實現充分就業，沒有提高工人的社會地位，沒有吸納被東部趕過來的人和從中部（指東德統治的地區）逃來的難民，沒有進一步發展社會安全，沒有縮短工時，沒有讓重工業工人參與共同決策，沒有提供納粹受害者賠償，那麼聯邦共和國會被批成什麼樣子？」政府完成了許多進步的舉措，包括跟（長期以來「最大的敵人」）法國和解，使西德日益緊密地融入歐洲，加強與西方的知識和藝術交流，打破了天主教徒與新教徒之間的隔閡。對

於無視這些進步的批評，蓋塔尼德斯認為不值一提。另一位作家埃德施米特（Kasimir Edschmid）在一九六〇年一月發表了類似的觀點：「無數當年的窮小子現在都有了私家車，但如果你在一九四八年告訴他們之中任何一個人，說他會生活富裕、豐衣足食，能出國旅行，口袋裡裝著強勢貨幣德國馬克，總而言之（不久前還在街上撿拾占領軍士兵扔掉的菸頭的他）會完全成為體面人，那人一定會揉揉眼，認為你是瘋子。」

　　艾德諾在國內外的成功令人矚目，最大的成功是在西德確保了民主的穩定。然而，為這些成功付出的代價也是巨大的。代價不僅僅是德國的慘痛分裂（以及德國長久甚至永遠失去奧得河－尼斯河另一邊原屬於它的東部各省，即東西普魯士、西里西亞大部、波美拉尼亞的大片土地和布蘭登堡的一部分），還有道德上的代價，諸如閉口不提不久前納粹統治期間犯下的罪行，甚至允許前納粹分子進入聯邦政府。有一些人仍抱著狼子野心，希望重建民族主義的專制政府，這些人的政治活動也受到了嚴格限制。一九五二年，約有四萬名黨員的社會帝國黨（Sozialistische Reichspartei）被取締，但同時，盟國推行的已經相當有限的去納粹化措施卻大多被推翻。從一九四九年到一九五四年，西德政府數次頒布大赦，除了極少數人之外，被定為在納粹時代犯下最嚴重罪行的公務員大多恢復了名譽，恢復了領取退休金的資格。此外，許多有歷史問題的法官和律師留任，例如艾德諾最親密的助手之一格洛布克（Hans Globke），就曾任職於希特勒政權的帝國內政部，一九三五年在紐倫堡頒布的種族法律的評注就是由他主筆。另一位前納粹黨員奧伯倫德爾（Theodor Oberländer）從一九五三年到一九六〇年在艾德諾政府中擔任流離失所者、難民和戰爭受害者部長，他在戰前也曾參與規劃納粹未來統治東歐時將要推行的種族政策。領取退休金的戰時遺孀中還有莉娜・海德里希（Lina Heydrich），她丈

夫萊因哈德生前是帝國安全總局局長，一九四二年六月被英國特別行動組織訓練出來的捷克抵抗小組刺殺。西德的外交部也明顯延續了納粹時代的人事安排。許多前納粹黨員，包括在戰前甚至是大戰期間犯下了滔天罪行的人，在戰後都重起爐灶，最後頤養天年。

　　前納粹黨員，甚至是在東歐參與了最惡劣的反人類罪行的一些安全警察成員，很快就恢復名譽，這在道德上是可恥的。這樣做在政治上值得嗎？有必要嗎？盟國推行的去納粹化在西德普遍不受歡迎。德國人認定自己是二戰的受害者，把這場大災難的責任全部推到希特勒和其他納粹領導人的頭上。不出所料，民意調查顯示大部分人不歡迎前納粹官員參與管理西德國家事務，但是若過於深究普通人在獨裁統治期間的行為，則打擊面太大，民眾普遍希望既往不咎，專注當下與未來。對大多數老百姓來說，盡可能擴大「經濟奇蹟」的裨益才是重要的，不應因過分糾纏於不久前的過去而打破現狀。因此，艾德諾大赦和翻案前納粹分子的罪行，在很大程度上就迎合了這個集體失憶時代的公眾心態。但這類措施也造成一些尖銳的爭議，例如說針對格洛布克的安排就是一例。不過，選舉結果也顯示了，艾德諾的聲望並未因此受損。前納粹黨員重新融入社會也許還幫助抵消了反民主的力量，如果更強硬地推行去納粹化和起訴納粹罪犯，反而可能會突出不久前的分裂與痛苦，使得迅速穩定民主機制一事變得更加困難。如果說為達目的可以不擇手段，那麼可以說，為了實現鞏固西德民主的政治目標而付出的高昂政治代價是值得的，只是西德也因此染上了幾十年都無法消去的汙點。

　　一九五〇年代的西歐只有一個國家的政府制度失敗，它的名字叫作法國，這也許令人驚訝。的確，德國占領和戰時維琪政權為法國留下了深深的積怨，但在一九四六年十月第四共和成立時，沒人想到它會失敗。然而，僅僅十二年後，第四共和就在長期政府不穩和日益加

劇的國家危機中轟然倒塌。

可是，義大利共和國的政府同樣長期不穩，為什麼它卻能跌跌撞撞一路前行呢？義大利是戰敗國，二次大戰的最後階段義大利又發生內戰，似乎它的政治結構不可能比獲得解放、又躋身西方戰勝國行列的法國更加長命。然而事實的確如此。

當然，法蘭西第四共和國的憲法是一大不利因素。依照憲法，人民可以輕易地推翻政府，這注定了政治不會穩定（雖然運作良好的行政部門確保了相當程度的經濟穩定）。立法部門有權干涉行政部門，這點基本沿襲了孱弱的第三共和的規定，極易造成國民議會成員拉幫結派，不遵守黨的紀律。事實上，這種情況在第四共和甚至更加突出。曾在一九三六年的人民陣線政府中擔任總理的布盧姆（Léon Blum）在一九四九年說，第四共和是第三共和的重演，「似乎法國歷史拒絕學習任何新東西，像個老糊塗，結結巴巴地重複過去的思想。」然而，義大利的憲法也容易導致嚴重的議會黨派分裂，也使得政府極易被推翻（但國家制度相對穩定）。所以說，義大利和法國的政治制度命運不同的主要原因不在憲法。

原因首先在於兩國保守右派的團結程度。義大利的天主教民主黨在保守右派中一言九鼎，這是法國四分五裂的右派望塵莫及的。在一九五一年的法國選舉中，被視為代表天主教利益，與義大利天主教民主黨最為相似的人民共和運動（MRP），只贏得了百分之十三‧四的選票，比幾個保守小黨加起來的得票總數還要少一些，大大落後它的主要對手戴高樂主義政黨百分之二十一‧七的得票率。中間派和左派也分裂為（代表小企業和鄉村利益的）激進黨（得票率百分之十）、社會黨（得票率百分之十五），以及追隨莫斯科，不與任何其他政黨結盟的共產黨（得票率百分之二十六）（法國和義大利一樣，共產主義在戰後早期的成功很大程度可歸因於社會與意識形態的深刻分歧，

這種分歧在戰前就有，但在戰後爭取解放的抗爭中又大大加劇）。法國任何政黨在國民議會中贏得的席位都從未超過五分之一，所有的聯盟都脆弱不穩。其結果是，政治格局陷於無法挽救的碎片化。

第二個原因則跟法國右派的分裂緊密相連，那就是戴高樂這位獨特人物。戰爭把戴高樂變成了民族英雄、法國抵抗納粹統治的象徵，他也因此認定，帶領法蘭西民族重返偉大的責任非自己莫屬。他對議會政治的爭吵齟齬深感厭惡與不屑，自視為下一位民族救星。一九四六年，他辭去了臨時政府首長的職務，一九四七年組織了新的政治運動「法蘭西人民聯盟」（Rassemblement du Peuple Français）。六年後，法蘭西人民聯盟式微，在選舉中遭遇慘敗。於是，戴高樂放棄了它，一九五五年七月再次退出政壇，表面上是說為了撰寫回憶錄。自那以後，戴高樂就懷著對第四共和的鄙夷在科隆貝雙教堂村的家中隱居靜思，堅信有朝一日法國會再次需要他。

第四共和遭遇的一場危機讓戴高樂重返政壇，觸發危機的是破壞政權穩定的眾多因素中最重要的一個：殖民地問題，具體來說是阿爾及利亞問題（下面很快就會談到）。義大利若是遇到如此嚴峻的外部問題，它的政治制度也很有可能不堪重負。在法國，阿爾及利亞問題是國內政治中一個無法癒合的傷口。它日益嚴峻，造成嚴重分裂，最終毀掉了第四共和。

第四共和期間，法國幾乎無法治理國政。戰後解放時那煥發的理想主義早已不見蹤影，人們會用immobilisme（一動不動）來形容當時的那種停滯狀態。和義大利一樣，法國政府走馬燈似的頻繁改換，戴高樂掌權之前就一共換了二十屆，但沒有任何明顯效果。組建一個哪怕是短命的政府都困難重重。有時，法國會連續數週沒有政府，幾乎陷入癱瘓狀態。一九五一年初，物價飆升引發了全國各地的大罷工，國家卻連續九天沒有政府。同年七、八月，兩屆政府之間又出現了三

十二天的空白。一九五三年春，據長居巴黎、消息靈通的美國觀察家珍娜・福蘭納（Janet Flanner）所說，法國沒有政府的「政治危機時間長達破紀錄的五週之久」。一九五七年秋，法國再次連續五週以上沒有政府，公共部門的雇員發動了新的罷工潮，抗議工資跟不上飆升的物價，雖然當時工業蓬勃發展，富人的消費造就了持續的市場繁榮。

　　第四共和最能幹的總理是激進黨的左傾黨員孟戴斯（Pierre Mendès-France）。一九五四至一九五五年，他依靠大膽決策和巧妙手腕維持了內閣八個月，直到被右派政敵推翻。那時，法國陷入了因阿爾及利亞內戰而起的不斷加深的危機之中，後來連續數年無法脫身。但是，法國歷屆政府根本無力應付這場危機。一九五六年一月國民議會的選舉產生了又一屆軟弱無力的議會。就在此時，出現了一股新的名為「布熱德主義者」（Poujadist）的右翼破壞性勢力，發起人皮埃爾・布熱德（Pierre Poujade）是法國南方的一家雜貨店主，起初是為了抗議政府徵稅，很快就贏得了小生意人的支持。這個準法西斯運動團體贏得了百分之十一・六的選票，在議會中占了五十一席。布熱德主義者和他們意識形態上的敵人共產主義者及戴高樂主義者一道，組成了絕不妥協的反對派陣營。結果，議會的僵局和政治動盪只能持續下去。

　　一九五八年五月，阿爾及利亞持續四年的內戰變為由軍隊將領指揮的殖民地白人定居者的暴亂。將領們威脅說，除非戴高樂將軍重掌大權，成為新國民政府的首腦，否則軍隊就要發起全面叛亂。戴高樂等待已久的召喚終於到來了。當月，他勝利重返政壇。在嚴重的危機關頭，這位等待時機的救星同意擔負起命運賦予他的神聖職責。在年底舉行的公投中，法國民眾普遍支持他制定新憲法，建立總統實權制的第五共和，外交與國防事務尤其只能由總統決策。一九六二年的憲法改革進一步擴大了戴高樂的權力，覆蓋了眾多國內政策領域。相比之下，議會權力大為縮減，但反正在國民議會中占支配地位的也只

是對總統唯命是從的戴高樂主義者，這保證總統得以完全控制議會。與此同時，左派的力量日漸萎縮。法國等於發生了自上而下的保守派革命。

阿爾及利亞這個巨大的難題依然存在。戴高樂提出的驚人解決辦法是他最偉大的成就之一。然而，一九五〇年代期間毒化了法國政治的阿爾及利亞問題是殖民地脫離帝國這個更廣泛問題的一部分。其他幾個歐洲國家，特別是英國，也受到這個問題不同方式的困擾。

帝國的退卻

第二次世界大戰象徵著歐洲帝國主義走向末路。人們付出了巨大代價後，終於徹底打消了德國對東歐野蠻的帝國主義野心。義大利在一九四七年九月與同盟國簽署的《和平條約》（*Treaty of Peace*）中正式放棄了它所有的殖民地。不過，隨著二戰的硝煙散去後，比利時、法國、英國、荷蘭和葡萄牙這五個西歐國家仍然把持著大片海外領地，絕無放棄的意思。但就在戰爭結束後不到二十年，那些海外領地卻幾乎全都不復存在，只剩葡萄牙仍不合時宜地保留著殖民地（要到一九七〇年代中期才放棄），另外就是曾經強大的不列顛帝國和法蘭西帝國殘存的幾塊領地。

《聯合國憲章》（*United Nations Charter*）體現的普遍人權思想鼓舞了民族獨立運動。作為帝國主義統治意識形態基礎的種族優越的信條，此時已完全喪失了合法性。殖民國家實力減弱，維持帝國的成本使它們日益難以承受，雪上加霜。隨著全球化加速，維持殖民主義不僅代價高昂，也在意識形態上成為過街老鼠。此外，反殖民的力量也日益增強，並受到其他地方獨立運動成功的激勵。於是，帝國主義列強在爭取獨立的抗爭面前開始節節退卻。

　　荷蘭帝國最先宣告終結。日本的武力征服暴露了西方殖民國家在東亞的軟弱無力，壯大了民族主義運動。而日本占領甫一結束，民族主義運動就在荷屬東印度群島開展爭取獨立的武裝抗爭，後來在那裡建立了印尼。民族主義游擊隊的反殖民抗爭前後堅持了四年，荷蘭人曾試圖重新在這塊富含橡膠與其他資源的土地上建立殖民地，卻力不從心，阻擋不住民族主義反叛軍在一九四九年走向獨立。不過荷蘭人仍保住了東部的兩個省，稱之為荷屬新幾內亞，控制該地持續到了一九六二年。

　　在二次大戰期間，比利時的剛果殖民地沒有直接捲入衝突，這可能減緩了它走向獨立的速度，使它落後於東亞、南亞或北非的殖民地。比利時在過往的幾十年間對待殖民地人民非常殘酷，是後來才採取比較溫和的家長式政策。雖然說困難日增，但比利時還是維持住了殖民地，直到一九五九年爆發武裝衝突。到那時，反殖民浪潮在聯合國的支持下已是洶湧澎湃。比利時人自知實力不夠，認知到繼續維持殖民統治是徒勞無功的，不出一年就同意剛果獨立，但比利時留下的卻是一個嚴重分裂的脆弱國家，很快就陷入了內戰。

　　大英帝國版圖遼闊、遍及世界，它的去殖民化歷程因此必然比荷蘭、比利時更加複雜。在拆解帝國的過程中，英國的代表如同建立帝國時所做的那樣，一般會試圖拉民族主義運動領導人和當地翻雲覆雨的有力人士一同參與。這個做法並非屢試不爽，但經常能夠幫助順利完成過渡時期，避免發生殖民地戰爭。然而，具有決定性意義的是自一九五〇年代中期開始，在獨立運動日益壯大的同時，宗主國維持帝國的意願也急劇減少。

　　令人有些吃驚的是，如此龐大的海外帝國的解體居然沒有造成太大的痛苦，而這當然是針對英國人而言，對爭取獨立的戰士和新獨立國家的人民來說通常並非如此。也許沒有造成太大痛苦的部分原因是

沒有多少英國公民詳細了解自家的前殖民地，更沒有多少人親自去過。許多英國家庭的確有親戚住在澳大利亞、加拿大、南非和紐西蘭的白人領地，但生活上跟帝國有實際關係的主要是菁英，他們在英國公校接受的教育就是要培養他們未來擔任管理殖民地事務的公務員，或成為軍官，或從事與海外殖民地貿易有關的銀行與商業活動。無論如何，到了一九六〇年代，英國海外領地與母國的連結開始鬆脫，民眾對帝國的支持也迅速減弱。無疑的，當人們回憶起上學時教室地圖上展示的不列顛統治的世界大片地區，依然滿心自豪，尤其是那些上了年紀、仍記得帝國鼎盛時期榮景的人。但是，對成長於戰後的年輕一代中的許多人，也許是大部分人來說，帝國不過是歷史的遺跡，是集郵冊裡五顏六色的郵票代表的一連串名字奇怪、地處遙遠的具有異國風情的地方。

　　大英帝國的解體在英國國內沒有造成多大創痛的另一個原因是，這個過程因地而異、循序漸進，最終發展為由獨立國家組成的比較鬆散的「聯邦」（commonwealth）。「英聯邦」（British Commonwealth of Nations）這個名稱在一九一七年就出現了，而它又是參考了早在一八八〇年代就提出的「國家聯邦」的概念。一九三一年，大英帝國確立了各領地的正式平等地位。一九四七年印度獨立，導致名稱再次改變。一九四九年，名稱中的British被去掉，成為「國家聯邦」（The Commonwealth of Nations）。[4]同年，英聯邦接受英國君主為元首，成員自由加入，可以包括獨立的民族國家，其中有些（如印度）可能是共和國。並非所有的英國海外領地都選擇加入英聯邦，但多數後來走向獨立的領地都加入了。世界各處的英國領地逐漸相繼擺脫依附地位，以加入英聯邦的方式與英國保持著連結。因此，對大部分英國民

4　譯者注：但中文仍是英聯邦。

眾來說，這個過渡可以說非常順利。特別是跟法國相比，英國民眾相當平靜地接受了帝國的解體，未起政治波瀾。

英國政府解散殖民帝國通常是為了停損。早在一九四七年，英國就在這一政策的指導下，低頭接受不可避免的事態發展，允許印度、巴基斯坦和緬甸獨立（次年又准許錫蘭獨立）。印度已不再是老話常說的「王冠上的寶石」，二戰之前，英國對印度的出口就因後者的國內工業，特別是紡織業的擴大而迅速減少。另外，英國雖然曾是印度的主要債權人，戰後卻欠了印度巨額債務。財政上捉襟見肘的英國負擔不起繼續維持殖民統治的費用，尤其是因為印度教徒和穆斯林之間又發生了大規模動亂，暴力日益升級。結果是，英國只得向戰前和大戰期間已經高漲的獨立呼聲讓步。但話說，把這塊殖民地變成一個統一和平的國家不啻異想天開，面對無法控制的宗教暴力和令人髮指的暴行，英國在一九四七年初宣布它無論如何都將在次年夏天撤出。由於印度無法平息暴力，人們決定分治南亞次大陸，創立幾乎完全由穆斯林組成的獨立的巴基斯坦。一九四七年八月十四至十五日，巴基斯坦和印度雙雙宣布獨立（後來，東巴基斯坦在一九七一年三月成為單獨的國家，名為孟加拉）。

英國撤出印度，留下了一個爛攤子。歷史學家布朗東（Piers Brendon）曾評論說，英國人遠非「榮譽體面」地撤出，而是「在殺人的叫囂和死亡的惡臭中離開的」。宗教暴力在英國人離開之前就氾濫成災，之後不僅沒有平息，反而急劇惡化。暴力遍及全國，在東部的孟加拉和北部的旁遮普這兩個人口稠密的邦尤其嚴重。那裡的穆斯林、印度教徒和旁遮普錫克教徒本來世世代代比鄰而居，現在卻發現新劃的國界要從這兩個邦中間直穿而過。驚恐的人們逃過或被趕過新國界，其間暴力橫生。據估計，約有一百萬人遭到屠殺，約一千三百萬難民在大規模「宗教清洗」中穿過新國界，逃往安全地區。成千上

萬的婦女遭到強暴，無數村莊被付之一炬。印度與巴基斯坦的關係在往後的幾十年間一直緊張。但是，無論是印巴人民的悲慘遭遇，還是兩個世紀以來被視為英國海外領地基石的殖民地的喪失，在英國公眾視野中都沒有激起多大的波瀾。戰後物資緊缺，生活條件艱苦，民眾主要關心的是自己的困難和問題。

英國一九四七年不再參與巴勒斯坦委任統治的事務也是為了停損，在無法控制的暴力面前抽身退步。一次大戰結束後，國聯在分割鄂圖曼帝國領土時確立了「託管地辦法」，實際上是將有關土地交由大國暫管，俟其最終過渡到自治。英國是巴勒斯坦、外約旦（後改名為約旦）和伊拉克的託管國，法國的託管地是敘利亞和黎巴嫩。藉由一九一七年的《貝爾福宣言》（Balfour Declaration），英國支持猶太復國主義者在巴勒斯坦建立「猶太人民的民族家園」的事業。這份宣言的主要動機與其說是人道主義關懷，不如說是為了爭取美國猶太人支持美國在戰爭中增援協約國，並提醒俄國猶太人萬勿設想單獨與德國媾和。但是，這一幼稚兼有些假公濟私的舉措埋下了一片地雷區，過了幾代人的時間仍沒有被清除的跡象。

《貝爾福宣言》並未具體提到猶太國家，當時的英國外交大臣亞瑟‧貝爾福（Arthur Balfour）特別指出，這絕不會傷害巴勒斯坦非猶太族群的權利，但這不過是他的一廂情願。一九三〇年代歐洲猶太人開始遭到迫害後，前來巴勒斯坦定居的猶太人迅速增加，阿拉伯人對他們的敵意也隨之加大。一九三六年到一九三九年，阿拉伯人發動大起義，遭到英國統治者的野蠻鎮壓。英國人先是提議把巴勒斯坦一分為二，後來又提議建立一個限制猶太移民人數的單一國家，但這些提議在阿拉伯人和猶太人那裡兩邊不討好。二次大戰結束後，美國在世界輿論的支持下敦促在巴勒斯坦建立安全區，接納大屠殺的大批倖存者，但英國人仍然堅持原來的移民低配額，結果卻遭遇一波猶太復國

主義恐怖攻擊的浪潮。英國人騎虎難下，若接受美國關於增加猶太移民數額的要求，幾乎肯定會再次激起阿拉伯人造反。另外，維持巴勒斯坦託管地需要在當地駐紮十萬軍隊，每年花費達四千萬英鎊，而英國戰後經濟困難，實在不堪重負。一九四七年初，英國財政大臣多爾頓（Hugh Dalton）告訴工黨政府：「幾乎已經到了必須把軍隊全部撤出巴勒斯坦的時候了。」

　　英國政府沒有擺脫困境的良方，保留巴勒斯坦託管地又在國內日益不得人心，無奈之下只得放棄，一九四七年把這個難題丟給了聯合國去處理。但是，聯合國就分割巴勒斯坦、建立猶太人和阿拉伯人各自國家的辦法達成了協議之後，英國卻因為阿拉伯人對這個辦法有很大的敵意而拒絕執行分治計畫，宣布英國將於一九四八年五月十四日結束託管。英國結束託管的當日，以班古里昂（David Ben-Gurion）為首的猶太人領導層立即宣布以色列國建國。包括美國和蘇聯在內的許多國家馬上承認了這個新生國家。世界上很多人認為，因為歐洲猶太人在納粹德國推行的種族滅絕過程中受盡苦難，所以在以色列創建猶太人的家園是緊迫的道德要求。可是，阿拉伯國家卻認為這是在赤裸裸地吞併巴勒斯坦的土地，因此堅決予以拒絕。以色列與阿拉伯鄰國之間的第一次戰爭——一九四八至一九四九年的以阿戰爭的帷幕就此拉開。

　　阿拉伯各國軍隊不能團結對敵，結果到一九四九年二月簽訂一系列停戰協議時，以色列的領土得到擴張，越過了聯合國原來提議的分治線。以色列靠武力站穩了腳跟，但卻在其鄰國以及流亡約旦（前外約旦）、敘利亞、黎巴嫩和加薩地帶的七十五萬巴勒斯坦人心中，種下了無法抹去的深仇大恨。一九四九年以阿雙方達成的停戰協議沒有解決任何問題，反而確保戰火必定重燃。後來，巴勒斯坦問題對英國乃至整個歐洲（以及世界大部分地區）的影響至為深遠。不過在當

時，英國這個曾經的殖民大國卻如釋重負，因為它終於從這一團亂麻中抽身。英國人民繼續過自己的日子，很高興擺脫中東的一個他們既不理解、也不關心的問題。

英國雖撤出了印度和巴勒斯坦，但它並未很快結束對其他海外領地的占領。馬來亞蘊藏著能換取美元的珍貴橡膠資源，英國軍隊在一九四八年六月宣布那裡進入緊急狀態，並動用武力鎮壓共產黨起義，暫時擊退了民族主義運動。一九五二至一九五六年，肯亞爆發了反殖民的茅茅起義（Mau Mau Revolt）。起義者大量使用暴力攻擊，最終被英軍野蠻鎮壓下去，其間有數千人被殺。殖民主義的防波堤雖未決口，但已來日無多。奇怪的是，引發最終捲走英國所有殖民地的浪潮的事件卻發生在一個已經獨立，且從未正式屬於過大英帝國的國家——埃及。

埃及的法魯克國王（King Farouk）是個花花公子，生活窮奢極侈，治國卻昏庸無能。一九五二年七月，一群軍官推翻了他。他們中間的納瑟（Gamal Abdel Nasser）上校迅速確立了自己在新成立的共和國中的主導地位。不出兩年，納瑟成為共和國總統，在國際上被視為阿拉伯世界的反殖民鬥士。他反對西方，向蘇聯陣營示好（他從蘇聯陣營那裡得到了美國拒絕給他的武器），引起了美國以及英法兩國日益強烈的敵意。它們認為，在那個局勢動盪的地區，納瑟不僅動搖了西方的影響力，而且對西方經濟命脈所在的豐富石油資源構成了嚴重威脅。一九五五年四月，艾登接替年老多病的邱吉爾擔任英國首相，他在一九三〇年代曾目睹西方面對希特勒和墨索里尼的侵略行為時採行的綏靖政策的失敗，這嚴重影響了他對納瑟的判斷。艾登有些歇斯底里地把納瑟說成是獨裁者，認為必須堅決遏制他的所作所為。法國總理、社會黨人摩勒（Guy Mollet）擔憂納瑟倡議的泛阿拉伯主義思想，會影響到法國北非殖民地的穆斯林人民，因而衷心贊同艾登

的觀點。摩勒說，納瑟的意圖使他想起了希特勒在《我的奮鬥》一書中闡述的目標。珍娜・福蘭納則報導說，法國人一致懷有「慕尼黑情結」，認為納瑟是「阿拉伯的希特勒」，「不惜冒打一場小戰爭的風險」來防止「泛阿拉伯主義」掀起大戰。

根據一九三六年簽訂的一項協議，英國部隊獲准留在埃及，保護蘇伊士運河這條運輸廉價石油的關鍵通道所在的地區。一九五四年，英國同意撤走被埃及人視為殖民占領者的軍隊。一九五六年六月，英軍離開了運河區。納瑟企圖挑起美蘇爭鬥，惹火了美國。七月十九日，美國撤回了本來似乎是板上釘釘會用在尼羅河上游修建亞斯文大壩的資金，這個重大建築項目關乎國家的威望，對埃及的供水也至關重要。美國撤資一週後，納瑟就把蘇伊士運河收歸國有。

勸說納瑟改變主意的外交努力失敗後，英國和法國決定把問題提交聯合國。不出所料，蘇聯投下否決票，斷送了解決問題的希望。不過英法兩國領導人反正已經暗中準備不理會聯合國，謀劃要用軍事手段解決問題。令人驚訝的是，他們認為不必向美國政府打聲招呼即可逕自行動，這是這兩個殖民國家最後一次表現它們在對外事務中的驕橫傲慢。英法兩國和以色列一同制定了一個絕密的計畫，先是由以色列出兵占領西奈半島，接著，英國和法國將要求以埃雙方撤軍，儘管明知這個提議會遭到拒絕。等到被拒絕後，英法兩國將發動空中和海上攻擊來「恢復秩序」，奪回對蘇伊士運河的控制權。

一九五六年十月二十九日，以色列開始發動入侵。兩天後，納瑟關閉了蘇伊士運河，禁止通航，直到次年年初才重新開放。十一月五日，英軍和法軍開始向埃及投放空降部隊。起初，戰事進展順利（事後，人們估計再有個一兩天就能拿下運河），然而，強大的國際壓力很快迫使兩國叫停了軍事行動。蘇聯威脅要對入侵者發動火箭攻擊，危機可能會升級為核子戰爭。這個威脅無論認真與否，都催促

美國要儘快結束這場危機。美國領導人因為自己在入侵埃及這事上被蒙在鼓裡而怒火中燒，威脅說如果不立即停火，就會對英鎊下手。此言一出，立見成效。英國的貨幣儲備在蘇伊士行動的頭兩天已經大為縮水，後來更是減少到危急的水準，所以英國人不得不低頭，未與法國人商量就同意停火。聯合國向埃及派遣了維和部隊。十二月二十二日，英法兩國按約定撤軍，為這場一敗塗地的外交災難畫上了句點。

這回英國重演殖民主義砲艦式的冒險行為，讓國內的左派義憤填膺，右派則更多因為政府在蘇伊士的慘敗中表現出的十足無能而痛心疾首。艾登辭去了首相的職位，官方說法是健康狀況不佳。邱吉爾大權在握時，艾登是明顯的接班人，為上位準備多年。他在戰前和戰後都擔任過外交大臣，經驗豐富，備受尊敬。這樣的人居然在一個外交政策問題上鑄成如此大錯，如此一敗塗地，實在是個諷刺。保守黨政府對蘇伊士運河事件的處理方式糟糕至極，但它在國內政治中卻幾乎毫髮無損。繼任艾登的麥克米倫在一九五九年大選中獲勝，在蘇伊士運河事件中猛烈抨擊政府的工黨卻仍舊欲振乏力。按對一般老百姓日常生活影響的程度來算，蘇伊士運河事件的排名是非常後面的。但即使如此，蘇伊士運河事件仍然代表英國戰後歷史的一個轉折關頭，因為這起事件深深地且持久地打擊了這個不久前還是「三巨頭」之一的國家的民族自信與世界地位。

蘇伊士運河事件之後，英國與美國的關係很快就修復如舊。兩國領導人的性格截然不同，麥克米倫是英國貴族保守主義的化身，甘迺迪則代表著充滿活力、幹勁十足的美國領導層，但在一九六○年代初，他們都反覆強調兩國間的「特殊關係」，大肆鼓吹英美情誼。不過，這是一種極不平衡的「特殊關係」。蘇伊士運河事件清楚地顯示出，英國若沒有「山姆大叔」的支援，在國際事務中難有作為。

英國政府明白大勢已去，它再也承擔不起在全球各地駐軍的負

擔。英國只能接受這樣的事實：殖民主義已走入歷史，為了今後，與帝國主義時代完結後新獨立的國家建立友好關係是非常重要的事。一旦做出了這個根本性的判斷，帝國的結束就只在須臾之間。值得注意的是，英國國內沒有多少人為此悲嘆遺憾。事實上，蘇伊士運河事件發生之前的一九五六年一月，蘇丹就獨立了。一九五七年三月，迦納（原來的黃金海岸）也獲得獨立。剩下的殖民地中最具經濟價值的馬來亞則是在一九五七年七月獲得獨立。賽普勒斯也在一九六〇年八月宣布獨立（英國保留了那裡的軍事基地），但此前希臘族裔與土耳其族裔發生的激烈內鬥，僅在表面上得到解決。一九六〇至六六年，又有十九個前殖民地走向獨立，它們分別是：奈及利亞、獅子山、坦噶尼喀（今坦尚尼亞）、尚吉巴、烏干達、肯亞、尼亞薩蘭（今馬拉威）、北羅德西亞（今尚比亞）、貝專納（今波札那）、巴蘇托蘭（今賴索托）、西薩摩亞（今薩摩亞）、牙買加、巴貝多、千里達和托巴哥、馬爾他、新加坡、甘比亞、馬爾地夫和英屬圭亞那。

　　一九六〇年，麥克米倫在開普敦的一次演講中提到，「改變之風」將吹遍非洲大陸。此言既陳述了事實，也捕捉到了時代的情緒。改變遇到的主要阻力不是來自英國本身，而是來自南非聯邦（Union of South Africa）及其鄰國南羅德西亞（今辛巴威）的白人定居者。南非拒絕放棄種族隔離制度，在一九六一年脫離了英聯邦。一九六五年十一月，羅德西亞政府無視英國的反對，逕自宣布獨立，不顧英聯邦其他成員國的同聲譴責，執意維持白人少數統治。這使羅德西亞陷入了長達十五年的殘酷內戰，但該來的還是要來，內戰不過是造成了延遲。羅德西亞最終於一九八〇年四月成為獨立國家，改名辛巴威。

　　此時，大英帝國早已是明日黃花，僅剩幾塊無關緊要的殘餘領土。一九六八年，政府將英軍撤出「蘇伊士以東」的所有軍事基地，等於宣告了帝國的葬禮。英國不再擔負得在世界各地耗資巨大且毫無

必要的責任。一九六〇年代初，英國與英聯邦成員國的貿易已經開始急劇減少，各個海外領地愈來愈各行其是，與英國曾經緊密的紐帶日益鬆脫。許多政界與商界領導人日益清楚地認識到，英國需要重新定位自身利益，未來的繁榮不能再靠前殖民地，而應更加依靠經濟蒸蒸日上的歐洲鄰國。英國正在從世界級的帝國主義強國轉為地區級的歐洲強國。一九六二年，美國前國務卿艾奇遜（Dean Acheson）說：「大不列顛失去了帝國，尚未找到自己的位置。」幾十年後，此言仍十分中肯。

對法國人來說，蘇伊士運河事件遠不如對英國人來得意義重大。英國政治階層就國家在世界上的作用進行的那種激烈辯論與痛苦思索，對法國人來說都是付之闕如。法國在埃及的軍事行動獲得了各國廣泛支持，行動失敗的責任卻沒有算在法國政府頭上，而是大多推給了美國和聯合國，說是進攻本來已經勝利在望，卻被它們喊停了。法國總理摩勒跟艾登不同，國內沒有要他下台的強烈呼聲，反而還在法國議會獲得了多數議員的信任票。象徵著法蘭西帝國沒落的不是蘇伊士運河事件，而是印度支那，且最重要的還是阿爾及利亞。英國撤回帝國承諾的過程驚人地順利，法蘭西帝國的終結卻非常痛苦。

法蘭西殖民帝國在規模上僅次於大英帝國，二戰時曾遭受到極大的壓力。法國一九四〇年慘敗於納粹之手後，法國殖民地起初主要效忠於維琪政權，到了大戰中期（經常是經過激烈爭論後）大多轉向戴高樂領導的自由法國運動。與此同時，法國兵敗的恥辱也加強了中東與非洲殖民地人民的反殖民情緒。大戰結束後，由法國託管的黎巴嫩和敘利亞成了獨立國家，北非的反殖民運動卻明顯壯大，一九四五年阿爾及利亞爆發了武裝叛變，被法國用武力鎮壓了下去。此外，位在非洲赤道地區及西非的法國殖民地還算平靜，但是孤懸海外的馬達加斯加卻在一九四七年爆發反法叛變，法國用上極為殘酷的手段才終於

平定叛亂。據有些人估計，從叛變爆發到次年被鎮壓下去，有十萬名馬達加斯加人遭到殺害。平叛後法國恢復了殖民統治，但並不穩定，直到一九六〇年六月馬達加斯加才終於獲得獨立。

法國解放後，臨時政府在政治權與公民權方面對非洲殖民地做出了一些小小的讓步，給予殖民地有限的投票權和在法國議會中的代表權。一九四六年的法國新憲法將國家定名為「法蘭西聯邦」（French Union），而沒有稱之為「帝國」，正如英國人強調「聯邦」（commonwealth）一樣，試圖借此減輕海外領地的從屬感。此外，法國針對殖民地的暴虐行為也大大減少。從表面上看，法蘭西殖民帝國基本上完好無缺，國家做出的改變均無關宏旨，沒有一項得到法國輿論的重視。法國人民普遍贊同那些改變，但幾乎沒人想讓海外殖民地獨立。當然，很多人出於自由開明的情感支持殖民改革，左派對殖民主義本身也抱持反對的態度。但對大多數法國人來說，帝國仍然是國威所繫。

但這個觀念在印度支那將遭受嚴峻考驗。法國維琪政權直至大戰晚期都維持著對印度支那（如今的越南、柬埔寨和寮國）的統治，但印度支那其實是日本人的傀儡。一九四五年三月，日本人擔心印度支那會轉而效忠戴高樂，於是走到了台前，直接抓住了統治權。日本還鼓勵當地發展民族獨立運動，以其作為打擊列強的武器。戰後，法國企圖恢復殖民統治，卻引來困難纏身，揮之不去。主要的麻煩出在越南。一九四五年八月，日本投降僅僅數日後，越南保大皇帝退位，共產黨領導人胡志明宣告成立共和國。胡志明在一戰剛結束後在巴黎住了幾年，其間發展出了強烈的反殖民主義思想。且另外值得一提的是，胡志明帶領游擊隊打日本時獲得了美國戰略情報局（OSS）提供的武器和軍事訓練，這些為他在大戰最後幾個月建立權力基礎時幫上了大忙。法國在國內公共輿論的支持下不肯坐視自己結束殖民統治，

於是派了三萬多名部隊前去擊退胡志明意志堅定的農民軍「越盟」，並在南越（當時叫交趾支那）建立了一個傀儡政府。法國的頑固態度升級了衝突，演變為一場與越盟游擊隊曠日持久、殘酷慘烈，但毫無勝算的戰爭。

在這過程中，有愈來愈多的殖民部隊投入作戰。到了一九五二年，總數已達到五十六萬，雖然只有七萬左右是法國志願兵，其餘的來自各殖民地，主要是越南本土。那時，印度支那戰爭的花費已經昂貴得讓法國無法承受，占法國全部國防預算的百分之四十。戰爭得以繼續打下去，全仗美國源源不斷的資金援助。而美國之所以願意金援，是因為一九四九年毛澤東在中國取得勝利以及韓戰爆發後，美國憂心如焚，生怕出現共產主義在東南亞蔓延的「骨牌效應」。

與此同時，越南戰爭在法國國內遭受公眾強烈反對。法國的損失日增，殖民部隊在越南的死亡人數最終達到九‧二萬。在一九四七年的一次民意調查中，有百分之五十二的法國民眾表示贊成為保住印度支那殖民地而打仗，但到了一九五四年二月，這個數字跌到了百分之七，而這一切還是在法國殖民史上最大的災難「奠邊府戰役」發生之前。一九五四年五月七日，越盟經過八十天的圍城，在越南西北部的奠邊府大敗法軍。在那場圍城戰中，法方損兵折將一千五百多人，另有一萬一千人被俘。自此，奠邊府成了法國的國恥。

這下子法國人再也受不了了。政府不出所料先倒台，新總理孟戴斯就職時保證一個月內會和平解決越南問題，否則就辭職。他居然真的做到了。一九五四年七月二十一日，各國在日內瓦達成停火協議。該協議在法國國民議會獲得高票批准，為總理贏得了「熱烈的掌聲」。這場戰爭的代價和破壞性都十分巨大，又發生在沒有幾個人到過的遙遠地方，法國公眾早已對它感到厭倦。在他們眼裡，孟戴斯「簡直成了民族英雄」。自此，法國開始迅速撤出印度支那，全國上下

沒人願意讓法軍繼續留在那個地方。一九五六年，法軍全數撤出。法國政府迫不及待地把這只裝了毒酒的酒杯交給美國人，讓他們接過越南的爛攤子。

　　在日內瓦達成的協議本來只是臨時安排。按照這一安排，越南沿北緯十七度線分為兩半，設想兩年後會舉行選舉，統一全國。可是，根本沒有舉行選舉，因為美國反對停戰安排，認為這會使胡志明大獲全勝。美國給法國的援助是蘇聯和中國給胡志明援助的十倍。華盛頓認為，如果共產主義在越南取得勝利，美國投入的大量資金就全打了水漂。於是，美國繼續支撐著腐敗的南越傀儡政府。南越政府和美國一樣不想舉行選舉，因為幾乎可以肯定的是，選舉將使整個越南成為胡志明統治下的共產主義國家。就這樣，先是法國人冥頑不靈，看到大勢已去又馬上撒手不管，現在換成美國人目光如鼠，明明成功無望卻視而不見。這意味著越南人民最深重的苦難還在後面。那之後的二十年，他們的悲慘遭遇還將繼續，而且將進一步加深。

　　法國的這場殖民戰爭剛剛結束，另一場又緊接而來。印度支那遠在天邊，一九五四年爆發戰爭的阿爾及利亞卻近在眼前。其實，在某種意義上，阿爾及利亞就算是法國本土，因為從一八三〇年起就成為法國殖民地的阿爾及利亞，自一八四八年開始，在行政上就算是法國的組成部分。與法蘭西帝國的其他部分不同，阿爾及利亞吸引了數十萬歐洲（不只是法國）殖民者，或稱「黑腳」（pieds-noirs，據說這個稱呼可能來自早期拓荒者穿的黑色靴子）前來定居。早在一九三〇年代，定居者對占人口多數的穆斯林的政治與經濟歧視就激起了反對殖民統治的抗議，還爆發過一場初生的民族主義運動，但遭到鎮壓。二戰期間，要求改革的呼聲再次高漲，但法國對改革的讓步極為有限，激起了殖民地人民的憤怒，促使他們在二戰末期發起暴力抗議。對此，軍警無情鎮壓了抗議運動，殺死了數千名穆斯林。抗議平息後，

法國建立了阿爾及利亞國民議會，但卻嚴格限制了占人口多數的穆斯林的投票權。

平靜的表面下波濤洶湧，衝突早晚會爆發。一九五四年十一月一日，這一刻終於到來了。那天，阿爾及利亞民族解放陣線（以下簡稱民陣）襲擊了殖民當局的幾處目標。這場爭取在伊斯蘭原則基礎上建立獨立國家的阿爾及利亞戰爭就此打響，一打就是八年。剛剛因結束了印度支那戰爭而民望大增的孟戴斯，這回堅決不肯讓步，斷然拒絕任何會讓作為法國一「省」的阿爾及利亞脫離出去的主張，而這個姿態深得民心。

其實，孟戴斯在一九五四年就已經開啟了，最終導致突尼西亞與摩洛哥於一九五六年獨立的進程。這兩地的獨立運動曾遭受殖民者的暴力攻擊，反殖民抗爭中不乏流血和暴行，但是法國政府也在國際壓力下做出明智的選擇，從持續惡化的局勢中抽身出來。不過，突尼西亞跟摩洛哥是殖民地，阿爾及利亞卻被看作法國的一部分，是由內政部而不是殖民局來管理。法國人認為，阿爾及利亞日益加深的衝突不是殖民戰爭，而是內戰（阿爾及利亞人卻不這樣認為）。這個根本性的區別決定了法國在阿爾及利亞問題上寸步不讓，為當地無數人帶來了曠日持久的苦難。

暴力升級會導致極端的暴力報復，形成惡性循環。一九五五年八月的一起事件成為了導火線。那次，民陣精心策劃了一次行動，殺死了一百多名平民定居者。這引發了對方野蠻的報復，造成一千多名穆斯林死於非命（據有些估計人數還多得多）。針對恐怖攻擊和地方暴力行為，當局以牙還牙，殘忍報復，這當然導致了災難的螺旋式上升。一九五六年，法國總理摩勒一度試著要推行和解政策，但在殖民者的激烈反對下很快就回歸他粉碎叛亂的初衷，當局派往阿爾及利亞的法軍因而增加了一倍。法國政府對疑似民陣的人士嚴刑拷打是普遍

的現象，法國也動用了強大的軍事力量，但民陣的恐怖攻擊卻也愈演愈烈。公眾輿論開始反對這場野蠻的戰爭，在著名左翼知識分子，包括維達納凱（Pierre Vidal-Naquet）和沙特的領導下，公眾開始強烈抗議法軍在阿爾及利亞慘無人道的暴行。

然而，法國輿論儘管迫切希望結束戰爭，卻不贊成阿爾及利亞獨立。無論如何，那裡的殖民定居者採用暴力方式堅決抗拒獨立，都是阿爾及利亞獨立之路上的巨大障礙。一九五八年初，有一場危機開始醞釀，這不僅是法國政府的危機，也是法國國家的危機。一九五八年五月十四日，費林姆萊（Pierre Pflimlin）就任總理時，危機爆發了。由於費林姆萊贊成跟民陣談判，「黑腳」覺得巴黎背叛了他們。「黑腳」因此占領了阿爾及爾的政府大樓，推舉前一年指揮無情的反恐行動的傘兵部隊指揮官馬敘（Jacques Massu）將軍當領袖，發動了等同反抗法國政府的叛亂。軍隊顯然站在叛亂者這邊，戴高樂就是在這樣的背景下東山再起的，新任總理費林姆萊也因此在當月月底就被迫離職。前面我們說過，這是第五共和創立的前奏。

殖民者以為戴高樂是他們的人，他們希望戴高樂的崇高威信能讓阿爾及利亞戰爭走向他們滿意的結局。但是，他們很快就大失所望、憤怒不已，因為戴高樂很快認識到這個問題十分棘手，表示不排除透過談判來解決問題。總統必須在兩個極端中間盡力找到平衡，一邊是堅決要求獨立的民陣，另一邊是不惜拿起武器抵抗這個要求的「黑腳」。一些心懷不滿的軍隊將領在曾經支持戴高樂的薩朗（Raoul Salan）將軍領導下，成立了「祕密軍組織」（OAS）。他們不止一次策劃發動政變推翻政府，還在法國展開一系列爆炸行動，並試圖暗殺戴高樂。「祕密軍組織」最終造成約二千七百人死亡，幾乎都是阿爾及利亞的穆斯林。

在整個一九六○年和一九六一年，阿爾及利亞戰爭持續不斷，處

在巨大的暴力衝突中。但戴高樂最終占了上風。他審時度勢，明白只有讓阿爾及利亞獲得獨立才能走向和平，開始一點一滴地推動社會接受這個結果。戴高樂利用自己的崇高地位和權威，爭取到了九成的法國選民支持一九六二年三月十八日簽訂的停火協議，這份協議讓阿爾及利亞最終於七月五日宣布獨立。大部分憤憤不平的「黑腳」知道自己在阿爾及利亞沒有未來，有八十多萬人因此移居法國南方，阿爾及利亞猶太人也去了法國。有些阿爾及利亞人曾為殖民政權效力，大多是低階行政人員、警察或士兵，這樣的人被稱為「哈金斯」（harkis）。戰爭結束後，留在阿爾及利亞的「哈金斯」遭受民陣的嚴酷報復，少數「哈金斯」則設法逃到法國，主要待在南方。但他們遭到法國當局的惡劣對待，在社會上備受歧視，還被大多數民眾排斥或鄙視。關於這場長達八年的慘烈戰爭中到底有多少受害者，各界的爭議十分激烈，但最少也有十七萬人左右，真實數字很可能遠遠不止，被殺死的絕大多數是阿爾及利亞穆斯林。對此，法國的法院沒有判處任何一位法國人謀殺罪，法國「教化的使命」（這是法國為自己統治其他民族提出的意識形態理由）實際卻導致了野蠻的暴行。

值得注意的是，慘烈的阿爾及利亞戰爭戰事正酣，戴高樂便開始結束法國在非洲幾乎所有其他地方的殖民統治。一九五八年通過的第五共和憲法把「法蘭西聯邦」改成了「法蘭西共同體」（French Community），給予海外領地廣泛的自決權，只是沒有准許它們完全獨立。起初只有法屬幾內亞拒絕加入法蘭西共同體，但此舉開了先河，其他前殖民地很快紛紛效仿。一九五〇年代末，反殖民之風吹得起勁，阿爾及利亞又完全不能為法國的統治爭光。戴高樂讓海外領地自由選擇，它們也這樣做了。一九五八年到一九六〇年年底，整整有十五個前法國殖民地跟隨幾內亞的腳步宣布獨立，它們分別是：馬達加斯加、法屬蘇丹、塞內加爾、查德、中央剛果（今剛果共和國）、

加彭、茅利塔尼亞、烏班基沙立（今中非共和國）、喀麥隆、多哥、馬里、達荷美（今貝南）、尼日、上伏塔（今布吉納法索）和象牙海岸。一九六一年，法蘭西共同體已經幾乎名存實亡。法國對待法蘭西帝國其他殖民地的態度，跟對待阿爾及利亞的態度是截然不同的。在別的地方，法國認識到當地人民的獨立意志顯然不可阻擋，就迅速收起了帝國的攤子；但在阿爾及利亞，法國卻打了一場曠日持久的戰爭，經歷巨大的流血傷亡後，才萬般不情願地勉強接受不可避免的結果。最關鍵的分別在於阿爾及利亞的獨特地位。只有戴高樂這樣具有政治家胸懷和腳踏實地精神的人，才能結束阿爾及利亞與法國的結合。事實上，這種「成為一體」基本上僅是名義上的，雖然官方矢口否認，但實際上阿爾及利亞從來都是殖民地，九百萬當地人一直遭受著一百萬殖民定居者的歧視。

到了一九六〇年代中期，一度強大無比的法蘭西帝國和大英帝國僅剩下了碎塊殘片，帝國的時代一去而不復返了。

＊　＊　＊

一九六五年一月三十日，英國舉行了戰時「三巨頭」領袖中最後離世的邱吉爾爵士的國葬，這代表著堅信民族國家、帝國統治和歐洲強國政治堅如磐石的一代人的逝去。邱吉爾的葬禮莊嚴肅穆，有來自一百一十二個國家的代表出席，包括在反抗納粹德國的鬥爭中跟邱吉爾並肩作戰的法國總統戴高樂將軍、美國前總統艾森豪。與二十年前剛剛走出戰火硝煙的歐洲相比，他們此時看到的歐洲幾乎全然不同。

最明顯的變化是歐洲分成了不可調和的兩半。戰爭甫一結束，東西歐無法阻擋的分裂進程隨即開始，現已擴大到兩邊除外交禮儀之外別無接觸的地步。與此同時，東西方兩個陣營均已鞏固。「西歐」在一九四五年連個概念都不存在，現在卻已成為清晰的實體。對於西歐

的成形，兩個前面已經討論過的事態發展具有關鍵意義。

最重要的是鞏固了多元的自由民主制度。自由民主在各國表現的形式不同，但都是以法律、人權和個人自由的原則為基礎。它的另一個基礎是經過改革的資本主義經濟，這種經濟模式為經濟成長和物質繁榮提供了平台，也建立了確保所有公民基本社會安全的福利制度。冷戰在意識形態上對西歐民主的穩定起到了推動的作用，美國的存在也為民主發展提供一個安全的基礎。當然，西歐民主的表現遠非完美，但民主是後來一切成就不可或缺的基礎，與戰間期那些年的長期動盪、政治分裂與社會困苦相比，二戰後西歐在鞏固民主方面獲得的進步實在是驚人的。

第二個重大變化是帝國的終結。西歐因此變成一群實質上地位相似的民族國家。特別是英國和法國，它們依然心繫國家榮耀，難以適應自己已非頭等強國的事實。它們仍然是西歐軍力最強的國家，擁有核武，還是聯合國安理會的常任理事國。但實際上，它們現在僅能算是歐洲強國。懷有帝國舊夢的人愈來愈少，他們對往昔榮光的記憶日漸褪色，而且經常與史實不符。

第三個發展仍需探討。在經濟上，也在政治上，西歐正朝著戰後初期難以預測、甚至無法預測的方向發展。不過，政治上的發展僅初具雛形，反映在與民族國家並存，但在一定程度上超越民族國家的機構制度之中。事實證明，這是一個歷時長久、成敗交錯、尚未完成的進程，其間始終存在著固有的緊張衝突，但它促成了二次大戰之前無法想像的高度合作與一體化。它也象徵著為持久和平奠定基礎的重大進步。

東歐與這些根本性改變完全無緣。東歐也發生了變化，但遠不如西歐的變化深遠。東歐國家的活動餘地非常有限，受到蘇聯鐵鉗的嚴密控制。

第三章

鐵鉗之勢

The Clamp

我們問華約組織的部隊指揮官科涅夫元帥：「如果我們指
示你在匈牙利恢復秩序、粉碎反革命勢力，你需要多少時
間？」他想了想回答說：「三天，不會更長了。」、「那就開
始準備吧。到行動的時候我們會通知你。」事情就這麼定
了。

—— 赫魯雪夫的回憶錄，一九七一年

　　西歐在美國的羽翼下形成政治實體的同時，蘇聯也在鞏固對鐵幕
另一邊它「勢力範圍」內國家的控制。曾經獨立的波羅的海國家，諸
如愛沙尼亞、拉脫維亞和立陶宛自一九四〇年起成了蘇聯的一部分。
莫斯科麾下的其他國家有阿爾巴尼亞、保加利亞、捷克斯洛伐克、德
意志民主共和國、匈牙利、波蘭和羅馬尼亞。只有南斯拉夫自狄托元
帥一九四八年與莫斯科決裂之後繼續走自己的路。

　　東歐與西歐一樣，是個政治構成，不是精確的地理概念。一九五
三年三月史達林去世造成了東歐形勢發展的一個重大間斷。他的死
帶來了一段普遍稱為「融冰」的時期，融冰的比喻來自愛倫堡（Ilya
Ehrenburg）一九五四年出版的一部小說的標題。「融冰」指的是「去

史達林化」，即與史達林統治制度的明確決裂。但這個比喻其實並不完全恰當，史達林主義制度本身並非如融冰一詞暗示的那樣「封凍不變」，它在幾個階段發生過變化。事實上，融冰時期的有些改變在史達林晚年時已經開始醞釀，或者是採納了史達林生前已經提出的主張。愛倫堡自己把融冰解釋為比喻天氣變化的無常、起伏和純粹的不確定性。融冰會迎來春天，但隨著大地再次結凍，也會產生新的霜層。不過，嚴格按字面意思講，融冰的確最終會完全改變天氣，使原來的冰雪化為一片無定形的雪泥，最後化為雪水流走。然而，蘇聯雖然在赫魯雪夫治下發生了真正的巨大改變，但那是在制度內部的改變，並未徹底改變制度的形式，更未將其沖淡到幾近消失。恰恰相反的是，赫魯雪夫一九六四年十月下台後，蘇聯的制度在他的繼任者布里茲涅夫手中還得到了穩固和加強，無論在形式上還是在實質上都維持不變，甚至停滯不前，直到一九八五至一九九〇年的大變革為止。最後，融冰是自然現象，沒有人力的作用。然而，史達林之後蘇聯發生的變化與「自然」完全沾不上邊。

因此，也許用「鐵鉗」的比喻比「融冰」更恰當。鐵鉗可以放鬆，也可以收緊，但夾在鐵鉗中的物體沒有變。赫魯雪夫在位時採取的措施等於放鬆了史達林把蘇聯卡得死死的鐵鉗，但是，制度的實質依然如故。而且，在蘇聯國內推行史達林主義與在東歐民族國家如法炮製遇到的情形大為不同。

自一九一七年革命以來的三十多年間，共產黨在蘇聯建起了牢固的統治。在這個遼闊的國家中，沒有其他的政治組織形式，近代也沒有這方面的傳統。因此，改變蘇聯制度的可能性幾乎為零。相比之下，大部分東歐國家在一九四四至一九四五年紅軍取得勝利後才落入莫斯科控制之下，史達林主義是新近從外部強加給它們的。這些國家確實有發生根本性改變的潛力，而蘇聯的鐵鉗是阻止改變的唯一障

礙。蘇聯「勢力範圍」內的每一個國家戰前都有過多元政治制度，即使常常僅把民主當成門面。一些國家（最突出的是東德和捷克斯洛伐克）有長久的民主傳統，雖然遭到壓制，但一直潛伏在表面下。最明顯的是，每個衛星國都一直保存了自主民族國家的身分認同感。這在波蘭與匈牙利表現得尤為突出。

因此，史達林死後，鐵鉗剛剛開始放鬆，蘇聯的一些東歐衛星國就發生了嚴重動盪，看似可能改變甚至推翻那些國家的共產主義制度，這不應令人驚訝。同樣不應令人意外的是蘇聯對這種局面如臨大敵，重拳出擊，最終不惜使用武力，再次猛然收緊了鐵鉗。

放鬆鐵鉗：蘇聯

史達林在世的最後幾年對大多數蘇聯公民來說是艱難困苦的幾年，此時全國上下仍沉浸在紅軍戰勝納粹主義的光榮之中，但蘇聯在二戰中付出的「人」的代價超乎想像，有二千五百多萬的公民喪生。也許官方宣傳有些誇大渲染，但禁受過戰爭荼毒的倖存者確實愛國熱情高漲。蘇聯在擊敗並消滅殘忍的入侵者的反抗中，表現出了非凡的勇氣與堅忍不拔的精神，人民發自內心地為國驕傲。然而，愛國情懷不能當飯吃，也不能當房子住。在一個沒有法律保護，侵犯隱私的警察國家中，愛國情懷也不能保證安全。

大戰後，蘇聯西部滿目瘡痍、慘不忍睹，千里無雞鳴。戰火的破壞加上德軍撤退途中的濫毀濫燒，把一千七百一十個城鎮和至少七萬個村莊夷為平地。約二千五百萬平民無家可歸。糧食產量劇減三分之二，民用工業產量下跌了三分之一以上。在破壞如此慘重的廢墟上重建國家是一項驚人壯舉。

蘇聯的復甦的確令人讚嘆，但二戰之前和戰爭期間蘇聯經濟那固

有的僵化、嚴厲和殘酷並未消除。無疑的，仍然有許多人滿懷理想，像在西歐一樣，老百姓願意努力工作，共體時艱，為國家復甦和自身物質條件的改善出一份力。但是，對他們的要求只能透過高壓強制才能達到。戰時的勞動規定沒有取消，上班遲到或任何被認為表現不好的行為都會受到嚴懲。指令性經濟[1]保留了各種控制措施。國家認為哪裡需要勞動力，就把工人派到哪裡。純從經濟角度來看，這種做法產生的結果好壞參半。然而，它卻造成了巨大的人的代價，給戰爭時期蘇聯幾乎所有家庭都經歷過的死亡與苦難雪上加霜。

　　到一九五〇年，鋼鐵、煤炭、石油、電力和水泥的產量已經高於戰前。拖拉機的產量比十年前增加了二倍（儘管我們不能輕信生產的數據，還有管理人的慣用手法，像是他們會把生產目標定得較低，以便超額完成任務）。可是，實際工資到一九五二年才開始恢復到一九二八年的水準。蘇聯的消費品生產和住宅供應仍遠遠落後於重工業的進步，人們的生活水準依然十分低落，大多住在公寓大樓裡，居住環境汙穢骯髒、擁擠不堪，大部分人持續生活在赤貧之中。資本財（許多是用於軍備的）仍被視為優先，其產出從一九四五年到一九五〇年增加了百分之八十三。根據一九五二年的蘇聯年度預算，軍用品的產量比一九五〇年多了百分之四十五。如同一九三〇年代一樣，農村地區尤其為工業復甦付出了沉重代價，例如一九五〇年代初的農業生產比戰前還差，按英畝計算的產量甚至趕不上一戰之前。烏克蘭儘管土地肥沃，卻在一九四六年遭遇了和一九三二至一九三三年一樣嚴重的大饑荒，據報導甚至出現了人相食的慘事。大饑荒的部分原因是自然因素，因為旱災嚴重影響了收成。但是國家不顧農民忍飢挨餓，強行收走農民的存糧，這一政策造成的破壞要大得多。

1　編按：指令性經濟（Command economy），即習稱的計畫經濟（Planned economy）。

　　戰後，官方再次加緊大規模鎮壓，牢牢壓制著任何不滿和騷亂。古拉格（Gulag）勞改營重新擴大，數十萬新囚犯被送往各個勞改營，開始長達多年的強制勞動，幫助重建遭戰爭毀壞的國家，或維持軍火生產（很快將包括製造核武）。勞改犯的人數在戰爭期間有所減少，戰後再次增加到約五百萬之眾。在他們中間，被從蘇聯西部邊界地區或前波羅的海國家趕出來的人比例很大，因為當局仍然高度懷疑那些地方民眾的忠誠。一百多萬遭德軍俘虜的紅軍士兵在德國受了多年苦難折磨終於回國後，卻被當成叛徒關入古拉格。

　　在大戰期間，言論限制稍有放鬆，官方干涉也有一定收斂，現在卻都恢復如初。負責文化的領導人日丹諾夫（Andrei Zhdanov）規定了嚴格的意識形態指南，藝術中任何與之不符的東西都被扼殺。科學也必須遵循既定路線，稍有偏離的跡象都會招致政權的極端不滿，甚至是更嚴重的處理。有一個諷刺故事說，一隻猴子從動物園逃了出來，花了一天的時間觀察蘇聯人的生活，然後覺得還是回動物園好。故事的作者左琴科（Mikhail Zoshchenko）因此遭到批判，說他企圖用「腐朽的意識形態虛無主義」來毒化民眾對國家的態度。

　　史達林生前最後幾年裡，蘇聯人生活中高壓管制幾乎無處不在，而這需要巨大的國家機器及其成員來執行，史達林因此給了黨、軍隊和安全警察充足的特權與權力。大多數人民僅能勉強糊口，統治菁英卻可以住鄉間別墅、去克里米亞度假、到特供商店購物、享受良好的醫療保健、讓自己的孩子接受出色的教育。這種政治賄賂在一定程度上也分潤給了比較低層的公務員、黨和國家機關的官僚、軍方人員和安全特工。人們一方面懼怕因工作不力而招致懲罰，另一方面當局又提供物質好處、晉升機會、社會地位和管人的權力，這個大棒加胡蘿蔔的制度不僅在頂層有效，在底層也鞭策著數百萬下級官員和「小史達林」為制度效力。

　　史達林去世前一直對手下施行「分而治之」的策略，使之彼此猜忌、爭相邀寵，他這方面的手腕可以說是爐火純青。這個制度中無人能保安全，在史達林的心血來潮面前，統治菁英成員首當其衝。他們深知自己儘管大權在握，卻尤其朝不保夕，只要一句話說得不對，或本來是好意的行動招致了史達林的不快，就可能帶來無法預料的後果。雖說一九三〇年代的「大清洗」並未重演，但是一九四九年在列寧格勒以及一九五一年在喬治亞的一部分地區，當局還是選擇性清洗了黨的幹部。史達林決定時隔十三年後於一九五二年十月召開蘇共第十九次代表大會，這在他手下的人看來是不祥之兆，預示著對最高領導層的又一輪清洗即將到來。赫魯雪夫認為，只要史達林還在，就無法避免再一次大規模清洗。

　　的確，史達林再次表現出極度的猜疑。赫魯雪夫說，他記得一九五一年聽史達林說過這樣的話：「我誰都不信任，連我自己都算上。」莫洛托夫（Vyacheslav Molotov）和米高揚（Anastas Mikoyan）是追隨史達林時間最長、對他最忠心耿耿的兩位助手，但一九五二年居然被他懷疑是外國間諜。接著，一九五三年一月，一些在克里姆林宮工作的醫生（他們多數人的名字聽起來像猶太人）突然被逮捕，罪名是計畫消滅所有蘇聯領導人。史達林自己的反猶思想根深柢固，在他的手下面前表露無遺。雖然反猶主義公開受到譴責，但是蘇聯社會普遍仍存在對猶太人的偏見，像是從一九四八年到一九五三年，就有成千上萬的猶太人遭到解雇或受到其他形式的歧視。上述的「醫生陰謀」導致許多猶太人被捕，倘若史達林沒有去世，此事將再次讓蘇聯猶太人陷入危境。不過，猶太人的清洗事件沒有發生，史達林一去世，被捕的醫生馬上獲釋，官方也承認所謂「陰謀」是子虛烏有。

　　一九五三年三月一日，長期健康狀態不佳（但此事被嚴格保密）的史達林中風昏倒。沒有人趕去急救，即使急救可能也無濟於事，

國家安全部門負責人貝利亞（Lavrenti Beria）似乎尤其希望史達林一病不起。即使史達林已面臨死亡關頭，但他周圍的人仍然戰戰兢兢，加上他們彼此間鉤心鬥角，各懷野心，結果造成蘇聯核心集團的癱瘓（這個集團只剩下馬林科夫、赫魯雪夫、布爾加寧和貝利亞。莫洛托夫和米高揚基本上靠邊站了）。史達林彌留四天後，於三月五日去世，把權力留給他的助手們去爭搶。

史達林去世後，立即爆發了不可避免的權力鬥爭，馬林科夫（Georgi Malenkov）似乎是勝出者。他屢任高職，特別是曾官至蘇共中央委員會書記，因而成為核心集團中的一把手，實際上是史達林當然的繼承人。他的主要盟友是貝利亞，不過這兩人結盟僅是出於權宜。史達林一死，馬林科夫立即經貝利亞建議，被核心集團任命為部長會議主席和黨中央書記。然後，馬林科夫提議由貝利亞做他的第一副手。此外，還把針對國家安全的廣泛掌控權交給了貝利亞。領導集團的其他成員一開始覺得他們只能接受這個安排，但深懷疑慮。他們覺得馬林科夫獨攬黨政大權是個危險，不過這個危險很快就減輕了，因為三月十四日，馬林科夫被迫辭去了中央委員會書記（實際上的領導人）一職。這為風頭日盛的赫魯雪夫登上蘇聯最重要的位子打開了大門。

蘇共核心集團認識到，比馬林科夫更大的威脅是野心畢露的貝利亞。人人都怕貝利亞，此人也的確可怕。他掌管著龐大的安全監視網，一貫對被以莫須有的罪名定為內部敵人的人冷酷無情。然而，這位安全部門的首腦也遍樹強敵，包括軍方重要人物，特別是前戰爭英雄朱可夫（Zhukov）元帥。打擊來臨時，貝利亞只能孤軍作戰。

赫魯雪夫不失時機地說服了蘇共主席團（一九五二年取代政治局）其他成員一同推翻貝利亞。一九五三年六月二十六日，史達林剛剛去世三個月，毫無察覺的貝利亞來參加主席團會議，會上遭到不

久前還與他同志相稱的人們的批判，然後被朱可夫和其他幾位將軍逮捕。貝利亞在軍事監獄中被短暫關押後，於十二月接受祕密審判。這場審判以貝利亞之道還治貝利亞之身，給他安了個英國間諜的無稽罪名後就被立即槍決。一九五四年三月，貝利亞的安全警察帝國被分成了兩個組織，一個負責對付一般犯罪行為，另一個負責安全事務。

　　接下來的幾個月中，赫魯雪夫利用黨的第一書記的職務鞏固了權力。他在地區和分區一級安插了許多新人，這些人受了他的恩惠，成為支持他的重要力量。赫魯雪夫在哈薩克和西伯利亞「開墾處女地」的大膽政策被認為是巨大的成功（一九五四年和一九五五年都是豐收年，但這兩處的墾荒其實並沒有增加多少總收成）。此時，馬林科夫的光芒開始暗淡，後來赫魯雪夫成立了一個委員會來調查一九三〇年代和四〇年代的犯罪行為，包括馬林科夫在一九四八至一九四九年列寧格勒清洗事件中的作用，馬林科夫的地位更是不保。一九五五年二月，馬林科夫失去了部長會議主席（相當於總理）的職位，由布爾加寧（Nikolai Bulganin）取代。我們很快就可清楚地看到，布爾加寧是統治蘇聯的雙頭馬車中較弱的一方。

　　鐵鉗放鬆的戲劇性一刻發生在一九五六年二月二十五日，蘇共的第二十次代表大會上。開會兩週前，赫魯雪夫建議就「個人崇拜及其後果」做篇專題演講。堅定的史達林主義者莫洛托夫表示反對。反對的還有史達林的老粉絲卡岡諾維奇（Lazar Kaganovich）和伏羅希洛夫（Kliment Voroshilov）。但赫魯雪夫最終還是得償所願。主席團裡支持赫魯雪夫的人都和他本人一樣，參與過史達林時代的鎮壓行動。他們知道，已經開始工作的調查委員會至少會揭露一部分真相。他們預見到許多在監獄和勞改營中長期服刑的人，獲釋後一定會追究責任，所以亟欲把一切責任都推到史達林頭上。因此他們支持赫魯雪夫的冒險之舉。

赫魯雪夫在黨代表大會的一次閉門會議上長達四小時的談話，不
啻引爆了炸彈。他的關鍵策略是把列寧的遺產與史達林的濫權切割開
來。列寧被捧上神壇，以突出他與史達林的巨大分別。談話剛開始，
赫魯雪夫就引用了列寧一九二二年關於史達林的告誡，說史達林不適
合擔任黨的總書記這個權力巨大的職務。赫魯雪夫反覆強調史達林完
全背棄了列寧的教導，在建立自己的絕對權力、個人崇拜和高壓統治
的過程中，「把黨的集體領導這一列寧主義原則踩在腳下」。赫魯雪
夫激烈抨擊史達林自一九三〇年代以來的罪行（對在那之前的事絕口
不提），把責任全部推到史達林頭上，說他以莫須有的罪名汙衊忠誠
的黨員是「人民公敵」，對其進行恐怖鎮壓和大規模迫害。在史達林
的明確命令下，他的親信、安全部門領導人（葉若夫和貝利亞）助紂
為虐。赫魯雪夫宣布：「這一切都取決於一個人的心血來潮。」

這暗示著史達林以下的黨領導人全部洗脫了罪責。赫魯雪夫說，
他們不知道（關於列寧格勒的清洗）「這些事情的來龍去脈，也就無
法干預」。史達林透過清洗摧毀了黨的幹部隊伍。更有甚者，他的個
人專權威脅到了國家的生存。赫魯雪夫說，史達林無視關於德國即將
入侵的警告，一手鑄成了一九四一年的災難性錯誤。赫魯雪夫數說史
達林的種種劣跡，一直到史達林死前的各種濫權，包括所謂的「醫生
陰謀」。他在結束長篇大論的談話時，譴責了「與馬克思列寧主義格
格不入的個人崇拜」，敦促同志「完全恢復蘇維埃社會主義民主的列
寧主義原則」，並「要鬥爭濫用權力為所欲為的人」。

就這樣，針對史達林的批判突出了列寧創立的蘇維埃制度在意識
形態上的純潔性，強調了制度的組織原則。換言之，史達林死了，他
的犯罪就畫上了句點。革故鼎新後的蘇維埃制度將繼續下去。一位當
時在場的代表後來回憶說，赫魯雪夫講完後，「大廳中一片死寂」。
「或者是因為對剛才發生的事情毫無準備，或者是由於緊張和恐懼」，

人們走出會議廳時都低著頭，避免接觸彼此的目光。

　　赫魯雪夫的談話被洩露了出去，並很快在國外公開，造成轟動。當時，波蘭和匈牙利的騷動已經開始加劇，「談話」中揭露的種種事實猶如火上澆油。那年秋天，波匈兩國的騷動發展為直接挑戰蘇聯的控制權。蘇聯國內的報紙只登載了赫魯雪夫談話的簡短摘要，但不久後，黨中央（也許是奉赫魯雪夫的指示）就下令印發、傳播「談話」，並向黨員宣讀。

　　此時距離史達林之死造成蘇聯舉國哀慟僅僅過去三年時間，當時民眾甚至到了近乎歇斯底里的地步。「每個人都在流淚，」一位婦女回憶說，「我們不知道以後會發生什麼。過去一直的依靠沒有了。」但我們無法確知這種悲痛的真實度。一名哈薩克婦女私下裡說得乾脆：「史達林死了。是好事。」但明智的做法是不公開表示這樣的意思。但即使如此，多年來培養的對偉大領袖的個人崇拜還是有效果的。過去數百萬人幾乎是頂禮膜拜史達林，現在卻要求他們把不久前的偶像打翻在地。難怪許多人得知赫魯雪夫談話的內容後震驚不已、不知所措。

　　民眾的反應有各種各樣。蘇聯各地的史達林肖像和雕塑被毀壞、移走或汙損。有人要求運走克里姆林宮的陵墓中，與列寧經防腐處理的遺體並排擺放的史達林遺體（此事到一九六一年才辦成）。但是，也有許多人從未原諒赫魯雪夫把他們的偶像推下神壇的行為。他們為史達林辯護，抵制移除史達林畫像的企圖，讚揚史達林清洗了壓迫人民的官員。最強烈維護史達林個人崇拜的莫過於他的家鄉喬治亞。史達林去世三週年時，那裡舉行了四天的抗議活動，反對赫魯雪夫詆毀這位已逝者。三月五日，約五萬人聚集在史達林的出生地哥里（Gori）向他致敬。三月七日，六萬多民眾參加遊行，向第比利斯（Tbilisi）的史達林紀念碑獻花。接下來的幾天內，數百人徵用車輛，

載著「偉大的史達林」的肖像，一路高呼「打倒赫魯雪夫」和「史達
林萬歲」的口號。動亂日益升級，出動了軍隊才將其平息。抗議示威
中有二十人死亡，六十人受傷，還有許多人被捕。

　　蘇聯各地民眾確實比不久前更加大膽地公開發表批評意見。人
們，包括從古拉格歸來的人，鼓起勇氣打破沉默、表達心聲。普通黨
員質疑起蘇共中央主席團其他成員對史達林的所作所為一無所知的說
法，他們質問為何過了這麼久才把史達林的罪行揭露出來。「赫魯雪
夫自己在哪裡？」一位崇拜史達林的退役紅軍上校問道，「那時候他
為什麼不說話，現在史達林死了卻把髒水全潑到他頭上？」有些人質
問赫魯雪夫為什麼對眾多非黨員受害者隻字不提，懷疑問題也許出在
制度本身。不過，這種深刻的批評是例外。批評的矛頭通常只指向對
列寧主義理想的背叛，不針對蘇聯制度本身。革命成功近四十年後，
改換制度簡直是不能想像的。目前的制度儘管有各種缺點，但在二戰
中還是帶領國家取得了勝利。無論如何，大部分人仍然謹慎戒備，不
敢暢所欲言。但即使如此，中央委員會已經非常擔憂，於一九五六年
六月發出通告，要求採取嚴厲手段遏制批評的聲音。

　　這如同企圖釘死潘朵拉盒子的盒蓋。赫魯雪夫的談話尤其在學生
和其他青年群體喚起了改革的希望和熱情。一九五六年和一九五七
年，政治異議明顯增加，在蘇聯幾個地方的大學校園內及周邊地區尤
其突出。成千上萬反蘇維埃傳單被散發出去，有些傳單被塞入莫斯科
工人階級住宅區房屋的信箱，號召「本著二十大精神」開展改革、建
立真正的「工人蘇維埃」、發動罷工、審判史達林的幫凶。司法部門
審查了一九五七年就反蘇維埃活動做出的近二千份判決，結果顯示，
表達政治異議的方式通常是郵寄反蘇維埃的匿名信、擁有顛覆性的書
刊，最常見的是發表攻擊政權的言論。當年七月，莫斯科舉行了世界
青年節活動，狂歡活動長達兩週。在這段短暫的時間內，蘇聯向世界

敞開了大門,來自一百三十個國家的三萬多人湧入蘇聯。這促使一些年輕的蘇聯公民對本國的政治制度提出疑問,但幾乎可以肯定,他們想要的是改善蘇聯的制度,而不是擁抱西方民主。

從一九五三年到一九五八年,蘇聯頒布了一系列法令和大赦令,從監獄營和勞改地釋放了四百萬名囚犯回家。在這種情況下,赫魯雪夫的談話把公眾的注意力聚焦於史達林時代的犯罪活動和嚴重不公,更加重了不安和混亂。獲釋回家的人很少會受到熱情歡迎,旁人一般避之唯恐不及,投以懷疑的眼光。許多公民覺得,當初抓他們不會沒有理由。他們被視為社會中的危險分子,只要犯罪率上升,必定會怪在他們頭上。在史達林統治時期的大規模逮捕中未直接受到影響的人,當時就漠然視之這些受害者,如今更不會關心他們。然而,受害者自己今天卻更加敢於講述自己受過的折磨,直接面對自己經歷的創痛。有一名婦女在一九五六年結束流放,回到列寧格勒。在赫魯雪夫發表談話後,她開始講述自己的經歷。她女兒回憶說:「我們談得愈多,思想變化就愈大,變得更加懷疑現狀。」不過,受害者及其家人新獲得的自由有著嚴格的限制。他們害怕鎮壓會如同它退去時一樣迅速捲土重來。大部分人仍然小心翼翼,這樣做是對的,因為很明顯,政權可以容忍批評史達林的「個人崇拜」,卻不許批評蘇聯制度本身。

我們不應誇大蘇聯社會動盪的規模,騷動的只有少數人。不過,這點騷動就已足以讓蘇聯領導層的保守派憂心忡忡,更加不滿赫魯雪夫。他們不喜歡赫魯雪夫霸道隨興的領導方式,儘管他們對史達林霸道得多的作風習以為常。他們過去為史達林效勞,至今仍對他懷有敬仰之情,尤其敬他為蘇聯的戰時英雄。所以,赫魯雪夫對史達林毫不諱言的批判激起了他們的對立情緒。至少,他們認為赫魯雪夫開啟塵封的過去供公眾審視,是個嚴重的錯誤,因為他們自己也是那段歷史的一部分。他們也不喜歡赫魯雪夫背離史達林的外交政策,與離經

叛道的狄托重建關係，還表示願意尋求跟西方「和平共處」。一九五六年秋天的波蘭罷工和匈牙利暴動威脅到了蘇聯的統治，在保守派看來，這些嚴重事件更進一步表明赫魯雪夫完全搞砸了史達林的遺產。

莫洛托夫、馬林科夫和卡岡諾維奇等堅持史達林主義的元老密謀推翻赫魯雪夫，他們在一九五七年六月十八日的主席團會議上建議廢除中央第一書記的職位，也是赫魯雪夫權力的基礎。然而，赫魯雪夫設法將此議提交中央委員會決定，把自己的命運交到了中央委員會成員的手中。他們大多是赫魯雪夫的人，是赫魯雪夫把他們提拔到了各州的領導位子。在六月二十一日匆忙召開的特別會議上，他們站到了赫魯雪夫一邊。陰謀者落敗，被開除出主席團。不過赫魯雪夫至少沒有恢復史達林時代的做法，人們沒有公審然後處決被貶謫的領導人，只是將他們發配到蘇聯的偏遠地區，讓他們無法再興風作浪。莫洛托夫被派往蒙古做大使，馬林科夫成了哈薩克一處發電站的站長，卡岡諾維奇則被派到烏拉爾山中的斯維爾德洛夫斯克（Sverdlovsk）的一家水泥廠當廠長。布爾加寧也受到牽連，被解除了部長會議主席的職務。一九五八年，已經是中央第一書記的赫魯雪夫效仿史達林一九四一年的做法，又擔任了部長會議主席。集體領導的實驗就此結束。自那時起六年左右的時間裡，赫魯雪夫集黨政大權於一身，成為蘇聯無可置疑的最高領袖。

赫魯雪夫任內有政績也有問題。他擔任蘇聯領導人期間，國民總收入成長了百分之五十八，工業產出提高了百分之八十四，消費品生產增加了百分之六十。雖然國家的重點一直放在資本財、重工業和軍工產業（包括發展核武）上面，但大多數蘇聯公民的生活水準還是隨著高速經濟成長獲得改善（雖然與西歐相比依然貧窮），這表現在肉類消費增加了百分之五十五，也愈來愈多的人開始買得起電冰箱、電視機和洗衣機（雖然仍只占全體公民很小的一部分）。國家做了種種

努力來減輕鄉村地區最嚴重的貧困問題。國家提高了購買集體農場農產品的價格，允許農民種自留地增加收入。農業投資大大增加。史達林時代那種對工作中小小的不檢行為的嚴厲懲罰不復存在。擴大社會安全福利的範圍。推行大型住宅建築計畫，在一定程度上緩解了像樣的住宅的嚴重短缺。大城市裡一棟棟公寓大樓拔地而起。暖氣費用非常低廉。教育和醫療免費。改善教育的措施陸續推出，大學生的數目因此增加了兩倍。法律改革去除了過去最嚴重的隨意與專橫行為，儘管歸根究柢法律仍必須服從政治。這一切當然都是令人矚目的改進，但是蘇聯人民並沒有稱許赫魯雪夫。生活條件依然不佳，制度的專斷性和任意性雖有減少，卻沒有消除。

　　赫魯雪夫也犯過大錯。一些代價最大的錯誤是在推動提高農業生產力的過程中犯下的。赫魯雪夫大吹大擂的「開墾處女地」政策起初取得了成功，黨的青年運動共青團（Komsomol）動員起數十萬青年奔赴哈薩克或西伯利亞幫助收割莊稼。數千輛拖拉機在本來荒蕪的原野上開墾出廣闊的新田地。到一九五六年，這些田地的產量比一九五三年增加了兩倍。但是，大量增產很快導致水土流失，造成數百萬公頃的土地嚴重受損。同時，許多原來充滿熱情理想的青年受不了農村惡劣的生活條件，紛紛回城。雖然「開墾處女地」運動搞得很火熱，但事實證明它是個失敗的運動。從一九五八年到一九六三年，全蘇聯的農業生產量實際上還下降了。

　　赫魯雪夫一九五九年訪美歸來，滿懷熱情地要把生產乾草的草地變成玉米田，完全不顧實際條件非常不適合種植玉米，這是他犯的另一個嚴重錯誤。他充耳不聞高級農業專家的意見，執意推行這個實驗，結果以完敗告終。與此同時發起的在乳製品生產上超過美國的運動也陷於失敗。一九六二年，當局被迫提高食品價格（在一些城市裡引起了騷亂），就連一直被視為蘇聯糧倉的烏克蘭也出現排隊買麵包

的長龍。在莫斯科和列寧格勒等大城市，黑市生意興隆，國家不得已只能動用外匯儲備從國外進口糧食。一九六一至一九六二年，物價上漲、商品短缺和其他經濟困難讓人民怨聲載道。一些城市也發生了騷亂。一九六二年六月初，在俄羅斯南部羅斯托夫（Rostov）附近的新切爾卡斯克（Novocherkassk），因物價上漲和工資下降而怒火沖天的工人發動罷工，釀成嚴重騷亂，政府不得不調動軍隊前去鎮壓。士兵甚至用機槍掃射手無寸鐵的工人，打死二十六人，打傷八十七人。

　　不出所料的，赫魯雪夫在黨內的敵人又開始磨刀霍霍。僅僅一年前，就在一九六一年十月十八日，赫魯雪夫在對蘇共二十二大介紹他親自修改的黨綱時，還無比樂觀地做出了各種美妙的許諾，對未來押下了巨大的賭注。然而，活生生的現實卻是計畫失敗、經濟問題嚴重、民眾怨聲載道。兩下形成鮮明對比。赫魯雪夫在二十二大上的兩篇談話即使按蘇聯的標準也長得出奇，加起來有十個小時。他對會場上的五千名代表宣布，十年內，全體人民都能「衣食無憂」，不會再有住宅短缺，消費品很快就會豐富起來，將確保每個人都能得到「高品質飲食」。不到一年，許諾與現實之間就出現如此明顯的巨大差距，造成赫魯雪夫的權威與民望雙雙下滑。

　　赫魯雪夫在黨代表大會上一方面意氣風發展望未來，另一方面也跟史達林小集團徹底攤牌。五年前赫魯雪夫的一九五六年談話是在黨員閉門會議上做的，雖然談話的內容迅即傳開，但無論是當時還是在那之後，官方都沒有公開譴責過史達林。然而，這一回赫魯雪夫卻對史達林火力全開。史達林的幾個親信，包括一九五七年策劃了針對赫魯雪夫的陰謀的莫洛托夫、馬林科夫和卡岡諾維奇也遭受公開批判，被官方報紙《真理報》說成是「習慣於黏液爛泥的沼澤爬蟲」。黨代表大會接近尾聲時，一位一九〇二年就加入布爾什維克的年老婦人走到主席台上，向大家講述她前晚做的一個夢，夢中列寧對她說：「史

達林給我們的黨造成了這麼大的不幸，我不想躺在他旁邊。」她的話促使代表們一致通過決議，宣布「將史達林的遺體繼續留在列寧墓裡是不合適的」。當天夜裡，史達林的遺體被從陵墓中移出，扔到了克里姆林宮後面的一個坑裡。據報導，坑裡倒入了好幾卡車的混凝土，頂上還覆蓋了一塊花崗石板。好像現在的蘇聯領導人力求萬無一失，要絕對保證永遠除掉他。

　　赫魯雪夫摧毀了對史達林的個人崇拜，卻沒有建立起任何類似的對他自己的忠誠。隨著他政策的失敗和民眾的不滿日益顯著，他的威望很快開始下滑。一九六三年的糧食歉收是對他威信的又一個打擊，錯誤的農業政策造成了巨大的代價。他重組黨和國家的機關並未給政治帶來明顯的改善，有人甚至擔心「去史達林化」過了火。軍費開支和減少軍官人數引起蘇聯軍方領導層的不滿。在國際舞台上，一九六〇年赫魯雪夫在聯合國開會時脫鞋、敲桌子打斷他不喜歡的發言，一九六二年處理古巴危機失當，人們看到他這些拙劣行為，都覺得他丟了蘇聯的臉。蘇聯所有重要的權力集團，無論是黨、軍、經濟部委，還是安全警察，都有相當一部分人與赫魯雪夫離心離德。

　　一九六四年十月，正在黑海岸邊休假的赫魯雪夫接到通知，要他回來參加黨的主席團會議，假稱要討論農業問題。直到最後一刻，赫魯雪夫還懵然不知召開這次會議就是為了推翻他。事實上，接替他的人已經確定，接班的準備也做好了。眾人已經同意由曾經是赫魯雪夫門徒的布里茲涅夫擔任下一任黨中央第一書記，但他先要主持罷黜赫魯雪夫的會議。會上，與會者大膽攻擊了赫魯雪夫的領導無方，指控他企圖建立自己的個人崇拜，無端干預行政事務，在外交事務中丟人現眼。（黨的機關報《真理報》不久後發表社論，嚴厲批評「愚蠢的計畫、淺薄的結論、脫離現實的倉促決定與魯莽行動、吹噓恫嚇、靠長官意志發號施令。」）一九五七年，赫魯雪夫曾靠著別人的支持逃

過被撤職之劫，現在這種支持卻已經流失。沒有人站出來幫他說話。他乖乖地認了命，對他的同志們說：「我能說什麼呢？我是咎由自取。」不過，他沒有遭到史達林式的報復。官方宣布赫魯雪夫因健康原因退休，之後他過上了舒適的隱居生活，從此沒沒無聞，直到一九七一年九月去世。

　　赫魯雪夫卸任後，政府失去活力，變得沉悶乏味，這次變成了集體領導。一九六四年十月做出的決定不讓同一個人兼任黨和國家的領導。布里茲涅夫也沒有試圖獨攬所有權力。於是，比布里茲涅夫還要沉悶的柯西金被任命為部長會議主席（總理）。和他們二人同樣沉悶的波德戈爾內（Nikolai Podgorny）擔任最高蘇維埃主席團主席（國家元首）。在這個集體領導班子裡，布里茲涅夫是一把手。經過十多年的時間，他才逐漸成為無可爭議的最高領導。

　　經歷數十年的史達林專權和赫魯雪夫時期的大起大落，布里茲涅夫帶來了穩定。他的沉悶乏味與赫魯雪夫的率性奔放形成了鮮明對比。他的風格與「領袖魅力型」（charismatic style）完全沾不上邊。蘇聯的制度安定下來，保守而保持高壓。進行宏大（但冒險的）實驗的日子一去不返。黨的領導人改回了「總書記」的頭銜，這是史達林時代的用語，後來被赫魯雪夫改成了「第一書記」。一九五二年改組為主席團的政治局也恢復了原名。黨內不再像過去那樣人人自危。大批政工人員維持著新實現的穩定，只要他們乖乖聽話，上面就對他們做的事情睜隻眼、閉隻眼。公職人員不必再為自己可能會丟掉飯碗甚至生命而擔驚受怕。嚴酷的勞動紀律有所放鬆。消費品供應稍有改善，雖然就連基本民生用品也依然短缺，民眾對排隊購買食品已習以為常，但是赫魯雪夫時代打開了一條縫的變革之窗再次緊緊關上。

　　集體領導下的新政權沒有重拾往昔的那種高壓。然而，它也清楚地表明了，無論領導層如何變化，制度的實質都不會改變、不容

挑戰。國家安全機關依然存在，現改名為國家安全委員會（Komitet Gosudarstvennoy Bezopasnosti），簡稱KGB，是政權加強統治的關鍵工具。一些知識分子原以為體制內能容得下某種形式的「忠誠的反對派」，允許他們批評錯誤，推動改良體制而非將其摧毀。他們的改革希望很快落了空。赫魯雪夫時期，曾試探著加大蘇聯歷史敘事的自由度和客觀性，如今卻止步不前，甚至出現了後退。一九六二年十一月，索忍尼辛（Alexander Solzhenitsyn）獲赫魯雪夫親自批准，出版了揭露古拉格實情的小說《伊萬‧傑尼索維奇的一天》，贏得國際讚譽。但三年後，他描述史達林時期蘇聯人生活的小說《第一圈》和《癌症病房》就無法出版。（他後來被驅逐出蘇聯，國籍也被剝奪。）物理學家沙卡洛夫被禁止公開發表批評意見，之後又被剝奪了一切特權，再後來更是遭到流放。諷刺作家西尼亞夫斯基（Andrei Sinyavski）和達尼埃爾（Yuri Daniel）因為散播「反蘇維埃宣傳」而被送進古拉格。後來數年內，政治犯和徒勞地要求宗教自由的人數量增加到一萬左右。建立在龐大的告密者網絡之上的監視無處不在。

　　史達林時代並未重演，任意逮捕、監禁和處決已成過去，只要緘口不言就相對安全。但是，公開的批評或背離政治路線的言行必將招致打擊報復。高壓是政權與生俱來的特質，鐵鉗也許可以如赫魯雪夫當政時那樣有些許放鬆，但不可能去除。

南斯拉夫的「離經叛道」

　　有一個共產主義國家與蘇聯陣營內的東歐國家截然不同。狄托元帥一九四八年與史達林不歡而散後，南斯拉夫走了一條跟蘇聯衛星國不同的路。那些衛星國唯恐受到所謂「狄托主義背離」的汙染，對任何被指控信奉狄托主義的人（通常是政敵），都會逮捕他們入獄、進

行公審、處以嚴懲。起初，史達林為了幹掉狄托而使出渾身解數，除了打開蘇聯的宣傳機器對狄托進行無休止的攻擊之外，還試圖暗殺他。然而，狄托毫不畏懼。史達林死後，人們在他書桌裡發現了一張紙，上面寫著：「如果你再往我這派殺手，我就會派殺手去莫斯科，而且我不需要派第二個。」一九五五年，赫魯雪夫在一定程度上修復了與狄托的關係。到那時，赫魯雪夫不得不接受這樣的現實：南斯拉夫將繼續在共產主義陣營裡特立獨行，拒絕臣服於蘇聯。

在史達林眼中，狄托最大的罪過是不肯對他俯首稱臣。在意識形態上，狄托追求的是一種與蘇聯統治的中心原則截然對立的「離經叛道的社會主義形式」。在南斯拉夫的共產主義制度下，權力分散下放，不是掌握在高度官僚化的國家手中。工業生產透過工人選舉產生的「自治」工人理事會來指導，不是靠管理方以嚴苛的手段強推中央計畫的命令，全國共有六千多個這樣的工人理事會。在外交政策上，南斯拉夫不肯唯蘇聯馬首是瞻，而是奉行「不結盟」政策，等於在冷戰中保持中立，在超級大國之間不站隊。

南斯拉夫共產主義有限的民主是自下而上，不是自上而下發展起來的，這自然引起了關於黨的作用的重要問題。蘇聯制度的理論非常明確：黨是無產階級專政的先鋒隊，國家受黨的控制與指導。這一點在南斯拉夫並不那麼清楚。然而，狄托也不准把黨的作用淡化到無足輕重的地步。他在一九五四年規定，黨組織不得干涉工人理事會對工廠的具體管理，不過他也說「黨組織必須確定企業的大政方針」，還說「它們為工人理事會的工作定調」。分界線雖然模糊，但黨是有最終控制權的。

南斯拉夫的制度看來行之有效。從一九五三年到一九六〇年，工業生產年成長率超過百分之十三，收入成長近百分之六。二次大戰後沒幾年，南斯拉夫就開始比蘇聯陣營的國家更多地投資於消費品生

產。令人矚目的經濟成長主要由國家控制的銀行體系投資促成，外國金援也助了一臂之力，雖然並非經濟成長的成因。一九五〇年到一九五三年，南斯拉夫接受的外國金援共有五‧五三八億美元，因為美國尤其把南斯拉夫視為分裂共產主義陣營的楔子。一九六〇年代，大量歐洲人出國旅遊也給南斯拉夫帶來了豐厚的收入。它的制度進一步自由化，成為西方人眼中共產主義最吸引人的形式。然而，南斯拉夫的經濟成長在一九六〇年代初已經開始放緩，到那個十年中期，失業、通膨和貿易赤字開始增加。這些預示了一九七〇年代將要出現的更大問題。

一九五〇年代期間，共產主義在南斯拉夫獲得的民眾支持可能比在任何一個蘇聯衛星國都高。政府形式的相對民主讓人民跟政府更加同心同德，此外，南斯拉夫的相對成功還有兩個獨特的原因。第一，至少在開頭幾年，史達林的威脅促成了全國上下眾志成城，戒備蘇聯的入侵強化了凝聚力，在南斯拉夫各族人民之間造成一股「負面團結」。第二個則是正面原因，那是一種圍繞著狄托建立起來的認同感。對狄托的個人崇拜將他描繪為社會主義新南斯拉夫的代表，說他是作為南斯拉夫國家之本的游擊隊英雄主義的化身。狄托在人民心中享有崇高的威望，是超越黨內派別分歧的最高領袖。狄托的父親是克羅埃西亞人，母親是斯洛維尼亞人，這也有助於他超越曾經毒化了國內各族關係的族裔分歧。狄托慷慨地分發官位、晉升機會、特權、物質好處和貪腐所得等手段，確保了積極分子和安全警察的忠誠。且最重要的是，狄托保證軍隊資金充足，給軍人豐厚的報酬、事業發展的機會和國家提供的住宅，因而獲得軍隊始終不渝的支持。身兼黨、政、軍領袖的狄托享壽長久，一直活到一九八〇年，此乃南斯拉夫共產主義之幸。他的人格特質、政治技巧與「領袖魅力型」的領導風格，對南斯拉夫共產主義制度的成功與穩定不可或缺。他死後不久，

國家就因各種分歧而四分五裂，沒有他，分歧顯現的時間很可能會早得多。

　　狄托的統治與蘇聯陣營相比固然魅力十足，但也有黑暗的一面。一九四八年後，忠於莫斯科的共產黨員深受狄托迫害，大約有一萬六千人被投入殘酷的「再教育」營，死在裡面的達三千人之眾，許多人死於酷刑。雖然南斯拉夫的黨內清洗遠沒有史達林的清洗那麼殘酷，但反對派仍然遭到流放或長期監禁，其中最出名的是狄托最主要的批評者米洛萬・吉拉斯（Milovan Djilas）。知識分子以及任何其他詆毀政權、觸犯紅線的人也難逃同樣的遭遇。和在蘇聯陣營內一樣，作為工業化運動基礎的農業集體化運動，在南斯拉夫也受到農民的激烈抵抗，一九五〇年還在某地區激起公然的造反（參與叛亂的有前游擊隊員和黨員）。南斯拉夫當局動用了武力，逮捕數百名農民，判處叛亂領導人死刑。不過，南斯拉夫也學到了教訓。一九五三年，集體化運動被喊停，被生產效率低落的合作社收走的土地又歸還給了農民。

　　狄托的南斯拉夫採行的共產主義較為靈活，在國內較得人心，比蘇聯衛星國適應挫折的能力強得多。一九六〇年代，南斯拉夫政府進一步推動經濟與文化活動的自由化。電影院放映了一些西方電影，包括好萊塢製作的影片（這種進口電影有獲得美國補貼）。年輕人可以欣賞披頭四、滾石樂團和吉米・亨德里克斯（Jimi Hendrix）的音樂。在為個人自由創造空間方面，南斯拉夫比任何其他東歐國家走得都遠。但是，南斯拉夫仍明顯存在行為上的限制，絕對不允許挑戰制度，甚至不允許對制度提出根本性的批評，無論是書面的還是口頭的。歸根究柢，南斯拉夫的制度和蘇聯制度一樣，有公開或暗地裡的脅迫強制。

收緊鐵鉗：蘇聯陣營

　　蘇聯陣營的國家被綁在一起，比西歐自由民主國家之間的關係緊密得多。但儘管如此，它們仍非鐵板一塊。在馬列主義意識形態的統一覆蓋下，不同國家的傳統與文化依然影響著它們各自的發展。各國對蘇聯霸主地位的適應，也因國內共產黨政權建立與鞏固的方式而異。因此，對於史達林死後局勢的變化，它們的反應各不相同。

　　在羅馬尼亞、保加利亞和阿爾巴尼亞等巴爾幹國家，鐵鉗幾乎沒有放鬆。捷克斯洛伐克也是一樣。然而，一九五三年在東德，之後一九五六年在波蘭，特別是在匈牙利，情況則完全不同。這些國家發生了大規模抗議，讓蘇聯領導人為之震驚，不惜動用武力來鎮壓對蘇聯權威的嚴重威脅。是什麼造成了蘇聯陣營內部的這些不同呢？

　　根本性的一點在於國家的共產黨領導層是否擁有權力機構無可置疑的控制權，行政施策是否不受國內的挑戰或莫斯科的「糾正」。政權領導層本身的權力高度依賴安全部門的支持，而安全部門的忠誠是用體制內的物質利益「買」來的。極端嚴厲的壓迫震懾了反對派的活動。但如果鎮壓不太沉重，人們認為可以促成政權領導人的更替或推動政策的實質性轉變，他們就可能強烈表達與正統不符的政治觀點。如果有確立的社會與政治基礎架構（比如說工會），即使在高壓政權下也能組織起某種形式的抵抗，提出政治異議的可能性就進一步加大。如果民族意識特別強烈（這可能是一種對蘇聯的長期反感厭惡，而這種反感僅在表面上粉飾了一層意識形態上與蘇聯友好的「兄弟之情」），反對派就可能發展壯大，獲得廣泛支持，波蘭和匈牙利就是這種情況。巴爾幹國家在經濟上比較落後，仍舊維持著建立在鄉村人口占多數、產業工人階級相對弱小的基礎上的傳統社會與政治架構，這些國家中反對派的組織能力就比較低落。

舊秩序的維持

最狂熱、最無情的共產黨領導人之一是羅馬尼亞的喬治烏－德治（Gheorghe Gheorghiu-Dej）。他用計把競爭對手盧克雷奇‧帕特拉什卡努（Lucreţiu Pătrăşcanu）、瓦西里‧盧卡（Vasile Luca）和安娜‧波克爾（Ana Pauker）一一擊敗。到史達林去世時，他已身兼國家總理和黨的領導人，完全控制了黨政大權。他掌管的安全機構規模龐大、殘酷無情，下設的勞改營制度使人想起史達林時代蘇聯的古拉格最為嚴酷的時期。成千上萬的羅馬尼亞人遭到監禁，許多人在監禁中受到嚴刑拷打。這些人來自各行各業，其中以一九四九至一九五〇年開始的農業集體化運動中被拘押的農民特別多。還有成千上萬的人被送往一個巨大的建築工地當奴工，建造從多瑙河通往黑海的運河。羅馬尼亞當局對他們的奴役不僅慘無人道，而且毫無意義，因為在蘇聯經濟援助減少後，運河的建造工程於一九五三年被迫中止，留下挖了一半的爛尾工程，過了二十年才重新開始。

德治的權力無人挑戰，令人生畏的警察國家完全在他的掌控之中，所以他能夠抵制赫魯雪夫在蘇聯推行的改革。為了做出集體領導的樣子，他在一九五四年辭去黨領導人的職務，但第二年又拿回這個位子，任命他的手下史托伊卡（Chivu Stoica）為總理。他為過去的失誤找到了代罪羔羊，把他以前的對手帕特拉什卡努、盧卡和波克爾譴責為「史達林主義者」，這是典型的五十步笑百步。能夠控制黨和安全部門提供了德治權力的基礎，國內騷亂也獲得遏制。在羅馬尼亞，一九四〇年代末抗議集體化的農民抵抗運動遭受無情鎮壓，卻遠未被完全撲滅，不過深山密林中零星的游擊隊活動，還是無力對政權造成威脅。一九五六年秋，在波蘭和匈牙利事態的激勵下，羅馬尼亞的大學爆發了學生抗議，卻被祕密警察「安全局」（Securitate）暴力

鎮壓。羅馬尼亞的安全局臭名遠播，是東歐最大、最殘暴的鎮壓機構之一。德治強烈支持蘇聯當年十月鎮壓匈牙利暴動，這給了他向赫魯雪夫討價還價的本錢，蘇聯因而減少了對羅馬尼亞的經濟管制。德治繼續大權在握。史達林主義在羅馬尼亞的鐵鉗不僅沒有放鬆，反而收緊了。

　　一九五〇年代後期，羅馬尼亞的史達林主義政權基本上全無改變，還在某種意義上發展出一種國家共產主義，與蘇聯給各衛星國確定的「社會主義分工」的經濟要求背道而馳。具體來說，羅馬尼亞領導層在經濟上會優先強行推動國家的工業化，但這不符合蘇聯的期望。蘇聯透過經濟互助委員會（Comecon，一九四九年為協調蘇聯陣營內各國經濟而設立）的運作，意圖永遠把羅馬尼亞定位為農業國家，專門負責供應農產品和原物料。然而，此事攸關蘇聯干涉別國內政這個更廣泛的問題。羅馬尼亞領導人必須小心翼翼，但對他們有利的是，蘇聯想盡力避免像在匈牙利那樣的攤牌。於是，羅馬尼亞和蘇聯繼續維持了若即若離的關係。德治一九六五年去世時，羅馬尼亞在共產陣營內謀求半獨立的努力才剛開始。德治的繼任者是跟他一樣殘酷的西奧塞古（Nicolae Ceauşescu），接棒後也繼續追求這個目標。

　　在保加利亞，史達林主義的鐵鉗也沒有絲毫放鬆。羅馬尼亞人民的反蘇情緒根深柢固，只是被共產黨統治蓋在了表面下（羅馬尼亞人仍然怨恨蘇聯在一九四〇年吞併了比薩拉比亞和北布科維納）。保加利亞則不同，它有著親蘇、親斯拉夫的悠久傳統，戰後在所有東歐衛星國中對蘇聯最忠心耿耿。保加利亞領導人切爾文科夫（Vâlko Chervenkov）是不折不扣的史達林主義者，一九五〇年一身兼任總理和黨的總書記。然而，與羅馬尼亞的德治不同的是，切爾文科夫在史達林死後失去了大部分權力。他掌權時破壞小農的生計，強行成立效率低落的集體農場，造成農業生產率急劇下降，幾乎毀掉了國家的農

業基礎。切爾文科夫在史達林剛死之後按照蘇聯的要求，放鬆了一些最嚴格的管制措施，改善了住宅和消費品生產。然而，保加利亞依然極為貧困落後，生活水準非常低落，經濟上高度依賴蘇聯。

切爾文科夫也遵守蘇聯要求黨政分離的規定，於一九五四年辭任黨總書記，由日夫科夫（Todor Zhivkov）接任。日夫科夫一九一一年出生於農民家庭，在黨內步步高升，現在成了歐洲最年輕的共產黨領導人。兩年後，赫魯雪夫發動對史達林個人崇拜的批判後，切爾文科夫又被迫辭去了總理的職務。然而，如同在羅馬尼亞一樣，保加利亞沒有公布赫魯雪夫那篇具有破壞力的談話。有非常短暫的一段時間，對文學表達的限制也有所放鬆，但鐵鉗隨即再次收緊。不守限制的記者被開除，出版業被加了緊箍咒。保加利亞歡迎蘇聯鎮壓匈牙利暴動，視其為國家重新實行嚴格限制的大好機會。史達林主義本來就沒有去除，現在更是變本加厲。

保加利亞黨內高層的派別鬥爭持續了數年。赫魯雪夫在一九六一年黨代表大會上對史達林主義發起第二次猛攻之後，切爾文科夫於同年被踢出政治局。日夫科夫兼任黨總書記和國家總理，成為保加利亞不容置疑的最高領袖，黨內高層所有關鍵職位都把持在他的支持者手中。保加利亞經濟上依賴蘇聯，仍然是對蘇聯俯首貼耳的史達林主義衛星國，幾乎等於蘇聯的又一個加盟共和國。正如日夫科夫在赫魯雪夫一九六二年造訪保加利亞之後所說的，保加利亞的錶走的是莫斯科時間。

阿爾巴尼亞在蘇聯陣營中最窮、也最小。這個國家在戰間期的大部分時間內都處於君主獨裁統治下，二戰期間先後遭到義大利和德國的占領。阿爾巴尼亞與羅馬尼亞和保加利亞不同，它的共產黨政權是南斯拉夫游擊隊建立的，而不是蘇聯紅軍。但是，一九四八年狄托跟史達林決裂後，因為經濟上受南斯拉夫剝削而日益不滿的阿爾巴尼亞

共產黨領導層就突然改換門庭，向蘇聯投誠，換取了大量經濟援助。自一九四六年起擔任黨和國家領導人的霍查（Enver Hoxha）狂熱崇拜史達林，他透過一次次無情的清洗粉碎了所有的內部反對派，在倚靠裙帶關係緊緊綁在一起的統治集團的支持下，霍查取得阿爾巴尼亞的絕對統治權，直到他一九八五年離世。

來自鄰國南斯拉夫的威脅（無論是真實的還是想像的）愈大，就愈能突出霍查捍衛國家的民族領袖的形象。他對國家實行鐵腕統治，推行嚴酷鎮壓，包括處決了數千名真正的或假想的敵人。與南斯拉夫決裂後展開的大清洗中，有四分之一的黨員被開除黨籍或遭到逮捕。跟其他國家一樣，阿爾巴尼亞於五〇年代中期開始的農業集體化在農民當中極為不得人心，推行過程中施行了更多嚴厲的鎮壓。然而，備受崇敬的史達林死後，阿國對蘇關係的問題開始增多。霍查拒不接受史達林死後的改革，也震驚於赫魯雪夫一九五六年對史達林的批判。他舉雙手贊成鎮壓匈牙利暴動，認為暴動的根源是狄托的修正主義。但是，赫魯雪夫跟狄托這個大敵人和解，無視阿國的工業化方案、堅持要求阿國今後只負責提供農產品，這些都讓霍查不滿。

與蘇聯疏遠後，霍查又再次改換門庭。一九六〇至一九六一年中蘇決裂後，霍查改站到了中國這邊，中國提供他從莫斯科那裡得不到的經濟支援，還有更適合霍查個人崇拜的領導模式。阿爾巴尼亞愈來愈我行我素，與歐洲其他地方，無論是東歐還是西歐，都基本上斷絕了往來，經濟日益落後，人民生活水準非常低落。然而，這些並未影響霍查穩如磐石的領導地位。為了維護自己的地位，他堅持鎮壓不放鬆，把所有權柄都抓在自己手上。阿爾巴尼亞與東歐其他共產主義國家不同，一貫堅定奉行史達林主義。鐵鉗從未放鬆過。

表面上，捷克斯洛伐克與東德、波蘭和匈牙利這些發生過挑戰蘇聯統治的嚴重騷亂的國家共同點較多，與一潭死水的巴爾幹國家不

同。捷克部分尤其有著源遠流長的民族獨立傳統。它本來建起了穩固的民主多元政治文化，可惜後來被希特勒摧毀。它有著現代化的工業經濟，儘管斯洛伐克部分的工業不夠發達。因此，捷克斯洛伐克的工人階級力量強大，社會基礎結構也與巴爾幹國家迥然不同，後者是農業國家，侍從主義盛行。捷克斯洛伐克還有一個龐大的知識分子階層，大學生人數也有相當規模。那麼，為什麼史達林死後蘇聯在捷克斯洛伐克沒有遇到大的麻煩呢？

　　像在別處一樣，一九五六年蘇聯鎮壓匈牙利暴動在捷克斯洛伐克產生了有力的威懾效果。但是在那之前，為什麼蘇聯沒有遇到過捷克人和斯洛伐克人的強烈反對呢？其實，捷克斯洛伐克一九五三年五月的確發生過一次嚴重的罷工，起因是政府宣布隔月將採取激烈的貨幣貶值措施（民眾普遍稱其為「大騙局」）。另外，物價已經連續幾個月急劇上漲，造成生活水準下降。位於比爾森（Plzeň）的斯科達（Škoda）工廠的罷工工人甚至占領了市政廳，把列寧、史達林和哥特瓦爾德（Klement Gottwald，史達林死後幾天也隨即去世的捷共領導人）的胸像從窗口扔出去。但是，騷亂被警察鎮壓下去，從未發展為不久後東德爆發的那種對政權的直接挑戰。

　　當局之所以比較輕易地遏制捷克斯洛伐克的騷亂，一個重要原因是政府鎮壓的雷霆手段。然而，鎮壓並非唯一的原因，另一個原因是共產主義在捷克斯洛伐克的號召力。捷克斯洛伐克與蘇聯陣營中其他一些國家不同，共產主義不是由外力強加的陌生意識形態。事實是，共產主義在捷克斯洛伐克有廣泛的群眾基礎。早在一九二五年，共產黨就是議會的第一大黨。二次大戰剛結束時，它更是一呼百應，在一九四六年的自由選舉中獲得了近五分之二的選票。一九四八年捷克斯洛伐克政變後採取的一些早期措施，如國有化大企業、收回大莊園主的土地所有權等，都廣受歡迎。共產黨為許多人提供了晉身之階，共

產黨也操縱著輿論，不僅消滅了政治對手，而且透過控制青年和體育組織、壟斷宣傳機器、操縱大眾傳媒等手段擴大了控制力和影響力。

事實上，這五年（一九四八至一九五三年）是高壓的五年。在多次清洗真正的或想像的敵人的過程中，在鞏固權力的過程中，領導層表現得毫不留情。哥特瓦爾德死後，權力順利轉移到接替他擔任黨第一書記的諾沃提尼（Antonín Novotný）手中。一九四九年，哥特瓦爾德開始以莫須有的叛國罪和反國家活動罪公審過往的政敵，受審者一律被判處死刑或長期徒刑。歷次清洗的深層原因是史達林懷疑捷克和斯洛伐克的領導人勾搭外國情報機構，以及他們跟南斯拉夫的狄托主義者有聯絡，此外史達林日益偏執的反猶思想也起了作用。

清洗運動的高潮發生在一九五二年。那年，前捷克斯洛伐克共產黨總書記斯蘭斯基（Rudolf Slánský）和十一位其他共產黨領導人，被以叛徒和「人民公敵」的罪名逮捕，接受公審，然後被迫做了假口供後遭到處決（這與一九三〇年代史達林治下的情況何其相似）。他們被說成是「猶太裔」，這是個不祥之兆。在捷克斯洛伐克的清洗中，領導人公然發表汙辱性的種族主義言論，導致反猶主義重新抬頭。作家科瓦莉（Heda Margolius Kovály）是個猶太人，曾在奧斯威辛集中營關押過，丈夫也是猶太人。她後來回憶說：「剛開始抓人時，大家都認為被指控的人一定做了壞事。」但不久後，她的丈夫魯道夫也被指控參與了臆想出來的斯蘭斯基陰謀，遭到逮捕，受到審判，最後被處決。

大張旗鼓的公審只是捷克斯洛伐克國內鎮壓的冰山一角。成千上萬的公民被指控犯了危害國家罪，受到批判、監禁，甚至遭遇更可怕的命運。然而，捷克斯洛伐克和東歐其他國家一樣，從令人畏懼的貝利亞一九五三年十二月被處決一事中，看到了蘇聯風向改變的訊號，意識到自己必須調整適應新局勢。從史達林去世到赫魯雪夫一九五六

年二月對史達林的生前行為發動批判的幾年間，捷克斯洛伐克釋放了許多囚犯。可是，這些人和蘇聯以及其他地方獲釋的人一樣，脫離牢籠後卻發現自己前途茫茫，處處遭人白眼。當局某種程度放鬆了新聞審查，允許對蘇聯統治的某些方面發表低調的批評意見。過去，因蘇聯與南斯拉夫的敵對而形成的氛圍催生了清洗運動，現在這種氛圍不復存在。不過，鎮壓震懾了異議，也確實有群眾基礎。黨的領導人一致支持清洗，做出的任何改變都微乎其微。

史達林去世兩年後的一九五五年，布拉格落成了一座巨型雕塑，雕塑中史達林被農民、工人和知識分子簇擁在人群中。這座雕塑寬十二公尺、長二十二公尺、高十五公尺，俯瞰伏爾塔瓦河（Vltava），全城各處皆抬頭可見。老百姓私下說它看起來活像一群人在排隊搶購緊缺的肉。在史達林的遺產受到質疑的關頭，這座塑像突出代表了制度的連續性。

捷克斯洛伐克的領導人難以接受一九五六年赫魯雪夫對史達林的批判，畢竟他們自己也遵照蘇聯的要求搞過清洗和公審。諾沃提尼和其他領導人不得不在口頭上支持赫魯雪夫的新路線，實際卻不肯推行重大改革，不過黨的低層倒是出現了一些對史達林主義的謹慎批評。更強烈的改革呼聲來自布拉格和布拉提斯拉瓦的大學生，接著傳遍全國各地的高中校園。改革的要求包括調查針對斯蘭斯基和其他人的審判，懲罰採用「非法程序進行審訊」的人。

學生抗議行動在一九五六年五月達到高峰。不過在那之後，抗議的激烈程度有所降低，在波蘭和匈牙利出事前都沒有進一步升級，而波匈的事態發展明顯震懾了反政權的行動。文化上的異議會被激烈攻擊，知識界甚至有重量級人物發聲支持遏止批評意見。共產黨牢牢控制著局面，沒有實現自由化，一九五六年制定的新「五年計畫」仍舊遵循增加重工業生產和擴大農業集體化的路線。

　　黨的領導人站到了一起。他們利用那年秋天政治氛圍的變化封殺了關於清洗的具有破壞力的報告，重新建立起嚴格的控制。一九五七年十一月，札波托斯基（Antonín Zápotocký，是他把斯蘭斯基交給了殘忍無情的安全部門）去世後，諾沃提尼在黨第一書記的頭銜之外又加上了共和國總統（國家元首）的職務，權力地位更加穩固。一九六○年通過的新憲法大幅削減了斯洛伐克的自治，明確強調了黨與蘇聯「兄弟合作」的頭等重要性。就這樣，捷克斯洛伐克共產黨安然度過了一九五三年和一九五六年出現的對黨的權力的威脅，不再需要進行五○年代初的那種鎮壓舉措，儘管表面下從來都潛伏著威脅恫嚇。對廣大人民來說，發生重大變化的前景十分渺茫，因此大部分捷克和斯洛伐克的公民都循規蹈矩。他們這樣做經常是無可奈何，有時還心存不滿，但這已足以維持政治穩定。目前，共產黨的政權穩如磐石。

受到威脅的舊秩序

　　德意志民主共和國被視為莫斯科最重要的盟友，但在一九五三年，它卻是鐵幕以東第一個發生暴動的國家，蘇聯出動了軍隊才鎮壓下去。在東方陣營中，為什麼唯獨東德在一九五三年突然出了這麼大的亂子呢？三年後波蘭和匈牙利先後起來反抗蘇聯統治時，為什麼東德卻沒有動靜呢？東德是如何脫胎換骨，從蘇聯陣營中的麻煩人物，搖身一變為蘇聯最可靠的隨從？

　　一九五○年代初的東德有個明顯的弱點。它在蘇聯衛星國中是唯一全新的國家，是軍事占領和一個曾經的民族國家分裂的產物。一界之隔的西德在意識形態上與它敵對，政治制度上和它不同，經濟上比它繁榮。東西德之間的邊界防守不嚴，即使在一九五二年全線被封之後，柏林由於其受四大國占領的特殊地位，仍保留了一個關鍵的開

口。雖然說不太容易，但人們仍然有可能從柏林越過邊界進入西方，過上不同的（對許多人更有吸引力的）生活。這個事實本身就給東德領導層帶來了壓力，因為他們無法阻擋日益增多的人口外流。一九五二年和一九五三年初，共有三十六萬人出走。人口外流反映了東德生活水準的低落，而這又是東德經濟遵循史達林路線，重視重工業成長、忽視消費品生產的後果。

東德政權還有一個弱點。莫斯科的大目標是建立統一、中立、非軍事化的德國。為了實現這個目標，莫斯科可以放棄東德。一九五〇年代初，莫斯科尚未放棄這個目標。史達林在一九五二年曾試圖誘使西方接受此議，但立刻遭到拒絕。他死後，這個想法被再次提出。如果能夠實現這個想法，東德領導層的權力基礎就會煙消雲散。史達林死後，邱吉爾提議召開一次四大國會議，討論簽訂德國和平條約，讓德國實現統一、舉行自由選舉並保持中立。此議得到了蘇聯領導人（馬林科夫、莫洛托夫和貝利亞這個短命組合）的積極回應。但此時，東德領導層出現了分裂，以統一社會黨（一九四六年由共產黨和社會民主黨強行合併組成，但完全由共產黨主導）總書記、堅決的史達林主義者烏布利希為首的主要派別表示堅決反對。另一方面，統一社會黨的主要報紙《新德意志報》（*Neues Deutschland*）編輯赫恩施塔特（Rudolf Herrnstadt）、國家安全部部長蔡塞爾（Wilhelm Zaisser）領導的另一派，則贊成改革經濟以提高人民生活水準（並減少對蘇聯模式的依賴）。起初，改革派似乎得到了莫斯科的支持。蘇聯領導人考慮罷免烏布利希，他的領導地位岌岌可危。

東德領導層的派別爭議與分歧在某些方面反映了史達林剛去世後，莫斯科瀰漫的不確定氣氛。雖然東德施行新聞控制，但這些爭議和分歧仍然見諸報端，在助長導致一九五三年六月暴動的騷亂中，起到了至為重要的作用。六月九日，烏布利希和其他東德高層領導人被

召到莫斯科，接受了堅決明確的指示後，政治局迫於遵循蘇聯「新路線」的壓力，同意進行有限的經濟改革來改善民生。這項決定兩天後公布於眾，引起大眾對其背後原因的多方猜測。一時間謠言四起，說發生政變推翻了黨的領導，烏布利希被逮捕或槍斃了，統一社會黨馬上要垮台，邊界即將開放。值得注意的是，政府在政策上驟然一百八十度大轉彎的同時（這使過去忠實擁護不得人心的措施的政工幹部無所適從、人心惶惶），還坦承過去犯了錯誤。更值得注意的是，雖然改革將為農民、白領工作者和自由職業者帶來一定的好處，但是作為馬克思列寧主義意識形態基石的產業工人的生活水準卻將下降。政權為了應付國家嚴重的經濟困難，五月二十八日就已規定將生產水準（「勞動標準」）提高百分之十。因此，工人必須多幹活，但工資不變，等同減了工資。令人驚訝的是，六月九日的公報卻隻字未提官方提高了勞動標準。

領導層的分歧很快擺到了檯面上。六月十四日，《新德意志報》刊登的一篇文章直言不諱地批評提高勞動標準的政策。但兩天後，官方工會的報紙《論壇報》（Tribüne）卻大唱反調，表達支持提高勞動標準的立場。領導層內部的根本性分歧就這樣公之於眾，實乃聞所未聞。這種情況明確顯示了領導層的虛弱和混亂。後來人們承認，《論壇報》的那篇文章是導火線，把本來是東柏林建築工人私下表示的不滿，變成了公開的抗議。

工人們自發集會，要求取消提高勞動標準。抗議逐步升級，六月十六日，一萬多名憤怒的抗議者聚集到中央政府大樓（部長大樓）外面。但領導層又再次發出相互矛盾的訊號，一會兒說要取消提高勞動標準，一會兒又說會重新考慮。抗議人群開始變得激動起來，有些人開始呼喊要求政府下台。過去的一段時間以來，在猜測領導層的分歧和對未來變革的期望中，民眾的躁動日益增加，現在則透過示威爆發

了出來。抗議活動是自發的，沒有計畫，也沒有協調的領導和組織。但是，當一個工人抓起擴音器，宣布次日舉行總罷工的時候，立即得到了廣泛的支持。六月十七日，罷工擴大到東德全境的三百七十三個城鎮，一百八十六間工廠的五十萬工人參加了罷工。至此，抗議已超出工人罷工的範圍，社會其他各界也加入了進來。接下來的五天中，七百多個地方的一百多萬人參加了抗議，約二百五十個黨委辦公地點和其他公共建築遭受攻擊，並有大約一千四百名政治犯得到釋放（雖然大多數很快又被抓了回去）。一場原本抗議勞動標準的罷工變成了反對政權的群眾暴動。

　　統一社會黨領導人震驚失措。抗議迅速擴大，勢頭之強勁出人意料。東德政府擔憂警察可能會同情罷工工人。六月十六日，駐柏林的蘇軍指揮官拒絕了東德政府的求援。但一天後，也許蘇聯當局看到抗議有失控之勢，又不信任東德的警察能夠恢復秩序，於是改變了主意。當天中午，蘇軍開槍示警。十二時三十分，蘇軍坦克開始轟鳴著駛過東柏林的街道。不久後，蘇聯軍事管理當局宣布東柏林進入緊急狀態，很快這種狀態又擴展到東德的大部分領土，一直持續到七月十一日。起初，蘇軍坦克只是緩緩前行，希望這樣就能嚇住示威者。坦克兵甚至向沿途人群揮手致意，人群也避免挑釁蘇軍，只把憤怒的矛頭指向東德政權。不過，這種不自然的相持維持不了多久，很快就發生蘇軍開槍的情況。示威者四散奔逃，沒有逃走的人中有些人向坦克投擲石塊，同時大罵蘇聯占領者。

　　六月十七日晚間，蘇聯展示武力起到了作用。除柏林以外，在東德的其他一些城鎮，特別是萊比錫（Leipzig）、哈雷（Halle）、馬格德堡（Magdeburg）和比特費爾德（Bitterfeld），示威者與警察和蘇軍發生了暴力衝突，但大多數抗議者很快就認識到，與蘇聯軍事力量對抗如同以卵擊石。一個曾目擊馬格德堡發生的事件的人當時還在上小

學，他回憶那時的情景說，蘇聯坦克一向示威者開火，「每個人就都明白，自由的感覺只是曇花一現。」雖然零星的騷亂又持續了幾週，但是暴動大勢已去。

除了要求解決眼前的經濟困難以外，各個不同的抗議群體並不清楚他們到底想要的是什麼。我們很難肯定多數民眾是否真的贊同西方資本主義自由民主制度，或者心目中有一個具體的政治模式來替代現有模式。許多人仍然信仰社會主義，他們只是希望找到建立真正社會主義社會的更好途徑，而且不切實際地一直保持著這樣的希望。但儘管如此，他們的要求，包括「打倒統一社會黨」、「政府下台」、「自由選舉」、「國家統一」、「占領軍撤出德國」等等，對東德的存在本身就構成了極大的挑戰。抗議不可能形成清楚的反對派立場，更遑論政治綱領，因此必然發育不全。抗議是憤怒與深切不滿的本色爆發，而非經過深思熟慮，要求從根本上改變制度的清晰明確的呼聲。但即使如此，抗議還是撼動了統一社會黨政權的根基。

衝突造成了數十名示威者喪生（估計人數在六十到八十之間），還有十到十五名黨的幹部和安全部隊成員死亡。暴動遭到了無情報復。到六月底，當局共逮捕六千多名參與暴動的人，後來又逮捕了七千人，都判處了長期徒刑。暴動的領頭人中有幾人未經任何正式司法程序就被處決。被認為尋釁鬧事的黨員也遭到大力清洗。接下來的幾個月裡，成千上萬的幹部和普通黨員被批判為「煽動者」，遭到撤職。政權為了確保再也不失去對局面的控制力，大大加強了警察和國家安全部（Stasi，史塔西）的力量，輔以嚴密的告密者網絡，監視著普通公民。

示威者挑戰政權的興奮陶醉感僅持續了幾個小時，但東德街道上蘇聯坦克向示威者開火，以及暴動遭受野蠻鎮壓的景象，卻長久地烙印在人們的記憶裡。暴動導致了流血和鎮壓。有些人寄望西方國家出

手干預，但事實證明那是幻想。（例如說東德領導人荒謬地指責「美國和西德的破壞組織和法西斯分子」煽動了暴動。但事實上，西方唯恐騷亂會引發國際衝突，沒有採取任何干預行動。）那次，人們學到的主要而又明顯的教訓是：對抗壓倒性的軍事力量是以卵擊石；統一社會黨政權只要有蘇聯撐腰，就不可能被推翻。沒有人想重複一九五三年失敗了的實驗。就是出於這個根本的心態，東德在一九五六年波蘭和匈牙利爆發暴動時保持了平靜。

在政府對暴動的回應中，鎮壓只是一方面，另一方面是對民眾的要求做出讓步。幾天之內，統一社會黨中央委員會就撤回了提高勞動標準的舉措，因為它不得人心，而且直接引發了示威抗議。後來，當局又在民生上做了其他小幅度但可見的改善。其中有調整「五年計畫」中的工業生產目標，減少重工業開支，稍稍增加投入消費品生產，改革從小學到大學的教育，努力增加工人階級出身的孩子提高社會地位的機會。東德的新一代人從出生就受當局宣導的價值觀的薰陶，在無休止的反西方宣傳的影響下長大，他們逐漸形成了民意基礎，為東德政權提供了比一九五三年更加牢固的政治支持。

大部分的東德人都會服從政權的要求，但遵守卻不代表同意。政府不只鼓勵，而且會強迫民眾遵守。制度規定了各種清規戒律，所有人都被迫步調一致，生活水準落後於西德，安全警察無處不在，言行舉止隨時可能遭到批判──這一切都造成了人民的巨大不滿。告密、窺視和批判遍及全社會，構成政權控制社會的重要依靠。不聽話的人最起碼會在諸如住宅、就業、教育等方面備受刁難，使自己與家人的生活水準受到不利影響。若有違反官方路線的具體行動，會遇到更大的威懾。敢於繼續公開表示不滿的少數人隨時可能遭到大棒的痛擊。在制度允許的狹窄範圍之外基本上沒有自由，這說明制度歸根究柢靠的是控制與鎮壓機制。除非打掉整個制度，否則這種情況無法改變。

　　一九五三年六月的暴動反而救了烏布利希。群眾抗議爆發之前，烏布利希的地位本來已搖搖欲墜。暴動發生後不久，貝利亞被捕，這表明莫斯科決定打擊東德的改革派。莫斯科需要支撐東德政權，烏布利希的腰桿一下子硬了起來。內部清洗除掉了反對派，統一社會黨也加緊了對國家政府的控制。蘇聯若撤銷烏布利希的職務會被當作在示弱，也會引起更多的要求。蘇聯不想除掉柏林的一個對自己忠心耿耿的強硬派，給自己添麻煩。一九五六年，赫魯雪夫批判史達林造成東方陣營的騷動，特別是當年秋天發生了匈牙利暴動，而這又一次救了烏布利希。當時的形勢再次表明鐵鉗一旦放鬆會出現何種局面。因此，烏布利希得以再次壓倒批評者，強固自己的地位。

　　隨著西德重建軍隊，接著又重獲國家主權，莫斯科不再追求德國的統一和中立，接受東德將會長期存在，這也對烏布利希大為有利。蘇聯改變態度的一個跡象是它放棄了向東德索賠戰爭賠款，使後者擺脫一個嚴重拖累經濟的負擔。另一個跡象是蘇聯延長了對東德的信貸，用來擔負駐德蘇軍的費用，並對駐德蘇軍的開支規定了限制。在國際事務中，東德也更加緊密地跟隨蘇聯。一九五三年六月的事件顯示了，東德的命運完全掌握在蘇聯手中。一九五五年五月，東德加入新成立的華沙條約組織，在後來的幾十年裡，一直是對外事務中蘇聯最堅定、最忠實的支持者。

　　一九六一年八月，東德開始修建柏林圍牆，這象徵著蘇聯對東德態度轉變的頂點，也是東德經歷了一九五三年暴動的衝擊後，所推行的一系列改變的最終結果。對蘇聯和東德政權來說，柏林圍牆帶來了持久的穩定。而對東德人民來說，柏林圍牆意味著無奈接受自己無法改變的定局。

　　東德發生了那些戲劇性事件之後，蘇聯在東歐的各個衛星國未再出現大的動亂，直到一九五六年二月赫魯雪夫發表了那篇造成轟動的

談話。中間那幾年，整個東方陣營的形勢都不大安定，因為各國共產黨領導人都在以不同方式努力適應蘇聯的「新路線」。赫魯雪夫確立了自己至高無上的領導地位之後，就開始試圖把東方陣營的成員國更緊密地綁在一起。赫魯雪夫的一個重要步驟是一九五五年五月成立了華沙條約組織，這是他對西德重整軍備的當即反應。另一個步驟是一九五六年跟狄托和解，恢復了蘇共和南斯拉夫共產黨的關係。蘇南和解正值赫魯雪夫談話幾個月後，蘇聯在東歐遇到對其權威的空前挑戰之時。該挑戰之劇烈，就連一九五三年夏天東德的暴動也望塵莫及。

波蘭和匈牙利出現的問題各有不同，但蘇聯確信它們是互相關聯的。一九五六年秋，波蘭的騷動擴及匈牙利，那裡日益增強的叛亂造成威脅的嚴重升級。兩國情況很不一樣，但發生的騷動有一些共同之處。在這兩個國家中，挑戰黨的領導都削弱了政權的權威，像在東德那樣，對現狀不滿的人因此得到了要求改變的機會。兩國都長期存在反俄（和反蘇）情緒，也對自己的國家認同有著強烈的意識，這些因素在共產黨統治的表面下一直保持了下來。兩國都有相當多的知識分子和學生，限制言論自由讓他們感到窒息。兩國都優先重視投資重工業和資本財，忽視消費品生產，結果造成民怨積聚，在工人階級當中尤其如此。最後，史達林死後，特別是赫魯雪夫一九五六年二月談話後，蘇聯出現了求變的氣氛，兩國的改革壓力都因此變得愈來愈大。

波蘭實際上是因為紅軍一九四四至一九四五年打敗了希特勒的軍隊而傾向共產黨的。接下來的十年中，這個國家徹底實現了「史達林化」，建立起龐大的官僚控制機器和大規模國家安全體系。到一九五四年，波蘭公安部掌握的「犯罪分子及可疑分子」名錄包括了全國成年人口的近三分之一，大部分情報都來自散布在社會各階層的八・五萬告密者的揭發。波蘭著名作家瑪利亞・東布羅夫斯卡（Maria Dąbrowska）曾在日記中悲嘆她的國家承受著「巨大苦難」，「失去了

實現社會主義的機會」。

　　然而，據傳史達林曾說過，「在波蘭實行共產主義就好比給母牛上馬鞍」。史達林在波蘭的手下是國家總統兼黨總書記貝魯特（Bolesław Bierut），還有負責確保蘇聯掌握控制權的副總理兼國防部長羅科索夫斯基（Konstanty Rokossowski）元帥。在他們的統治下，波蘭人被迫隨莫斯科的音樂起舞，但從來都心不甘情不願。史達林死後，波蘭人更是不願意對莫斯科唯命是從。波蘭為適應新時代也做出了一些努力，像是波蘭共產黨下令放緩推進農業集體化，放鬆新聞審查。一九五四年末，貝魯特的主要競爭對手，因鼓吹波蘭走獨立的共產主義道路而遭到長期軟禁的前共產黨領導人哥穆爾卡（Władisław Gomułka）獲釋。一九五五年，華沙青年節吸引了來自一百一十四個國家約三萬名年輕人參加，這讓波蘭人瞥見了更加開放、更無拘無束的外部世界。貝魯特去莫斯科開會，卻在聽了赫魯雪夫那篇談話後猝然死去，看來是聽到對史達林的批判後，震驚之下心臟病發作或腦出血。他死後，繼任者奧哈布（Edward Ochab）繼續推行有限的去史達林化，四月份（一九五六年）釋放並大赦了約九千名政治犯。同月，他還談到今後要實現「我國政治與經濟生活新的民主化」，但沒有提出具體措施來落實此言燃起的希望。

　　六月發生了一件事，我們從中看不出一絲改革和民主的影子。波茲南（Poznań）的工廠工人因為上面蠻橫地要求把生產率提高百分之二十五，卻不相應地提高工資（有點像三年前東德發生的事）而感到憤怒，可廠方對他們的抱怨置若罔聞。這引發了月底波茲南城內和周邊地區數萬工人的大罷工。如同在東德發生的事情一樣，工人起初的經濟要求很快轉變為政治要求。要求「麵包和自由」的呼聲變成了「蘇聯人滾回去」的口號。工人們打開當地的監獄放出囚犯，從衛兵手中搶走武器，攻擊黨的機關和警察局。當局看到騷動大有向其他城

市擴散之勢，於是調集一萬軍隊和四百輛坦克前來鎮壓。軍隊向罷工者開了火，造成七十三人死亡，數百人受傷。不出兩天，軍隊就把暴亂鎮壓了下去，但他們無法消除引發暴亂的不滿。此事的責任主要推到了國防部長羅科索夫斯基（他是波蘭裔，卻是蘇聯公民），以及下令向罷工工人開火的幾個軍隊領導層的蘇聯公民頭上。結果是，各界要求禁止蘇聯人干涉波蘭軍隊（具體來說是要調走羅科索夫斯基）的壓力愈來愈大。也出現了要求波蘭共產黨實現民主化的呼聲（包括工人自治、重振議會和地方理事會等等）。還有人要求讓被人們視為改革健將的哥穆爾卡東山再起。

這些要求遇到了巨大的內部阻力，持反對意見的是在波蘭軍方和安全部門中影響頗大的保守派，他們亟欲防止波蘭與蘇聯的關係被削弱，慫恿莫斯科採取強硬立場。蘇聯本來就擔憂哥穆爾卡會帶領波蘭走更加獨立的路，哥穆爾卡要求解除羅科索夫斯基的職務，讓蘇聯的擔憂更是加重。於是，十月十九日，莫斯科派出了由包括赫魯雪夫本人在內的蘇聯領導人，以及軍方高級將領組成的重磅代表團訪問華沙。以赫魯雪夫和哥穆爾卡各自為首的雙方舉行了氣氛緊張的討論。蘇方堅持要求緊密兩國的關係，哥穆爾卡則再次要求把羅科索夫斯基和五十名蘇聯軍事「顧問」清出波蘭軍隊。就在談判進行當中，哥穆爾卡接到消息說蘇軍坦克和部隊正在向華沙挺進，波蘭作戰部隊因而奉命進入防禦陣地保衛華沙。波蘭與蘇聯的武裝衝突似乎一觸即發。赫魯雪夫先讓了步，按哥穆爾卡的要求下令蘇軍停止前進，迫在眉睫的危險就這樣平安度過。十月二十一日，哥穆爾卡官復原職，重回黨的第一書記的職位。不過，赫魯雪夫回到莫斯科後，有人聽到他狠狠地說：「只有一條出路，那就是結束波蘭的狀況。」

軍事干預箭在弦上，但不出幾天，赫魯雪夫卻退縮了，表示動武的理由好找，但未來找到結束衝突的辦法卻很困難。蘇聯領導人相

信，如果動手干預，波蘭人會回以頑強的武力抵抗，還會為此動員起工人民兵。所以他們一致認為，蘇聯應「避免軍事干預」，暫且「表現出耐心」。赫魯雪夫努力尋求政治解決，十月二十九日勉為其難地同意羅科索夫斯基不再擔任波蘭的國防部長。莫斯科希望平息波蘭局勢的另一個跡象是十月二十八日釋放了波蘭天主教會的首腦、樞機主教維辛斯基（Stefan Wyszyński），讓這位自一九五三年起就身陷囹圄的主教終獲自由。

　　波蘭公眾舉行了大型集會表達對哥穆爾卡的支持，幾個大城市舉行的集會都有十萬多人參加，華沙更是達到五十萬人，這可能也是促使赫魯雪夫避免與波蘭全面對抗的一個原因。哥穆爾卡則向赫魯雪夫保證說，波蘭仍舊是華約組織的忠實成員，他還公開譴責對此表示反對的人。他呼籲波蘭人民回去工作、結束示威。然而，蘇聯最為關注的無疑是匈牙利不斷惡化的形勢，這才是迫使赫魯雪夫尋求與波蘭和解而非下令軍事干預的主要原因。一九五六年十月二十六日，匈牙利的局勢已經發展為比波蘭危險得多的危機。為了對付匈牙利的局勢，蘇聯想確保波蘭的穩定，也希望獲得波蘭領導層的支持。

　　波蘭的劍拔弩張是促使匈牙利局勢迅速發展為全面動盪的短期因素之一。匈牙利在蘇聯陣營裡一直有些格格不入，蘇聯控制匈牙利靠的是高壓手段，匈牙利人對奉行史達林主義的領導層普遍感到不滿，一有機會就會表露出來。戰時流亡莫斯科的拉科西（Mátyás Rákosi）回國後，以史達林式的方法帶領匈牙利共產黨奪取了統治權，經過曠日持久的激烈鬥爭，摧毀了遠比共產黨更得民心的小農黨，鞏固了自己對國家的完全控制。拉科西後來的表現說明，他被稱為匈牙利的「小史達林」實在名不虛傳。一九四九年，他對莫斯科的路線奉命唯謹，同意公審並處決了匈牙利前內政部長勞伊克（László Rajk，罪名是支持「狄托主義背離」，還指控他勾結西方情報機構）。不過，隨

著史達林死後蘇聯開始了「新路線」，拉科西的日子開始屈指可數。

　　經濟陷入危機，農民抵抗集體化，工人罷工抗議工資下降，監獄人滿為患。在這樣的情況下，拉科西和黨的其他領導人一九五三年六月被召到莫斯科，接到明確命令，要把國內事務理順。蘇聯領導人告訴拉科西，他「專橫強勢的風格」導致了「錯誤和罪過」，把匈牙利帶到了「災難的邊緣」。蘇聯儘管對他做出了如此嚴厲的批評，但還是讓他繼續擔任黨的領導人，不過命他把政府首腦的職位交給納吉（Imre Nagy）。納吉一九四九年因反對集體化冒進被開除出政治局，但民望很高，對現狀感到失望的共產黨員也把希望寄託在他的身上。

　　匈牙利共產黨領導層因此出現了重大裂痕。這對匈國國內愈演愈烈的騷動起了不小的推波助瀾的作用，因為它暴露出莫斯科不信任拉科西，也顯現了另一種更有吸引力的領導形式。納吉不失時機地鼓吹調整經濟以改善消費品供應，還提出了更加激進的主張，要透過在基層實現民主化來使共產主義重新煥發活力。納吉設想透過組建一個新的人民陣線「愛國人民黨」來動員群眾，把民族情感跟民主社會主義融合起來。按照納吉的設計，共產黨將發揮領導作用，但不會只是高高在上地發號施令。拉科西和黨內強硬派對此當然恨之入骨。一九五五年初，拉科西反對納吉的計畫得逞，後者遭到批判，說他納吉「背離」了正確的意識形態。其後，納吉被趕出政治局，到年底又被開除出黨。

　　匈牙利的形勢已經十分緊張，赫魯雪夫一九五六年二月的談話又造成了新的巨大混亂。知識分子和學生為納吉提出的以民主方式實現共產主義的前景興奮激動，對現行官方鎮壓和出版審查感到憤怒不已，就匈牙利的未來展開了激烈的政治辯論。匈牙利號稱是「工人國家」，但工人極為不滿自己的待遇，覺得受了「吸血政府」的剝削。一些工人團體甚至和年輕知識分子一起聚會，加入規模日益擴大的辯

論。許多辯論是「裴多菲俱樂部」（Petőfi Circle，以一八四八年匈牙利獨立鬥爭中的一位革命鬥士命名）組織的。一九五六年六月的一天晚上，裴多菲俱樂部在布達佩斯舉行的會議吸引了六千人之眾。就是在那場會議上，人們呼喊著要拉科西下台，由納吉取而代之。對此，莫斯科做出了回應。七月，拉科西辭職，官方說法是由於健康因素。但接替他的不是納吉，卻是在意識形態上和拉科西同出一轍的格羅（Ernő Gerő）。

事態很快變得嚴重起來。一九五六年十月六日，數以萬計的示威者參加了獲得平反昭雪的勞伊克的莊嚴重新安葬儀式（格羅勉強同意了這件事），他們在儀式上抨擊當局，「布達佩斯之秋」就此拉開序幕。勞伊克原本是安全部門的首腦，現在卻陰錯陽差，成了爭取自由的象徵。十月二十三日，在波蘭事態的鼓舞下，大學生帶頭在布達佩斯和其他城市發起示威，提出了激進的要求，包括讓納吉官復總理原職（十天前他恢復了黨籍），蘇聯撤軍，懲治恐怖鎮壓的實施者，舉行自由選舉。匈牙利人拉倒了布達佩斯一處公園裡的巨型史達林塑像，用卡車拉著遊街。塑像上繫著一塊牌子，要蘇聯人滾回去，還寫著：「別忘了帶上我。」那天晚上，安全部隊向手無寸鐵的示威者開槍，更是給抗議活動火上澆油。格羅發表電台談話，譴責受敵對宣傳蠱惑煽動的示威者表現出來的沙文主義和民族主義。此時，政府幾近驚慌失措。

幾小時前，格羅已經請求蘇聯大使館提供緊急軍事援助，但駐布達佩斯的蘇聯官員沒有莫斯科的授權，不願意給出肯定的答覆。那天晚上，蘇共中央主席團批准了格羅的請求。次日，數千名蘇軍開進布達佩斯。到當天下午，已有至少二十五名抗議者被打死，二百多人被打傷。

然而，展示軍事力量未能平息騷亂。自此，國家宣布進入緊急狀

態，黨的機關遭到攻擊，象徵蘇聯的東西被摧毀，大罷工讓布達佩斯陷於癱瘓。布達佩斯街道上設起了街壘，讓蘇軍坦克進退維艱，成了「莫洛托夫雞尾酒」（汽油彈）和手榴彈的活靶子，示威者甚至從軍火庫裡搬來了兩門反坦克砲向蘇軍坦克開火。納吉建議，如果叛亂者放下武器，就予以大赦（他支持請求蘇聯發動軍事干預，十月二十四日恢復了總理的職務），卻徒勞無功。格羅被撤銷了黨領導的職務，換成曾遭拉科西迫害的卡達爾（János Kádár），但仍無法平息局勢。十月二十五日，暴力騷動仍在繼續，警察和黨的幹部向示威者開槍，也有警察被抗議者殺死。各地的工人理事會和革命委員會沒有集中組織，自行奪取了地方權力。黨似乎變成了無用的贅物。

到十月二十八日才恢復了一定的平靜，納吉（他前一天剛任命由改革派組成的內閣）宣布接受他所謂「民族民主運動」提出的主要要求。他說蘇軍會撤出、政治警察會解散、將宣布大赦，還將進行農業改革。次日，十月二十九日，蘇軍真的開始撤出布達佩斯。革命勝利了——當時看起來還真的如此。

在莫斯科，舉棋不定的蘇聯領導層對納吉的表態感到不滿，但還是於十月三十日決定把部隊撤出布達佩斯，避免大規模軍事干預引發對抗。然而，蘇聯派去布達佩斯的特使蘇斯洛夫（Mikail Suslov）和米高揚發回的報告卻日益悲觀。他們描述了在布達佩斯仍在繼續發生的對黨的幹部的暴力攻擊，擔憂匈牙利軍隊站到了暴動者一邊。他們認為，匈牙利局勢的任何政治解決都不符合蘇聯利益，因此得出結論說：「不可能和平解決這個熱點問題。」十月三十日，匈牙利領導層呼籲實現「匈牙利的中立」，納吉當天向米高揚和蘇斯洛夫表示，他贊成撤出全部蘇軍、匈牙利退出華沙條約，這些都證實了局勢的嚴重性。赫魯雪夫花了整整一夜反覆思索不進行軍事干預的決定是否正確。支持干預的理由除了布達佩斯局勢日益惡化以外還有一條，那

就是擔心蘇聯的任何示弱都會被西方帝國主義國家利用（十月二十
九日，西方國家在蘇伊士運河危機中攻擊了莫斯科在中東的盟友埃
及）。更嚴重得多的是，蘇聯的軟弱會讓騷動向東歐其他地方擴散，
而且據報鄰近的羅馬尼亞和捷克斯洛伐克已經出現了騷動。蘇聯領導
人非常清楚，騷動傳染的風險十分嚴重，這是首要的考慮。於是，在
赫魯雪夫的帶領下，蘇聯領導層扭轉了先前的立場，於十月三十一日
一致同意向匈牙利派遣重兵，「擊退反革命」。

那天，更多的蘇軍部隊開進了匈牙利。十一月一日，納吉宣布匈
牙利將退出華沙條約組織並確立中立地位。當晚，一架蘇聯軍機把卡
達爾送到莫斯科。幾天後他返回布達佩斯時，成了蘇聯為粉碎「法西
斯反動派」、保衛社會主義而建立的新「工農革命臨時政府」的領導
人。十一月四日，納吉逃入南斯拉夫使館避難。與此同時，赫魯雪夫
和馬林科夫及莫洛托夫一起抓緊爭取包括中國和南斯拉夫在內的其他
共產主義國家，支持蘇聯出手干預匈牙利。此時是行動的好時機，因
為西方國家正陷在蘇伊士運河危機中難以自拔。不過，西方國家無論
多麼同情匈牙利叛亂者，都顯然不想插足蘇聯的勢力範圍，怕萬一引
發世界大戰。從蘇聯的角度來看，蘇伊士運河事件僅僅是個碰巧，對
它粉碎匈牙利暴動的決策影響不大。然而，蘇伊士運河事件倒是的確
促使蘇聯在西方國家「困在埃及焦頭爛額」（這句是赫魯雪夫的話）
之時，果斷採取行動。

行動一旦開始，就迅雷不及掩耳。一九五六年十一月四日清晨，
蘇軍對布達佩斯發動了攻擊。這次，蘇軍比十月時準備得更加充分。
城裡的一位法國記者寫下了這樣的紀錄：「街上到處是蘇聯坦克和武
器。十字路口派了衛兵。子彈四面八方亂飛。」匈牙利軍隊沒有參
與，部隊全部被蘇軍關在兵營內繳了械。後來三天，布達佩斯和其他
城市發生了激烈的戰鬥，但到十一月八日即基本結束。三天的傷亡人

數（死傷加在一起）是大約二‧二萬匈牙利人和近二千三百名蘇軍士兵，動盪的規模由此可見一斑。報復行動馬上展開。超過十萬人被逮捕，三‧五萬人因「反革命行為」受到審判，幾乎二‧六萬人被判處徒刑，六百人被處死。據估計二十萬匈牙利人逃往國外，過上了長期的流亡生活。納吉被保證他安全的謊話誘出南斯拉夫使館，遭到蘇聯安全人員的逮捕。他先被驅逐到羅馬尼亞，後來受到審判，一九五八年六月被處以絞刑。

　　蘇聯為此付出了外交上的代價。它在不結盟運動成員國心目中的威信至少短期內受到損害。西歐有許多共產黨員本來把蘇聯視為指路的北極星，現在紛紛脫離了共產黨。不過，對蘇聯領導人來說，只要能防止共產主義國家組成的東方陣營分崩離析，上述的一切都不重要。蘇聯陣營的團結得到了維持，哪怕為此動用了武力。這才是最關鍵的。匈牙利暴動遭到粉碎是至關重要的一刻，它向潛在的異議者表明，任何推翻蘇聯統治的企圖都是徒勞的。任何這類行動都將遭到無情鎮壓。

　　莫斯科認識到，為預防麻煩重起，必須改變多年來拖了東方陣營生活水準後腿的政策。於是，資本財和消費品生產之間的嚴重失衡至少獲得部分糾正，也因此在後來的幾年中，蘇聯陣營各成員國的生活水準都有了一定提高。然而，波蘭和匈牙利這兩個處在一九五六年風暴中心的國家的發展軌跡卻有所不同。

　　對於夢想「波蘭的十月」能帶來更自由開明的社會主義的人來說，哥穆爾卡讓他們大失所望。在一開始時的跡象是令人鼓舞的，哥穆爾卡與赫魯雪夫達成妥協的大環境給了哥穆爾卡一定的操作餘地，他起初也在不影響大局的情況下盡量予以利用。他的政府比起前一屆更加靈活寬鬆，早期也更加受民眾擁護。安全警察規模縮小了，權力減少了，雖然絕對不到無足輕重的地步。波蘭的知識分子和學生獲得

了更加自由開放的環境。農業集體化踩了煞車，農民在自留地上種植作物的自由增加了。在其他方面，官方允許開辦有限的私人企業，工資有了成長，生活水準普遍提高。政權對天主教會也聰明地採取了更和緩的姿態。

　　然而，哥穆爾卡不是民主主義者。他一心要鞏固自己作為黨第一書記的權力，警惕言論自由的危險。無論如何，他需要跟莫斯科保持良好關係，這意味著他必須嚴格限制自由化。一九五七年，他再次收緊文學與藝術表達自由的控制。不久後，國家又開始批評天主教會，但這並未減損教會在老百姓心目中的地位，也未能阻擋教會日益成為反政府的次文化。一九六〇年代初，波蘭爭取農業自給自足的努力失敗，人民的生活水準依然低落，而黨的領導幹部卻窮奢極侈，這使得民眾對哥穆爾卡及其政權的失望與日俱增。波蘭並未回歸戰爭剛結束後的那個十年的史達林主義，各方面也做出了扎實而持久的進步。但是，政權依然靠強制來支撐。批評政府的餘地很小，任何越界的人都馬上會感到強制的鐵腕。例如說在一九六四年，三十四位作家發表了一封聯名信，要求制定更加開明的文化政策，放鬆出版審查。結果是他們不是被禁止發表作品，就是被禁止出國旅行。幹部隊伍、警察、安全部門和軍隊的忠誠像過去一樣靠各種甜頭來維持。制度的控制非常牢固，人們大多遵從制度的要求，然後相應調整自己的生活。像在其他地方一樣，人們只能無奈接受自身無法改變的東西。

　　匈牙利的暴動規模巨大，隨後的鎮壓野蠻殘暴，莫斯科決心嚴密控制匈牙利，這些使得卡達爾的傀儡政府開始時完全不可能進行有意義的改變。但儘管如此，改善生活水準的緊迫需要最終給了卡達爾機會。工業和農業的行政控制權下放，刺激了生產水準的提高。鋁土和鈾礦出口也促進經濟成長。制度穩定下來，生活水準提高。這些改革淡化了社會的不滿情緒，而就在幾年前，這種不滿甚至威脅到了共

產黨的統治。一九六〇年代初，卡達爾還實現有限的自由化，政治犯被釋放，宣布大赦，對文化活動和言論自由的嚴格限制有了一定的放鬆。匈牙利人可以聽西方電台廣播了，知識分子也能夠跟西方建立有限的接觸，警察的公開鎮壓有所克制。匈牙利比蘇聯陣營其他國家更加注重消費品生產，被形容為實行「馬鈴薯燉牛肉式的共產主義」。它甚至允許有限的市場經濟（不過經濟困難很快就開始增加）。但是，安全機構依然存在，依然掌握在黨的手中。一九五五年到一九七〇年間，匈牙利的年自殺率幾乎增加了一倍，這也許表示民眾對卡達爾治下的匈牙利並不完全滿意。但即使如此，在西方國家眼中，匈牙利正在成為蘇聯陣營最不令人討厭的面孔。

＊　＊　＊

波蘭和匈牙利走的路不太一樣。在波蘭，鐵鉗放鬆後又逐漸收緊；在匈牙利，鐵鉗先是急劇收緊，然後有了一定的放鬆。但是，兩者都不能完全擺脫鐵鉗的制約。套句恩格斯數十年前談論經濟時所說的話，把這兩個國家以及蘇聯陣營所有其他國家綁在一起的，「歸根究柢」是蘇聯的力量決定了一切。誠然，波蘭和匈牙利兩國均未倒退回一九五三年前實行的徹底的史達林主義，但某些新史達林主義的特徵無處不在。

事實上，東歐各地的政權已經失去了以往的革命本性。不管蘇聯及其衛星國如何宣傳要建立比帝國主義的西方資本主義優越百倍的社會，實際上它們都變成了保守的專制國家，只顧維持現有制度，完全沒了革命幹勁或遠大理想。除了從制度中獲益的政工人員，以及肯定會有的一些積極分子和真正信仰共產主義的人以外，大部分普通老百姓只管過自己的日子，對看似無法改變的政治狀況漠不關心，或乾脆聽天由命。若能選擇，多數人恐怕都不會選根本上靠蘇聯武力維持的

「真正存在的社會主義」。但事實是，他們沒有選擇。統治可以變得相對溫和，也可以根據不同衛星國的國情做出調整。然而，絕無可能對制度做出根本性改變。

　　蘇聯統治還將遇到一次大規模挑戰，那是在一九六八年的捷克斯洛伐克。除那以外，一九五六年後蘇聯在東歐的權威一直穩如磐石，三十多年毫髮無損。

第四章

美好時代

Good Times

……不要等數年後才認識到你曾生活在一個令人矚目的繁榮
時代。

——《女王》（*Queen*）雜誌，一九五九年九月十五日

實現歐洲國家的團結需要消除法國和德國年深日久的對立。
採取的任何行動都必須首先與這兩個國家有關。

——《舒曼宣言》，一九五〇年五月九日

　　西歐新時代的特點是繁榮，其成因是西歐經濟在一九七三年石油
危機的衝擊波到來之前的空前高速成長。在戰爭尾聲及戰後嬰兒潮中
出生的那一代實在幸運，雖然他們成長之初恰逢戰後緊縮時期，二次
大戰留下的身體及心靈的傷疤尚未癒合，但是他們既未遭受大蕭條的
苦難，也未經歷過戰爭本身的恐怖。在和平的歐洲，他們享受的物質
條件是他們的父輩和祖父輩想像不到的：福利國家提供全面保障，改
善住宅條件，充分就業保證工作的穩定，受教育的機會增加，逐漸有
了足夠的錢，不僅能購買生活必需品，而且買得起奢侈品，還能出國
旅行。展望未來，他們充滿樂觀。他們生活在美好時代。

　　對西德人來說，這段時間是難以置信的「經濟奇蹟」時代。但「奇蹟」遠不僅限於一國。義大利也經歷了奇蹟般的戰後經濟復甦。法國人把一九四六至一九七五年之間的時期稱為「光榮的三十年」，但其實在除經濟之外的任何其他意義上，那段時間內有幾年遠遠算不得光榮。英國首相麥克米倫曾告訴國人，他們的生活「從來沒有像今天這麼好過」。英國人說自己的社會是「富裕社會」，但儘管生活條件有了諸多改善，其實英國大部分人的生活條件還遠遠達不到「富裕」的水準。比起後來，人民生活的物質改善當然只能算一般，但比起過去，進步卻是巨大的。因此，我們可以理解為何一九五〇至一九七三年那段時間被稱為「黃金時代」。

　　歐洲南部的情況則完全不同。西班牙和葡萄牙保留了過去的政治形態，政權是專制政權，經濟是限制重重的封閉型經濟，因此無法充分借助西北歐物質進步的東風。一九六〇年代，西班牙和葡萄牙終於採取步驟放開經濟，西班牙也開始因外國旅遊者的到來而增加收入，兩國的生活水準這才有了明顯的改善，但仍一直遠低於歐洲北部的平均水準。（從一九五九年到一九七三年，赴西班牙旅遊的遊客人數增加了七倍，他們在西班牙的消費是原來的二十倍。）正從內戰的破壞中慢慢恢復的希臘也落在後面，它跟西班牙、葡萄牙一樣，幾乎半數人口仍然靠農業為生，不過在經過持續的高速經濟成長，希臘到一九七三年也實現一定的現代化，生活水準也有了小幅改善。土耳其竭盡全力克服經濟落後，高度依賴外國投資和美國貸款，但規劃不當和國家債務的迅速攀升妨礙了經濟進步。

　　發展給西歐各國帶來了繁榮，催生了消費社會。在蘇聯及其在東歐和中歐的衛星國，發展卻受到意識形態因素的嚴重阻礙。國家的強勢指導與計畫決定了經濟過分偏向基礎設施項目和軍費開支。這造成東歐和蘇聯人民無法像西歐國家的人民那樣，享受物質生活的多方面

迅速改善。

　　然而，東歐和蘇聯的生活水準即使遠遠落後於西方，卻還是比戰前好了許多，與戰爭期間的恐怖和破壞相比更是不可同日而語。當然，高壓政權下個人自由的喪失是無法彌補的。經濟學家認為，東歐的那段時間即使比不上西歐的「黃金時代」，至少也可以算是「白銀時代」。生活水準有了改善，雖然與西歐相比幅度不大：諸如貧富差距大為縮小，與西方不同的社會福利帶來了戰前大多數人從未有過的保障，每個人都有自己的居所（但住宅大多品質一般，甚至低劣，而且住宅靠分配，不能自選），充分就業（但個人基本無法選擇工作的地點和類型），人民有了受教的機會（但內容有嚴格限制，堅持意識形態正確和政治忠誠）。在西方大部分人看來，這種生活方式幾乎完全受制於指令性經濟的要求，實在不值得羨慕。東歐的年輕人對這種生活方式常有不滿，然而許多老一代的人看到，這樣的生活儘管有明顯的不足和數不清的限制，但純從物質上說，的確比以前改善不少。

　　從過去而非後來的視角看去，那段時間對歐洲人口的大多數來說確實是從未有過的「美好時代」。一九五〇年代和六〇年代的物質生活得以迅速改觀，靠的是非凡的經濟成長。難怪許多歷盡苦難和貧窮的人將其視為「奇蹟」。

經濟奇蹟

　　西歐一躍進入繁榮社會，速度驚人。究其原因，主要不是因為政治領導人是管理經濟的天才。各國的經濟政策畢竟各不相同。其實，戰後驚人的經濟成長是全球性現象，世界各地（包括東歐的蘇聯陣營）都出現了成長，雖然有些國家的速度比別國更快。日本的成長超過了歐洲任何國家。美國和加拿大也出現了高成長，但稍遜於歐洲。

歐洲靠著亮眼的經濟成長在一定程度上縮小了之前災難性的幾十年中，落後給美國的差距。歐洲占世界貿易的份額提高了，例如說在一九六三年，法國、西德、義大利和英國共同占到了世界製成品出口的五分之二，美國占的比例不到五分之一。歐洲和工業化西方的其他國家從發展中國家進口的糧食和原物料價格下降，而它們自己出口的製成品價格卻持續走高，這也使它們從中得益。

世界大戰後的獨特環境帶來了非凡的經濟成長，成長又促成繁榮和社會進步的良性循環。經濟成長的部分原因是，經過兩次世界大戰和大蕭條的破壞之後，企業開始自然恢復。但這一輪經濟成長並非「正常」恢復，亦不屬於常規的商業週期。它的形成因素有許多。積聚已久的需求得到釋放，儲存了大量的廉價勞動力，特別是戰時巨大的技術進步現在投入到民用，這一切構成了戰後經濟爆炸性成長的重要原因。城鎮的斷壁殘垣需要重建，成為成長的一大推手。如果對關鍵的製造業部門注入技術和勞動力方面的大筆投資，經濟成長通常都會加速，西德即為一例，但如果對製造業的投資疲弱不振，成長率就會一直在低點徘徊，英國就是這樣。英國的投資起初大多來自建設大型基礎設施的公共開支，而投資帶來成長，成長加強信心，帶來更多的投資，於是形成了良性的螺旋式成長模式。這裡面國家的作用非常重要。特別是在經濟復甦早期，國家吸取了大蕭條的教訓，採用凱因斯經濟學的手段，有力地刺激了經濟成長。總的來說，經濟的公共部門和私人部門被視為夥伴，而非對手。

經濟持續成長的一個重大因素是國際貿易的大幅擴張。按價值計算，從一九五三年到一九六三年，世界出口增加了一倍，在接下來的十年間更是增加了兩倍以上，製成品出口的成長尤為強勁。戰後早期，伴隨馬歇爾計畫而來的貿易自由化和國際市場的復甦有力地促進了西歐的經濟成長。隨著取消了大戰剛結束時施行的價格控管和其他

貿易限制，隨著貨幣的穩定使市場經濟得以發揮作用（國家的計畫和干預緩解了自由市場產生的最壞影響），西歐國家開始向不斷擴大的海外市場出口產品。西德是領頭羊。從一九四八年到一九六二年，它的對外貿易以令人瞠目的百分之十六年成長率飛速發展。一九五〇年代期間，特別是一九五七年的《羅馬條約》成立歐洲經濟共同體之後，西歐大陸上的國家彼此間出口日益增多，到那個十年結束時，歐洲內部貿易成長了一倍有餘。

經濟的高成長率一直持續到一九六〇年代末，中間僅偶爾出現過小小的短暫間歇。（在那之後，經濟形勢生變，成長率隨之放緩，接著阿拉伯產油國在一九七三年以阿戰爭後突然大幅提高向西方出售石油的價格。）這不僅異乎尋常，而且史無前例。在資本主義發展史中，這是個完全例外的時期。西歐國家沒有因追求利潤最大化而犧牲社會福利（開發中世界原物料的低廉價格幫了大忙）。持續的高成長率導致利潤大幅上升（使投資得以增加），也帶來了工資和薪金的真正增加，提高了生活水準。與此同時，高成長率帶來充分就業，政府因而獲得了額外的稅收收入，能夠用來提供資金給社會福利計畫。成長是當時的普遍現象，遍及各種各樣的政治與經濟結構。西歐國家的經濟在那段時期內平均每年成長百分之四‧七，是自一八二〇年以來百分之二‧二的平均成長率的二倍多。南歐（包括希臘、西班牙、葡萄牙和土耳其）成長得更快（平均每年百分之六‧三），不過它的起點較低。在實行計畫經濟的東歐國家和蘇聯，人均國內生產毛額的平均成長率只比資本主義西歐稍低一點，但考慮到這些國家歷史上較低的成長率，可以說它們的進步比西歐更大，不過它們起步的基數低，實現經濟學家所謂的「追趕」（catch-up）尚有很長的路要走。

當然，成長的分布並不均衡。西歐成長最快的是西德（平均每年百分之五），它的「經濟奇蹟」對其他國家的經濟發展起到了關鍵的

作用。西德的鄰國奧地利和義大利（特別是北部）也成長得很快。英國的年成長率最低，只有百分之二・五。愛爾蘭的成長率僅稍高一點，儘管說愛爾蘭的成長率是它長期平均成長率的三倍，但愛爾蘭依然是落後經濟體。在南部歐洲，土耳其落後於希臘和伊比利半島。保加利亞、羅馬尼亞和南斯拉夫則是東歐經濟中表現最亮眼的（但它們的起點也比較低）。

如前所述，蘇聯陣營的成長集中於重工業，這個部門的產量飛速增加，但沒有像西方的經濟成長那樣，帶來生活水準的顯著提高。鐵幕以內的國家基本上與迅速發展的國際貿易隔絕，沒有出現消費熱潮。但即使如此，絕大多數人民的生活條件自一九五〇年代中期以來還是有了一定的改善。一九五三年到一九六〇年，蘇聯為解決在城市中尤為突出的住宅長期短缺和嚴重擁擠的問題，新建住宅幾乎增加了兩倍。東歐國家的住宅狀況稍好一些，但蘇聯陣營國家的住宅條件都遠沒有達到西歐的標準。

各國最顯著的成長都發生在製造業，而不是農業。不過，在持久的繁榮中，農業生產也發生了變化。農業生產率起初普遍遠遠低於工業生產率，但在一九五〇年代和六〇年代期間，整個歐洲都發生了大批勞動力離開土地，去工廠尋求更高報酬的現象，這推動了農業機械化、集約種植法和培育高產作物等創新，快速提高了農業生產率。雖然說耕地面積縮小了，農業勞動力減少了，但歐洲的糧食產量反而增加了。

此時的歐洲需要增加糧食產量，以滿足日益集中於大型城鎮的大量人口的需求。戰前學界關於人口下降的極度擔憂如今看來是多慮了，因為歐洲在戰後出現了嬰兒潮。這是「追趕」的另一個方面，是對戰爭與經濟蕭條期間生育率下降的反應。法國的人口下降本來看似不可逆轉，但戰後數十年間人口卻增加了近百分之三十。在其他許多

歐洲國家，無論是東歐還是西歐，人口也大幅度增加。只有希臘、葡萄牙和愛爾蘭這些較窮的國家是例外，它們的人口反而下降，因為許多人，特別是鄉村人口，去了其他國家，到那裡蓬勃發展的工業部門尋求就業機會和較高的工資。在歐洲比較繁榮的西半部，出生率的上升持續到一九五〇年代中期，扭轉了戰前人口下降的趨勢。在比較貧窮的南歐和東歐的大部分地區，出生率卻有所下降。在東歐和西歐的幾乎所有國家，兒童死亡率都明顯下降。

戰前即已非常普遍的農村人口外流現在進一步加速。二戰前夕，西歐務農和從事相關行業的人還占人口的三分之一以上，東歐和南歐更是超過一半。那時，只有英國和比利時以務農為主業的人所占人口比例可以忽略不計。一九五〇年代和六〇年代期間，情況發生了戲劇性的變化。例如，義大利的務農人口占全國人口的比例從一九五〇年的百分之四十一，降到一九七三年的百分之十七‧四，法國則從百分之三十三降到了百分之十二‧二。歐洲大陸其他國家也出現務農人口下降的現象，有的甚至降幅更大。隨著鄉村地區人口漸少，城市化愈加緊鑼密鼓。歐洲各地的城市規模都愈來愈大，以前相對不發達的地區和歐洲的邊緣地區尤其如此。例如說，貝爾格勒的人口在戰後頭幾十年間翻了四倍有餘，基輔的人口增加了兩倍，伊斯坦堡也是一樣，索菲亞、布加勒斯特和華沙的人口則多了一倍。同段時期，列寧格勒的人口從二百九十萬增至四百三十萬，莫斯科的人口從五百三十萬增至七百六十萬。到一九七〇年，全歐洲人口的五成八生活在居民人數超過七十五萬的大城市中；相比之下，一九五〇年這個比例是四成五。這段時期內城市人口比例增幅最大的是南歐和東歐。

工業區像磁石一樣吸引著鄉村地區的勞動力。此外，勞動力跨國流動的規模也比戰前大為增加。戰爭剛結束的那些年，遷徙大多由政治因素驅動。戰爭產生了大約四千萬名難民，並在東歐導致大規模的

種族清洗。德裔人口在波蘭、捷克斯洛伐克、羅馬尼亞和其他國家成為被驅逐的首要目標，數百萬人逃向西方。據估計，一九四五年到一九五○年之間，有一千二百三十萬德裔人口遭到驅逐，相當於當時西德人口的近五分之一。在那之後，西歐繁榮的經濟提供的就業機會和物質報酬成了吸引移民的關鍵因素。

一九六一年，柏林圍牆拔地而起，封閉了穿越鐵幕的最後一條通道。在那之前，大量勞動力從東德湧入西德，使西德大為受益，卻重創東德經濟。一九六一年以後，西德不得不另找勞動力來源。一九六○年代初是西德經濟繁榮的鼎盛期，每年有超過三十萬移民遷往西德，移民法國的人大約也有這麼多。義大利、西班牙、葡萄牙、希臘和愛爾蘭出外尋找工作機會和更好生活的人最多，但土耳其、南斯拉夫和北非國家，特別是阿爾及利亞和摩洛哥，很快也成為廉價外國勞工的重要來源。到一九七三年，在西歐就業的移民達到七百五十萬左右，其中二百五十萬在西德，二百三十萬在法國。移居國對移民並不友善，移民中即使不是多數，也有許多人生活貧困，受到各式各樣的歧視。他們在西德被稱為「客籍工人」，只算是臨時居民，無權獲得公民身分。老一輩的德國人，例如西柏林一位屬於中產階級下層的退休老人法蘭茲・格爾，看到「接過了德國工人不願意幹的低報酬工作的」土耳其人和南斯拉夫人，他就會想起戰爭期間他們不喜歡的「外籍工人」。「客籍工人」起初一般都想最終回國，他們把掙來的一部分錢寄回家，養活留在國內的家人，間接地為他們貧窮的祖國提供了迫切需要的外匯收入。

英國採取了另一種辦法，從它的前殖民地，也就是英聯邦各國招募廉價的非熟練勞工。西德期望「客籍工人」最終會離開，英聯邦成員國的公民則不同，他們有權在英國永久居留，也有可能獲得英國國籍，這使得移民問題開始成為重要的政治問題。一九五○年代初，

移民尚是涓涓細流。一九四八年到一九五三年，來到英國的移民僅有
二‧八萬人，其中一半來自西印度群島。一九五〇年代最高的年度移
民人數是一九五六年的四萬六千八百五十人。其實，那時離開英國的
人比到來的多，離開的人主要是去澳大利亞、紐西蘭和加拿大這些過
去的白人自治領定居。一九五〇年代初，每年離開英國前往澳大利亞
的人超過五萬，一九六五年更是達到八萬。一九五九年，英國的移民
總數是二‧一六萬（約一‧六萬人來自加勒比海地區，從印度次大陸
來的只有三千多人，但這個數字在一九六〇年代有了突飛猛進的成
長）。接下來，移民總數在一九六一年猛增到十三‧六四萬。一九六
〇年代期間，平均算起來每年從新聯邦[1]來的移民有七‧五萬人，比
前往法國和西德等國的移民少多了。

　　英國政府鼓勵移民來英，以滿足經濟成長的需要，不過移民只
占全部人口的一小部分。一九六一年，英國的人口中出生在外國的
共有二百五十萬人左右，法國、比利時和瑞士人口中外國出生的居
民所占比例要高得多。外國出生的居民多數是歐洲人，不是來自海
外，不過住在法國的阿爾及利亞人從一九五二年到一九七五年大約增
加了一倍，達到七十萬左右。一九六二年，由於之前的十八個月英
國一下子湧來了前英國殖民地的二十三萬移民，要求政府採取行動
的壓力日增，於是英國政府通過了《英聯邦移民法》（*Commonwealth
Immigration Act*）來限制准許定居英國的移民人數，後來幾年內又採
取了更多的限制性措施。

　　移民不斷增多的客觀現實遇到了根深柢固的種族偏見的抵制。英
國本地民眾對英聯邦移民的敵意日漸升高，情況最嚴重的是位於英格
蘭西北部、中部和倫敦及其周邊的工業區。在絕大多數情況下，敵意

1　譯者注：指一九四五年後英聯邦內取得自治的國家。

針對的都是非白人移民，這顯然是種族主義的表現。一九五八年八月，諾丁漢（Nottingham）和倫敦的諾丁山區（Notting Hill）發生了嚴重的種族暴亂。從八月二十九日到九月五日，數百名白人青年連續幾夜打劫西印度群島移民的住所。六年後舉行的一九六四年議會大選中，英格蘭中部地區由幾個城鎮組成的伯明罕複合城市（Birmingham conurbation）中有一個叫斯梅西克（Smethwick）的地方臭名遠揚，因為保守黨候選人格里菲斯（Peter Griffiths）競選時極力宣揚可恥的種族主義觀點。他爭奪的席位原來是工黨的，但工廠關閉和住宅短缺使該地區的白人工人階級度日艱難，於是極右團體利用民眾對經濟和社會的不滿，針對當地占少數的錫克教徒，極力煽動惡毒的種族主義。格里菲斯為保守黨贏得了議會席位，但後來他被工黨首相威爾遜稱為「議會裡的萬人嫌」。工黨在一九六六年的大選中奪回了這個席位。在那之前，當地的鎮議會公然推行種族歧視的住宅政策。

　　一九六八年，在野黨的防衛問題發言人鮑威爾（Enoch Powell）就移民問題發表了極盡煽動挑釁之能事的談話，使種族主義再次成為引爆點。身為保守黨人的鮑威爾刻板教條得出奇，他曾是傑出的古典學者，一九三四年二十二歲時就被選為劍橋大學三一學院的評議員，但他固守落伍過時的英國民族主義和帝國主義理念，以不按常理出牌的從政風格著稱。那篇談話是他一九六八年四月二十日在伯明罕的一次保守黨協會的會議上提出的，主要是批評工黨政府那年為禁止住宅方面的種族歧視而通過的《種族關係法》（*Race Relations Act*）。以能言善辯出名的鮑威爾說今後會發生持續多年的暴力種族衝突。他在談話中提到「咧著大嘴笑的黑孩子」，還不失他古典學者的本色，引用古羅馬詩人維吉爾關於古羅馬的台伯河「翻滾著鮮血的泡沫」的詩句來形容英國的未來。鮑威爾立即被踢出了保守黨影子內閣，他的政治生涯從此一蹶不振。但在那之後不久舉行的一次民意調查顯示，四分

之三的英國人同意鮑威爾的觀點。倫敦碼頭工人舉行示威遊行，到議會大廈前要求恢復鮑威爾在影子內閣中的職位。當然，種族偏見儘管受到官方譴責，卻陰魂不散。然而，就公開表達而言，它自此成為不入流的種族主義和新法西斯主義運動的專屬。這類運動對它們要打擊的人構成威脅，但從者寥寥，並受到有組織的反法西斯團體和所有政黨主流政治家的激烈反對。鮑威爾煽動起來的激動情緒很快就平息了下去，而且就在他發表「鮮血之河」的談話時，來自新聯邦的移民已經在工黨政府通過了關於種族關係的立法後開始減少，這也對平息民眾情緒起了幫助的作用。

英國在一九五〇年代初曾是歐洲經濟的領頭羊（儘管它施行戰後撙節政策，國家債台高築），但此時英國已經開始走下坡路。到了一九七〇年代，英國因差勁的經濟表現得到了「歐洲病夫」這一不光彩的稱號。戰後幾十年，英國的成長率與其他國家相比並不出色，雖然其實比十九世紀英國工業居於領先地位的顛峰時期高了一倍多。一九五七年，六個國家（法國、西德、義大利、比利時、荷蘭和盧森堡）組成了歐洲經濟共同體，它們的經濟迅速擴張，而英國卻日益相形見絀。

諷刺的是，英國經濟成長相對疲軟的部分原因是它打贏了二次大戰。成長率超高的國家都是受戰爭破壞最重的，如德國、奧地利、義大利，還有歐洲以外的日本。這也許不應令人驚訝，因為這些國家都急需大規模修復基礎設施。與歐陸上的大部分國家相比，英國在戰爭中遭受的實際破壞小得多，政治與經濟結構也基本完好無損。戰爭結束後，英國依然（勉強）保持它自一九三一年起命名為「英聯邦」的殖民帝國。英國仍在世界強國之列（儘管實際上它的地位大為削弱），所以軍費開支依然相對較高。英國的經濟菁英也堅信他們仍然出類拔萃。但是，除了國家欠下的巨大債務之外（幾十年後才終於付

清），戰爭的勝利還留下了過時的生產方法，滿足現狀、不肯冒險創新的管理人員，以及多如牛毛的工會，而事實日益證明工會是阻攔經濟效率提高的絆腳石。關鍵的是，英國的投資量趕不上它的主要競爭者。英國勞資關係的傳統是管理方專橫跋扈，工會強硬好鬥，這顯然無助於日益激烈的市場競爭所需要的生產方法創新，結果造成英國的出口逐年下滑。英國的衰落和西德的崛起形成了鮮明對比，西德是戰爭的失敗者，卻是戰後經濟成長的勝利者。

　　作為「經濟奇蹟」範例的西德在重建國家的同時，也努力避免雇主和雇員之間的衝突。納粹主義、戰爭和戰後廉價勞動力的大量湧入不僅打破了戰前的結構，而且改變了階級鬥爭的心態。第三帝國時期，獨立工會被野蠻摧毀，由德意志勞工陣線這個納粹化了的龐大集合體取而代之。國家在工作場所強行建立了一種偽裝的團結，用改善休閒設施、提高工人在「人民共同體」中的地位等措施，給壓迫的苦藥包上一層糖衣。真正的工會精神遭到破壞，長達十二年付之闕如。在人和政治的層面上，這種情況造成了超乎尋常的代價，但它為戰後勞資關係的新起點提供了基礎。在工作場所，在廢墟上重建的緊迫性促成了納粹宣傳從未帶來的巨大團結。由於戰時的損失和大批難民及被驅逐者的湧入，勞工隊伍變得迥異於前。雇員更加順從，更只顧自己，大部分人只要隨著經濟的不斷擴張能增加工資、改善生活、保住工作就心滿意足。工會得到重組，遵循的路線比英國的眾多行業工會更加合理，後者只是沿襲了過去。按照威瑪共和國的做法建立的工人理事會讓工人在勞資關係中有了發言權。一九五一年西德還通過一項立法，規定大公司董事會的管理決策要共同決定（Mitbestimmung），必須有工人代表參與。經濟學家認為，良好的勞資關係以及透過投資職業培訓造就的技術工人隊伍起了很大的作用，使得西德在經濟上把英國甩得愈來愈遠。

　　造成英國相對衰落的另一個原因是，它的政治決策基本上仍然受制於它的帝國主義傳統，它昔日的經濟霸主地位，以及它注重跨大西洋關係和英聯邦、輕忽與歐洲大陸關係的習慣。當被戰爭毀得滿目瘡痍的歐陸著手重建家園，開始採取措施推動經濟合作時，英國從旁大力鼓勵，自己卻堅決不肯參與。儘管英國戰後厲行撙節，但經濟因素是除政治考量之外促使決策者與歐洲保持距離的一個原因。例如，戰爭剛剛結束那幾年，英國的鋼鐵和煤炭生產遠超任何其他歐洲國家。所以，英國對歐洲敬而遠之、不參與歐洲合作似乎是聰明的辦法。

　　英國與英聯邦的關係緊密（一九五六年，英聯邦吸收了英國出口的四分之三），所以疏遠歐洲大陸，但也因此陷在了走下坡路的市場中。一九六〇年代中期，英國貿易總量中僅有四分之一是與英聯邦各成員國的貿易，而後者各自與其他歐洲國家、日本和美國發展了更緊密的關係，但英國卻無法從歐洲國家彼此間不斷擴大的貿易中充分獲益。英國對外貿易自由化的進展緩慢，經濟競爭力愈來愈弱。等它認識到自己選擇的道路有諸多不利，決定還是應該加入歐洲經濟共同體的時候，機會卻已錯過了。

　　一九六〇年代中期，持續成長的經濟初步出現了放緩的跡象，但這並非普遍一致的現象，各國經濟發展的表現各不相同。例如說，義大利就沒有出現經濟停滯，繁榮的出口和火熱的旅遊業使得義大利的「經濟奇蹟」得以延續。然而在西歐許多地方，經濟成長放緩的跡象卻明顯可見，諸如勞動力短缺、工資上漲和物價升高都開始為未來投下了陰影。工資迅速增加，一九五〇年代期間超過了物價的漲幅，這主要是提高勞動生產率帶來的，在那個十年間，西歐的物價相對穩定，漲幅適中，但一九六〇年代初，物價平均上漲了百分之二十。

　　要達成充分就業的經濟體就需要大量的勞動力。因此，工會得以展現力量，它的會員人數在戰後幾十年達到了高峰。但另方面產業中

的騷動也日益常見，諸如丹麥、瑞典、比利時、法國和英國都因勞方的激進態度頭痛不已，英國尤其長期受其困擾。政府曾試圖遏制經濟過熱引發的通膨壓力，但這經常會導致勞資關係惡化。一九六二年以後，堪稱歐洲經濟復甦發動機的西德成長放緩。政府出於對通膨的擔憂，削減了貸款，收緊勞動市場，但這些措施造成了一九六六至一九六七年短暫卻急劇的經濟衰退。瑞士、瑞典和丹麥等歐洲國家也採取了遏制通貨膨脹和經濟過熱的措施。法國一九六四年採取的限制性措施導致了暫時的衰退，一九六五至一九六六年才又恢復成長。

在整個西歐，一九六〇年代中期的經濟下行僅是一段短暫的插曲，並未從根本上打破一九四八年以來經濟成長的模式。然而，它預示了六〇年代晚期的動盪歲月。在那之後的一九七三年石油危機更是讓戰後的長期經濟繁榮戛然而止。

「經濟奇蹟」為西歐人民帶來了無窮的裨益，也改善了歐陸南部和東部的生活條件。根據調查顯示，總的來說民眾在一九七〇年代初比五〇年代時更滿足、更幸福、更樂觀。然而，高速經濟成長也產生了一個當時許多人沒有認識到的長久後遺症，那就是對環境的破壞。自工業革命以來，人類提高生產率，特別是製造業的突飛猛進，造成了環境不可彌補的損失。當時，經濟活動造成的長期破壞只引起很少數人的注意。「黃金時代」帶給歐洲人生活水準的巨大改善，卻也造成環境的嚴重惡化。集約農作法大量使用殺蟲劑和其他化學品，大幅提高了作物產量，但也傷害了環境，人們要慢慢地才會認識到這個問題。自一九五〇年代起，能源消費激增，這說明人民生活日漸富裕，例如愈來愈多的人擁有私家車，能夠更多地出外旅行。但這也導致有害的碳排放創下新高（以德國為例，德國的碳排放量從一九四八年到一九五七年增加了一倍），所造成的破壞的規模要到以後幾代人的時間內才會全部顯現出來。環境要到一九七〇年代才成為重要的政治議

題，但即使那時也很難引起大多數民眾的興趣。

福利國家

政府收入不斷增加，使國家能夠投入巨資為國民提供福利，這構成了經濟成長良性循環的一部分。充分就業和消費開支大漲使得稅收成長達到空前的水準，例如說在一九七〇年代期間，西歐國家的預算就比五〇年代增加了二十倍，政府花在福利方案上的錢比過去任何時候都多。提供福利與充分就業是一個新社會最大的需求，戰後各國政府都將大蕭條這個明顯的教訓銘記於心，因而在戰後幾十年，所有政黨都同意需要擴大福利。此外由於非凡的經濟成長，歐洲國家才得以達成提供福利和充分就業這兩個目標。東歐的共產主義政權在社會中實現了前所未有的平等（儘管付出高昂的政治代價），並大幅擴大國家提供的福利；奉行自由資本主義的西歐也減少了社會不平等（但比東歐的力度小得多），將市場力量與各種形式的福利國家結合了起來。

二戰之前，社會安全體系雖有進步，但缺口很多。斯堪的納維亞、德國和英國在建立國家保險制度方面進步最大，卻仍然有限。而在多數歐洲國家中，大部分人口只有很少的（或根本沒有）工傷、失業和醫療保險，也基本沒有退休金。戰後，國家養活寡婦、孤兒和難民的責任大大增加，在戰後的一段時間裡，還要為大批失業人員提供生活保障。所以，各國都需要發展更加全面的社會安全體系，而這恰好契合了認為應徹底改善社會福利的普遍信念，也與各個國家重建更美好、更公平社會的努力不謀而合。但是，各國改善福利並非完全出於無私的利他主義，而是它們普遍認識到，重要的是改善福利可以確保為現代經濟提供有效的勞動力大軍。

　　《貝弗里奇報告》[2]是工黨政府在英國推行社會安全制度全面改革的基礎，在英國以外也廣受稱道。瑞典在平等原則的基礎上成功擴大了它在三〇年代建立的國家社會安全體系，引起國際矚目。一九四六年，瑞典建立了人人平等的國家退休金制度，次年又確立子女津貼，一九五〇年開始建設統一的全面教育制度。接下來的數年內，幾乎所有西歐國家都建立了福利制度，細節因國而異，但都開始為國民確立廣泛的社會安全框架，旨在一視同仁，保證每個國民的基本物質福祉。到一九六〇年，大部分國家的福利開支都達到國內生產毛額的百分之十到百分之二十，只有專制的葡萄牙和西班牙的福利開支低於百分之五。

　　實質上，人民會將自己的勞動所得，用直接繳納或透過繳稅的方式，把錢投入國家管理的保險基金，再按自己的付出接受適當的福利。在這樣的福利制度下，人民在法律上有了保護，不致因失去工作、工傷致殘或年老家貧而日子過不下去，兒童福利也透過家庭津貼來保證。一九七〇年，健康保險和退休金計畫已覆蓋到西歐絕大多數的公民。靠勞動人口的貢獻為老、小、病、殘者提供社會安全網是個關鍵的原則，不僅對於幫助最脆弱的群體至關重要，對於構建強者幫助弱者的社會框架也是不可或缺的。比起戰前的十年，進步是巨大的。一九五七年，比利時的人均社會安全開支是一九三〇年的十二倍，義大利是十一倍，法國是八倍，荷蘭是五倍。就連那些三〇年代已經在社會安全方面支出頗多的國家，現在也大大增加了開支，例如說瑞典增加了五倍，瑞士三倍，德國一·五倍，一九三〇年社會福利開支最多的英國則增加了三分之一。因此，福利開支在各國都成為國

2　譯者注：威廉·貝弗里奇（William Beveridge），著名經濟學家，有「福利國家之父」之稱。

家開支中重大且不斷增多的一部分。只要經濟繼續成長，稅收得以維持，人民對社會安全的期望相對不高，福利國家這個戰後西歐社會的最高成就即可蓬勃發展。

在鐵幕後面的歐洲，戰前的社會安全制度與西歐的情況相似，但比西歐更不發達，現在的保障制度則受到共產主義意識形態的塑造。不過，各國的社會安全制度從來不是整齊劃一的。東歐國家的社會福利完全受國家控制，不像西歐那樣有民營的保險計畫或慈善機構。其中，保障勞動人口是決定性的標準，這些國家的福利制度把充分就業視為毋庸置疑的原則。東歐國家沒有失業保險，因為從官方角度看不存在失業的問題。退休人員、傷殘人士、家庭婦女這些被視為不事生產的人得到的福利待遇就會低於有工作的人。非國營企業的雇員也在待遇上低人一等。官僚人數激增，政治菁英腐敗，這些人享受的福利高於其他人，平等原則因此在實踐中遭受破壞。但即使如此，與戰前東歐的嚴重不平等與極端貧困相比，戰後的東歐國家，無論控制多麼嚴密，對個人自由的限制多麼嚴格，還是都成功改善了絕大多數民眾的福利。

消費社會

「混合經濟」（mixed economy）是經過改造後的資本主義，意指透過政府干預來和緩自由市場競爭（西德人稱之為「社會市場經濟」）。「混合經濟」創造的繁榮為全面社會變革打開了大門。歐洲非凡的經濟成長緩解了戰前嚴重困擾歐洲人的階級衝突，大蕭條期間揮之不去的大規模失業的幽靈也似乎已被永遠祛除。充分就業似乎會千秋永續。工會從階級鬥爭的準革命大軍轉變為政府、資方和勞方代表組成的三元體的一部分，這個三元體日益主導著國家的經濟規劃。名

義工資和實際工資（工資的相對購買力）都提高了。拜「經濟奇蹟」所賜，西德工人的實際收入在一九五〇年代和六〇年代期間增加了三倍。西德是極端的例子，但西歐各處的多數民眾也過上了比過去更好的生活。

在多數國家中，累進稅制帶來了溫和的收入再分配。人口中最富有的百分之十的收入占全國總收入的比例稍有下降（北歐國家、芬蘭和英國最為突出），收入最低群體的收入所占比例則些微上升。當然，收入與財富方面的巨大差距依舊存在。在財富分配方面，不平等更加顯著。一九五〇年代，英國人口中最富的百分之一仍然擁有全國財富的百分之四十五，瑞典最富的百分之一則擁有約百分之三十三的財富。不過在經濟持續高速成長，政府又維持溫和的再分配政策的情況下，這一數字出現了往下走的趨勢，例如說在一九六〇年代，英國降到百分之三十一，瑞典則降到百分之二十四。其他國家雖無法做出統計上的比較，但情況應該相差不多。一九六〇年代，瑞士人口中最富有的百分之一擁有國家百分之四十三的財富。一九六〇年代開始時，西德百分之三十五的財富集中在最富有的百分之一・七的人口手中。在東歐，大量沒收財產有效地消除了財富和收入上如此極端的差距，儘管新的政治菁英階層積聚的財富和享受的特權違背了平等的基本原則。

繁榮遍及整個社會（當然分布並不均勻），生活必需品開支占家庭收入的比例也隨之下降。家裡有了閒錢，也有花樣翻新的各種商品可供購買，至少在西歐是這樣。現代消費社會就此誕生。

在一九五〇年，歐洲，包括東部和西部，都還是個貧窮的大陸。住宅大多品質低劣，一般沒有熱水、浴室、室內廁所；各家各戶都買不起奢侈品；口糧配給依然普遍；男人大多從事耗費體力的勞動。（有償就業的婦女較少，但不同行業情況各異，例如說紡織業雖在衰

落，卻仍雇用大批女工。）西歐的消費榮景加速發展，與東歐的情況截然不同。在東歐，生活水準有了一定改善，但意識形態掛帥限制了家用商品的品項和產量，而西歐人民對種類繁多的家用商品很快就習以為常。東歐的商品樣式總是千篇一律，經常品質低劣，但價格便宜。不過，東歐這種封閉的經濟體在意識形態上是不可能允許像在西歐開始出現的那種消費熱潮的。

消費主義使西歐各國人民在生活方式、品味和休閒愛好等方面更加接近，商品的日益一致化也起到推動的作用。消費主義促進了貨物的大規模生產和產品的標準化，因而減少了成本，降低了價格。小廠商愈來愈難跟大製造商競爭。地區或地方的特色與差異日漸消退。超級市場是新生事物，自一九七〇年代起才開始雄霸業界。它可以大量進貨（因此有議價能力迫使供應商降價），提供的貨品種類繁多，因此逐漸取代了小店鋪。與此同時，糧食生產迅速增加，不出幾年就出現了盈餘。家庭支出不再主要用在生活必需品，花在食品上的錢愈來愈少（雖然東歐家庭的食品花費占收入的比例，仍比西歐高得多）。嚴重的營養不良成為過去式，日益取而代之的是一種新形式的不健康飲食：高糖高脂肪。新興的廣告業用巧妙的手法為五花八門的消費品開拓廣闊的市場。可口可樂風靡整個西歐，說明了新銷售技巧的效力。菸草公司的廣告鋪天蓋地，遍及各國，但人們才剛開始認知菸草對健康有嚴重的危害。

繁榮帶來了更好、更便宜的住宅。國家會提供住宅補貼，而且在五〇年代期間新建的住宅增加了一倍，住宅狀況因此獲得改善。起初時，國家建造的住宅品質不佳，這是因為戰後住宅極其短缺，所以重量不重質。西德每年新建住宅大約五十萬所（包括單棟房屋和公寓），義大利和法國是四十萬所，英國也幾乎是同等數量。西北歐的住宅基本全部接通了電和自來水，但直到六〇年代，葡萄牙、希臘和

巴爾幹國家仍只有一半左右的住家通了電。各國用於建造住宅的開支一般都達到了國民生產毛額（GNP）的百分之六至百分之七。住宅條件有了改善，房間更加寬敞，不再那麼擁擠，也更加舒適。在愈來愈多的住宅裡，浴室和廁所安在了室內，不再設在院子裡，這對人的尊嚴來說意義重大。一九六九年住在羅馬南邊的一位義大利農民說得好，他說室內有廁所，不必去田裡方便，讓他「覺得自己和別人一樣是個人了，不像過去，覺得自己跟牲口一樣。」

一九六〇年代初，大城市開始清除貧民窟。城市規劃者趁機重新設計在戰爭期間毀損嚴重的大小城鎮，來容納不斷擴張的勞動人口和迅速成長的交通流量。城郊地區擴大了，修建了新的公路幹道。在有的地方，全新的城鎮拔地而起。有些城鎮規劃者急於去舊布新，儘快實現現代化，結果是建築設計經常粗製濫造，蓋好的房子很快淪為新的貧民窟，一些城市原有的建築也遭到任意毀損。對工業的優先重視導致有些城市設計糟糕透頂，這種情況不僅限於東歐國家。例如在一九五〇年代期間，東歐國家就遵照社會寫實主義的理念建造了四十座新城，包括波蘭的新胡塔（Nowa Huta）和東德的艾森許滕施塔特（Eisenhüttenstadt）。謝天謝地的是，在大戰中倖存、歷史悠久的布拉格市中心被保全了下來，被夷為平地的華沙和格但斯克（Gdańsk，原名但澤）兩城的中心區也被修復得優美典雅。

人們的就業模式開始變化。工作時間普遍縮短（留出了更多的休閒時間），從事農業勞動的人數急劇下降，工業的重體力勞動者也開始緩慢減少，「第三級產業」的白領工作卻大為增加。一九六〇年代，進入勞動市場的女性比過去多了很多。一九七〇年，西歐國家約三分之一的雇員是女性，其中丹麥居首，女性雇員占了近五分之二。不過，西歐國家女性雇員中約三分之一做的是非全職工作。只有北歐國家和芬蘭的女性就業水準在六〇年代與東歐社會主義國家，特別是

波蘭和東德，相差不遠。東方陣營幾乎不存在非全職工作，對男性女性都是一樣。

　　一九五〇年，有車的人寥寥無幾，旅遊是有錢人的專利，電話、洗衣機、電冰箱、電視這些被後幾代人視為理所當然的家用電器還很少見。一九五〇年代期間，繁榮富裕日益擴大，這些商品開始進入尋常百姓家。在經濟不斷成長和技術迅速革新（例如在電子產品方面）的推動下，這些商品在後來十年間日益普及。一九五〇年代晚期，基本沒有經歷過物資嚴重匱乏的戰後嬰兒潮一代開始進入青春期。他們大多很快投入職場，發展出自己的消費需求，推動了服裝、唱片等產業的迅速發展。湧入快速擴張的城鎮的經濟移民和來自前海外殖民地的移民工人或「客籍工人」是社會中最不富裕的群體，此時就連他們也掙到了足夠的錢，幫助促進了消費熱潮的擴大（並從中受益）。

　　在這個時期，家庭預算中購買家用電器的開支比任何其他部分成長得都快。電冰箱和洗衣機在中產階級家庭日益普及，不到二十年的時間，隨著這些商品價格下降，工人階級家庭也能買得起了。一九七〇年代初，大多數家庭都有了電冰箱，第一次可以購買大量食品，存起來以後慢慢吃。三分之二的家庭有了洗衣機，使婦女擺脫了繁重家務勞動中重要的一項。在一九五〇年代時，擁有電視機是身分的象徵。英國是電視廣播的先驅者，可它在一九四六年首次播出電視節目時，只有一千七百六十個訂戶。到了六〇年代中期，英國的電視機達到了一千三百萬台，西德有近一千萬台，法國和義大利有五百萬台，荷蘭和瑞典約二百萬台。到六〇年代末，西歐幾乎家家都有了電視。看電視取代聽收音機，成為家庭娛樂的首選。不過，小型半導體收音機發明出來後大量生產，價格低廉，六〇年代期間幾乎人手一台，是大多數青少年喜愛的傳媒工具。聽收音機變成了個人的娛樂形式，不再是家庭活動。

　　新時代最重要的標誌是私家車。小汽車從極少數人才有的奢侈品變成了即使收入一般的家庭也買得起的大眾產品。一九五〇年，英國按人口比例是歐洲國家中最高的（每千人四十二輛小汽車）。西班牙在西歐國家中墊底（每千人三輛），與波蘭和匈牙利處於同樣水準。到了一九七〇年，若按同樣的標準衡量，英國會被法國、比利時、西德、瑞典和丹麥超越，義大利、荷蘭和挪威緊隨英國之後。西班牙依然是西歐國家中的落後者，比波蘭和捷克斯洛伐克只好一點。

　　一九五〇年後汽車工業的成長令人瞠目。一九三〇年代時，希特勒曾向德國人民許諾要讓他們開上「人民的汽車」（Volkswagen，大眾汽車）。但事實上，大眾汽車要到五〇年代才成為德國「經濟奇蹟」的象徵。最終，是成功的民主政府，而不是危險的獨裁政權，讓德國人民開上了私家車。一九六〇年代，西德已成為歐洲最大的汽車製造國，年產轎車近三百萬輛，其中有約一百萬輛出口。與此同時，飛速成長的需求刺激了義大利和法國汽車製造業的迅速發展，大眾汽車遇到了主要來自飛雅特和雷諾的競爭，市場份額開始下降。五〇年代末，義大利中部村民的主要運輸工具還是毛驢，短短十年後，許多人就開上了自己的飛雅特。在主要工業化國家中，只有英國由於缺乏創新和投資，勞方立場又日益強硬，一度蒸蒸日上的汽車工業陷入了幾乎是無可救藥的衰落。英國車有了不可靠和不美觀的壞名聲，只有初期巧思創新的Mini，以及屬於市場高端奢侈品的勞斯萊斯、賓利、捷豹和阿斯頓馬丁（Aston Martin）在逆流中屹立不倒。一九六五年，擁車人家大為增加，法國有近一千萬擁車者（一九四八年只有一百五十萬），西德有九百萬（一九四八年是二十萬），英國有九百萬（一九四八年是二百萬），義大利有五百四十萬（一九四八年是二十萬）。

　　擁車率直線上升，大大促進了旅遊業的發展。包機和包價旅遊也開始出現，廣大民眾首次能夠用不多的花費出國旅遊。戰前，出國旅

遊是富人的專屬，現在普通人也開始出國遊玩。一九五〇年代中期，
歐洲各國出國旅遊人次為三千萬。十年後，這個數字增加了兩倍多。
每年夏天，主要的旅遊路線都擁擠不堪，火車站和機場人滿為患，
這自此成為歐洲行事曆上不變的常態。西班牙經過佛朗哥將軍多年的
獨裁統治後，經濟一直沒有起色，是旅遊業給它的經濟注入了生機。
到了一九六〇年代晚期，赴西班牙旅遊的外國遊客達到一千七百萬人
次，給西班牙國庫帶來了急需的收入，總額為十五億美元（約占西
班牙外匯收入的四成）。義大利是歐洲主要的旅遊目的地，有二千七
百萬來客，法國有一千二百萬，瑞士、德國和奧地利各有約七百萬。
當然，並不是所有人都出國旅遊，國內旅遊也興旺發達。飯店、野營
地、露營車製造和海邊度假村的眾多生意都很火熱，旅遊業至此羽翼
豐滿。

　　東歐接待的外國遊客相對較少，也就沒有多少西方消費資金流
入。的確，南斯拉夫的達爾馬提亞海岸開始吸引西歐來客，也有一
小部分遊客去了匈牙利和捷克斯洛伐克。然而總的來說，蘇聯陣營只
能依靠自己內部的旅遊者。比起西方遊客來說，東歐遊客的消費額較
小，行動也比較受約束。

　　隨著出國旅遊以及更廣義的消費主義的擴展，西歐各國之間的差
別不再像過去那樣明顯。人們，包括許多年輕人，藉由旅遊見識到了
其他的文化、風俗、食物和生活方式。不同國家的城市之間建立起
「姐妹市」的夥伴關係，每年都組織互訪。大學生或中學生的交流活
動頻繁舉辦，學習外語的人增多了，有些人結交了外國「筆友」。年
輕人出國旅行是很容易的事，這幫助他們跨過了對父輩來說似乎是不
可逾越的藩籬。他們經常發現自己和其他歐洲國家的人在音樂、衣著
和休閒活動方面有著類似的喜好。歐洲的國界開始變得不那麼重要，
造成偏見的愚昧減少了。這一切構成了歐洲文化規範的深遠轉變，這

個過程始自一九五〇年代，起初發展緩慢，在一九六〇年代後期活力四射的日子裡迅速加快。

朝向一體化的墊腳石

在如此短暫的時間裡，西歐從戰後的滿目瘡痍和物資緊缺一躍進入繁榮的「黃金時代」。驚人的復甦帶來了朝著一體化邁出的最初試探性步伐。在通往歐洲聯盟那漫長、曲折、無盡的旅程中，每一步都極其艱難。需要避過坑洞、跨越障礙、繞行彎路。最重要的是，儘管起初邁出的步伐很小，但無論邁出哪一步，都始終躲不開一個明顯的困難，那就是，超越國家之上的組織很難跟堅持維護主權的民族國家相調和，哪怕這個組織的職責僅僅是促進有限的經濟合作。

西歐一體化從一開始就既是經濟舉措，也是政治工程。各方都感到，需要克服戰間期那段時期災難性的國家經濟保護主義和極端民族主義，就是上述導致了二戰的浩劫。三重因素把這種普遍感覺轉變為朝向一體化邁出的實際步伐，儘管開始時不乏猶豫踟躕。這三重因素是戰略關注、國家利益和高瞻遠矚的理想主義。

即使在戰爭最黑暗的日子裡，一小群理想主義者（有些是抵抗運動的成員）也在為歐洲實現某種形式的統一而思索著。這樣的想法在戰後立即得到了更大的支持。邱吉爾就是這樣一位理想主義者。一九四六年，他在蘇黎世有過一次著名的演講，提倡在被戰火毀壞的歐陸上實現統一，期望未來建立一個「歐羅巴合眾國」（但裡面不包括英國）。一九四八年五月，來自十六個歐洲國家的七百五十位代表（還有美國和加拿大的與會者）齊聚海牙，召開歐洲大會。會上提出了歐洲合作的主張，有些代表還呼籲建立政治、經濟與貨幣聯盟，不過大會沒有具體成果。

一九四〇年代晚期，歐洲在政治與經濟合作方面採取了幾項重要舉措，但在推進理想主義者期望的一體化事業方面卻進展甚微。採取那些舉措時正值冷戰方興，也許起初是為了預防德國的威脅東山再起，但它們很快就變成了防範來自蘇聯的新威脅的機制。一九四八年的《布魯塞爾條約》（Treaty of Brussels）還是針對德國的，意在推動英國、法國，以及荷比盧三國之間的軍事合作，雖然也包含經濟、社會和文化合作的條款。到了一九四九年，史達林成為西歐的大敵，於是西歐防禦機制擴大，把美國包括進來，最終形成了北約組織。

在經濟領域，為執行一九四七年歐洲復興計畫下的馬歇爾援助方案，一九四八年，十六個歐洲國家和德國西部地區，加上的里雅斯特自由區，成立了歐洲經濟合作組織，培育起各國經濟體系相互依存的概念。（一九六一年，該組織更名為「歐洲經濟合作暨發展組織」，規模擴大了許多，把一些歐洲以外的國家也包括了進來。）一九四九年，歐洲理事會成立，為若干領域中的合作提供了又一個框架，其中最重要的法律事務合作於一九五〇年產生了意義重大的《歐洲人權公約》。至少，歐洲理事會以機構的方式體現了超越國家的歐洲價值觀，但它離一體化仍相距萬里。事實上，上述發展儘管大受歡迎，卻都僅限於不同程度的合作，無一透過建立超國家的機構而凌駕於民族國家的特權之上，歐洲邁出的每一步都伴隨著維護民族國家主權的明確宣示。美國強力支持要建立團結的一體化歐洲，希望它成為抵禦蘇聯共產主義的堡壘，馬歇爾計畫就是美國為此目標採取的重要舉措。不過，英國是阻礙這個目標實現的不可逾越的障礙，因為英國堅決拒絕參與歐洲經濟的一體化，更不肯在政治和司法主權上有絲毫讓步。

一九四七年到一九四九年，冷戰愈演愈烈，被視為歐洲和平威脅的不再是伺機復仇的德國，而是蘇聯。在此情況下，美國的戰略重點迫使法國改變了外交政策。振興西德經濟成為重建歐洲至關重要的條

件。一九四八至一九四九年德意志聯邦共和國在一連串舉措的推動
下迅速建立，就反映了這個新國家作為關鍵的反蘇堡壘對西歐安全的
重要性。但我們可以理解，法國人最關心的仍然是自己的國家安全，
出於這種心態，他們對建立新的西德國家懷有戒心。為獲得法國的支
持，一九四九年，魯爾地區的煤炭與鋼鐵生產的管控工作被交給了國
際魯爾區管制局（International Authority for the Ruhr）。

　　國際魯爾區管制局設有一個由法國、荷比盧三國、英國、美國和
西德的代表組成的理事會（但西德參與理事會的投票要得到盟國准
許）。不讓人意外的是，西德對盟國控制德國的工業生產極為反感。
就在韓戰導致鋼鐵需求增加的時候，國際魯爾區管制局卻運轉不靈，
於一九五二年五月關門大吉。取代它的是新成立的歐洲煤鋼共同體。
該組織控制煤炭和鋼鐵的生產，後來更廣泛的歐洲一體化即由這個組
織脫胎而來。建立煤鋼共同體的想法可以追溯到法國外長舒曼一九五
〇年五月九日的一次談話。他建議法國要把自己的實際利益和戰略優
先（發展法國的鋼鐵工業，使其在西歐有競爭力）與志向高遠的理想
主義結合在一起，這是通往歐洲一體化的崎嶇道路上的一塊重要里
程碑。

　　舒曼提出了一項新的雄心勃勃的超國家計畫，它將是「建立一
個對維持和平不可或缺的歐洲聯盟，所鋪設的第一塊基石」。舒曼指
出，只有首先消除法德兩國之間年深日久的敵對情緒，才有可能完成
「統一歐洲」的終極目標。在他看來，把煤鋼生產集中在一起是出發
點。但是，煤鋼生產的技術性問題僅僅是廣闊設想的一部分。舒曼提
出，未來可以建立一個擴展到其他生產領域的共同市場，別的國家都
能加入。這樣的共同市場不僅會促進各國和平共處，而且能推動歐洲
的繁榮。

　　舒曼的想法主要來自他的同胞莫內（Jean Monnet）。莫內在擔任

法國規劃委員會主席之前是銀行家，也是商人。中國政府（在一九三〇年代）和美國政府（二戰期間）都曾借重過他的才能。一九四五年後，他在法國經濟重建初期發揮了重大作用。是莫內的理想主義啟發了舒曼計畫。莫內一直是堅定的聯邦主義者，他設想透過長時間的不斷改革一點一滴建起一個民主的超國家聯邦。早在一九四三年十月，莫內在總部設在阿爾及爾，以戴高樂（戴高樂的專制傾向讓他感到擔憂）為首的法蘭西民族解放委員會（其實就是法國的候任政府）任職時就提出，歐洲未來若想實現社會發展與繁榮，就需要一個透過自由貿易而團結起來的歐洲。一九四四年，莫內說，戰後歐洲重建需要「真正把主權交給某種中央聯盟」，並建立沒有關稅壁壘的歐洲市場以防民族主義再起。他希望英國和法國能起帶頭作用，但他顯然認為英國人可能不會願意參加。四年後，莫內在訪問華盛頓期間寫信給舒曼說，對於自己該如何鞏固歐洲與美國的關係並抗擊西方面臨的危險，抱有「深深的信念」：「西歐國家的努力必須成為真正的歐洲努力。只有成立西方聯邦才能實現這點。」莫內並不認為集中主權會削弱法國的國家地位，且恰好相反，他把歐洲一體化視為恢復法國在歐陸上的政治與經濟霸主地位的工具。戰後，他首重法國利益，建議由法國接管德國薩爾蘭（Saarland）關鍵的煤田和魯爾更加至關重要的煤鋼生產，目的就是大大加強法國經濟，同時使德國永遠處於疲弱狀態。

　　因此，莫內的建議無疑顯示了理想主義，但背後也有務實的國家利益考量。關鍵的決定性因素是法德關係，事實證明這兩個國家的關係是歐洲共同體（European Community），以及後來的歐盟（European Union）的持久基礎。法國優先考慮的是趕在西德再次壯大之前將其納入法國控制下的歐洲框架，同時加強法國對魯爾的煤炭和鋼鐵這些最重要的工業基本原料的生產與分配的發言權（也使之脫離英國的控制）。一體化顯然也符合法國在煤鋼共同體中的主要夥伴西

德的利益。西德總理艾德諾急於讓西德在經濟、政治和戰略上融入西方，既趁此機會把西德建成抵禦蘇聯威脅的堡壘，又借此平台儘早獲得完全的領土主權。對西德來說，這是一個機會，可以擺脫盟國對魯爾煤鋼生產的控制，預防盟國起意拆除更多的工業設施，確立德國與其他國家的平等權利，最終使薩爾蘭這個重要的工業區（它自一九四七年起一直是法國占領下的「保護區」）完全回歸德國的懷抱（這個打算在一九五五年的公民投票後終於成真）。比利時、荷蘭、盧森堡三國實際上在一九四八年已經取消了彼此間的關稅，建立了共同對外關稅。它們早已看到，舒曼提議中暗含的擴大市場和貿易自由化對自己的國家有利。歐洲另一位理想主義者，義大利總理加斯貝利則認為舒曼計畫是個機會，能幫助義大利（尤其是稱為梅索茲阿諾的南部地區）解決長期的經濟衰弱與落後問題。新成立的歐洲煤鋼共同體的六個成員國中，義大利是最貧窮的一個，但加斯貝利放眼於義大利傳統的保護主義終結後將帶來的裨益，力壓國內鋼鐵製造商的強烈反對。事實證明他是正確的。到一九六一年，義大利的「經濟奇蹟」使它從經濟落後國家一躍進入歐洲先進工業化國家之林。

不過，舒曼計畫在各國國內還是遇到了阻力，反對最激烈的國家是西德和法國。西德的社民黨認為，西德融入西歐會阻礙國家的統一大業。在法國，戴高樂主義者認為舒曼計畫限制了國家主權，共產黨人則認為計畫建議成立的組織是個「資本家俱樂部」。但儘管如此，只有六個成員國的歐洲煤鋼共同體還是成立了，成立它的條約於一九五一年四月十八日簽署，一九五二年七月二十三日生效。該組織把法國、西德、義大利、荷蘭、比利時和盧森堡至關重要的煤炭和鋼鐵工業置於一個高級公署（High Authority）的管理之下。對莫內來說，這是「新歐洲初試啼聲」。英國對自己在鋼鐵和煤炭生產方面的領頭地位仍然滿懷信心，不願意受超國家組織權威的約束，於是謝絕了邀

請，沒有加入。

高級公署是歐洲煤鋼共同體的決策機構，由來自所有成員國的九位代表組成。它負責主持一項旨在取消關稅、建立共同市場的方案（共同市場起初限於煤炭和鋼鐵，但之後將擴大到其他領域）。它的權力受由國家政府代表組成的特別部長理事會（Special Council of Ministers）約束，以確保國家利益不受損害。此外，還有一個法院來裁決高級公署的行動引起的任何爭端。高級公署被有意設計為一個「自上而下」的機構。沒有立法機構，也沒有真正的議會。共同體議會（Common Assembly）的代表來自各成員國的國家議會，僅僅起監督作用，沒有立法權力。實際上，共同體議會對高級公署絲毫不加限制，而是推動高級公署在超國家的層面上指導經濟。這方面的努力進展緩慢，受到了比利時、義大利，特別是法國自己的國家保護主義的阻礙。不過，貿易壁壘還是慢慢地消除了。煤鋼共同體雖說在舒曼設想的實現政治一體化的大目標方面，沒有取得多少實際成果，但人們開始認識到，要管理日益相互交織的經濟，需要相關的機構和法律，它們即便表面上不涉及政治，暗地裡也會對政治有影響。

到了一九五〇年代中期，經濟一體化有了一些緩慢卻實在的進步。然而在政治上，莫內和舒曼設想的計畫卻擱淺了，主要原因是歐洲防衛共同體的失敗。這個組織是法國人於一九五二年提議成立的（希望以此阻止德國重整軍備），但一九五四年他們自己又投票打掉了它。歐洲防衛的一體化必然需要共同的對外政策，然而事實上，由於未能建立一支歐洲軍隊，沒有支持它的對外政策，也沒有必要的機構安排，本已起好名字的歐洲政治共同體（European Political Community）就這樣胎死腹中。歐洲防衛共同體晦星當頭，是典型的還沒學會走就想跑。像法國（和起初希望能拉其入夥的英國）這樣的民族國家有強大的軍事傳統，要求它們現在就放棄國家主權中這個如

此關鍵的部分，將其拱手交給一個無人了解、未經考驗的超國家實體，實在是太勉強了。不可否認，對希望歐洲一體化一路暢通的人來說，歐洲防衛共同體的失敗是重大挫折。

歐洲煤鋼共同體總算是勉強維持到創立它的《巴黎條約》（*Treaty of Paris*）二〇〇二年期滿之時。它的消亡是個緩慢漸進的過程，沒有引起注意。實際上，歐洲防衛共同體一垮台，煤鋼共同體的發展就洩了氣。它的總設計師莫內決定不尋求連任高級公署的主席就是一個跡象，表明它的重要性日漸消退。西歐似乎與一體化漸行漸遠，而不是朝著它大步前進。首先，西德重建了軍隊，接著，英法在蘇伊士運河事件中遭遇慘敗。那次事件中，英法兩國的所作所為與其昔日帝國主義強國時期別無二致。這些似乎都嚴重阻礙著歐洲國家致力於任何共同事業。值得注意的是，蘇伊士運河事件、冷戰中兩個超級大國不言自明的統治地位，以及非洲和亞洲日益壯大的反殖民運動都清楚地顯示，歐洲民族國家在國際上的地位正在下滑。只有在一個領域，它們顯然要透過加緊融合而不是各走各路才能受益，那就是經濟。於是，歐洲經濟一體化呈現出新的發展勢頭。蘇伊士運河事件中，美國僅僅威脅要在金融上重創英國，英法聯軍的入侵就應聲而潰。之後，法國總理摩勒也聽進去了艾德諾的主張，即唯一能抗衡美國霸權的就是歐洲統一。於是，摩勒和艾德諾壓倒了各自政府中的疑慮之聲，就法德兩國的貨物自由進入彼此市場達成了協議。法德以該協議為核心，最終達成一項更加廣泛的協議，也就是在組成歐洲煤鋼共同體的「小歐洲」六國之間，建立了共同市場。

一九五〇年代初，儘管西歐在政治上迭遇坎坷，但每個國家的經濟都欣欣向榮。歐洲煤鋼共同體在經濟領域中取得的成功有限，更早成立的歐洲經濟合作組織結構笨重臃腫，可見，歐洲需要在這方面採取新舉措，特別是需要為歐洲貿易創建共同市場。莫內雖然不再擔任

高級公署的主席，但在宣傳這個主張方面發揮了重要作用。不過，推動這進程的關鍵人物是比利時前社會黨首相、歐洲煤鋼共同體的共同體議會主席斯巴克（Paul-Henri Spaak）。

由於英國不想跟提議建立的共同市場有任何瓜葛，北歐的國家彼此間也透過一九五二年成立的北歐理事會加緊了合作。所以說，促使歐洲未來結合更加緊密的努力從一開始就僅限於歐洲煤鋼共同體的六個創始國。這六個國家的外長一九五五年在墨西拿（Messina）開會，力圖推動讓「歐洲的建設取得新進展」。具體來說，他們提議成立關稅同盟以進一步形成共同市場，並在利用原子能的領域統一政策。墨西拿會議後，各項提議的落實速度驚人。一九五七年三月，各國召開了決定性的羅馬會議，六國總理在會上簽訂了兩項條約，成立歐洲經濟共同體和歐洲原子能共同體（European Atomic Energy Community）。三年前，歐洲防衛共同體的創立功虧一簣，歐洲一體化的進程受阻。一九五七年，歐洲一體化又開始全力推進。新成立組織名為「歐洲經濟共同體」，凸顯了經濟一體化是優先要做的事。但它只是開始，不是結束。例如說《羅馬條約》中還包含著長期的政治目標，即「為歐洲人民之間更緊密的聯盟奠定基礎」。

《羅馬條約》一九五八年一月一日開始生效，其短期和中期目標已經非常宏大，包括藉由經濟成長來鞏固並提高生活水準，實現勞動力與資本的自由流動，終結貿易限制，協調社會福利政策，創建歐洲投資銀行，這一切都旨在創建一個沒有內部關稅的共同市場。此外，對外關稅被保留下來，但稅率普遍降低，面臨特殊困難的農業會受到保護。在歐洲煤鋼共同體的基礎上，歐洲經濟共同體修改了自己的機構安排，後者會有一個九人委員會負責執行管理，但它的權力受由國家政府代表組成的部長理事會和議會大會（Parliamentary Assembly）的限制，議會大會仍然不是真正意義上的議會，只能提建議，無權立

法。經濟共同體也成立了法院來裁決成員國之間的爭端。另方面，歐洲原子能共同體成立了一套委員會和理事會（最終於一九六五年與歐洲經濟共同體的機構合併）。一九六二年，為這兩個組織服務的官僚機構已有公務員三千人（還在繼續增加）。

到了一九六〇年，覆蓋一・六五億人口的歐洲經濟共同體取得了令人驕傲的進步。它在世界貿易中所占份額大增，工業總產量比前一個十年增加了百分之七十。歐洲原子能共同體的進步則遜色一些，因為它自成立伊始就面臨著明顯的困難，在戴高樂一九五八年掌權後更是舉步維艱，因為法國決心在這個敏感領域中維護自己的國家安全利益，不願意坐視西德獲取原子能力。

歐洲經濟共同體甫一成立即大獲成功，迫使在它之外的民族國家自己也組織起來。歐洲自由貿易聯盟（European Free Trade Association）創立於一九五九年十一月二十日，一九六〇年五月三日開始運作。這個組織把稱為「外部七國」的英國、丹麥、挪威、奧地利、葡萄牙、瑞典和瑞士綁在一起（芬蘭後來也加入），成為歐洲的第二個經濟區。然而，它比歐洲經濟共同體鬆散得多，且如名字所示，它純粹是個貿易組織，不要求弱化國家主權，不打算最終實現政治一體化。此外歐洲自由貿易聯盟還先天不足，因為它最重要的成員國英國的經濟不斷下滑。

此時，英國經濟已經失去了它在戰爭剛結束那幾年，曾短暫擁有的歐洲經濟龍頭老大的地位，歐陸迅速發展的經濟體正迎頭趕上。英國的貿易力量不斷衰微，它與英聯邦的連結正在減弱，與美國的「特殊關係」嚴重失衡。因此，一九六一年英國重新考慮立場，決定申請加入歐洲經濟共同體，這並不令人驚訝。歐洲經濟共同體現有的成員有兩個主要擔憂：第一，歐洲經濟共同體無法接受英國繼續保持與英聯邦的貿易安排；第二，歐洲經濟共同體擔憂英國一門心思關注自由

貿易，會妨礙甚至損害共同體的長期政治目標。英國申請加入歐洲經濟共同體的確帶有條件，前者要求歐洲經濟共同體保證英國農業，以及英國與英聯邦的連結不受影響，還要求歐洲經濟共同體接受其他想加入共同體的歐洲自由貿易聯盟成員。以上這些已經是重大的障礙，再遇到與之對立的法國國家利益，英國的申請便馬上觸礁沉沒。一九六三年，法國總統戴高樂對英國的申請大聲說「不」。一九六七年英國再次提出申請，又被戴高樂否決。

戴高樂主要擔心的是，英國會篡奪法國在歐洲經濟共同體中的統治地位，破壞歐洲經濟共同體的法德基礎。英國與美國的密切關係也讓戴高樂心存疑慮，他認為那是對法國在歐洲的領導地位和法國大國威信的主要威脅。然而，且不論戴高樂對英國加入歐洲經濟共同體的否定立場，他自己對歐洲的態度至多也只能算是曖昧不明。他擔任法國總統的幾年間，歐洲一體化事業步履維艱。戴高樂是傳統的法蘭西民族主義者，他的根本理念是要恢復法蘭西往昔的榮光，維持大國氣概，尤其明顯地表現為拒絕向美國俯首聽命。他本著務實的態度，願意接受有限的歐洲一體化給他的國家帶來的裨益。然而，他想要的不是超國家的組織，而是「由祖國構成的歐洲」（Europe of the Fatherlands）。按照他的盤算，擬議建立的歐洲聯盟應當由法國主導，德國是自願加入的夥伴，但處於從屬地位，美國和英國的影響則要拒之門外。他激烈反對任何大幅削弱法國國家主權的舉措，反對強化歐洲經濟共同體委員會。他一貫把法國利益置於首位，使之凌駕於歐洲經濟共同體利益之上。

由此產生的緊張在一九六五年爆發為公開衝突。爭執的焦點是歐洲經濟共同體委員會的權力，所涉及的是農業這個複雜問題。經過枯燥乏味的談判後，一九六二年，各方就制定共同農業政策（Common Agricultural Policy）達成了協議，要建立固定價格的農產品共同市

場，並補貼農民。然而，共同農業政策的供資問題牽扯上了擴大委員會許可權，讓委員會控制對外關稅收入，以及給予歐洲議會立法權的提案與建議。這些提案與建議如果通過，歐洲經濟共同體的超國家權威就會擴大。現在，這成了解決農業問題的條件。在這種情況下，戴高樂不顧共同農業政策將使法國農民受益，開出了自己的條件：除非能提出一個令法國滿意的解決辦法，並讓法國有權否決強化歐洲經濟共同體的超國家權力，否則法國將杯葛歐洲機構。

戴高樂先下令法國代表退出委員會的談判，杯葛持續了七個月。這次被稱為「空椅危機」（empty chair crisis）的事件，最後是在一九六六年勉強達成「盧森堡妥協」（Luxembourg Compromise）後才得以解決。盧森堡妥協規定各國在（沒有明確界定的）「非常重要的國家利益」問題上有否決權，對關於農業問題的投票多數做了限定，未對共同農業政策做出重大改動，削弱了委員會的權力，規定它在某些領域中的特權需經（代表成員國的）理事會的批准。國家利益與超國家機構的調和這個根本性問題不僅遠未解決，反而進一步放大。只要戴高樂在法國繼續掌權，這種情況就不可能改變。

此時，「歐洲計畫」（European project）已經取得了一些成果。一九六五年，各國達成將歐洲經濟共同體、歐洲原子能共同體和歐洲煤鋼共同體合併為一的協議，在機構和行政上精簡化。儘管有時跌跌撞撞，但經濟上的進步是無可置疑的，特別是在貿易自由化方面。一九六八年，最後的內部關稅被徹底消除，統一了對外關稅。貿易自由化，加之投資增加和技術轉移，提升了競爭力。據估計，規模經濟將歐洲的成長率提高了一個百分點。但這個計畫也有不成功的地方，例如共同農業政策仍然令人頭痛，一九六九年為推進貨幣聯盟舉行的審議因各國貨幣力量懸殊（尤其是法國法郎和德國馬克）而宣告流產。在政治方面，建立聯盟的目標似乎仍遙不可及。自一九五〇年以來，

各條戰線上一體化的進展恰似在跳歐洲的狐步舞，前進兩步，旁跨一步，後退一步。事實上，實現一體化的努力從一開始就主要受國家動機的驅動，起初是為了確保法國的主導地位，然後是作為重建德意志民族國家的平台。建立緊密聯盟的目標實際上反而加強了歐洲的民族國家體系。

歐洲經濟共同體六個創始國形成的核心，要到一九七三年才會擴大。在那之前，希臘（一九六二年）和土耳其（一九六四年）獲得了準成員國地位，但一九六七年四月，希臘發生了軍事政變，民主統治（暫時）驟然結束，它的準成員國地位因而被暫停。馬爾他（一九七一年）和賽普勒斯（一九七三年）也獲得了準成員國地位。對一些非洲發展中國家的一系列工業產品，歐洲經濟共同體也給予它們進口優惠待遇。但是，由於戴高樂兩度否決英國加入歐洲經濟共同體的申請，結果歐洲經濟共同體一直是一九五七年初創時的六國「俱樂部」。然而，除法國以外，其他五國均對英國加入持贊成態度。一九六九年四月，戴高樂離職。一九七〇年六月，強烈親歐的保守黨人希思（Edward Heath）出人意料地在選舉中獲勝，成為英國首相。於是，擴大歐洲共同體（這是它自一九六七年起的稱呼）[3]，吸收英國加入的可能性大大增加。

新任法國總統龐畢度（Georges Pompidou）與他頑固的前任相比，對英國加入歐洲共同體持更加開放的態度，部分的原因是他覺得

3　編按：前面的段落曾提到歐洲經濟共同體、歐洲原子能共同體、歐洲煤鋼共同體在一九六五年達成合併協議，一九六七年正式生效，統合成一個新組織，有時我們會將其稱為「歐洲各共同體」（European Communities），以區隔一九九三年《馬斯垂克條約》生效後才出現的「歐洲共同體」（European Community）。雖說歐洲經濟共同體要到一九九三年才正式改名為歐洲共同體，但在作者的文章理路中，一九六七年歐洲（經濟）共同體已然出現，本書的譯文就仍用歐洲共同體。我們在後面看到的成員國從六個擴大到九個，嚴格上也是指歐洲經濟共同體的成員國增加。

需要抗衡西德，因為西德依靠欣欣向榮的經濟和堅挺的貨幣，已成為歐洲無可置疑的經濟強國，削弱了法國原來視為非己莫屬的主導地位。另外，自一九六九年十月起擔任西德總理的社會民主黨人布蘭特（Willy Brandt）提出「東方政策」（Ostpolitik），開始營造與東歐的新形態關係，這對歐洲共同體、對法國都會產生不可預知的影響。在英國人這邊，他們要為加入歐洲共同體做最後一次嘗試。新首相希思對美國比較冷淡，堅定靠攏歐洲。二戰期間他在軍中服役，諾曼地登陸後，他隨部隊到了歐洲，親眼見到戰爭造成的破壞，深受觸動。希思和他那一代的其他理想主義者一樣，把歐洲統一視為確保持久和平的唯一途徑。而從國家利益考量，加入歐洲共同體也頗具吸引力。英國與英聯邦國家的貿易量正急劇下滑，加入歐洲共同體將給疲敝不振、飽受高通膨和工運風潮拖累的英國經濟提供機會，使之受益於西歐欣欣向榮的共同市場。一九七一年五月，龐畢度和希思在巴黎會晤，之後又在布魯塞爾展開詳細談判，最終使英國於一九七三年一月一日成為歐洲共同體的一員。愛爾蘭和丹麥也同時加入。挪威在申請加入時國內陷入嚴重分裂，因為在一九七一年舉行的公民投票中，有百分之五十三的選民不同意加入歐洲共同體，挪威成為共同體成員的希望就此破滅。

歐洲共同體的成員國擴大到了九個，但也帶來一個揮之不去的新困難，那就是英國若即若離的態度。像希思這樣親歐洲的理想主義者在英國為數很少。在他自己的黨內和黨外有許多人，特別是老一代的人，都不能接受大英帝國壽終正寢、英國實際已淪為歐洲中等強國的事實。英國大部分民眾對歐洲共同體至多是漠不關心，左派則反對這個被他們視為「富人俱樂部」的組織。贊成歐洲共同體的通常是因為覺得在經濟上有利可圖，僅此而已。「歐洲」僅僅被視為資產負債表。後來的多年間，歐洲共同體在英國一直被稱為「共同市場」，這

很能說明問題。加入歐洲共同體或留在外頭，哪個對英國好處更大？這是大部分人關心的唯一問題。

大部分英國人不會認為英國是歐洲的一部分。的確，在一些重要的方面，英國的歷史發展與歐陸有所不同。英國有長達數世紀的議會主權，有自己的傳統、古老的機構制度和法律體系，這些從未因入侵和占領而中斷。英國現代歷史的基礎是它的海外帝國，不是與歐洲的連結（除了不久前兩度被迫捲入歐洲的戰爭）。英國施行十二進位的幣制和度量衡制度（一九七一年為方便與歐洲的貿易而改為十進位，很多英國人竟引為憾事），使英國人時刻不忘自己與歐陸上的國家不一樣。英國是島國，孤懸於歐洲邊緣，既眺望英吉利海峽那邊，也遙看大西洋彼岸，這樣的地理位置加強了英國人的與眾不同之感。這一切都成為英國歷史悠久的主權和國家權力的重要元素。英國堅決捍衛自己作為民族國家的權力，不容任何人干涉自己的完全獨立。因此，我們很難說服英國領導人（無論是保守黨還是工黨）和大多數普通公民克服褊狹心態，欣然擁護（而不是勉強接受）英國成為歐洲共同體的一員。英國與外界隔絕造成了根深柢固的偏見，像是距英國南部海岸僅二十多英里的法國被視為「外人」，遠在一萬二千英里以外的澳大利亞卻是「自家人」。

當然，這種態度隨著時間的推移發生了轉變，尤其是在年輕人當中。但不可否認的事實是，英國加入歐洲共同體為時已晚，該組織已經自然而然地發生了符合核心成員利益的演變。共同農業政策不出所料地引起了英國人的憤怒，因為英國消費者購買食品時只能出高價，以補貼歐陸上缺乏競爭力的農民，特別是法國農民。當然，該政策也能讓勞動效率高的英國農民大大受益，但這並不能安撫已經飽受通膨之苦的英國消費者。所以，「共同市場」在英國出師不利。但是，商界和政府都強調，不加入共同市場的壞處更多。懷有各種疑慮的人似

乎都覺得此言有理。一九七五年舉行的公投中，選民以三分之二的多數贊成英國留在歐洲共同體。許多人投票贊成留在「歐洲」，以為英國這樣就加入了一個更大的自由貿易區，能在經濟上獲益，但他們無視（或不知道）載於一九五七年的《羅馬條約》中，那建立「更緊密的聯盟」的根本政治目標。不過儘管如此，公投結果還是令人矚目，它顯示大多數英國人認識到，要保證國家的未來，最好與歐洲鄰居搞好關係。英國是歐洲一部分的感覺開始扎根，特別是在社會中教育程度較高、比較富裕的群體中。然而，對來自「布魯塞爾」（歐洲共同體委員會所在地）或與之相關的任何東西，殘留的敵意依然揮之不去，並將繼續阻撓並削弱把經濟一體化變為更緊密的政治聯盟的努力。

一九七三年，歐洲共同體遇到了大麻煩，相比之下，將來在照顧英國特殊利益方面可能出現的困難只能算小巫見大巫。美國經濟的問題，特別是收支赤字的飆升，影響到了歐洲的貨幣穩定。一九六七年，英國貨幣貶值；一九六九年，法國跟進。與此同時，德國馬克卻異常堅挺。這反映出歐洲各國經濟存在著明顯的不平衡，這種不平衡加大了維持固定匯率的難度。一九七一年，自一九四四年七月布雷頓森林國際協議達成後施行的固定匯率的貨幣制度，遭到廢棄，改為更靈活的浮動匯率。這實際上進一步加強了西德在歐洲共同體成員國中的金融統治地位。

＊　＊　＊

然而，對西歐經濟造成真正打擊的是一九七三年的石油危機。此前剛剛發生了第四次、也是最大的一次以阿戰爭，前三次是一九四八年戰爭、一九五六年戰爭（蘇伊士運河事件）和以色列借機獲取了大片領土的一九六七年「六日戰爭」。一九六七年六月，以色列發動了先發制人的攻擊，阿拉伯國家自然拒絕接受以色列以此種手段攫取領

土。六日戰爭結束後，以色列奪走了原來屬於阿拉伯人的大片土地，將自己的領土擴大了兩倍有餘，把戈蘭高地和西奈半島納入國土，也掌握了整個耶路撒冷的統治權。阿拉伯國家不動聲色地準備復仇。一九七三年十月六日猶太教聖日贖罪日（Yom Kippur）那天，埃及和敘利亞向以色列發動大規模軍事攻擊，起初捷報頻傳。然而，以色列強力反擊，奪回了大部分主動權。接著，超級大國出手干預（美國還提供了大量援助，幫助以色列重建嚴重受損的經濟），當月月底勉強達成停火協議。

阿拉伯國家把目光轉向了石油，將其作為打擊西方的新利器。一九四五年，中東生產的石油僅占世界石油產量的百分之七。到了一九七三年，這個比例已飆升到近五分之二。第四次中東戰爭戰事正酣之際，阿拉伯國家的石油部長在石油輸出國組織（OPEC）會議上同意，將西方石油公司的油價提高百分之七十，同時減產石油百分之二十五，並對美國和其他支持以色列的國家實施石油禁運。這代表著國際衝突的新起點，給嚴重依賴石油消費的西方經濟造成了巨大的困難。石油輸出國組織管理的石油生產制度本來是西方強力提倡的，也給西方帶來了巨大的好處，但現在該組織有能力、也有意願採取激烈手段捍衛自身利益。自此，石油價格猛增了三倍，徹底打亂幾乎所有的經濟規劃或預測。面對這種情況，歐洲共同體成員國（以及非成員國）大難來時各自飛，近乎驚慌失措的狀態再次說明歐洲一體化的進展多麼有限。

石油危機導致了嚴重的經濟衰退，這是自二戰爆發前算起來，首次稱得上嚴重的衰退。在更廣泛的意義上，石油危機揭開了歐洲的新紀元。戰後經濟繁榮的年月到此為止。美好時代宣告終結。

第五章

災後文化

Culture after the Catastrophe

我對任何事都不再確定。

——沙特，一九五一年

啪啪啦啪啦！

——小理查（Little Richard），〈Tutti Frutti〉，一九五五年

　　文化是窗戶，可以窺見一個社會的靈魂。這個窗戶有許多窗格，每個都染著不同的顏色。有些窗格是不透明的，到了完全看不透的程度。任何自由社會中的文化表達都五花八門，幾乎不可能做出言簡意賅的總結，尋找清晰的一致解釋也是難上加難。不過，戰爭剛結束那幾十年裡，文化還是以各種不同的方式揭示了歐洲的特點。儘管立起了鐵幕，東歐和西歐的文化發展各不相同（主要反映了政治控制的不同程度），儘管在民族國家的時代，國家對文化有著不可置疑的影響，但是，在許多方面，歐洲認同的主要象徵就是共同的文化。

　　一九五〇年到一九七三年，經濟成長幾乎沒有間斷，一片繁華景象。在這段「美好時代」，歐洲文化大多是面向未來的。這不僅反映了經濟以空前的高速改善，而且與當時為克服過去民族主義造成的深

重創傷，而採取的政治步驟相契合。社會中瀰漫著樂觀情緒，感覺人類沒有做不成的事。同時，人們對科學有著近乎宗教的信仰。蘇聯和美國開闢的太空旅行似乎為這種信仰提供了憑據。科學進步，尤其是醫學進步，預示著更加光明的未來，也更堅定人們對科學的信仰。年輕人的觀念和一九六〇年代晚期全面爆發的世代反叛（generational revolt），最突出地表現了與過去有意識的決裂。流行音樂成為這種精神無所不在的媒介。在整個西歐，甚至在鐵幕另一邊，一九五〇年代中期的「貓王」艾維斯‧普里斯萊（Elvis Presley），和十年後的披頭四和滾石樂團等流行音樂偶像代表著一個新時代，一個屬於年輕人的未來。流行文化聚焦當下，堅信未來的世界會更加美好。在它的影響下，社會價值觀發生了轉變，轉變的速度之快也許為歷史上任何時期之最。

　　歐洲對未來滿懷信心，對過去也難以忘懷。科學家的樂觀是事物的一面，另一面是戰爭剛結束那些年間文學界普遍的、可以理解的悲觀。喬治‧歐威爾（George Orwell）為此給出了一條難以辯駁、令人鬱悶的理由：「大約自一九三〇年開始，世界上就沒有發生過讓人樂觀的事情。目之所及，只有一片謊言、殘忍、仇恨和愚昧。」如此深切的絕望表述出自英國人歐威爾之口，但其實這種情緒在歐陸上的知識分子當中比在英國普遍得多。隨著經濟持續復甦，絕望情緒逐漸減退，讓位於其他類型的社會批評，主要的批評對象不是令人痛心的過去，而是當今崇尚物質的消費社會的淺薄。不過，歐洲恐怖的過去仍不時以各種方式冒出頭來，成為文化表達避不開的組成部分。

　　「奧斯威辛之後，寫詩是野蠻的。」德國哲學家阿多諾（Theodor Adorno）一九四九年曾如是說（他在納粹時期一直流亡海外，主要待在美國）。對這句話我們不能嚴格按照字面意思來理解。保羅‧策蘭（Paul Celan）震撼人心的詩作《死亡賦格》（*Die Todesfuge*）恰恰是

反證。策蘭是出生在羅馬尼亞的猶太人，父母被趕去送死，他本人在戰爭臨近尾聲時也進了集中營被強迫勞動。一九五二年，《死亡賦格》用德文發表，迅即傳開，詩中淋漓盡致地描繪了集中營裡瀕死之人的枯槁形狀。策蘭體現了阿多諾之言的精髓，把自己這首詩視為「一篇墓誌銘和一座墳墓」。他再也沒能從父母的被逐和慘死中完全恢復過來，抑鬱症經常發作。多年後的一九七〇年四月，他的屍體在巴黎郊外的塞納河中被發現。不久前，歐洲災難性地墮入人性泯滅的深淵，戰後任何試圖理解其中含義的知識分子和創作型藝術家都深感力不從心。阿多諾精準地捕捉住了他們的感覺。

但大部分人卻從另一個角度看問題。戰爭期間或之後出生的人經歷了戰後物資緊缺的苦日子後，一心想享受快樂，嚮往美麗的新世界。至於經歷或參加過兩次世界大戰的人，包括備受折磨的幾百萬人，他們當中有許多人，也許是大部分人，不願多想不堪回首的過去。無數這樣的人希望未來更加光明，使自己不致於再吃一次苦。事實上，一九五〇年代和六〇年代期間，人們對兩次世界大戰和大屠殺（Holocaust，指納粹對猶太人的大屠殺）的關注，反而比不上二十世紀的最後二十五年。但即使如此，大戰剛結束的幾十年裡，之前慘劇的陰影仍揮之不去。在文化、思想潮流和公眾心態方面，最近的歷史無時不在，無法主觀地將其排除。

昔日的陰影

第二次世界大戰對創造性藝術的影響不如在哲學或歷史方面明顯，但依然存在。戰後人們對華格納（Richard Wagner）的音樂的態度是一個很好的例子。華格納在意識形態上激烈反猶，希特勒跟華格納一家的關係密切，而且拜魯特（Bayreuth，一年一度華格納音樂節

的所在地）又被收用為納粹的文化神壇。目睹了猶太大屠殺的人們看到這些，當然對這位作曲家的作品心存抗拒。華格納造成意見的兩極分化，甚於任何其他作曲家。崇拜他的人認為他的樂劇是無與倫比的天才巨作；痛恨他的人認為他和他的音樂是德意志民族主義、反猶主義的關鍵文化基礎，歸根究柢也是納粹主義、戰爭和種族滅絕的文化基礎。有五年的時間，華格納的拜魯特節日劇院（Bayreuth Festspielhaus）被用來表演其他作曲家的音樂和歌劇。一九五一年，拜魯特音樂節復辦，在華格納的兩個孫子維蘭（Wieland）和沃爾夫岡（Wolfgang）的先後主持下很快再次興旺起來。維蘭在挑選音樂節演出節目上，突出強調了要跟戰前的納粹主義明顯切割斷裂。但即使如此，華格納與納粹主義的緊密連結仍舊是永遠的汙點，不可能完全洗刷乾淨。

蕭士塔高維奇（Dmitri Shostakovich）的作品也清楚地顯示了，在古典音樂中過去與當前政治的明確關係。他的史詩作品第七號交響曲《列寧格勒》首次上演就是在列寧格勒，當時正值一九四一至一九四三年德軍圍城期間，這首交響曲在蘇聯遂成為紀念人民遭受的巨大苦難的圖騰式作品。此外，它還代表著蘇聯人民因在「偉大的衛國戰爭」中戰勝了法西斯主義而獲得的希望。但是，蕭士塔高維奇實驗的各種音樂形式在戰前和戰後都受到蘇聯政權的嚴厲批評。他也許只是因為名氣太大，才能在三〇年代晚期史達林的歷次清洗中倖免於難，但他繼續冒著惹怒政權的風險進行創作。即使在赫魯雪夫的「文化解凍」之下，蕭士塔高維奇也是在懸崖邊行走。他一九六〇年為紀念一九四五年德勒斯登大轟炸而作的第八號弦樂四重奏《紀念法西斯主義和戰爭的受害者》使用了他過去被譴責為「資產階級形式主義」的作品的主題。他題為「娘子谷」（Babi Yar）的第十三號交響曲（一九六二年）以葉夫圖申科（Yevgeny Yevtushenko）的詩作為基礎，詩中

回顧了一九四一年基輔附近發生的對猶太人的屠殺，那次屠殺中共有三萬三千七百七十一名猶太人被害（這個數字來自納粹殺手的精確記錄）。這部交響曲引起了爭議，因為它突出了對猶太人的迫害，含蓄地批評了蘇聯的反猶主義。

　　相比之下，戰後西歐的古典音樂作品很少涉及戰時的災難。在西歐，過去有著另一種意義。人們希望在戰爭的劫難後回歸正常，不想回憶戰爭的慘況。布瑞頓（Benjamin Britten）一九六二年創作的《戰爭安魂曲》（*War Requiem*）在同年新建的考文垂大教堂（這座中世紀的教堂一九四〇年十一月在德國轟炸考文垂城時被毀）落成典禮上首演，大受歡迎，但那是個例外。大多數聽眾對梅湘（Olivier Messiaen）、布列茲（Pierre Boulez）或史托克豪森（Karlheinz Stockhausen）等古典音樂先鋒派的實驗作品沒有熱情。他們主要想聽傳統音樂，不喜歡現代音樂。總的來說，大批聽眾湧去欣賞十八世紀和十九世紀的古典曲目，包括巴哈、莫札特、貝多芬、布拉姆斯的音樂，還有董尼采第、威爾第和普契尼，甚至是華格納（儘管他因為跟納粹的連結而名聲不佳）的歌劇。他們歡迎托斯卡尼尼（Arturo Toscanini）、克倫佩勒（Otto Klemperer）、華爾特（Bruno Walter）、貝姆（Karl Böhm）和塞拉芬（Tullio Serafin）等著名指揮家復出，也欣然接受卡拉揚（Herbert von Karajan）和蕭提（Georg Solti）這樣的新星。瑪利亞・卡拉絲（Maria Callas）、瓊・蘇莎蘭（Joan Sutherland）、畢約林（Jussi Björling）、高比（Tito Gobbi）和史蒂法諾（Giuseppe di Stefano）等歌劇明星如燦爛的銀河熠熠生輝，這些藝能非凡的歌唱家表演最受喜愛的曲目，聽眾聽得如癡如醉。不過，那些都是過去時代的作品。到一九六〇年代中期，就連出類拔萃的美國作曲家兼指揮家伯恩斯坦（Leonard Bernstein）也暗示古典音樂已經失去了令人著迷的創造性。他說：「流行音樂似乎是唯一具有夷然的

生命力、創造的歡樂和清新之風的領域。」

　　其他形式的創造性藝術也反映了過去與未來之間的張力，一方面是傳統的，至少是人所熟悉的形式，另一方面則是努力與以前的表達形式決裂的現代先鋒派形式。歐洲在二戰中幾乎淪為灰燼之時，繪畫的創新主力移師紐約。在向抽象表現主義（abstract expressionism）的各種極端形式轉變的過程中，以波洛克（Jackson Pollock）的畫作為代表的美國影響發揮了突出作用。這一轉變在英國比在歐陸更受歡迎，不過，美國的影響仍舊推動了令人眼花撩亂的各種抽象藝術在戰後歐洲的擴張。一九五〇年代結束時湧現的各種新實驗藝術形式往往有意顛覆常規。例如說，巴黎的新現實主義派（Nouveau Réalisme）藝術家就會刻畫汙穢的城市街景和消費品的形象，有點像獨立發展起來、以安迪・沃荷（Andy Warhol）為主要代表的美國普普藝術（Pop Art）。

　　這些創新本身汲取了戰前藝術運動的內容。另外，畢卡索（Pablo Picasso）、馬諦斯（Henri Matisse）、夏卡爾（Marc Chagall）和其他的戰前藝術巨匠在戰後依然活躍，與激進的年輕藝術家相比，他們的畫展吸引的觀眾多得多。藝術創新一如既往地自視為對傳統表現形式的反叛，而戰前被視為革命性的東西現在大多成了傳統的一部分。然而，最激進的抽象藝術形式仍然曲高和寡，廣大觀眾依舊喜愛早期大師的作品。所以，戰爭代表著藝術的轉變，但遠不意味著跟過去徹底決裂。

　　在建築設計方面，昔日的影子在歐洲各個偉大城市的斷壁殘垣中歷歷可見。戰爭明顯造成了中斷，重建乃刻不容緩。但是由於經濟凋敝，所以必須厲行節約。重建的典型風格是粗獷主義（brutalism），尤其反映在公寓樓群、購物中心、政府辦公大樓和後來新建的大學的校園建築中。「粗獷主義」一詞的出處是「粗面混凝土」的法文

（béton brut），粗面混凝土是這類建築的基本建材。這種風格吸收了一九三〇年代理性主義和功能主義的內容，但把這兩種舊有的風格發揮到了極致。它被視為「進步」的風格，一些大名鼎鼎的建築家，包括偉大的瑞士裔設計家兼城市規劃者柯比意（Le Corbusier）都採用了這個風格。粗獷主義迅速傳遍世界，成為國際風格，但它在西歐各地的影響程度不同。義大利的公共建築可以算是全西歐最出色的，有些建築風格非常大膽，在戰爭結束不久那些年裡一直是標新立異之作，莫雷蒂（Luigi Moretti）出奇的懸臂式設計即是一例。

　　粗獷主義在義大利基本無跡可尋。在別的地方，也有一些重要的建築不採用粗獷主義風格。一個是柯比意一九五三年到一九五五年為天主教會在法國東部的龍尚（Ronchamp）建造的朝覲者教堂「朗香教堂」（Notre Dame du Haut），現代主義特點十分鮮明，佩夫斯納（Nikolaus Pevsner）稱之為「新非理性主義的豐碑」。另一個是凡德羅（Mies van der Rohe）的收山之作——西柏林的新國家美術館。這座一九六八年落成的建築最大限度地利用了玻璃與鋼材的美學效果來營造光與空間。在英國，粗獷主義風格的建築則比比皆是。它的視覺效果質樸嚴厲，門面去盡雕飾，只是光禿禿的混凝土、玻璃和鋼材。這一風格散發著戰後撙節的氣息（雖然它在資金問題得到緩解之後仍然流行）。它似乎代表著現代、牢固、樸素的集體社會。這種風格不乏崇拜者，尤其是在後來的幾十年裡，但崇拜者通常是不必在粗獷主義風格的建築裡生活或工作的人。與此相對，許多人從一開始就認為它是對美學的冒犯。對後來世代的人來說，市中心重要建築物牆上老舊破敗的混凝土與其說值得欣賞，不如說是醜陋礙眼。

　　鐵幕東邊也流行著一種粗獷主義（但不叫這個名字），被視為反資產階級的「社會主義」建築風格。在城鎮規劃中，這種風格主要反映在為工人建造的廉價簡易公寓大樓上面。為應付嚴重住宅短缺而批

量建造的死板單調、成本低廉、純功能性的住宅是社會主義建築的一面；另一面是「社會古典主義」（social classicism），反映在為展示工人國家的偉大而建造的紀念碑式宏偉建築上，例如華沙的文化科學宮（當地人給這座一九五五年竣工的建築起了各種不恭的外號，還算好聽的一個是「結婚蛋糕」），或東柏林二千公尺長、近九十公尺寬的氣勢恢宏的史達林大道（後改名為卡爾・馬克思大道）。

在戲劇方面，戰爭造成了間斷，但沒有帶來與過去的徹底決裂。戲劇的戰後復興不可避免地會觸及往昔。偉大的馬克思主義劇作家布萊希特（Bertolt Brecht）的每部劇作都貫穿著反法西斯的思想和對資產階級社會的尖銳批判。布萊希特結束流亡生涯後定居東柏林（直到一九五六年八月逝世），因為東德當局請他創建他自己的劇團——「柏林劇團」。早在二戰打響之前，布萊希特就已經聲名遠揚。威瑪共和國尚未被納粹摧毀時，他是柏林戲劇界中最耀眼的明星之一。他的許多重要作品都是在威瑪時期創作的。就在那個時期，布萊希特發展出了「史詩劇」（epic theatre）理論（其實這個理論無論是名字還是概念都不是布萊希特的發明），該理論意味著自覺地與過去決裂。布萊希特的新思想摒棄了促使觀眾認同劇中角色，產生幻覺，把劇情當成現實的「幻象戲劇」（theatre of illusion），反而努力使觀眾與舞台上的行動拉開距離，或稱「疏離」，來引導觀眾的理性思考。

戰後，布萊希特積極投入戲劇導演的工作，戲劇創作反而擱下了。但是，他的劇作在西德大受歡迎，在一九六〇年代期間上演的次數僅次於莎士比亞的戲劇，超過了席勒（Friedrich Schiller）的劇作，無論在東歐還是西歐（以及歐洲以外地區，特別是美國）都廣為人知。在東德，布萊希作為自願落戶德意志民主共和國的國際著名作家備受讚譽，但這位深受珍視的名人並非完美的公民。東德領導人不願意讓他了解過多情況，因為他們知道，布萊希特並不特別喜歡東德社

會的現實，儘管說一九五三年發生暴動時，他公開（但有些語焉不詳地）支持鎮壓暴動，次年又被授予史達林和平獎（他把約三十萬瑞士法郎的獎金存入了他的瑞士銀行帳戶）。

在一九五○年代跟六○年代，西方戲劇中最具創新性的當屬「荒謬劇」（theatre of the absurd）。最典型的代表人物是愛爾蘭人貝克特（Samuel Beckett）和羅馬尼亞人尤涅斯科（Eugène Ionesco）。兩人都在巴黎定居、創作。他們作品的基本理念是：生活是荒謬的，既無意義，也無目的。以貝克特的《等待果陀》（Waiting for Godot，一九五三年）和《終局》（Endgame，一九五七年）為例，劇中對話似乎毫無意義，劇中人物明顯無所事事，是對人類生存的諷刺性模仿。難怪荒謬劇激起了巨大的反感。不過，荒謬劇仍然四處上演，吸引了許多讚美，並不可避免地引起了關於它們的無意義中到底包含著什麼意義，這個自相矛盾的問題的討論。荒謬劇的藝術傳承可追溯到一次大戰後出現的達達主義（dadaism）和超現實主義（surrealism）。它在很大程度上是以戲劇形式表達了視覺藝術長期以來的發展，但荒謬劇的基本思想與不久前的過去也有關聯。

荒謬劇與偉大的法國作家卡繆（Albert Camus）的作品關係緊密。卡繆是戰後文學巨匠，一九五七年獲得了諾貝爾文學獎。德國占領期間，卡繆是地下抵抗運動的報紙《戰鬥報》（Combat）的一位主要撰稿人，直到報紙於一九四八年停刊。他最重要的小說中有幾部是戰後發表的，包括一九四七年出版了《鼠疫》（La Peste），一九五六年出版了《墮落》（La Chute），書中隱晦地提到了納粹主義和大屠殺。透過卡繆的作品，荒謬劇與剛剛過去的可怕歷史有了連結。在《鼠疫》裡，法國阿爾及利亞省的奧蘭（Oran）爆發鼠疫疫情後，居民們有的無可奈何聽天由命，有的利用疫情投機謀私，但也有的積極行動抗擊疫情。此書通常被解讀為比喻法國受納粹占領的經歷。人會

染上鼠疫是毫無道理規律可言，任何人都可能死於這種疾病，這突出表現了生命的荒謬。但是，卡繆盡力在無意義的生存中堅持信念，拒絕被貼上「存在主義者」（existentialist）的標籤。他透過書中最令人產生好感的角色強調，對來自外部的苦難和死亡不應被動地接受，而是要與之抗爭，不應單槍匹馬，而是要和其他居民團結起來為群體的利益共同奮鬥。

相比於繪畫或戲劇，文學更突出地反映了人們從不久前發生的災難性事件中尋找意義的需求。也許我們應該料到，這一點在西德尤為突出。（在東德，官方原則如緊身衣一般束縛著文學，規定它只能充當宣傳反法西斯主義這一普遍理念的工具。）在大多數普通德國公民都力圖忘卻痛苦的記憶之時，有影響力的作家卻在努力梳理那些記憶。第一批這樣的作家中有一位是克彭（Wolfgang Koeppen）。他的小說《草中的鴿子》（*Tauben im Gras*，一九五一年）採用了「意識流」的寫法，描述了一個城市中的一天。在這個城市中，人們對東西方可能爆發衝突感到焦慮，對未來抱有希望，企圖從過去的廢墟中尋找意義，各種不同的情感混合交織。過去納粹的做法仍在公然延續，但同時也在建設更加開放的多元社會。克彭在第三帝國時代至少在表面上遵從帝國路線，但他在《羅馬之死》（*Der Tod in Rom*，一九五四年）中率先探索了德國人對大屠殺的負罪感。

一些很快將成為文學界名人的年輕西德作家直接寫到或影射了德國不久前的歷史，以探索在西德這個遲疑畏縮的新生民主國家中，如何在文化和美學上與過去做出必要的決裂。在他們和其他人的作品中，新的開始與不久前的過去密切交織。一九一四年出生的安德施（Alfred Andersch）曾在德國國防軍中服役。他最著名的作品《尚吉巴或最後一個理由》（*Sansibar oder der letzte Grund*，一九五七年出版，後來的英譯本題為《遠走高飛》〔*Flight to Afar*〕）寫到了共產黨的抵

抗運動、開小差當逃兵、對猶太人的迫害和「墮落藝術」（這是納粹給先鋒派藝術形式貼的標籤）等主題。同時，他提出了一項雙向的道義責任：一方面有責任幫助被迫害的人脫逃，另一方面也有責任自願回到迫害者的土地，也就是德國。比安德施小三歲的海因里希·伯爾是熱誠的天主教徒，他從信仰的角度審視自己在戰爭中的從軍經歷。他在一九四〇年十二月寫道，歐洲必須有「一種新精神，**宣揚基督教我們責無旁貸。**」但是，他激烈反對納粹的泯滅人性和軍國主義。他一九五九年出版的《九點半鐘的撞球》（*Billard um halb zehn*）集中描繪納粹的迫害和破壞行徑，而他更早的小說《一聲不吭》（*Und sagte kein einziges Wort*，一九五三年）則對一個剛發展起來、只重經濟的社會的文明價值觀，表達了悲觀的批評態度。他一九六三年出版的《小丑之見》（*Ansichten eines Clowns*）享譽國際（雖然遭到西德保守派的狠批），書中將這些主題進一步展開，聚焦戰後艾德諾治下德國的道德狀況、納粹的遺產、虛偽的保守價值觀，並特別點出天主教會的偏執狹隘。

　　西德國界以外最著名的戰後作家是葛拉斯（Günter Grass），他一九五九年出版的小說《鐵皮鼓》（*Die Blechtrommel*）於一九七九年翻拍成電影後，他更是蜚聲國際。《鐵皮鼓》是葛拉斯的第一部小說，其別出心裁之處在於它採取了雙重視角。小說在描繪納粹時期的但澤（葛拉斯長大的地方）時，有時透過三歲的主人翁奧斯卡（Oskar Matzerath）天真澄澈的眼光，有時又切換三十歲的奧斯卡的視角，此時他已長大成人，被幽禁於精神病院。孩提時期的奧斯卡心理發育遲滯，並因此獲得了異常能力。他用他的寶貝鐵皮鼓來干預大人的活動，例如說他會跟著納粹遊行的隊伍，使遊行隊伍按照他在鼓上打出的節奏前進。葛拉斯透過小說的複雜構造，描繪了他的家鄉向著喪失人性和毀滅的深淵墮落。雙重視角的手法使葛拉斯得以描寫一個孩子

對世界天真幼稚，卻又一針見血的認知，而這個世界的險惡要等這個孩子長大成人後才能完全明白。鐵皮鼓本身是一個道具，將讀者的注意力引向事件的旁觀者，這樣的人會反感於群眾集會的嚴密紀律和意識形態的教條，但不參與任何可能被視為政治反抗的活動。在一個以死板保守著稱、宗教價值觀占主導地位的社會中，這部小說引起了巨大爭議。對於年輕一代來說，它象徵著對不久前過去的批判，這種批判也是在拷問現狀。

　　葛拉斯二〇一五年四月去世。在他漫長的一生和備受讚譽的文學生涯中，他透過筆耕和政治活動（他是社民黨的著名支持者），體現了德國人對納粹歷史的自省與反思。他的自傳清楚地表明經歷過納粹時代的人與那段歷史的關係有多複雜。直到二〇〇六年，葛拉斯才透露自己一九四四年十六歲時曾加入黨衛軍，當了六個月的坦克砲兵。

　　西德文學的自省在廣度和深度上都是超乎尋常的，沒有任何其他國家能與之相比。不過，義大利也有一些重要作品描述了法西斯統治和戰爭期間的情形。卡洛・萊維（Carlo Levi）一九四五年出版的《基督停留在埃博利》（*Cristo si è fermato a Eboli*）是一部回憶錄，生動深刻地描述了墨索里尼獨裁時期他在義大利南部一個偏僻落後、瘧疾橫行、「被上帝丟棄」的地區的政治流亡生涯，後來這本書被拍成了電影。馬拉巴特（Curzio Malaparte）曾是法西斯黨人，後來因批評墨索里尼政權而受到迫害，他在《毀滅》（*Kaputt*，一九四四年）中用文學形式描述了他作為戰地記者在東部戰線的經歷。他的另一部作品《皮膚》（*La pelle*，一九四九年）則專門描寫一九四三年後盟軍向北挺進期間，那不勒斯不僅在物質上，而且在道德上的破壞。一九五九年榮獲諾貝爾文學獎的夸西莫多（Salvatore Quasimodo）的一些詩作寫到了法西斯時代的不公和戰爭的苦難。維托里尼（Elio Vittorini）是信仰共產主義的知識分子，一度對墨索里尼的政治主張表現出一

定支持。他在小說《人與非人》（*Uomini e no*，一九四五年）中突出描寫了抵抗運動。巴薩尼（Giorgio Bassani）一九六二年出版的《芬奇－孔蒂尼花園》（*Il giardino dei Finzi-Contini*，後改編為電影，大獲成功）描寫了費拉拉（Ferrara）的猶太人在法西斯統治下遭受的歧視和迫害。但是，二戰之後，大多數義大利人不願憶起法西斯主義的過去。例如說普里莫・萊維（Primo Levi）寫了一本敘述自己如何在奧斯威辛集中營倖存下來的書《這是不是個人》（*Se questo è un uomo*），後來因該書揚名世界。但當初他怎麼也找不到出版商。終於找到一家之後，一九四七年初版才印了區區二千冊，還沒有全賣出去。過了十多年，該書才被義大利的一家大出版社埃諾迪（Einaudi）接受，翻譯成英文後更是大受歡迎，最終成為大屠殺回憶錄中的重要經典。

歐陸文學中那種絕望之情或聽天由命的虛無主義，在英國幾乎全無蹤影。畢竟英國是戰勝國，儘管它因為打仗而在貧窮線上掙扎。如同在政治和經濟生活中一樣，英國在文化生活中也明顯自成一格，社會中洋溢著擊敗了邪惡的納粹主義的道義勝利感，也充滿了戰時的犧牲將創造美好社會的期望。英國經歷過的二戰與一戰不同，並未產生多少深刻的詩作，也許只有基斯・道格拉斯（Keith Douglas）的作品例外，特別是《勿忘我》（*Vergissmeinnicht*）。二戰也沒有引發多少英國人內省，沒有多少人願意對文明遭受的毀壞進行抽象的哲學思考。人民，包括知識分子，都想往前看，不想反思戰爭年代。直接面對戰時經歷的主要文學作品，幾乎可以說只有伊夫林・沃（Evelyn Waugh）的半諷刺三部曲《榮譽之劍》（*Sword of Honour*）。這部在一九五二至一九六一年間發表的作品，以諷刺的筆觸描寫了一個平庸空虛的世界中傳統制度與社會價值觀的衰敗，表現出了文化悲觀主義。在伊夫林・沃看來，戰爭意味著可恥可鄙獲得了勝利，理想主義遭到

背叛。但他沒有看到，戰爭是對人性的攻擊。

　　戰爭剛結束那段時間內，就政治與社會論述所造成的國際影響而言，英國最重要的作家非歐威爾莫屬，他是宣揚倫理社會主義的英國聲音。歐威爾痛斥英國保守建制派的價值觀和缺陷，但他保持了強烈的愛國主義情懷，將其根源歸於平等、正義、自由這些悠久的英國傳統。他期望戰時經歷能夠為宏大徹底的社會變革鋪平道路。不過，在根本上，他因不久前的歷史而對未來深感悲觀。法西斯主義被打敗了，但拿什麼來取而代之呢？歐威爾堅決拒絕建立烏托邦的設想。他在西班牙內戰期間的經歷使他看到了蘇聯的壓迫性和殘酷無情。他創作的反烏托邦小說使他蜚聲國際，例如說諷刺小說《動物農場》（*Animal Farm*，一九四五年），還有特別是《一九八四》，描繪了未來的極權社會（該書一九四八年寫成，標題把年份數字顛倒了一下，實際出版年為一九四九年）。在那樣的社會中，個人完全屈服於全能全知的統治者的政治和社會統治之下。「老大哥在看著你」這句代表絕對權力的口號進入了人們的日常語彙。那樣的世界透過玩弄辭藻、強詞奪理，把假的變成真的，壞的變成好的，不自由變成所謂自由。極權主義在西方成為分析戰爭時常見的意識形態原理。在文學中，它在文字巨匠歐威爾的筆下得到了完美的描繪。

　　歐洲大陸因對立的政治制度與意識形態而陷於分裂，文學和思想領域自然免不了受冷戰思維的影響。蘇聯不惜重金，下了很大力氣在西歐知識分子（和其他人）當中鼓動反美情緒。我們可以從歐洲一些地方，尤其是法國左翼人士的高度反美情緒中看出，蘇聯的努力沒有白費。

　　美國也採取宣傳手段進行反擊。就對知識界的影響而言，最重要的舉措是成立了文化自由大會（Congress for Cultural Freedom）。該組織建立於一九五〇年六月，馬上開始在整個西歐散播反共觀點。

它接受中情局的祕密資助，也獲得一些不認同共產主義的重要知識分子的支持。這些知識分子中，有羅素、克羅齊（Benedetto Croce）、雅斯培（Karl Jaspers）和艾耶爾（A. J. Ayer）等哲學家，也有庫斯勒（Arthur Koestler，他因一九四〇年發表的《正午的黑暗》而成名），以及法國著名政論作家雷蒙·阿隆（Raymond Aron）和牛津大學歷史學家特雷弗－羅珀（Hugh Trevor-Roper）。在成立文化自由大會的柏林會議上，庫斯勒是主講人，他曾經是共產黨人，現在充滿了皈依者的狂熱。但是，大會的開局並不完全順利。特雷弗－羅珀和艾耶爾戰時都為英國情報部門工作過，庫斯勒對共產主義的偏執仇恨和厲聲詈斥使他們心生反感。不過，這兩位英國人起初對文化自由大會的疑慮很快被打消了。在文化冷戰中，反共成為西方知識分子（和其他人）的最高意識形態，依舊篤信蘇聯的少數人除外。

即使如此，還是有一些重要的知識分子不改二戰前的初衷，仍然認為馬克思主義是通往美好社會的唯一可靠路徑，儘管一九五六年二月赫魯雪夫對史達林主義的批判揭露了黑暗的事實，同年晚些時候蘇聯又鎮壓了匈牙利暴動。威瑪共和國時期柏林的榮光已成逝水，中歐豐富的文化在對猶太人的大屠殺中慘遭破壞，或因移民外流而四散各處，或在蘇聯控制下遭到壓制。於是，巴黎重登歐洲思想文化生活的主導地位。在戰後的氣氛中，沙特的存在主義哲學被熱切地照單全收並非偶然。關於存在主義哲學，沙特在他的戰時巨著《存在與虛無》（*L'Être et le néant*，一九四三年）中做了詳盡闡發，在他戰後撰寫的小冊子《存在主義是一種人道主義》（*L'existentialisme est un humanisme*）中也簡要提及。

沙特在戰前就在思想上（雖然不是在政治傾向上）深受德國存在主義者（也是希特勒的崇拜者）海德格（Martin Heidegger）的影響。沙特說，人類與其他物種唯一的不同之處是「意識到自己存在的

虛無」。存在是荒謬的、無意義的。只有個人能夠為自己的生活選擇意義。選擇至關重要，是哲學的唯一可取之處。個人可以透過自由與選擇創造自己的價值觀，來抗擊顯然令人絕望的單調灰暗。然而，戰爭在某些方面改變了沙特的存在主義思想。原本是個人主義（和非政治）的哲學轉變為積極能動的力量，個人自由成了為所有人的自由而努力的責任。這意味著努力實現社會翻天覆地的變化。在此思想的驅動下，沙特轉向了馬克思主義這一宣揚推動社會變革、與資產階級社會鬥爭的政治哲學。他大力支持法國共產黨（雖然他沒有入黨），也支持蘇聯。他為政治暴力辯解，說那是為了透過革命來推翻資產階級社會，而這一目標的實現是自由的根本保障（不過他批評了蘇聯侵犯人權，也譴責一九五六年蘇聯鎮壓匈牙利暴動）。

　　沙特承認自己思想中的矛盾。說存在是荒謬的、是虛無的，卻又立志爭取建立一個更美好的新社會（社會真的存在嗎？），且由一個奉行據稱依據理性和永恆歷史法則的政治哲學的群眾政黨來創造（並強加給人民？），這顯然是自我矛盾。不過，許多人認為沙特捕捉到了戰後時期對人性和人類命運的那種，在絕望與樂觀之間搖擺不定的情緒。一九五〇年代後期，存在主義不再那麼流行，但沙特這位法國公共知識分子的卓越代表繼續像磁石一樣，尤其吸引著年輕人，影響著他們反抗現狀的革命觀點。一九八〇年四月沙特去世舉行葬禮時，成千上萬的人擠在巴黎街道兩旁為他送行。

　　在戰後早期，人們普遍認為馬克思主義既促成了反法西斯鬥爭的勝利，也昭示了未來的希望，這種觀點不僅限於法國。對忠實信徒來說，馬克思主義是一套全面信仰體系，不亞於正統羅馬天主教對天主教徒的意義。但是，蘇聯入侵匈牙利使許多人改變了看法，他們不再視而不見蘇聯統治的壓迫性或為其百般辯解。許多著名馬克思主義知識分子因此脫離了共產黨。到了一九六〇年代，馬克思主義在知識界

的影響力東山再起，在大學內廣為傳布，使大學生為之激動鼓舞，但那時基本已不再將蘇聯作為馬克思主義的主要模型（見第六章）。

在鐵幕的另一邊，反法西斯主義成了意識形態的黏合劑，把過去與未來緊緊連在一起。對中歐和東歐的人民來說，法西斯主義與納粹主義是一回事，給他們帶來了長期而巨大的痛苦，終於被強大的蘇聯紅軍在「偉大的衛國戰爭」中打敗。激勵著反法西斯鬥爭取得勝利的是一種堅不可摧的信念：若想創造社會主義社會，就必須消滅驅動納粹進行野蠻征服的力量。這個信念的依據就是法西斯主義的定義。一九三三年，季米特洛夫（Georgi Dimitrov，戰前擔任蘇聯主導的共產國際的領導人，戰後於一九四六年十二月起擔任保加利亞的領導人，直至一九四九年七月去世）確立了法西斯主義的定義，兩年後又做了改進。根據定義，法西斯主義是「金融資本帝國主義要素的……公開恐怖獨裁」。此中含義顯而易見：抗擊希特勒野蠻統治的鬥爭勝利了，但法西斯主義的成因是西方壟斷資本主義所固有的。要把未來建立共產主義烏托邦的願景變為現實，就必須繼續同西方資本主義鬥爭。過去與未來就這樣由這個願景連在了一起。

有些在第三帝國時期被迫移居國外的著名德國作家，選擇不回資本主義的西德，而是回到東德。前面說過，劇作家布萊希特和他的妻子海倫妮・魏格爾（Helene Weigel）就在其列。布萊希特的作品，包括《第三帝國的恐懼和苦難》（*Furcht und Elend des Dritten Reiches*，一九三八年），和他對希特勒青雲直上的尖刻諷刺《阿吐羅・魏發跡記》（*Der aufhaltsame Aufstieg des Arturo Ui*，一九四一年），出色地概括了馬克思主義的反法西斯及解放理念，既有助於東德共產主義國家確立合法性，也把這些理念在西方廣為傳播。海姆（Stefan Heym）是又一位選擇在他認為的「更好的德國」定居的作家。二戰中他曾在美軍服役，也寫過關於抵抗和迫害的作品。他是東德政權早期用作宣

傳的又一個成功例子，但他後來對國家的嚴密控制和鎮壓日益感到
失望。對初建不久的東德來說，更大的收穫是安娜·西格斯（Anna
Seghers）的流亡歸來。西格斯是堅定的共產黨人，她一九三九年寫
成的描述集中營的小說《第七個十字架》（*Das siebte Kreuz*）一九四
四年被好萊塢拍成電影，使她享譽全球。

知識分子也許起初充滿熱情，但面對審查制度、各種限制和不准
越雷池一步的嚴格約束，沒有幾個當得起知識分子稱號的人受得了長
期束縛。在蘇聯，愛倫堡的短篇小說《解凍》（*The Thaw*，裡面一個
主要角色就是「小史達林」一類的人）一九五四年得以出版，似乎預
示著思想自由的來臨。但是，無論是打破過去的「冰封」，還是衝出
戰後史達林手下掌管文化的日丹諾夫實施的令人窒息的限制，都只能
適可而止。格羅斯曼（Vassily Grossman）的史詩作品《生存與命運》
（*Life and Fate*，一九六〇年）按時間順序敘述了一個蘇聯家庭在二戰
期間的生活，批評史達林主義。一九六一年，該書遭國家安全委員會
沒收。三年後，格羅斯曼死於胃癌，沒能活著看到這部書後來在西方
出版並獲得高度讚揚。這部書（如格羅斯曼所說）被「逮捕」是一個
跡象，顯現蘇聯對文學表達依然有嚴格的限制。反法西斯主義始終框
定著關於過去與未來的一切思考。

但儘管如此，一九五〇年代期間，蘇聯以外的地方還是出現了
知識分子拒絕完全服從的現象。波蘭作家瓦澤克（Adam Ważyk）一
度擁護史達林，但他在一九五五年的《給成年人的詩》（*Poem for
Adults*）中表達了對奉行史達林主義的波蘭的失望，詩中尖銳批評時
下的波蘭，悲悼逝去的波蘭。兩年後，瓦澤克退出了共產黨。波蘭作
家兼劇評家科特（Jan Kott）在一九五一年曾對史達林極盡讚美，提
倡戲劇服從於意識形態，但他在五〇年代中期也改變了立場，和瓦澤
克一起於一九五七年退黨。但儘管如此，人們總的來說還是與官方保

持了一致。無論對實際情況的批評多麼嚴厲，大多數知識分子並沒有摒棄馬克思主義的意識形態。他們認為，造成歪曲與壓迫的原因是對馬克思主義的偏離，而非馬克思主義本身。

對過去的利用與濫用

文化冷戰最激烈的戰場莫過於歷史神話、歷史記憶和對歷史的解釋這幾個領域。過去的影子在這些領域中最為明顯。對過去的敘事僅部分體現了鐵幕兩邊的衝突，更多是反映了西歐內部不同立場的對立，而對立的立場本身又反映了各國的戰爭經歷和戰爭神話。

季米特洛夫對法西斯主義的定義表明，東歐對不久之前歷史的理解仍然相對固定而單一。對於不久前的災難性事態（蘇聯共產主義的勝利使之完全改觀），共產陣營做出的解釋一貫而直接，發出的政治訊息清楚明瞭：法西斯主義為資本家利益服務，其領導人是大企業的工具。既然資本主義仍然在西方蓬勃發展，那麼鑑往知今，政治訊息不言自明。歷史是警示，是今後鬥爭的指南。

這樣的歷史解讀渲染英勇的共產黨人抵抗納粹統治的形象，對所有其他形式的抵抗卻幾乎隻字不提。歷史著述稱頌紅軍和蘇聯人民擊退並消滅法西斯入侵者的豐功偉績，卻很少記敘西方盟國的作戰行動。至於一九三九年的希特勒－史達林條約，以及後來蘇聯吞併波羅的海國家和波蘭東部這類令人尷尬的事實，或者乾脆忽略不提，或者至多解釋為西方國家對希特勒的綏靖政策失敗後，不得已而為之的戰略舉措。特別值得注意的是，與後輩人的認識不同，這種歷史解讀不把種族主義，尤其是反猶主義，視為納粹意識形態的核心，而是將其看成貪婪無度的資本帝國主義的必然結果。猶太人的確受到了殘酷迫害，但是無數其他人，主要是斯拉夫人，也同樣遭到了納粹鐵蹄的踐

踏。這種歷史解讀對歷史有多重曲解（如後來的研究證明的），但它在東歐無人質疑，因為它被納入了一種不容異議、以政黨和國家權力為支撐的意識形態。這一解讀反映在無數歷史書籍中。一九五二年，德國歷史博物館（Museum für Deutsche Geschichte）在東柏林建立，展出的就是這種不容置疑的歷史解讀，用來「啟蒙」廣大民眾。

關於剛剛過去的那段歷史，西歐有它自己的神話，對歷史的歪曲比蘇聯的更細膩、更多樣，但仍然是歪曲。例如說，法國會把戰時抵抗運動當作戰後政治合法性的基礎。抵抗運動的英勇無畏和慷慨壯烈被反覆宣揚，而卻輕描淡寫抵抗運動實際效果有限、內部競爭激烈、存在意識形態衝突等這些情況。抵抗運動被描繪為民族認同的代表，維琪政權則被說成是對真正法蘭西精神的背叛。戴高樂成了抵抗精神的化身。一九五〇年代戴高樂戰時回憶錄出版更突出了這個形象。這部回憶錄大大加強了人們對抵抗運動的崇拜，特別是鞏固了戴高樂作為法蘭西救星的形象。直到一九七〇年，戴高樂在法國仍被視為一九四〇年戰敗後堅持抵抗以及四年後爭得解放的象徵，他創建第五共和的功績反而退居次位。

相比之下，法國與法西斯政權勾結的程度被蓋上了沉默的面紗。數十年後，法國才開始真正面對「維琪症候群」。馬塞爾・歐佛斯（Marcel Ophüls）一九六九年拍攝了電影《悲哀和憐憫》（Le Chagrin et la Pitié），這代表著法國開始認真面對過去。這部長長的紀錄片分兩部分，集中記錄法國中部城鎮克萊蒙－費朗（Clermont-Ferrand）的那段歷史，初次揭示了德占期法國人日常與納粹的合作。這部電影上映時是戴高樂總統任期的最後一年，它涉及的題目如此敏感，國家電視台甚至不能播放。當局對這部電影的「杯葛」一直持續到一九八一年，但擋不住它在全國引起轟動。至於出版品部分，遲至一九七二年，才有人出版羅伯特・帕克斯頓（Robert Paxton）的《維琪法國：

老衛隊和新秩序，一九四〇至一九四四年》（*Vichy France: Old Guard and New Order,1940—1944*），該書首次討論到維琪政權自己主動把猶太人運去送死。但帕克斯頓不是法國人，而是美國歷史學家。

在義大利，反法西斯主義構成了戰後義大利國家及其憲法根本基礎的一部分。它是一條共同的紐帶，跨越尖銳的政治分歧把所有政黨派別連結在一起。大戰最後兩年，墨索里尼由德國占領者扶植，在義大利北部重掌統治權，那段時期，人們透過抵抗運動反對法西斯恐怖統治，抗爭中表現出來的勇氣成為戰後新建的義大利共和國塑造民族認同的基礎。歷史學家巴塔利亞（Roberto Battaglia）的著作讀者眾多，他一九五三年撰寫的《義大利抵抗運動史》（*Storia della resistenza italiana*）指出，抵抗運動代表著義大利「真正的人民」，也是民族的核心，在一九四五年的「民族起義」中「恢復了義大利被法西斯主義者汙毀踐踏的榮譽」。

然而，共產黨人在抵抗運動中的關鍵作用卻被故意輕描淡寫，因為新義大利國家以反共作為主要的意識形態。冷戰開始後，義大利接受了馬歇爾計畫的援助，加入了北約，得到美國的大量金援。義大利主要受天主教民主黨的控制（也得到了擁有巨大影響力的天主教會的支持），占主導地位的意識形態不再是能團結各派的反法西斯主義，而是變成了造成分裂的反共主義。至此，法西斯主義的過去基本上被抹去。一九五四年開始放送廣播的國家電視台對當代歷史碰也不碰。

歷史學家關於法西斯主義的著作即使能引起公眾注意，也一般都重點論述法西斯主義一九二二年奪取權力的原因、它的高壓特點以及它的備戰活動。法西斯治下義大利社會的歷史和墨索里尼政權所獲民意支持的程度等研究課題，卻一直乏人問津。這種狀況一直持續到一九七〇年代中期。當時，費利切（Renzo de Felice）在他的皇皇巨著，四卷本墨索里尼傳（一九六五年開始出版，一九九六年才出完）

的第三卷《同意的年代》（*The Years of Consent*）中稱，大多數義大利人支持法西斯政權的目標與政策。這引起了巨大的爭議，打開了關於義大利人支持著法西斯主義這個話題的辯論閘門。無論眾人提出的各種論點是否站得住腳，都打破了圍繞著反法西斯主義建立起來的民族認同神話。

在西德，正如在義大利，抵抗運動的歷史幫助確立了新生政體的合法性。在東德，對希特勒政權的抵抗幾乎全部算作共產黨人的功勞。西德則正好相反，保守派，特別是軍方抵抗人士的愛國主義會被突出強調，共產黨人的作用則被壓下不提。例如說「一九四四年七二〇事件參與人」會特別受到推崇，他們是由史陶芬貝格（Claus Schenk Graf von Stauffenberg）上校帶領的一群軍官，密謀暗殺希特勒，卻功虧一簣，殺身成仁。他們出於個人良知、道德操守和推翻暴政的道義責任感，甘冒生命危險，力圖摧毀罪惡的政權，使德國重回法治、自由和民主。從這個角度來看，對納粹主義的抵抗代表著「另一個德國」，那是希特勒的高壓政權，把極權主義桎梏強加於德國之前曾經存在的「真正的」德國之上。這樣的訊息是很清楚的：是邪惡的納粹主義打斷了德國歷史的積極發展。

也有不屬於知識界保守派主流的作品，但除了專業人士，沒有幾個人讀過布拉赫（Karl Dietrich Bracher）關於威瑪民主政體結構性弱點的論述，史學界也不重視他的著作，將其視為政治學論述。專門為研究納粹時期而設立的德國當代史研究所（Institut für Zeitgeschichte），開展了一些傑出的開拓性研究，該研究所在希特勒自殺於柏林掩體僅僅七年後（一九五二年），就以驚人的速度投入研究工作。但這些研究同樣大多不為公眾所知，甚至沒有納入大學課程（大學課程中幾乎不包括不久前的歷史）。況且，一味強調延續納粹之前的時代也可能遇到麻煩。一九五〇年代末在該研究所擔任研究員的

松特海默（Kurt Sontheimer）揭露了威瑪共和國各種各樣的反民主觀點，其範圍遠遠超過納粹理念，也包括保守派的一些思想。研究所對他的研究結果感到不安，不肯將他的著作列入研究所發表的系列專題論著。後來，他的著作才被單獨發表，在比較有利的氛圍中，成為標準的參考書。

保守派在西德史學界的主導地位意味著第三帝國時期的人員與思想得以延續，也恰好契合艾德諾時代的氣氛。沒有人想探究過去，不要喚起不愉快的回憶，也不要討論最好該忘卻的話題。納粹時代方才過去，傷口尚未癒合，戰爭最後階段的苦難太過深重（德國人因此感到自己才是罪惡政權的主要受害者），太多人和納粹黨及納粹政權有過同謀與合作，這些都促使公眾有默契地絕口不提過去，希望把過去完全抹去。

即使有提及納粹時期歷史的，往往也伴隨著含蓄甚至直白的辯解。各種辯解包括：德國人民被希特勒和一小撮納粹惡棍的宣傳蠱惑，被他們帶上了毀滅之路；大多數人都反對納粹政權，但在極權警察國家中無力抵抗；除了納粹領導人以外，誰也不想打仗；德國軍隊在作戰中表現了軍人的榮譽，自始至終履行自己的愛國責任（幾十年後，這個觀點才得到徹底修正）；在東歐犯下野蠻罪行的是黨衛軍犯罪分子；普通德國人沒有參與滅絕猶太人的行動，也對其一無所知。至於猶太人大屠殺幾乎完全被排除在公共辯論之外，在歷史研究中也沒有一席之地，直到一九八〇年代，大屠殺才在對納粹時代的通俗解讀和學術研究中占據了中心位置。在東德，猶太人的種族滅絕被簡單歸結為法西斯帝國主義殺人不眨眼的野蠻行徑；而在西德，哪怕有討論到大屠殺，也完全將其歸咎於希特勒和黨衛軍領導層的邪惡計畫。後來，心理學家亞歷山大和瑪格麗特‧米切利希（Alexander and Margarete Mitscherlich）夫婦在他們的著作《無力悲傷》（*Die*

Unfähigkeit zu trauern）中，總結了這種集體反應。這本書初版於一九六七年，象徵著分析納粹歷史的新時代的開始，後來也成為暢銷書。

　　大部分西德人只想享受「經濟奇蹟」，不願意糾纏過去，但是，他們無法完全擺脫過去。一九六一年，費歇爾（Fritz Fischer）出版了《競逐世界權力》（*Griff nach der Weltmacht*，英譯本名為《德國在第一次世界大戰中的目的》〔*Germany's Aims in the First World War*〕）。這本書有幾百頁，分析了一次大戰前德國的外交紀錄，乍看起來沒有什麼特別，卻引起了極其激烈的爭議。費歇爾把對那段歷史的常規解釋顛倒了過來。費歇爾本人立場保守，還當過納粹黨員。該書出版之前，他的名字在業界以外無人知曉，但這本書卻震撼了保守派，因為他根據對於一戰爆發前那段時期德國菁英的計畫、信念和行動的研究，提出那些人的目的就是征服他國，使德國成為世界強國。換言之，費歇爾要表明，希特勒是十九世紀延續至今的德國歷史的產物。他透過研究提出的解讀使許多德國人難以接受。他們剛剛承認自己的國家挑起了二次大戰，現在又聽聞一次大戰也是德國挑起的（後者是協約國在凡爾賽宮提出的指控，但當時及之後的德國卻一直強烈否認）。根據費歇爾的研究，似乎德國在一九一四年之前很久就走上了一條與其他歐洲國家不同的「特殊道路」（Sonderweg）。這條路通向了希特勒、戰爭、種族滅絕和國家災難。

　　最初的爭議退潮後，費歇爾的解讀幾十年來一直影響著德國人對自己歷史的看法。它在某種意義上開啟了自六〇年代以來日益深入地探索德國歷史最黑暗角落的進程。上一代人不肯坦白面對過去，這加劇了一九六八年學生在抗議中表現出來的疏離與拒斥。但是，要在學生抗議的騷亂過去十年後，人們才開始研究大批德國民眾在納粹統治下，跟當局在日常生活中的共謀，而且也要等到更久之後，大屠殺才成為重新評價德國歷史的核心課題。但即使如此，到一九六〇年代

初，德國人已不再能完全無視納粹殺害歐洲猶太人的事實。首先是一九六〇年五月，以色列特工在阿根廷抓捕到納粹「猶太人問題的最後解決方案」的主要組織者艾希曼（Adolf Eichmann），次年在耶路撒冷舉行審判，最後於一九六二年六月以絞刑處死了艾希曼。然後是一九六三年到一九六五年之間，在美因河畔法蘭克福，曾經在納粹最大的滅絕中心奧斯威辛集中營工作過的人也接受了審判。這種種事件一時間把公眾的注意力聚焦在種族滅絕罪行，這個德國戰爭行為中不可分割的部分。「死亡是從德國來的主人。」保羅·策蘭這樣寫道。阻止這個思想進入公眾意識變得愈來愈難了。

英國公眾對不久前歷史的認識，跟歐陸上的任何地方都不一樣。英國沒有被征服，也沒有被占領，是二戰的戰勝國。它的戰時歷史幫助創造了國家英勇抗敵的自我形象。英國人從來就因為自己的傳統和制度而自認為獨特例外，與歐陸不同，戰時歷史更加強了這種感覺。歷史、記憶與神話一同動員，共同譜寫出「我們島嶼故事」的光輝一章。那是英雄的一章、勝利的一章、邪不勝正的一章。英國過去不得已和德國打過一場世界大戰，並獲得了勝利，這回則又無奈重來了一遍。英國與西方盟國美國「並肩」作戰，打敗了罪惡的納粹。英國與大西洋彼岸的表親有「特殊關係」的概念因此更加顯著。對於英吉利海峽另一邊的歐洲大陸的事態發展，大部分英國人都不感興趣。有一句老話說：「海峽的霧，隔斷了英格蘭與大陸。」這本來是句玩笑話，但它對英國孤立主義的自嘲還是說中了少許事實。

戰後英國人對二次大戰的理解，是遵循他們最重要的戰時英雄邱吉爾的版本。邱吉爾撰寫的六卷本二戰史《第二次世界大戰回憶錄》（*The Second World War*）於一九四八至一九五三年間陸續出版，確定了英國解釋二次大戰的思路。其中包括綏靖政策把英國帶到了災難邊緣；一九四〇年，英國在它「最輝煌的時刻」孤軍奮戰，跟納粹暴政

展開殊死搏鬥；英勇的年輕飛行員駕駛戰機擊退了德國入侵，克服萬難，贏得了一九四○年夏季「不列顛戰役」的勝利。接著，德國發動「閃電戰」，連夜對英國進行無休止的狂轟濫炸，英國人民的家園遭到破壞，但他們沒有屈服。漫漫長夜最黑暗的時刻過後，曙光逐漸顯現，諸如「沙漠之戰」連戰皆捷；付出巨大代價後打贏了「大西洋戰役」；大無畏的轟炸機機組人員在夜間突破德國戰鬥機的猛烈攻擊，狠狠打擊敵方設施。經過這一切，終於迎來了柳暗花明，英國勇敢作戰、不斷勝利，直至一九九四年六月四日諾曼地登陸日的到來。那一刻，英國與堅強的美國盟友一道鎖定了大戰的勝利，為最終粉碎納粹主義鋪平了道路。

戰爭題材的小說、戰爭回憶錄，以及《滄海無情》（The Cruel Sea，一九五三年）、《轟炸魯爾水壩記》（The Dambusters，一九五五年）和《擊沉俾斯麥號》（Sink the Bismarck，一九六○年）等大受歡迎的電影講述了關於英國軍人「英勇事蹟」的無數故事，報紙上的漫畫連載也在無數青少年的腦海中刻下了英國勇士和德國「壞蛋」的形象。這一切都加強加深了公眾意識中對英國在戰爭中英勇表現的印象。

然而，直到一九六○年代之前，很少有英國人認真研究過二次大戰的歷史。中學和大學的歷史教學大綱一般仍止於一九一四年。針對牛津大學的教學大綱中標為「外國歷史」的研究也相對較少。這方面只有少數幾部重要的著作，特別是特雷弗－羅珀的《希特勒最後的日子》（Last Days of Hitler，一九四七年）和布洛克（Alan Bullock）的《希特勒：暴政研究》（Hitler: A Study in Tyranny，一九五二年）。除此之外，沒有關於納粹時代的重要著作。要到一九六○年代初，情況才開始改變。但即使到了那時，英國最受歡迎的歷史學家泰勒（A. J. P. Taylor）具爭議性的著作《第二次世界大戰的起源》（Origins of the

Second World War），仍然堅持了刻板的反德觀念。泰勒此書沿襲了他喜用尖銳警句和冷諷式總結的慣常風格，有意修正此前的常規觀點，幾乎說該為戰爭負責的應該是英國的綏靖者，而不是納粹侵略者。該書一九六一年出版，費歇爾也是在那年出版了他的驚人之作，修正了德國在一次大戰中的目標的解讀。但早在一九四四年，泰勒就出版過強烈反德的小書《德國歷史進程》（The Course of German History）。泰勒使用費歇爾的研究成果作為自己反德觀點的依據，說「在國際事務中，希特勒沒有毛病，除了他是德國人。」（其實希特勒出生於奧地利，一九三二年才拿到德國國籍。）

因此，過去的濃重陰影依然籠罩著歐洲大陸，儘管方式截然不同。自一九六〇年代起，高等教育在各處都有了不同程度的擴大，推動了針對把歐洲拉入災難性戰爭和種族滅絕的各種意識形態和政治運動的研究。但值得注意的是，到了更久遠後的一九八〇年代，第二次世界大戰和大屠殺才開始成為歐洲公共意識的核心部分。

與過去決裂

無論是有心還是無意，過去都形塑了戰後的現在。一九五五年到一九六五年間，流行文化發生了巨變，相當於與往昔出現了重大決裂。在那之前，流行文化的發展沿襲了戰前時代的模式。一九五五至一九六五年的那個十年過後，好似發生了一場翻天覆地的革命。

大部分人並不關心過去，只想享受好日子，戰爭接近尾聲或剛剛結束時出生的年輕一代尤其注重活在當下、面向未來。「把握今天」是他們沒有明說的圭臬。一九六〇年代期間，他們給前一個十年已經開始的流行文化變革烙下了不可磨滅的印記。世代和社會階級一樣，成為重要的社會分界線，而這可能比過去任何時候都更加明顯。這樣

的變化逐漸地、且永遠地改變了社會價值觀和生活模式。「高級」文化和「流行」文化之間的差距逐漸縮小。但這並不是說青少年一變而成為歌劇的粉絲，或是老年人迷上了硬搖滾，而是說與二十世紀早期相比，不同人群的品味更有可能發生重疊。中產階級父母受子女愛好的感染（或者是不甘於被排除在子女的愛好之外），也許既享受古典音樂，又喜歡流行音樂。大學教授可能會去看過去主要是產業工人階級才喜歡的足球賽。不過，我們也不宜誇大文化變革的規模和速度。此外，文化變革在歐陸各處並非步調一致。例如不誇張地說，柏林圍牆明白地展現了五彩西方和灰暗東方的對比。鐵幕東邊各國的控制機關盡力限制民眾接觸「墮落」的西方文化，得到了相當的成功。在西歐各地，天主教會影響較強的地方文化變革的速度也較慢。但即便如此，變革進程一旦開始，它的發展壯大就不可阻擋，如暈染一般在二十世紀剩下的時間和之後不斷擴張。這個進程關鍵的開端正是五〇年代中期到六〇年代中期那個十年。

　　年輕人的世界語言是流行音樂。而在這裡，我們很容易確定與過去決裂的時刻。一九五四年，英國暢銷歌曲排行榜上高居榜首的是戰時被稱為「部隊甜心」的歌手薇拉・琳恩（Vera Lynn）的抒情歌曲《孩子，孩子》（*My son, My son*）。一年後，榜首變成了比爾・哈利（Bill Haley）和彗星樂團（Comets）的《晝夜搖滾》（*Rock Around the Clock*）。這代表著搖滾樂的閃亮登場。這種煽情的新音樂形式甫自美國跨洋而來，即在廣大青少年當中引起轟動。瘋狂的搖擺舞樂立即響徹曾經迴盪著安靜的快步舞曲和狐步舞曲的舞廳。一九五六年，哈利的那首歌翻拍成電影，反響驚人。他的粉絲在電影院裡尖叫，在座位間的走道上跳起搖擺舞。電影講的是一個舞蹈隊經理看到搖滾樂的吸引力後加以利用，大獲成功的故事，內容並不特別，但它捕捉到了年輕人反叛的精神。電影上映後，在西歐各地的城鎮都激起了青少年鬧

事搞破壞的行為，英國因此有八十個鎮議會禁止放映這部電影。哈利很快從公眾視線中消失了。他的彗星樂團真的如同彗星，劃過天際後杳無痕跡。然後是「貓王」橫空出世。

自一九五〇年代中期至今，艾維斯在美國年輕一代大多數人的心目中是神一樣的存在，在歐洲也日益受到膜拜（駐紮在當地的美軍和美軍廣播網〔AFN〕的音樂節目助力不小）。艾維斯發行了一連串造成巨大轟動的唱片，包括《傷心旅店》（*Heartbreak Hotel*）、《獵犬》（*Hound Dog*）、《藍色麂皮鞋》（*Blue Suede Shoes*）、《監獄搖滾》（*Jailhouse Rock*）和《一夜》（*One Night*），一躍成為首位搖滾樂天王巨星。艾維斯長相帥氣，頭髮向後梳得發亮，一臉挑逗撩人的表情，在台上表演時充滿色情暗示地扭動胯部。他憑藉這些成為數百萬青少年的性感偶像，但在許多老一輩人的眼中，他卻是對道德的威脅。許多年長的歐洲人把艾維斯現象視為危險，認為它代表著真正文化的進一步低俗化；青少年則對著不僅有艾維斯，也有許多其他美國搖滾名家的神壇頂禮膜拜。傑瑞・李・路易士（Jerry Lee Lewis）、小理查、查克・貝利（Chuck Berry）、艾迪・科克蘭（Eddie Cochran）和巴迪・霍利（Buddy Holly）等搖滾歌手紅遍歐美。搖滾樂對年輕一代產生了爆炸性的影響。查爾斯・懷特（Charles White）當時在愛爾蘭西部一間天主教修道院學校讀書，過著被嚴密保護，甚至是令人窒息的生活。他回憶說：「聽小理查（一九五六年發行）的《高個子莎莉》（*Long Tall Sally*）如同在巴士底獄關了四十年後獲得釋放。自由、自由、自由！」對懷特和許多其他人來說，搖滾樂不啻一場文化革命。

一九六二年，音樂文化革命的中心移到了英國。「披頭四」樂團的首張唱片《愛我吧》（*Love Me Do*）一砲而紅。隔年春天，這四個滿臉稚氣、頭髮蓬鬆的利物浦小夥子（分別為約翰・藍儂、保羅・麥卡尼、喬治・哈里森和林哥・史達）已經成為現象級的組合。「披頭

四狂熱」橫掃英倫。一九六四年，他們去美國巡演，狂喜的大群粉絲一路跟隨。他們的音樂早期偏重搖滾，後來發展得更加細膩複雜。在一九六七年五月推出的《佩珀中士的孤獨之心俱樂部樂團》（*Sgt. Pepper's Lonely Hearts Club Band*）的「迷幻」階段，也許代表著一個創作的高峰。他們自己對各種藥物的試用，恰好契合愈來愈多的年輕人濫用消遣性藥物的行為。同年，他們的歌曲《你只需要愛》（*All You Need is Love*）透過衛星向全球電視觀眾播出，據估計觀眾達三‧五億到四億，該曲也成為「花兒的力量」和平運動和國際反越戰抗議活動的主題歌。至此，披頭四已成為年輕人拒絕傳統價值觀和抗議現有制度精神的化身。

　　其他英國樂團很快走上了披頭四開闢的道路，扭轉了先前美國稱霸流行樂壇的局面。這些樂團包括「動物樂團」（The Animals）、「奇想樂團」（The Kinks）和「戴夫‧克拉克五人組樂團」（The Dave Clark Five），但最重要的（也最持久的）是「滾石樂團」。到一九六〇年代中期，滾石的名氣可以說和披頭四不相上下。樂團成員刻意營造的「壞孩子」形象，他們把搖滾與藍調相混合的質樸風格，以及他們長髮披肩、衣著隨便的外貌（這點與披頭四初期和當時大部分其他樂團的統一著裝截然不同），都使他們具備一種反權威的吸引力，與一九六〇年代的青年文化契合得天衣無縫。

　　這個文化是國際性的，席捲美國和歐洲，連鐵幕都阻擋不住，國家當局對它不以為然也無濟於事。各處的年輕人彼此愈來愈像，穿的衣服都差不多。在一九五〇年代末的搖滾熱中，英國叛逆的年輕人會藉由穿皮夾克和瘦腿褲來彰顯與眾不同，有時他們會模仿馬龍‧白蘭度（Marlon Brando，在一九五三年的電影《飛車黨》〔*The Wild One*〕裡飾飛車黨的老大）或詹姆斯‧狄恩（James Dean）。狄恩這位年輕的美國演員因主演了一九五五年的《養子不教誰之過》（*Rebel*

Without a Cause）而成為青少年的偶像，同年死於車禍，年僅二十四歲。西德、法國和其他國家有它們自己的變種，諸如「無賴青年」、「鬧事青少年」或「黑夾克」[1]會故意標新立異。然而，他們是反叛的（有時是暴力的）少數。一九六○年代初，年輕人的服飾風格總的來說還比較保守，與他們的父輩基本一樣。但到了那個十年的尾端，他們的樣子就和上一代人迴然不同了。他們常常蓄留長髮、衣著隨便。牛仔褲原本是美國工人的工裝，但靠著巧妙的銷售手段成了青年人的制服，就連他們父母一代中比較趕時髦的人也穿上了牛仔褲，扭轉了過去年輕人跟隨長輩時尚的模式。「嬉皮」（Hippie）風格始自美國，流傳到歐洲也大行其道，它代表著一種「反文化」，經常涉及吸毒和性解放。

但並非每個年輕人都想被看作「嬉皮士」（hippies）。在購買衣服上，年輕人的花費遠遠超過上一輩人，所以，時裝業瞄準青年男女大做廣告，推銷樣式美觀、風格獨特的時裝。「青年」成為巨大的市場。很快，卡納比街（Carnaby Street）成了「搖擺英國」[2]的象徵，街上各種服飾專賣店為男女顧客提供最新的「行頭」。注重時尚的義大利人大加讚譽英國時裝設計師瑪莉官（Mary Quant），說她是「世界上最潮時尚的創造者……她發明了迷你裙。」珍‧詩琳普頓（Jean Shrimpton）和萊斯利‧霍恩比（Lesley Hornby）成為「超級模特」、國際女裝潮流的定調人，一般人只知道霍恩比的另個名字——「崔姬」（Twiggy，一家義大利雜誌說她是「長著雀斑的娃娃」）。時尚方面的一件怪事是男帽的消失，甚至在戰後很長一段時間裡，大多數成

1　譯者注：「無賴青年」（Teddy Boys）是英國青年的次文化；「鬧事青少年」（Halbstarken）出自西德同名電影，指青少年犯罪團體；「黑夾克」（blousons noir）是法國青年的次文化。

2　譯者注：搖擺英國（Swinging Britain），指一九六○年代的英國時尚。

年男性一直是戴帽子的。針對這個小小的服飾方面的謎團，也許部分的解釋是五〇年代的年輕男性開始更加重視髮型，會像「貓王」艾維斯一樣梳成油亮的飛機頭。

影響一九六〇年代流行文化演變最大的無疑是電視。在文化上，電視對第一代看電視長大的年輕人影響至深，不過電視還是對所有國家的所有社會群體都有影響。事實上，電視在一九二〇年代即已問世，但它要到三十年後才開始在歐洲高歌猛進，逐漸成為大眾文化傳媒中的王者。英國走在這一大潮的最前面。一九五三年六月二日，伊莉莎白二世女王的加冕儀式在西敏寺大教堂舉行，這是促使民眾蜂擁購買電視機的第一個重大事件。數百萬家庭聚集在家裡新添的令人興奮的電視前（一個裝了小小螢幕的發亮大盒子），觀看在倫敦舉行的這一盛大儀式的粗糙黑白影像。[3]

女王加冕的電視直播不僅在英國，而且在全歐洲以至歐洲以外的地區都屬首次。十六家歐洲廣播公司參與了直播。即使在政治制度為共和國的法國，據說也有一百萬人透過電視觀看了加冕儀式。不過，電視在歐洲仍處於萌芽階段。一九五三年，荷蘭電視台每週只播放三小時的節目，觀眾只有一萬人。一九五五年，美國三分之二的家庭都有了電視機，可是在義大利，有電視機的仍不到十萬戶。然而，自那之後，電視開始迅速擴張。到一九六三年，英國的電視機數量達到一千二百五十萬台，德國八百萬台，法國三百萬台，義大利約一百萬台

---

3 作者注：我家和別人家不同，買電視不是為了看女王加冕，而是要看加冕儀式一個月前，於一九五三年五月二日在溫布利（Wembley）舉行的英格蘭足總盃決賽（Cup Final）。在那場扣人心弦的比賽中，黑池隊（Blackpool）四比三擊敗了博爾頓流浪者隊（Bolton Wanderers），勝利的獎章最終授予了當時英國最出名的球星——三十八歲的馬修斯（Stanley Matthews）。好像街上的人全都擠進了我家在奧爾德姆（Oldham）那棟排屋的狹小客廳來看比賽。

（不過一九六〇年西班牙只有百分之一的人口擁有電視機，希臘更是到一九六九年才有電視）。電視的擴張就連控制嚴密的國家也無法阻止。例如，一九六四年東德和西德在擁有電視機的家庭數目上差距很小，比例是百分之四十二對百分之五十。到一九七〇年，瑞典按人口比例的電視機擁有率為歐洲最高（每千人三百一十二台），但匈牙利（每千人一百七十一台）與愛爾蘭、義大利和奧地利也相差不多。

　　一九六九年七月二十日，「阿波羅十一號」太空船登陸月球，太空人阿姆斯壯（Neil Armstrong）和艾德林（Buzz Aldrin）在月球表面邁出了人類的第一步。這些驚人的影像透過衛星傳遞到地球各處，全世界共有五‧三億人觀看了電視轉播，是截至那時電視觀眾最多的一次。此時，電視轉播體育賽事已成為流行文化不可分割的一部分。透過衛星連線，世界各地的人都能觀看奧運會比賽。在足球居體育運動之首的歐洲，一九五五年創立的歐洲冠軍盃足球賽、歐洲足球錦標賽和世界盃足球賽吸引著全歐洲規模日增的廣大觀眾。隨著空中旅行愈來愈容易，機票價格愈來愈低，球迷們開始去外國觀賽，這幫助打破（有時也加強）了對不同國家的僵化印象。

　　電視時代早期，歐洲的國家電視台與美國的商業電視台不同，一般靠收取播放費來當收入（有時也有廣告收入做補充），例如說義大利、法國和西德在一九五〇年代末都建立了電視收費制度，英國廣播公司則全靠許可證收費來維持。電視（和電台一樣）在各國都被視為是一種公共服務，直到一九五五年，英國出現了第一家完全靠廣告費運作的商業電視台──ITV（獨立電視台），才打破了國家壟斷。然而，直到八〇年代之前，歐洲大陸上的商業電視台從來都不是國家電視台的對手。鐵幕東邊，電視當然處在國家的嚴格控制之下，國家當局會取代教會，成為公共道德的監護人，同時又努力阻擋任何西方影響的滲透。西方的國家電視也尋求在娛樂節目和紀錄片以及其他「教

育性」節目之間達成平衡。觀眾從最初只有一個電視頻道，到八〇年代也只多了寥寥幾個頻道，所以他們並沒有什麼選擇。不過從一開始有件事情就很清楚，觀眾想看娛樂節目。

至此，電視取代收音機，成為家庭最主要的娛樂形式。數以百萬計的觀眾最喜歡看的是喜劇片、冒險片和輕鬆的劇情片，還有猜謎節目和體育節目。看電視對家庭生活和休閒活動產生了影響。像是晚上一家人經常圍在電視機旁看電視，某些最喜歡的節目絕對不能錯過，吃晚飯的時間也要跟著調整。無論是去電影院，還是去咖啡館、酒館、餐館，甚至是探訪親友，都要按照電視節目的時間來安排。休閒活動在電視時代比在收音機時代更多地走入家中，電視成了新的上帝。

隨著電視的普及，人們去電影院的次數減少了。一九五〇年代末，電影觀眾的人數已經在下降。到了七〇代中期，法國、義大利和荷蘭的電影觀眾降到了一九五五年的三分之一左右，挪威電影觀眾的人數也幾乎同樣急劇下降。英國下降得最多，降到了一九五五年人數的十二分之一多一點。從一九五七年到一九六三年，英國有三分之一的電影院關門大吉。許多改成了保齡球館或賓果遊戲廳。有的保留了下來，那一座座褪色的夢之宮紀念著一個逝去的時代。鐵幕東邊各國的情況稍有不同，彼此間也參差不齊。波蘭的電影觀眾減少了一半，蘇聯的卻略有上升，保加利亞的更是大大增加。最可能的原因是電視不夠普及。遲至一九六〇年，蘇聯還僅有四百八十萬台電視機。看電影（加上閱讀和飲酒）仍然是單調乏味的日常生活中少數唾手可得的消遣之一。

鑑於資本短缺，戰後早期美國電影充斥歐洲電影院乃不可避免之事。即使到一九六〇年代初，歐洲電影院上映的電影中一大部分仍然是進口的美國片，不過法國和義大利人比較抵制這普遍的潮流。法國人尤其偏愛他們自己的電影，在一些國際馳名電影的推動下，法國影

片所占市場份額也開始攀升。這樣的電影包括一九五六年羅傑‧華汀（Roger Vadim）執導的《上帝創造女人》（*Et Dieu...créa la femme*），這部影片開啟了碧姬‧芭鐸（Brigitte Bardot）新科性感女神的生涯。西德有美軍駐守，自然對美國的進口影片更加開放。不過，五〇年代一些最受歡迎的影片是德國製作的，如一九五六年描繪少年黑幫的《少年犯》（*Die Halbstarken*），還有一九五五年的《茜茜公主》（*Sissi*），該片由羅美‧雪妮黛（Romy Schneider）主演，講述了哈布斯堡帝國法蘭茲‧約瑟夫皇帝的皇后的生活。

英國因為和美國使用同樣的語言，所以電影業一直特別受好萊塢的影響。不過，英國的電影製作在戰後早期仍繼續蓬勃發展。當時的傑出影片是卡洛‧李（Carol Reed）導演的《黑獄亡魂》（*The Third Man*，一九四九年）。影片中維也納被戰爭踩躪的景象動人心魄，裡面的反英雄哈利‧萊姆（Harry Lime）是非法販賣青黴素的幫派的中心人物，飾演者美國影星奧森‧威爾斯（Orson Welles）表演出色，令人難忘。英國人與其他歐洲國家的國民不同，特別喜歡戰爭片（也喜歡戰爭題材的小說、回憶錄和漫畫書）。沉湎於往昔的英雄事蹟掩蓋了國家衰落的失落感。一九四五年到一九六〇年之間，英國共製作了一百多部的戰爭片。八百五十萬觀眾看了一九五五年上映的《轟炸魯爾水壩記》。兩年後，描寫日本人殘忍虐待英國戰俘的《桂河大橋》（*The Bridge on the River Kwai*）的觀眾超過一千二百萬。沒有別的歐洲國家能在電影中美化戰爭，歐洲大陸即使拍攝戰爭片，也通常集中描繪抵抗納粹的行動或無辜受害者的苦難。但是，在戰時歷史複雜曖昧的國家，這樣題材的電影不可能指望引起轟動。人們大多想把戰爭拋在腦後，不想被再次提醒起戰爭的恐怖。

戰爭剛結束時，義大利電影院放映的幾乎全部是美國片。一九五七年，義大利十部票房最高的影片中美國電影占了一半。然而，到了

一九六〇年代末，情況即全然不同。十部最火紅的影片中只有三部來自美國，分別是兩部西部片，一部迪士尼喜劇片，觀眾的喜好大多轉向了義大利的西部片和喜劇片。電影的流通絕非只朝著一個方向，像是珍娜・露露布麗姬姐（Gina Lollobrigida）和蘇菲亞・羅蘭（Sophia Loren）就跟法國的性感偶像碧姬・芭鐸一樣，成為全歐洲和大西洋彼岸家喻戶曉的名字。幾位義大利導演執導了紅遍義大利內外的高品質影片，其中突出的有費里尼（Federico Fellini）一九六〇年執導的《生活的甜蜜》（*La Dolce Vita*），片中描繪了一種空虛、無意義、醜龌龊的「好生活」，是對當時的道德狀況以及有權有勢又腐化墮落的義大利上層階級的批判。這部影片由瑞典影星安妮塔・艾格寶（Anita Ekberg）主演（這是該片成功的一大原因），裡面有些情色的鏡頭，這讓仍深受天主教會道德觀影響的義大利電視台不肯播放。不過，影片引起的爭議反而加大了它的名氣，在義大利國內如此，在國外更是如此。該片在國際上的巨大成功幫助把法西斯時代之後的羅馬變成了時髦的旅遊熱點。影片中的一個人物帕帕拉佐（Paparrazo）的名字演變成了英語和其他語言通用的一個名詞paparazzi，意思就是無孔不入、招人討厭的攝影狗仔隊。

　　米開朗基羅・安東尼奧尼（Michelangelo Antonioni）的獲獎影片《迷情》（*L'Avventura*，一九六〇年）、《夜》（*La Notte*，一九六一年）和《蝕》（*L'Eclisse*，一九六二年）探討了現代社會中的情感不安，贏得國際讚譽。他執導的英語影片《春光乍現》（*Blow-Up*，一九六六年）描繪了一位時裝攝影師在「搖擺倫敦」度過的一天，是藝術傑作，也在票房上大獲成功，尤其因片中一些當時算是明顯露骨的性愛場景而受到關注。其他國際上赫赫有名的義大利導演有維斯康提（Luchino Visconti），他執導的描述一位工業家的家庭與希特勒政權關係的《納粹狂魔》（*The Damned*，一九六九年）享譽國際；還

有齊費里尼（Franco Zeffirelli），他聲名遠播是因為他拍攝了改編自莎士比亞戲劇的《馴悍記》（*The Taming of the Shrew*，一九六七年）和《羅密歐與茱麗葉》（*Romeo and Juliet*，一九六八年），其中《馴悍記》由李察‧波頓（Richard Burton）和伊莉莎白‧泰勒（Elizabeth Taylor）主演。

義大利電影在某些方面有其特殊之處。義大利是歐洲電影院最多的國家，電視普及的時間很晚。一九六〇年代中期，義大利人花在看電影上面的錢遠遠多於看戲或看體育比賽的錢。即使是陽春白雪的先鋒派電影在義大利也觀者眾多，歐洲大多數其他國家可不是這樣。不過，偶爾也有藝術影片打破常規，成為經典作品並在國際上引起轟動，如瑞典導演柏格曼（Ingmar Bergman）的《第七封印》（*Det sjunde inseglet*，一九五六年），影片講的是一位參加十字軍東征歸來的騎士和身穿黑袍的死神下西洋棋賭生死的故事。

隨著戰後持續復甦，經濟日益繁榮，西歐各國的電影、戲劇和文學開始轉向社會批評。在許多藝術家看來，繁榮與穩定是物質主義、虛偽和古板的保守價值觀的同義詞。中產階級社會墨守成規的生活方式與價值觀，階級地位造成的不公平和缺乏機會，這些常常成為批評的對象。社會批評回顧過去，是為了對其進行反叛。英國和西德對社會與文化變革的反應經常截然不同。

一九五〇年代末，英國出現了文學、戲劇和電影的「新浪潮」（New Wave），集中描繪英國產業工人階級的貧困、攻擊性、憤懣和性價值觀。約翰‧奧斯本（John Osborne）的劇作《憤怒的回顧》（*Look Back in Anger*，一九五六年）在倫敦上演後一砲而紅，電視轉播造成轟動，三年後又拍成電影，也非常成功。這部作品開創了一個新藝術類型，產生了「憤怒的青年」這個通用名稱（誰也不知道自己為什麼憤怒，更遑論該如何改進）。很快的，這類作品得名「廚

房水槽劇」（kitchen-sink drama）。[4]接著，一連串同類小說和戲劇迅速出現，翻拍成電影後大受歡迎，觀眾爭先恐後一睹為快，一個重要的原因是這些電影不加掩飾的性愛內容在當時算是非常大膽的。這樣的電影包括《金屋淚》（*Room at the Top*，一九五九年）、《浪子春潮》（*Saturday Night and Sunday Morning*，一九六〇年）、《甜言蜜語》（*A Taste of Honey*，一九六一年）、《一夕風流恨事多》（*A Kind of Loving*，一九六二年）和《說謊者比利》（*Billy Liar*，一九六三年）。這些影片表達了對正在逝去的「真正的」英格蘭北部工人階級生活的懷戀。這也是霍加特（Richard Hoggart）所著《讀寫何用》（*The Uses of Literacy*，一九五七年）的主旨。該書雖然是學術著作，但令人驚訝地吸引了各界大量讀者。霍加特批評了社會中的享樂主義和青春崇拜，說當前的社會「把自由等同於為了增加銷售量而無所不用其極」。他指出，「我們正在創造一種大眾文化」，這種文化宣揚現代消費主義，追求以刺激感官為目的的商業化娛樂，因此「與正在被它取代的那種往往粗陋的文化相比更加不健康」。他認為，它相當於摧毀了「人民的**城市文化**」。

一九六〇年代，戲劇、報紙和電視節目愈來愈多地使用諷刺手法來戲仿既有政治系統和根深柢固的階級制度。當然，政治諷刺在新聞報導或戲劇創作中早已有之。可現在電視觀眾人數眾多，於是，比過去多得多的人見識到了針對名人和機構的往往尖刻的連珠妙語。一九六二至六三年上演的收視率很高的每週電視節目《上週發生了什麼》（*That Was the Week That Was*），就是這樣的諷刺節目。尊重明顯愈來愈少。

西德的文化創作仍然經常涉及納粹歷史。例如霍赫胡特（Rolf

---

4 譯者注：指激進現實主義戲劇。

Hochhuth）的劇作《上帝的代理人》（*Der Stellvertreter*，一九六三年）因為攻擊教宗庇護十二世在猶太人遭到大屠殺期間保持沉默，而引起軒然大波。至於以文學手段做出的批評通常比較含蓄，例如恩岑斯貝格爾（Hans Magnus Enzensberger）一九六四年發表的詩作《中產階級藍調》（*Middle-Class Blues*，他有意選擇了屬於美國而非德國音樂傳統的形式）提到了不久前的過去，批評了六〇年代德國人的心態：「我們不能抱怨／我們沒有失業／我們沒有挨餓／我們有飯吃」。接著他隱晦地提到了過去：「青草在生長／社會產品／……我們吃的是過去」。

　　在過去的那場大災難中，無數人同流合汙。事後，這段歷史基本上被人們排除在意識之外，而被繁榮的消費社會的物質主義價值觀取而代之。這個「未了解的過去」造成了文化的出奇混亂，同時，各種藝術對於「新」的先鋒形式展開了狂熱的實驗。西德知識分子經常痛斥社會自鳴得意、淺薄無知、企圖抹滅過去，他們對這樣一個社會的疏離感可謂歐洲之最。克魯格（Alexander Kluge）、賴茨（Edgar Reitz）、溫德斯〔Wim Wenders）的「新電影」與楚浮（François Truffaut）、高達（Jean-Luc Godard）和其他法國導演的「新浪潮」電影一樣，完全摒棄常規的敘事形式，創造了相當於反思性散文的電影。有意發人深思的實驗性戲劇和繪畫對文化、政治和社會的現有價值觀提出了挑戰。

　　然而，我們應注意不要過分誇大文化先鋒派的影響。在潛移默化改變社會價值觀方面，流行文化中的國際影響，無論是「可口可樂殖民」（Coca-colonization，指美國商品無所不在的影響），還是披頭四和其他主要樂團的音樂，起的作用肯定更大。但儘管如此，文化先鋒派對年輕一代中受過高等教育的群體產生的影響超乎比例。「另類文化」的概念開始傳播，這種文化更加民主，更加重視集體，不再把傳

統形式奉為圭臬，革命意識更強。

與過去的價值觀決裂

藝術、文學和其他創造性表達方式構成的文化，反映了一個社會的價值觀與心態，也是對現有價值觀與心態提出挑戰、革故鼎新的力量。一九六〇年代，社會的價值觀與心態剛剛進入一個連續持久、不斷加強的轉變過程，尤其是在年輕一代當中。一些因素原來對社會態度與行為具有關鍵影響力，其中突出的有軍隊、工作、教育、宗教和家庭。現在這些因素的作用發生了變化，一般都在弱化。

在一九六〇年代，歐洲社會基本上實現了非軍事化。軍隊失去了作為社會中心特色的影響力。尚武的價值觀不再占主導地位。國家軍費減少，福利開支增加。學校和基督教會不像從前那樣大力培育青年人的尚武和民族主義的價值觀。直到二次大戰結束時，青年人被灌輸的信念都是為國捐軀是神聖的責任，如今這個信念大為減弱。的確，大部分年輕人仍須服兩年左右的強制兵役，但是他們很少熱情投入，反而常常不情不願。服兵役是需要大量徵兵打仗的時代遺留下來的做法。在核武時代，大型軍隊愈發過時，儘管大部分國家過了很長時間才接受這個事實。在爭取獨立的殖民地發動的鎮壓解放運動的戰爭日益不得人心，龐大的作戰部隊主要由鬥志不旺的新兵組成，大多累贅礙事。多數政府都認識到公眾反對徵兵制，自一九六〇年代末開始提供替代兵役的選擇，例如在醫院或學校做文職工作。無論是做這類工作，還是忍受兩年毫無意義的軍訓和出操，多數被迫「為國服務」的年輕人都迫不及待地想要回歸平民生活。現在，塑造他們價值觀系統的是平民世界，不是軍隊。

勞動領域也在發生巨變。在這個基本達到了充分就業的時代，工

會獲得了強大的討價還價能力，能夠為日益增多的會員爭取更好的條件。一九五〇年代和六〇年代，大工廠仍普遍施行流水線生產，但勞動的組織模式開始變得靈活，勞動不再那麼單調，更加人性化，也因為調動了工人的積極性而提高了效率。就連工人和管理者之間都不再像以往那樣涇渭分明。在打破勞資界線、使生產活動成為共同事業的實驗中，瑞典的汽車製造廠走在了前頭。雖說這些改變到六〇年代末並未進一步發展，不過在工作場所，過往古典資本主義生產的鐵一般的嚴格規定，也開始放鬆。

總的來說，階級界線不像以往那樣僵化。一九六〇年代末，西德中產階級三分之一出身於工人階級，另有五分之一是從上層中產階級降下來的。城市中心汙穢的貧民窟被掃清；長年的社區被拆散；在新地區，有時是離工作地點較遠的郊區，建起了不利於鄰里交往的公寓大樓或公宅——這些都侵蝕了工人階級的團結。「寬闊乾淨的新樓梯上沒有人氣……漂亮的新房門總是關著。」一位英國婦女這樣回憶說（不過此言暗含著對往昔的浪漫化，其實過去工人階級大多數成員的住宅條件非常惡劣，後來新建的住宅在清潔衛生方面強多了）。如德國社會學家達倫道夫（Ralf Dahrendorf）所說，薪酬較高的熟練工人曾經傾向於激進政治，現在卻開始「資產階級化」，利用自己討價還價的力量來「尋求個人幸福」。朝向「平均的中產階級社會」的發展趨勢很容易被誇大，這個趨勢在（它的名稱的發源地）富裕的西德較強，在歐洲大部分其他地方則並非如此，更是完全不適用於鐵幕的另一頭。不過，它預示了更加普遍的發展。隨著「服務業」把過去本來會進入工業部門工作的人員，拉入了行政和文職工作，工人階級的上層和白領下層中產階級之間的差距愈來愈小。

工作的時數縮短後，人們有了更多時間用於休閒消遣，這成了人們的一大興趣。一九七三年在西德進行的一次調查中，有三分之二以

上的受訪者說休閒和家庭比工作更重要。以前從未有過如此眾多的人能夠享受休假，而且經常是出國度假。在國內，工作之餘和家人共度時光的方式也愈來愈多，或是在庭院裡活動（更多的人有了自家的花園或園地），或是做其他五花八門的事情，把乏味的工作拋在腦後。許多消遣屬於個人活動，不是集體活動。這是大勢所趨，此時這個趨勢尚處於起步階段，後來幾十年間會進一步發展。如前所述，音樂、電影和電視這些重要的大眾休閒娛樂方式跨越了國界，把各國的大批年輕人團結起來，塑就了歐洲各國人民的共同興趣與心態，甚至滲透入鐵幕另一邊的國家。

　　二戰後，大多數歐洲國家的中學教育迅速普及，更多的人因此得到了過去專屬於社會菁英的晉身機會。在西歐，一九七〇年十歲到十九歲的在校學生人數平均比一九五〇年多了二・五倍。雖說國家間（有時是地區間）的差別依然存在，但各國普遍認識到，需要讓更多的人具備從事複雜勞動的能力，或者接受更高的教育。東歐的戰後教育與戰前截然不同，也與西歐的情況迥然有異。私立學校和教會學校被廢除，俄語以及俄羅斯文學和歷史在課程中所占比重增加，科學技術更受重視，所有科目都貫穿針對勞工運動歷史的闡述，以及馬克思列寧主義的社會與政治發展觀。

　　一九六〇年代，人們上大學的機會也開始增加。新的大學和理工院校相繼成立。一九五〇年，二十至二十四歲的人中只有百分之三到百分之五能上大學，到了一九七〇年，這個數字一般都上升到了百分之十二到百分之十八之間，瑞典和荷蘭甚至超過了百分之二十。鐵幕另一邊的趨勢也是一樣，但百分比稍低，阿爾巴尼亞是百分之八，東德是百分之十四，南斯拉夫最高，達到了百分之十六。不過，高等教育基本上仍然是男性的專屬，西歐比東歐更甚。例如，一九六五年曼徹斯特大學只有四分之一的畢業生是女性（其中很少數科學和醫學專

業的畢業生）。但無論如何，前所未有的大批年輕人藉由大學教育接觸到了新的或跟自己不同的思維方式。其結果是，正當現有的社會常規與政治決定開始鬆動，比自二戰以來的任何時候都更易於對其提出嚴重批評之時，社會中恰好出現了有能力對這些常規和決定提出質疑的非常聰敏的一群人。

　　歐洲文化在很大程度上是近二千年基督教傳教的產物，自十八世紀以降，又受到了啟蒙運動價值觀的決定性影響。然而，科學與醫學知識的傳播，加之相信能夠找到合理解決社會問題辦法的樂觀信念，動搖了人們對超自然的信仰。此外，在社會關係更加緊密的鄉村地區，農民跟教會的關係一直比大城市的產業工人更加密切。因此，勞動力源源不斷地從農村流入組織比較鬆散的城市社會，這種情況進一步削弱了教會對社會的直接影響。在城市裡，日益多樣的休閒活動明顯降低了宗教的吸引力。即使在復活節這個基督教行事曆上最莊嚴的節日，年輕人也經常願意去遊樂場遊玩、看電影或觀看體育比賽，而不是上教堂。宗教活動參與度的不斷下降是社會變化的結果，不是原因，廣泛的社會變化影響到了所有制度機構，教會也不例外。但是，這不僅意味著宗教教義影響力的減弱，也意味著教會一貫主導的道德價值觀日趨式微。

　　鐵幕那邊的共產主義國家中，宗教活動與公開信教者的急劇減少在很大程度上是政治因素造成的。虔誠的基督徒（或猶太教徒，或穆斯林）可能處於嚴重不利的境地，教會也在政治上遭到打壓。一九五九年到一九六五年的六年內，蘇聯東正教神父的人數減少了近一半。許多教堂、清真寺和猶太會堂被關閉，所有宗教機構都受到國家當局的嚴密監視。一些人仍在暗地裡堅持信教，但這樣的人在人口中到底占多大比例，我們不得而知。中歐和東歐也有類似的趨勢，雖然不完全一致。阿爾巴尼亞對宗教最不寬容。若問阿爾巴尼亞人，在他們的

國家三大宗教之間有何區別，他們會乾脆地回答：「基督徒星期天不去教堂，猶太人星期六不去猶太會堂，穆斯林星期五不去清真寺。」波蘭則是另個極端。天主教會日益成為波蘭民族認同的代表，構成了不同於官方意識形態的另一種信仰體系。宗教活動和民眾信教的虔誠度不降反升。一九六〇年代的波蘭，星期天上教堂望彌撒的教徒占人口的百分之七十。到八〇年代，常上教堂的教徒占人口的百分比增加到了驚人的百分之九十到九十五，工人階級聚居的教區尤其如此。對共產黨當局來說，這實在是糟糕透頂。

宗教參與度在西歐的下降是長期趨勢，在新教各個教派中比在天主教會中表現得更加明顯。在生靈塗炭的戰爭年代和戰爭剛剛結束的那幾年，下降的趨勢暫時中止，但到了一九六〇年代，民眾與教會的連結明顯鬆動，這一趨勢在二十世紀剩餘的時間及之後繼續發展並有所加快。

西北歐的經濟現代化最先進，人口教育程度較高，自由主義政治制度最發達，文化規範變化最大，宗教信仰也淡化得最快。在歐陸南部信仰天主教的地區，宗教衰退的速度較慢，民眾比歐陸北部新教占主導地位的地區的民眾更篤信宗教。愛爾蘭共和國是西北歐的例外。在這個經濟相對落後的國家，天主教會的「特殊地位」載入了一九三七年的憲法，這是因為天主教是愛爾蘭民族身分根深柢固的一部分。直至一九六〇年，還有百分之九十以上的人口經常去望彌撒，歐洲沒有幾個地方能與之相比。另外在巴伐利亞這樣比較富裕、現代化程度較高的地區，人們對天主教會的忠誠也仍然相對牢固。法國的盧德（Lourdes）、葡萄牙的法蒂瑪（Fatima）、愛爾蘭的諾克（Knock）和波蘭（存放著作為民族象徵的「黑色聖母」畫像）的琴斯托霍瓦（Częstochowa）等天主教聖地，仍有數百萬人前來瞻仰，這證明天主教信仰的生命力依然旺盛。

　　總的來說，歐洲各地定期上教堂的天主教徒比新教徒多，儘管人數也在下降。據調查顯示，大部分人仍然表示自己相信上帝，人口中的大多數仍然在名義上屬於某個教派，也通常會請教會來主持洗禮、婚禮和葬禮。但儘管如此，各種跡象都顯示，信教的人愈來愈少，宗教信仰本身在收縮。例如說，相信來生的歐洲人就愈來愈少。教會，尤其是天主教會，仍然在維繫公共道德方面發揮著主要作用，但愈來愈艱難。

　　教會試圖適應迅速的社會變化。為尋求基督教的團結而開放接受其他信仰的泛基督教主義開始有了市場。早在宗教改革運動之前，英國聖公會的總主教坎特伯里大主教和教宗就一直互不見面。經過漫長的年月後，他們終於在一九六○年舉行了會晤。路德宗教會在歐洲任命了第一批女牧師，先是在丹麥（一九四八年就任命了），然後在瑞典（一九六○年）和挪威（一九六一年），這預示了未來的發展。有些新教神學家試圖以新穎的方式界定信仰。田立克（Paul Tillich）就提出，信仰不是理性的對立面，而是對理性的超越。聖公會的伍利奇（Woolwich）主教約翰·魯濱遜（John Robinson）拒絕接受上帝在人的想像之外客觀存在的觀念。這些神學家艱深複雜的著作在引發新教教會內部的辯論中起到了重要作用。但是，沒有多少普通教徒會對本體論神學感興趣，上帝僅為純主觀存在的主張對大部分人沒有吸引力，與教會漸行漸遠的人也不可能因為高深的神學辯論，而重回教會的懷抱。

　　天主教會也面臨著劃時代的變化。一九五八年教宗若望二十三世當選後，一改前任庇護十二世的超然風格，開啟了可能是現代最具變革性的教宗統治。他做出了一個令極端保守的梵諦岡教廷（Vatican Curia，教會的治理機構）不以為然的重要決定，召開了教會的大公會議。這是自一八七○年以來的首次大公會議，若從十六世紀開始算

起，這也僅僅是第三次。教宗這樣做是回應新一代主教和他們下面的基層神職人員，以及平信徒發出的強烈呼聲，人們要求教會進行改革，與時俱進，以防信徒嚴重流失。一九五〇年代末，西德的主教們就深切意識到，「習慣性地忽視禮拜天彌撒」會「影響教義的傳播」，主教們也知道，許多神父「十分擔憂」天主教徒數目下降。關於改革傳播教義的方式和自下而上重振教會的辯論最先在法國展開，隨後擴至荷蘭、比利時、西德和義大利，但這些主張在愛爾蘭、英國和伊比利半島幾無寸進，因為那些地方的教會非常保守，變化遭遇的阻力最大。

　　「梵二會議」（Vatican II，這是那場大公會議通常的稱謂）加強了主教與教宗（羅馬的主教）的「共用」（collegial）權威，不過教宗的至上權威因此遭到的任何減損都藉由重申教宗永無謬誤論而得到了彌補。大公會議提倡天主教會與其他教會和解，大大促成了天主教會對泛基督教主義的接納。會議還為基督徒給猶太人造成了苦難，而向猶太人道歉（並在耶穌受難日的佈道中去除了把耶穌被害歸咎於猶太人這種冒犯性的說法），呼籲與猶太人對話，譴責反猶主義。一九六五年，天主教會與東正教會長達幾個世紀的裂痕開始彌合。對普通天主教徒來說，大公會議做出的最明顯的改變是在彌撒時把西歐教會自古以來使用的拉丁語改成了本國語言，此舉是為了使教會更貼近老百姓，但守舊派十分不以為然。

　　這些改變意義重大、影響深遠。改變在教會內部的神職人員和平信徒中重新掀起了辯論，激起了信徒尋求教會活動新形式的熱情，拓寬了人們的視野，幫助人們進一步認識到歐洲以外地區，特別是拉丁美洲的社會貧困。不過，歷史學家麥卡洛克（Diarmaid MacCulloch）還是正確地將大公會議的成果稱為僅僅是「革命了一半」。潘朵拉的盒子打開了，但不久後主教們又拚命想把蓋子蓋上。諸如推動教會支

持政治激進主義和拉丁美洲「解放神學」的舉措被封殺；平信徒可以參與教會事務，但前提是控制權必須牢牢掌握在神職人員手裡；教宗至高無上的地位得到重申，主教與教宗「共用」權力成了一句空話。此外還有作為顧問參加了梵諦岡大公會議的瑞士神學家漢斯・昆（Hans Küng），因公開駁斥教宗永無謬誤論，而被禁止教授天主教神學（他是西德蒂賓根大學的教授）。

梵二會議的改革完全沒有觸及性行為領域，與該領域的社會變革大潮格格不入。許多與會者希望至少能放鬆禁止神職人員結婚的規定。但是若望二十三世教宗遠在他召開的大公會議完成工作之前，就於一九六三年去世，繼任的保祿六世思想保守，重申了神職人員獨身的原則。幾乎可以肯定，這是一大因素，造成願意擔任神職的人愈來愈少，放棄神職去結婚的人卻愈來愈多。另一個問題影響面則廣泛得多，保祿六世在一九六八年的通諭《人類生命》（*Humanae Vitae*）中宣布維持對避孕藥物的禁令。此事不僅在平信徒當中，就連在天主教神職人員都引起了激烈抗議，因此在實際生活中，教宗的這則禁令被廣泛無視。教宗禁令除了有損教廷權威之外，還顯示了梵二會議改變天主教的能力有限，無力大幅扭轉世俗化前進和天主教信仰衰落的趨勢。教廷禁止人們定生育計畫，顯然是跟性領域和家庭領域中的變化反其道而行，而對於這樣的變化，教會其實根本無力阻止。

人們對婚姻、離婚、同居和非婚生子的態度正在改變。戰後嬰兒潮已告結束。年輕人不再像教會教導的那樣把生育視為婚姻的首要目標。與戰爭剛結束時相比，結婚年齡推遲了。就業機會的增加促使人們在計畫生養孩子時把自己的生活、願望和物質條件作為首要考慮，而不是反過來把生育作為主要目標。更多的女性出去工作賺錢，想把握自己的生活。她們愈來愈拒絕接受女人的職責就是生孩子管家的傳統觀點。在西歐，婦女進步最大的是在斯堪的納維亞，最慢的則是在

天主教國家，那裡的社會輿論毫不諱言地強調妻子和母親在家中的責任。愛爾蘭甚至在憲法中載入「母親不得由於經濟原因被迫出去勞動，忽視家中責任」這樣的條文。東歐也出現了晚婚少子的現象，但原因有所不同。東歐為孕婦提供的支持比西方廣泛得多，使婦女得以擔任全職工作。但是，經濟條件不好，要等很久才能分配到一套合適的公寓，這些因素限制了人們早婚早育的意願。

最重要的是出現了更好的避孕方法，關於人工流產的法律也有了改變，婦女因此比過去更能夠決定是否生孩子、何時生、在婚內生還是在婚外生。一九六〇年，美國有了一項關鍵的發明——避孕藥，它很快被簡稱為「藥片」（the Pill）。它從根本上改變了女性的生活。女性有史以來第一次有了自己控制生育的可靠辦法。避孕藥帶來了性行為的巨變，為自一九六〇年代晚期以來男女兩性共同享受的性自由開闢了道路。

性解放開始侵蝕婚姻，其速度在二十世紀最後幾十年間不斷加快。離婚率開始顯著上升，當然尚不及二十世紀晚期的速度。到一九七〇年，瑞典和丹麥已經有四分之一以上的婚姻以離婚收場。同時，這兩個國家二十歲出頭的成對男女中幾乎三分之一選擇只同居，不結婚。瑞典近五分之一的新生兒是婚外出生的。這些數字遠超其他西歐國家的比例，但各國的發展趨勢基本朝著同樣的方向，東歐也不例外。只有天主教國家遠遠落後，例如在一九七〇年十二月之前，離婚在義大利還是非法的，葡萄牙到一九七五年才規定離婚合法，佛朗哥之後的西班牙則要等到一九八二年，愛爾蘭更是遲至一九九七年，馬爾他甚至到了二十一世紀的二〇一一年。

這一潮流的驅動力是對一切性常規發起挑戰的性革命。一九六〇年代晚期，性革命已成為青年反文化的核心部分，婦女解放運動也在推動婦女性獨立方面發揮了重要作用。沙特的伴侶西蒙·波娃是婦女

解放運動的先鋒，她一九四九年發表的著作《第二性》（*Le deuxième Sexe*）對女權思想影響深遠。女性平等至少在理論上日益得到接受，這是女權運動一項重大而持久的成就，是後來幾十年間最重要的社會變化之一。這個變化在很大程度上是由於避孕藥的發明而促成的，避孕藥讓男人和女人都能享受隨意的性生活，不用害怕懷孕。「性愛自由」（多次變換性伴侶的性自由）產自美國舊金山的嬉皮士文化，跨越大西洋來到歐洲。同性戀在一九五〇年代還基本上屬於一個不敢聲張、被視為犯罪的地下世界，現在開始在社會中得到更廣泛的接受，雖然徹底消除根深柢固的偏見只能慢慢來，道路阻且長。

在推動社會接受對於性的新態度方面，迅速擴張的大眾媒體厥功至偉。書籍和電影很快就開始挑戰並打破傳統的禁忌。一九六〇年，D・H・勞倫斯（D. H. Lawrence）的小說《查泰萊夫人的情人》（*Lady Chatterley's Lover*）未刪節本出版（裡面以生動直白的文字露骨地描寫了性交的場面），卻因《淫穢出版物法案》被告上倫敦法院。檢方律師鐘斯（Mervyn Griffith Jones）堪稱傳統觀念的柱石。他問陪審團成員「願不願意讓你們的妻子或僕人讀」這本書，簡直像是上個時代走出來的人。文學專家排著隊做證，為該書辯護。伍利奇主教魯濱遜這位爭議人物別出心裁地指出，勞倫斯用聳人聽聞的文字描述的性交是「神聖的交融行為」。出版該書的企鵝出版社最終被宣告無罪，洗脫了指控它的所有罪名。圍繞該書的風暴不出所料地帶來了它的爆炸性暢銷。英國的這個例子說明，在社會價值觀變化如此迅速之際，不可能維持過去對性描寫的嚴格審查和限制。在文學、電影和報章雜誌中（電視起初仍致力於護衛公共道德），性顯然特別能賣座。

政府被迫調整適應不斷變化的社會氛圍。瑞典和丹麥在避孕方法的普及上再次走在了前頭。在英國，自一九六一年起，已婚夫婦只要有醫生處方就可以很容易買到避孕藥。而從一九六八年開始，所有英

國女性，無論結婚與否，都可隨意購買避孕藥。法國迫於女權主義者的壓力，一九六五年取消了對生育控制的限制。此外，天主教國家則因遵從天主教會的官方立場，抵制放寬使用避孕藥物。義大利要到一九七〇年才解除限制，愛爾蘭更是要等到十多年以後。在蘇聯及其盟國，人工流產自一九五〇年代起即已合法，但在西歐，允許墮胎的法律要到六〇年代末、七〇年代初才逐漸普及，而且通常附有嚴格的條件。這類立法一般都是經過激烈辯論才能夠通過的，尤其受到天主教會的反對。但是，即使是天主教徒占絕大多數的國家也逐漸開始將墮胎合法化，儘管有些國家，像馬爾他，繼續反潮流，進入二十一世紀後仍然禁止墮胎。

　　社會態度的變化也反映在關於同性戀行為的立法上面。歐洲各國政府對同性戀的立場在歷史上各有不同。在大部分（雖然不是全部）共產主義國家中，同性戀遭到官方禁止。大部分西方民主國家都曾將同性戀入罪，但同性戀在法國自大革命之後就已合法（雖然維琪政權和其他法西斯政權一樣，禁止同性戀行為），在丹麥、瑞典和冰島也已經合法了二三十年（在挪威和芬蘭卻不合法）。自一九六〇年代末起，反對現行法律的聲音愈來愈大，歐洲各國政府遂開始制定開明的同性戀立法。發起於美國的「同性戀權利運動」也不斷施壓。慢慢的，在西歐以及後蘇聯時代的東歐各地，知情同意的成年人之間的同性戀行為不再被入罪，雖然要直到九〇年代才完成這個過程。但儘管如此，同性戀者仍遭受著廣泛的歧視，在俄羅斯最為明顯。

＊　＊　＊

　　自第二次世界大戰以來，歐洲的社會價值觀發生了天翻地覆的變化。一九六〇年代末的西歐社會一般來說比一九五〇年更加開明、寬容。當然，也存在著與普遍情況相反的逆流。種族主義依然廣泛存

在，即使經常掩蓋在表面下。歧視婦女的態度處處可見，各行各業的女性經常遭遇男性上司討厭的不軌行為。女權主義要糾正男性對女性的偏見，改變教育和就業領域以及工作場所長期存在的對婦女的歧視，仍任重道遠。

對一些年輕人來說，自由化無論如何都太緩慢、太溫和了。他們要的是快得多也全面得多的改變。到一九六〇年代晚期，他們在鐵幕的東邊和西邊都構成了對社會與政治秩序的挑戰。

第六章

重重挑戰

Challenges

禁止進行任何禁止。自由始於一項禁止：禁止損害別人的自
由。

　　　　　　　　　　　——巴黎的塗鴉，一九六八年五月

當未來之光藉由一個燃燒的身體閃亮之時，不要對那個日子
漠然以對。

　　——帕拉赫為抗議蘇聯占領捷克斯洛伐克而自焚的事件發生後，

　　　　　　　一九六九年一月布拉格的哈維爾塑像上塗抹的字句

　　一九六〇年代後半期，歐洲東西兩半都經歷了自二戰結束以來
最為嚴重的政治動盪。鐵幕兩邊以截然不同的方式發生了對統治制
度的挑戰。西歐面臨的挑戰在一九六八年的學生抗議中達到頂峰。在
東歐，同年發生的「布拉格之春」震撼了整個蘇聯陣營。到七〇年代
初，動盪雖說平息，但留下了多方面的長期影響。

　　儘管動盪僅是曇花一現，但它反映了社會與文化價值觀的深刻變
化，在已經或即將進入成年期的戰後嬰兒潮世代中表現得最為明顯。
從世界大戰的經歷中學會了自律的老一代人的價值觀與行為模式，到

六〇年代中期遇到了根本性挑戰。權威、服從、責任等價值觀只會
讓年輕人聯想到過去。特別是在打扮、習慣和生活方式方面,年輕人
更加我行我素,不願意接受長輩那種古板的隨俗和權威。在某些環境
中,他們已躍躍欲試,準備反叛。

抗議與暴力

世代反叛

　　一九六〇年,美國社會學家丹尼爾·貝爾(Daniel Bell)宣布了
「意識形態在西方的終結」。他說,那些十九世紀發展起來,對二十
世紀上半葉的歷史進程發揮了主導作用的偉大思想,特別是馬克思主
義,已經完結,在技術官僚統治的新興社會中不再有用武之地。根據
他的論點,一九五〇年代期間政治思想已趨於「枯竭」,基本教義性
質的意識形態變得多餘無用。即使歐洲各國內部的政治共識達到了有
史以來的罕見高度,貝爾此言也是只有美國人才做得出的評語。不出
五年,已經看得出這是個奇怪的誤判。

　　到一九六〇年代中期,原本局勢相對平靜的各國進入了一個起
伏不定的政治時代,核心因素是馬克思主義與資本主義之間的意識
形態衝突。鐵幕兩邊截然對立的社會與政治制度並非衝突的唯一原
因,甚至算不上主要原因。事實上,所發生的主要是西方社會內部的
意識形態衝突,是西方形式的馬克思主義和資本主義自由民主之間的
衝突。年輕人的政治抗議體現了這種衝突,反映了那一代人中廣泛存
在的疏離感,而這種疏離感在一九六〇年代中期之後更加普遍。對許
多抗議者來說,這是一場明確的世代反叛。一位當時的積極分子在回
顧那時令人陶醉的氣氛(以及與之俱來的幻想)時說:「我們是奪取

權力的新一代。」一九六〇年代美國發生的抗議示威對美國民權運動影響巨大，有些人因此而受到激勵。在歐洲，正如在美國，美國歌手巴布‧狄倫（Bob Dylan）如詩一般抒情的音樂，特別是《答案在風中飄》（*Blowin' in the Wind*）、《變革的時代》（*The Times They Are a-Changin*）和《戰爭販子》（*Master of War*），成了年輕人抗議活動的戰歌。最重要的是，人們眼中所見的越戰的恐怖（那是第一場有電視報導的戰爭）促成了一項超越國界的事業。它有兩個方面，一方面激烈譴責物欲橫流、帝國主義、殖民主義、美國強權和西方資本主義；另一方面滿懷理想，要遵循消除階級的新馬克思主義路線重建社會。政治暴力成為新的抗議形式，這種表達疏離感的極端方式起初經常把確立的政治制度視為打擊的目標。

　　一九六八年，抗議活動全面開花。但其實在那之前，騷動不安已經醞釀了若干年，只是在此時達到了沸點。「一九六八」象徵著那一年前後的一個現象，即對時代基本價值觀的拒絕和顛覆。大學生是世代反叛的先鋒隊。他們受了良好的教育，與外國接觸日益增多，現在有了把自己吸收的激進思想變為集體行動的機會。這場被稱為「全球抗議」的運動遍及美國、日本、西歐各地（就連佛朗哥專制政權統治下的西班牙也包括在內），也以某種方式在東方陣營的某些成員國，特別是波蘭和捷克斯洛伐克，引起了共鳴，但表現形式有別於西方。在西歐內部，最激烈、最具戲劇性的抗議運動發生在義大利、西德和法國。三國各有特性，也有共性。

　　在最基本的層面，抗議是學生對求學環境的不滿情緒的爆發。一九六〇年代期間，大學的學生人數激增，造成講堂和教室擁擠不堪。大學師資也非常短缺。教授們一個個高高在上、專橫霸道。他們在義大利被稱為「男爵」（baroni）並非無因。一九六〇年代期間，義大利的大學生人數幾乎成長一倍，達到五十萬人。按照校舍設計，羅馬

大學僅能容納五千名學生，一九六八年，它的學生數目卻達到了五萬。許多學生沒拿到畢業證書就離開了，即使是正式畢業的學生也經常求職困難。大部分西歐國家均是如此，義大利不過是個極端的例子。西德的大學生人數比一九五〇年增加了將近三倍，師資和設施卻遠遠跟不上招生擴張的速度。在許多大學生眼中，校方頑固反動，清規戒律一大堆。新建大學校園中單調死板的混凝土叢林更加劇了脫序失範的感覺。學生普遍對社會不滿，有些人發展為完全拒斥現有社會。「我們不想在這個社會中找到自己的位置，」一位義大利學生在一九六八年如是說，「我們想創造一個值得在裡面找到位置的社會。」

雖然各國抗議源於具體國情，但通訊和旅行日漸便利，也幫助推動不滿情緒越過國界迅速傳播。大學生的憤怒和不滿在悶燒。火藥桶已經備好，就等善於煽動的學生領袖來點燃。像法國的龔本第（Daniel Cohn-Bendit，人稱「紅色丹尼」）和西德的杜契克（Rudi Dutschke）這樣的學生領袖，非常善於把學生的具體不滿轉化為對「資產階級國家」一切形式權威的挑戰。不久前的過去剛好提供了依據，可以證明以往的法西斯政權和目前的資本主義社會一脈相承，這點在義大利和西德表現得最為明顯。霍克海默（Max Horkheimer）說過，任何不願意談論資本主義的人，就該對法西斯主義保持沉默。這句名言頻繁地被引用。

反法西斯主義是西德抗議情緒的中心成分，在義大利也是重要因素。因此，像一九三〇年代那樣引導群眾抗議發展為大規模法西斯主義運動，顯然是不可能的。法西斯主義已是人人喊打的過街老鼠。一九六〇年代的抗議是公開的左翼反叛，其思想上的靈感來自馬克思主義。然而，自稱「新左派」的抗議者很少把莫斯科和蘇聯模式視為楷模，因為蘇聯的形象在一九五六年末匈牙利事件後遭到了無法挽回的損害。新左派心目中的英雄是遠東和拉丁美洲農民革命和游擊隊抗爭

的領袖人物，但這似乎與他們作為西歐工業化國家年輕公民的身分不太調和。他們崇敬毛澤東、越南民主共和國領導人胡志明、古巴政府首長卡斯楚（他是反對美帝國主義的代表性人物），特別崇拜被浪漫化了的古巴革命者，一九六七年十月被玻利維亞軍隊槍殺的切·格瓦拉（Che Guevara）。

新左派學習馬克思早年的著作，崇拜被排除在正統列寧主義經典之外或被開除出黨的人，如羅莎·盧森堡（Rosa Luxemburg），特別是托洛斯基（Leon Trotsky）。研究法西斯主義的馬克思主義理論家，死在墨索里尼的監獄裡的葛蘭西（Antonio Gramsci）的著作尤其被他們奉為圭臬。他們藉由跟歐洲內外的馬克思主義理論大師接觸，進一步得到啟發。這樣的理論家包括法國哲學家沙特、阿圖塞（Louis Althusser，此人愈來愈怪，精神不正常，反對將馬克思主義與人道主義連結在一起）和傅柯（Michel Foucault），他們的著作強調社會制度與機構的高壓力量和用來控制社會的規章制度。對激進學生影響最大的是馬庫色（Herbert Marcuse）。這位生於德國的美國哲學家批判「晚期資本主義」，認為現代社會否定人性，宣導發動革命，徹底拒絕西方消費主義文化膜拜的虛妄神祇。各種包裝的馬克思主義思想激發了世代反叛者的想像力。這些反叛者屬於一個受過較好教育、能夠清晰表達自己主張的社會群體，激勵著他們的是創造一個更美好的世界，建立一個更公平、更平等的社會的激情。在他們看來，政治革命還不夠。必須摧毀整個信仰系統和建立在它們之上的社會結構，創造一個新社會。

各國年輕人（而且不只是年輕人）最密切注意的是不斷加劇的越南戰爭。越戰使政治和意識形態分歧趨於極端，使人為之情緒激動，使許多年輕人轉而反對自二戰以來通常被奉為民主價值觀、自由和繁榮的楷模的國家——美國。

　　自法國一九五四至一九五五年開始從印度支那（包括越南、寮國和柬埔寨在內）撤退以來，美國在那裡的棘手難解且不斷擴大的衝突中愈陷愈深。美國的目的是遏制共產主義在印度支那的擴張。為此，華盛頓把南越西貢的腐敗傀儡政權當成了依靠的力量。從一九六〇年代初開始，美國向越南投入的武器愈來愈多，卻仍然對胡志明帶領下北越軍隊開展的民族獨立鬥爭無可奈何。北越軍隊在南方發動游擊戰，愈戰愈勇，在這場衝突中獲勝的可能性愈來愈大，於是，甘迺迪總統的繼任者詹森在一九六五年做出了致命的決定：派遣美國作戰部隊投入越南戰爭。

　　當年年底，在越南的美國軍人達到十八萬四千，兩年後增至四十八萬五千人。一九六四年，加州大學柏克萊分校已經開始出現抗議美國捲入越戰的示威活動。後來幾年中，抗議迅速擴大，帶頭的是受新左派思想啟發成立的一個組織，名為「學生爭取民主社會」。一九六七年四月，二十萬人在紐約舉行了抗議越戰的大示威。接下來的幾個月，戰況愈演愈烈，美軍愈來愈多地使用可怕的燒夷彈，凸顯了戰爭的恐怖。隨著愈來愈多的美國年輕人應徵入伍，投入一場看似而且的確打不贏的戰爭（等於去送死），美國的公共輿論開始反戰。許多美軍士兵，無論是白人還是黑人，都是窮人家的孩子。有錢或有關係的人家常常能使自己的兒子免於兵役。反戰抗議的規模和程度都在增加。抗議者的呼聲越過了大西洋。很快的，西德、法國、義大利和其他西歐國家也爆發了反對美國捲入越南事務的大型示威活動。

　　若沒有不斷壯大的反越戰抗議，大學生抗議學校條件的騷動無論多麼有理由，也很可能只會侷限於對學校的不滿。事實是，越戰把學生的不滿變成了範圍廣得多的政治和社會抗議，有時還發生了與警察的暴力衝突。心懷不滿的學生，至少其中有些人，因此而成為自詡的革命者。

　　不過，他們的革命半途而廢、名不副實。一九六八年五月，法國約一千萬工人為抗議戴高樂主義者主持的政府而發動罷工，還占領了工廠。只有在那段短暫的時間內，只有在法國，確立的秩序似乎真的受到了嚴重威脅。一旦法國自發的罷工潮平息下去，令人頭腦發熱的氣氛恢復冷靜，學生抗議即由盛而衰，逐漸偃旗息鼓，唯一可見的成果是大學管理的些許改進。不過，對許多參加過抗議的人來說，當時腎上腺素的猛增和行動的激情鼓舞著他們，給他們留下了不可磨滅的記憶。

　　「六八年人」自認為「特殊」的一代。但大部分民眾對學生抗議運動要麼不以為然，要麼漠不關心。歐洲國家的絕大多數年輕人不是大學生。事實上，他們中間許多人已經開始工作，從事報酬不高的辛苦體力勞動。他們把大學生視為享受特權的菁英，事實也大抵如此。至於大學生自己，大部分人首要關心的是自己的切身利益。許多人反對左翼抗議者更廣泛的目標。例如，西德的保守學生組織「基督教民主學生聯盟」比左翼的「社會主義德國學生聯盟」僅稍小一點。左翼學生積極分子強烈反對政府想要頒布的緊急狀態法（在緊急狀態期間限制個人自由），但在一九六七年舉行的一次民意調查中，多數西德大學生贊成這項法律。對於保守派領導的聯合政府，大學生當中批評者和贊成者各占一半。無論如何，只有少數人抱有完全摧毀資本主義的烏托邦革命理想，但他們沒有能力對基礎牢固的穩定民主制度構成根本性挑戰，也沒有能力在社會中動員起廣泛支持，因為整個社會多年來享受著充分就業和空前繁榮，而且激烈反對馬克思主義。

抗議的爆發

　　一九六七年的義大利，隨著大學示威和罷課的浪潮來襲，學生抗議席捲全國。一九六六年四月，建築系學生羅西（Paulo Rossi）在羅

馬同信奉新法西斯主義的學生發生衝突時身亡,被宣布為「法西斯主義的又一個受害者」。在此情況下,一直在不斷醞釀的對求學環境的不滿開始壯大聲勢。學生們也堅決反對政府改革高等教育的計畫(該計畫後來被放棄),學生們批評該計畫企圖使教學服從於資本主義經濟的需要。

　　一九六八年初,不滿情緒進一步加深。二月底,警察強行驅趕了占領羅馬大學幾座大樓的學生。三月一日,學生們試圖重新占領其中一棟大樓,結果與警察發生了正面衝突,此次事件得名「朱利亞山谷戰役」(The Battle of Valle Giulia)。揮舞著警棍的警察衝向約一千五百名學生組成的人群。學生展開報復,放火焚燒了好幾輛汽車。對抗造成四十六名警察和數百名學生受傷。在那之前,學生運動相對平和,但從那時開始,與警察的衝突沒有一次不發生暴力。不過,當局對學生的要求做出了一定讓步,放棄了不得人心的改革立法,公眾對學生的支持也開始消退。此後,具體關於求學環境的抗議逐漸不復以往的激烈。

　　朱利亞山谷事件後,學生運動的特點發生了改變。自發抗議變為有組織的革命動員。身為各種革命團體成員的少數激進學生看到法國工人和學生很快就分道揚鑣,決心吸取教訓,開始煽動義大利產業工人階級的不滿。許多工廠工人來自義大利貧窮的南方,形成無產階級中的一個次級階層。他們的勞動報酬微薄,常常是在流水線上掙計件工資,工作單調沉悶,管理方專橫霸道。他們也不習慣工會和政黨的紀律。伶牙俐齒的激進學生去工廠動員這些工人起來抗議時,常常一呼百應。

　　從一九六八年下半年到一九六九年秋,約七百五十萬工人參加了大約三千八百起罷工,以自發的為主。工會受此鞭策也行動起來。一九六九年十二月,所謂「炎熱的秋天」結束時,工會藉由談判成功達

成了工作場所條件的重大改善，並爭取到工資大幅上漲。在後來的幾年，義大利工資上漲幅度是其他西歐工業化國家平均值的兩倍，儘管生產率並沒有提高到相似水準。經過這一切，義大利工會的力量大為增強，能夠在國家一級強力施壓來改善義大利工人階級的狀況。工人的激進行為成了家常便飯，義大利成為歐洲的罷工之都。一九七二年，四百五十萬工人參與了勞資糾紛；一九七三年，這個數字超過了六百萬。但是，工會爭取的是具體的物質改善，不是烏托邦式的政治理想。因此，激進學生推進革命運動的希望落了空。與此同時，政府雖然如走馬燈一樣換來換去，但從一九六九年到一九七一年還是引進了若干政治和社會改革措施，如增加退休金，擴建社會住宅，透過立法確立離婚權，設立地區級政府。這些頂多是部分的補救措施，但仍足以防止社會騷動向著革命的方向發展。

隨著真正爆發革命的可能性煙消雲散，抗議變得凶狠起來。左右兩派的激進分子都開始訴諸各種極端暴力，企圖摧毀義大利的政治與經濟制度，這一點與過去學生和警察的衝突迥然不同。新法西斯右派無疑想造成民眾長久的驚恐，促使他們強烈要求建立專制政權，以武力強制恢復秩序，這樣就可以摧毀憲法。有人將其稱為「緊張戰略」（strategia della tensione）。不清楚是誰發明了這個說法，反正它流傳了下來。

一九六九年四月，米蘭發生了兩起炸彈爆炸事件，造成幾十人受傷。八月，安置在火車上的一枚炸彈又炸傷了十二個人。十二月發生的暴行最為嚴重，一枚安放在噴泉廣場邊上一家銀行內的炸彈造成十六人死亡，八十七人受傷。據估計有三十萬人在米蘭市中心舉行集會，對這起令人髮指的暴行的受害者表達慰問，這顯示大多數義大利人對暴力的厭惡。當局很快宣布肇事者是無政府主義者，也逮捕了幾個人。其中一個叫皮內利（Giuseppe Pinelli）的人神祕地從米蘭警察

總局的四樓墜樓身亡，原因從未得到令人滿意的說明（之後發現他與這次犯罪沒有任何瓜葛）。後來的證據表示，肇事的很有可能不是無政府主義者，而是一群新法西斯主義者。令人不安的是，他們與義大利情報機關的一位上校有關係。調查一拖數年，政府和司法當局都搪塞延宕，最終也沒有破案。整個一九七〇年代，直到八〇年代初，激進右翼團體不斷發動恐怖攻擊，共約六千起，造成一百八十六人死亡，五百七十二人受傷。最嚴重的是一九八〇年八月波隆那火車站爆炸事件，炸死八十五人，炸傷二百多人。

　　很快的，左派也和右派一樣採取了恐怖主義行動。一九六〇年代末抗議運動中湧現的革命組織多如牛毛，但後勁不足，顯然無力實現摧毀資本主義國家的希望。在這種情況下，紅色旅（Brigate Rosse）應運而生。它規模雖小，幹的卻是殺人的勾當。它不搞宣傳動員，而是效仿南美的城市游擊隊開展武裝鬥爭。紅色旅創建於一九七〇年，創始人是過去的學生積極分子庫爾喬（Renato Curcio）和卡戈爾（Margherita Cagol），還有弗朗切斯基尼（Alberto Franceschini）。他們都出身於堅定反對法西斯主義、支持共產主義的家庭。另一個創始人莫雷蒂（Mario Maretti）則來自右翼中產階級背景，並未參加一九六八年的學生抗議。紅色旅成立之後，馬上開展了爆炸、暗殺和劫持人質的活動。據估計，到一九七四年年底，左翼恐怖團體發動了三百三十六起襲擊，雖然只造成兩人喪生。但最糟糕的還在後面。整個七〇年代，紅色旅的恐怖活動時有發生，最臭名昭著的是一九七八年春，他們劫持了天主教民主黨的前總理莫羅，五十四天後將其殺害。政府震驚之餘開始採取強硬行動，通過了嚴格的反恐法律，建立了特警部隊。到一九八〇年，大部分恐怖分子均已落網。紅色旅儘管繼續維持到了一九八〇年代，但它在社會中孤立無援，明顯在走下坡路，活躍的成員只剩下十幾個人。

西德的學生抗議與義大利和法國的不一樣，並未引起更廣泛的騷動，也未獲得產業工人的支持。它與階級衝突沒有真正的關係。然而，它的意識形態色彩比任何其他國家的抗議都更強烈，這在相當程度上是由納粹歷史的重負造成的。一位女性積極分子後來回憶說：「我們一整代人當然都對我們的父輩居然支持那種政權感到焦慮和憤怒。」艾德諾的政府把納粹時代這一篇完全翻了過去，許多在罪惡的希特勒政權下為虎作倀的人，戰後在西德的自由民主社會中仍混得風生水起。這助長了一種觀點（雖然是非常錯誤的觀點），認為西德的政治制度及其依靠的資本主義經濟其實是新瓶裝舊酒，是法西斯主義的延續。儘管大工業公司和大銀行在戰後經過了重組，但它們曾是納粹政權的重要支柱，在希特勒時代藉由貪婪剝削和役使奴工大發橫財，這種情況也為上述觀點提供了根據。艾德諾「總理民主」的執政風格中有明顯的專制傾向，一九六一年的「明鏡事件」中政府企圖侵犯新聞自由，計畫通過的緊急狀態立法詭異地令人憶起一九三〇年代初國家淪入納粹獨裁的情景。在新左派眼中，這一切都意味著法西斯主義陰魂不散。

對艾希曼和當年奧斯威辛集中營工作人員的審判，揭露出了納粹的泯滅人性。一位學生運動積極分子說，審判除了造成恐怖和恥辱感，還使人「失去了我們對自己生於斯、長於斯的社會，那種孩子般的基本信任」。但是，真正聚焦大屠殺本身（「大屠殺」這個詞當時尚未廣泛使用）和反猶種族主義在納粹意識形態中的中心位置，還要等到再下一代。就目前而言，激進學生和統稱為「新左派」的其他成員認為，國家社會主義是資本主義最極端的表現。（事實上，新左派一貫反對國家社會主義這一用語。他們認為社會主義是完全正面的，不應與第三帝國的罪惡有任何關聯。他們一直把納粹主義稱為「希特勒－法西斯主義」，或乾脆是「法西斯主義」，以表示它不過是深深

植根於資本主義的一種國際現象在德國的極端表現。)

　　基辛格（Kurt Georg Kiesinger）早在一九三三年就加入了納粹黨，二戰期間負責外交部與戈培爾（Goebbel）的宣傳部之間的聯絡。一九六六年十二月，他當上了總理，這似乎更坐實了納粹歷史仍在延續。基辛格領導的是由基民盟、自民黨和社民黨組成的「大聯合政府」，這是艾德諾時代結束後政治形勢趨於混亂的產物。基辛格就任總理正值德國人心惶惶之際，當時輕微的經濟衰退和失業率的些許上升，造成了過分的擔憂。這些擔憂與不滿導致了對新納粹政黨「德國國家民主黨」支持的增加。雖然支持德國國家民主黨的選民只占人口的一小部分，但該黨在一九六六年十一月黑森邦（Hesse）的選舉中贏得了近百分之八的選票，在一九六八年四月巴登－符騰堡邦（Baden-Württemberg）的選舉中更是取得了史上最佳戰績，贏得了幾乎百分之十的選票。一九六六年到一九六八年間，德國國家民主黨在七個邦的議會中都獲得了席位。這使左派更加相信，德國可能正在重回它黑暗的過去。

　　在新左派看來，既然議會中所有主要政黨都參加了政府，議會中就不可能存在真正意義上的反對派。他們認為，那些如此心甘情願結為聯盟的政黨之間反正沒有實質性的分別，於是「議會外反對黨」（Ausserparlamentarische Opposition）應運而生，領頭的是一九六〇年被排除出社民黨的學生聯盟（Student Federation）。政府宣布準備頒布極具爭議性的法律來擴大國家的行政執行權力，在緊急狀態期間限制公民權利，因為政府已經有把握能在議會獲得必要的三分之二多數票，這促使許多人轉而擁護議會外反對黨。此外，西德與美國的緊密連結也激起了學生的抗議運動。美國正在越南開展一場殘酷可怕的戰爭，在新左派的眼中，美國是資本帝國主義的代表，而兩個超級大國之間一旦攤牌，受美國庇護的德國必將首當其衝遭到核毀滅。

　　一九六七年六月二日伊朗國王巴勒維（Reza Pahlavi）訪問西柏林成了引爆點。一九五三年，中情局為了鞏固美國在該地區的石油利益，在伊朗策劃了一場政變，加強了巴勒維國王的權力。自那以後，巴勒維國王一直施行野蠻的高壓獨裁。他到訪那天，白天已經發生了抗議示威，局勢高度緊張。當晚，他抵達西柏林歌劇院觀看莫札特的《魔笛》時，迎接他的是一片怒罵。學生聯盟動員起了一千名左右示威者，他們向國王隨行人員投擲的番茄如雨點般落下。西柏林警方鼓勵警察放手對付示威者，於是警察肆無忌憚地毆打抗議者。示威人群四散奔逃，此時槍聲響起，打死了一位名叫奧內佐格（Benno Ohnesorg）的人，但他不是鼓動示威的激進分子，只是旁觀的學生。現在，抗議者有了一位死於警察槍下的烈士。

　　多年後人們才發現，開了那一槍的警察庫拉斯（Karl-Heinz Kurras）是東德國家祕密警察史塔西的線人。我們可以猜想，東德下令庫拉斯殺死一名抗議者，試圖借此造成西德的不穩定，但我們從未找到這方面的任何證據（大量檔案已經消失或被毀）。庫拉斯開槍的動機至今依舊成謎，不過，開槍的人不是示威學生認為的典型的法西斯警察，而是東德政權的堅定支持者。

　　學生聯盟最多有大約二千五百名成員，奧內佐格的葬禮卻有約七千名學生以及他們的老師參加。抗議現在發展為對抗議者眼中的準法西斯國家一切形式權威的攻擊。學生攻擊的一個中心目標是阿克塞爾‧施普林格（Axel Springer）的新聞帝國設在西柏林的總部。施普林格旗下發行量巨大的日報《圖片報》（Bild-Zeitung）痛批示威者，說他們是左翼衝鋒隊員，有意使用「衝鋒隊員」一詞來喚起民眾對當年納粹奪權的記憶。學生聯盟的主要發言人，具有領袖魅力的社會學學生杜契克要求沒收施普林格的公司集團，呼籲採取「直接行動」與西柏林的「恐怖」和專制主義鬥爭。但是，譴責馬克思主義左派和學

生運動日益極端化的不止施普林格的一家報紙，學生運動又無疑不容任何批評或反對。就連在許多方面同情學生的大名鼎鼎的哲學家兼社會理論家哈伯瑪斯（Jürgen Habermas）也說，學生運動日益嚴重的不容異己是「左派法西斯主義」。

接下來的數月間，杜契克成了西德的媒體明星，幾乎無時無刻不在聚光燈下，在旋風般的一系列群眾集會上不斷鼓吹「革命意志」。但是，一九六八年四月十一日，他遭到一名年輕的新納粹分子襲擊，頭部中槍，傷勢嚴重。他總算保住了性命，但他的學生領袖和煽動家生涯就此畫上了句點。杜契克遭襲擊一事引發了又一輪暴力升級，首當其衝的目標就是據信挑起那次襲擊的施普林格通訊社的西柏林總部。在馬庫色思想的影響下，使用暴力實現革命目標的問題，已經成為辯論的中心題目。杜契克遇襲前幾天，作為西德工商業神經中樞的美因河畔的法蘭克福有兩家百貨商店被蓄意縱火，據說是為了抗議「消費主義恐怖」。縱火犯中有巴德（Andreas Baader）和恩斯林（Gudrun Ensslin），他們後來成為「紅軍派」（Rote Armee Fraktion）的領軍人物。那是個專門從事自詡為「城市游擊隊」式極端暴力的組織。

在這種激烈混亂的氣氛中，西德的聯邦政府開始為頒布極具爭議的緊急狀態立法做準備，因為當局自信現在能夠獲得過往得不到的必要多數支持。一九六八年五月中旬，全國各地數萬人（遠遠不止學生聯盟的那些「慣犯」）參加了向著首都波恩的大遊行。然而，與法國的情形不同的是，工會公開與學生抗議拉開距離，在多特蒙德（Dortmund）舉行了自己的集會。不過，所有的集會遊行都徒勞無功。五月三十日，西德聯邦議會以四分之三以上的贊成票通過該項立法，其中有一條規定說，如果宣布進入緊急狀態，郵件與電話通話的保密性將受到限制。

事實證明，緊急狀態立法的通過代表著一個轉捩點。處於學生運

動邊緣的人對議會外反對黨失去了興趣，因為它在關鍵問題上無能為力。堅定的學運分子繼續為最終發動革命而努力，但革命的目標模糊不清、不切實際。他們的努力處處碰壁，在許多人看來毫無意義。對警察發動更多暴力襲擊產生的唯一效果是引起了民眾的反感。社民黨與它在不得人心的大聯合政府中的執政夥伴——保守的基民盟拉開了距離，開始贏得許多學生和年輕學者的支持。在這種情況下，激進的學生聯盟費盡力氣也難以保住支持者，結果四分五裂，最終於一九七〇年三月徹底解散。

　　一九六九年九月大選後，由魅力十足的新任總理布蘭特領導的溫和左派自一九二八年以來首次得以組成政府，這次是只與開明的自民黨共同組成聯合政府。布蘭特的聯合政府很快答應基民盟的要求，於一九七二年頒布了「排除激進人士法令」（Radikalenerlass），這象徵著西德保守的中產階級對六〇年代末的動亂難以釋懷。該法令規定，忠於憲法是成為國家雇員的前提條件。國家雇員的範圍很廣，不僅有公務員和教師，還有郵差和鐵路工人。實際上，求職者被拒的最多也不超過百分之二。但即便如此，這仍然是一個陰沉的訊號，說明國家不信任本國公民。一九七六年，聯邦政府廢棄了這項立法（但有些邦級政府到後來才廢除此項法律）。到那時，西德學生運動激情燃燒的歲月早已徹底告終。

　　正如在義大利那樣，一九六八年的動亂中出現了極少數極端分子，他們在西德的學生抗議運動中並未發揮顯著作用，而是轉向了極端暴力和徹頭徹尾的恐怖主義。自稱「紅軍派」的組織通常被稱為「巴德－邁因霍夫團體」（Baader-Meinhof Group，以其最突出的人物巴德和邁因霍夫命名）。他們二人和該團體的其他重要成員一樣，都出身於中產階級家庭。這個團體自視為「城市游擊隊」運動的一部分，與西歐和西歐以外的其他革命團體，以及中東的反猶太復國主義

組織都建立了連結。自一九七〇年起，該團體的激進成員對支持美國越戰行動的西德政府，展開了他們所謂的「反帝國主義鬥爭」。後來幾年內，他們發動多次搶劫和炸彈襲擊，最終目的是要推翻他們眼中壓迫人民的資本主義和法西斯主義國家。

　　即使在巴德、邁因霍夫和紅軍派的其他幾個頭目於一九七二年被捕入獄後，零星但嚴重的暴力事件仍持續發生。暴力的程度在一九七七年的「德國之秋」達到頂點。當年十月十三日，「解放巴勒斯坦人民陣線」劫了一架漢莎航空公司的客機，命其飛往索馬利亞的摩加迪休（Mogadishu）。劫機者要求釋放被監禁的紅軍派領導人。德國反恐警察部隊衝上飛機，解救了機上的八十六名人質。在西德國內，當年早些時候發生了數位著名人士被槍殺的事件，例如說在劫機事件的同月，工業巨頭（前黨衛軍成員）施萊爾（Hanns-Martin Schleyer）遭到劫持，最終被害。巴德－邁因霍夫團體的領導人自己也未得善終。邁因霍夫一九七六年五月在斯圖加特（Stuttgart）的施塔姆海姆（Stammheim）監獄自縊身亡。一九七七年十月十八日晚間，就在被劫持的人質在摩加迪休獲釋的消息傳來之時，巴德也被發現在牢房中死於槍擊，恩斯林也在牢房中縊亡。團體的另一個重要成員拉斯佩（Jan-Carl Raspe）次日死於槍傷，第四個成員莫勒（Irmgard Möller）被刀刺成重傷，僥倖存活。根據官方報告，他們之間有自殺契約，不過其中有許多疑點。

　　和義大利一樣，一九七〇年代激進小團體的恐怖暴力活動與學生抗議運動至多只有間接的關係。但即使如此，暴力活動也以最極端的形式表現了歐洲年輕一代中一大批人，對西方世界的社會價值觀、物質主義文化和軍事力量的痛恨與反感。民意調查顯示，四十歲以下的西德人約有四分之一同情巴德－邁因霍夫團體。但儘管如此，西德大多數年輕人和社會其他成員一樣厭惡暴力，認為暴力毫無意義，無法

改變國家，實際上反而鞏固了公眾對維持秩序的舉措的支持。大多數老一輩德國人也許和法蘭茲·格爾懷有同樣的想法。一八九九年出生的格爾如今已經退休，之前做過好幾份中產階級下層的工作。格爾珍視個人自由，但不能任其擾亂或威脅社會與政治秩序。他贊成嚴懲紅軍派的恐怖分子。他在日記中寫道：「他們的腦子好像染了病毒，不會正常思考。」作家海因里希·伯爾說「紅軍派」的運動是一場「六個（人）對抗六千萬（人）的戰爭」。話雖誇張，卻情有可原。

　　沒有哪裡比法國更把一九六八年的學生反叛在公眾記憶中拉抬到近乎傳奇的地位，但奇怪的是，那些事件在法國並未導致可與義大利和西德相比的恐怖主義暴力。維琪政權的歷史也不像法西斯主義的遺產對義大利那樣影響巨大，更比不上納粹歷史對西德的影響。不過，事態展開的背景中還是有歷史的影子。刺激法國年輕一代行動的思想理念中有部分就是對他們父輩的敵意，因為那一輩人服從甚至同情維琪政權。與之交織的還有對抵抗運動延續至今的崇拜，以及對積極投身於反法西斯抗爭的人們的欽佩。法國的學生運動與那之前不久的阿爾及利亞戰爭有比較直接的連結。一位學生積極分子後來解釋說：「我們的父母沒有立即奮起反抗法西斯主義……我們看到法西斯主義降臨阿爾及利亞……我們馬上投入了戰鬥，訓練我們的是抵抗運動的那一代人。」另外一個因素是對戴高樂確立的總統制的深刻反對，學生們認為那是專制政權。到一九六八年，氣氛已經緊張到了一觸即發的地步。那年五月，法國的學生抗議幾乎動搖了國家權力，儘管時間非常短暫。任何其他國家的學生抗議都沒有發展到這個程度。

　　法國的「五月事件」象徵著醞釀了若干年的騷亂動盪的大爆發。觸發原因是巴黎楠泰爾（Nanterre）大學的學生不滿新擴建的教學大樓（該大樓是為藝術系和社會系教員興建），產生騷動，而大學當局的反應強橫霸道。擴建的校園位於法國首都西北方向，品質之善可

陳，公共設施幾乎全付闕如。校舍如廠房般醜陋單調，講堂擁擠不堪，校方的父權式權威與年輕一代新的心態完全脫節。與此同時，楠泰爾大學的學生人數迅速增加，三年內幾乎成長至四倍。上述情況成為促使學生轉向極端的潛在因素。學生提出的改革要求包括廢除學生宿舍的男女之分。這個要求的主要發聲者是社會系學生龔本第，他是德國猶太裔，深受西德方興未艾的學生運動的影響。校方先是威脅要開除他，學生發動罷課抗議後，又收回了這個威脅。但是，楠泰爾大學的問題仍未解決。一九六八年三月，學生占領了學校行政大樓，最終迫使校園於五月初暫時關閉。此時，騷亂的中心開始移向巴黎。

　　若非在索邦（Sorbonne）大學舉行了懲治聽證會，來指控八名楠泰爾大學的學生汙辱教授，也許騷亂原本會僅限於楠泰爾一地。麻煩的中心轉至巴黎後，引發了學生與警察的暴力衝突，結果在一九六八年五月三日晚間，索邦大學在它悠久的歷史中第一次暫時關閉，近六百名學生被捕。下一週的五月十日至十一日晚間，學生們在巴黎拉丁區立起了街壘。目擊了這一切的荷蘭裔美國作家漢斯・柯寧（Hans Koning）描述說，「空氣中有一種狂野的興奮」，沒有懼怕擔憂，而是充滿了興高采烈。「學生在配備了催淚彈和催淚瓦斯、震撼彈、警棍、手槍、鋼盔、防護面具、盾牌、榴彈槍和著名的鉛襯斗篷的警察面前毫不畏懼，使人為之震撼……戰鬥雙方的實力如此懸殊，警察如此野蠻，只有不惜一切支持法律與秩序的人才會同情當局……黎明到來時，警察攻下了最後一批街壘，堅持到最後一刻的年輕人，包括一些年輕女子，被拖進警車，許多人一路遭到警棍毆打。」另一位目擊者看到一位年輕姑娘「衝到街上，幾乎一絲不掛」，警察粗暴地抓住她，「然後像對其他受傷的學生一樣毆打她」。公眾一邊倒地同情學生。工人，特別是年輕工人的同情心迅即變為直接的行動。看到抗議者遭到肆無忌憚的襲擊，工會宣布五月十三日舉行二十四小時的全國

大罷工，以示對學生的聲援。法國的動亂自此超越了學生反叛的範圍。

與當局的衝突凸顯了已悶燒若干年的日積月累的憤怒、挫敗感和怨懟，所涉及問題並不限於學生訴求或大學改革。動亂迅速發展為遍及全國的抗議風潮，數百萬工人參與進來，要求得到自我管理的權利。

一九六七年，隨著經濟成長暫時放緩和失業率上升，產業騷動開始增加。不過，一九六八年的工人行動遠非有組織的革命。它與通常的勞資糾紛不同，是一種自發反應，在某些方面讓人想起一九三六年人民陣線政府組成時那種興高采烈的氣氛。抗議者並不清楚最終的目標，也許根本沒有。學生和工人的利益當然各不相同，使他們暫時站到了一起的是拒斥傳統權威，無論傳統的權威是不與工人協商就逕自發號施令的雇主和管理人，是一心逼學生就範的大學校方，還是不肯放棄在神聖講堂上的權力的教授。此外，與莫斯科依然關係密切、力圖繼續控制工會運動的法國共產黨領導人，則非常鄙夷這群自詡為革命者的人。這群人五花八門，有托洛斯基的信徒，有毛澤東主義者，還有無政府主義者。他們沒有一套完整的戰略，無法挑戰根基深厚的國家權威，更遑論將其推翻。

然而，戴高樂的第五共和的確一度搖搖欲墜。示威、暴動、罷工和占領工作場所等事件驟然增多，短時間內構成了對國家穩定的威脅。政治秩序的穩定性堪憂。直到接近月底的時候，戴高樂本人對動亂事件仍舊夷然不以為意。看起來鎮定如常的他甚至於五月十四日動身前往羅馬尼亞展開四天的國事訪問。在法國為避免混亂而苦苦掙扎之時，電視台卻播放著他觀看民族舞蹈的畫面。然而，戴高樂最終還是感到了不安，於五月二十九日越過邊界在德國逗留了幾個小時，連總理都不知道他的行蹤。他去那裡是要確保軍隊對他的支持。在巴登－巴登（Baden-Baden），法國駐西德部隊指揮官馬敘將軍向他保證了軍方的支持，給他吃了定心丸。次日，信心大增的總統向國民發

表了傲然不屈的電台談話。他宣布舉行大選，威脅說若不很快恢復秩序，就將行使緊急權力，還警告說法國正面臨落入獨裁的危險。之後不久，忠於戴高樂的五十萬人組織了一場示威遊行，隊伍浩浩蕩蕩經過巴黎市中心，戴高樂自己則在電視談話中告誡民眾警惕共產主義的危險。

這些舉措短期內成效顯著。局勢發生了反轉。總理龐畢度表示要大幅提高工資，還做出了其他讓步。於是，大多數工人返回了工作崗位（雖然隔月又發生了大罷工，六月最後兩週，公共服務幾乎陷於癱瘓）。警察解除了學生占領大學辦公大樓的事件。事後，政府緊急改革大學，擴大了政府對教員管理的參與度，釜底抽薪直接引起學生抗議的問題。騷亂平息了下去，令人興奮陶醉的反叛氣氛消失於無形，秩序逐漸恢復，持續了幾乎整個五月的激烈抗議遂告終結。一個月後的選舉中，大批民眾藉由投票表達了對戴高樂的信任。

戴高樂總統贏了，卻也付出了慘痛代價。他建議把政府地區化，將其作為向著國家權力下放邁出的一步。但這一舉措產生的效果適得其反。許多人認為戴高樂企圖以此來加強總統地位，削弱議會權力。一九六九年四月二十七日舉行的公投打壞了總統的提議，戴高樂隨即辭職。有人預言戴高樂的提議若未通過必然會發生混亂，然而並未成真。戴高樂將軍作為法國「救星」的日子就此完結。他代表的是過去，不是未來。

「一九六八年」在西歐其他地方造成的動盪程度都比不上義大利、西德和法國，不過，催生了動亂的世代及文化反叛情緒在其他地方也有表現。在一九六〇年代中期，一種「另類文化」已經在阿姆斯特丹的年輕一代中強勢出現，這種文化強烈反對專制，崇尚平等，與現有的社會道德標準截然對立。但是，這種文化的主調是非暴力、自由開明的。它積極爭取切實的社會改善，例如要求市政府提供自行車

讓公眾免費使用，以緩解阿姆斯特丹的交通壅塞，或利用閒置的房屋來解決人們無家可歸的問題。它並不死守教條，也不執意推動烏托邦式的政治改變。越南戰爭並未在荷蘭大學生中激起多大的反應，一九六八年也相對平安無事。不過，荷蘭大學生也提出了改善求學環境的訴求，最直接的表現是他們一九六九年占領了阿姆斯特丹大學。他們的行動產生的具體結果可能比法國、西德和義大利的學生多，造成的動亂卻遠不如那三國。荷蘭政府迅速回應了學生的要求，於一九七○年通過法律，實現了荷蘭大學的民主化，終結了大學原來實行的陳腐過時的等級制度。

英國的大學也沒有發生構成一九六八年大規模學生抗議背景的那種巨大騷亂。雖然英國大學生人數和其他國家一樣，在六○年代期間迅速增加，但仍然相對較少，這是因為英國限制性的入學制度對大學生人數的管控比歐陸嚴密得多。學生與教員的比例低得驚人。牛津大學和劍橋大學的學生超乎比例地來自英國的菁英公校，大學下屬各個學院為學生提供特殊的高等教育，仍然實行學生、教授一對一的導師制。在其他大學中，授課和討論會的規模也不大，學生與教師的互動緊密而又頻繁。因此，不存在歐陸上那種造成學生極大不滿的客觀因素。一些大學（著名的有倫敦政經學院，還有新建的埃塞克斯大學——這個大學出事比較奇怪）出現了靜坐示威、占領學校大樓和抗議示威活動，不過大多僅是歐陸上風起雲湧的學生運動的小小反響。年輕講師常常支持學生實現民主化教員管理和削弱教授權力的訴求。抗議也在這方面取得了一定的成功。總的來說，英國大學內的動亂規模不大，抗議活動很快就偃旗息鼓。

政治領域上的抗議活動則更加尖銳突出。自一九六五年起，英國各地的大學就興起了反對越戰的抗議。以政治經濟學、歷史和社會學領域的研究聞名於世的倫敦政經學院這所明顯左傾的大學如同磁石，

吸引了更加廣泛的反對越戰、支持當時稱為「第三世界」解放運動的學生運動。

反越戰運動的核心是學生，但運動的範圍遠遠超出了這個核心。學生、宗教領袖、勞工組織和主要來自左翼的政治活動家為了這個共同的事業走到了一起。從一九六六年開始，具有顯著的托洛斯基派色彩的「聲援越南運動」（Vietnam Solidarity Campaign）一直在為越南民主共和國的勝利搖旗吶喊。一九六八年，倫敦爆發了巨大的抗議示威。那年三月，數萬人參加了在倫敦中心區舉行的示威遊行。示威原本是和平的，但其間數百名抗議者脫離遊行隊伍，去了美國大使館所在地格羅夫納廣場（Grosvenor Square）。到了那裡，他們發現包括騎警在內的警察正嚴陣以待。《泰晤士報》專欄作家阿羅諾維奇（David Aaronovitch）當時只有十三歲，他回憶說：「那是我一生中最興奮的時刻之一……但我們進入廣場後，氣氛就不再令人興奮，而是變得恐怖嚇人。」隨即爆發的衝突是數十年來倫敦最嚴重的街頭暴力，造成數百名警察和示威者受傷。「離去的示威者都在說警察如何野蠻。他們用警棍抽打示威者的頭，縱馬踩踏示威者，用包鐵的制式警靴猛踢示威者。但第二天，所有報紙上都登出了同一張照片，照片上一名警察彎著腰，面部被一位示威者的沙漠靴踢得扭曲變形。」後來的示威，包括一九六八年十月據估計有二十五萬人參加的大示威，都避免了如此嚴重的暴力事件重演。反戰抗議並未停止，但一九六八年是它的高峰。比起義大利、西德和法國，英國的抗議示威中的暴力行為少之又少。

一九六八年的長久意義

歸根究柢，「一九六八年」在西歐到底有什麼意義？抗議運動涉及方方面面，就其影響得出具體結論殊非易事。

　　大學的治理結構的確有改進，實現了一定的民主化。教授的權力受到某種程度的削減，在英國可能比歐陸上的多數國家更甚，這有些奇怪，因為英國的學生抗議並不激烈。由於採取了措施來減輕講堂和圖書館的擁擠程度，學生的求學環境得到改善。學校開始把學生當作成人來對待，特別是就他們在校期間的性行為而言──這個問題是法國動亂的導火線之一。一九六〇年代末和七〇年代初，許多歐洲國家把成人的年齡從二十一歲降到了十八歲。作為對這一總的社會變化的反映，大學不再擔負監督學生道德的責任。

　　但是，大學內部的些許改變遠不能反映「一九六八年」的風雲激盪。那時，激勵著成千上萬的抗議者的是改變世界，或至少改變他們自己社會的雄心壯志。他們大聲疾呼：應讓工人擁有生產工具；應實現廠內民主；勞動應給人帶來滿足，而不是造成人的異化；學習應使人充實，而不是為了滿足資本主義經濟的需要；最重要的是，要和平，不要暴力。

　　但他們取得的成果與這些崇高的目標相差甚遠。各地的抗議者都認識到自己低估了現有國家制度的韌性。當時許多人認為，「六八年人」只會做夢，是幼稚的浪漫主義者，滿腦子是永遠實現不了的烏托邦幻想。這種看法可以理解，也有一定道理，但還是太嚴厲了。一九六八年給後人留下的遺產更多的是間接的，不是直接的。然而，它的遺產是實實在在的。

　　歐洲巨大的反越戰浪潮是美國國內更重大的抗議運動在國際上的重要延伸，而美國的抗議運動本身又促使美國政府努力尋找出路，退出這場既不得人心、也無法打贏的戰爭。從更加明顯可見的意義上說，在歐洲，義大利和法國的學生抗議引發的工人騷動帶來了工人階級工資與工作環境的大幅改善（雖然在西德沒有發生）。工會的力量因此得到加強。若我們說各國建成了「新社會」未免誇大其詞，不過

各國政府無論其政治傾向如何，都力圖藉由管理方和工會共同參加的談判來化解勞資衝突，並取得了不同程度的成功。政府還試圖在推動經濟現代化與技術進步的同時進行社會改革，如改善退休金制度和居住環境，以提高大多數公民的生活品質。這方面的努力也取得了有限的成功。

在示威和罷工參與者的心目中，一九六八年是史詩級的一年。它不僅代表了那短短一年內發生的事件，而且成了一個文化價值觀發生巨變的時代的象徵。雖然一九六八年的實際騷亂很快即消退逝去，但它們留下的遺產卻經久悠長。「六八年人」反專制、重平等、尚自由的態度產生了持久的影響。這種態度促成了後來幾年間一些（雖然並非所有）組織的部分民主化。抗議運動反映並加強了年輕一代求解放的激情，這種激情一九六八年之前已然出現，一九六八年的大戲落幕後仍持續不衰。抗議運動在削弱教育的專制方面起到了重要作用，也開啟了爭取兩性平等的努力。婦女在教育、工作場所和多數其他社交領域中依然面臨廣泛的歧視。女權運動剛剛起步，婦女解放在一九六八年的抗議中僅處於從屬地位。但儘管如此，「一九六八年」還是強力推動了婦女和少數族群爭取平等權利的努力（後者吸取了美國民權運動的主張），也推動了要求性自由（包括婦女墮胎的權利）和同性戀權利的抗爭，即使那些權利的實現是一個漸進的過程（而且僅僅得到了部分的實現）。

以美國嬉皮士的口號「做愛，不作戰」（make love not war）為代表的和平運動越過大西洋，在一九六八年後的氣氛中汲取了新的養分，成為一九八〇年代重新興起的反核抗議的基礎。一九六八年的遺產也幫助培育了新生的「綠色運動」，這一運動力倡保護環境，到了二十世紀晚期變得日益高調。一些「六八年人」甚至成了綠色運動的著名成員。費歇爾（Joschka Fischer）曾經是激進學生，宣揚共產革

命，還參加了與西德警方的街頭衝突。他後來成為綠黨在西德聯邦議會中的議員，再後來更是官至德國外交部長。綽號「紅色丹尼」的龔本第後來成了歐洲議會議員和法國綠黨領導人。

「六八年人」仍生動地記得他們認為自己在推翻既有秩序時那些激情燃燒的日子，他們的回憶經常美化那段經歷。多年後，他們依然感到當時自己投入的是一場英勇的抗爭。即使如此，他們中間許多人後來還是變成了普通的「模範」公民，有些人甚至成為「體制」內的一員，如前面提到的費歇爾，或一九六〇年代信仰托洛斯基、三十年後擔任法國總理的喬斯班（Lionel Jospin）。然而，隨著一九六八年的年輕抗議者和自命的革命者年齡日長，他們把自己的價值觀帶入了日常生活和從事的平凡普通的職業。塑就了「一九六八年」青年反叛的態度影響持久、不可磨滅。不錯，有些人刻意把政治剔除出生活，與自己激進的過去一刀兩斷。不少人對那場革命運動感到失望，因為它沒能帶來真正的革命。但也有些人尋求以這樣那樣的方式繼續「奮鬥」，把改革的熱情投入各自的職業，無論是記者、律師、人權活動家或社會工作者。在各級教育機構擔任教師的人經常把自己在一九六八年吸收的價值觀灌輸給新的年輕一代。這些人是「普及者」，他們確保了改變了的價值觀不致隨著抗議運動的結束而消亡。

另一個一九六八年

與此同時，一場對現有秩序的驚人挑戰正威脅著蘇聯在中歐的權力。這一挑戰比在羅馬、西柏林、巴黎和其他地方發生的事件更加戲劇化，意義更加重大。不過，「布拉格之春」──捷克斯洛伐克的「一九六八年」與同年出現在西歐的學生抗議浪潮沒有關係，其原因、特點和後果也完全不同。

　　西方騷亂的回聲還是穿透了鐵幕。鐵幕另一邊的一些國家也發生了激烈程度不同的學生抗議。在東方陣營舉行抗議需要很大的勇氣，因為抗議注定不可能成功，抗議者還會遭到國家的嚴厲報復。除了捷克斯洛伐克的特殊情況之外，其他國家的抗議者在社會中陷入嚴重孤立。對於抗議者在政治上不守規矩的行為，大多數民眾反對或至少不支持。這也難怪，因為民眾不想惹怒政府，也因為他們在就業、教育機會、住宅和日常生活的其他方面都要依靠國家。抗議的動機也與西方迥然不同。一位波蘭積極分子後來言簡意賅地說明了一個關鍵的分別：「民主對我們是夢想，對他們卻是監獄。」一九六八年的一位捷克斯洛伐克學生領袖後來說：「我們只想要自由……他們卻是要爭取建立另一種社會……我對他們說：『算了吧，你們還說窮，看看與我們的貧窮相比是什麼樣吧。』」杜契克雖然魅力十足，但他造訪東柏林和布拉格，與那裡的積極分子會面後，並未促成雙方思想的一致。一位東德的政治異議者一九六八年因抗議蘇聯當年八月入侵捷克斯洛伐克而遭到逮捕，他後來寫道：「我們仍然愛杜契克，但問題是他滿口胡言亂語，全是左傾、愚蠢的『六八年人』的胡說八道。」一位捷克斯洛伐克積極分子也有同感：「杜契克（我本人很喜歡他）今年（一九六八年）春天訪問布拉格時，談到了他對自由的、無拘無束的共產主義社會的設想，但沒能說服我們。法國學生的宏論和他們懸掛的紅旗沒有激起我們學生的熱情。」

　　在一九六〇年代末的東歐，西方積極分子常來常往，頻率驚人。捷克斯洛伐克、匈牙利和南斯拉夫的共產主義制度允許一定程度的開放，所以至少也有一些人去過西方。一九六八年到一九六九年初，捷克斯洛伐克去西方旅行的人數接近七十萬，其中許多是學生。匈牙利自一九六〇年代中期開始實行稱為「面向西方的櫥窗」的政策，使民眾接觸到了西方的流行音樂和電影——只要它們對資本主義持批評

態度。德意志民主共和國的限制嚴得多。柏林圍牆建成後，東德政權先是試行了一陣比較寬容的政策，但一九六五年決定此計不行，開始嚴厲壓制西方文化的影響。雖然大多數東德人無法去西方旅行，但是他們收得到西方的電視和電台節目，許多年輕人去過布拉格（僅一九六八年一年就有二十萬人），在那裡更加自由的氣氛中有機會聽到西方流行音樂，看到西方影片。一九六八年三月，史塔西報告說，一些東德青年經常收到「西柏林的聯絡人提供的」西式衣物、唱片和出版物，並在朋友當中流傳。

那年晚些時候，受史塔西監視的群體中有人因抗議蘇聯入侵捷克斯洛伐克而遭到逮捕。東德的自發抗議活動因此而起，而不是對法國「五月事件」或震動了西德和義大利大學的學生動亂的呼應。人們祕密散發傳單，在牆上塗寫標語支持「給捷克斯洛伐克自由」、攻擊蘇聯、批評東德領導層。不過，與東方陣營其他一些成員國相比，東德發生的抗議規模不大。多數抗議者是年輕人，但學生似乎相對較少。算起來，共有一千一百八十九名東德人因支持捷克斯洛伐克而遭受當局懲罰，其中四分之三在三十歲以下。這些人絕大多數是青年工人，只有百分之八‧五是大學生或中學生。同年早些時候在西柏林發生的學生抗議對柏林圍牆的另一邊未能產生影響。國家安全控制太緊密了，鎮壓太嚴厲了。還有一個原因是，大多數東德學生和知識分子無論是出於希望步步高升的機會主義原因，還是出於堅定的信念，都與政權的關係十分緊密，不會公開與政府唱反調。和一九五三年政權處境危急的情況不同，這一次沒有跡象表示零零散散、各自為政的抗議，可能發展為有組織的反對運動。且最重要的是，黨的領導層內部沒有分裂，一致支持鎮壓。

波蘭的情況完全不同。那裡的學生和知識分子注意到西歐的抗議正風起雲湧，捷克斯洛伐克要求制度自由化的呼聲也日益加大，於是

燃起了擴大言論自由的希望。波蘭的一些最重要的作家已經提出了這方面的要求。一九六八年三月，華沙一家劇院上演了波蘭著名詩人密茨凱維奇（Adam Mickiewicz）創作的話劇《先人祭》（Dziady）。因為劇中批評了十九世紀早期俄國的狀況，蘇聯大使就堅持要求關閉那家劇院，波蘭人放寬言論自由的希望於是被蠻橫打破。蘇聯大使這一拙劣舉動激起了憤怒的抗議，抗議於一九六八年三月九日達到高潮，二萬名學生在華沙上街遊行，高喊「打倒審查制度」和「捷克斯洛伐克萬歲」等口號，卻遭到警察的野蠻鎮壓。學生沒有被嚇倒，兩天後來到警察總部門前示威。警察動用了高壓水砲和催淚彈，導致了持續幾小時的街頭戰鬥。抗議擴散到波蘭的其他大學。克拉科夫（Cracow）的工人支持學生，後來被警犬驅散。但關鍵的是，學生沒能獲得工人的廣泛支持，被政府新聞機構引導的公共輿論也對學生的行為持反對態度，再加上政府的鎮壓，學生抗議於是被一舉撲滅。警察關閉了華沙大學的部分校園，一些課程被取消，有二千七百人被逮捕，其中學生占了四分之一（教師占百分之十）。數百名學生被強徵入伍，一些學者被解職，突出的一位是科拉科夫斯基（Leszek Kołakowski），他是哲學家兼蘇聯正統共產主義理論的批判分析家，當時已經聲名卓著（後來更是名揚國際）。

　　到了四月初，動亂才平息。動亂產生的一個副作用是政權打開了反猶太復國主義言論的閘門，聲稱學生抗議是「猶太復國主義分子」利用學生在政治上的幼稚挑唆煽動的結果。在反猶太復國主義運動的壓力下，約一萬三千名猶太人（包括數百名知識分子）被迫移民國外，這意味著戰後留在波蘭的大多數猶太人都受到了影響。在波蘭政權鎮壓一九六八年的嚴重動亂事件中，鄰國捷克斯洛伐克發生的事情幫了大忙。蘇聯出兵粉碎「布拉格之春」使波蘭民眾悚然惕然，這讓領導人哥穆爾卡暫時重新確立了權威。但波蘭的問題並未消失。

　　一九六七年秋，捷克斯洛伐克就爆發了示威，起因是布拉格大學生宿舍糟糕的生活條件，這樁示威引來了警察的強力報復。布拉格的學生抗議融入了廣大民眾要求擴大民主、加強制度自由化的日益高漲的呼聲，但在西歐發揮了突出作用的世代反叛在捷克斯洛伐克遠沒有那麼重要。捷克斯洛伐克的抗議吸引了各個社會階層和年齡段的支持者，主要原因是民眾普遍不滿該國的經濟狀況。一九六八年四月，共產黨發表的報告打臉了自己的差勁表現，報告中譴責「極為惡劣的住宅狀況」、生活水準停滯、交通運輸不足，以及貨物與服務的粗陋品質。計畫經濟甚至無法提供基本生活必需品，但在東方陣營中，捷克斯洛伐克還算是最先進的工業化經濟體。

　　最重要的是，大刀闊斧推行改革的要求不是來自外部，而是來自執政的共產黨內部，來自黨的核心圈內。力主改革的代表人物杜布切克（Alexander Dubček）相信改革必不可少。他的觀點並非完全出於理想主義信念，理想主義甚至不是他的主要動機（至少起初不是）。杜布切克日益堅信，改革是確保黨的控制的唯一辦法。西方的抗議者（至少是他們最激進的發言人）想推翻資本主義社會，用某種形式的共產主義烏托邦取而代之。但生活在「真正存在的社會主義」（這是他們那種共產主義的通常叫法）之下的東歐抗議者，大多不想換掉本國的制度，只想改良自己的制度。沒有幾個人想要西方的資本主義，他們的目標是要讓共產主義變得更民主、更自由。但布拉格之春徹底打消了這種幻想，它給人們的終極教訓是開明的自由和民主與他們所在的政權格格不入。自由和民主一旦威脅到當權者的執政權力，進而危及蘇聯陣營的團結，傳播自由民主的努力就會遭到武裝力量的無情鎮壓。

　　布拉格之春的源頭可追溯到五年前的一九六三年，斯洛伐克要求擴大自治權的時候。一九六〇年修憲後，權力被進一步集中到當局手

中，斯洛伐克的自治權就遭到有系統的削減。斯洛伐克共產黨實際上附屬於捷克共產黨，而後者控制在捷共第一書記諾沃提尼這位老牌史達林主義者手中，自一九五七年起，他還擔任捷克斯洛伐克的總統。赫魯雪夫在蘇聯推動去史達林化之後，諾沃提尼不得不在捷克斯洛伐克採取相應的措施。他移走了前國家領導人哥特瓦爾德經防腐處理的遺體（然後火化），雄踞在布拉格市內的巨型史達林雕像也被拆毀，這些都顯示了政治氣氛的變化。一九六三年初，諾沃提尼被迫成立一個委員會來調查一九五〇年代前總書記斯蘭斯基和其他人的公審。最終，委員會的報告平反了那些被定罪的人，撤銷他們的叛國罪指控，儘管並未完全恢復那些被視為「資產階級民族主義者」而遭到清洗的斯洛伐克受害者的黨籍。委員會的調查結果對諾沃提尼來說，成了潛在的威脅，因為身為委員會成員的杜布切克知道，諾沃提尼當年是支持公審的。

　　自一九六三年五月起擔任斯洛伐克共產黨第一書記的杜布切克曾在莫斯科受訓，有十四年黨齡。看來他利用了解到的這個情況，在斯洛伐克擴大了言論自由，減少了新聞審查。他利用這些改變來公開表示斯洛伐克對布拉格當局的不滿和抱怨，要求再成立一個委員會來平反遭到清洗的斯洛伐克人。捷克的作家和記者注意到斯洛伐克在放鬆管制，因經濟形勢大為惡化而壓力倍增的諾沃提尼也勉強同意在捷克准許有限的文化表達自由。另方面，杜布切克仍然高調地表達斯洛伐克的不滿，甚至默許這種不滿引起的民族主義情緒。他繼續向諾沃提尼施壓，暗示不僅在斯洛伐克，而且在整個捷克斯洛伐克都需要進行改革。由此推論，杜布切克認為自己是領導改革的最合適人選。到了一九六七年，黨的高級幹部中支持和反對改革的兩派之間的鴻溝已變得無法彌合。在此關頭，一九六七年十月就發生了布拉格大學生抗議惡劣宿舍條件的示威。

　　有許多的黨員都批評警察對學生使用武力，這進一步削弱了諾沃提尼和保守派的力量，也清楚地表明，這個國家需要一把新的掃帚來掃除過去的塵埃。黨領導層內部的派系分裂集中體現在杜布切克和諾沃提尼日漸激烈的權力鬥爭中，但在蘇聯領導人布里茲涅夫撤回對諾沃提尼的支持後，後者的敗局即已確定。一九六八年一月，杜布切克取代諾沃提尼成為捷克斯洛伐克共產黨第一書記。兩個月後，諾沃提尼又辭去了總統職務，繼任者是杜布切克提名的斯沃博達（Ludvik Svoboda）。斯沃博達是威望很高的戰爭英雄，也曾在五〇年代的清洗中受害。至此，布拉格之春全面開花，新聞審查基本消失，報紙經常發表對黨的領導幹部的攻擊，這讓莫斯科和其他蘇聯衛星國的共產黨領導人都驚愕不已。

　　一九六八年四月五日，捷克斯洛伐克共產黨的主席團通過了旨在實現「帶有人性面孔的社會主義」的《行動綱領》，尖銳譴責諾沃提尼主政時期的各種錯誤。《行動綱領》宣布，從現在起，共產黨將保證人民的「權利、自由和利益」，並願意修正有關指示和決議來滿足人民的需求。顯然，如此高度的民主化會跟正統共產主義的「無產階級專政」信念格格不入。次日，捷克斯洛伐克成立了由切爾尼克（Oldřich Černík）擔任總理的新政府。至此，杜布切克與他志同道合的改革者，占據了黨和國家的所有關鍵職位。

　　當時的氣氛一片興高采烈。二十多年後成為捷克總統的劇作家哈維爾（Václav Havel）回憶說：「突然間，你能夠自由呼吸了，人們能夠自由結社了，恐懼消失了。」那年，在布拉格的瓦茨拉夫廣場舉行的五一勞動節遊行中，群眾把鮮花扔向主席台，杜布切克高興地看著這一切，把手攏在嘴邊向遊行行列中的熱情群眾呼喊問好。次日，黨報《紅色權利報》（Rudé právo）報導說：「這是我們新生活的春天。」

　　然而，杜布切克的個性優柔寡斷，對民眾到底多麼支持社會主義

心中沒個底。在他的積極推動下，要求激進變革的壓力釋放了出來，但他卻控制不住局面。在從黨內擴散到廣大民眾的求變熱潮中，他只能隨波逐流。他的民望反而讓他陷入兩難，既要維持改革的勢頭，也要防止改革被視為對蘇聯及其緊密盟友利益的威脅。削弱一個國家的共產黨統治，很容易造成骨牌效應。

　　心存戒懼這個可能性，是捷克改革者面臨到的嚴重危險。此時，蘇聯以及東德、保加利亞、匈牙利和波蘭等華約成員國的領導人，都日漸焦慮捷克斯洛伐克的事態發展。七月中旬，他們發表了一份聲明，等於是向布拉格發出警告，要求停止他們所謂的針對社會主義制度、威脅「社會主義聯盟」的「反革命」。八月初，布里茲涅夫要求捷克斯洛伐克共產黨重建審查制度，解除一些改革領頭人的職務，總而言之要它把自己的事整頓好。於是，捷克斯洛伐克做了些敷衍了事的措施來恢復「民主集中制」。另方面，杜布切克轉向南斯拉夫和羅馬尼亞這兩個堅持獨立、與莫斯科的關係並不融洽的共產黨國家尋求支持，這當然不會讓華約成員國放心。八月十七日，蘇聯政治局邁出了關鍵的一步，決定以「國際無產階級大團結」的名義對另一個社會主義國家的內政進行軍事干預。一九六八年八月二十日至二十一日晚間，來自五個華約成員國的五十萬大軍在七千五百輛蘇軍坦克和一千架飛機的掩護下，開始入侵捷克斯洛伐克。

　　捷克斯洛伐克一方奉政府的命令沒有進行武裝抵抗，但是電視和電台在被迫就範之前都生動地報導了民眾如何反對入侵者，以及如何大力支持杜布切克，在布拉格和布拉提斯拉瓦開始迅速聚集的抗議入侵的龐大人群就是明證。杜布切克、切爾尼克和其他四位黨的領導人被捕，用飛機送往莫斯科（杜布切克在那裡似乎精神崩潰了）。他們和斯沃博達總統以及同樣被送到莫斯科的一些黨的主要領導人受到很大壓力，要求他們宣布放棄自由化綱領。八月二十六日，他們低頭

了，簽字同意接受蘇聯的最後通牒，反轉布拉格之春的改革以換取占領軍撤出捷克斯洛伐克（十月底，占領軍幾乎全數撤出）。在強迫之下，「兄弟關係」恢復了。這份簽署的協議有一個新的不祥前提，後來被稱為「布里茲涅夫主義」，其中規定了保衛社會主義國家、抗擊「反革命勢力」的「共同國際義務」。自此，華約國家有了明確的責任，可以對任何被認為越線的成員國進行干預。

　　「正常化」的過程為時了數月，但它是一條單行道。去莫斯科「談判」的捷克斯洛伐克代表團於八月二十六日至二十七日晚間返回布拉格。公眾普遍認為政府向莫斯科投降了，深感沮喪。民眾在聽了杜布切克（他和布拉格之春的其他改革者依然深受擁護）動人的電台談話後，這種心情才獲得緩解。杜布切克在談話中哽咽著懇請國民面對現實，接受無法躲避的「臨時的例外措施」。然而，「正常化」的壓力仍不可阻擋地步步緊逼。慢慢的，布拉格之春的領導人都離開了崗位。由於有跡象顯示民眾的不滿依舊存在，所以「正常化」的過程進一步加快。布拉格有一位名叫帕拉赫（Jan Palach）的學生為抗議自由化開倒車自焚身亡後，據估計有十萬人參加了一九六九年一月二十五日學生們為他舉行的葬禮，另外有二十萬人夾道目送葬禮行列通過。同年三月舉行的世界冰球錦標賽捷克斯洛伐克隊打敗蘇聯隊後，也爆發了規模浩大的反蘇示威。有鑑於此，蘇聯迅速出手干預，把杜布切克拉下了台，由另一個比較聽話的斯洛伐克人胡薩克（Gustáv Husák）接任捷共第一書記。一九七〇年，杜布切克被開除出黨，貶為斯洛伐克林業部門的低級官員。其他跟布拉格之春有關的人員也被逐漸撤換。一九六九年九月至一九七〇年六月，進行了三次黨內清洗，數千名工會官員、教師、學者、記者和其他在大眾傳媒和文化領域中工作的人都被免職。

　　這個過程完成後，捷克斯洛伐克終於實現了「正常化」。心存

不滿的捷克外科醫生札盧德（Paul Zalud）一九六九年獲准訪問西德時，曾寫信給一位英國共產黨人帕克（Leslie Parker），信中說：「俄羅斯人終於實現了他們所謂的正常化，建立了可惡而又野蠻的警察國家。」這是他給「正常化」下的尖刻結論。秩序恢復了，布拉格之春的結果被反轉了。捷克斯洛伐克又重新確立了審查制度、旅行限制和共產黨不容置疑的統治，政治上不隨主流的情況減少了。少數的幾位作家和其他的知識分子繼續以各種方式表達抗議，然而在布拉格之春剛被鎮壓之際，他們這樣的「異議者」（這是後來對他們的稱呼）對政權來說不過是惹人討厭而已。

在西方看來，布拉格之春被鎮壓是一九五六年匈牙利事件之後，對蘇聯和蘇聯式制度威信的又一個沉重打擊，事實又一次清楚地表明，這種威信只能靠武力維持。西歐許多支持共產主義的人認為，蘇聯因其在捷克斯洛伐克的行動喪失了一切道德權威。但蘇聯領導人不以為意，為了維持社會主義國家聯盟不受損害，這只是小小的代價。蘇聯強權壓倒了反抗。

變幻不定的東歐局勢

捷克斯洛伐克的自由化趨勢構成的威脅消除後，根本性改變華約國家政治制度的統治結構的可能性也化為烏有。對那些國家的國民來說，這意味著在公開場合不敢越雷池一步，接受政治正統的種種限制，私人生活只有有限的「專門」領域能夠免於國家的監視和成隊告密者的窺視。

但儘管如此，這些國家的制度還是出現了一些改變。沒有一個地方可能復辟徹頭徹尾的史達林主義。蘇聯陣營內部依然存在著很大的不同。一般來說，能夠接觸到一定的西方文化影響、有可觀的知識階

層、有工業化經濟、工人階級有組織（即使沒有自由工會）的國家
要求自由化改變的壓力較大。蘇聯對布拉格之春的鎮壓發出的明確訊
號是，任何自由化都必須嚴格控制。不過，只要不威脅到蘇聯陣營的
完整性（像在捷克斯洛伐克發生的那樣），克里姆林宮也願意手下留
情。指令性經濟在幾個東方陣營國家都出現了明顯的問題，有時蘇聯
不得不給予大額補貼，所以莫斯科願意讓它們在制度內努力走向生產
現代化。史達林主義的指令制度起源於蘇聯壓倒性的農業經濟，但特
別不適合工業化程度較高的經濟體，若連基本的消費需求都無法滿
足，更遑論跟資本主義西方迅速發展的經濟競爭。所以，必須在一黨
專政掌控的嚴格政治制度與釋放經濟、社會與思想資源所必需的創新
和競爭之間，達成一種勉強的平衡。各國達成平衡的方式不同，成功
的程度也各異。

　　一九六〇年代末，蘇聯自身經濟成長強勁，所以赫魯雪夫在位最
後幾年的工人騷動和廣泛不滿沒有重演。政權的控制加緊了。布拉格
之春之後，意識形態正統也得到加強。蘇聯出兵捷克斯洛伐克後，有
一小群人在紅場抗議，但他們馬上遭到逮捕，後來被判勞改三年。政
治異議依然存在，讓蘇聯在西方更加聲名狼藉，但政治異議根本無望
動搖蘇聯政權對公民的牢固控制。

　　在所有衛星國中，保加利亞跟蘇聯的關係最緊密。保加利亞在經
濟上高度依賴蘇聯，反正不可能偏離莫斯科的路線。保加利亞掌握著
警察國家的強制力，人口的絕大多數仍然是農民，知識分子人數很
少，這一切都不利於在保加利亞出現捷克斯洛伐克那樣要求自由化的
壓力。保加利亞的政府奢談經濟改革，卻沒有多少實際行動。六〇年
代早期保加利亞本來開展了有限的經濟改革和文化融冰，但那個十年
的最後卻出現了向著僵硬的新史達林主義正統的倒退。

　　匈牙利的發展方向正好相反。卡達爾的「馬鈴薯燉牛肉式的共產

主義」給了市場力量在經濟中有限的一席之地，使人民生活水準躍升到蘇聯陣營的首位。一九六八年一月一日匈牙利建立的「新經濟機制」在眾衛星國中是真正的經濟創新。國家中央計畫的範圍縮小，大致僅限於長期投資項目、財經政策和管理基本必需品的物價。在這個範圍之外，公司可以謀取利潤、開展商業活動。與西方的貿易增加了，農業生產欣欣向榮，遍及蘇聯陣營其他國家的基本民生用品短缺問題，在匈牙利不復存在。卡達爾也顯示了一定的開明態度，或至少願意汲取一九五六年的教訓，允許一定的言論自由，甚至願意某種程度開放西方的流行音樂，同時又不把控制放鬆到可能會造成與莫斯科關係緊張的程度。這一切的結果是，一九五六年最叛逆的匈牙利變成了蘇聯衛星國中人民最滿足的國家，基本不存在政治異議。

　　另一方面，哥穆爾卡領導下的波蘭成為一個經典案例，顯示該國如何從一九五六年似乎張開手臂擁抱改革，轉變為刻板僵硬的政治正統，其間造成許多老百姓的不滿和疏離。哥穆爾卡的政權嚴密控制政治異議，無情鎮壓學生抗議，大力支持向捷克斯洛伐克出兵。然而，波蘭的經濟正在急劇惡化，當局採取的應對措施卻簡單粗暴。一九七〇年，聖誕節即將到來之時，波蘭政府宣布於十二月十三日一次性提高食品價格，漲幅從百分之十二到百分之三十不等，這使得民眾已經滿溢的不滿情緒高漲為憤怒的抗議洪流。之後一週內，波羅的海沿岸的格但斯克、什切青（Szczecin）和格丁尼亞（Gdynia）等地的造船廠掀起了規模浩大的示威活動，迅即擴展到華沙和其他城市。一列運送工人去格但斯克造船廠的火車遭到國家武裝民兵襲擊後，形勢大亂。工人到黨委大樓前遊行示威，商店被搶。波羅的海海岸附近斯武普斯克（Słupsk）的一處民兵訓練中心被焚毀。民兵被暴民襲擊，有些民兵被打死。人們與警察爆發了大規模衝突。一些示威者被坦克碾死。死亡人數達到四十五人，近一千二百人受傷，三百人被逮捕。警

察對格但斯克的罷工工人開槍後，局勢完全失控，引起了爆炸性的騷動。一週後，哥穆爾卡被迫辭職。

接替哥穆爾卡的蓋萊克（Edward Gierek）當過煤礦工人，非常了解工人的需要。他立即宣布提高工資，改善工作環境。在罷工仍如火如荼之際，他依靠一筆蘇聯貸款，宣布將原來的物價凍結十二個月。他訪問了造船廠，對工人直言不諱地承認黨的過失。他廢除了農民痛恨的強制交公糧的辦法，提高了國家向農民購糧的價格。非國家雇員可獲得享受免費醫療服務的資格，並放鬆審查制度和出國旅行的限制。自此，民眾的情緒才有了好轉，蓋萊克執政初期成為波蘭在共產黨統治下的「美好年代」。一九七一年，波蘭工資收入增加了百分之十一。政府推行一項龐大的住宅建設方案，新建了一百萬套的公寓，儘管說住宅仍舊供不應求，但比起哥穆爾卡時代已是一大進步。隨著經濟現代化脫離過去的方向，轉向消費者的需求，所有人的生活都得到了改善。但是，波蘭的經濟難題並未消失。為了給予經濟必要的刺激，償還向蘇聯借的貸款，蓋萊克向西方借了大約六十億美元。此舉緩解了燃眉之急，但僅僅是把麻煩推到了以後。一九七三年之後，波蘭遭受石油危機的沉重打擊，需要更多的蘇聯援助才撐得下去。到了七〇年代末，嚴重的問題再次積聚起來。

德意志民主共和國在蘇聯陣營中是個特例。東德有柏林圍牆，它自覺是跟資本主義鄰國競爭的「真正存在的社會主義」的意識形態展示窗，其反法西斯的意識也特別強烈，這一切都賦予了東德社會其獨有特點。一九六一年柏林圍牆的修建讓東德政權重拾信心，增強了力量。隨著針對「內部敵人」的意識形態鬥爭的升級，一大批人遭到逮捕。恫嚇、鎮壓和從眾的壓力成為東德人生活的一部分。然而，東德領導人很清楚，制度要順利運作，尤其是若想實現官方宣布的一九八〇年在經濟上超越西德的目標，只靠鎮壓是不行的。

　　一九六三年東德開始施行的「新經濟制度」意在克服經濟的不斷惡化，因為經濟惡化會導致物資短缺和民怨聚積，使人想到十年前的情景。國家下放了一定的管理權，鼓勵增加產量（儘管這一切仍然是在中央計畫經濟框架下進行的），同時也加強宣傳工作以動員民眾的積極支持。東德當局大力推動提高人民的教育水準，開始重點強調技術、知識和合理化管理。一九五一年，東德只有百分之十六的學生在校時間超過八年，一九七〇年，這個數字來到了百分之八十五。通往高等教育的道路也拓寬了，東德建起了若干所新大學和理工專科學校。一九六四至一九六五年，東德的生產率提高了百分之六至百分之七，國民收入增加了百分之五。人民的生活水準開始顯著上升，儘管不如期望的那樣快，也遠遠落後於西德。不過，像電視機、洗衣機和電冰箱這些家電開始走入廣大百姓家中。生活改善的同時，文化管控也開始放鬆。史達林的塑像消失了，一萬六千名政治犯大赦出獄。

　　然而，黨的領導人仍對於讓出部分經濟控制權心有不甘，而且經濟活動仍然處處受限，無法克服缺乏競爭力這個固有的問題。布里茲涅夫接任蘇聯領導人後，過往赫魯雪夫的改革熱情讓位給了前者對維穩的重視後，溫和的自由化的潮流隨即停止。一九六五年十二月，當局對文化領域的控制收緊了。同月，修改了「新經濟制度」，重點回到中央計畫上頭，分配給電子業、化工業和工程業的資金超乎比例。軍隊和祕密警察（史塔西）獲得更多用於擴大規模的撥款，消費品生產重新退居末座。

　　布拉格之春的結局讓東德領導人確信，他們扼殺文化自由化趨勢是對的，不然會導致政治動亂。但在另一方面，一黨專權下經濟的固有問題也明白地顯露了出來。基本民生用品供應經常出現緊缺，一些在西德被視為理所當然、東德老百姓在電視上天天晚上都能看到的消費品更是蹤跡杳然。這種情況引起了新的騷動。黨的領導層愈來愈不

放心烏布利希的領導力，也對他忽視急需的消費品生產，卻側重很久以後方能見效的技術項目感到不安。此外，烏布利希希望加緊跟西德的經濟合作，這有違莫斯科的意思。這一切，加上烏布利希本人的傲慢，造成了他的倒台。一九七〇年末，黨的多數領導人投票贊成改變經濟發展軌道，緊接著，他們請求布里茲涅夫撤銷烏布利希的領導職務。布里茲涅夫同意了。一九七一年五月三日，烏布利希辭職。烏布利希的繼任者是何內克（Erich Honecker），他長期擔任高級官員，希特勒政權時期曾參加共產黨抵抗運動，在納粹的監獄蹲了十年。因此，他的反法西斯資格無懈可擊。何內克接任後重組了經濟，更加注重消費品生產。不過，他一貫對莫斯科亦步亦趨。

　　巴爾幹國家的共產主義政權又是另一種發展。阿爾巴尼亞在中蘇決裂後把注下在中國一邊，繼續堅持自主選擇的意識形態道路，但也陷入了政治孤立和嚴重的經濟貧困。阿爾巴尼亞的經濟在東歐國家中是最糟的，它把自己鬧到失去了蘇聯援助，跟中國達成的貿易協議又無法補上缺口。阿爾巴尼亞也像中國在六〇年代中期那樣，發動了它自己的「文化大革命」，對知識分子、教師和宗教信仰發起攻擊。捷克斯洛伐克被華約占領後，阿爾巴尼亞也退出了華約組織，儘管事實上它從來都僅僅是名義上的成員，此舉也意味著它跟蘇聯徹底決裂。阿爾巴尼亞切斷了與莫斯科的關係，但又離中國太遠，無法和北京發展緊密的聯繫。阿爾巴尼亞的僵化制度像個怪物，卡在了它自己造成的死胡同裡。

　　羅馬尼亞是華約成員國，它也愈來愈自行其是，但仍小心不會走到跟莫斯科翻臉的地步。阿爾巴尼亞的棄蘇投中讓羅馬尼亞得以間接受益，因為在失去了阿爾巴尼亞，南斯拉夫又獨樹一幟的情況下，克里姆林宮意識到自己不能再失去羅馬尼亞，否則那將進一步削弱它在巴爾幹的影響力。於是，蘇聯准許羅馬尼亞保持半脫離的狀態。一

九六五年，西奧塞古接替史達林主義者德治成為共產黨領導人（一九七四年又成為國家總統）。他反對出兵捷克斯洛伐克，建立了羅馬尼亞自己的「國家共產主義」（其實是共產主義框架下的民族主義），堅持不隨莫斯科的音樂起舞，這樣的表現也贏得了西方的讚揚。西奧塞古利用中蘇之間日益擴大的裂痕，違背蘇聯路線，同西德和以色列都建立了外交關係。他花力氣培育羅馬尼亞人的民族自豪感，經濟成長也保證了食品和其他生活必需品的充足供應，這讓西奧塞古得以維持他執政之初贏得的民心。此外，羅馬尼亞在剛開始時，文化也有了一定的開放，允許民眾接觸一些西方媒體的內容，但在西奧塞古一九七一年出訪中國、朝鮮、蒙古和越南民主共和國之後，情況發生了改變。他回國後對言論實施了新的、嚴格的意識形態控制。羅馬尼亞在偏離蘇聯正統的路上還會繼續走下去。

　　南斯拉夫版本共產主義的基礎是權力下放和落實到基層的工業管理。許多西方人都很欽佩南斯拉夫，認為它比了無生氣的蘇聯制度好得多。南斯拉夫對西方的開放程度比東歐任何其他國家都大，這讓民眾得到了實實在在的好處。一九六〇年代，南斯拉夫政府把達爾馬提亞海岸打造為旅遊熱點，數百萬美元的旅遊收入流入了國庫，政府得以用這些強勢貨幣購買必要的進口貨物，保證了人民相對較高的生活水準。與此同時，有五十萬的南斯拉夫人作為「客籍工人」在西德工作，他們寄回國內家人的匯款也補貼了國家經濟。與西方的頻繁接觸使南斯拉夫接受了西方文化的影響，讓它成為東歐共產主義國家中最自由開明的國家。然而，到了一九六〇年代末，南斯拉夫的經濟問題變得明顯起來。生產率的提高遠遠落後於平均收入的增加，通膨率升高，國家債台高築，不平等現象日益嚴重，失業率飆升。在這樣的背景下，人心背離的趨勢開始在南斯拉夫露頭。

　　克羅埃西亞是南斯拉夫最繁榮的地區，但克羅埃西亞人感到不

滿，因為接待外國遊客賺取的收入，有很大一部分調配給了國內不夠發達的地區。克羅埃西亞人爭取更大自治的躁動開始加強，促使民族主義再次抬頭。一九六七年，一百三十位知識分子聯名要求在學校中使用克羅埃西亞語（不再使用他們認為是國家強加的塞爾維亞－克羅埃西亞語），此事是這一趨勢的最早表現。塞爾維亞人這邊卻覺得克羅埃西亞在經濟繁榮中占了太大的便宜，一部分掌權者認為在克羅埃西亞和斯洛維尼亞發展最快的自由化走得太遠了。但對大學生來說，卻覺得這還遠遠不夠。一九六八年六月初，受法國事態的激勵，貝爾格勒的學生舉行了二戰結束以來的第一次大規模示威，抗議大學擁擠不堪的求學環境、寡頭統治集團享受的特權、消費主義的增強，以及迫使許多學生出國找工作的經濟狀況。對此，狄托元帥急欲遏制騷亂，許諾會滿足學生的要求。但在捷克斯洛伐克被占領之後（南斯拉夫政府對此表示了強烈抗議），民眾害怕蘇聯可能也會對南斯拉夫出手。這幫了當局的忙，騷動無疾而終。一九七一年，騷亂重起，這次是發生在札格雷布（Zagreb），卻對南斯拉夫的國家完整性構成了更大的威脅。

後來這樁被稱為「札格雷布之春」的事件，是在要求給克羅埃西亞更大自治權的日益高漲民族主義呼聲的背景下發生的。克羅埃西亞的黨領導人、媒體人和學生代表都發表了贊成獨立的言論。他們看到大批克羅埃西亞人出國工作，塞爾維亞人和其他族群的人大量湧入克羅埃西亞，認為克羅埃西亞的民族認同被沖淡，前景堪憂。一九七〇年，克羅埃西亞的黨領導人庫查爾（Savka Dabčević-Kučar）表示，她擔心「克羅埃西亞不再是克羅埃西亞人的故鄉，反而變成了塞爾維亞人和其他民族的家園。」克羅埃西亞獨立後成為總統的圖季曼（Franjo Tudjman）則宣稱，「克羅埃西亞人民的存在」有被同化的危險。人們普遍覺得，克羅埃西亞在南斯拉夫國家機關、警察和軍官團

中代表不足，在經濟上受盡南斯拉夫其他成員國的壓榨，簡直成了塞爾維亞的殖民地。

一九七一年七月，身為克羅埃西亞人的狄托把克羅埃西亞的領導人召到貝爾格勒，嚴厲批評他們放任民族主義情緒重起。他隱晦地警告說，國內一旦亂起來，可能會招致蘇聯干預。然而，民族主義情緒有增無減。當年十一月，學生占領了札格雷布大學的大樓，呼籲發動大罷工，數千人參加了規模浩大的示威遊行，高呼「獨立克羅埃西亞國萬歲」的口號。這一次，狄托果斷出手，清洗了札格雷布和貝爾格勒的黨領導層，將數百人開除黨籍，逮捕了近二百人。在斯洛維尼亞、馬其頓、蒙特內哥羅，以及波士尼亞－赫塞哥維納（波赫），任何被懷疑有民族主義傾向的人都被撤職。贊成擴大自由化的人遭到清洗，一九七二年通過的一項新法案也對新聞自由實施了更大的限制。

這些鎮壓措施雖成功平息了局勢，但狄托明白只靠鎮壓是不夠的。一九七四年南斯拉夫通過的新憲法努力照顧到改革者的要求，建立了更加平衡的聯邦體制，並下放了權力，讓各共和國更加相對獨立。然而，實際上新憲法沒有削弱，反而推動了民族主義和分離主義的傾向，因為憲法突出了族裔間的分別。狄托是戰爭英雄、民族救星和後來國家統一的化身，他的巨大聲望是把南斯拉夫國家日益岌岌可危的基礎綁在一起的最重要因素。可是，狄托在一九七二年已高齡八十歲，他百年之後南斯拉夫的未來將如何呢？

社會民主在西歐的前行

到了一九七〇年代初，無論在東歐還是西歐，前幾年的麻煩大多開始消退。蘇聯陣營在布拉格之春的動亂後恢復了「正常」狀態。政治異議依然存在，但當局可以輕易予以遏制。共產黨國家中「真正存

在的社會主義」似乎注定會千秋萬代。在西歐的南部地帶，民主要麼只有在軍方允許下才能存在（土耳其），要麼根本付之闕如（一九六七年後的希臘，還有葡萄牙和西班牙）。但是，那個地區之外的西歐國家政府制度完整無損，大都具有很強的調整適應能力（見第七章）。不錯，政治動盪開始增加，政治暴力也比二戰以來任何時候都更加公開。製造恐怖不僅是義大利紅色旅和西德巴德－邁因霍夫集團的活動手段，也是北愛爾蘭民族主義運動和西班牙巴斯克地區分離主義運動的重要部分。不過，哪裡都沒有出現極端化的勢頭，革命就更談不上了。國家在為人民提供福祉、確保人民生活水準不斷提高方面發揮著中心作用，而這是戰後年代發展起來的基本共識，其實質內容仍然未變。

事實上，在一九六○年代和七○年代初，最堅定地鼓吹建立「大政府」，靠高額政府開支（和高稅收）來提高社會福利、改善窮人生活條件的社會民主黨一般都擴大了支持面。有時，其他左翼政黨也獲得了更多支持，這通常擠壓到了保守、與教會結盟的政黨的空間。

在英國，工黨（社會民主黨的英國版）在一九六四年大選中以微弱多數取勝後，由威爾遜領導的工黨政府在一九六六年大幅增加了工黨所占的議會多數席位。然而，在經濟問題惡化、勞資衝突頻繁的情況下，以希思為首的保守黨在一九七○年的大選中出人意料地贏得了勝利。也是在這樣的背景下，後來出現了更大的困難（見第七章）。

在前面我們已經談過，自從漫長的艾德諾時代於一九六三年在西德宣告完結之後，保守主義在高漲的改革期望面前一路敗退。一九六九年的大選中，基民盟自西德建國後首次成為在野黨，戰後時代的偉大人物之一布蘭特領導的社民黨牽頭組成了新的聯合政府。政治家布蘭特個人魅力十足，是個不折不扣的社會主義者。他是私生子，原名是赫伯特‧弗拉姆（Herbert Frahm）。納粹時代初期，布蘭特逃到斯

堪的納維亞，在那裡參加了反對希特勒政權的工人抵抗運動（其間改了名字）。所以，布蘭特取代原納粹黨人基辛格成為政府首長象徵著一個新時代的來臨。一九六八年的學生示威和政治動盪過後，布蘭特的聯合政府如同一個沉悶窒滯的房間吹進的一股清風。氣氛為之一變，民眾，特別是青年人，燃起了新的期盼和希望。

　　一九六〇年代晚期，西德的鄰國奧地利也在向著改革社會民主的方向發展。一九六六年的選舉中，保守的奧地利人民黨在戰後歷史上首次贏得了絕對多數，但從這次選舉結果我們完全看不出後來的事態發展。奧地利的社會黨內部陷於分裂，選民害怕它可能會與較小的共產黨合作，這些因素是保守派獲勝的部分原因。但是在一九六七年，精明強幹的克賴斯基（Bruno Kreisky）成為社會黨領導人後，提出了一項影響深遠的社會經濟改革綱領，拉高了社會黨的支持率。一九七〇年，社會黨成為選舉中得票最多的政黨，克賴斯基因而得以組成少數政府。次年舉行的新選舉中，克賴斯基的黨贏得了絕對多數，組成了穩定的社會民主派政府，在往後十年一直主導著奧地利政治。

　　荷蘭在一九六〇年代發生的一大變化是荷蘭式自由民主的傳統特點「支柱化」或「分立化」（pillarization，次文化主要按宗教派別縱向劃分，各有其政治代表）逐漸消退。隨著世俗化的加強，天主教人民黨得到的支持日趨萎縮。同時，工黨的社會改革承諾贏得了民眾支持。一九七二年的選舉中，工黨成為得票最多的政黨。次年，工黨領袖登厄伊爾（Joop den Uyl）成為聯合政府首相。比利時的社會民主派面臨的困難較大，因為法蘭德斯和瓦隆之間語言和文化的分裂日益加深，導致了主要政黨內部的相應分裂。組成比利時政府的政黨多如牛毛，其中社會黨和保守的基督教人民黨是不容置疑的最大政黨，雖然它們各自只能贏得四分之一的普選票。但即使如此，比利時的政治大勢也是反保守的，一九六八年後比利時出現的「綠色」生態政黨就

是代表。

　　自第二次世界大戰以來，社會民主一直是北歐政治穩定與福利改革的基礎。它在瑞典、丹麥和挪威一直保持著約四成的選民支持率，不過，一九六〇年代期間，挪威工黨的長期主導地位受到了侵蝕，不是因為右翼力量增強了，而是因為左翼的社會主義人民黨分走了愈來愈多的選民支持。芬蘭的政治比較複雜，因為它需要與隔壁的蘇聯保持相安無事的關係。芬蘭歷屆政府無一例外都是有許多政黨參加的聯合政府。社會民主黨（占四分之一多一點選票）是最大的政黨，緊隨其後的是比較激進的左翼政黨芬蘭人民民主聯盟（受芬蘭共產黨人主導）。這兩個黨加在一起，獲得了百分之四十以上選民的支持。但是，芬蘭人民民主聯盟因一九六八年八月布拉格之春被鎮壓而受到傷害，出現了分裂，一邊的人繼續支持蘇聯，另一邊的人則譴責蘇聯的行動，轉向普遍視為更適合西歐的共產主義思想和組織。尤其是在義大利、法國和西班牙，這樣的思想和組織得到的支持不斷增加，被稱為「歐洲共產主義」（Eurocommunism）。

　　即使在保守黨繼續主導政府的國家，如義大利和法國，也必須照顧左派的要求，儘管經常是口惠而實不至。

　　在義大利亂糟糟的政治中，政府許諾的廣泛改革和實際執行差異非常大。一九六〇年代末，義大利的就業法得到一些修改，衛生系統有改善，退休金的覆蓋層面也擴大了，這些都是朝著建立更全面的福利國家邁出的步伐。但更多的措施僅僅停留在紙面上，許多左翼人士、新馬克思主義知識分子和愈來愈多的學生都認為，取得的結果遠遠不夠。

　　一九六三年，在「向左翼開放」的政策下，社會黨人被接納入莫羅的政府。義大利的政府一如既往，是由最大的政黨天主教民主黨領導，但在那年選舉中，天主教民主黨的得票率首次滑落到百分之四十

以下。在是否應加入保守黨領導的政府這個問題上，社會黨發生了分裂，到一九六六年又重新團結起來。但事實上，「向左翼開放」的真正受益者是共產黨人。他們對莫斯科的舉措多有微詞，特別是在捷克斯洛伐克事件發生之後。被排除在政府之外反而讓他們因禍得福，從革命政黨變成了改良政黨。共產黨的黨員人數和選民支持在六〇年代初有所下降，但後來雙雙大幅上升。一九六三年，共產黨的普選票得票率是百分之二十五（社會黨只有百分之十四），到一九七六年增加到百分之三十四‧四，與天主教民主黨相距不遠，一躍超過社會黨成為主要在野黨。

　　一九六九年，法國民族英雄戴高樂告別政治舞台（次年去世），但法國既未發生混亂，也沒出現真空。保守派在戴高樂的接班人龐畢度的領導下繼續維持了政壇的統治地位。沒有戴高樂的戴高樂主義並未發生巨變。不過，龐畢度在一九六九年總統大選中獲得巨大勝利後，至少在他短暫任期的初期（他於一九七四年四月英年早逝）銳意改革，這讓大多數人都始料不及。一九六八年五月的事件震驚了全國，特別是法國的保守派。喧囂沉寂後，社會改革的呼聲隨之而起。持續不斷的呼聲包括要求增加婦女權利，不僅是政治權，還有對她們自己身體的權利。但是，事實很快就表明，建立「新社會」的許諾大多是空話，因為保守派的反對力道太強大了。龐畢度推動的現代化主要旨在促進工業與技術發展，依靠的是經濟持續高速成長。可是，經濟的高成長很快將煙消雲散。

　　與此同時，法國左翼的特點正在發生變化。一九六八年的事件催生了許多馬克思主義小團體，主要是托派或毛派團體。它們仍在為推動變革而不斷地宣傳鼓動、施加壓力，但是它們仍處在主流之外，甚至不屬於左翼主流。法國共產黨跟莫斯科的關係緊密，二戰以來一直有四分之一左右的選民支持。一九六八年八月蘇聯出兵捷克斯洛伐

克使法國共產黨深受其害，再也沒有恢復過來。此外法共也認識到，單槍匹馬的自己不可能藉由革命取得政權，於是轉向改良主義，爭取實現社會的長期轉變。法共的追隨者自然大失所望，可是轉向改良主義的共產黨恰好與社會黨一拍即合。社會黨人在一九六九年總統大選中一敗塗地，正在舔舐傷口力圖恢復（那次大選中他們的候選人德費爾〔Gaston Defferre〕才贏得區區百分之五的選票）。社會黨在新領導人密特朗（François Mitterrand）的帶領下轉向現代化改革，制定了權力下放的綱領，加強了國有化和國家計畫過程中的民主性。一九七二年，社會黨和共產黨提出了一份共同執政綱領，將其作為一條深刻改變社會的改革之路。密特朗的社會黨順風順水，開始超越共產黨成為主要的左翼政黨。

　　在一九六〇年代晚期和七〇年代初期，西歐各國的多元政治制度都面臨著改革的壓力。各國的適應方式當然各有不同，因為每個國家的政治都深受國內議程的影響。但是，在認識到各國明顯的多樣性的同時，我們可以看出大多數西歐國家的變化都遵循著相似的模式。那當然不是完全的和諧一致，但西歐普遍保持了穩定，幾乎每個國家的人民都預期好日子會繼續下去。

＊　＊　＊

　　就連國際舞台上也出現了希望之光。一九七〇年，布蘭特的對東歐政策來了個一百八十度大轉彎，改變了西德的發展方向，產生了深遠的影響。在那以前，西德拒絕承認德意志民主共和國，並聲稱一旦實現統一，將恢復第三帝國一九三七年的邊界（包括奧得河－尼斯河另一邊一九四五年後劃歸波蘭的土地，甚至包括蘇聯最西邊的土地）。布蘭特憑借這一大膽舉措榮獲一九七一年的諾貝爾和平獎。他的「東方政策」（其實布蘭特不喜歡這個名稱）起初造成了深深的

分裂，國內的左派為之歡呼，但保守派和戰後被驅離東歐的那些人的代表則激烈反對。布蘭特首先打算不再疏遠東德，而是與之合作。他堅信，東方政策要成功，西德就必須繼續堅定依靠北約，完全融入西歐。他說：「我們的東方政策必須在西方開始。」國內外都有人擔憂東方政策會導致對蘇聯陣營做出危險的讓步，最終使西德與西方漸行漸遠。但事實證明，這項政策是一個愈來愈受歡迎的政治上的突破。

　　根據新頒布的東方政策，西德在接下來的三年裡跟東德建立了正式關係，也實現了跟捷克斯洛伐克關係的正常化，並在一九七〇年簽訂的《華沙條約》（Treaty of Warsaw）中承認波蘭西部邊界是奧得河－尼斯河這一事實。西德接受不用武力改變現狀，實際上等於永遠放棄了德國原來的東部省份。（最終無條件承認奧得河－尼斯河為德波邊界則要等到一九九〇年德國統一進程期間。）一九七〇年十二月，布蘭特訪問華沙，在紀念一九四三年四、五月份猶太隔離區起義的紀念碑前自然而然地雙膝跪地，表達他本人對德國殺害猶太人的贖罪之意。這一跪象徵著西德政策的重大轉變。

　　布蘭特在西德外交政策方向的改變，恰好與超級大國關係走向和好的一個跡象相應。一九七二年五月，經過之前三年的談判，美國總統尼克森（Richard Nixon）和蘇聯共產黨總書記布里茲涅夫簽署了第一階段限制戰略武器會談（Strategic Arms Limitation Talks）產生的協議，該協議旨在透過限制反彈道飛彈系統來增進彼此的安全。次年，美蘇又達成了《防止核子戰爭協定》（Agreement on the Prevention of Nuclear War），確定了完全消除「核子戰爭和使用核武的危險」的宏大目標。雙方都需要這些舉措，因為蘇聯正在為美中關係的和解而掛懷（一九七二年二月尼克森訪華），美國則因越戰在外交上造成的損害而憂心。上述舉措通稱為「低盪」（détente），緩和了超級大國間的緊張，使人看到兩個最大核武國家的關係有可能長久改善，這實在值

得張開雙臂歡迎。歐洲和全世界似乎終於能稍微鬆一口氣了。接著，
一九七三年石油危機就造成了經濟和政治的大震盪。

第七章

轉折關頭

The Turn

工業化民主國家決心克服高漲的失業率、持續的通貨膨脹和
嚴重的能源問題。
　　　　　——七國集團關於經濟合作的宣言，一九七五年十一月

危機？什麼危機？
　　　　　——《太陽報》頭條標題，故意誤引英國首相卡拉漢的話，
　　　　　　　　　　　　　　　　　　　　一九七九年一月十一日

　　一九七三年的石油危機是歐洲戰後歷史的一個轉捩點。它引發的
一系列變化在政治、經濟和社會結構上留下了深刻印記。經過戰後數
十年的繁榮後，這些變化不啻為典範轉移。到一九八〇年代中期，整
個歐洲都因之發生了變化。石油危機爆發之前那幾年，已經有清楚
的跡象顯示，歷時長久的榮景即將不再。變化早晚會發生，但石油危
機大大加速了變化的到來。阿拉伯產油國削減了石油供應，直接導致
每桶原油的價格在僅僅一年內就從二・七美元激增至九・七六美元。
一九七九年爆發了第二次石油危機，致使一九八〇年的石油價格飆升
到每桶近五十美元。一九五〇年，石油占西歐能源供應的百分之八・

五；二十年後，這個數字成長到百分之六十。對於如此依賴石油的國家來說，石油危機的嚴重性不言而喻。

石油危機代表著前兩個十年瀰漫的樂觀情緒的完結。過去的持續成長產生了諸多裨益，現在經濟下行卻成為首要因素。在「經濟奇蹟」時代，人們認為生活水準會一路向上，現在這個假設卻突然不再成立。戰爭結束後的幾十年間人們以為已永遠克服的一個現象再次冒出頭來：通膨率增高，失業率節節上升，兩者之間出現了新的危險連結。這造成了大戰結束以來大部分人從未經歷過的嚴重經濟不安全。不久，有人對繼續維持福利國家的開支水準提出了懷疑，而福利國家正是歐洲從二戰的破壞中恢復人民安全感的基礎。以凱因斯的理論為基礎，自二戰以來一直主導西歐政治經濟的經濟模式現在遭到根本性質疑，受到愈來愈多人的摒棄。經濟氛圍的改變也加劇了政治動盪。在北愛爾蘭、西班牙、西德和義大利，衝突的激化導致了駭人的恐怖主義暴行。東歐和西歐的政治制度是如何對付並適應形勢的劇變呢？它們在一九三〇年代曾因為經濟危機陷於崩潰，這次是如何毫髮無損地倖存下來的？

不過，在石油危機爆發後的那些年裡，並非所有事情都令人消沉悲觀。危機本身揭露了國家有必要改變其經濟結構，逐漸去除已經處於衰退狀態的傳統產業。飆升的通膨率（經過非常痛苦的過程）最終得到了控制。生活方式個性化選擇和消費主義進一步削弱了社會趨同的壓力。專制從歐洲大陸的西半部消失了。短短幾個月內，葡萄牙、希臘、西班牙的專制政權相繼倒台，而且是在沒有外部軍事干預的情況下和平發生的。然而，一個令人擔憂的新發展是原本好轉的國際關係急劇惡化。一九七〇年代前半期的「低盪」似乎有望實現限制核子武器庫和確保在國際上尊重人權的目標，但「低盪」並未維持到那個十年結束。到一九八〇年，歐洲進入了超級大國對抗的新的危險階

段，這個階段經常被稱為「第二次冷戰」。

困難纏身的各國經濟

我們若想知道一九七三年的石油危機多麼突出地代表了一個時代的結束，只需看一看歐洲的經濟成長率。一九五○至一九七三年，西歐和東歐的平均年成長率都是百分之四‧七，起步較晚、正迎頭趕上的南歐發展中經濟體則高達百分之六‧三。石油危機之後的二十年，成長率下降了一半不止，南歐降到百分之三‧一，西歐是百分之二‧二，東歐甚至降到了百分之「負」○‧四。在西歐，挪威、愛爾蘭（又一個努力追趕的落後經濟體）、義大利、奧地利和西德成長率最高，荷蘭、英國、瑞典和瑞士最低。鐵幕那邊，匈牙利受到的影響最輕（但人均國內生產毛額的增加掩蓋了它對西方金融依存度日益加深的問題），羅馬尼亞最重。歐陸南部的國家中，土耳其的成長率（百分之二‧六）比其他國家都高，但它的起點較低。不管各國具體情況如何，所有地區的總趨勢是清晰的。

促成了二十年經濟榮景的動力正在減弱。截至一九七一年，西方世界的經濟都以一九四四年七月布雷頓森林會議上商定的對美元的固定匯率為基礎，而美元又與黃金價格掛鉤（其固定價值自一九三四年起一直未變）。布雷頓森林制度的具體施行方式極為複雜，到一九五八年十二月才全面開展出來。但不出十年，就遇到了困難。布雷頓森林制度實質上是美英兩國達成的交易，它顯示了美元在戰後時期作為國際儲備貨幣，取代了英鎊登上至高無上的統治地位。自那以後，西方各經濟體一方面彼此緊密交織，另一方面又實力懸殊。經濟表現的起伏不定使各國愈來愈難維持固定匯率。貨幣投機及其造成的金融不確定遂無法避免。維持固定可兌換匯率的困難不斷加大，促使一九

七〇年的《維爾納報告》（*Werner Report*，得名於撰寫報告的委員會的主席，盧森堡首相維爾納）提出向著歐洲貨幣聯盟邁出最初幾步的建議。（事實上早在一九六四年，法國就初次向西德提出了成立貨幣聯盟的想法，希望以此來提升法國的國際地位，減輕德國對美國的依賴。西德方面對此建議則未置可否。）但這個提議生不逢時，被隨後而至的金融風暴吹得無影無蹤。

美元曾不可一世，但不能再想當然地認為美元會繼續稱霸。作為整個布雷頓森林體系中心的美國經濟本身也遇到了困難。一九六〇年代末，美國的貿易逆差開始增加，貿易赤字直線上升，原因是從歐洲和日本的進口增加。此外詹森政府執政期間社會開支擴大，特別是越戰升級也造成了軍費飆升。通貨膨脹如脫韁野馬。隨著美國收支平衡持續惡化、通膨與失業率雙雙上升，可以明顯看到美元價值被過分高估。於是，不可避免地出現了做空美元、做多德國馬克和日圓的貨幣投機行為。一九七一年五月，西德政府決定不再維持與美元的現行對等，奧地利、比利時、荷蘭和瑞士緊隨其後。此舉一出，馬克應聲強勁上揚，美元遭到拋售。布雷頓森林體系的核心本來是每盎司黃金三十五美元的固定價格，但美元的疲軟助長了人們對金價會上漲的猜測。這一猜測果然成真，到一九六〇年代末，黃金的實際價格達到了官方價格的兩倍以上。布雷頓森林體系已是難以為繼。一九七一年八月十五日，尼克森總統突然宣布美國政策急轉彎，在祭出一系列反制通膨措施的同時，宣布美元與黃金脫鉤。

此舉等同宣告作為戰後經濟基礎的布雷頓森林體系的死刑，未來將是浮動匯率的天下。但是，浮動匯率增加了國際經濟的不確定性。如何管理匯率成了新問題，很快就麻煩叢生。人們對這方面的困難從未找到有效的解決辦法。所有建議都栽在了一個問題上面，因為一切大大小小經濟體，尤其是具有核心重要性的美國經濟，都面臨這個問

題，那就是如何遏制令人擔憂的通膨，卻不訴諸過於嚴峻的傳統貨幣緊縮措施，因為那將造成經濟成長受阻、失業飆升（以及所有連帶的社會與政治後果），可能還會使世界墜入又一場大蕭條。

美元與黃金脫鉤後，歐洲主要工業國自一九七一年十二月開始為本國貨幣與美元的兌換率確立一個狹窄的浮動區間。這個被稱為「蛇形匯率制」的辦法很快被證明無效。鑑於歐洲各經濟體發展水準不同，應對通膨和控制政府開支的國家戰略各異，蛇形匯率制幾乎從一開始就注定不會成功。各國首要關注自身利益，力圖藉由國家政策來應付國內的困難。英國、愛爾蘭和丹麥一九七二年就脫離了蛇形匯率制（不久後丹麥又重新加入），義大利一九七三年離開，法國則是一九七四年離開。實際參加蛇形匯率制的只有幾個西北歐經濟體，由德國馬克主導。只有西德和荷比盧三國堅持了下來。在德法兩國政府的聯合倡議下，效果不如人意的蛇形匯率制於一九七九年轉為「歐洲貨幣體系」。德國馬克愈發明顯地成為懸掛其他歐洲貨幣的樁釘。

蛇形匯率制遇到的困難推動了向著更普遍的浮動匯率轉變的努力。同時，這些困難也給一九七〇年即已提出的最終實現歐洲貨幣聯盟的主張添了一把火。但這個主張目前還僅是空想。西德的經濟占統治地位（還有可觀的盈餘），把較疲弱的經濟體遠遠甩在後面，協調不同貨幣因此變得難上加難。大多數國家日益感覺到，放棄固定匯率取浮動匯率比較適合自己，這樣在進行國內調整時就不必考慮採行政治破壞性極大的貨幣貶值措施。

貨幣方面的困難實質上反映了西方經濟在石油危機的打擊到來之前，即已存在的深層弊病。事實上，一九七二至一九七三年的工業生產額增加了百分之十左右，這在加大初級商品進口需求的同時也造成了一定的工業產能過剩。經濟發生了過熱，貨幣擴張、廉價貸款和各國在美元疲軟後增加貨幣供給量的舉措導致物價飛漲。石油危機爆

發前一年，原物料價格已急劇上升，一年內就漲了百分之六十三。同時，最富裕國家工業部門的盈利率出現下降，給大規模生產造成了明顯壓力。石油危機到來之前，通貨膨脹就達到了令人擔憂的水準，西德是百分之七，而西德社會由於有著一九二三年的惡性通膨刻骨銘心的記憶，所以對通貨膨脹最為談虎色變。

　　藉由刺激需求來推動成長的凱因斯理論是戰後幾乎一切經濟思想的基礎。而實踐上也證明，該理論是走出經濟困難、停滯和大規模失業的可行之路。但是，這個辦法不適用於七〇年代初的情況。二十年來的高成長也帶來了充分就業，但現在的問題是通膨率正不斷上升，若再往裡頭砸錢必然只會加大通膨的壓力。刺激需求就會激起增加工資的要求，但如果生產率不提高，增加工資只能帶動通貨膨脹。工人中有一大部分是工會會員（人數還在不斷增加），龐大的公共部門尤其如此。一九七〇年，瑞典有三分之二的工人是工會會員，英國是二分之一，西德是三分之一（但法國只有五分之一多一點）。工會利用充分就業和勞動力短缺爭取到了工資的上漲，有時漲幅驚人（一九六九年義大利產業工人工資上漲了百分之十九），但生產率並未出現相應的提高。公共開支，尤其是福利開支，使各國政府愈來愈不堪重負。一九七〇年代初，西方國家的公共開支已經占到國家總開支的四成到五成之間。自二戰結束以來，西歐各國的公共開支平均翻了四倍，義大利和法國的成長速度尤其快。面對這種情況，凱因斯理論無計可施。

　　西方經濟已現衰象，一九七三年的石油危機更是巨大的衝擊，各國會根據自身利益做出反應，諸如法國試圖跟伊拉克達成特殊交易，英國則找上了伊朗和科威特。但跟受石油禁運打擊最大的荷蘭相比，英國和法國受的影響都不算大。事實上，歐洲共同體在發表一份被理解為比較有利於阿拉伯一方立場的聲明後，針對歐洲的石油禁運就在

該年十一月解除了（但美國沒有解禁）。但是，由於各國利益各不相同，協調彼此的政策依然困難重重。一九七四年十一月，美國和十五個其他國家成立了國際能源機構（International Energy Agency）。該機構除其他職能外，還是一個論壇，萬一出現新的緊急情況，可用來制定分享石油的應急計畫。但法國不肯參加，它認為如果參加可能會損害跟石油輸出國組織的關係。英國和挪威則在本國海域發現了油田，所以保留了獨立行動的權利。

石油危機的嚴重影響也波及到東歐，造成了長期的破壞。但事實上，本身就是產油大國的蘇聯是全球石油價格上漲的受益者，它越過了東歐向發達市場經濟體出口石油，賺得盆盈缽滿。西伯利亞西部油田的產量增加了，賺來的外匯會用來從西方進口商品。這筆意外之財暫時掩蓋了蘇聯經濟的深層弱點，但鐵幕那邊的其他社會主義經濟體自己沒有石油，處境就艱難得多。其中只有羅馬尼亞除外，羅馬尼亞自身的石油儲量保護它在石油危機中不致遭受沉重打擊，但卻無法滿足羅馬尼亞在七〇年代期間成長兩倍的石油需求。因此，即使是羅馬尼亞也必須進口石油，這造成它在七〇年代末的外債激增。回到蘇聯，蘇聯提高了對自己的經濟集團（經濟互助委員會）成員國出售石油的價格（雖然低於世界市場價格），堅持要它們要支付強勢貨幣或用工業製成品來交換。蘇聯的石油對它的衛星國確實至關重要，沒有蘇聯的石油，各衛星國的政治問題可能就難以控制。然而，石油危機的一個關鍵後果是社會主義國家被迫要長期向資本主義西方國家貸款。這些社會主義國家積欠西方國家的債務，開始呈現螺旋般的上升，無法擺脫。例如說七〇年代和八〇年代期間，匈牙利的美元債務成長到過往的十八倍，波蘭則是從前的二十倍，東德的美元債務更是達到了四十倍以上。到七〇年代結束時，東歐地區的經濟成長或是急劇減緩，或是轉為負成長。

　　南斯拉夫雖不屬於蘇聯陣營，卻也經歷了類似的問題。一九七三年到一九八一年，南斯拉夫的國家債務從四十六億美元大增到二百一十億美元。起初，老百姓並未明顯感覺經濟出了問題。經濟仍在繼續成長，國家依舊不惜重金建造新的飯店、體育館和公路，保有一定的生活水準。但是，南斯拉夫就跟其他的社會主義國家一樣，要在體制內推動必要的經濟改革、增加競爭力難如登天。隨著經濟成長放緩，國家債務上升，失業和通膨都愈演愈烈。到了一九八四年，南斯拉夫的生活水準下降了百分之三十，各共和國間的經濟差距也愈來愈大。例如在七〇年代末，斯洛維尼亞比科索沃地區富裕了九倍。這加大了族群衝突的可能性。一九八〇年五月狄托去世後不久，科索沃地區就爆發阿爾巴尼亞裔和塞爾維亞裔之間的暴力衝突。這也許並不奇怪，也預示了更糟糕的未來。

　　沒有一個西歐國家能倖免石油危機帶來的直接影響。各國政府為應對石油短缺採取了緊急措施，經常不得不祭出汽油和燃油配給、限制車輛的非必要使用（特別是在星期天）和規定速限以降低油耗等辦法。（人們為了節約油錢，開始購買更小、更省油的汽車。）英國政府籲請老百姓哪怕在嚴冬時分也只提供一個房間暖氣。荷蘭國民如果超過了配給的用電量，甚至可能會有牢獄之災。不過，這一切在石油禁運解除後，驚慌就平靜了下來。

　　但是，石油價格翻了四倍造成的損害卻嚴重得多。一九七四年下半年，高油價引發經濟嚴重衰退，工業產量減少、國民生產毛額下降。進口石油價格飆升導致收支嚴重失衡。一九七四年，全歐洲商品價格上漲了百分之十三，在已經嚴峻的通膨形勢上火上澆油。若跟一九五〇至一九七三年相比，一九七三至一九八三年那個十年間消費品價格平均上漲了一倍多，在地中海國家更是高了四倍以上。收入固定的人總是受通膨打擊最為嚴重的群體。物價上漲必然轉嫁到消費者頭

上，生活費用上升不可避免地引發增加工資的要求，而滿足這個要求就會進一步加劇通膨。由於歐洲的工會力量強大，調漲工資的要求一般都會得到滿足，但人事成本增加也會導致裁員。很快的，西歐就有七百多萬人失去工作，平均失業率從一九五〇年到一九七三年間的百分之二至百分之四，猛增到下一個十年的百分之十二。受打擊最大的是傳統的勞動密集型產業，如採礦、鋼鐵、造船、紡織等。這些行業的產量大幅下降（日本的工業產出迅速擴張，競爭力日增，更是給歐洲雪上加霜），失業率居高不下。

失業率與通膨率同時上升，這個現象是古典經濟學完全無法解釋的。起初，為扭轉經濟下行採取了「通貨再膨脹」（reflation）的刺激政策來推動需求，但效果卻適得其反。這個現象被稱為「停滯性通膨」（stagflation），因各國的經濟實力和產業結構而程度不同。西德經濟最繁榮，應對停滯性通膨也相對成功。例如說從一九七三年到一九八一年，西歐的通膨率被壓到百分之五以下，失業率不到百分之三。西德經濟仍然保持了百分之二的成長率，受的影響相對較小。在受創最重的英國和義大利，形勢則嚴峻得多。義大利的經濟成長依然穩健，但通膨率高達百分之十七‧六。英國在一九七三年到一九八一年間經濟成長率最低，只有百分之〇‧五，通膨率卻達到百分之十五左右。

一九七〇年代初，英國這個曾經的世界工業強國景況淒慘。多年的投資不足、古老的工會組織結構、管理不善、歷屆政府在經濟規劃和經濟政策方面的失誤等因素，在經濟和政治上大大削弱了英國的力量。工黨政府曾試圖改革工會，但以慘敗告終。一九七〇年在希思領導下獲得權位的保守黨，在管理經濟和處理勞資糾紛方面更是一敗塗地。價格和工資繼續螺旋式上升，把通膨率推向了新高。一九七二年，英國物價上漲了百分之七，但工人工資成長了百分之十六。那年

發生了自一九二六年以來第一次全國性煤礦工人罷工，政府屈服於礦工的要求，同意按通膨率的兩倍提高工資。與此同時，政府又引進透過降低稅率來刺激經濟成長的政策。雖然成長率（暫時）大漲，但那不過是給通膨火上澆油。接著，政府又企圖透過限制工資成長來控制通膨，卻徒勞無功。而這一切還都是在石油危機的衝擊到來之前。

一九七四年，在經濟疲於應付能源價格飛漲的同時，勞資關係不斷積聚的危機終於爆發了。英國最強大的工會「全國礦工聯合會」要求大幅增加工資，遠遠超過保守黨政府不久前剛剛實施的工資限制。於是，政府宣布進入緊急狀態，實行用電配給，工廠每週只開工三天。民間出現了搶購風潮，人民害怕停電，為滿足他們的需求，倫敦一家工廠每天生產一百萬支蠟燭。但驚人的是，製造業的產出幾乎沒有減少，這說明五天工作日的正常工作週的生產率是多麼低落。最終，就「誰治理英國」的問題，希思專門在一九七四年二月舉行大選，大選演變為政府和工會的較量。選民給出了回答：反正不是這屆政府。

威爾遜領導的新工黨政府立即接受了礦工漲工資的要求。不出所料，這引發了工資的成長。一九七五年，工資上漲了百分之二十四，但通膨率也升至百分之二十七，失業人口超過一百萬（是二十年來任何一年失業人數的兩倍）。隨著公共開支飆升至國內生產毛額的百分之四十六，政府開支失去控制。收支平衡赤字自石油危機開始以來增加了兩倍以上，達到歷史新高。英格蘭銀行提高了貸款利率，但無法阻止針對英鎊的投機活動。一九七六年，英國政府不得不忍辱向國際貨幣基金組織貸款三十九億美元，那是國際貨幣基金組織歷史上最大的一筆貸款。工黨的財政大臣希利（Denis Healey）採行不可避免的削減開支措施，主要影響到住宅和教育。這些措施稍稍減少了赤字，緩解了通膨，但同時也減少了國家的稅收收入。但是，政府把工資漲

幅控制在遠低於生活成本漲速的百分之五，就意味著生活水準會降低，對此，在公共部門特別有影響力的工會不肯接受。一九七九年，因勞資糾紛而損失的工作日達到驚人的戰後最高點，可以說是整個二十世紀中最糟糕的時候之一。一九七八至一九七九年聲名狼藉的「不滿的冬天」裡，屍體無法下葬，因為掘墓人在罷工；垃圾在街上堆積如山，因為垃圾收集人員在罷工；孩子們被鎖在學校大門外，因為學校工友在罷工；病人住不了醫院，因為醫護輔助人員在罷工。

在這樣的背景下，柴契爾夫人（Margaret Thatcher）領導的保守黨在一九七九年五月三日的大選中大獲全勝。保守黨轉向了新自由主義，表明對於七〇年代讓英國政府苦惱不堪的種種問題，將採取迥異於前的處理方法。

相較於義大利，至少英國的北海油田一九七五年開始產油，一九八〇年產油量超過了伊朗和科威特。義大利不是產油國，但它的能源需求有百分之七十五要靠石油。義大利和英國一樣，勞資關係從來都劍拔弩張，不像北歐、西德、奧地利、瑞士、荷蘭和比利時，那些地方都採取了合作性較強的制度。勞資衝突是義大利特有的現象，七〇年代初的嚴重經濟問題構成了紅色旅和其他激進派別開展政治暴力行動的大背景（見第六章）。七〇年代的義大利深陷嚴重通貨膨脹，收支赤字迅速攀升，只得向西德和國際貨幣基金組織大舉借貸，而貸款的附加條件是採取嚴格的貨幣緊縮措施、限制貨幣供應。這些措施造成的衰退導致了生產停滯、失業率上升和公共開支增加，一九八二年義大利的公共開支占到了國內生產毛額的百分之五十五，比任何其他主要西歐國家都高。但多虧規模可觀的「黑市經濟」，義大利才避免了更大的經濟滑坡。據估計，有四百萬到七百萬的義大利人參與了「非官方」的經濟生活。一九七九年，黑市經濟已經占到整體經濟的百分之二十。

　　到了一九七〇年代晚期，英國和義大利的經濟仍深陷泥淖。但總的來說，在危機時跌到谷底的經濟開始有了緩慢而脆弱的復甦。西德和瑞士這些歐洲國家和歐洲以外的日本經濟表現強勁，也幫助刺激了復甦。另一個促進因素是從中東產油國流入西方經濟的「石油美元」，通常會用來購買基礎建設設施或軍事武器。

　　但七〇年代晚期的經濟復甦方才起步，就因一九七九年的第二次石油危機而戛然而止。引發危機的是當年一月爆發的伊朗革命。在那之前，伊朗的大規模騷動已持續數月，就連祕密警察的野蠻鎮壓都控制不住局面。被革命推翻的伊朗國王不過是美國的傀儡，一九五三年美國中情局和英國軍情六處策劃推翻民選政府後，才鞏固了他的權力。由於大多數伊朗人都憎惡國王的政權，所以當反對國王而流亡海外的什葉派精神領袖何梅尼（Ayatollah Khomeini）二月一日從流亡地法國返回德黑蘭時，就受到了狂喜人群的熱烈歡迎。隨即何梅尼宣布成立伊斯蘭共和國，這不僅給該地區，而且給全世界都帶來了新的持久性政治大動盪。

　　動盪的其中一個後果是伊朗石油產量急劇下降，雖說沙烏地阿拉伯提高了產油量，但對前一次危機記憶猶新的世界還是再次陷入了恐慌。伊朗和伊拉克這兩個產油大國一九八〇年還打了一場非常慘烈的戰爭，而且一打就是八年，這兩國石油產量的大幅下滑更是給恐慌情緒添了柴火。一九七九年到一九八一年，石油價格漲了兩倍，比一九七三年高了十倍不止。又一場全球危機降臨了，受創最重的是開發中世界的窮國。西歐的處境相對較好，因為北海油田的產油量達到了相當水準，核能的發展也在加速。但是，歐洲各國的經濟體質不如一九七三年的危機開始時厚實，因此在第二次石油危機過後的經濟衰退在某些意義上來說更加嚴重。士氣已然受損，焦慮與日俱增，各國政府面對「停滯性通膨」束手無策。人們開始認為，要想走出困境，必須

改弦更張，採用一種新的經濟哲學，摒棄自二戰以來被奉為圭臬的凱因斯理論。

芝加哥經濟學派的領軍人物、著名經濟學家傅利曼（Milton Friedman）一九六二年出版的理論著作《資本主義與自由》（*Capitalism and Freedom*），開始得到愈來愈多的人的佩服，特別是在美國和英國。這部著作等於是正面反駁凱因斯的理論，根據傅利曼的思想，國家不應透過干預經濟來刺激需求，也不應利用財政政策來管控市場。傅利曼倡議要讓經濟靠自由市場的力量來自我管控。他認為，貨幣供應決定了價格水準。如果貨幣供應與國民生產毛額緊密同步，就不會有通膨的問題。事實是，貨幣供應大大超過了生產產值。因此，要控制通膨，就必須收緊貨幣供應，哪怕這會造成失業率上升。這一貨幣主義理念是後來被廣泛稱為「新自由主義」的理論的核心（雖然用「貨幣主義」作為這一理論的名稱更加準確，也更符合其宣導者的初心）。

新自由主義的思想可以追溯到相當一段時間之前，最早提出這種思想的有奧地利經濟學家米塞斯（Ludwig von Mises）和海耶克（Friedrich Hayek）。海耶克的影響尤其大。一八九九年海耶克出生在奧地利，一九三八年移民英國，最終入了英國籍。他人到中年才被尊為大師，主要是因為他一九四四年出版的著作《通往奴役之路》（*The Road to Serfdom*）。這本書把社會主義（他認為社會主義與為了創造平等而採取的強制性干預密不可分）、國家計畫跟奴役連結在了一起。海耶克認為，只有從國家控制下解放出來的自由市場競爭才能跟民主自由相匹配。海耶克的說理有力易懂，不僅經濟學家，一般讀者也能明白。該書把經濟理論變成了一套完整的社會和政治意識形態，從根本挑戰了戰後關於福利國家的共識所倚靠的全部準則，這些準則包括施行高稅率，政府集中控制經濟，一部分工業收歸國有，建立龐大的公共部門。

　　事實上，各國政府實施的政策將既採納凱因斯主義的因素，也會吸收貨幣主義的內容。但距離貨幣主義在英美兩國脫穎而出，成為官方承認的新正統理論已為時不遠。一九八〇年一月，雷根（Ronald Reagan）就任美國總統，他的經濟政策很快被稱為「雷根經濟學」，其中就包括了應用貨幣主義理論（不過在雷根任內，軍費開支飆漲，國債連增兩倍，新自由主義教義被完全拋在了一邊）。

　　西歐的主要經濟體中，只有英國早早地熱心皈依了新自由主義。一九七〇年代期間，基本上所有國家都被迫逐漸採取貨幣緊縮來穩定經濟，各政府對通膨失控的憂懼成為政治中一個壓倒性主題。但是，貨幣緊縮是個策略，新自由主義卻是個意識形態。事實上，貨幣緊縮並非新自由主義的目標，雖說它通常被用作工具來降低國家開支、減少債務。新自由主義謀求的是藉由降低稅收、放開管制、私有化工業和公共服務，以及縮減公共部門來創造長期的經濟成長。新自由主義的最大目標是讓市場取代國家成為驅動和控制經濟的力量。

　　一九七〇年代初，英國的經濟問題嚴重，勞資關係又日益惡化，導致政府與強大的工會正面衝突。面對美國的經濟和社會自由主義原則，英國在文化上相親而不相斥。柴契爾本人更是力排眾議，要推動新的經濟議程。這一切都解釋了英國為何與眾不同，張開雙臂擁抱新自由主義的貨幣主義框架。美英兩國率先做出了「新自由主義轉向」（neo-liberal turn），而這個轉向的漣漪效應日益擴大，將對數百萬普通百姓的生活產生重大影響。西歐其他國家普遍都抵制新自由主義，盡力維護戰後產生了如此豐厚紅利的經濟和政治共識基礎，並保護重要的國家產業免於迅疾劇烈的結構重組產生的最壞影響。不過，自一九八〇年代起，大多數政府把實行私有化、解除管制、削減公共部門、遏制工會力量和工人權利（並不總能成功）列入了討論議程。

經濟衰退中的政治

一九七三年和一九七九年兩次石油危機帶來了兩次深度衰退,它們導致的經濟形勢劇變不可避免地影響到了鐵幕兩邊國家的政治制度。不過,鐵幕兩邊國家的適應能力有個根本的區別。到了一九八〇年代中期,整個西歐的經濟管理都從凱因斯主義轉向了新自由主義。這個轉變帶來了巨大的痛苦,不盈利的工業部門紛紛關閉,許多人失去生計或難以為生。成千上萬的人失去了工作。衝突爆發的可能性加大了。不過,儘管自由民主制度的壓力倍增,但仍能應付。

東歐社會主義陣營的國家面臨的困難更加嚴重。它們的國營經濟效率低落,缺乏競爭力,技術落後,過分偏重重工業,因而缺乏變通。若想從根本上改變經濟,就必須改變控制經濟的政治制度,改變決定政治制度的刻板意識形態。但是,這些國家沒有做出改變的空間,因為任何改變都可能破壞馬列主義政體的基礎。東歐共產主義國家歷盡了艱難才熬過動盪的七〇年代。當下一個十年開始時,沒人預感到那將是它們歷史的最後一個十年。但是,七〇年代的危機使它們元氣大傷。它們的弱點也是蘇聯自己的阿基里斯之腱。如果共產陣營中有一個國家垮掉,很可能會引發骨牌效應。波蘭經常看似鏈條中最薄弱的一環。的確,就是在波蘭出現了對整個蘇聯陣營穩定性的最嚴重威脅。

一九七五年,波蘭欠西方國家的債務比五年前多了八倍。雖然波蘭將近三分之一的人口仍在務農,但國家需要付出高額補貼才能保持食品較低的價位。一九七六年,政府試圖透過大幅提高食品價格來應對迅速增加的債務,其中奶油價格提高了百分之五十,肉類價格提高了百分之六十,糖價則增加了一倍。這激起了數萬工人大罷工,最終政府只得收回成命。接下來,抗議者遭到嚴厲鎮壓。但鎮壓促使

知識分子組成了抗議團體，其中庫倫（Jacek Kuroń）是突出人物，他和馬切雷維奇（Antoni Macierewicz）共同創立了勞工保護委員會（Komitet Obrony Robotników），為被捕的工人提供法律服務，並傳播相關的審判報告。

　　天主教會大聲疾呼要求當局釋放被捕的工人，成為了全國反政府運動中日益突出的聲音。一九七八年十月，擔任克拉科夫大主教的沃伊蒂瓦（Karol Wojtyła）樞機主教被選為教宗若望‧保祿二世，教會在波蘭的影響力於是大大加強。波蘭人被選為教宗之後，波蘭領導人蓋萊克當即預見到這將給政權帶來麻煩。他猜得沒錯，一九七九年六月，當教宗榮歸故里訪問波蘭時，全國有三分之一的人口（約一千二百萬人）湧上街頭歡迎。克里姆林宮曾勸蓋萊克不要准許教宗訪問波蘭，但蓋萊克覺得此事阻擋不住。欣喜若狂的歡迎人群清楚地顯示出，共產主義在意識形態上對波蘭人的控制，如今已搖搖欲墜。波蘭的著名作家布蘭迪斯（Kazimierz Brandys）在與政權疏遠之前曾是共產黨員，他目睹了教宗抵達華沙時民眾的興奮之情。布蘭迪斯在日記中寫道：「我想，在這樣的時刻，每個人都一定把若望‧保祿二世視為民族歷史的精神代表。」事實證明，教宗訪問波蘭是一劑催化劑，催生了後來幾個月間動搖波蘭政權的一系列事件。

　　隔年，波蘭的經濟危機進一步加深。幾乎所有出口收入都用在了償還節節升高的債務上面。政府施行了物資配給、減少供電，也再次提高了食品價格。但這又重新激起波蘭工人的怒火，他們在全國各地組織了大型罷工。一九八〇年八月，在三十七歲的電工華勒沙（Lech Wałęsa）的領導下，格但斯克造船廠的罷工委員會要求建立自由工會，獲得罷工的權利，享受新聞自由。委員會還謀求建立獨立工會，以代表工人階級的「真正」利益，而這直接挑戰了共產黨是工人階級唯一代表的理論。罷工潮不斷擴大，政府無奈只得和工人談判。八月

三十一日，政府基本上接受了罷工者的所有要求。九月十七日，組成了自由工會的獨立聯盟，由華勒沙擔任主席。聯盟採用前一個月罷工工人的口號作為名字，就叫「團結工會」（Solidarność）。數個月內，團結工會的成員就達到了九百五十萬。至此，有八百六十萬人脫離了官方的共產黨工會。團結工會尋求在現有制度內進行改革，而不是推翻現有制度。然而，團結工會卻無意中提出了自由結社權利的原則，而這在根本上是與當時波蘭的國家制度相悖的。

　　一些共產黨領導人害怕波蘭的事態會發展到不可收拾的地步，所以敦促蘇聯出手干預，東德的領導人何內克就是大聲疾呼的一個。然而，布里茲涅夫沒有出手，因為波蘭共產黨新任領導人卡尼亞（Stanisław Kania，蓋萊克九月初以健康為由辭職）警告說，如果蘇聯像十二年前出兵捷克斯洛伐克那樣進軍波蘭，會激起全國性暴亂。所以，布里茲涅夫僅僅要求波蘭領導層處理好自己的事。一九八一年二月，常年戴著代表性的墨鏡、面容有些陰鬱的國防部長賈魯塞斯基（Wojciech Jaruzelski）將軍升任總理，這說明波蘭領導層的確想整頓秩序。當年夏天，食品短缺、物資配給和商店裡空空如也的貨架引發了又一輪群眾抗議。莫斯科對賈魯塞斯基強力施壓，要求他採取行動。九月，團結工會呼籲其他社會主義國家的工人建立自己的自由工會，來自莫斯科的壓力因而進一步加大。經過一段時間的猶豫後，賈魯塞斯基在一九八一年十二月十三日宣布戒嚴。團結工會被禁，約一萬名會員被捕（華勒沙坐了一年多的牢，雖然牢房條件較好），原來准許的自由被收回，針對這些嚴厲措施的初步自發抗議行動也被暴力鎮壓。西方在美國領導下對波蘭施行了經濟制裁，不過它們也因為蘇聯沒有出兵干預而鬆了一口氣。若望・保祿二世教宗再訪波蘭，又一次引起數百萬波蘭人的崇仰膜拜。此後，一九八三年七月二十一日，波蘭政府終於完全解除了戒嚴（一九八二年十二月已經解除了一部

分），西方隨即取消了制裁。但政府的限制措施並未全部取消，團結工會依舊被禁，但它部分地靠著美國中情局的祕密援助，在非法的狀態下繼續存在了下來。團結工會依然是潛在的大型政治異議運動，但時機尚未到來。

東方陣營的其他成員國都沒有發生波蘭那樣的事情，穩定維持了表面上的光鮮。在外部世界看來，舊秩序似乎毫髮無損，可能會持續千秋萬代。著名政治異議者表現出來的勇氣使西方人欽佩至極。這樣的人有作家索忍尼辛（一九七四年他被褫奪蘇聯國籍，驅逐出境，來到了西德），核子物理學家、諾貝爾獎獲獎者、人權活動家沙卡洛夫（一九八〇年他被判流放，發配到蘇聯的高爾基市），歌唱家兼作曲家比爾曼（Wolf Biermann，一九七六年他在西德巡演期間被褫奪東德國籍，驅逐出東德），捷克斯洛伐克有劇作家哈維爾、作家米蘭・昆德拉（Milan Kundera，他一九七九年被褫奪捷克斯洛伐克國籍）和二百四十三位在知識分子抗議運動的《七七憲章》上簽字的人士。他們在高壓政權下遭到的虐待多次受到強烈譴責，但是沒有任何跡象顯示出，對於政權來說，他們的反對除了讓人討厭外還有什麼別的效果。掩藏在表面下日趨嚴重的經濟問題構成的挑戰要嚴重得多。然而，外部世界也不得而知挑戰到底有多嚴重。在大部分西方觀察家眼中，東方陣營鐵板一塊，還有強大的紅軍當後盾，所以他們幾乎不可能看到東方陣營國家維持統治時面臨的日益增加的困難。這些國家的政權透過聰明地使用大棒加胡蘿蔔的策略，似乎成功保住了權力。就目前而言，制度面臨的危險似乎被遏制住了，即使在波蘭也是如此。

能做出根本性變化的只有頂層的蘇聯領導人。但在一九七〇年代末，發生這種變化的可能性微乎其微。蘇聯經濟結構僵化，沒有改革復興的能力，像一架嘎吱作響的舊機器。一些觀察家認為蘇聯會長期衰落下去。然而，蘇聯的政府制度似乎沒有遭遇明顯的危險。它難道

不會永遠延續下去嗎？改變可能會來自何方？

西歐的一般規律是，危機到來時經濟愈強勁，政治共識程度愈高，政府應付困難的能力就愈大。反之，經濟壓力較大、政治共識較小時爆發的危機給政府造成的困難就大得多。即使在社會民主政黨的政府下，起初使用凱因斯主義手段刺激經濟的做法都逐漸讓位給撙節開支和貨幣緊縮的措施。愈來愈多的人，甚至包括左翼政黨的支持者，都同意需要在經濟上走出一條新路。最重要的是，民主在自二戰以來遭遇的最嚴重的危機中顯示了它頑強的韌性。西歐任何國家都沒有出現一九三〇年代大蕭條期間那種對民主的災難性威脅。

這部分地要歸功於國際間的合作。大蕭條期間，國際間的合作明顯缺席了，各國只能靠自己的力量，經濟民族主義助長了日益強硬的態度，最終導致了戰爭。相比之下，一九七〇年代期間，各國試圖一同努力，協調對應危機。歐洲理事會自一九七五年起定期召開歐洲共同體成員國的政府首腦會議。同年，在法國和西德的共同倡議下，六個主要西方工業化國家（西德、法國、英國、義大利、美國和日本）的國家元首和政府首長，在法國中部偏北的朗布依埃城堡（Château de Rambouillet）召開六國集團峰會（一九七六年加拿大加入後成為七國集團），尋求推動經濟復甦和貨幣穩定的共同辦法。自那以後，峰會成為國際經濟管理的一個正常組成部分。國際貨幣基金組織（當然，大蕭條時這個機構尚不存在）發放的大筆貸款雖然因其附加的嚴苛條件而引起頗多微詞，但在七〇年代結束之前也拯救了義大利、英國和葡萄牙險遭滅頂的經濟。

國際合作在維持穩定方面發揮了作用。但即使如此，每個國家仍須根據自己的潛力與傳統找到適應危機的方法。各國的社會民主黨大多難以維持民眾的支持，它們的意識形態前提，如建立福利國家，國家管理經濟，透過高稅收來實現收入的再分配並以此創造平等，現

在全部遭受質疑。即使在社會民主黨長期占主導地位的北歐，這些政黨在石油危機之後的年月裡也感受到了壓力。瑞典一九七六年的大選就產生一個中間偏右的聯合政府，社會民主黨四十年來首次成了在野黨。挪威工黨在一九七三年後成立的少數政府中需要依靠左翼社會黨的支持。社會民主黨在丹麥（保守黨在一九八四年大選中取得了有史以來的最好成績）和芬蘭也遇到了困難，雖然他們在新的抗議性政黨不斷湧現之時保住了權力，但組成穩定的聯盟因此變得更加困難。

西歐發展的基本走向是保守右傾。截至一九六〇年代，「分立化」一直是荷蘭和比利時的政治特點，社會進一步分立，若干新政黨出現，但到了八〇年代，兩國都選出了致力於藉由某種形式的撙節政策來解決經濟問題的中間偏右的聯合政府。在奧地利，社會黨在一九八三年大選失去絕對多數後，克賴斯基十三年的總理任期宣告完結。儘管奧地利的經濟仍保持穩定，但貪腐的醜聞拖了社會黨的後腿。其後，社會黨作為少數政府繼續執政，支援它的自由黨當時規模很小，很快就急劇轉向了政治光譜的最右端。一九八三年選舉的大贏家是保守的奧地利人民黨。在瑞士，政府在七〇年代的危機期間仍然是由四個大黨（社會民主黨、自由民主黨、基督教民主人民黨、人民黨）組成的聯合政府。由於瑞士保持了金融實力和穩定，所以它的右傾趨勢不若其他國家明顯，不過，在一九八三年的聯邦選舉中，社會民主黨自一九二五年以來首次沒有獲得最高票。隨著政治左派（和工會主義）的社會基礎的弱化，自由派和保守派內部的中間偏右勢力有所加強，市場力量的影響也有了增加。

右轉彎最急的是英國。沒有英國在危機中的特別經歷，一九七五年二月取代希思成為保守黨領導人的柴契爾就不可能成為首相。正如為她寫過傳記的雨果・揚（Hugo Young）所說：「她運氣好，在保守黨準備回歸最合她心意的原教旨保守主義之時，被推上了黨魁

的位子。黨員需要有可以相信的東西，她正好很樂意滿足他們這個需求。」英國首位女首相（但她明顯不是女權主義者）給政府留下的個人印記，比戰後任何其他首相都更加鮮明。工黨的虛弱和內部分裂也幫了柴契爾的大忙。一九八〇年十一月，工黨在新領袖富特（Michael Foot）的領導下急劇左轉，但民眾普遍認為工黨無能無效到無可救藥的地步。工黨中一些人感覺到，工黨可能會變成一個由馬克思主義者領導、只能吸引少數人支持的組織。一九八一年，這些人中的一部分另起爐灶，成立了社會民主黨。在野黨陷入了致命的分裂，柴契爾的政府因而得以放手推行激進的經濟政策。

　　柴契爾的邏輯驚人地簡單，引起了一部分公眾的共鳴，也造成了許多人的反感。英國民眾中仰慕她和厭惡她的人幾乎比例相同。她深惡痛絕「一九六〇年代那個三流十年」中盛行的自由意志主義（libertarianism），力圖回歸正派的「維多利亞時代價值觀」。她的經濟學觀點更接近十九世紀的自由主義，而不是戰後其他保守派領導人信奉的「一國」保守主義。她認為，國家的繁榮與強大靠的是自由貿易和市場調節力量，而不是政府的干預和控制。政府必須像個家庭主婦管理家庭預算那樣量入為出。在柴契爾看來，福利國家削弱了個人的自立性和主動性。她聲稱，沒有「社會」這回事，只有個人和家庭。她是典型的信念型政治家，很難藉由辯論來說服她改變主意。如果某個主張不能馬上得到她本能的認可，就基本上得不到她的考慮，但如果與她的心思不謀而合，就會被她欣然接受。

　　「柴契爾經濟學」開頭幾年很難說是大獲成功。通膨率下降了，赤字也有所減少。然而，一九八三年的失業人數超過了三百萬，主要集中在製造業。曾是英國經濟突出特點的製造業現在大多沒了蹤影，就業職位當然也就不復存在。公共開支實際上進一步增加。稅收也有所提高，沒有像保守黨希望的那樣出現下降。政府實施撙節政策後，

一九八一年英國十二個最大的城市爆發了嚴重騷亂。柴契爾堅決拒絕改弦更張。《衛報》預言說：「為柴契爾主義寫訃告」的時候到了。

　　一九八二年四月，阿根廷出兵福克蘭群島。關於這個遠在南大西洋的群島，阿根廷與英國有領土爭端（阿根廷一貫聲稱自己對其擁有主權，但島上居民大多堅認自己是英國人）。此事救了柴契爾。阿根廷的出兵是對不列顛國家榮譽的冒犯。柴契爾拒絕屈服於這次軍事行動，代表了全國上下的心聲。在許多歐洲國家大惑不解的目光中，英國軍隊進行了最後一次聲勢浩大的殖民式遠征，於一九八二年六月中旬奪回了福克蘭群島。對柴契爾來說，這證明英國不再是走下坡的國家。她自己也透過領導國家打了勝仗而信心大增。在政治上，她本人和她的政府的支持率一路上揚。與此同時，經濟衰退結束了，經濟成長開始加速，通膨率下降，儘管失業率依然居高不下。最壞的時刻似乎已經過去。一九八三年六月的大選中，保守黨獲得的多數席位大幅增加，工黨得票率則落到了一九三一年以來的最低點，只占全國選票的百分之二十八。柴契爾主義凱歌高奏、信心十足。

　　柴契爾認為，要恢復英國的偉大，關鍵在於打破工會的力量。她準備對全國礦工聯合會這個最強大的工會動手。對手領導層的笨拙無能又一次幫了她的大忙。礦工聯合會在激進的馬克思主義者斯卡吉爾（Arthur Scargill）和麥加希（Mick McGahey）的領導下，迫不及待地要跟政府攤牌。一九八四年四月，斯卡吉爾宣布舉行礦工罷工，力求阻止已經在走下坡的煤礦產業關閉更多的礦坑。但是，他拒絕就罷工的問題徵求礦工的意見。有些地方的礦工投票決定繼續開工，礦工聯合會因此陷入分裂。第二個戰術性失誤是把罷工時間選在夏季，而且是在政府囤足了煤炭之後。

　　罷工超乎尋常地激烈。罷工的礦工和警察之間的暴力達到了二十世紀的英國從未有過的水準。一九八四年六月十八日，南約克郡奧

格里夫（Orgreave）的一家煉焦廠爆發了激烈的戰鬥，警察騎著高頭大馬衝進數千名罷工者組成的人群（警察後來承認使用了過分的暴力）。那天的電視新聞播放了警察用警棍抽打礦工的畫面，但沒有一個警察因過當的暴力行為被問責。數十名礦工以暴亂的罪名遭到逮捕，後來因警方缺乏可靠證據撤銷了對他們的指控。一九八五年初，罷工逐漸偃旗息鼓，三月宣告結束。礦工們連續多月沒有工資，家中生活難以為繼，不得已只好復工。在這次罷工期間，一共有一萬一千人遭到逮捕。罷工妨礙了經濟復甦，但從政府的角度來看，這點損失是值得的。全國礦工聯合會的會員減少了一半，工會的力量被擊破了，煤礦產業急劇衰落。一九八〇年，英國有二十三・七萬的煤礦工人，十年後只剩下四・九萬人。

　　繼福克蘭群島一役之後，礦工罷工成為柴契爾時代第二塊重要里程碑。沒有中間地帶。戰後英國歷任首相中，沒有一個人像柴契爾那樣，造成民意如此的兩極分化。她反映並凸顯了英國長期以來植根於階級衝突的深刻社會分歧。她表達了中產階級因痛感國家衰落而產生的沮喪和不滿。但是，她引起了大部分產業工人異乎尋常的反感和憤恨，他們覺得自己是保守黨的階級政治打擊的對象。比較富裕的英格蘭南部是柴契爾的大本營。至於英格蘭北部、蘇格蘭和威爾斯的工業區大多對她滿懷敵意。她在選舉中從未贏得過哪怕是一半選民的支持。大部分人對她的十九世紀價值觀感到厭惡，壓倒多數的民眾則拒絕接受窮人會窮是自己不思進取、自作自受的觀念。事實上，一九八〇年代拒絕這種觀念的人比前一個十年更多。

　　但有一點無論柴契爾的敵人或朋友都不會否認，那就是她是位有著堅強意志和個人勇氣的政治家。這兩項人格特質在一九八四年十月十二日突出地表現了出來。那天，愛爾蘭共和軍在保守黨年會的與會議員下榻的布里奇頓（Brighton）格蘭德大飯店引爆了一顆炸彈，柴

契爾和她的大部分閣員差點命喪當場，爆炸造成她五位同事死亡和其他一些同事終身殘疾。但是柴契爾堅持年會照常進行。

愛爾蘭共和軍的恐怖活動是北愛爾蘭問題最為暴力的一面。這個複雜的問題是，北愛爾蘭是應該像占人口多數的新教徒中大部分人想要的那樣，繼續留在大不列顛及北愛爾蘭聯合王國，還是應該像主要由占人口少數的天主教徒組成的共和民族主義者堅持的那樣，成為統一的愛爾蘭的一部分。一九六〇年代末，「麻煩」（這是北愛爾蘭問題的通常稱謂）又再度重起。下一個十年中，雙方在意識形態上寸步不讓，各自的準軍事人員不時犯下駭人的暴行。在布里奇頓的格蘭德大飯店爆炸事件發生之前，保守黨和工黨政府都試圖解決或至少遏制這個問題，均徒勞無功。柴契爾政府也束手無策。

到了八〇年代中期，在付出了社會結構受損和不平等加劇的巨大代價後，通貨膨脹被控制住了，工會力量被削弱了。柴契爾的新自由主義議程還剩下壓縮國家開支、私有化國有產業和削減福利開支的任務。保守黨在議會中的可觀多數為柴契爾提供了平台，使她得以推動她的基本戰略目標，那就是再平衡（rebalance）英國的經濟，重振英國的國威。

在英國以外，經濟下行在義大利造成的政治後果最嚴重。義大利可以說是四面楚歌，它的經濟形勢急劇惡化，政府長期不穩，勞資衝突不斷，不滿情緒普遍，革命運動（特別是紅色旅）開展的恐怖主義暴力活動令人擔憂。義大利共產黨領導人貝林格（Enrico Berlinguer）擔心義大利會倒退回法西斯右傾的過去，於是推動共產黨、社會黨和天主教民主黨達成「歷史性妥協」。他覺得，這樣一個反法西斯大聯盟能克服義大利的長期困難，使國家迎來新的開端。這樣的努力要成功，條件之一是共產黨必須適應時代的變遷。所以，貝林格帶領義大利共產黨脫離莫斯科路線，轉向了一種新型（但有些模糊）的「歐

洲共產主義」，既拒絕蘇聯模式，也不像社會民主黨派那樣接受資本主義制度。然而，歐洲共產主義實際上預設需要在資本主義制度內運作，開闢出一條通往社會主義社會的民主之路。這個主張吸引了許多義大利人，特別是北方的城市居民。

在一九七六年的大選中，共產黨大有斬獲，儼然將成為義大利最大的政黨。由於成立中間偏右政府的前景渺茫，天主教民主黨只能尋求與左翼政黨結盟。貝林格本人不肯考慮讓共產黨與較小的社會黨結成左翼聯盟，因為這可能觸發向極右方向的擺動，而那恰恰是他極力要避免的。他也唯恐引起美國的敵意，因為美國對共產主義在義大利步步前進感到焦慮。因此，貝林格寧可與天主教民主黨結成非正式的政治聯盟。這個聯盟儘管內部存在固有的矛盾，但一直維持到一九七八年五月紅色旅殺害（支持聯盟的）天主教民主黨前領袖和總理莫羅之時。

聯盟執政期間，經濟開始顯露走出谷底的跡象（這部分要歸功於雇主與工會之間更大的合作），國家福利有了重大改善，一九七八年建立了國民保健服務的框架（取代了過往支離破碎、缺乏協調的健保），儘管其實際落實並不順利，但特別值得一提的是墮胎的合法化。考慮到天主教會對此事的反對，這個成就非同小可。

但是，與天主教民主黨合作沒有給共產黨帶來絲毫好處。一九七九年的選舉中，共產黨自二戰以來首次失去大量選票，再次成為在野黨。天主教民主黨另結聯盟，夥伴是左傾的小黨共和黨，還有社會黨。社會黨領導人克拉克西（Bettino Craxi）最終於一九八三年八月當上了總理。政府不穩依然是義大利政治的一大特點，但克拉克西靠著他堅強的個性和靈活的手腕維持了政府四年，比大多屆政府都長。

到了一九八〇年代中期，義大利的「第二次經濟奇蹟」開始了。在通膨率高達百分之二十一、經濟成長微乎其微的八〇年代初，這看

似完全不可能發生。但是，美國經濟迅速復甦、石油價格下滑、恐怖主義消退和克拉克西的穩固政府等因素，促成了義大利經濟的華麗轉身。還有另一個相當重要的原因是一九八〇年強大的金工工會被迫結束大罷工，在雇主飛雅特的強硬手段面前低頭，企業界的安全感因而得到增強。經濟恢復了成長。由於國際繁榮的擴大促進了出口，民眾在經濟困難的年月裡從事「黑市經濟」存下來的積蓄又推動了國內需求，所以工業生產轉虧為盈。義大利和其他國家一樣，也引進了新自由主義的法門，開始私有化不盈利的產業。改革產業結構，大量裁員降低勞動成本。企業進取開拓的氣氛取代了過去的集體主義價值觀。然而縱使這樣，義大利依舊債台高築，義大利北方從經濟成長中獲得的好處超乎比例，南方則一如既往，被遠遠甩在後頭。

　　西歐其他兩個工業化大國——西德和法國的政府在經濟的暴風雨中不像英國或義大利那樣被打得遍體鱗傷。能源價格飆升也給這兩個國家帶來了經濟難題，但它們處理得比較好。德法兩國的優勢是經濟實力較強，能夠緩解石油危機的巨大衝擊。它們的政府也都剛換了一位精明強幹的管理人。當布蘭特的一個心腹助手紀堯姆（Günter Guillaume）被揭露是東德情報機關的間諜後，一九七四年五月十六日，施密特（Helmut Schmidt）就接替布蘭特成為西德總理。至於法國那頭，僅僅三天後，中間偏右的獨立共和黨（全稱為「獨立共和人士全國聯合會」）領導人季斯卡（Valéry Giscard d'Estaing）在法國總統選舉中以微弱多數擊敗密特朗成為法國總統。施密特和季斯卡都有處理經濟事務的豐富經驗和專長。施密特是在一九七二至一九七四年擔任布蘭特的財政部長，季斯卡則是在一九六二至一九六五年擔任戴高樂的財政部長。英俊瀟灑的施密特菸不離口，自信滿滿，幾乎到了傲慢的程度，渾身上下散發著冷靜幹練的氣息。季斯卡舉止高貴，鏡頭感十足，一副成竹在胸的現代技術官僚形象。經過戴高樂和繼任的

龐畢度多年的家長式統治後，季斯卡似乎代表著未來。

從一九七六年到一九七九年，西德經濟維持著亮眼的成長，平均年成長率近百分之四。然而，許多西德跟其他歐洲國家相同的結構問題也變得明顯起來。煤炭和鋼鐵這類雇用大批工人的傳統產業在國際市場上的競爭力開始下滑。一些礦山和鋼廠關門，導致大量裁員。工業區發生了抗議和罷工，但由於勞資雙方有共同合作的傳統，工會願意和政府一起做出建設性努力，政府也提供了慷慨的補貼來減輕受打擊最嚴重地區的社會困難，所以西德並未爆發英國和義大利那樣的破壞性衝突。

此外，德國馬克的堅挺不利於出口導向的產業，而其中一個適應辦法是從大規模生產轉向專門化生產。但是，現代技術高度依賴以技能與培訓為基礎的專門知識，非熟練工人因此在勞動市場上特別處於劣勢。西德的就業趨勢跟西歐其他國家一樣，發展方向是服務業的白領工作。這一趨勢無法彌補工業部門的大規模縮減就業人口，也解決不了大部分失業的非熟練工人的就業問題，而服務業內新出現的快速增長的行業卻不需要大批勞動力。失業增加勢不可免，這尤其會讓對三〇年代的記憶猶新的老一輩德國人憂心忡忡。通貨膨脹更是被德國人視為洪水猛獸。所以當七〇年代中期西德的通膨率增加了兩倍，超過每年百分之六時，儘管這個百分比跟鄰國相比還算較低，卻已引起了民眾的焦灼。西德和其他國家一樣，對於該如何應對「停滯性通膨」沒有一套既定的策略。雖然沒有明顯的新經濟模式，但過去凱因斯主義的辦法顯然已經過時。

一九七九年第二次石油危機對西德經濟的打擊比七三年的第一次更大。一九八〇年的經濟成長率降到了區區百分之一・九，一九八一年是百分之負〇・二，一九八二年則是百分之負一・一。失業率也達到了戰後最高水準，一九八三年的失業人數是二百萬（幾乎占勞動力

的十分之一）。通膨率居高不下，一九八一年達到百分之六‧一。即使是保住了工作的人，購買力也不如從前。隨著國家開支增加（其部分原因是高失業率）和稅收收入減少，國家負債開始加重，到了一九八二年，國債比一九七〇年翻了四倍還多。此時，施密特受到了來自黨內左翼的壓力。其中經濟急劇下行和失業增加僅僅是部分原因，更重要的原因是對核能的擔憂日益加劇（一九七〇年代期間，西德為消除石油上的依賴，曾大力發展核能），對工業化會破壞環境的抗議聲浪增大，特別是關於可能爆發核子戰爭的巨大焦慮再次抬頭，因為超級大國間緊張重起，象徵著「低盪」結束，「第二次冷戰」開始。

　　在這種氣氛中，社民黨的聯盟夥伴（代表許多工業領袖的）自民黨內部要求經濟轉向和改換政府的呼聲開始加大。自民黨發布了一份分析報告，等於建議轉向新自由主義，這造成了社民黨和自民黨聯盟的瓦解。自民黨報告中的具體建議包括削減失業救濟金和退休金、減稅、進一步放鬆管制、增加投資、更多依靠市場力量、減少國家干預。這意味著自民黨可能與社民黨中依然堅持國家干預和政府密切指導經濟的工會發生正面衝突。執政聯盟顯然氣數已盡。自民黨領導人開始改換聯盟夥伴。一九八二年十月一日，施密特被迫放棄總理職位，被擔任基民盟主席達十年之久的科爾（Helmut Kohl）取代。自民黨儘管只有少數選民的支持，但一貫求生有道，得以繼續執政。

　　在困難重重的一九七〇年代，有施密特這位「危機總理」（這是施密特在二〇一五年十一月逝世後，歷史學家溫克勒對他的眾多讚美之詞中的一個）掌舵，實乃西德之幸、歐洲之福。施密特個性冷靜務實，與他的前任，魅力十足、富有遠見的布蘭特正好相反。在應付石油衝擊和七〇年代末日益加劇的國際緊張局勢造成的影響時，施密特的專長和判斷力至為寶貴，受益的不僅僅是他自己的國家。

　　一九七〇年代，經濟動盪起伏，但西德的政治制度保持了異常

的穩定。在那個十年期間，執政聯盟的兩個主要夥伴社民黨和基督教聯盟（它代表基民盟和在巴伐利亞的較小的基社盟）的隊伍都因此壯大。但是在一九八〇年，基督教聯盟的一些選民不滿意右翼推出的總理候選人史特勞斯（此人在天主教保守派的大本營巴伐利亞很得人心，但在其他地方明顯不太受歡迎），失望之餘轉而支持自民黨。那年的選舉中，自民黨是大贏家，獲得的選票從一九七六年的百分之七・九增加到了百分之十・六。基督教聯盟則是輸家，得票率降到了百分之四十四・五，社民黨的得票率未變，仍是百分之四十二・九。史特勞斯敗選後，比較溫和的科爾作為反對派領導人眾望所歸。這為他兩年後進入政府提供了平台。

　　科爾的政府和受第二次石油危機影響的其他西歐政府一樣，採取了撙節政府開支（特別是限制社會開支）的措施，同時又藉由放鬆管制、增加勞動市場的靈活性、稅收優惠和私有化來提高經濟競爭力。這自然引起了左派的反對，導致了政治抗議，但是政府力求避免政策突變，沒有採取任何激烈轉向的行動。對於布蘭特和施密特時代實現的社會改善，政府沒有試圖開倒車，也沒有干涉工會的權利。對於苦苦掙扎的傳統產業（特別是煤炭和鋼鐵），儘管政府宣稱要逐漸取消給它們的國家補貼，但實際上，為了緩解魯爾區或薩爾蘭這樣的傳統大工業區的社會困苦，國家反而增加了補貼。政府顯然延續了施密特政府後半期的政策，並未對其做出重大改變。西德避免了柴契爾政府在英國挑起的那種激烈異常的社會抗爭。經濟也有了起色，隨著石油價格下滑和美國經濟迅速成長，世界範圍內的改善為西德經濟提供了巨大的助力。

　　在西德，人們對環境問題的強烈關注和對核子戰爭的深切恐懼，比歐洲其他國家更加突出，二者的結合在八〇年代初催生了綠黨，它是自二戰剛剛結束那段時間以來在西德出現的第一個新的大型政治運

動。一九八三年大選中，原本沒沒無聞的綠黨嶄露頭角，一舉贏得百分之五‧六的選票，在聯邦議會中獲得二十八個席位。自那時起，競逐政治權力的政黨從過去的三個變成了四個。且更重要的是，儘管西德的民主在許多人眼中依然根基不穩，在誕生後經歷了首次嚴重經濟下滑，其間失業率與通膨率雙雙上升，但它仍歸然不動。這是個了不起的戰後成功故事。

「光榮的三十年」是法國的戰後成功故事，但第一次石油危機來臨後，法國遇到了急劇減速的嚴重危險。持續多年的繁榮已經被人們視為永久的常態，然而在一九七四年後，法國也出現了西歐其他國家的情況。法國的通膨率飆升到百分之十五以上，失業人數增加了一倍，達到一百萬人，經濟成長率劇降至百分之負〇‧三。季斯卡總統在推動初步社會改革（如頒布開明的墮胎法和離婚法）的同時，於一九七六年採取了經濟撙節政策。他把自己的主要競爭對手——牢騷日盛的戴高樂派領導人席哈克（Jacques Chirac）從總理的職位上撤下來（席哈克次年當選巴黎市長），任命巴爾（Raymond Barre）取而代之。巴爾是經驗豐富的經濟學家，但他是技術官僚，不是熟練的政治家。巴爾的任務是平衡預算，實現經濟現代化。他採取了措施來穩定法郎，削減政府開支，降低勞動成本，增加稅收。

撙節措施自然激怒了左翼的社會黨和共產黨，這兩個政黨圍繞著它們一九七二年的「共同綱領」還勉強維持著團結。此外，季斯卡也遇到了右翼戴高樂派的反對。一九七六年，席哈克把戴高樂派重組為「保衛共和聯盟」（Rassemblement pour la République）。保守派會反對季斯卡的社會改革，但戴高樂主義者和經季斯卡改造的中間偏右組合「法蘭西民主聯盟」（Union pour la Démocratie Française）之間更多的是個人競爭和政治積怨，而非意識形態上的分歧。戴高樂派和法蘭西民主聯盟一起，以驚人的多數贏得了一九七八年議會選舉的勝利。左

派的分裂可以說幫了它們大忙。從市級選舉的情況看，左派本有可能取勝，因為巴爾的撙節措施開始造成民眾生活困難。但是，由於密特朗領導的社會黨轉向了改良主義，而不是完全拒絕資本主義市場經濟，另方面，馬歇（Georges Marchais）領導下的共產黨擔心在民望上被社會黨超越，於是回歸到強硬的馬克思主義路線。一九七八年，社會黨贏得的選票（百分之二十三）只比共產黨（百分之二十）稍多一點，但社會黨的風頭正勁，後來共產黨陷入激烈的內訌，更給社會黨助了一把力。

　　與此同時，巴爾的改革在穩定經濟方面取得了一定效果。此時，季斯卡和巴爾因選戰勝利而信心大增，開始加緊推動經濟自由主義。企業競爭、解除價格管制、向自由市場開放等等政策都獲得鼓勵。然而，政府並未採取重大步驟來推動重要產業的私有化，由國家指導經濟這個法國的長期傳統仍維持了下來。在航空、電話網絡、鐵路、汽車產業，特別是建設核電廠的規劃中，大量的國家補貼依然是中心因素。和其他西歐國家一樣，法國的鋼鐵工業遇到了來自生產成本低得多的一些亞洲和東歐國家的進口鋼材的競爭，處境艱難。國家出手接管了一部分債務，還出資執行再培訓工人的方案，但也關閉了虧損最大的鋼鐵廠，大批工人因此失去工作，受影響的北方及洛林（Lorraine）地區爆發了激烈抗議。

　　降低企業稅率和減少工資開支幫助提高了企業的盈利率，但是巴爾高估了經濟復甦的速度和力量。法郎的堅挺阻礙了出口，一九七九年爆發的第二次石油危機又完全打亂貨幣緊縮方案的執行。通膨率再次抬頭，漲至百分之十四。失業人數也開始上升，一九八〇年達到一百五十萬，且增勢不止。公眾對嚴重受創的工業區人民的痛苦深感同情。巴爾的聲望一落千丈。社會黨和共產黨雖然有分歧，但它們許諾要創造就業機會，採取國家干預手段來刺激經濟，因此獲得了更多選

民的支持。人們認為，實現經濟復甦需要加強而不是削弱國家的社會主義。

聯合政府日益不得人心，內部四分五裂。聯合政府執政數年後，密特朗靠著許諾讓「國家復興」在一九八一年四月到五月的總統選舉中，以百分之五十一的選票獲得勝利。戴高樂主義者把持法國政府長達二十三年的日子就此畫上句點。左派人士欣喜若狂。密特朗勝選僅僅一個月後，社會黨又控制了國民議會，可說是喜上加喜。新政府立即採取措施扭轉貨幣緊縮政策，凱因斯主義再次大行其道。政府增加了工資、退休金和兒童福利，降低退休年齡，縮短一週工時，撥出資金來建造新住宅，創造十五萬個工作職位，制定一項青年就業計畫，向最富有的人增稅，計畫實行廣泛的國有化，還貶值法郎來刺激出口。

但這些政策徹底失敗了，經濟成長遠遠低於預期。外國商品進口的增加造成國際貿易收支進一步失衡。通膨率居高不下（與通膨率走低的鄰國西德形成鮮明對比）。失業率也繼續攀升。不出兩年，密特朗就被迫全面背棄他承諾推行的經濟政策。一九八二年六月，物價和工資凍結。次年三月，法郎在十八個月內第三次貶值。接下來，公共開支，特別是社會安全開支遭到削減。許多民眾的稅率提高了，企業稅卻減少了。政府還初步採取私有化國有產業的舉措。但這個政策上的一百八十度大轉彎仍成效不彰。兩年內，通膨率是下降了，國際貿易收支也恢復了一定的平衡，但勞動人口失業率仍然在百分之十以上，一九八五年的經濟成長率也只有百分之一‧九。一九八六年三月，戴高樂主義者再次入主政府，卻發現前任社會黨政府已經鋪平了朝著新自由主義繼續前進的道路。

管理經濟「別無他法」這條柴契爾主義的口號，在西歐各地廣泛流傳。但這句話是對是錯呢？鑑於兩次石油危機後的雙重衰退，各國都採取了貨幣緊縮措施，將其作為痛苦但必要的補救措施。到了一九

八〇年代中期，各國政府無論其政治傾向如何，都普遍轉向了某種形式的新自由主義經濟學。密特朗在法國的實驗最清楚地顯出了，凱因斯主義的老辦法在造成「停滯性通膨」的全球經濟下滑前不再有效。密特朗政策的大反轉使整整一代從政者看到，國際條件嚴重限制了國家政府的經濟選項。然而，西德、法國，還有不太穩定的義大利都表明了，即使在推行貨幣緊縮經濟政策和應付衰退的政治措施的大框架下，也是有別的辦法的，不是只能訴諸意識形態驅動、極易引發衝突的極端新自由主義——只有柴契爾政府採納了後者。

民主得勝

西歐民主國家被石油危機的影響搞得焦頭爛額之時，南邊傳來了好消息。一九七四至一九七五年，希臘、葡萄牙和西班牙的專制政權在幾個月的時間內相繼垮台。這個發展只是巧合嗎？抑或是有更深層的原因？在二次大戰之前，除西北歐的幾個國家外，多元議會民主這類型的政府制度備受爭議，遭到掌權菁英（特別是軍方菁英）和很大一部分人口的拒絕。但到一九八〇年代初，它卻在西歐各地廣受歡迎，只有土耳其是個例外，在這個位處西方陣營最外緣的國家中，軍方仍然是政治中的決定性力量。這個了不起的變化持續了下來，代表著民主的勝利。

希臘和西歐大多數其他國家一樣，一九六〇年代初的政治發展趨於左傾。一九四六至一九四九年的內戰結束後，有軍方撐腰的保守右派一直保持執政，他們號稱民主，其實不過是用民主做門面。保守派政府日益不得人心，在一九六三年敗選後失去了政權。但是，軍方認為新政府建議的自由改革是共產主義企圖回歸的特洛伊木馬。一九六五年，希臘國王康斯坦丁二世強行解散政府，引發憲政危機，激起

了民亂。原定一九六七年五月舉行新選舉，但右翼軍官害怕萬一選出左傾政府，政府會採取措施把軍隊置於文官控制之下，清洗軍方領導層，減少軍費開支，結束美國在希臘的駐軍。於是，為了阻止選舉，他們在帕帕佐普洛斯（George Papadopoulos）上校的帶領下於四月二十一日發動了政變。

國王試圖發動反政變來奪回控制權，卻一敗塗地，只得流亡海外，而這也象徵著希臘君主制的永遠完結。被外界稱為「上校政權」的政府迅速得到了鞏固。十二名上校組成了一個軍事小集團，名為「革命委員會」。然而，帕帕佐普洛斯從一開始就是主導人物，最終不僅擔任首相和其他內閣重要職務，特別是外交大臣和國防大臣，還添加了國王反政變未遂後設立的攝政王頭銜。政黨被解散，數千名同情左翼的人士遭逮捕（許多人在監獄中受到酷刑），公民權利被暫時剝奪，實行了嚴格的新聞審查。大批反對派人士則逃去了國外。軍政府跟工業領袖密切合作，支持農業和旅遊業，還啟動了一些大型建設項目。希臘的經濟成長起初還算強勁，但到了七〇年代初開始一蹶不振。隨著外界對軍政府侵犯人權行為的批評聲浪加大，希臘的國際形象也受到損害。不過，軍政府有美國撐腰，而美國看重的是軍政府激烈的反共立場，不在乎它糟糕的人權紀錄。西歐民主國家也並未團結一致地反對希臘軍政府。對此，荷蘭和斯堪的納維亞國家直截了當地表示反對，但英國和西德儘管口頭上批評希臘軍政府的野蠻行為，暗地裡卻支持這個被認為對北約至關重要的國家。

在上校政權危機日益加重的情況下，更重要的因素是國內的反對聲浪。反對軍政府的力量雖然遭到政權的百般鎮壓，卻是野火燒不盡，春風吹又生。而在堅持自由民主和人權原則的西歐國家當中，希臘要設立一個新法西斯政權顯然困難重重。帕帕佐普洛斯為了避免麻煩，敷衍了事地採取了一些小小的自由化措施（包括解除部分新聞審

查和釋放一些政治犯），結果卻壯了反對派的膽子，同時激起政權內部強硬派的反對。一九七三年十一月中旬，雅典理工學院的學生舉行反政權大示威，政府派軍隊前去鎮壓，造成數人死亡，多人受傷。這次動亂促使掌管令人聞之色變的憲兵的約安尼斯（Dimitrios Ioannidis）准將，在幾天後推翻了帕帕佐普洛斯，重新施行軍事管制，恢復了秩序。

但約安尼斯的統治為時不長。他的政權支持賽普勒斯國民衛隊推翻該國總統馬卡里奧斯（Makarios）大主教，企圖把賽普勒斯併入希臘，好讓希臘的右派得償夙願。但政變失敗了，約安尼斯也隨之倒台。馬卡里奧斯設法逃出賽普勒斯，最終到了英國。這起未遂的政變還引來一九七四年七月土耳其入侵和占領賽普勒斯北部，迫使約二十萬的希臘裔居民逃往南方。希臘軍政府想出兵報復，卻力不從心，因為軍隊不再聽它調遣。

上校政權失去了關鍵的支撐。一九六七年推翻了希臘民主政權的軍方現在開始採取步驟重建民主。一部分軍官撤回了對約安尼斯的支持。前保守派首相卡拉曼利斯（Konstantinos Karamanlis）被從流亡地巴黎召回賽普勒斯，立即著手重建文官民主政府。他的聯合政府也恢復了一九五二年的憲法，還釋放了政治犯。一九七四年十一月，希臘舉行了十年來的首次選舉，卡拉曼利斯領導的保守政黨「新民主黨」贏得了絕對多數票。上校政權完結了，但它的一個措施被保留了下來，那就是一九七三年時廢除了君主制。大選後的一個月（一九七四年十二月），希臘的公投結果是拒絕恢復君主制。自那時起，希臘成了共和國，有了新憲法（一九七五年通過），建立了民主的政府制度。事後，軍政府成員還遭受審判，被判處長期監禁。希臘至此完成了與過去的決裂。

然而問題是，希臘依舊一貧如洗，經濟效率極為低落，侍從主義

下的政治制度腐敗不堪。但儘管希臘的弱點如此明顯，西歐民主國家的領導人出於防止希臘倒退回專制主義的急切心情，還是立即接受希臘重新加入它在上校政權期間離開了的歐洲理事會。上校政權上台前，希臘是歐洲經濟共同體的準成員國（軍政府期間它的成員國資格被暫停），希臘曾得到承諾，說歐洲經濟共同體會提供可觀的資金援助來幫助希臘完成經濟現代化。卡拉曼利斯復職後努力推動希臘加入歐洲共同體。他認為，這對希臘的繁榮至關重要，而希臘的繁榮又將大大鞏固民主體制。歐洲共同體的領導人認為他所言極是。一九七六年，希臘加入歐洲共同體的談判開始。不出五年，希臘就在一九八一年一月一日成為第十個成員國，比預想的時間還早。然而，希臘的經濟卻比其他九個成員國弱很多。接受它加入歐洲共同體是出自政治原因而非經濟理由。

賽普勒斯的分裂是上校政權留下的怪物，也是無法解決的難題。分裂很快成為僵局。因為北約沒有譴責土耳其的入侵，所以希臘退出了北約以示抗議（一九八〇年又重新加入）。土耳其拒絕了聯合國提出的撤軍要求。馬卡里奧斯回來後成為總統，管理著賽普勒斯島上希臘裔居住的那部分，當然土耳其不予承認。島上面積較小的地方是土耳其裔的居住地，而承認它政治實體地位的只有土耳其一國。賽普勒斯島被一條「綠線」從中分為兩半，由聯合國維和部隊監管著。在二十世紀剩餘的時間和之後，賽普勒斯的分裂仍將繼續。

伊比利半島上葡萄牙（自一九二六年起）和西班牙（自一九三九年起）的長期獨裁政權，仍然跟西歐其他地區處於半脫離的狀態。但是，這兩個國家的領導人均已年邁體弱。葡萄牙的政治制度在執政最久的總理薩拉查的統治下幾乎一成不變，經濟也沒有走向現代化。作為歐洲自由貿易聯盟的一員，一九六八年以來葡萄牙跟各國貿易關係的改善，為葡萄牙帶來了一定裨益，但它的經濟依然落後。與西班

牙不同的是，葡萄牙的旅遊業尚不發達。每年都會有成千上萬的葡萄牙人背井離鄉去國外打工（他們寄回家的匯款是國內經濟的一大支撐）。葡萄牙經濟的一個巨大負擔是它仍保有不合時宜的殖民帝國。維持帝國的費用愈來愈高，政府幾乎有一半的開支都用在軍費上，還不得不違背民意徵募年輕人入伍，去和安哥拉、莫三比克和幾內亞比索的反殖民游擊隊作戰。葡萄牙國內反對殖民戰爭的聲浪日益加強，就連某些天主教會也表達了反對。教會過去一貫是專制國家的堅定盟友，但現在反映了自「梵二會議」（一九六二至一九六五年召開）以來更加開明的態度。

　　一九六八年，一九三二年起開始執政的薩拉查腦中風發作，兩年後就撒手人寰。他的死代表著完結的開始。在薩拉查的繼任者卡埃塔諾（Marcello Caetano）的主持下，葡萄牙搖搖欲墜的制度僅發生了些許自由化，基本維持原樣，但已是大限將至。主要靠外債支撐的一段短暫的消費熱潮期很快就過去了。經濟不安遍及社會各界，而且受影響的不只是領微薄工資的工人。石油危機爆發後，一九七四年葡萄牙的通膨率高達百分之三十。對政權來說，最危險的是年輕軍官日益感到不滿。他們不僅薪餉微薄，還要參加激烈、危險的殖民戰爭，而且顯然毫無勝算。這一切都讓他們憤怒不已。葡萄牙政權是軍方在一九二六年扶植起來的，軍方也一直是它最重要的靠山。但就在一九七四年四月二十四至二十五日晚間，軍官團的一部分成員翻臉發動政變，政權的末日就此注定。

　　政變成功後，局勢混沌不明，我們完全看不出民主將會得勝。起初，以領導政變的前陸軍副總參謀長斯皮諾拉（António Spínola）將軍為首、名為救國委員會（National Salvation Junta）的軍事委員會控制了政權，但未能穩定局勢。接著，斯皮諾拉被推翻，逃往西班牙。軍隊士兵和平民的起義日益擴大，所謂的「康乃馨革命」讓人們歡欣

鼓舞（得名自士兵佩在軍裝上、插在槍口中的康乃馨）。英國政治家哈特（Judith Hart）一九七五年夏訪問葡萄牙期間就注意到，「人們的T恤和眼鏡上都別著紅色的康乃馨」，「到處都是宣揚自由、民主和人民權力的海報」。動亂持續了兩年，臨時政府也換了六屆。這段期間葡萄牙發生兩起政變，一次是右派搞的，一次是左派弄的，國家陷入了連續不斷的騷動不安中。罷工、占領工廠、沒收土地、資本外流等種種現象清楚地顯示出嚴重的政治和意識形態分歧。共產黨似乎是最強的政治力量，但一九七五年四月的制憲會議選舉卻表現出民眾其實並不強烈支持共產主義。馬力歐・索亞瑞斯（Mário Soares）領導的社會黨獲得的支持最多，贏得了百分之三十八的選票。自由黨的選票率則剛過百分之二十六。共產黨落後了一大截，得票率僅有百分之十二・五。

由於軍方的山頭林立，激進左翼軍人眼看奪取權力的希望日漸渺茫，一九七五年十一月再次發動政變，但這成了他們末日前夕的天鵝之歌。政變被埃亞內斯（Ramalho Eanes）將軍麾下支持國家的部隊鎮壓了下去。軍隊迅即展開改革，軍方的權力受到限制。激進左派在軍中失去了影響力。與此同時，共產主義被擠到政治邊緣。一九七六年四月制定的新憲法還確定了文官政府的框架，當月晚些時候舉行新選舉後（社會黨再次勝出），葡萄牙動盪的政治局勢才出現了一定的平靜。粉碎前一年十一月未遂政變的埃亞內斯將軍大得民心，當選了總統。所有的政黨都支持他，只有共產黨除外，但共產黨從此就被排除在權力圈外。埃亞內斯給予了葡萄牙國家急需要的團結象徵。至於在葡萄牙向議會民主過渡的初期，得到西德社民黨資金支持的索亞瑞斯是關鍵的政治人物。不過，葡萄牙面前的道路依然崎嶇難行。

康乃馨革命的次年，葡萄牙的殖民帝國關門收攤。最後一個歐洲大型殖民帝國隨風而逝，殖民帝國主義時代終於畫上了句點。但是，

葡萄牙帝國的終結卻浸透了鮮血，因為葡萄牙把它的前殖民地搞成了爛攤子。在這些前殖民地，去殖民化遠非一帆風順，諸如東帝汶被印尼占領，安哥拉爆發了內戰，莫三比克很快也走向內戰，革命勢力把幾內亞比索變成了一黨專政國家，暴力報復曾支持殖民政權的人。非洲各地數十萬葡萄牙殖民定居者拋下所有財產逃回祖國，為葡萄牙已經在苦苦掙扎的經濟，又加上了一層重擔。

葡萄牙政府推行了土地改革，將革命後被沒收的土地物歸原主，效率低落的集體農場也被解散。但是在一九七七至一九七八年的葡萄牙，動亂不斷，失業率居高不下，國家債台高築，人均收入只有歐洲共同體成員國平均數字的一半，因此不得不向國際貨幣基金組織尋求資金援助。但話說援助是給了，卻有附帶條件。國際貨幣基金組織要求葡萄牙採行撙節政策，藉由削減開支、改善預算平衡是逐漸減少了高額債務，但代價卻是曠日持久的高失業率、國家經濟持續落後。此外，政府的不穩定依然如舊，一九七六年到一九八三年，七年就換了九屆政府。一九七八年，索亞瑞斯下台。埃亞內斯當選為總統，仍兼任三軍總司令。他利用行政權力頻繁干預國家政治，直到一九八二年修改了憲法，才削減了他的權力。而在一九八五至八六年的兩階段直選中，索亞瑞斯以微弱多數取勝，這才促成了真正意義的文職且權力有限的總統職位。至此，葡萄牙的民主制度才算有了堅實的根基。

索亞瑞斯本人在一九七七年就力主靠攏歐洲共同體，次年開始了葡萄牙申請加入共同體的正式談判。由於葡萄牙經濟難題纏身，所以不可能馬上就加入。複雜的談判一直持續到一九八四年。一九八六年，葡萄牙終於邁出了這一步，走出歐洲的邊陲，成為共同體的成員。到此時，葡萄牙已經是穩固的西歐民主政體，多年的獨裁統治成為日漸模糊的記憶。

葡萄牙國界另一邊的近鄰密切注意著康乃馨革命的進展，同時它

自己國內佛朗哥將軍的長期統治也接近尾聲。看到葡萄牙的亂象,特別是共產主義左派的推進,志在改革的人倍感焦慮。

一九五九年,西班牙進行了急需的改革,向國際市場開放了它的落後經濟,使西班牙的年成長率在六〇年代期間超過了百分之七。隨著勞動力流向都市或迅速擴張的旅遊勝地,最堅定支持西班牙政權的鄉村地區人口開始變少。在蓬勃發展的工業部門,經濟成長帶來了提高工資和改善工作環境的要求。工人階級的騷動愈演愈烈,在加泰隆尼亞和巴斯克等工業區尤其如此。但在西班牙,工會仍在被禁之列,罷工則被視為非法。然而,工人們還是組織了抗議、罷工和示威。這類活動日益增多,例如一九七〇年就舉行了一千五百九十五次罷工,一九七四年是二千二百九十次,一九七五年更是達到了三千一百五十六次(造成那年全國損失了一千四百五十萬個工作時數)。巴斯克地區的騷動還助長了分離主義政治活動,進而在一九六八年催生民族主義武裝運動「埃塔」(ETA,全名為「巴斯克祖國與自由」〔Euzkadi Ta Askatasuna〕)。這個組織針對當時和後來的政權開展了曠日持久、激烈殘酷的恐怖主義運動。

面對有增無減、難以克服的挑戰,佛朗哥政權只有一個回應,那就是用鐵拳回擊。到了一九七四年,還有約六千名西班牙人被拘押在監獄裡,因政治罪名等待受審。監獄裡嚴刑拷打是家常便飯,犯人也得不到法律支持。作為軍事鎮壓的一部分,當局還恢復了死刑。一九六三年到一九七四年,西班牙曾為了營造良好的國際形象,沒有執行過死刑。但是在佛朗哥將軍於一九七五年十一月去世前的一個月,卻有五人遭到處決。

與此同時,布拉瓦海岸(Costa Brava)的誘人沙灘、明媚陽光和廉價旅遊套裝行程從一九六〇年代起,每年都吸引數百萬旅遊者前來。西班牙人因外國旅遊者而接觸到的外國文化影響,不可避免地與

本國傳統的天主教價值觀發生衝突。但無論如何，在梵二會議召開之後，天主教的價值觀已經開始受到侵蝕。事實上，就連自西班牙內戰以來一直是佛朗哥主義意識形態堡壘的天主教會，也開始背棄佛朗哥政權。到了一九七○年，支持社會主義的神父遠遠多於支持官方長槍黨意識形態的神父，教會各級教士也開始捍衛人權，發表贊同政治中立的言論。

年輕人尤其受不了政權僵化的道德約束。一九六六年，佛朗哥政權略有放鬆新聞出版審查，但遠遠不夠。一九六八年，少數受過良好教育的年輕人勇敢地表示不願意接受專制統治。在西歐其他地方發生的事件的鼓舞下，馬德里和西班牙各處大學城爆發了學生示威。示威者強烈反對越戰和設在西班牙的美軍基地，也敵視建立在政治壓迫之上的獨裁政權。佛朗哥政權狂暴地反擊了示威者，有些人因為堅決不屈服而被判處長期監禁。在西班牙，一邊是高壓的政權，另一邊是社會對自由化和民主化的要求，兩者之間橫亙著巨大的鴻溝。

但事實上，國家官僚機構中也有人認識到自由化乃國家所需，能夠開啟與歐洲經濟共同體拉近關係的大門，從而讓落後的西班牙有望走向繁榮和現代化。然而，僵化強硬的佛朗哥獨裁政權倚靠軍方、情報部門，以及在官僚機構內部和工商界根深柢固的寡頭集團來治國，任何推動自由化的努力都難有寸進。但是，佛朗哥政權仍面臨著一個明顯的問題：在佛朗哥將軍百年之後，要由誰來繼承呢？或者說會發生什麼事情呢？一九六八年十二月，佛朗哥打斷了一次內閣會議要去廁所，他的親信們認為這代表他將不久於人世，因為這種事前所未有。過往佛朗哥開起會來總是沒完沒了，完全不顧膀胱控制能力不如他強的閣員是多麼難受。他的一名親信後來還開玩笑說，那是「忍便能力對失禁的勝利」（triumph of the continent over the incontinent）。但事實上，佛朗哥又堅持了七年，不過他漫長的生命顯然已進入尾

聲。一九七二年十二月,他慶祝了八十大壽,但病體衰弱。

　　一九六九年,佛朗哥利用虛懸的王位解決了接班人問題,他任命卡洛斯(Juan Carlos)王子為國家元首繼承人。這樣他可以一邊繼續掌權,一邊培養繼任者做好接手專制政權的準備。一九七三年六月,海軍上將布蘭科(Luis Carrero Blanco)被任命為總理,顯然是擔任了接掌實權的使命。他是佛朗哥最始終不渝的堅定支持者之一,掌握著眾多權柄。外界也公認布蘭科會確保專制政權的延續。

　　但就在一九七三年的十二月二十日,布蘭科被「埃塔」恐怖分子安放的炸彈炸死,佛朗哥的如意算盤就此被打壞。但他即便活下來承繼佛朗哥成為國家元首,西班牙風雨飄搖的專制政權能否繼續存續也很成問題。事實上,佛朗哥和他統治的政權都進入了垂死掙扎的階段。布蘭科被刺後,佛朗哥政權不出所料地故技重施,公開鎮壓反對派,這進一步加深了西班牙在國際上遭到的孤立和唾棄。與此同時,石油危機爆發後的物價上漲加劇了西班牙的經濟困難。改變勢不可免,佛朗哥還在世似乎是唯一的攔路虎。

　　尼克森的國務卿季辛吉(Henry Kissinger)一九七〇年訪問馬德里時評論說,西班牙「正在等待一個生命的完結,好重新成為歐洲歷史的一部分」。五年後,西班牙終於等來了那個生命的完結。一九七五年,佛朗哥的健康狀況急劇惡化。十一月二十日,這位僅存的戰前獨裁者咽下了最後一口氣,死時已是病骨支離。唯一出席他葬禮的國家元首是智利統治者皮諾契(Augusto Pinochet)將軍(他在一九七三年推翻了阿言德總統的民選政府,建立的高壓政權應該深得佛朗哥之心)。然而,四天後,卡洛斯國王的加冕儀式卻有眾多外國貴賓出席。這次皮諾契不在受邀之列。

　　國王加冕象徵著一個新時代的開始,但誰也不知道形勢將如何發展。國王會繼續保留某種形式的專制主義嗎?會再次發生流血事件

嗎？還是說會採取措施引進民主制度？且特別重要的是，曾是前朝的權力基礎，又對國王心存懷疑的軍隊，會對獨裁者佛朗哥之死採取何種反應呢？佛朗哥時代的完結引起一片歡欣鼓舞，但也有對未來的恐懼。這個國家不久前剛打過一場自我撕裂的內戰，至今影響仍在，前途殊難預料。且關鍵的是，卡洛斯國王雖然起初小心翼翼，但他利用君主在老百姓心目中的合法性，為民主化力量提供了支持，而這是事先無法清楚預知的。卡洛斯國王並非天生的民主主義者，但他看清了時代的風向。佛朗哥死後爆發的大規模示威和大罷工使他堅信，民主是唯一的出路。和在葡萄牙一樣，雖然西班牙官方黨禁仍在，但政黨、派別和運動還是紛紛出現。不過，決定性的變化來自舊政權內部。實際上，佛朗哥主義國家已慢慢拆解了自己的權力結構。

國王除了支持民主力量之外，還採取了一項重要行動。一九七六年一月，他任命阿道夫・索亞瑞斯（Adolfo Suárez）為首相，取代了強硬而不得人心的阿里亞斯・納瓦羅（Arias Navarro）。新首相不是民主鬥士，但選擇他是一個關鍵的決定。索亞瑞斯是長槍黨員，在佛朗哥政府中擔任過不同職務，曾被視為反動派。然而，他與佛朗哥政權內部主張改革的群體接觸後被它們說服，相信西班牙的未來在於民主，君主在民眾心目中的合法性和卡洛斯本人的投入是走向民主的最可靠途徑。如果以革命的方式與前政權徹底決裂，恐有內戰重起之虞。因此，西班牙必須透過和左派談判來實現民主過渡。

但時間不會等人，必須趕在佛朗哥主義當權派做出反應前採取行動。索亞瑞斯建議於一九七七年六月舉行關於政治改革的公投，也提議舉行選舉。他巧妙地一方面爭取社會黨人的支持（社會黨人自己也認識到消除前政權殘餘的最佳辦法是籌組立憲政府，而不是暴力革命），另一方面也利用國王對他的支持來安撫軍方領導人、收服溫和右派、孤立強硬的佛朗哥主義者。值得注意的是，索亞瑞斯透過利誘

和保證未來的仕途，說服了議會中唯一的政黨「國民運動」的代表投票贊成改革，因為改革是防止爆發嚴重衝突的唯一辦法。議員們罕見地投票贊成把他們自己從議會中除名，如同火雞們投票贊成聖誕節要吃火雞大餐一樣。

一九七六年十二月十五日舉行的公投中，百分之九十四壓倒多數的選民贊成變革。一九七七年六月十五日，西班牙四十多年來首次舉行多元選舉。同時，過去的左翼政黨，包括共產黨，獲得了合法地位，此舉引起了佛朗哥主義死硬派對索亞瑞斯的憎恨。索亞瑞斯的中央民主聯盟（Unión de Centro Democrático）由中間派和右翼改革派經過大量幕後交易拼湊而成，該聯盟在選舉中取得了勝利，贏得百分之三十四的選票，但社會黨的得票率也達到了百分之二十九。總的投票結果顯示了人民對憲政議會民主制的強烈認可。無論是左傾或右傾的激進政黨，在選舉中的表現都很慘澹。共產黨只獲得了百分之九的選票，遠低於預期。新法西斯主義激進右翼各派加起來得的票數則還不到百分之二。一年多以後，一九七八年十月三十一日，新的民主憲法在議會通過，並在十二月六日的公投中得到民眾批准。

但是，索亞瑞斯也很快就陷入重重困難之中。一九七七年，他遇到了通膨肆虐、失業率激增、加泰隆尼亞和巴斯克地區高聲要求自治（其他地區也有同樣的呼聲，不過沒有那麼激烈而已）等問題。有限的權力下放完全滿足不了各界要求。巴斯克地區尤其強烈要求馬德里讓它獨立。埃塔的恐怖主義暴力行為還將持續多年，引起西班牙人民的恐懼和憎恨。

索亞瑞斯的壓力日增，民望劇降，一九八一年一月二十五日辭去了首相職務。一個月後，羽翼未豐的西班牙民主遭遇了佛朗哥主義強硬分子推翻它的最後一次企圖。二月二十三日，國民警衛隊的特赫羅（Antonio Tejero）中校帶領二百餘人衝進議會大廈，持槍將議員扣為

人質。卡洛斯國王向全國人民發表電視談話，宣布會支持憲法並命令部隊回營，這才粉碎了政變。政變失敗三天後（特赫羅因為他的未遂政變而被關進軍事監獄十五年），三百萬人在西班牙各城市舉行支持民主的示威活動，光是馬德里就有一百五十萬人上街遊行。民主得以保全。

一九八二年選舉後，放棄了馬克思主義綱領的社會黨自一九三六年以來首次重回權位，且一坐就是十四年。社會黨的新任首相岡薩雷斯（Felipe Gonzáles）大力推動改革行政部門和軍隊內部結構，還利用民眾的支持和議會多數來執行撙節政策，使用貨幣和財政措施來遏制高通膨，降低政府開支的巨額赤字。工資的成長被限制在通膨水準之下，勞動市場的靈活性提高了，社會安全開支減少了。政府啟動了一些私有化國有產業的措施，但是沒有連貫一致的私有化政策，公共部門依然龐大（但它擁有的許多企業是私人部門不想要的）。新自由主義的一些要素就這樣納入了社會黨政府的綱領。這是遍及西歐的經濟趨勢的又一個表現。

社會黨原來反對西班牙加入北約，入主政府後才改變了態度（西班牙一九八二年五月加入北約），但社會黨仍堅持要求減少設在西班牙的美軍基地的數目，且這個政策在一九八六年三月的公投中得到多數民眾的支持。而在那之前，西班牙和葡萄牙一同在一九八六年一月一日加入歐洲共同體，始於一九七七年的申請進程至此完成。自那以後，西班牙終於重新成為歐洲歷史的一部分。

希臘、葡萄牙和西班牙這三個國家新建立了民主政權，象徵著戰後時期多元民主的政府制度終於在整個西歐獲得完勝。這三個國家過去的專制政權顯然各不相同，崩潰的方式也彼此各異，但其中無疑也有一些碰巧的因素。希臘過去是多元政府，儘管它的民主弊病多端，而上校政權僅僅是多元政府最近的一段短暫中斷（受害者卻感覺似乎

永無盡頭），其垮台的導火線是土耳其入侵賽普勒斯這個外部事件。相比之下，葡萄牙和西班牙的專制制度建立了幾十年，根基也扎得比希臘專制政權深得多。兩國制度的命運都與它們的長期統治者的個性和意識形態緊密交織在一起，葡萄牙是薩拉查，西班牙是佛朗哥。因此，他們兩人健康狀況惡化，繼而死亡之後，獨裁政權隨之解體也毫不奇怪。只有葡萄牙獨裁政權遇到的麻煩與殖民帝國的解放抗爭緊密相連，它的崩潰導致的動亂也比其他兩個國家持續得更久。三個國家中只有西班牙恢復了君主制，且令人有些意外的是，君主制反而成了鞏固西班牙民主的最重要穩定因素。

然而，除了巧合和偶然因素之外，這三個迥然不同的獨裁政權的完結也有更深層的原因。一個關鍵因素是，自六〇年代中期以來，一種日益傾向於國際主義、崇尚自由主義、強烈反對軍國主義的文化迅速蔓延，在年輕一代當中尤其如此，而這三個專制政權都與這種文化嚴重不合拍。三個國家中逐漸壯大的反專制運動有一個重要的共同特點，那就是青年抗議。頑固地強行堅持似乎屬於已逝時代黑暗面的民族主義文化價值觀，阻擋不住爭取自由的大潮，這一大潮洶湧澎湃，迅速越過國界，不為統治者的願望轉移。

國家經濟也不能繼續在以國家專制思想為基礎的封閉系統內運行。希臘、葡萄牙和西班牙並不比西方民主政體更能逃脫全球資本主義變化無常的影響，它們的經濟應付石油危機的能力也比較差。這三個國家其實已經開始了根本性的社會和經濟過渡。它們的專制政權垮台前二十年左右，工業化就開始逐漸加速，為國家帶來了一定變化，西班牙還有大規模旅遊業作為又一個促成改變的因素。鄉村人口大為減少，家庭和教會的傳統結構遭到破壞。農村曾經是支持專制主義的大本營，但經濟現代化卻嚴重削弱了這種支持，同時加強了產業工人階級的力量。社會主義和共產主義作為工人階級最主要的意識形態，

儘管長期遭到壓制，依然能一呼百應。特別重要的是，歐洲共同體內的西歐民主政體與落後的專制政權形成鮮明對比，展示了植根於國際合作和自由民主的另一種成功的政府形式。這種政府形式給歐洲其他地方帶來的繁榮，是生活在專制統治下的希臘人、葡萄牙人和西班牙人在夢中才看得到的。三國的專制政權垮台後，民主力量領導人幾乎都在第一時間向歐洲共同體提出了入會的願望。希臘一九八一年加入了歐洲共同體，葡萄牙和西班牙則在五年後加入。正如這些國家的新政府預見到的，加入歐洲共同體是通往過去無法想像的繁榮和自由化的門票。

文化和經濟的變化使人們看到，高度依賴軍方支撐的獨裁政權是一種過時落伍、運轉不靈、全無人性的政府形式。穩定的民主在西歐大部得到鞏固，西歐地區發生常規戰爭的可能性幾乎消失無蹤，於是，平民價值觀而非尚武價值觀愈來愈在社會中成為主導力量。兩次世界大戰期間，軍人參政為害無窮，且無一例外地支持專制主義。如今，軍方在國內政治中不再舉足輕重。除了位處歐洲邊緣的土耳其，只有在希臘和伊比利半島，軍隊依然是主導性的政治力量。不過，軍隊基本上用在實施內部鎮壓、支持專制政權上面。西班牙軍隊在國外不發揮作用，葡萄牙軍隊愈來愈不願意打曠日持久的殖民地戰爭，希臘軍隊則無力阻止土耳其占領賽普勒斯北部。在所有這三個例子中，軍隊都失去了往昔的大部分光環。多數民眾合理地視軍隊為阻撓自由與進步的高壓反動力量。民眾大多認識到，實現自由進步的最好保證是多元議會民主。在和平、繁榮、自由的西歐，自稱唯一能夠保衛國家抵禦內外敵人的一黨專政國家的時代，已一去而不復返。

在上述三個國家中，獨裁政權儘管左支右絀，卻都沒有自行崩潰或消失。經濟狀況雖然岌岌可危，也沒有把政權拖垮。維護專制統治的力量相當強大。只有當積聚的社會與文化壓力恰好碰上政權明顯疲

軟，得以借機影響統治階層內支持改革、變化和民主進步的成員時，才能推翻這種力量。一九七〇年代中期，希臘、葡萄牙和西班牙恰恰出現了這些因素的組合。三國發生的巨變使它們加入歐洲的懷抱，永遠改變了三國人民的前途。僅僅數年後，民主在這三個國家都鞏固下來，並得到了壓倒多數人口的支持。

冷戰重起

　　一九七〇年代期間，歐洲無論東西，都在經濟危機中險遭滅頂，但矛盾的是，國際形勢卻大大改觀。美國在越戰中深陷泥淖、損失慘重（最後越戰以美國撤軍，越南民主共和國軍隊一九七五年四月開入西貢而結束），蘇聯力圖避免美國跟中國加深和解。在這種情況下，出現了透過踩下核武升級的煞車，來緩解國際緊張的可能性。

　　一九七二至一九七三年美蘇達成的協議是一個開始。一九七五年七月到八月一日在赫爾辛基舉行的歐洲安全與合作會議也努力為國際關係建立更加穩固的基礎。三十五個國家參加了安全與合作會議，包括兩個超級大國、加拿大和除阿爾巴尼亞（它拒絕與會）外的所有歐洲國家。會議由蘇聯倡議發起，它希望各國能批准戰後東歐領土的解決方案。一九七五年的《赫爾辛基最後文件》（*Helsinki Final Act*，也稱《赫爾辛基協議》）沒辦法讓蘇聯完全滿意，因為該協議申明國界不可侵犯，並根據國際法禁止吞併領土。然而，該協議卻允許和平改變國界，這被普遍視為蘇聯的外交勝利。

　　不過，有件事對蘇聯來說相當於踢進了自家球門的烏龍球，那就是《赫爾辛基協議》載入了尊重「人權和根本自由」的承諾。蘇聯領導人實則陽奉陰違這個承諾，他們在國內可以自行決定承諾的含義。蘇聯外交部長葛羅米柯（Andrei Gromyko）提醒他的同事們說：「我

們是自己家裡的主人。」蘇聯及其衛星國嘴巴上空談人權，實際上卻繼續將數以千計的政治異議者投入監獄。這種行為在國際上給它們造成超乎意料的道德失分。但儘管如此，蘇聯的政治和軍事力量禁受得起道德上的譴責。《赫爾辛基協議》幫助緩和了國際緊張局勢，而緊張的緩和使蘇聯力量得到了加強，而不是被削弱。

不過，「低盪」從來都沒有全面展開過。事實上，它為兩個超級大國的軍方提供了一塊遮羞布，它們在這塊布後頭仍在繼續發展核武，爭取壓倒對方。美國卡特（Jimmy Carter）總統在一九七六年競選期間確實曾矢言尋求削減核子武器庫。但因為他注重人權，包括在白宮接見蘇聯的政治異議者，所以布里茲涅夫不出所料地故意拖拖拉拉，不肯按計畫執行一九七二年達成的限制核子武器庫的《第一階段限制戰略武器條約》。最終，卡特和布里茲涅夫於一九七九年六月在維也納大張旗鼓地舉行儀式，簽署了旨在減少並限制核武的《第二階段限制戰略武器條約》。卡特宣稱，該條約是「對世界和平的歷史性貢獻」。但是，它從一開始就是一紙空文。美國國會對條約的有些部分不滿意。當年十二月，蘇聯入侵阿富汗，徹底打消了條約獲得批准的希望。卡特聽到蘇聯入侵的消息後說：「第二階段條約已經完了。」到那年年底，美蘇緩和已徹底無望。

一九七七年，蘇聯開始在本土和東德部署新的SS-20中程核子導彈。這類射程五千公里的導彈不屬於限制戰略武器條約的範圍，卻顯然對西歐構成了直接威脅。西德總理施密特想出了一個大膽的辦法。卡特總統（施密特對他的態度是幾乎不加掩飾的輕蔑）起初反對這個主意，但最後在德國的壓力面前讓步了。一九七九年一月，西方領導人同意了施密特的提議，決議在西歐，主要是西德，部署美國的中程導彈來反制蘇聯威脅。十二月，北約達成了「雙軌決議」：主要在西德和英國部署數百枚（十分鐘內即可打到莫斯科的）巡弋飛彈和潘興

二型（Pershing II）導彈，同時繼續和蘇聯一起推動核武管制。

但此時，國際形勢山雨欲來。一九七九年伊朗國王被推翻，何梅尼勝利歸國後，伊斯蘭革命迅速席捲伊朗。二十世紀剩餘的時間及之後，歐洲和全世界都將深切地感到它產生的後果。

伊朗革命大潮的外緣漫溢到了阿富汗，那裡的事態發展同樣影響深遠。一九七八年四月，阿富汗共產黨領導人塔拉基（Mohammed Taraki）在喀布爾奪取政權，建立了共產黨政府。一九七九年九月，塔拉基被競爭對手阿明（Hafizulla Amin）謀殺。但阿富汗的共產黨政權根基不深，因為該國人口大多目不識丁，基本上只有少數受過教育的人支持共產黨。阿明對國家的控制很快瓦解。伊朗的事態發展激起了阿富汗人對於計畫開展的改革的反對，改革計畫包括提供世俗教育和給予婦女權利。阿富汗落後的鄉村地區由部落統治，現代化勢力滲透無門，宗教領導人煽風點火，挑起了對「異教徒」的抵抗。阿富汗共產黨政權是蘇聯幫助建立的，所以，面對阿富汗近於內戰的亂象，蘇聯領導人考慮出手干預以恢復秩序。他們覺得，只有這樣才能保護蘇聯的南部邊境，預防伊斯蘭革命影響到中亞共和國眾多的穆斯林人口而造成國內不穩定。

一九七九年十二月，蘇聯做出了出兵阿富汗的致命決定。蘇聯領導人以為干預行動一個來月就能完成。但其實他們只要略諳歷史就該知道，來犯的入侵者是多麼容易陷在阿富汗的崇山峻嶺無法脫身。多少世紀以來，異族每次入侵阿富汗都鎩羽而歸。很久以後，曾在卡特總統手下擔任國家安全事務顧問的鷹派人物布里辛斯基（Zbigniew Brzezinski）說，中情局自一九七九年七月起即開始祕密煽動阿富汗的反對運動，就是希望能引誘蘇聯人出兵，使之陷入他們自己的「越戰」。事實果然如此。阿富汗戰爭勞民傷財，在蘇聯國內日益不得人心，而且不可能打贏。接下來的九年內，蘇聯發現自己纏在一團亂麻

裡愈陷愈深。同時，反對蘇聯占領的抗爭吸引了從阿爾及利亞到巴基斯坦的伊斯蘭聖戰者，從四面八方趕赴阿富汗和當地人並肩作戰（這些人被稱為 Mujahideen），後來發生的恐怖事件的種子就此播下。這些人的活動主要由沙烏地阿拉伯資助，美國中情局也提供了經濟和軍事援助。

對於蘇聯入侵阿富汗，美國的反應是再啟冷戰。卡特總統提高了反蘇的辭令，誇張地把阿富汗戰爭渲染為自二戰以來對和平的最大威脅。美國針對蘇聯的部分出口，包括高科技產品，實行了禁運。《第二階段限制戰略武器條約》沒有得到批准。美國還抵制了一九八〇年的莫斯科奧運會，但此舉其實沒有多大意義，唯一的效果是剝奪了美國運動員的參賽機會，而對眾多訓練多年的運動員來說，奧運會是他們運動生涯的顛峰。事實上，大多數西歐國家沒有回應美國的抵制。美國實行的貿易禁運也並非完全的勝利。法國和西德沒有制裁蘇聯，反而從美國退出留下的貿易缺口中得到了好處。但即使如此，「低盪」顯然已徹底完結。「第二次冷戰」打響了。

接下來的五年裡，超級大國間的關係持續惡化。美國民眾普遍認為卡特政府是個失敗的政府。在一九八〇年的總統選舉中，曾做過B級片（B-movie）演員的雷根憑藉自己的平民作風和堅定的保守原則，當選為美國總統。他為美蘇關係定下了基調。他得到了他最強硬的盟友柴契爾的熱情支持，透過對抗蘇聯來顯示美國力量成為美國在越戰慘敗之後重建威望的努力的一部分。一九八三年，雷根稱蘇聯為「邪惡帝國」。同年，核武軍備競賽升級。十一月，第一批潘興導彈部署到西歐，蘇聯則以中斷剛開始的遠程導彈談判作為回擊。話說「削減戰略武器談判」（Strategic Arms Reduction Talks）的縮寫START是「開始」的意思，但實際上談判還沒開始就被叫停了。當年早些時候，雷根宣布了一項新的核子計畫，名為「戰略防禦倡議」

（Strategic Defence Initiative）。該計畫的別名是「星戰計畫」，因為它要在外太空建立一套全面反導彈防禦系統。這可能會使核武軍備的天平決定性地向美方傾斜。蘇聯沒有足夠的資金與之爭鋒。蘇聯雖試圖把針對該計畫的限制納入限制核武軍備的談判中，卻遭到美方拒絕。「保證相互毀滅」一如既往，以其變態的方式維持了一定的安全。

　　但普通百姓卻不這樣看。恐懼再次抬頭。新冷戰帶來了面對核子浩劫降臨的新焦慮感。民眾雖然不像一九六二年十月古巴導彈危機時那麼憂心如焚，但仍然實實在在地深感擔心。和平運動比一九五〇年代期間更加壯大，在英國和西德尤其如此。英國的核裁軍運動一九七九年僅有五千名成員，一九八五年的成員數卻是這個數字的二十倍。婦女在格林漢康芒（Greenham Common）的美軍基地外設立了「和平營」。對英國以及全世界來說，和平營象徵著抗議在歐洲部署潘興導彈和巡弋飛彈、反對歐洲核子戰爭威脅加劇的新運動。西德是抗議活動的震中，因為大部分導彈都將部署在那裡。一九八〇年十一月起草的一份要求把核武撤出歐洲的請願書「克雷費爾德呼籲」（Krefeld Appeal），共獲得二百五十萬人簽名聯署。一九八三年十月，德國各個城市大約一百三十萬人參加了反對部署導彈的示威。但儘管如此，在西德科爾政府和英國柴契爾政府的支持下，導彈的部署依然按計畫進行。

　　核武軍備競賽的升級帶來了無法想像的財政負擔。美國靠著發放天文數字的國債尚可應付，但對蘇聯來說，這個負擔實在難以承受。蘇聯的國內生產毛額約為美國的六分之一，據估計，其中有百分之十五至十七花在了國防上面，這個比例大約是美國的三倍。如此高昂的軍費開支不可能永久持續下去。但蘇聯還未崩潰。儘管它經濟表現欠佳，領導人年邁，各衛星國麻煩纏身，但是它仍可蹣跚前行多年。不過，蘇聯急需開展國內的改革重組，而要做到這點，需要具有遠見卓

識的領導人。然而，這樣的領導人渺然難覓。

蘇聯三年內連換三位領導人，個個都疾病纏身。布里茲涅夫多年來一直靠安眠藥（他有安眠藥上癮問題）、酒精和香菸支撐著。連續發作了幾次腦中風之後，他幾乎無法行動，發音吐字明顯不清。布里茲涅夫一九八二年十一月去世後，前國家安全委員會（KGB）頭子安德羅波夫（Yuri Andropov）接任黨領導人。他引進了一些必要的改變，但他骨子裡仍堅持傳統，不可能進行根本性改革。無論如何，患有腎臟病的他健康不佳，精力不濟。他只幹了一年多一點，就於一九八四年二月去世。接替他擔任總書記的契爾年科（Konstantin Chernenko）比他年紀還大，能力不如他，身體也更衰弱，患有嚴重的肺氣腫。契爾年科顯然是臨時補缺的。他本人沒沒無聞，被老人政權的其他成員推到了黨領導人的位子上，那些人一心要保住官位，阻止計畫進行的反貪腐調查。契爾年科死於一九八五年三月。黨的上層普遍同意，蘇聯急需從內部振興、增強對外力量，而這些只有在一位相對年輕、精力充沛、足智多謀、充滿活力的領導人的領導下才能實現。

恰好有這樣的一個人正在等待時機。被政治局一致推選為下一任共產黨總書記的戈巴契夫年僅五十四歲，比起前三任領導人來簡直可以算是個年輕人。戈巴契夫是安德羅波夫的門徒。契爾年科名義上擔任領導人時，他是實際的管事者。戈巴契夫即將從邊緣走到不僅是蘇聯，而且是世界的舞台中央。

第八章

東方之變

Easterly Wind of Change

我們知道路途是艱難的。然而，我們已經做出了選擇，我們已經鋪好了改革之路。

——戈巴契夫一九八九年對蘇聯人民的元旦致辭

我們現在奉行法蘭克·辛納屈主義。他有首歌裡唱道「我用了我的辦法」。所以每個國家該自行決定走哪條路。

——蘇聯外交部發言人格拉西莫夫，一九八九年十月

　　無論在東歐還是在西歐，都幾乎無人預見到後來的事態發展。蘇聯陣營明顯僵化，似乎無法想像它能發生劇變，更無法想像劇變居然是從蘇聯內部發起的。戈巴契夫一九八五年三月十一日就任蘇共總書記時，也渾然不知，短短六年後，他的行動將完全改變世界歷史。他想改革蘇聯，結果卻毀掉了蘇聯。當然，這並不是他一人造成的，但沒有他，整個事情就不會發生。從戈巴契夫一九八五年上台到一九八九年春，他掀起的強勁的改變東風逐漸積聚為颶風，一路摧枯拉朽，將東歐的舊秩序連根拔起。

蘇聯的改革

perestroika這個俄語詞傳遍了世界，意思是重組或改革，因戈巴契夫一九八五年五月在列寧格勒的一次談話而流傳開來。在那場談話中，這位新任共產黨總書記宣布：「顯然，我們都必須改革……每個人都必須採取新方法，必須明白我們沒有別的路。」「改革」的精確含義為何，它的意義和後果隨著時間將如何變化，它將遇到何種程度的反對，這一切都不清楚。起初，對戈巴契夫和他在黨內的熱情支持者來說，改革意味著重生和復興。他們認為，這對於重振一九一七年革命的理想至關重要。

戈巴契夫是圈內人，在政權內一步步升到了高位。我們無須猜想他推行的任何改革會損害蘇聯政權，無論是破壞蘇聯內部的權力結構，還是危及蘇聯對東歐的統治。戈巴契夫是完全徹底的共產黨人，絕無損害蘇聯的意圖。雖然蘇聯經濟困難日增，與俄羅斯人以外其他民族的關係也問題叢生，但是戈巴契夫上台時的蘇聯是穩定的。蘇聯的外債不多，沒有嚴重內亂，軍隊和安全部門也忠誠可靠。政治局內無論是少數想推行必要改革的人，還是占主導地位、決意阻止改革的極端保守派，都不擔心會出現政局不穩。如果沒有改革的瓦解性力量，蘇聯在可見的未來本可以繼續蹣跚前行。蘇聯的確僵硬不靈，但沒有很快崩潰的危險。

一九三一年三月，戈巴契夫出生在北高加索斯塔夫羅波爾（Stavropol）的一個農民家庭。那個地區是多民族混居地，俄羅斯人占大多數。戈巴契夫經歷過貧窮，家裡有人在史達林時代受過迫害，但他後來在黨內青雲直上，一九八〇年就進了政治局。他憑組織才能、幹勁和果決贏得了讚許，被視為政壇新星。他在安德羅波夫短暫的執政期間脫穎而出。安德羅波夫認識到需要推行（有嚴格限制的）

改革，準備提拔一些比較年輕的忠誠黨員。他最賞識戈巴契夫，讓他負責廣泛的經濟事務，特別是農業。安德羅波夫因病不能視事時，戈巴契夫有時也主持政治局會議（雖然這項任務通常落在契爾年科頭上）。一九八四年二月安德羅波夫去世後，保守派中意的人選是已經疾病纏身的契爾年科，但這對戈巴契夫來說只是暫時的挫折。

契爾年科的身體一直有問題，多數時間都是由戈巴契夫主持政治局和黨的書記處的工作。此時，戈巴契夫已是蘇聯領導層的二號人物。一九八五年三月十日晚，契爾年科去世，戈巴契夫連夜召開政治局會議，會議實際上預先確定次日將一致選舉他為總書記。戈巴契夫當選，不是因為他有什麼激進的改革思想。他本人並無確切的計畫，只是覺得需要改變。政治局成員大多保守，對深遠的改革當然不感興趣，因為那可能威脅到保證他們榮華富貴的制度。這群人絕非全部衷心擁護戈巴契夫，但沒有別的合適人選。在前面三位體弱多病的領導人迅速相繼去世後，大家覺得新的領導人必須更年輕、更有活力，而戈巴契夫恰好以精力和幹勁見長。

但即使如此，由於戈巴契夫是政治局中唯一的改革者，身邊全是保守派，所以起初看不出他如何能夠推動愈來愈徹底的改變。他能做到這點的一個原因是他的口才極好、說理有力。與幾位前任領導人不同，他不仗勢壓人，而是以理服人。政治局會議開得比過去久了，討論的面很廣。戈巴契夫有時會修改自己原先的意見，但是他令人信服的說理和人格力量經常幫他贏得別人同意他的政策。特別是在初始階段，戈巴契夫每走一步都會特別注意確保政治局中保守派的支持。

保守派提不出一套明確的戰略來取代改革，這幫了戈巴契夫的大忙。他可以理直氣壯地強調，蘇聯經濟狀況不佳，在一九七〇年代晚期到八〇年代初這段時間更是每況愈下。經濟成長放緩，預算赤字龐大，物資短缺，黑市發達，生產率低落，貪腐勒索猖獗，即使在社會

主義國家中也屬於生活水準低的。軍費開支倒是保持了一貫的水準，但代價是降低了人民的生活水準。戈巴契夫親眼見到農業部門積重難返，清楚意識到工業生產弊病叢生、嚴重缺乏投資，也知道國家外債正不斷增加。保守派也許不想改變，但一切照舊又解不開經濟的死結。因此，戈巴契夫推動改變就有了理據：除此之外別無他法。保守派從一開始就處於守勢。

外交政策也是一樣。戈巴契夫可以指出，蘇聯和美國在技術領域的差距日益加大。蘇聯試圖應對雷根總統一九八三年宣布的「星戰計畫」後，這個差距愈發明顯。蘇聯的反應一如既往，就是持續增加軍費。戈巴契夫起初也覺得蘇聯必須大幅增加軍費開支，好趕上美國，克服己方不足，尤其是資訊技術上的不足。不過，他很快意識到，應付這個問題還有另個辦法，那就是努力從根本上改變與美國的關係。他設想開展廣泛的裁減核武，這會讓美國人認識到他們耗資巨大的「星戰計畫」完全沒有必要。在蘇聯民用經濟已經壓力巨大時大幅增加國防預算，將嚴重影響人民的生活水準。面對這個明顯的問題，戈巴契夫成功地說服政治局試一試他的辦法。保守派反駁不了他的意見，只是抱著原來的政策不放，但實踐證明那些政策已經失敗，繼續下去只會讓情況變得更糟。此外，僅僅幾年前安德羅波夫還是國家安全委員會首腦時曾強調過，雷根此人做事衝動、不可預測，這也讓保守派擔心，害怕雷根會策劃突襲蘇聯。一九八三年，蘇聯情報部門把北約的一次軍事演習誤判為即將發動核子攻擊的跡象，讓政治局成員幾近驚慌失措。當時的形勢一觸即發，是自一九六二年古巴導彈危機以來最危險的局面，不過沒有公之於眾。最後，蘇聯人認識到在東歐部署SS-20導彈是個敗筆，除了費用高得離譜，達成的唯一結果是引來西方的報復，部署了性能更加優越、蘇聯無法有效防禦的潘興二型導彈。所以，保守的軍方當權派願意考慮改變過去的政策。保守派的

虛弱再次成為戈巴契夫的力量。

戈巴契夫除了利用自己的辯才和保守派的虛弱，也藉由加強自己在政治局和黨的其他領導機構中的地位來推動改革議程。政治局多數成員不像他那樣銳意改革，對他多有掣肘，但戈巴契夫還是很快調整了人事安排，加強了自己的力量，特別是在對外事務方面。他不起用保守派，從和他一樣曾追隨安德羅波夫的人當中提拔了一批贊成改革的人，包括為他幕後運作、確保他順利當選總書記的人。在這些人之中，雷日科夫（Nikolai Ryzhkov）奉命掌管經濟，擔任了部長會議的主席；安德羅波夫的組織部長利加喬夫（Yegor Ligachev）進了政治局，在書記處負責意識形態問題。戈巴契夫的一個重要盟友，支持激進改革的雅科夫列夫（Alexander Yakovlev）進了黨的書記處。喬治亞的黨領導人謝瓦納茲（Eduard Shevardnadze）和戈巴契夫一樣熱忱相信必須改革，被任命為外交部長，而死硬保守派葛羅米柯遭明升暗降，被晉升為最高蘇維埃主席團主席，也就是國家元首。雖然說雷日科夫和利加喬夫，還有斯維爾德洛夫斯克（後來改回了沙皇時代的名字葉卡捷琳堡）的黨領導人，現被任命為莫斯科市委第一書記的葉爾欽（Boris Yeltsin）後來都疏遠了戈巴契夫，站到了批評他的一方。然而在改革初期，他們是戈巴契夫的重要盟友，和他一起對抗消極抵抗任何改革努力的守舊者。在較低的級別，戈巴契夫也安插了支持改革的幹部。在布里茲涅夫政權僵滯不靈的表面下，一批受過良好教育的經濟管理人和技術專家已經認識到改變的必要性。他們和黨的中級幹部必須謹言慎行，但他們當中許多人都對改革主張持開放態度，只要上級帶頭，就會積極擁護。到了一九八六年中期，有三分之二的州黨委書記都換了新人。

最後，戈巴契夫的改革之路愈走愈徹底，是因為隨著他地位的鞏固，他自己關於改革的觀點發生了根本的變化。他原來是共產黨人，

後來變成了西式的社會民主黨人。他逐漸認識到，改革是不夠的。他在一九八八年即已看到，蘇聯的制度必須推翻重來。他在自己蛻變的過程中，還拉上了整個蘇聯領導層，有些人心甘情願地跟他走，有些人則徒勞地企圖踩下煞車，如同想阻止一輛失去控制的重型卡車。隨著改革加快，反對戈巴契夫的人愈來愈難阻擋改革進程，更無法逆轉進程。採用史達林在全國實行高壓的做法為時已晚。在此時此刻，執行嚴厲鎮壓比三〇年代要困難得多，蘇聯社會已經大異於昔。多數老百姓喜歡戈巴契夫推行的改革，在一九八五年到一九九〇年間，總書記深受人民愛戴。知識分子也非常支持他提出的激進建議（雖然地方黨政官員經常消極怠工）。

任何人都不可能把時鐘撥回昔日，恢復全面計畫經濟，那解決不了蘇聯嚴重的經濟問題。與此同時，蘇聯邊緣的非俄羅斯民族要求放鬆而不是收緊控制的壓力也在逐漸加大。所以，改革發展出了自身的動力。思想保守的沃羅特尼科夫[1]後來因自己被戈巴契夫說服而感到後悔，悲嘆說：「偽民主的火車開得飛快，我們無力阻擋。」他說得對。只要戈巴契夫是蘇聯的領導人，改變的壓力就無法阻擋。戈巴契夫自己也身不由己。對於改革該止步不前還是該更進一步的問題，他的回答不出所料，始終如一。據稱他說過：「我注定要向前走，只能向前走。如果後退，我就完了，事業也完了！」但是，「向前走」帶來的劇變不可阻擋地指向一個方向，也就是侵蝕乃至最終完全破壞蘇聯的國家權力結構。

戈巴契夫就任蘇共領導人時，蘇聯的問題無論多麼嚴重，本都能繼續維持多年。其實在當時及後來都曾有人提出，蘇聯可以學習中國

---

1 譯者注：沃羅特尼科夫（Vitaliy Vorotnikov），一九八八至一九九〇年間擔任俄羅斯最高蘇維埃主席團主席。

一九七九年在鄧小平領導下的成功做法，在開展經濟改革的同時繼續維持強有力的政治控制。他們說，這種先經濟後政治的改革路子可以使蘇聯千秋萬代永遠傳承。戈巴契夫對此不能苟同。他認為這是幼稚的觀點。在他看來，蘇聯的經濟改革若不伴隨重大的政治變革，就注定會失敗。（鄧小平顯然認為戈巴契夫不太明智。）正是因為蘇聯的結構性問題，戈巴契夫才能營造起不可阻擋的劇變之勢。不過，如果沒有戈巴契夫個人的全力投入，沒有他滿腔熱血一心改革蘇聯僵化的權力結構的願望，這個勢頭根本不會出現。堅定的改革意志是蘇聯、其衛星國乃至整個歐洲滄桑巨變中的「戈巴契夫因素」。

　　雖然戈巴契夫在擔任總書記的初期似乎集中精力於經濟改革，但是連續數月都是說得多、做得少。其實他起初是想在布里茲涅夫確定的戰略框架內推動進步，這在很大程度上是為了安撫幾乎完全由保守派組成的政治局。戈巴契夫在當選為總書記後的首次談話中說，他的政策是「加速國家的社會經濟發展，爭取我們社會生活各方面的改善。」這個意圖聲明模糊得出奇。雖然戈巴契夫堅信蘇聯急需改革，但是他沒有明確的計畫。他連保守派都說服了，使他們認識到必須下放經濟管理權。但是，實現這個目標應採取哪些具體步驟，如何推行改變，如何把意圖聲明變為現實，卻完全是另一回事。戈巴契夫是在政治雷區中行走。他迫不及待一心求變，但是改變不可能一蹴而就。在改革進程站穩腳跟並加速開展之前，需要花上數月的時間加緊說服工作，把頑固分子換成願意改革的幹部，還要大手筆營造改變的氣氛。在這期間，戈巴契夫本人也在不斷學習、不斷改變。他逐漸增強了開展激進改革的信心，同時也身不由己地捲入了他自己掀起的改革大潮。

　　戈巴契夫很快認識到，重大的經濟改革必須在政治改革之後才能實現，不能先經濟後政治。因此，他不失時機地開始推動政治改革。

政治改革起初是後來經濟社會改革的平台，但慢慢地自身成了目標。戈巴契夫後來承認：「在激烈的政治鬥爭中，我們忽視了經濟。」

　　一九八五年夏天，戈巴契夫走遍蘇聯各地，眼中所見更加深了他對國家經濟的嚴重憂慮。但是，真正使他從心底受到震動，使他更加堅信有限的改革和行政調整遠不足以根治國家沉痾的，是一九八六年四月二十六日發生在烏克蘭基輔以北約一百公里的車諾比（Chernobyl）的可怕核災。車諾比核電廠的一個核反應爐發生過熱，導致了災難性的大爆炸。爆炸產生的放射性原子塵比一九四五年八月夷平了廣島和長崎兩個城市的原子彈造成的原子塵嚴重得多，順著大風吹到了東歐、中歐和北歐的廣大地區。車諾比事件使數百萬人暴露在輻射影響之下，它不僅是蘇聯的災難，而且立即成為國際災難。此事對西歐國家的反核和環保運動產生了重大影響。

　　對處在爆炸中心區的烏克蘭人來說，這是一場不折不扣的大災難。但是，由於當局起初並未向當地人民通報事故的確切情況，所以人們沒有立即認識到災難的規模和性質。在爆炸後救火行動中殉職的一位消防隊員懷孕的妻子是災難的目擊者，她如此描述當時混亂恐怖的場面：

　　　　火焰竄得老高。到處都是黑灰，灼熱逼人……他們打退了火頭，但火勢又一點點重新燃起……他們沒有穿消防服，只穿著平常的襯衫就來了。沒人警告他們。只說叫他們來撲滅一場普通的火……他求我說：「走吧！保住孩子！」……到處都是軍人……沒人提到輻射這回事。只有軍人戴著防毒面具……收音機裡宣布說：「全鎮的人都要撤離三到五天。帶好暖和的衣服和運動服。你們要在森林裡搭帳篷。」……

　　至少有二十人當場死亡。後來死於核爆炸的據估計多達數萬人。因為暴露在高度輻射下而導致的健康問題持續多年。大氣層和土壤都被汙染。那個地區變得無法居住。約十三‧五萬人被迫移居他鄉。

　　在戈巴契夫看來，這次災難不僅代表了技術的過時，而且揭露了「舊制度的失敗」。他後來說：「車諾比揭露了我們整個制度的眾多弊病。」辦事無能、試圖壓下重要訊息、瞞報壞消息、不負責任、漫不經心、普遍酗酒、決策失誤──這一切更加「令人信服地說明應當進行徹底改革……我們必須推進改革。」

　　不久後，又一個俄語詞進入了國際語彙：glasnost，意思是「透明」或「公開性」。這是戈巴契夫策略的一個重要組成部分，他希望刺激關於改革的公共辯論，為改革爭取更多的民心，使改革進程不可逆轉。他所說的開放不是要引進無限的言論自由或新聞自由，更不是要實行西式自由民主。但儘管如此，這樣的舉措在蘇聯仍極不尋常，其後果無法估量。一九八六年十二月，戈巴契夫從流放地高爾基市召回蘇聯最著名的政治異議者，原子物理學家沙卡洛夫，此事象徵著針對非正統意見的鎮壓從此不再。

　　次年，戈巴契夫的改革思想進一步發展。他一九八七年六月提出的《國有企業法》草案設想工作場所的管理人由選舉產生，實現一定的生產權力下放，允許服務業和工業中小型私營部門的存在，最後這條類似於二〇年代列寧的新經濟政策。不出兩年，新生的私營部門大幅擴張，雖然規模仍然較小。量體龐大得多的國營部門開始允許解雇工人、關閉虧損的公司。另一個脫離國家計畫經濟的舉措是允許私人租賃土地，甚至是公有的工廠，租期最高五十年。同時，戈巴契夫於一九八七年十一月要求建立法治和新的政治文化，以之作為蘇聯社會的基礎。他還要制定建立在與他國「共同的人性價值觀」基礎之上的外交政策，這一令人震驚的主張完全脫離了以階級為基礎的列寧主義

意識形態。

　　戈巴契夫成功勸說其他政治局成員接受了對蘇聯國際事務政策的改變，使他們認識到結束核武軍備競賽直接有利於蘇聯。按照這一新政策，他不失時機地跟雷根總統會面，以圖達成協議。戈巴契夫尚未就任，就在訪問英國期間發動了「魅力攻勢」，給雷根的首要盟友柴契爾留下了好印象。戈巴契夫明知她強烈反共，仍然認為她是「向華盛頓傳遞訊息的最佳捷徑」。一九八四年十二月十六日，戈巴契夫和夫人蕾莎（Raisa）在英國首相的鄉間別墅契克斯莊園與柴契爾共進午餐時，開口第一句話就向柴契爾保證說，他「並非奉政治局的指示，來勸您加入共產黨」。柴契爾聽了這個笑話後明顯放鬆下來。後來，柴契爾用一位顧問的話說：「我喜歡戈巴契夫先生。我倆可以做交易。」

　　戈巴契夫和雷根一九八五年十一月在日內瓦會面，兩人也頗為投緣。在一九八六年十月十一至十二日在冰島雷克雅維克（Reykjavik）舉行的第二次美蘇峰會上，戈巴契夫主動提議把雙方的戰略核子武器庫削減百分之五十，這讓雷根措手不及。美方對此表示猶豫後，戈巴契夫又提議完全清除歐洲的中程導彈。雷根拒絕考慮限制有關「星戰計畫」的實驗，戈巴契夫的提議因此作廢。一九八七年十二月七日到十日的第三次峰會成就較大。這次戈巴契夫和雷根簽署了《中程導彈條約》。在該條約中，蘇聯和美國承諾銷毀所有射程在五百到五千五百公里的陸基導彈。一九八八年五月二十九日到六月三日，戈巴契夫和雷根再次會晤，這回是在莫斯科。他們討論了人權和蘇聯從阿富汗撤軍的問題。蘇聯已於四月宣布撤出阿富汗，戈巴契夫給這場蘇聯的「越戰」畫上了句點。可能最重要的是，此次峰會反映了兩個超級大國之間的關係大為改善這個大氛圍的變化。對此，戈巴契夫跟雷根的投緣，以及戈巴契夫為了降低核子衝突危險而採取的大膽舉措，可說

功不可沒。

一九八八年十二月七日，戈巴契夫在對聯合國大會的談話中宣布，他將單方面裁軍五十萬，到一九九一年，將從東德、捷克斯洛伐克和匈牙利撤回六個裝甲師。他說，建立和平的世界是人類的「共同目標」。他的談話中隻字未提階級鬥爭。戈巴契夫在背棄馬克思列寧主義的信條。他在短短的時間內變得大異於前。

與此同時，蘇聯的各種問題愈演愈烈，令人擔憂。開放使人們得以公開發表牢騷不滿，特別是控訴地方官員的腐敗。政府宣傳也痛批貪官汙吏。在俄羅斯以外的加盟共和國中，這種控訴很容易摻雜民族因素，表現為對俄羅斯官員的不滿，將他們視為越過當地人得到拔擢的外來者。哈薩克和亞塞拜然發生了民族騷亂。拉脫維亞、立陶宛和愛沙尼亞這三個波羅的海共和國升高向莫斯科要求自治權的民族分裂情緒，更是不祥之兆。戈巴契夫打開了潘朵拉的盒子，就再也蓋不回去了。

一九八八年歲末，經濟顯然出了大問題。戈巴契夫的改革不僅沒有帶來改善，反而加劇了困難。所有指數都顯示經濟正急劇惡化。蘇聯的財政赤字大幅增加，令人驚心。搖搖欲墜的預算靠稅收支撐，而稅收的一大部分來自伏特加的銷售。石油和天然氣這類商品的出口收入尤其在下降。蘇聯如此地大物博、資源豐富，卻不得不動用一大部分靠出口西方換來的強勢貨幣來進口食物，實屬怪事。一九八八年年底，包括肉類和食糖在內的主要食材普遍實行了配給。醫院報告說藥品短缺。不到一年，牛奶、茶、咖啡、肥皂、肉類這些日常商品都從商店貨架上消失了。不出所料，無數普通百姓憤怒不已。多處爆發罷工。就在經濟危機加重、民怨沸騰之時，預定的選舉到來了。

一九八九年三月的蘇聯人民代表大會選舉是蘇聯歷史上第一次自由選舉（這個新設機構共有二千二百五十名代表，取代最高蘇維埃成

為蘇聯的最高立法機構），其結果造成轟動。這場選舉不是西方民主政體下的多黨選舉，因為候選人必須是共產黨員。然而，它與以往不同的新穎之處在於可以由幾位候選人競爭一個代表席位。這是為了安撫保守派而做出的妥協，既維護一黨制，又給人民一定的選擇自由。儘管這個安排並非完美，但它是向著民主邁出的重要一步。引起轟動的是，黨支持的候選人中，有五分之一遭到選民拒絕。蘇聯最大的城市中，包括莫斯科、列寧格勒和基輔，黨支持的候選人全部敗北。在莫斯科，黨的機器全部動員起來反對（一九八七年從政治局辭職的）葉爾欽，他卻贏得了近九成的選票。

　　這是共產黨自一九一八年以來敗得最慘的一次選舉，打開了通往進一步政治動盪之路。人民代表大會中約三百名代表強烈要求擴大民主化、實現更徹底的變革，葉爾欽是突出的一個。與此同時，波羅的海的加盟共和國要求自治的呼聲日益強烈，喬治亞支持民族獨立的抗議活動鬧出了人命。高加索地區的反叛情緒和族裔衝突引發了動亂和暴力，反映出非俄羅斯共和國與蘇聯的連結已是千瘡百孔。這一切都是在經濟危機不斷加劇的背景下展開的。直到一九九〇年夏，戈巴契夫依然是眾望所歸。然而，他的聲望和權力都到了頂點，很快就開始走下坡路。

　　對戈巴契夫本人來說，箭在弦上已不得不發。原來的漸進式改良開始明顯地轉變為革命性變革。蘇聯的崩塌影響到的不僅是它自己，也不可避免地對蘇聯勢力範圍內的東歐衛星國產生了巨大影響。

改變之勢

　　「戈巴契夫因素」在蘇聯陣營的崩塌過程中到底有多重要？要回答這個問題，不能不考慮使社會主義國家深受其害的嚴重的結構性弱

點。它再次提出了一個解讀歷史的中心問題：個人力量在促成重大歷史變革中的作用有多重要？這種作用本身在多大程度上受結構因素的左右？

一九七〇年代的兩次石油危機後，每一個蘇聯衛星國的結構問題都有所加深（見第七章）。蘇聯陣營與西方經濟體在經濟成長水準上的差距有增無減。到了八〇年代中期，東歐國家的負債來到了令人驚心的水準。它們強勢貨幣收入的一大部分都用來償還欠西方銀行的債，所以擺脫欠債的惡性循環幾乎不可能。戈巴契夫的顧問告訴他，東歐是蘇聯的經濟負擔，不是戰略必需。

羅馬尼亞就顯示了，走出國家欠債的困境並非完全不可能，但羅馬尼亞走的路極為艱難。一九八二年，作為同意羅馬尼亞暫緩償還所欠巨額（並仍在增加的）債務的前提，國際貨幣基金組織提出了一系列嚴苛的條件。作為回應，西奧塞古採取了極端的辦法，在極短的時間內全數還清債務。一九八九年，羅馬尼亞做到了無債一身輕，但它做到這點靠的是大砍大削消費開支。這樣的削減，包括把人民的卡路里攝取量減少百分之十五之多的「合理飲食方案」，使得百姓生活苦不堪言。進口劇減，導致最基本的食品長期短缺。一九八五年的用電量降至一九七九年的五分之一。一九八七年冬天，布加勒斯特居民每天只有兩小時能用上天然氣。

羅馬尼亞人民在忍飢受凍，西奧塞古卻愈來愈像現代的尼祿，和他的妻子埃列娜（Elena）過著窮奢極侈的生活，在一片歌功頌德聲中揚揚自得。羅馬尼亞對他個人崇拜之諂媚、荒誕，即使在專制政權中都屬罕見。西奧塞古無疑非常自大，他用了巨額資金來修建宏大華麗的面子工程。布加勒斯特約四萬居民被趕出居所，以便騰出地方建造與史達林時期最鋪張的建築風格不相上下的「共和宮」。一九八八年，西奧塞古宣布了一項計畫，要毀掉八千個村莊來建設「農工業集合

體」，不肯拆毀自己房屋的村民得不到補償。他還要「羅馬尼亞化」匈牙利少數族裔。避孕和人工流產被禁，結婚年齡降至十五歲，這些措施對婦女危害最重。成千上萬貧困家庭的孩子被強行送進孤兒院。

西奧塞古政權實在令人髮指。統治階層裙帶關係氾濫、腐敗透頂。令人畏懼的國家安全組織「安全局」（據估計有二萬四千名成員）實行嚴厲鎮壓，還有由可能多達數十萬的告密者組成的巨大監視網絡當幫凶。無論政權實際上多麼不得人心，安全局的鎮壓都能確保不會出現明目張膽的反對。即使私下裡對政府持批評態度的羅馬尼亞人也想不出任何擺脫西奧塞古統治的辦法。但是，無論羅馬尼亞版本的共產主義有何具體特點，都躲避不了開始吹向整個蘇東地區的變革之風。

羅馬尼亞的暴君式統治明顯不同於社會主義陣營的其他國家。雖然羅馬尼亞是華約組織成員國，但是自從一九六八年八月捷克斯洛伐克遭到占領以後，西奧塞古就愈來愈自行其是。他與蘇聯拉開距離，發展出了羅馬尼亞形式的共產主義，因此造成了華約組織內部的裂痕。為此，西方國家爭相接近這個令人憎惡的強權統治者。一九七八年，西奧塞古甚至應邀到英國進行國事訪問，並跟伊莉莎白二世女王共進餐宴。羅馬尼亞需要蘇聯的經濟援助，所以西奧塞古曾向戈巴契夫示好，但是他們二人不可能志同道合。事實上，他們一九八七年五月會面時，戈巴契夫就對羅馬尼亞發出了強烈批評。羅馬尼亞和蘇聯的分歧勢將愈來愈大。戈巴契夫愈是明確表示他對華約各國內部改變的激進態度，西奧塞古在羅馬尼亞的絕對統治就愈陷於險境。

其他華約國家對戈巴契夫改革的態度也各不相同，彼此間涇渭分明。一貫堅定忠於莫斯科的保加利亞、東德、捷克斯洛伐克的政權，會對蘇聯正在發生的變化不以為然、擔心憂慮、惶恐不安。它們抵制戈巴契夫營造出的新氛圍，也就等同是在捍衛自己國內的權力結構，

而那是它們的權威基礎。

　　日夫科夫自一九五四年起擔任保加利亞共產黨領導人，一九七一年七月又兼任國家元首，此時戀棧不去，他不可能讚許戈巴契夫在蘇聯搞的改革。一九八二年，他曾努力振興疲軟的經濟，特別是改善消費品供應，但未能成功。蘇聯由於石油出口收入下降，減少了對保加利亞（和其他東歐衛星國）的石油供應，致使保加利亞的經濟問題更加惡化。戈巴契夫後來說，保加利亞的經濟全靠外國資本的「人工呼吸」來維持。面對急速膨脹的外債和據信「瀕於心臟病發作」的經濟，日夫科夫為轉移公眾注意力，加深了對占人口一成左右的土耳其少數族裔的歧視。隨著蘇聯「改革」的進展，保加利亞與莫斯科的關係日漸緊張。一九八六至一九八八年間，日夫科夫三心二意地推行了「保加利亞改革」，做了些表面工夫。一九八七年，戈巴契夫（至少在表面上）甚至批評日夫科夫採取的路線，可能危及共產黨在保加利亞的權力壟斷，說他起用的顧問都是贊同靠攏西方的人。但是，日夫科夫的姿態有很大的虛偽成分，他根本無意削弱、更遑論放棄自己手中把持的權力。一九八七年，保加利亞共產黨中央政治局明確拒絕了改革，稱其不適合保加利亞。

　　自一九七一年以來領導東德的何內克也是一樣。東德靠著從西德獲得的貸款、進入西柏林運輸通道的過路費，以及從西柏林穿越柏林圍牆進入東柏林的入境費，維持了過得去的生活標準。雖說東德跟西歐國家還是相距甚遠，但在東方陣營裡算是生活水準高的。不過，在東德官方樂觀的表面下也存在著經濟下滑和國家債務激增的問題。政治異議比數年前更加普遍。雖然當局限制公共辯論，國家專政力量懲罰的威脅無時不在，但是政治異議仍然反映了和平運動之中。東德的和平運動和西德的一樣，其促成因素是「第二次冷戰」升級導致在德國部署核武。一九八六年，據估計東德就有二百個和平團體。在

明確反對核武，激起民眾，特別是年輕人對環境破壞的強烈不滿方面，新教神職人員也發揮了重大作用。不過這些都威脅不到政權的穩定，而政權為求壓制民眾公開表示出的不滿，從來不惜訴諸強大的武力。何內克認為沒有必要改弦更張。不出所料，東德不歡迎戈巴契夫用來在蘇聯掃除灰塵的新掃帚。蘇聯的改革開始被誤以為不過是表面文章，完全沒有必要在東德如法炮製。一九八七年一月，何內克明確表示改革之路不適合東德。東德首席思想理論家哈格（Kurt Hager）說：「我的鄰居決定更換牆上的壁紙，但並不代表我也得更著換。」此言代表了東德的立場。

在捷克斯洛伐克，戈巴契夫的出現造成了政權與民眾中很多人（特別是知識分子）之間的巨大裂痕，遠甚於東德或保加利亞（羅馬尼亞就更不用說）。其實，裂痕自一九六八年八月布拉格之春被鎮壓之後就從未彌合，雖然表面上看不出來。自那以後，用史家賈頓艾許恰當的比喻來說，捷克斯洛伐克如同「一個永遠覆蓋在厚厚冰層之下的湖」。冰層下面仍有活動。商店裡貨品相對豐富，大部分人也就心滿意足。然而，到了八〇年代中期，經濟成長陷入停滯，國家債務愈來愈多，經濟前景令人沮喪。政治穩定一直是靠許多人的表面服從、無情的鎮壓和對少數持不同政見者的嚴密監視來維護的。但是，迫害沒能完全壓制異議。事實上，《七七憲章》簽署人的目標不是起來反對政府，而是拒絕沉默，保持不同聲音。到八〇年代中期，簽署《七七憲章》的人數從最初的二百四十人增加到一千二百人。數百份非法刊物在國內外傳播，愈傳愈廣，雖然讀者群仍然不大。

支持《七七憲章》的人和捷克斯洛伐克的許多其他公民都把戈巴契夫視為一股清風，歡欣鼓舞蘇聯開始出現的改變跡象。戈巴契夫一九八七年四月訪問布拉格時，受到了約五萬民眾的熱烈歡迎。對自布拉格之春以來擔任捷克斯洛伐克領導人的胡薩克以及領導層的其他成

員來說，這個現象讓他們十分擔憂，因為它猶如一九六八年的翻版。他們對戈巴契夫的改革方案不冷不熱地表示了支持，但戈巴契夫非常清楚，他們對任何可能削弱權力的改變都會堅決反對。胡薩克一九八七年十二月辭去了黨領導人的職務，仍留任國家元首。但是，關於胡薩克辭職將帶來實質性改變的任何希望也很快就歸於破滅。接任的雅克什（Miloš Jakeš）也是強硬派。

　　保加利亞、東德和捷克斯洛伐克對戈巴契夫改革的立場，跟波蘭和匈牙利形成了鮮明對比。後兩個國家早在五〇年代就是衛星國裡最不聽話的。一九五六年十一月，蘇聯野蠻干預了匈牙利內政，又威脅對波蘭採取類似行動，迫使它們兩國無奈屈服。但是，兩國的共產黨一方面聽從莫斯科的號令，另一方面在施政中並不完全遵守莫斯科的路線，一直在兩者間走鋼絲。特別是匈牙利，它「馬鈴薯燉牛肉式的共產主義」部分偏離了計畫經濟的嚴格限制。而在波蘭，七〇年代末不斷加重的騷亂催生了獨立的「團結工會」，自由化跡象冒頭，直到一九八一年十二月政府下令戒嚴將其扼殺。

　　在制度強加的一致性的表面下，波蘭和匈牙利都已出現了某種形式的「公民社會」。私下裡思想知識層面的討論非常火熱。獨立的協會、討論小組和刊物在兩國都獲得了支持。一九八〇年代期間，這類組織在匈牙利如雨後春筍般大量湧現，多達數千個。波蘭的情況則有過之而無不及。民主反對派日益壯大，不像在匈牙利那樣中堅力量只限於知識界。一九八一年十二月實行軍事管制後，工人對團結工會的支持遭到鎮壓，卻遠未被摧毀。儘管數千人因參加罷工、示威、分發非法刊物和其他形式的公民騷動遭到逮捕，但反對活動仍在持續中（部分資金來自美國中情局）。天主教會在意識形態上成為政府的對立面，它具有強大的合法性，萬眾歸心，可以取代國家成為民眾內心的寄託。

　　波蘭一些勇敢的知識分子不畏鎮壓，繼續直抒觀點，指出「黨剝奪了它自己治國的授權，誰也無法改變這種情形。」持不同政見的作家米奇尼克（Adam Michnik）一九八二年在拘留營中引用（三十年前與共產黨政權決裂，去西方尋求庇護的）小說家兼詩人米沃什（Czesław Miłosz）的話，說要形成把壓制一掃而光的雪崩，「有賴於滾落的石子翻個身」。米奇尼克補充說：「你要做那塊扭轉事態發展方向的石頭。」

　　在波匈兩國，戈巴契夫的出現使鼓吹改革的反對派獲得了合法性，也沉重打擊了已經遭到削弱的政權。兩國變革的軌跡不同。在匈牙利，驅動改革的力量主要來自上層，來自共產黨內部；而在波蘭，政權領導層採取行動是迫於下層的壓力，壓力來自以團結工會為代表的要求改革的群眾運動。形成兩國改革力量的原因均為日益嚴重的結構問題。不過，是莫斯科吹來的新風把改革趨勢變成了日益壯大、最終勢不可當的壓力，推動了政權的更迭。

　　長期以來，匈牙利一直毫不動搖地忠於莫斯科和華約組織，換取蘇聯容許它在國內放鬆經濟管制和思想箝制。一旦戈巴契夫在蘇聯確立了權力，這個辦法即不再必要，也不再適用。自八〇年代中期起，匈牙利的經濟問題開始惡化。一九八七年，它的國家負債在蘇聯陣營中居首，政府民望因之下降。黨內改革派因莫斯科的事態發展倍感振奮，認為推動空前徹底改革的機會來了。一九五六年暴動後執掌大權的卡達爾擔任黨的領導人已有三十年，他一直謹慎地帶領匈牙利進行內部改革。但是，大氛圍發生變化後，他對戈巴契夫推動迅速改革可能帶來的危險深感擔憂。卡達爾的健康狀況惡化給積極擁抱改變的人很好的藉口，這些人在一九八八年五月逼他辭去黨總書記的職務，把他「捧上」了黨主席這個純儀式性的新創職位。接替卡達爾成為黨領導人的格羅斯（Károly Grósz）一九八七年六月已經擔任了政府首

腦。格羅斯是務實保守派，支持開放型經濟改革，但也贊成維持共產黨的權力壟斷。他在位時間不長，一九八八年十一月把政府首腦的位子讓給了內梅克（Miklós Németh）。志在改革的內閣支持內梅克，宣布需要建立多黨制。

數月前，反政府團體已公開提出實現政治多元化和新聞自由的訴求。一九八七年九月到一九八八年三月之間，人們組成了若干個組織，如「匈牙利民主論壇」、「自由倡議網絡」和「青年民主主義者聯盟」。這些組織各有側重，但都拒絕一黨制，贊成政治多元化、經濟市場化，主張公開追求國家利益。改變的步伐開始加快。十一月，在「自由倡議網絡」的基礎上成立了名為「自由民主主義者聯盟」的政黨。一些本已不復存在的戰前政黨又起死回生：獨立小農黨於一九八八年十一月重新組建，社會民主黨則是在一九八九年一月復活。一九八八年十二月，匈牙利又建立了一個獨立工會組織（雖然只吸引到少數工人的支持）。不久後，基督教民主人民黨於一九八九年三月成立。至此，掌權的共產黨已經承認，一九五六年的事件是一場真正爭取獨立的抗爭，是「反抗玷汙了國家的寡頭統治的人民起義」。這一表態具有重要的象徵意義。幾週前的一九八九年一月，議會也通過法令，決定匈牙利將成為多黨國家，邁出了合法化現狀的重要一步，共產黨也正式接受了自己一黨專政的完結。匈牙利革命遠未完成，但時至一九八九年的頭幾個月，革命勢頭已不可阻擋。

波蘭想學匈牙利實行有限的市場經濟，卻沒能成功。它欠西方的債務愈來愈多，通貨膨脹居高不下，生活水準在一九八〇年代初出現下降。八〇年代中期，迅速惡化的經濟狀況迫使賈魯塞斯基將軍的政權尋求與團結工會達成某種和解。促使政府妥協的還有一個重要事件：一九八四年十月，國家安全警察劫持並殺害了三十七歲的波比耶烏什科（Jerzy Popiełuszko）。波比耶烏什科是天主教神父，公開支持

工會反對政府，因此成了政府的眼中釘。他遇害後，民眾的怒潮席捲全國，使反對派力量大增，使政權如芒刺在背。據估計，有二十五萬波蘭人，包括團結工會領導人華勒沙，參加了十一月三日為波比耶烏什科神父舉行的葬禮。葬禮之後的一段時間看似平靜，但表面下翻滾著憤懣的情緒，形勢持續緊張。警察國家的觸角仍和史達林主義高峰期一樣無遠弗屆。然而，波蘭當局認識到必須向民意讓步。一九八五年十一月，波蘭當局部分赦免了團結工會的成員，一九八六年七月又宣布大赦自一九八一年以來被捕的所有政治犯（戒嚴已在一九八三年七月正式解除）。為團結工會大聲疾呼的國際知名知識分子米奇尼克也在獲釋之列。然而，政治形勢只是暫時部分穩定下來。

另方面，波蘭人的生活條件繼續惡化。一九八六年初，政府被迫延長每週工時，提高食品價格。根據當局的調查顯示，民眾對政府的信任跌至一九五〇年代以來的最低點。國家領導層盡力拖延時間，希望透過引進激進的經濟改革來實現對私人企業前所未有的開放，以此維護共產黨的統治。然而，一九八七年十一月底舉行的公民投票顯示，民眾並不熱切關心改革，民眾深切的不滿全部集中在政府提高物價上頭。政府正迅速失去事態的控制力。

一九八八年春夏時分，漲價引起的騷亂導致格但斯克列寧造船廠和礦區的又一波罷工潮，這促使政府在八月同它所謂的「建設性反對派」展開談判。團結工會的支持者內部出現了分歧：一部分人贊成跟政府談判，其他人的態度則更為激進。在這個關頭，內部分裂削弱了團結工會的力量，夏天的罷工參加者不多就是證明。力量不足使得團結工會傾向於跟政府妥協。在政府這邊，它邀請華勒沙以「私人」身分與官方工會領導人米奧多維奇（Alfred Miodowicz）舉行電視辯論，結果華勒沙輕而易舉地大獲全勝，使政府顏面盡失。經過這次媒體上的慘敗，政府才又願意與華勒沙這位團結工會領導人談判。

一九八八年十二月十八日，華勒沙建立了團結工會的公民委員會來向政府施壓，要求實現民主化。賈魯塞斯基知道，要讓國家走向穩定需要政府跟團結工會達成新的諒解基礎（戈巴契夫支持他這樣做）。於是，一九八九年一月，賈魯塞斯基以辭職為要脅，迫使政府同意重新承認團結工會為合法團體，這也為二月開始的正式圓桌談判鋪平了道路。到了這個時候，內政部長基什恰克（Czesław Kiszczak）還在電視上對波蘭人民說：「社會主義將繼續是我們的政府制度。」作為回應，華勒沙宣布：「一黨對人民實行政治和社會壟斷的時代即將結束。」圓桌談判四月結束時，雙方達成協議，同意六月舉行選舉，下議院百分之三十五的席位將分配給獨立候選人。新創立的、不那麼重要的上議院的成員將完全經自由選舉產生。總統這個國家元首的職位還被恢復了，當時各方都認為，這個位子一定是賈魯塞斯基的（他一直擔任波蘭國務委員會主席）。但即使到了這個時候，政府還自得地以為達成的這筆交易能確保共產黨繼續掌控國家。不過事實很快證明這又是個誤判，到了一九八九年春，民主變革的大潮已經洶湧澎湃，難以逆轉。

賈魯塞斯基將軍一直強烈支持戈巴契夫的改革。戈巴契夫甚至承認，波蘭即使在一九八一年實行軍事管制之後，向著經濟改革邁出的步伐也比蘇聯快得多。賈魯塞斯基和戈巴契夫一樣，認為改革是必須的，但要在現有制度內進行，目的應該是維護共產黨統治，而不是摧毀它。賈魯塞斯基也和戈巴契夫一樣，未能預見到實質性改革給現存制度帶來的無法挽回的破壞。然而，他和戈巴契夫不一樣的是，戈巴契夫的目標隨著改革日益極端化與時俱進，賈魯塞斯基則是萬般無奈才接受強加給他和波蘭政權的政治變化。

戈巴契夫一九八五年三月掌權時，蘇聯陣營所有國家的結構危機均已明顯可見。問題的根源在於各衛星國在體制內無法克服不斷惡化

的經濟條件，結果發展為政權合法性的危機。各國的應對方法有所不同，多數國家（像保加利亞）試圖盡量維持老樣子，其他國家（特別是波蘭和匈牙利）願意改革，但仍然試圖維持共產黨統治的本質。與此同時，體制內的變革壓力大為增加，匈牙利和波蘭尤其如此，在知識界以及被壓制的波蘭團結工會運動的一部分人中，出現了實現更大的政治和經濟自由化的激進要求，威脅到了共產黨的權力壟斷。

然而，後來的事態發展很容易使人誤以為共產主義國家的崩潰早已不可避免。戈巴契夫一九八五年三月在莫斯科上台時，蘇聯陣營無論內部問題多麼嚴重，都離崩潰遠得很。針對衛星國發生的麻煩，早先的蘇聯領導人很可能會做出完全不同的反應。畢竟，蘇聯面對一九五三年的東德、一九五六年的匈牙利和一九六八年的捷克斯洛伐克，都用了鐵拳回擊。對於可能會動搖整個體制根基的威脅，無論發生在何處，莫斯科都十分警惕。鎮壓了布拉格之春後，蘇聯隨即出現「布里茲涅夫主義」，儘管官方從未正式宣布過。布里茲涅夫主義為蘇聯干預確定了意識形態基礎，聲稱「在多個國家組成的社會主義聯盟中，任何一個社會主義國家均須服從聯盟的共同利益。」換言之，為了社會主義國家的共同利益，有理由透過軍事干預來鎮壓任何針對該利益的威脅。

一九八〇年代初，蘇聯衛星國的領導人依然時刻擔心軍事干預隱含的威脅。他們無法確知蘇聯領導層是否放棄了干預戰略。也有人恰恰因為存在著蘇聯干預的可能性而感到心安。賈魯塞斯基將軍後來說，他一九八一年十二月之所以宣布實行軍事管制，就是為了避免蘇聯干預（但蘇聯政治局會議的紀錄顯示，時任國家安全委員會領導人的安德羅波夫說，哪怕團結工會在波蘭贏得了政權，蘇聯也不會干預。他還說服了布里茲涅夫按兵不動）。因此，戈巴契夫宣布放棄布里茲涅夫主義，絕對是至關重要的。

　　一九八五年三月，華約成員國領導人參加了契爾年科的葬禮後，在克里姆林宮開了個短會，新任總書記戈巴契夫在會上告訴與會者，今後蘇聯在與各國的關係中將尊重對方的主權和獨立。大家聽後半信半疑，這完全可以理解。各衛星國面對蘇聯干預的恐懼的消退，是個緩慢的過程。一個月後，戈巴契夫在波蘭的一次華約國家領導人會議上又重複了這個訊息。「我們不要強迫別人，讓每個國家自己決定該怎麼做。」他私下說的這句話廣為流傳。然而，波蘭觀察家沒有看到任何預示後來事態發展的跡象。戈巴契夫來訪的儀式與過去幾十年並無不同。一九八六年十一月，戈巴契夫在莫斯科正式告訴東歐各國領導人，布里茲涅夫主義已成過去。一九八七年四月，他在布拉格宣布，蘇聯接受每一個社會主義國家根據國家利益決定本國未來的權利。次年，戈巴契夫再次明確說明，蘇聯陣營內的國家有「選擇的權利」。後來，蘇聯外交部發言人格拉西莫夫（Gennady Gerasimov）風趣地說，「布里茲涅夫主義」改成了「辛納屈主義」（Sinatra doctrine），意思是讓東歐人用他們自己的辦法。

　　蘇聯在東歐將不再動用軍事力量。各衛星國的領導人必須明白，如果他們不能滿足人民的要求，別指望蘇聯會出手搭救。但他們並不熱中於把這個訊息傳達給本國人民，因為他們的權力之所以穩固，靠的就是人民仍然以為蘇聯隨時可能出手干預。一九八八年六月戈巴契夫在華沙時，一位波蘭知識分子要求他公開宣布放棄布里茲涅夫主義，但他並未這樣做。老百姓只是慢慢地才明白過來。一九八九年期間，當人民意識到布里茲涅夫主義已成過去的時候，現有政權的統治即大限將至。

　　戈巴契夫對蘇聯與東歐衛星國的關係採取了全新的態度，不再把不惜一切代價維持控制衛星國，當作絕對優先的考量。這個態度起了決定性作用，為這些國家和平實現獨立、引進多元民主鋪平了道路。

一九八五年三月戈巴契夫當選為蘇聯共產黨總書記時，誰也沒有想到東歐社會主義國家不出五年就會垮台，就連比普通大眾對東歐國家結構性危機了解得多的專家也始料未及。一九八六年十月，戈巴契夫擔任蘇聯領導人已有一年半多，著名中歐問題專家賈頓艾許談到哈維爾提出的建立「一個民主的歐洲，一個由自由獨立的國家組成的友好共同體」的長期理想時評論說：「我們很難對它提出異議，但更難想像它能夠實現。」遲至一九八九年一月，賈頓艾許還對能否克服歐洲的分裂問題深感懷疑。但自那以後，整個蘇聯陣營不僅是經濟上，而且是政治上的危機開始一發而不可收拾。

對於蘇聯乃至整個東歐的戲劇性變化，戈巴契夫個人的作用無出其右。馬克思曾說過，人們自己創造自己的歷史，但是要在過去承繼下來的條件下創造（也許還應當加上：其後果他們無法預料），戈巴契夫就是個典型的例子。毋庸置疑，戈巴契夫之所以能夠為其所為，是因為東歐的結構性問題十分嚴重。當然，和蘇聯一樣，東歐每個國家都有改革派支持戈巴契夫，力推激烈變革，有些國家的改革派比別的國家更多。但是，若不是戈巴契夫無懼艱難，堅定不移地支持改革，歷史也許會完全不同。至於會如何不同，我們不得而知。也許蘇聯制度在某個節點會自行崩塌，但是這種事即便發生，也可能是在多年以後，客觀條件也會迥然不同。崩潰來得如此之快，如此無法挽回，造成的暴力和流血如此之少，這在很大程度上要歸因於戈巴契夫個人的作用。

一切如舊

西歐沒有多少人充分了解正在撼動東歐根基的巨變，只有知識界人士密切注意鐵幕那邊國家的事態發展。然而，西方任何對世界事務

稍加留心的人都很快熟悉了「戈巴契夫」這個名字。不久之後，這位蘇聯領導人在西歐的聲望就超過了他在國內的聲望。他受到歡迎的部分原因是他開展的改革將為東歐和蘇聯人民帶來更大的自由，但是最主要的原因應該是他帶來了希望。冷戰有望結束，核子滅絕威脅這把懸在全世界頭上達四十年之久的達摩克利斯之劍，終於有望去除。

戈巴契夫上任頭幾年與西方領導人（除雷根以外的歐洲領導人）的會晤，為他節節升高的聲望打下了基礎。他和柴契爾雖然是意識形態上的兩極，但仍舊維持了他們首次見面時建立起來的融洽關係。西歐領導人起初懷疑這位克里姆林宮的新主人是否真誠，後來慢慢打消了疑慮。戈巴契夫藉由直接面對他們的關注，也依靠自己的人格力量，說服各國領導人相信他要裁減核武是認真的，也真的想努力把建設東西歐「共同家園」的主張變為現實。戈巴契夫與密特朗總統和柴契爾夫人的最初幾次會見並不十分順利，但是，他們在公開表示彼此間嚴重分歧的同時，建立了互相欣賞、互相諒解的基礎。這在冷戰期間的東西方關係中算得上新鮮事。

戈巴契夫在一九八六年十月的雷克雅維克峰會上受挫後，就藉由跟北約成員國（除英國外還有丹麥、荷蘭、挪威、冰島和義大利）領導人，討論有關裁軍涉及的複雜問題，進一步建立了他們的信任感。此外他在一九八八年十月，在莫斯科與西德總理科爾的首次會面也產生非常積極的成果。科爾真誠地希望為了全歐洲的和平而跟蘇聯緊密合作，讓戈巴契夫印象深刻。最終，蘇聯和西德簽署了經濟、科學、文化和環境領域的合作協議。兩位領導人良好的互動在建立平台發展兩國長期建設性關係方面，發揮了關鍵作用。

在電視的時代，主要政治人物的會晤會吸引眾多觀眾。戈巴契夫上台不久，就在法國電視上接受了一群西方記者直言不諱的直播採訪，這是蘇聯領導人首次願意以這種方式與公眾接觸。透過新聞廣

播，他的臉很快在西歐變得無人不識。他開放的個性與過去蘇聯領導人的陰沉臉色形成鮮明對比，使人感到親切。他強調和平、裁減核武與歐洲團結，也深得人心。

一九八九年四月，戈巴契夫偕夫人蕾莎出訪倫敦，民眾歡呼著迎接他們。同年六月戈巴契夫訪問波恩時，受到的歡迎更加熱烈。萬一爆發核子戰爭，西德人將首當其衝，所以不出意料的，他們對戈巴契夫的裁軍舉措感到特別歡欣鼓舞。戈巴契夫後來寫道：「我永遠不會忘記我們在市政廳廣場見到波恩老百姓的情景。歡呼的人群表達了他們的支持和聲援，他們的善意和友誼使我們感動得不知所措。」

走到這一步並非一蹴而就。儘管西方領導人和戈巴契夫的積極會晤，也逐漸建起了相互信任，但是在通往和諧關係的路上，特別是在裁減核武這個核心問題上，還存在著嚴重的障礙。位處辯論中心的英國、法國、西德這三大西歐國家中，前兩個本身是核武國家，第三個則位處歐洲任何核子衝突的前線，它們各自對戈巴契夫提出的倡議的反應，都直接反映了自己的國家利益。柴契爾和密特朗都不喜歡雷根的「星戰計畫」，因為他們對該計畫的長期效用心存懷疑，害怕它會破壞核子威懾的概念，特別是因為它帶來的任何裁減核武舉措，都將直接影響英法兩國作為極少數國家才有資格參加的「核子俱樂部」成員的國際地位。對於兩個超級大國在一九八六年十月的雷克雅維克峰會上，商談從歐洲土地上撤走所有中程核子導彈的問題，柴契爾非常不以為然。峰會召開的隔月，雷根總統在華盛頓表示願意考慮裁減核武的主張，這也使柴契爾憂慮不已，她擔心這會助長英國主張單方面裁軍的那些人的氣焰。她說：「我們絕不能允許對民眾宣傳說核武是邪惡的、不道德的，可能會因防禦系統的發展而很快變得毫無必要。」她認為，需要讓民眾繼續支持英國核子武器庫的更新換代，支持在歐洲部署巡弋飛彈和潘興導彈。她堅稱，美國應該警告莫斯科，

如果蘇聯不削減核武，就將開展「星戰計畫」。她得到了美方的保證，說北約的威懾戰略仍保持不變。

　　密特朗的立場實質上與柴契爾一致。科爾對「星戰計畫」的反應也並不熱烈，雖然他的角度不同。他不相信這個計畫行得通。他懷疑「星戰計畫」在技術上或財政上根本不可行。且最重要的是，科爾擔心「星戰計畫」會成為保護美國的核子盾牌，而歐洲卻因而更容易遭受核子攻擊。即使戈巴契夫和雷根在軍備控制方面有了實實在在的進步，但科爾的憂慮仍然沒有完全消除，因為最終於一九八七年十二月在華盛頓達成的《中程導彈條約》儘管是重要的突破，卻不包括射程五百公里以下的戰術核子武器，而那正是科爾害怕超級大國一旦在德國土地上發生衝突將要使用的武器。

　　同時，科爾開始相信戈巴契夫真心想結束核武軍備競賽。但他最初可不是這樣想的，波恩政府一直對克里姆林宮新主人的真實目的抱持懷疑。在一九八六年十月的一次採訪中，科爾甚至帶汙辱意味地（也是荒唐地）把戈巴契夫能嫻熟運用媒體一事，比作是納粹宣傳部長戈培爾的手法。蘇聯報紙當然對此言怒不可遏。當時裁軍談判剛開始，西方對科爾在這個敏感關頭的失言也不以為然。然而，繼續糾纏在這次失禮對波恩和莫斯科都沒有好處。科爾向戈巴契夫道了歉，把責任推到報紙頭上。經驗豐富、外交手腕靈活的西德外交部長根舍（Hans-Dietrich Genscher）很快就認識到，積極支持戈巴契夫的倡議對西德直接有益。在他的影響下，科爾也認識到現在是與蘇聯緊密合作的新機會。一九八七年十月，他決定從西德領土撤除潘興導彈，這表示德國願意儘快調整適應新氛圍。

　　至此，關於西方與蘇聯關係持久改善的希望明顯增強。然而，即使那樣，也幾乎沒有一位西歐領導人能夠預見到後來一年內事態的迅速發展，或相信到一九八九年年底，作為冷戰象徵的柏林圍牆會

倒塌。一九八七年六月十二日,雷根總統站在西柏林的布蘭登堡門前高呼:「戈巴契夫先生,拆掉這堵牆!」此言表達的情緒贏得一片掌聲,但這個要求本身似乎不過是要要嘴皮。柏林圍牆貌似會永遠矗立,甚至有人說它值得歡迎,是穩定之源,因為它把「德國問題」永遠擱置了起來。一個月後,戈巴契夫與氣宇軒昂的西德總統魏茨澤克(Richard von Weizsäcker)會晤,其間總統小心地提出了德國統一的問題,戈巴契夫說:「一百年後,歷史會做出決定。」

除了國際關係的可喜發展之外,西歐國家的人民基本上只關心自己的事,那些事與鐵幕東邊的戲劇性變化毫無關係。歐洲仍然是分成各不相同的兩半的大陸。

一九七〇年代在西歐扎根的社會、經濟與文化變化,在下一個十年間進一步加深。當時的時代精神似乎可以總結為「後現代主義」。這個詞沒有精確的定義。一般認為,它意味著從工業主導的社會向由資訊技術形成的電腦化世界的過渡,以及從「高等」的西式文化向全球大眾文化的過渡。它還象徵著分歧不和、缺乏和諧、多元解釋,以及沒有權威聲音,沒有哪個文化能自稱優於其他文化或居於主導地位。也許後現代主義概念的模糊性正是它的吸引力所在。從哲學到視覺藝術,再到文學批評和歷史解讀,後現代主義都表達了一種普遍的懷疑主義、相對主義、不確定性和碎片化。在後現代主義批評的鏡頭下,進步、理性、真理等概念,以及認為對社會的歷史與未來有一種單一的全面解釋的想法,都消失於無形。後現代主義拒絕任何「客觀現實」,於是,對文化的詮釋分裂破碎,成為數不勝數的僅從個人角度出發的主觀解釋或「論述」,沒有哪個比別的更好。雖然文化統一從來都只是幻想,但是後現代主義在八〇年代及之後對知識思想的高度滲透,確實間接反映出社會中集體觀念分崩離析,個人主義躍升為主導理念。

　　人們更加注重個人選擇和我行我素的生活方式，這進一步加劇了社會集體感和社會責任感的下降。廣告公司和每天晚上透過商業電視台向廣大民眾播放的各種誘人的消費選擇，在這個潮流中發揮了很大的作用。七〇年代的經濟下行時期，人們的消費開支並未發生嚴重滑坡。隨著克服了經濟困難，重新復甦，消費主義又再走上新的台階。美國的舶來品「購物中心」如雨後春筍般不斷湧現，或者在市中心，或者在市郊建成巍然峨然的消費主義大教堂。在那裡，人們可以隨心所欲地消費，沒有風吹日曬，享受免費停車，還有各種餐飲店供他們歇腳小憩，盤點購物戰果，確定下一步購物目標，然後再次投身於喧囂的購物活動。信用卡的普及鼓勵人們先消費後付錢。「購物」不再是為了獲得日常生活的必需品，它本身就成為一種休閒活動，是尋找最新的特價商品或最新時裝的愉快活動。一些時髦服裝帶著設計師的商標，這是讓穿衣服的人為其做免費宣傳的絕妙辦法。選擇穿什麼衣服也成為新的個人主義最明確的展示，人們會透過穿衣服向世人展現個人品味，突出自己時尚達人的形象。

　　休閒也變得日益個人化。又一個從大西洋彼岸傳來的重要新事物──個人電腦進入了歐洲社會。電腦的功能仍然有限，但在飛速拓展。一九八〇年代期間，早在五〇年代發明的微晶片有了質的飛躍，微小的積體電路儲存量愈來愈大。到了八〇年代末，一塊微晶片就能容納一百多萬個彼此相連的電晶體，極大地擴張了儲存空間，電腦技術因而得以應用於愈來愈多的日常商品。各國政府認識到電腦技術對未來至關重要，開始將其納入學校課程。但是，年輕人熱情接受電腦，最主要的是因為他們可以在自家的起居室玩電子遊戲，擊落無數「空間入侵者」，而電子遊戲這種一人的單獨活動會使人玩得上癮，欲罷不能。美國的雅達利（Atari）、日本的任天堂（Nintendo）和英國的電音（Binatone）是八〇年代電子遊戲熱的領軍者。

　　廣義的流行音樂也反映出文化的碎片化。流行音樂有著巨大、不斷擴展的商業潛力，推動了層出不窮的創新。龐克搖滾（punk rock）、重金屬（heavy metal）、嘻哈（hip-hop）等流行音樂次文化七〇年代從美國傳來，下一個十年間又衍生出別的風格，各自都培養起了鐵桿粉絲團。包括新浪潮音樂（new wave）、合成器流行樂（synthpop）和舞曲搖滾（dance-rock）在內的其他次級流派也爭奇鬥豔，吸引著年輕人，各自吸引了狂熱的粉絲。吸引面更廣、世界各地的粉絲多達數百萬的有英國的「杜蘭杜蘭」（Duran Duran）、「史班杜芭蕾」（Spandau Ballet）和「文化俱樂部」（Culture Club，它的明星歌手喬治男孩的名聲完全是靠自身實力贏來的）等樂團，有才華橫溢、不斷創新的大衛・鮑伊（David Bowie）這樣的獨唱藝術家，還有成立已久但長盛不衰的西德樂團「發電廠」（Kraftwerk）。電腦革命對音樂實驗和從電子合成器迅速發展中受益的上述藝術家，以及其他藝術家的成功貢獻良多。此外也出現了專門播放流行音樂的電視頻道MTV（它是美國的電視頻道，可以透過迅速擴張的電纜和衛星網路觀看），音樂錄製也帶來了新機遇。這一切意味著無數音樂家能夠把自己的作品送達幾乎全部由年輕人組成的巨大聽眾群。不過，除了去音樂會，聽音樂愈來愈成為個人的體驗。七〇年代末日本發明的隨身聽在八〇年代成為青少年的標配。有了這種小型立體聲卡帶播放機，人們能夠帶著音樂走到哪裡、聽到哪裡。無論是在公車上、地鐵車廂裡、私家車內，還是家中自己的房間，他們都頭戴耳機沉浸在音樂當中，與外部世界隔絕。

　　和自六〇年代以來的情形一樣，年輕一代站到了解放社會價值觀的前沿。男女兩性擁護女權主義價值觀的人都比過去多了許多，雖然女性平權依然遙不可及，特別是在工作場所。與僅僅數年前相比，性自由在社會上的接受度大為提高。然而人們在八〇年代發現，性自

由的擴大帶來了一個始料未及的可怕後果。經確定，一九八一年在美國發現的一種新的致命疾病是透過性接觸傳播的，且很快被普遍稱為愛滋病（AIDS），全名為「後天免疫缺乏症候群」（Acquired Immune Deficiency Syndrome）。顧名思義，這種病藥石罔效，會嚴重破壞人體免疫系統，最終將其完全摧毀，後來的醫療進步才得以減緩病情發展。雖然愛滋病患者既有同性戀也有異性戀，還有人因在醫院輸血而無辜受到感染，但是在八〇年代，一說到愛滋病人，就認為是同性戀。這導致常人對男性同性戀者歧視和不容忍的激增，而他們在這種可怕疾病的打擊下惶惶不可終日。九〇年代中期，歐洲報告中死於愛滋病的人數達到了每年近二萬人的峰值。至於世界上其他一些地區，特別是非洲大陸，受的影響更嚴重得多。據估計，自八〇年代以來，人類免疫缺乏病毒（Human Immunodeficiency Virus, HIV）造成了世界上約三千五百萬人死亡。這種病毒俗稱為愛滋病毒，如果不及時治療就會導致愛滋病。

　　國有產業比例下降，私有化擴大，這一過程在一九八〇年代期間急劇加速，在某些方面與脫離集體價值觀的轉變不謀而合。私有化在六〇年代和七〇年代只是間歇發生，現在已司空見慣。九〇年代末，西歐國家從私有化中獲益（至少是短期獲益）約一千五百億美元。在歐洲國家中，英國最支持雷根大力提倡的自由資本主義的美國理想，是私有化浪潮中的先鋒。事實上，柴契爾對於取消管制比雷根還要堅決、還要熱切。她決心縮小政府規模，其核心部分就是私有化。到了一九八六年，英國政府對金融部門的管制基本都已經取消了，而這加強了倫敦金融城在英國經濟中的首要地位，使英國比歐洲任何其他國家都更加急劇地轉向高度依賴服務業，特別是金融部門。這個現象的另一面是英國製造業基礎的迅速萎縮。

　　勞工運動自然強烈抵制私有化政策。但是，工黨在一九八三年和

一九八七年的選舉中遭遇慘敗，工會力量日益衰弱，成員也不斷流失。除了熱誠支持工黨的人，就連工人階級內部也有很多人歡迎私有化。國有資產出售給私人，使數百萬人，包括成千上萬的國有企業雇員成為私人企業的股東。當然，大部分股票不可避免地落入大投資方手中，公司實際由他們控制，而且大投資方大多最終變成了外國人。對於這一趨勢，傳統的貴族保守派有時痛心疾首，但在社會上青雲直上，被左派輕蔑地稱為「雅痞」（Yuppies）的年輕中產階級成員卻非常歡迎。已然年邁的前首相麥克米倫批評他的繼任者柴契爾時說了一句名言，說她是在「賣家底」，奈何聽者藐藐。一九九二年，英國曾經的國有產業三分之二都轉為私有，包括天然氣和電信資訊等關鍵產業。

與私有化齊頭並進的是去工業化。這個潮流開始於一九七〇年代期間，遍及歐洲，在英國發展得最廣最快。七〇年代期間，西德做了大量努力來緩和煤炭和鋼鐵等傳統產業的消亡給當地社區造成的衝擊，保護新興產業，維護龐大的製造業部門，維持技術和工程的高水準。而英國卻在下一個十年間以令人目眩的速度，關閉了大部分原有的製造業基地。煤炭、鋼鐵和造船很快走入了英國的工業歷史。成千上萬的工人失去了主要的收入來源，政府卻沒有採取措施來減輕去工業化給社會造成的破壞。工廠一旦關閉，賴以生存的整個社區頓失生計，沒有現成的替代性就業能夠提供足夠的補償。同時，許多城鎮人心惶惶，經濟基礎不再，地方機構與社會凝聚力受到破壞。在國家的大片地區，如威爾斯南部、蘇格蘭的克萊德河谷（Clyde Valley）和英格蘭北部這些過去的工業腹地，民眾對政府的政策極度不滿（這種不滿將長期延續下去），認為那些政策只照顧商業和銀行的利益，尤其是倫敦金融城的利益。

雖然英國工業區的民眾對柴契爾主義普遍懷有敵意，但將所有權

從國家手中再分配給私人的政策，也讓工人階級中的許多人獲益。幾十年來，國家出資為窮人建造了大批政府公宅，約一百七十萬戶以政府開出的超低補貼價買下了自己住的房子。這被稱讚為通往「擁有地產的民主」之路。出售政府公宅給國庫增添了二百四十億英鎊的收入，給了政府減稅的底氣。但是，這筆收益是一次性的。國家一旦售出了公宅，就不能將其再次出售。如果國家不再建造公宅（柴契爾政府顯然無此興趣），長此以往就會出現住宅短缺，租金收入則會落入私人房東手中。

　　一九八〇年代期間，英國推行的去工業化和私有化可謂極端。與英國相比，歐陸的勞工法一般為雇員提供了較好的保護，工作習慣也因之更難改變。西德和法國尤其花了很大力氣實現產業現代化，增加資本投資和培訓投資。民眾也比英國人更相信國家的作用以及國家對公共服務的支持。因此，在普遍感受到私有化將威脅到關鍵公共服務的部門，私有化面臨的阻力相當大。然而，促使英國政府下決心啃私有化這塊硬骨頭的經濟力量，在不同程度上影響到了每一個國家。在法國，社會黨的密特朗總統一九八六年不得不與保守的國民議會（以及戴高樂派的總統席哈克）「共處」。法國和英國一樣，對銀行和某些工業部門實行了私有化，使普通人有機會成為股東。股份供不應求，說明這樣的舉措深受歡迎。八〇年代中期，西德也開始解除對金融服務、能源以及商業電視和電台頻道的管制。那個十年末，郵政服務的商業部分也實現了私有化。歐洲最大的經濟體中，只有義大利的私有化進程在八〇年代沒有全面鋪開。的確，像愛快・羅密歐（Alfa Romeo）這樣的大公司和商業性的中期銀行（Mediobanca）這樣的國有銀行，就從國有轉為了私有。但是，大部分重工業，多數大銀行和保險公司、電台、電視以及醫療保健服務（在九〇年代第二波私有化浪潮來襲之前）仍然留在了公共部門。不過，原來蓬勃發展的義大利

經濟此時變得故步自封、效率低落、人浮於事，競爭力日益下降。

　　工業雇用的工人愈來愈少，一九七九至一九九四年間，先進經濟體的工業職缺平均減少了五分之一以上。工人階級的特質也隨之改變，而這又導致了階級政治的性質的變化。過去龐大單一的工業已經消失或正在消失。它們培育的那種緊密的階級身分認同感也在消退。愈來愈多工人階級出身的年輕人，有了他們的父輩從未有過的個人興趣與追求。他們很少擁有或基本沒有因為工作一樣、心態類似、生活方式相近，而培養起來的集體興趣。他們與私有化一起長大，不想（或不願）追隨父親和祖父的腳步步入礦坑或進到煉鋼廠工作。他們離開沉悶沒落的社區，前往更繁華的地方（有時去國外），經常成為白領工作者，或利用迅速擴大的教育機會去念大學，在社會階梯上更上一層。

　　就業結構的變化和社會文化的逐漸轉變也為女性拓寬了發展道路。比起僅十年前，女權主義價值觀在男女兩性當中獲得的支持大大增加，在年輕一代當中尤其如此。誠然，特別是在工作場所、就業機會、晉升、報酬等方面，男女平權依然遙不可及，不過，迅速變化的形勢還是讓婦女受了益。成千上萬的婦女不再被綁在家中，也不是僅能在附近的辦公室或城鎮工作，而是能夠遷往新擴張的城市，去尋找行政、飯店、保健和銷售等領域的工作，受過大學教育的女性還能進入需要專門技能的行業和管理層。上過大學的女性儘管仍是少數，但人數正不斷增加。比起不久前，更多有小孩的婦女進入了勞動市場。在就業人口中男性比例稍有下降的同時，女性的比例在上升，儘管大部分女性做的是非全職工作。婦女爭取平等的奮鬥還將繼續。但如同對男性一樣，外部條件的變化改變了女性的生活，提供她們新的機會，使她們更加自信，更有主見，與偏重集體的舊有生活方式、身分認同和興趣漸行漸遠。

在此過程中，歐洲社會民主黨和工黨的中堅力量遭到了削弱。社會主義傳統正在瓦解。高稅收制度是社會民主黨宣導的福利國家的主要特點，但年輕人不喜歡，就連他們當中想法左傾的人也是如此。愈來愈多的人贊成透過低稅收來儘量增加工資和薪金的實際所得，讓民眾按個人喜好花錢消費，認為這個辦法比藉由高稅收來提供公共服務資金更好。各國廣泛推行實現生產合理化、加強在全球化市場上的競爭力，和促進私有化的經濟政策，對於這些政策，社會民主黨提不出可行的或可持續的替代辦法。因此，許多人，特別是因全球化和去工業化吃了虧的人，認為社會民主黨實質上與保守黨或基督教民主黨沒有區別。

以階級為基礎的政黨的力量僅僅受到部分銷蝕，程度有限。在有些國家幾乎看不出這方面的跡象。這個過程才剛開始，不過在歐洲有些地方，突出民族或地區認同的發展趨勢雖然尚未成氣候，卻已明晰可見。在蘇格蘭、加泰隆尼亞和法蘭德斯，民族主義政黨的支持度開始上升。這三個地方經濟日益繁榮（蘇格蘭主要受惠於仍在擴張的北海油田），民眾覺得位於倫敦、馬德里和布魯塞爾的中央政府的政策對他們不利。奧地利民眾對自二戰結束以來保守黨和社民黨兩家壟斷權力感到不滿，結果對奧地利自由黨的右翼民族主義綱領的支持增加了兩倍（一九九〇年，奧地利自由黨獲得了近百分之十七的選票）。奧地利自由黨領導人是瀟灑倜儻的海德爾（Jörg Haider），他鼓吹民粹主義，還發表過讚許第三帝國的言論。法國的國民陣線得到了對現狀不滿的保守中產階級選民的支持，也贏得了一部分工人階級的選票，八〇年代期間在選舉中的得票率經常在百分之十上下，而領導該黨的民粹主義者和種族主義者勒龐（Jean-Marie le Pen，他參加過阿爾及利亞戰爭）在一九八八年的總統大選中獲得了百分之十四‧四的選票。那次選舉的獲勝者是密特朗和社會黨。

　　民眾日益意識到工業和現代消費需求造成的環境破壞，這形成了政治風雲變幻中的又一個新興因素。對環境的關注是全球性的，反映了全球化經濟對世界所有地區的影響。一九七一年在加拿大創立的國際組織「綠色和平」促使全世界聚焦於環境破壞，有時甚至採取激烈行動來吸引媒體的注意，例如說在一九八〇年，他們阻斷了萊茵河上的航運整整三天。人們日益深刻地認識到，環境正遭受著巨大的，也許是不可逆轉的破壞。我們不可否認情況的嚴重性。各種報告顯示，電冰箱、造型噴霧和其他家用氣霧劑等物品產生的碳破壞了臭氧層；工業用化學品流入江河湖海毒死了魚類；化學品排放造成的「酸雨」毀滅植被，汙染水源；汽油中的鉛帶來了危險；發達世界對木材的需求造成亞馬遜熱帶雨林面積的縮小；油輪擱淺導致的大量石油外溢為野生動植物造成了巨大傷害（例如一九八九年三月埃克森石油公司的「伐耳迪茲號」油輪在阿拉斯加擱淺，導致一千萬桶原油外溢，無數海鳥因此死亡）。西方政府不能永遠對這些警告置若罔聞。環境問題正在轉變為政治問題。

　　綠黨開始在各地湧現，反映了人們對環境破壞的焦慮的擴大。到了一九八〇年代中期，大多數西歐國家都成立了綠黨。除西德以外，其他國家的綠黨尚未進入政治主流（西德的綠色運動於一九八〇年組成政黨，三年後贏得了足夠的選票，進入聯邦議會）。不過，它們在不斷進步。一九八四年，綠黨成員首次當選為歐洲議會議員。一九八六年四月發生的車諾比核災造成的衝擊大大推動了環境政治，在西北歐尤其如此。瑞典綠黨於一九八一年創建，一九八八年成為七十年來進入瑞典議會的第一個新政黨。一九八七年建立的芬蘭綠黨四年後贏得了十個議會席位。其他國家的環境運動仍未能參與議會政治，但在它們的影響下，傳統政黨逐漸加大對生態問題的注意。

　　一九八〇年代期間，除環境意識加強外，人們對種族主義的敏感

度也有所提高。多數民眾厭惡新法西斯主義和種族主義的政黨和組織。普遍認為種族寬容是文明社會最明顯的特徵。因此，種族仇恨被視為對一切人性標準的絕對否定。當然，種族主義並未消失，但它在政治、文化和社會生活中都成了禁忌。公開表示種族主義觀點被認為是不可接受，會受到打壓的。大多數西歐國家接受的移民愈來愈多，社會必須努力適應多元文化主義的挑戰，但各個社會的成功程度不同。不過，對種族問題的敏感不僅僅是由當下的關注造成的。

往昔的魅影再次出現，縈繞不去。直到一九七〇年代末，公眾對二次大戰期間最終導致大屠殺（這個詞當時才剛開始被普遍用來代表德國的歐洲猶太人滅絕計畫）的那些可怕事情，了解得還並不多。當然，歷史學家就此題材撰寫過著作，但他們的學術分析公眾一般不會看。這種情況即將改變，其主要促成原因並非歷史學家的努力，而是大屠殺即將成為西歐人歷史意識的試金石。

發生改變的部分原因是美國猶太人有意識地圍繞大屠殺培養身分認同感。這不單是為了保存歷史記憶，儘管銘記歷史非常重要。他們覺得，「道德資本」能夠成為「集體回憶」的黏合劑，能夠幫助加強有利於以色列的政策的世人支持。一些事件象徵著大環境發生了改變，例如一九七七年，以著名的「納粹獵捕者」西蒙・維森塔爾（Simon Wiesenthal，他自己也是大屠殺倖存者）命名的西蒙・維森塔爾中心在洛杉磯落成。更重要的是，兩年後決定在華盛頓特區中心建造一座大屠殺紀念館。愈來愈多的地方開始修建大屠殺紀念館，確定大屠殺紀念日。愈來愈多的美國中學和大學開始講授大屠殺的歷史。一九七八年，電視台在黃金時段播放了一部題為《大屠殺》的四集電視劇，近一億美國觀眾收看了這部電視劇。自此，大屠殺一躍進入廣大美國公民的意識。這部虛構的故事片講述了一個猶太家庭的生活，充分揭露大屠殺慘無人道的恐怖，還描述一位黨衛軍軍官如何透過執

行滅絕猶太人的計畫青雲直上。它對觀眾的吸引力和震撼度是學術著
作無法企及的。這部系列作大獲成功後，猶太人組織抓住機會大力宣
傳，在猶太人和非猶太人當中進一步推廣對大屠殺的認知。

　　《大屠殺》一年後在西德上映，引起轟動，觀眾有約二千萬人
（占西德電視觀眾的一半左右）。劇中描繪的具體個人遭到迫害和滅
絕的故事動人心弦，使觀眾深陷劇情之中。他們對受害者的痛苦感同
身受，從未如此深切地認識到對受害者犯下的滔天罪行。「整個民族
陷入了震驚。」一篇分析這部電視劇產生的影響的學術文章如是說。
讀者眾多的《明鏡》週刊評論說：「《大屠殺》使希特勒之後的德國
為之震撼，這是德國知識分子一直未能做到的。」二戰結束三十多年
後，這部被有些人批評為把對猶太人的滅絕拉低到「肥皂劇」水準的
美國電視劇，啟動了德國人的民族罪孽感。次年，西德聯邦議會廢除
了戰爭罪的訴訟時效規定，允許對參與過執行大屠殺的人提起法律訴
訟。各界普遍認為，電視劇《大屠殺》在促成此項決定中起到了重要
作用。

　　從此，大屠殺在西德的歷史著述和公共意識中成為空前的關注
點。[2]一九八五年紀念二戰結束四十週年的活動，讓世人的注意力繼續
集中在大屠殺和德國的其他戰時暴行（大眾媒體對這個週年紀念日
的宣傳報導比以前廣泛得多）。一九八五年五月，作為紀念二戰結束
的活動的一部分，雷根總統應西德總理科爾的邀請，訪問了比特堡
（Bitburg）的一處戰爭公墓，不料效果適得其反，因為後來發現公墓
裡葬有黨衛軍成員。科爾盡力調和各方，一方面承認德國屠殺猶太人

2　作者注：一九七九年，我參加了一次德國和英國歷史學家關於納粹國家這個題目的
　　大會。值得注意的是，會上沒有一篇論文是專門講大屠殺的。這在僅僅幾年後是完
　　全無法想像的。西德第一次專門探討大屠殺的會議要到一九八四年才召開，距二戰
　　結束已經過去了幾乎四十年。

的責任，另一方面，作為維持與最重要的盟友美國的良好關係的重要條件，又強調西德自二戰結束以來已經脫胎換骨，與過去一刀兩斷。

　　一九八六年期間，關於大屠殺的論戰占據西德各大報的版面長達數週之久，西德幾乎所有著名歷史學家都參與了這場激烈的爭論，科爾努力想調和就是論戰的一個題目。爭論的核心問題是：德國的納粹歷史，特別是大屠殺的罪責，在現在與未來西德人的意識裡該如何定位呢？著名歷史學家兼科爾的演講撰稿人施蒂默爾（Michael Stürmer）極力主張，對納粹罪行的負疚感應當讓位給一種更加積極的民族認同感，而傑出的社會哲學家哈伯瑪斯卻堅稱，奧斯威辛集中營對西德的自我認同至關重要。兩種觀點孰是孰非？一九八六年，西德知識分子一直在苦苦思索這些問題，特別是大屠殺的獨特性。大多數老百姓自然對史家的爭論不感興趣。許多人覺得，現在不應再糾纏納粹的過去，為那些自己沒有參與過的事情後悔自責。但即使如此，這場論戰引起的迴響表明大屠殺已成為西德人意識中的代表事件。

　　西德之外發生的一系列互相關聯的事件引起了整個西歐和西歐以外公眾的注意，把大屠殺推到了國際意識的前沿。一九八五年，電影院上映了朗茲曼（Claude Lanzmann）導演的電影《浩劫》（Shoah），這部根據受害者目擊證詞拍攝的紀錄片令人毛骨悚然，淋漓盡致地描繪了滅絕營的恐怖。曾任里昂蓋世太保頭子的克勞斯・巴比（Klaus Barbie，他於一九八三年被從流亡地玻利維亞引渡到法國）接受了審判，審判過程中揭露了巴比在刑求抵抗納粹的英雄穆蘭（Jean Moulin），以及驅逐二百多名猶太人等行動中起的作用，使大屠殺成為法國公眾注意力的焦點。一九八六年，當選為奧地利總統、曾任聯合國祕書長的華德翰（Kurt Waldheim）被迫承認他掩蓋了自己戰時在南斯拉夫和希臘服役的事實，而且當時他所屬的部隊犯下了嚴重的暴行。「華德翰事件」使整個國際社會注意到奧地利不願承認自己在納

粹浩劫中所起的作用。至此,大屠殺在大眾媒體上以這樣或那樣的方式幾乎無處不在,很多民眾也因此對大屠殺有所了解。民眾對二次大戰的看法有了新的角度,重點日益轉向種族政策和納粹在東部戰線上的野蠻暴行,特別是針對猶太人的種族滅絕。

一九八〇年代後期,無論社會與文化形勢如何改變,西歐在經濟和政治上仍然保持著穩定。前一個十年的經濟動盪已經克服,政治的連續性也得到維持。一九八六年,科爾的政府在西德重新當選;次年,柴契爾的政府在英國也再次勝選;密特朗在一九八八年的法國總統選舉中成功連任,此時他的經濟政策已經與早先的社會主義綱領相去甚遠。義大利一九八七年的大選後,天主教民主黨贏回了政權,取代社會黨主導的克拉克西的政府,共產黨在大選中的得票率大為下降。在義大利,八〇年代末似乎也是樂觀的年代,雖然幕後的腐敗和國家負債的增加都令人擔憂。

歐洲共同體對未來的展望再次轉向樂觀。經歷數年被稱為「歐洲僵化」(Eurosclerosis)的停滯後,一九八六年通過的《單一歐洲法案》(*The Single European Act*)為共同體注入了新的活力,這項法案是針對一九五七年通過的《羅馬條約》的第一次大修改。《單一歐洲法案》旨在於一九九二年成立共同市場,允許貨物、服務、資本和人員在歐洲共同體內跨國界自由流動。這一創新之舉的推手是活力充沛的新任歐洲委員會主席狄洛(Jacques Delors)。他想以這項法案作為向著歐洲政治統一邁出的一步。一九八八年夏,狄洛對歐洲議會說,他希望在十年內看到「歐洲政府成形」。他這個願望與柴契爾以及大部分英國民眾的想法背道而馳。其實,柴契爾在推動共同市場方面出力不小,但她和英國政治階層的許多人以及他們領導下的大部分民眾一樣,僅把歐洲聯盟視為一個經濟實體,一個自由貿易區。她與狄洛截然不同,對歐洲政治統一的目標連想都不肯想。九月二十日,這位

英國首相在比利時布魯日（Bruges）演講時厲聲說道：「我們英國成功壓縮了國家的許可權，不是為了在歐洲一級建立超級國家，讓其從布魯塞爾向我們發號施令。」這篇談話代表著反對英國加入歐洲共同體的「歐洲懷疑論」的開始。這種觀點在英國持續不息，主要鼓吹者就是柴契爾（儘管她在布魯日明確表示，英國的「命運在歐洲，是共同體的一部分」）。到了一九九〇年，「歐洲」開始造成柴契爾的黨和政府的內部分裂，成為導致她一九九〇年十一月二十二日辭去首相職務的一個重要因素，並從此成為英國政治核心一個無法癒合的傷口。另外，狄洛和柴契爾的衝突也反映歐洲內部一個關鍵的深層矛盾，這個矛盾從一九五〇年莫內開始思索未來的歐洲統一時即已存在，那就是超國家的目標與國家主權之間的矛盾。這個問題還將繼續困擾歐洲政治。

＊＊＊

　　柴契爾下台時，歐洲已經大為不同。一九八〇年代期間，西歐和東歐仍沿各自的軌道發展。一九八九年，形勢丕變。從那年春天開始，西歐對鐵幕東邊的事態發展重新燃起了興趣，也因之激動興奮、震驚不已。戈巴契夫掀起的變革之風壯大為颶風之勢，將連根拔起蘇東地區延續了四十多年的統治。

第九章

人民力量

Power of the People

至今無人見過一個財產歸國有，經濟靠計畫，政治結構卻民
主多元的社會。

——米奇尼克，《獄中信箚和其他雜文》，一九八五年

　　一九九一年，冷戰結束了，鐵幕走入歷史。「一個時代的完結」
是用俗了的套話，但在這裡十分貼切。一九八九年到一九九一年間發
生的事情不亞於一場歐洲革命。驚人的是，它與先前的革命不同，基
本上沒有流血。這是怎麼辦到的呢？
　　若是沒有戈巴契夫，也許就不可能做到。回頭看去，可以看到蘇
聯及其東歐衛星國崩潰有其結構性原因。但是，沒有戈巴契夫，就沒
有理由假設崩潰會在那個時刻到來，會沿循那條路線發生，會產生它
所產生的結果。戈巴契夫的作用不可或缺。
　　但即使如此，促成東歐革命仍需要另一股力量，我名之為人民的
力量。蘇聯的形勢發展使東歐人民鼓起勇氣，反叛了管理他們四十餘
年的統治者。一九八〇年，波蘭奏響了反叛的序曲，民眾對當權者的
反對催生了團結工會運動，使政權震驚失措。然而，波蘭當局次年
強力反擊。團結工會被禁，反對派遭到鎮壓，推動改變的努力受阻。

八〇年代後期，蘇聯刮起改革新風之後，團結工會也獲得重振。無論在波蘭還是在其他國家，都無人想到自己國家中共產黨的統治大限將至。但是，一九八九年底，變革如雪崩般沟湧而來。各國政權紛紛倒台。各國人民爭取並獲得了想要的自由。一旦人民認識到統治者的基礎開始動搖，戈巴契夫挑起的自上而下的革命，就變成了自下而上的革命。在一個又一個的國家裡，人民把權力奪回了自己手中。最後，從蘇聯發起的變革洪流又以不可阻擋之勢捲回蘇聯。存在了近七十年，似乎牢不可破的政權兩年內即土崩瓦解。

衛星脫軌

　　波蘭一如它自一九八〇年以來的表現，是革命的先鋒。一九八九年六月四日的選舉中，團結工會獲得壓倒性勝利。作為工會，它的力量其實比一九八〇年弱了許多，但它已經蛻變為政黨。那次選舉的投票率只有百分之六十二，這也許反映了選民對選舉的高度不信任，許多人認為選舉不會帶來任何改變。但是，結果再清楚不過。第一輪投票中，團結工會贏得了參議院一百個席位中的九十二個；下議院對團結工會開放的一百六十一個席位中，它贏得了一百六十一個。但人們的狂喜中夾雜著恐懼。就在選舉當天下午，電視播放了坦克開進天安門廣場的畫面，在那裡有數百名為了民主而示威的學生被政府軍殘殺。面對反對派在選舉中的勝利，波蘭政府會如何反應？事實是，政權接受了人民的決定。在波蘭四十年的共產主義統治基本宣告完結，但尚未徹底走入歷史。

　　政府仍掌握在共產黨手裡，賈魯塞斯基將軍也不出所料地當選為新設立的行政總統（Executive President）。然而，六月十八日舉行的第二輪投票確認了當權者的潰敗。約百分之六十五的選票投給了團結

工會，儘管投票率低得可憐，只有百分之二十五。賈魯塞斯基邀請團結工會成立大聯盟，但遭到拒絕。八月七日，團結工會領袖華勒沙提議建立由團結工會領導的政府，一些過去僅僅是共產黨傀儡的小黨對該提議表示支持（共產黨在下議院成了少數黨）。八月二十四日，團結工會的一位領導人，長期持不同政見的知識分子馬佐維耶茨基（Tadeusz Mazowiecki）成為波蘭的新總理（部長會議主席）。他由共產黨的總統賈魯塞斯基任命，得到了下議院幾乎所有共產黨籍議員的贊成。接下來的幾個月，共產黨國家的基礎被有系統地拆除。波蘭的國號不再是人民共和國，而是改成了簡單的共和國；警察和軍隊不受政治影響；憲法中去除了關於共產黨領導作用的條款；共產黨自行解散（一九九〇年一月作為社會民主黨再次出現）。不過，隨著共產黨這個共同敵人的垮台，反對派內部的團結也一去不返。

　　一九九〇年，要求賈魯塞斯基總統下台的壓力與日俱增。但是，他真的辭職後，團結工會領導人的所作所為卻與他們運動的名字背道而馳。不久前再次當選為團結工會主席的華勒沙自己宣布參選總統，直接挑戰曾經是他最親密顧問之一的馬佐維耶茨基。華勒沙急不可耐地想加快變革，他雖然專橫跋扈，但非常「接地氣」，特別能為日益不滿的廣大民眾發聲。他覺得自己在團結工會裡受了像馬佐維耶茨基和米奇尼克這樣的知識分子的排擠，心中憤憤不平。在十一月的選舉中（十二月舉行了第二輪投票），知識分子馬佐維耶茨基敗選，身為前工會領導人的華勒沙贏得壓倒性勝利，於一九九〇年十二月二十二日宣誓就職。至此，團結工會已四分五裂，一些原來支持它的民眾轉向了新的民主氛圍中出現的新政黨。波蘭正迅速成為明顯具備多元特點的社會。它透過民主的方法，未經流血就完成了非凡的政治過渡。

　　在經濟方面，波蘭的多元民主開始時不太成功。自一九九〇年初開始，國家控制的經濟突然向市場力量開放，對經濟實行了「休克療

法」（Shock therapy）。這個政策因新任財政部長萊謝克・巴爾采羅維奇（Leszek Balcerowicz）而得名「巴爾采羅維奇計畫」。國家取消普遍管制和貶值貨幣立即造成通膨率急劇升高。波蘭的出口增加了，雖然東歐其他國家的出口疲軟不振。但是，華勒沙當選為總統時，通膨率已接近百分之二百五十，商店貨架上空空如也，生產劇減，失業率飆升，人民平均實際收入下降了三分之一。國際貨幣基金組織以嚴苛的條件為交換，減免了波蘭的大部分外債，為後來幾年的經濟復甦打下了基礎。至此，波蘭全面鋪開經濟私有化。波蘭在經濟上和在政治上一樣，正迅速學習如何成為「西方」國家。

一九八九年六月十六日，波蘭藉由選舉告別共產主義不到兩星期，輪到匈牙利的時刻到來了。約二十萬之眾的巨大人群齊聚布達佩斯的英雄廣場，參加有電視直播的重新安葬納吉的葬禮，納吉是匈牙利一九五六年暴動的英雄，當年經過鬧劇式的公審後被共產黨政權處以絞刑。一年前，警察暴力驅散了紀念納吉死難日的示威。一年後的今天，英雄廣場上懸掛的不再是鐮刀錘子旗，而是匈牙利國旗。最後一位悼念納吉的發言人是青年民主主義者聯盟的奧班（Viktor Orbán）。他宣布：「如果我們能夠信任我們的靈魂和力量，我們就能結束獨裁。」此言一出，聽眾掌聲如雷。很快的，向此目標邁出的步伐接二連三，和波蘭一樣，是和平進行的。

下令處決納吉的前領導人卡達爾於一九八九年七月六日死於癌症，沒有活到親眼看見他掌管了如此之久的國家滅亡的那一天。他死前一個月，共產黨同意與三月成立的反對派舉行圓桌會議。但是，幾乎整個夏天，反對派各團體之間一直爭執不休，共產黨（它自己內部也陷於分裂）則繼續執掌政府。儘管形勢混沌不明，但事態發展軌跡顯而易見。九月十八日，人們就舉行自由的議會選舉達成了協議，雖然反對派團體之間就民主過渡的其他方面，特別在是否應在總統選舉

之前先舉行議會選舉的問題上，仍舊爭吵不休。隔月初，共產黨解散，把原來的正式名稱「匈牙利社會主義工人黨」改為「匈牙利社會黨」。

　　十月二十三日，一九五六年事件週年紀念日那天，布達佩斯的議會大廈外人山人海，新的匈牙利共和國在那裡宣布正式成立。匈牙利和波蘭一樣，不再是「人民共和國」。一九九〇年三月和四月，象徵著回歸多元政治的議會選舉幾經推遲後終於舉行，選出了一個主要由自由和中間偏右的保守政黨組成的笨拙不靈的聯盟。

　　那年夏天，諸事停滯，經濟形勢急劇惡化。雖然匈牙利經濟多年來比蘇聯陣營的其他成員國都更加包容某些形式的私營企業，不久前又朝此方向邁出了更大的步伐，但是，一旦完全被置於起伏無常的市場力量的影響下，匈牙利人才真的見識到了西方資本主義的嚴酷現實。匈牙利欠了西方巨額債務，通膨隨時可能失控，所以，匈牙利和波蘭一樣，無論過渡有多艱難，都只有尋求西方援助一途。國際貨幣基金組織提供的財政援助幫匈牙利克服了過渡期的困難，但那是在匈牙利一九九〇年七月採取了更多的撙節措施之後。那年秋天，政府還推行了一項大規模私有化方案。和以前在蘇聯陣營的其他國家一樣，主要從美國舶來的新自由主義經濟思想占據了主導地位。意見調查顯示，民眾此時對新選出來的民主政府還不如對原來的共產黨政府有信心。與此同時，一度多達十萬人的駐匈蘇軍開始撤出。一九九一年三月，最後一批蘇軍離開了匈牙利。這最清楚地顯示匈牙利實際上退出了華約組織，正在轉向西方。但事實上，決定性的時刻發生在一九八九年夏天。

　　那年八月，為了換取西德的大量金援，匈牙利同意開放與奧地利的邊界，供東德人穿越。此舉不僅違背了匈牙利作為社會主義國家，要把任何一個企圖離開社會主義兄弟國家的人，送回原籍國的義務，

而且還在鐵幕上開了一個洞。九月十日至十一日晚間，匈奧邊界開放，數千名東德公民用腳投票，穿過匈牙利進入了奧地利。他們先住進安置營，然後從那裡前往西德。到十月底，已經有五萬人離開。

東德人還去布達佩斯、布拉格和華沙的西德使館尋求庇護。一九八九年九月三十日，西德外長根舍在電視上宣布，他與莫斯科和東柏林談判達成了協議，要將東德的六萬公民轉至西德。車門封閉的火車載著難民向西駛去的時候，數千人在月台上歡天喜地地向他們致意，還有數百萬人在電視上看到了這一幕。

就連一直關注東德的經驗豐富觀察家都沒有料到，變化來得如此迅速、如此徹底。東德的領導人肯定對此毫無準備。不久前，東德領導人何內克還說，他可以想像柏林圍牆一百年後仍巍然矗立。整個夏天，反對政權的聲音確實愈來愈大，發聲者以新教牧師為主。但是，東德知識分子不同於波蘭及匈牙利的知識分子，他們大多對政權俯首貼耳。政治異議從未對東德政權構成過多大的威脅。政權領導人沒有顯露出任何願意妥協的跡象。一九八九年五月的地方選舉被當局明目張膽地操縱。黨的強硬派支持中國在天安門針對學生的屠殺行動，他們的理由是，雖然令人遺憾，但為了保護社會主義不得不如此。令人畏懼的國家祕密警察史塔西仍然緊緊地控制著社會。

表面上，東德政權依然信心滿滿。為慶祝十月七日東德建國四十週年準備的工作進行得如火如荼。然而，面具下掩藏著愈來愈大的慌亂。戈巴契夫到東柏林參加慶祝時，受到了民眾熱情洋溢的歡迎。東德的領導人，特別是冥頑不化的何內克，無法視而不見自己跟戈巴契夫之間的巨大鴻溝。戈巴契夫私下與東德領導人談話時說的話很快流傳出來：「任何在政治上落後的人都會受到生活上的嚴厲懲罰。」

每星期一晚上，萊比錫的聖尼古拉教堂都會舉行和平祈禱，受其激勵的反政權示威規模日益擴大，九月初有數千人參加，一個月

後增加到二萬人左右。一九八九年十月九日那個星期一，示威人數可能達到了七萬。兩天前，東德建國四十週年慶祝活動期間，警察使用慣常的野蠻手段驅散了示威者。在人們對最近天安門發生的事件仍記憶猶新時，有公開傳言說安全部隊會使用武器對付週一晚間萊比錫的示威者。謠言四起，說政府已決心武力鎮壓抗議行為。大家都相信攤牌的時刻就要到來。包括國際聞名的萊比錫格萬特豪斯管弦樂團（Gewandhaus Orchestra）指揮家馬蘇爾（Kurt Masur），以及三位地方官員在內的一些人帶頭呼籲避免暴力。他們的呼籲能否奏效無法確定。十月八日，何內克指示史塔西預防任何動亂。這聽起來不妙。這時，莫斯科出面了，要求萊比錫絕不能發生流血事件。這個訊息傳達到了萊比錫市的黨委和警方。但即使如此，示威者仍不能肯定。他們必須做好警察可能會使用真槍實彈的準備。參加那天晚上的遊行是需要勇氣的。最後，示威活動平安結束。那是個決定性的關頭，人們認識到警察不再會橫加阻攔，示威不再會遭受危險。十一月四日，約五十萬公民參加了在東柏林中心的亞歷山大廣場舉行的廣大示威，電視直播了示威活動。示威者要求自由選舉、言論自由、政府下台、反對派團體合法化，以及結束共產黨對國家領導權的掌管。他們喊道：「我們是人民。」

　　群眾反叛即將達到高潮。東德難民蜂擁逃往西方的尷尬景象刺痛了東德當局，於是，東德在十月三日宣布，沒有簽證不准去捷克斯洛伐克旅行。通往匈牙利的路就這樣被堵死了。但是，反政府抗議愈演愈烈，這一極為不得人心的措施無法繼續維持，因為它等於是把全國人民圈在圍牆裡。十一月一日，政府撤銷了旅行禁令。十一月三日至五日，一萬多名東德公民越過捷克斯洛伐克邊界，借道前往西德。這等於允許人們只要出示護照即可離開東德去西方，柏林圍牆因此變得毫無意義。然而，要離開東德，仍需完成繁瑣的手續，解釋出行的理

由。無論如何,柏林圍牆依然矗立,不過已時日無多。

　　旅行限制是造成民怨的一個主要原因。十一月九日,東德政府制定了一份指令,準備次日頒布,讓民眾從此無須任何手續即可沿任何通道直接進入西德和西柏林。黨的新任發言人沙博夫斯基(Günter Schabowski)顯然沒有參透這份新指令的內容,他十一月九日晚上去開新聞發布會時剛拿到這份指令,就在會上宣讀了。記者問他指令何時生效,他毫不猶豫地回答說:「立即,馬上。」在記者的進一步追問下,他說指令也適用於柏林。東德民眾本來正驚奇萬分地緊盯著電視,一聽此言,數千人跳上自己的衛星牌(Trabants)、拉達牌(Ladas)和瓦特堡牌(Wartburgs)小汽車,直接開往柏林圍牆。到晚上八九點鐘,柏林所有的邊防哨都人滿為患,大家爭先恐後地要進入西柏林。數十年來一直讓人望之生畏的邊防軍懵然不知政策有了變化,先是試圖不讓人們通過,然後又試圖在護照上蓋章來表示護照持有人是離開東德,且不再回來。但是,他們在洶湧的人潮面前完全無力招架,最後只能聽之任之。戰士們有的臉上被群眾親吻留下了口紅印,有的帽子被擠歪。他們乾脆揮手讓人們通過。人群中有人喊道:「終於自由啦!」

　　西柏林人也欣喜若狂地衝到他們那一邊的柏林圍牆下。他們又唱又跳,熱情擁抱陌生人,向東邊來的同胞手裡塞鮮花、巧克力,還有香蕉(香蕉和一切新鮮水果一樣,在東德是稀罕物)。來到西柏林的東德人興高采烈,又有些不知所措。次日,邊防軍在牆下一字排開。然而,數千名年輕人很快就將他們擠開,爬到象徵著近三十年的分裂和壓迫的柏林圍牆頭。[1]他們把牆體一塊塊鑿掉,既當作紀念

1　作者注:我的兩個兒子大衛和史蒂芬(當時還都是十幾歲的孩子)也在那群年輕人當中。一九八九至一九九〇年,他們和我一起住在西柏林。我完全錯過了前一天晚

品，也是要毀掉這座可恨的暴政紀念碑。後來的幾天在西柏林是一場長長的派對。東柏林人和西柏林人成群結隊地在市中心徜徉。可口可樂公司的一位地區主管下令送給進入西柏林的東德人每人一罐可口可樂，等於是在電視上為他的產品免費做海量廣告。這個妙招也讓這位主管迅速得到晉升。有時，地鐵車廂人滿為患，只得到站不停，直接開過。銀行星期六上午破例開門，向東德人發放一百西德馬克的「歡迎金」。拿到錢的東德人不愁沒處花錢，因為他們對西方消費品渴望已久，大街上經常可以看到他們提著新買的手提收錄音機和成把的香蕉，或成袋的柳丁。

　　此時，東德政權顯然已日薄西山。柏林圍牆開放過程中的雜亂無章說明政府已控制不住局勢。現在蘇聯不再支持它對自己的公民動用軍事力量來維持權力，東德政權等於山窮水盡。如果使用武力，獲得西德財政援助的希望將化為泡影，而沒有援助，東德的經濟將困難重重。在這種情況下，東德的政治解體近在眼前。何內克已經於十月十八日被解除了一切黨政職務，官方說法是由於健康原因。不過，他的繼任者，面相有些陰沉的克倫茲（Egon Krenz）是典型的官員，也是何內克的心腹，和何內克的言行如出一轍，甚至曾經為天安門的屠

上發生的世界歷史上的大事。一位美國學生打電話給我，問能否和我見面討論他的博士論文。所以，十一月九日晚上我是在西柏林的一家小酒館度過的，對一英里外發生的事情全然不知。我回到自家公寓後，史蒂芬告訴我柏林圍牆倒塌了。他說，媽媽從英國打來了電話，她在英國廣播公司的「晚間九點新聞」上全看到了。十一月十日早晨，一位西德朋友打電話問我想不想去東柏林看看。我們去了，通過腓特烈大街（譯按：連接東柏林和西柏林的大街，查理檢查哨就設在這條街上）上仍照常運作的嚴格檢查手續進入東柏林。我們發現那裡一切照舊，於是決定返回西柏林。我在西柏林輕軌的動物園站剛剛下車，一個男人就衝過來給了我一個熊抱，激動地說：「Herzlich willkommen im Westen. Wo kommen Sie denn her?」（熱烈歡迎來到西方。你是從哪裡來的？）聽到我回答「英國曼徹斯特」後，他一下子把我推開，好像我有黑死病一般，又衝去熊抱後面下車的人。

殺辯護。他企圖以新改革者的面目出現，但從一開始就注定不會成功。到十一月初，大部分其他東德領導人，包括史塔西的首腦梅爾克（Erich Mielke）均已去職。（很快的，史塔西的組織框架也被解散。）十二月二日，東德憲法刪去了將東德定為由信仰共產主義的統一社會黨領導的社會主義國家，這條關鍵的條款。兩天後，克倫茲和黨的政治局及中央委員會所有其他成員全體辭職。十二月六日，克倫茲也辭去了國家元首的職務。至此，人民的力量推動東德走上了完全擁抱多元民主的道路，儘管這條路在接下來的幾個月仍然混亂崎嶇。人民的和平革命獲得了勝利，這要歸功於他們自己的勇氣，但在很大程度上也要歸功於戈巴契夫從外部提供的支持。

一九八九年夏秋時節，反對派組織大量湧現，有「新論壇」、「民主覺醒」及許多其他組織（總數在三百到三百二十五之間，但大多數只有二十來個成員）。它們是革命的先鋒隊。這些組織都想要民主，首先是自由選舉。除了這個共同點之外，它們的領導人（許多是知識分子或理想主義者，信守的原則植根於他們的新教信仰）就算有確切的目標，也通常各不相同。因此，形勢充滿不確定性不足為奇。反對派組織想推翻壓迫人民的當權者。支持反對派組織的廣大群眾對腐敗的國家領導人怒不可遏，因為後者嚴重濫用了權力，背叛了人民的信任，要人民做出犧牲，自己大談社會主義平等，實際上卻窮奢極侈、享受特權。民眾認為，「真正存在的社會主義」是謊言。不過，抗議者中不乏仍抱有共產主義理想的人，包括共產黨員。力倡實現激進改變的反對派領導人中，沒有一個將西方資本主義作為榜樣，也沒有人想和資本主義的西德統一。

這些觀點反映了東德人的普遍想法。柏林圍牆開放不久後舉行的一次意見調查顯示了，東德人有百分之八十六贊成走「通往更好的改良社會主義的道路」。反對派領導人希望能找到「第三條路」，如一

九六八年被蘇聯軍隊在布拉格粉碎的「帶有人性面孔的社會主義」，但事實很快證明他們是異想天開。另外，他們發現自己的希望很快就落到了民意後面，而民意所向正是他們本來不想要的，那就是實現與西德的統一，使自己也能享受到迄今只是在短暫訪問西柏林時看到的消費品。秋天時，抗議人群喊的口號是「我們是人民」，到年底變成了「我們是一個民族」。更引人注意的是一個日益普遍的新口號，即「統一的德意志祖國」。調查顯示，近八成的東德人現在希望統一。政治領導人進行外交折衝的同時，民眾壓力開始增大，幾個月後終於走向了統一。

　　柏林圍牆的開放極具象徵意義。它昭告世界：蘇聯陣營就此完結。其他的骨牌也開始倒下。捷克斯洛伐克、保加利亞和羅馬尼亞的共產主義政權迅速倒台，但與波蘭及匈牙利不同的是，這三個國家的當權者都不肯讓出權力。

　　捷克斯洛伐克知識分子在哈維爾的領導下，在大批學生的支持下，連續數月一直在加大反對政府的聲浪。一九八九年十月二十八日，捷克斯洛伐克一九一八年建國紀念日那天，約一萬人參加了大示威。五月從監獄獲釋的哈維爾和幾名同伴共同起草了一份題為「幾句話」的請願書，要求實現民主權利。到十一月，請願書上的簽名達到三・七萬左右。要求改變的壓力迅速加大。西德駐布拉格使館發生的戲劇性事件顯示了，改變是有可能發生的，而且就要到來。柏林圍牆的倒塌最驚人地顯現了改變的到來，捷克斯洛伐克政權卻堅持不肯低頭。十一月十七日，防暴警察揮舞著警棍野蠻攻擊示威學生，但警察的暴力不僅沒有嚇退示威者，反而引發了更多更大的示威。幾天內，要求結束共產黨統治的示威人數就激增至二十萬。十一月二十四日，瓦茨拉夫廣場上舉行了七十五萬人的大型抗議示威。隨後舉行的兩天大罷工也得到全國一半工人的支持。同時，反對派團體在十一月十九

日組成了由哈維爾領導的「公民論壇」，要求進行民主變革。公民論壇的總部設在布拉格的魔燈劇院（Magic Lantern Theatre）後台，那裡的討論常常不著邊際、天馬行空、拉雜混亂。但公民論壇推動了群眾反對運動的巨大洪流，同時自己也被這股洪流推動前行。該論壇一手組織了「天鵝絨革命」（Velvet Revolution），將搖搖欲墜的現行政權統治掃蕩無餘。

十一月尚未結束，黨的整個領導班子就全數辭職，憲法中也去除了關於黨的地位至高無上的規定。政府十二月三日做出重大改組，試圖保住共產黨對政府的控制，卻為時已晚。在舉行總罷工的威脅下，大多由公民論壇成員組成的新內閣於十二月十日宣誓就職。經過一九六八年的事件後得以保全、代表舊政權的胡薩克總統終於認輸辭職。一九八九年十二月二十九日，這風雲變幻的一年即將結束之時，哈維爾宣誓成為新的國家元首。一天前，一九六八年的英雄杜布切克被授予聯邦議會主席這個實質上是榮譽職務的頭銜，此舉具有深刻的象徵意義。一九九〇年二月底，蘇軍開始撤出捷克斯洛伐克。一九九〇年六月的選舉（以及哈維爾隔月再次當選總統），又確認了捷克斯洛伐克向著自由民主的成功過渡。

保加利亞幾乎不存在任何基礎，使「公民社會」在共產黨統治的空隙間得以發展自己的多元政治思想、舉行反對共產黨專權的辯論。所以，保加利亞的突破不是來自下面，而是來自上面，是黨領導層內部的一次政變造成的。民眾爭取民主的要求出現在頂層發生變化之後，而非之前。一九八九年十一月，日夫科夫為了預防其他黨領導人的非議，宣稱要進行改革，但為時已晚，徒勞無功。一九八九年十一月十日，史達林去世一年後即上台、在東歐掌權時間最長的日夫科夫被黨內同志推翻，被迫辭去了黨政職務。然而，推翻他的「操刀手」，繼他之後成為黨領導人的姆拉迪諾夫（Petăr Mladenov）也是保

守派，自一九七一年起就擔任外交部長。遲至一九八九年十二月，他還想過用坦克鎮壓示威群眾。一九九〇年七月，他自己也被拉下了國家元首的位子。

然而，姆拉迪諾夫在下台之前，就像戈巴契夫最初在蘇聯所做的那樣，為維持而非打破共產黨的權力，而引進了第一波早該進行的實質性改革。一九八九年十二月末，姆拉迪諾夫表示願意跟反對派團體就改革方案進行談判。當月早些時候，若干反對派團體共同組成了民主力量聯盟。保加利亞的國家轉型發生在一九九〇年期間，過程比其他前東方陣營國家平淡得多，吃力得多，也零碎得多，但同樣無法阻擋。一月，黨政正式分離；三月，罷工合法化；四月，共產黨改頭換面，轉變為保加利亞社會黨；六月，舉行了選舉，但原來的共產黨獲得的選票最多（百分之四十七‧二）。接下來組成的聯合政府軟弱無力，對如何在動盪局勢中應付日益嚴重的經濟困難意見不一，一九九〇年下半年一直走得跌跌撞撞。一九九〇年十二月七日，無黨籍律師波波夫（Dimitar Popov）同意在三個最大政黨之間達成的「保證和平過渡到民主社會協議」的基礎上組建臨時政府，這才看到了這種局面的盡頭。從此，保加利亞才真正開始重建千瘡百孔的經濟。和其他國家一樣，保加利亞也得到國際貨幣基金組織和世界銀行的支援，重建也是以市場改革和私有化為基礎。但是，經濟復甦遲遲沒有顯現成果。

在蘇聯陣營六個國家的五個中，一九八九年的革命都驚人地和平順遂。這些國家的政權開始時要麼使用了暴力手段，要麼至少考慮過訴諸暴力，但都因認識到蘇聯不會提供支援而膽怯卻步。「戈巴契夫因素」起了決定性的作用。然後，政權領導人為了維護手中的權力，試圖藉由零碎的改革來安撫民眾，但為時已晚。反對政府的群眾認識到，沒有蘇聯的支持，他們國家的領導人猶如沒穿衣服的國王一樣軟

弱無力。於是，要求民主變革的呼聲愈來愈大。一九八九年秋，人民的力量突飛猛進。共產黨政權的領導人信譽掃地，無所依靠，日益絕望無助。

但是，如果說和平革命是正常模式的話，有一個國家的政權卻是在暴力中終結的。我們可以預見，如果哪個國家會出事，那就是羅馬尼亞。西奧塞古的殘酷政權不可能和其他東歐國家一樣，會跟反對派談判，做出妥協，開展漸進式的改革，實現和平過渡。受戈巴契夫開創的改革氛圍的影響，羅馬尼亞的反對派也振奮起來。他們在暗地裡積極活動，但是，在政權一貫的嚴厲鎮壓和野蠻暴行面前，他們的活動直到一九八九年晚秋都未能產生什麼影響。鄰國匈牙利的革命性變化鼓舞了羅馬尼亞的反對派，但政權的回應是在一九八九年夏立起了一道鐵絲網，來阻止民眾越界湧入匈牙利。因為自一九八七年起，已經有二萬人離開了羅馬尼亞。

有幾星期的時間，當局好似能夠頂住席捲中歐其他國家的暴風雨。然而，一九八九年十二月十二日，洪峰衝到了羅馬尼亞。那天，令人懼怕的安全局要把一直批評政權的神父特凱什（László Tökés）從羅馬尼亞西部的蒂米什瓦拉市（Timişoara）驅逐到邊界那邊的匈牙利去，卻被數百名抗議者攔住了去路。接下來的幾天內，抗議急劇升級。政權運用了它最熟悉的對應手法，也就是訴諸極端暴力。十二月十七日，軍隊向人群開槍，打死了好幾名抗議者。抗議儘管遭遇暴力，卻已勢不可當。西奧塞古提前結束在伊朗的訪問匆忙回國，但他十二月二十一日中午在布加勒斯特市中心的集會上發表談話時，電視直播卻不得不中途切斷，因為聽眾沒有像往常那樣有組織地發出熱烈掌聲，而是做出了無法想像的反應，例如說對「領袖」喝倒彩、吹口哨。那天晚上，軍隊、民兵和安全局人員企圖使用棍棒、水砲和子彈來驅散巨大的示威人群，但無法撲滅已成燎原之勢的革命。

　　十二月二十二日早上，西奧塞古試圖從共產黨總部的陽台上對群情激憤的民眾發表談話，卻再次被逼退。他和妻子埃列娜害怕人群會強行衝進大樓，在樓頂上乘直升機逃走。然而，他們找到安全藏身之處的希望很快就破滅了。當天晚上，他們在羅馬尼亞南部離特爾戈維什泰（Târgovişte）不遠的地方被捕，逮捕他們的軍隊現在聽命於在布加勒斯特奪取了權力的救國陣線。聖誕節那天，西奧塞古夫婦被匆忙設立的臨時軍事法庭專橫地判處死刑，拉出去被行刑隊立即槍決。他們喪命的消息傳出後，持續五天、造成一千多人死亡的暴力才平息下去。據估計，羅馬尼亞事件中的死亡總數在一萬人左右。

　　但羅馬尼亞沒有很快過渡到民主體制。羅馬尼亞的知識分子階層和中產階級人數很少，且大多被政權買通，政權又是嚴酷高壓的警察國家，所以，在專制統治結束前，是不可能為「公民社會」建立基礎的，哪怕是祕密的也做不到。羅馬尼亞與波蘭或捷克斯洛伐克不同，沒有馬上可以接手的政府。臨時政府中的掌權者大多是前執政黨的成員。他們在十二月的混亂中趁機抓住了前統治者倉皇出逃時丟掉的控制權。

　　他們的領頭人是被任命為臨時政府首腦的伊列斯古（Ion Iliescu），他過去是西奧塞古政權裡的高官。政府對多元主義做出了一些讓步，但很多不過是表面文章。新政黨大量湧現，有些老政黨又東山再起。但是，一九九〇年五月的大選結果顯示出，權柄全部掌握在救國陣線那些換湯不換藥的保守派手中。安全局滲透了所有主要的社會控制管道。反對派遭到暴民襲擊，警察卻不見蹤影。政府蓄意煽動暴民把襲擊矛頭指向任何被視為對政治有意見、反對政府的人以及「背離分子」和外國人。經過一九九〇年整整一年的時間，經濟困苦引發的不安在羅馬尼亞造成的持續劇烈動盪才逐漸平息下去。一九九一年年底，羅馬尼亞終於有了一部得到廣泛贊同的民主憲法。國有經

濟開始向私有化開放。但向著正常運轉的多元政治制度和資本主義經濟的過渡依然進展緩慢。羅馬尼亞的民主仍有諸多不足，前路漫漫。

德國統一的出奇快捷之路

在波蘭、匈牙利、捷克斯洛伐克、保加利亞和羅馬尼亞，民主過渡實質上是對本國公民需求的回應，當然，還有放鬆跟蘇聯的連結這個不容忽視的因素。通往民主的道路蜿蜒曲折，常常荊棘遍布，但這過程是在確定的國界內推進的。上述國家的邊界基本維持了原狀，只有捷克斯洛伐克是例外。即使一九九三年發生「天鵝絨分離」，捷克斯洛伐克分為捷克共和國和斯洛伐克共和國兩個國家之後，它們原來同屬一個國家時的對外邊界也沒有改變。它們從共產主義政權成為自由民主政體的轉變過程儘管跌宕起伏，卻並未引起任何導致歐洲地緣政治巨變、需要大國干預來批准並確認的問題。德國與波蘭之間，或匈牙利與羅馬尼亞之間沒有再次出現像兩次世界大戰之間那樣激烈的領土聲索或衝突，這說明中歐國家的邊界糾紛在一九四五年以後已塵埃落定。

東德的情況則不同。作為由德意志民族組成的兩個國家中的一個，它之所以能夠存在，完全是因為它代表了另一個選項，與比它更大、更繁榮的資本主義鄰國有著根本的不同。更關鍵的是，兩個德國直接產生於二次大戰結束時作為戰勝方的同盟國規定的條件。因此，東德地位的任何改變都有著重大的國際意義。

柏林圍牆開放後，東德，特別是柏林的事態變化令人應接不暇。柏林在形式上仍然一分為二，仍然處於戰時同盟國的控制之下。然而在實踐中，它每天都在發生變化，那些變化在一點點結束它的分裂狀態。象徵著壓迫的邊界管制很快被廢除（雖然到一九九〇年七月一日

才正式取消）。柏林圍牆剩餘的牆體開始迅速消失。一九八九年十二月二十二日是又一個象徵性的時刻，那天科爾在布蘭登堡門重新開放的儀式上發表談話，欣喜若狂的巨大人群熱烈歡呼。超過四分之一個世紀後，布蘭登堡門下終於又能穿行了。這個柏林的地標此前緊挨柏林圍牆東側，位於「死亡地帶」當中，是柏林分裂的活生生體現。那天晚間，大批人群在傾盆大雨中興高采烈地沿著林登大道（Unter den Linden）這條美麗的林蔭大道步入東柏林中心。放在資本主義的西方，大道旁會一下子冒出幾十個街頭小販，架起攤子趁滾滾而來的人流大賺一筆。但是在東柏林，林登大道上幾乎見不到仍然開門營業的書報亭、咖啡店或酒館。結果，慶祝首次穿過布蘭登堡門的活動無奈只能在沒有酒精助興的情況下清醒地進行。從西柏林商家林立的主要購物大道選帝侯大道，走到東柏林的林登大道，仍然能感到兩個不同經濟制度之間的切換。但是，這很快也要變了。

曾同屬一個國家的這兩個部分之間的經濟不平衡是個決定性因素。早在柏林圍牆建起之前，不平衡即已存在。當時，勞動力不斷流向經濟蒸蒸日上的西德，屢禁不止，只能建起高牆，把人留在東德這邊。自那以後的近三十年，西德的物質豐富對東德人民來說一直遙不可及，但他們中間愈來愈多的人從西德電視節目中看到西方誘人的消費商品。柏林圍牆的開放意味著東德的公民至少在理論上，可以開始受惠於西德繁榮得多的經濟。東德抗議者發出的「統一的德意志祖國」的呼聲日益高漲，這表明他們大部分人並不把西德視為外國。他們認為自己是個更大的國家的人民，至少年紀較大的人對德國作為單一國家的歷史記憶猶新，西德不過是單一國家中面積較大的西半部。西德人的這種情感更加強烈。一九八九年十一月末的民調顯示，百分之六十的東德人贊成兩德統一，而在西德，這個數字達到了百分之七十。

　　然而，按照西方標準，東德人依然貧窮。他們的貨幣（東德）馬克在西德幾乎一文不值。給他們發放的一百（西德）馬克的「歡迎金」很快就用光了。只要東德貨幣的價值不變，就不可能改善民眾的生活水準，也不可能重建已然腐朽的經濟基礎結構。但是，幣值的改變取決於西德和東德之間的關係。經濟重組必須在政治變革之後才能實現。人們需要做出重大決定，這意味著必須有過去戰時盟國的參與。戰後美蘇兩家超級大國（尤其是後者）的立場是這個極為複雜的方程式中的關鍵要素。

　　但儘管如此，起決定性作用的還是德國人自己。是西德，具體來說是西德總理科爾，提出了統一的關鍵倡議。這位政治家似乎總是被人低估，但他個人在本國以及歐洲的巨變中都發揮了重大作用。即使在柏林圍牆開放，兩德關係勢必需要建立新基礎之時，科爾或任何其他人都沒有想過兩國能很快統一。統一的前景出現後，也沒人想到會來得如此之快。接下來的事態完全出乎意料。科爾也毫無準備，但是他比別人更早地看到並抓住了機會。他被捲入了事件的洪流，他也成了這股洪流的弄潮兒，把潮水導入只朝著一個方向奔流（有時他也頂住重要人物的勸誡）。

　　起初，東德政府對統一的主張不屑一顧。新任總理莫德羅（Hans Modrow）是溫和改革派，曾任德勒斯登地區的黨委書記。他斷然拒絕統一的想法，在一九八九年十一月十七日稱其為「不現實的危險猜測」。他贊成兩德組成所謂的「契約共同體」。這個詞無論確切含義如何，都命不長久，十一月二十八日就被科爾在對聯邦議會演講中使用的「聯邦」一詞取代，科爾在那次演講中概述了實現德國統一的「十點計畫」。演講的內容連他自己的內閣成員事先都不知道。在演講中，科爾提出了在東德實現民主化的前提下兩德開展緊密合作的領域。他強調，兩德關係的任何根本性變化均須符合「整個歐洲的未

來結構」。他最後指出，聯邦政府的政治目標仍然是走向「統一」，使德國再次成為一個單一國家。此言不過是重申了自德國分裂以來西德的一貫願望。十二月初，科爾仍暗示就連他的「十點計畫」中談到的建立「聯邦」的想法也需要數年的時間才能成熟。然而，十二月期間，形勢日漸明朗，東西德的民意壓力正驅動著統一進程迅速加快，科爾正好樂於為這一進程掌舵，其他的歐洲領導人即使有心也無力阻止。

法國作家莫里亞克（François Mauriac）說過：「我太愛德國了，真高興有兩個德國。」一九八九年十二月的那些日子裡，肯定有不止一位政治家有過這個想法。無論如何，兩德統一的前景最初使西歐領導人，當然也使莫斯科，為之震驚。只有一九八九年繼雷根成為美國總統的布希（George Bush）從一開始就對德國早日統一的前景予以肯定，前提是統一後的德國繼續留在北約。但這正是莫斯科的戒懼所在，也是它起初堅決拒絕任何統一主張的原因。

一九八九年十二月二日至三日，在狂風暴雨中，布希和戈巴契夫在停泊於馬爾他海岸處的一艘蘇聯船隻上舉行峰會，達成了進一步加強兩個超級大國間友好關係與合作的備受歡迎的協議。這次的超級大國峰會意義重大，因為它象徵著冷戰的終結。不過，兩位領導人在記者招待會上都未表示將很快採取行動促進德國統一。戈巴契夫說，統一進程中「任何人為的加速」，都會阻礙東歐的改變（此言隱晦地提及一個依然敏感的問題，即德國的東部邊界是否將維持在一九四五年蘇聯下令確定的奧得河－尼斯河一線。對原來居住在德國東部省份，該地區劃歸波蘭後遭到驅逐的那批人來說，這個問題尤其牽動心弦）。布希雖然私下同意德國統一，但在記者會上暗示說「永久邊界的概念」依然存在。對此言可以做出不同的解讀，但看起來他的意思是要保持領土現狀。由此推想，德國內部的現狀也應保持不變。

　　接下來的幾天內，法國總統密特朗、義大利總理安德列奧蒂（Giulio Andreotti）和英國首相柴契爾紛紛表態反對德國統一，柴契爾比誰都激烈。反對德國統一的還有荷蘭首相魯貝士（Ruud Lubbers）。一九八九年九月初，密特朗在和柴契爾的一次會見中表示，一旦德國統一，德國的領土將更大，人口將更多，德國將比任何其他西歐國家都大得多。只有擁有共同貨幣的歐盟才能夠遏制這樣的德國。柴契爾回答說，德國統一和單一貨幣加在一起是「不可忍受的」。對她和她那一代其他的英國政治家來說，二次大戰就是為了消滅德國強權而打的，而德國統一可能會讓強權重新崛起。其他歐洲領導人並不完全拒絕德國統一，只要現有的邊界（德國內部的邊界除外）與安全安排能得到保證。在這一前提下，他們覺得如果德國被分裂成兩個部分的人民決心完成國家統一，他們就很難表示反對。

　　最後，法國和西德這兩個一貫推動歐洲一體化的核心力量達成了協議，這才有了突破，也只有這兩個國家能推動突破。一九八九年十二月八日至九日，密特朗和科爾在歐洲共同體領導人的史特拉斯堡（Strasbourg）會議上見面時，看上去達成協議仍然沒有可能。密特朗和其他歐洲領導人一樣，對一週多以前科爾未經磋商即貿然宣布「十點計畫」感到錯愕。統一是個敏感話題。歐洲領導人對德國統一的焦慮顯而易見。科爾盡力使各國領導人放心，保證說德國統一將成為歐洲走向一體化努力的一部分。他在一九九〇年年底之前的一次政府首腦會議上宣布，他願意採取切實步驟來滿足密特朗總統向著歐洲經濟與貨幣聯盟邁進的願望。一九九〇年四月，密特朗和科爾甚至就一項雄心勃勃的計畫達成了協議，要於一九九三年一月一日將歐洲共同體變為有政治特色的歐洲聯盟（雖然它離科爾願意建立的完全的政治聯盟相差甚遠）。

　　密特朗迫切希望把德國跟一體化的西歐綁在一起。科爾得了艾德

諾的真傳，他眼見繼續保持與西方的緊密連結對德國顯然裨益良多，既可緩解國際緊張，又可預防任何德意志民族修正主義的傾向抬頭。作為實現歐洲貨幣聯盟的代價，他甚至不惜犧牲象徵著西德戰後繁榮與經濟地位的德國馬克。

此時，科爾、莫德羅和所有其他大國的領導人在東西方事態發展的大潮中已經身不由己，只能順勢而為。很快的，德國統一就不再遠在天邊，而是近在眼前。一九八九年十二月十九日，科爾和莫德羅在德勒斯登市中心發表談話，輪到科爾時，巨大的人群歡聲如雷。民眾對統一的渴望由此可見一斑。點燃聽眾激情的不是朦朧模糊的「契約共同體」，而是走向統一的前景。人群揮舞著西德國旗，在一片旗海中高喊「統一的德意志祖國」的口號。科爾則宣布，自己的目標是「當歷史時刻到來時，實現我們民族的統一」。總理離開德勒斯登時，堅信這個「歷史時刻」即將來臨。

至此，種種跡象都明確表示，德意志民主共和國的崩潰已不可逆轉。十二月初，東德憲法中去除了堅持統一社會黨（東德共產黨）的領導作用的條款，何內克和其他原政權高官被開除出黨（並被指控腐敗濫權），政治局集體總辭，僅僅名義上獨立，實際附屬於統一社會黨的其他政黨與西德的基督教聯盟內的政黨及自民黨結成了同盟。新組建的東德社會民主黨也與它在西德的姐妹黨建立了緊密合作。原來準備一九九一年五月舉行選舉，選出新的多元議會，但最後迫於形勢把選舉提前到三月。與此同時，大批人員開始從病入膏肓的東德向外湧流。從柏林圍牆開放起至一九八九年年底，有近十二萬名東德人去了西德。

一九九〇年一月底，戈巴契夫在莫斯科與莫德羅會見後，改變了他原來對德國統一的想法。這具有決定性意義。布希總統從一開始就實質上贊成兩德統一，但戈巴契夫的國家不久前曾遭到統一的德國的

殘酷踩躪，國民對德國統一特別敏感。德國一旦統一，必然在靠攏西歐的同時也把注意力轉向東方。所以，蘇聯領導人支持德國統一是需要政治勇氣的。雖然如此，戈巴契夫還是承認了東西德人民結合為一個單一國家的權利。莫德羅關於東德內部局勢的報告讓戈巴契夫改變了主意。這位東德領導人告訴戈巴契夫，大多數人民不再支持兩個德國，要求統一的壓力如此之大，德意志民主共和國已不可能繼續維持。根據戈巴契夫的回憶，莫德羅當時說：「如果我們現在不採取主動，整個進程將失去控制，我們將無法對事態發展施加任何影響。」戈巴契夫表示同意。他和他最親密的顧問已經得出了同樣的結論：「看來德國統一是不可避免的。」

　　德國早日統一現在既然已經有望實現，一個明顯的問題就再次出現，那就是統一後的德國能否成為北約成員國。蘇聯過去曾斷然拒絕這個想法。一九九〇年二月，戈巴契夫仍然持此立場。但是，隨著形勢的飛速變化，這個問題成為首要問題，是那個月的外交談判中的頭等大事。商定的談判基礎是「二＋四模式」，即兩德加上原來的四個占領國。英國和法國在談判中基本上只是充數的，東德也差不多。西德、美國和蘇聯才是主要的談判方。關鍵人物是科爾和戈巴契夫，布希也發揮了重要作用，但不如他們二人。

　　在商討組成聯邦的過程中，東德方面希望兩德均保持軍事中立。原西方占領國對此完全不予考慮。開始時，西方國家都同意最初由西德外長根舍提出的建議，即北約繼續保留目前設在西德的軍事基地，但不擴張入原屬東德的領土。據戈巴契夫回憶，美國國務卿貝克（James Baker）二月九日訪問莫斯科時，毫不含糊地表示這就是美國的立場。但就連這個安排戈巴契夫也不願接受。然而，二月底美國人又變了調（不過可以肯定這是他們一直想要的），堅持說，為了保證整個德國的安全，北約必須擴張進入原屬東德的領土。科爾總理也

同意美國的意見。不錯，就算過去沒有正式承諾不擴張北約，但美國立場的改變顯然與先前各方達成的諒解背道而馳。此事後來引起了蘇聯／俄羅斯的憤懣（西歐在一定程度上也有同感），覺得西方言而無信、出爾反爾。

無論如何，事實是戈巴契夫完全被耍了，他當時仍未料到華沙條約組織會迅速垮台。一九九〇年五月，他在美國壓力下同意由統一後的德國自己選擇加入哪個聯盟。對此，戈巴契夫之前的蘇聯想都不會想，更遑論接受。現在戈巴契夫表示接受，不僅顯示了他自己對德國與歐洲變革做出的獨特貢獻，而且說明蘇聯的力量正迅速衰弱。蘇聯經濟急需西方金援。德國願意提供蘇聯所需的金融信貸，來換取蘇聯在德國統一問題上的合作。

一九九〇年七月科爾訪問莫斯科時，蘇聯公開確認了允許統一後的德國自由加入北約的政策。作為回報，蘇聯獲得保證，說德國將永遠放棄擁有核子武器、化學武器和生化武器，軍隊規模不超過三十七萬人。還有一件小事，那就是蘇軍撤出東德並遷回蘇聯的費用問題，這筆巨額帳單高達一百二十億西德馬克，外加三十億西德馬克的信貸。一九九〇年九月，科爾在電話中和戈巴契夫百般討價還價，最終同意付錢。對科爾來說，蘇聯撤軍在僅僅幾個月前還是他做夢都想不到的。對戈巴契夫來說，撤軍的交易厚實了蘇聯與德國之間的長期友好關係，他認為這對歐洲的未來舉足輕重。然而，蘇聯國內反對戈巴契夫的人迅速增加，對他們來說，這是對蘇聯利益不可饒恕的背叛。

另一個在「二＋四談判」中遲遲未決的敏感問題是東德邊界的問題。西德從未正式放棄恢復一九三七年邊界的最終目標，無論這個目標是多麼不現實（一九三七年的德國包括戰後劃歸波蘭的波蘭西部地區）。二戰結束前後那段時間被迫逃離或被驅逐出原屬德國省份的德裔代表，組成了強大的遊說團，他們主要在屬於基督教聯盟的政黨中

活動，其力量不容忽視。二戰之後沒有像一九一九年那樣制定一項國際條約來正式宣布戰爭結束，並確認波蘭的西部邊界。直到一九八九年七月，西德財政部長魏格爾（Theo Waigel）還在被驅逐的西里西亞人的一次大型集會上說，他認為德國失去的奧得河－尼斯河以東各省仍然是「德國問題」的一部分。他的話只代表一小部分人的觀點。其實，時至今日，百分之九十的西德人都把奧得河－尼斯河界線接受為永久的邊界。不過，為了安撫被驅逐者的遊說團，科爾在一九九○年春之前一直就這個問題含糊其詞。最後，在外長根舍的提議下，這個問題在三月初得到了解決。西德聯邦議會莊嚴地宣布放棄任何對原先東部省份的聲索，確認奧得河－尼斯河界線為東德邊界，這項確認將在之後波蘭與代表整個德國的政府達成的條約中獲得批准（該條約最終於一九九一年十月達成）。

至此，統一已指日可待。不久前，它還被視為頂多是中期目標，但事態發展大大縮短了預期。西德的強大和東德的虛弱如此明顯，最終結果如何已毫無懸念。西德的引力已經顯現出來，主要表現為經濟引力。一九九○年二月中旬，西德表明將不再向東德提供財政援助。沒有西德的援助，奄奄一息的東德經濟就沒了活路。幾乎與此同時，科爾勸說西德政府支持與東德建立貨幣聯盟。換言之，儘管兩德經濟力量懸殊，西德馬克仍將成為兩國共同的貨幣。

建立在這種條件上的貨幣聯盟蘊含的風險不言自明，對經濟嚴重不利。西德人等於要為實際已經破產的東德經濟提供無限期援助，代價難以估量，但肯定巨大無比。對東德來說，它還會產生劇烈的經濟與社會影響。隨著效率極為低落的國有產業停工，許多東德人會失去工作。（一九八九年八月到一九九○年八月，東德的工業產出劇降，降幅達到驚人的百分之五十一。）對於把西德馬克與東德馬克的兌換率定為慷慨的一比一的主意，贊成的主要是社民黨人和工會會員。德

意志聯邦銀行和科爾的財政部長魏格爾提出的專家建議是，兌換率要定在二比一才不致完全摧毀東德經濟的競爭力，也可避免給西德財政造成沉重負擔。科爾先是同意了專家的建議。但是，政治考量最終占了上風。當年秋天即將舉行大選，科爾的人氣在西德走低，在東德卻直線上升。他認識到，在壓力面前低頭，同意把兌換率定在一比一其實對自己有利。在政治上，這是個極為誘人的提議。

西德此時已總攬全域。三月八日，政府決定在為統一的德國制定全新憲法前，不廢除基本法（也就是一九四九年制定的聯邦憲法）。但事實上，基本法第一百四十六條已經為這個可能做出了規定。西德政府決定，德意志民主共和國將根據基本法第二十三條直接納入聯邦共和國，成為五個新的邦（如一九五六年薩爾蘭納入西德那樣）。這無疑是最便捷的辦法，但它暗示著接管而非合併。的確，統一大業剛剛塵埃落定，就出現了抱怨之聲，說原來的東德被西德當成了殖民地。這種感覺也許沒有道理，但在某種意義上是可以理解的。大批教師、科研人員、大學講師和其他中產階級專業人員因為被認定與史塔西有關係，或是因為其他方式與東德政權走得太近而遭到辭退，西德也派了人來主持政治重組或經濟重建，總總都加強了這種感覺。許多東德人開始覺得，自己在自己的國家中成了次等公民。

然而，在從原定的一九九○年五月六日提前到三月十八日舉行的東德「人民議會」（東德的國家議會）選舉中，選民認可了西德的舉措，以及在基本法第二十三條下完成統一的快速路線。東德人投票贊成廢除他們自己的國家。西德馬克的吸引力是決定性因素。科爾、布蘭特和根舍等西德政治領導人在競選中都發揮了重要作用。布蘭特尤其受選民歡迎。儘管如此，選舉的結果仍然是科爾的勝利，但事實上這是西德馬克的勝利。保守的「德國聯盟」（新成立的東德版基督教聯盟）承諾引進西德馬克並迅速完成統一，贏得了百分之四十八的普

選票（選民投票率為百分之九十三‧四）。社會民主黨以百分之二十一‧九的得票率落後。前身為統一社會黨（東德共產黨）的民主社會主義黨只占到第三位，獲得百分之十六‧四的選票，雖然該黨在過去的共產黨大本營東柏林的得票率達到讓人印象深刻的百分之三十‧二。

前一年秋天帶領民眾起來反對東德政權的知識分子當中，許多人希望能找到通往改良社會主義的「第三條路」，但此次選舉的結果徹底埋葬了他們的最後一線希望。這些勇敢的人在一九八九年秋的各種抗議運動中衝在前面，現在卻感覺遭到西德資本主義自由民主的當權政黨和組織的無視。「社會主義沒有兌現承諾」，這是一位工人言簡意賅的結論。此言無疑代表了無數人的心聲。他們回顧東德政權時經常心懷怨憤，自己四十年來寄希望於東德政權，結果卻是一場空。那位工人和數百萬其他人認為自己看到了未來，但這個未來不是東德實行的業已失敗的馬克思列寧主義的社會主義制度。吸引人民的磁石是繁榮的西德，那裡有開明的自由，但最重要的是有繁榮的經濟。

從三月的東德選舉到兩德統一，一路順暢。一九九〇年七月一日建立了貨幣聯盟，把西德馬克定為兩德唯一的合法貨幣，這是在這條路上邁出的關鍵一步。商定的東西德馬克間一比一的匯率（這是過去柏林過境點的強制性官方匯率）異常慷慨，因為真正的匯率要高得多，也許至少是八比一（這是過去的黑市匯率）。這個匯率適用於東德公民的工資、退休金和儲蓄（按此匯率兌換的儲蓄金額上限是四千馬克，六十歲以上的人是六千馬克）。超出這個數額的儲蓄和公司債務則以二比一的兌換率折算。從短期來說，有儲蓄的人現在可以出國旅行或購買過去買不到的商品。很快的，德國東部就出現了西方的舶來品，這些商品開始稀奇新鮮，後來愈來愈多。不過，對許多人來說，儘管西德提供了大量補貼，但原先共產主義制度為他們提供的簡樸但有保證的生活方式，卻再也沒有了。

　　例如說，無論原來的社會主義制度下生產率多麼低落，就業都有保證。但如今，雇員及其家人卻要受市場起伏變化的擺布。不到一年，就有三百萬東德人失去了工作。東德經濟幾乎沒有競爭力。根據一九九〇年五月的估計，如果沒有補貼，只有三分之一的企業能夠生存（後來證明這個估計還算是樂觀的）。接下來的四年間，有數千家東德國營公司走向了私有化。這些公司先是轉到為推行私有化而設立的一個名叫「信託基金」（Treuhand）的機構之下，一共有一萬三千多家公司，雇員總數為四百萬人。大多數前國營公司都變成了西德公司的子公司。就當時條件來說，很多前國營公司沒有多少價值，出售價格也相應很低，而且要讓這些公司轉虧為盈頗費時日。結果是，信託基金的虧損超過二千五百億馬克，幾乎全部來自西德的私人投資遲滯疲軟，遠遠不敷使用。西德必須承擔統一的大部分財政負荷，還需要制定龐大的投資方案。東德的基礎設施，包括公路、鐵路、橋梁和破敗的電話系統，都急需翻新。此外，還有失業救濟和福利金這兩項巨額社會開支。統一之後的三年內，據估計德國政府在東德花了三千五百億馬克（按照當時的匯率算幾乎是一千二百億英鎊）。這自然導致聯邦共和國的國債激增，借貸成本上漲，後者還不僅限於德國。

　　和波蘭一樣，東德的過渡相當於嚴重的經濟休克。成立貨幣聯盟的條件和私有化的規模與速度都意味著經濟休克不可避免。統一後，前東德地區經濟的自由化比原蘇聯陣營的任何其他國家都更迅速、更徹底。但是，東德人與原蘇聯陣營其他國家公民的不同之處在於，東德人至少能夠依賴比他們富裕得多的鄰居提供的巨額補貼。的確，自一九九一年起，西德人的工資單裡多加了一項「團結補貼」的扣除名目，其部分用途就是資助東德過渡。（另一個用途是支付西德在第一次波斯灣戰爭上的花費。這筆錢總額最終達到每年約一百五十億歐元，成了聯邦政府的一大筆收入，於是這項扣除被無限期地保留了下

來，令廣大民眾日益惱火。）

　　即使在完成統一之前，人們也認識到統一涉及的經濟與社會問題將十分嚴峻。後來人們也發現，調整適應過程中出現的心理問題甚至更加棘手。不過，箭在弦上已不得不發，而且德國和其他國家也都不想走回頭路，儘管巴黎和倫敦仍心存疑慮。九月底，最後的政治困難也被解決了。一九九〇年八月三十一日，兩德簽署了一項解決統一所涉具體法律和行政問題的條約。該條約九月二十日得到東德人民議會和西德聯邦議會的批准，九月二十九日生效。九月二十四日，東德與蘇聯達成協議，脫離了華沙條約組織。一星期後，四個占領國結束了它們對德國的權利和責任（這一決定最為接近二次大戰的終戰條約，只是遲來了四十多年。它的批准採分階段進行，持續了好幾個月）。一九九〇年十月三日午夜鐘聲響起時，西德總統魏茨澤克對柏林街頭巨大的歡慶人群宣布德國統一，稱德國願意在團結的歐洲內為全球和平而奮鬥。這是「統一總理」科爾的非凡勝利。

　　毫無疑問的，這個時刻不僅對德國，而且對整個歐洲乃至國際關係大局都具有獨特的歷史意義。它象徵著一個時代的結束，在那個時代中，德意志民族國家先是帶給歐洲無法想像的苦難與破壞，然後，在長達四十年的分裂狀態中，至少它的西半部為建立一個以和平、繁榮、穩定為基礎的新歐洲，做出了巨大的貢獻。未來如何也許我們無法確知，但眼下德國是一片歡騰，雖然它的鄰國仍心有不安。

蘇聯漫長的垂死掙扎

　　中歐和巴爾幹地區從前的蘇聯衛星國滄桑巨變之時，蘇聯自己內部也在崩潰。這一進程實質上始於一九八五年，戈巴契夫開始推行結構改革方案之時，但他當時的意圖是維持而非破壞共產黨的權力。四

年來，改革進程不斷積聚力量，彷彿在醞釀一場海上風暴。自一九八九年春開始，狂飆勁吹兩年多，一九九一年夏達到颶風風力，最終把蘇聯一舉吹散。

在此期間，戈巴契夫在外儼然國際巨星，在內卻勢力日益式微，兩者形成鮮明對比。截至一九九一年夏，戈巴契夫還是蘇聯政治中不容置疑的巨人。但是，他被自己一手釋放的改變狂飆吹得日益立足不穩，失去控制事態發展的能力，反而為其所裹挾。蘇聯內部和前衛星國一樣，人民的力量開始顯露，最明顯的表現為嚴重騷亂顯著增多，在俄羅斯之外的加盟共和國，特別是波羅的海和高加索地區的共和國，要求獨立的民族主義呼聲日益高漲。即使在俄羅斯本身，自一九九〇年起，戈巴契夫一度穩如泰山的民望也開始崩塌。人們愈來愈認為，是戈巴契夫為原本強大無比的蘇聯帶來了各種厄運。失去了過往的衛星國，國內生活水準下降，周邊共和國吵著分離，不久前還是超級大國的地位明顯下滑。政治上，戈巴契夫受到兩面夾擊，強硬的反對派認為他是破壞了蘇聯一切偉大之處的叛徒，激進的改革者則嫌他走得不夠遠、不夠快。

後者的突出人物是戈巴契夫最危險的對手，也是最終取代他的人——衝動、霸道、炫耀賣弄、任性多變卻又精明的政治人物葉爾欽。一九八〇年代時，葉爾欽曾任莫斯科黨委第一書記，但他對改革的緩慢步伐沮喪不耐，一九八七年辭去政治局委員職務，這在當時是空前之舉。葉爾欽強烈批評了戈巴契夫，幾週後就被解除了莫斯科黨委書記的職務。對於戈巴契夫撤他的職這件事，他一直耿耿於懷。一九八九年三月，葉爾欽在大批民眾支持下以無黨派人士的身分當選為蘇聯人民代表大會代表，因而獲得了直接攻擊戈巴契夫的新平台。但葉爾欽飲酒無度，成了官方媒體抹黑他的口實。不過，官方對他的攻擊絲毫無損於他的聲望。蘇聯人覺得，能給未來帶來希望的是葉爾

欽，不是戈巴契夫。對愈來愈多的普通百姓來說，他們對未來的希望就是生活獲得改善，使自己也能享受到西方人司空見慣的貨物和商品。一九九〇年一月三十一日，莫斯科第一家麥當勞速食店開張，數千名莫斯科居民排起環繞整個街區的長長隊伍，準備用手中寶貴的盧布買個「大麥克」先嘗為快。這一景象是對未來的預示。對多數非俄羅斯人來說，未來在於脫離莫斯科走向獨立。愈來愈多的人支持民族主義運動，爭取脫離俄羅斯主導的蘇聯，達成完全的自治。

　　日益增強的離心力大有撕裂蘇聯高度集中的國家體制之勢。邊緣威脅著中央，體制由外而內遭到侵蝕。一九八九年四月初，蘇聯出了亂子。警察和軍人在喬治亞首府第比利斯衝擊了一場約十萬人參加的支持獨立的集會，造成十九名平民抗議者死亡。蘇聯部隊被派往愛沙尼亞、拉脫維亞和烏茲別克，以防那些地方舉行類似的示威。但是，強力壓制已阻擋不住要求更大自治的洪流。

　　迅速增強的反蘇情緒在波羅的海地區尤其突出。老一輩的人還記得愛沙尼亞、拉脫維亞和立陶宛一九四〇年被史達林吞併前的獨立時光。民眾對俄羅斯人大批湧入心懷不滿。他們看得到北歐的電視節目，知道自己享受不到的西方富裕生活是什麼樣子。一九八九年三月波羅的海共和國舉行的選舉中，贊成獨立的候選人大獲支持，在人民代表大會中贏得了席位。三月十一日，立陶宛甚至公然宣布獨立。一夜之間，蘇聯的鐮刀錘子旗換成了立陶宛過去的國旗。莫斯科拒絕接受立陶宛獨立，稱其無效。兩週後，派往立陶宛首府維爾紐斯（Vilnius）的蘇軍坦克轟鳴著碾過立陶宛議會大廈前面的街道。但不過幾小時後，進行武力宣示的蘇軍卻未發一槍撤走了。一九五六年的匈牙利事件雖然沒有重演，但是立陶宛遭到了經濟封鎖，石油供應一度被切斷。這並非蘇聯政府最後一次為防止立陶宛分離而採取措施。

　　蘇聯在別的地方也麻煩纏身。自一九二〇年代以來，蘇聯一直是

由名義上自治的加盟共和國組成的聯邦，俄羅斯占主導地位，各加盟共和國以當地主要族裔為基礎。族裔間的緊張顯現了聯邦結構開始不穩。六月，烏茲別克爆發嚴重的族裔騷亂，成群的烏茲別克青年攻擊講突厥語的麥斯赫特少數民族（Meshketian）。官方數字顯示，有九十五人被打死，數百人被打傷，大量財產被毀，數千人被迫逃離烏茲別克。整個夏天期間，中亞的幾個共和國爆發了更多暴力事件，喬治亞還發生要求民族獨立的示威。蘇聯統治日益虛弱的另一個表現是，西伯利亞西部和烏克蘭的礦工因不滿生活條件，七月間舉行了規模浩大的罷工（據估計有三十萬人參加）。當年十月，最高蘇維埃被迫承認工人有罷工的權利，這違背了只有共產黨及其官方工會才能決定工人利益的原則。八月，一道由一百多萬人組成的蔚為大觀的「人鏈」穿越愛沙尼亞、拉脫維亞和立陶宛，抗議一九三九年蘇聯與納粹德國達成的互不侵犯條約。那項條約達成一年後，波羅的海三國就被併入了蘇聯。一九八九年九月，蘇聯解體的徵兆開始逼近蘇聯的中心，一個名為「烏克蘭人民陣線」的爭取烏克蘭自治的運動，在基輔召開了成立大會。

就算部署軍隊也阻止不了一九九〇年高加索地區和中亞共和國持續的緊張和暴力。一九九〇年一月，亞塞拜然人和亞美尼亞人因納戈爾諾－卡拉巴赫（Nagorny Karabakh）地區歸屬的爭議，在亞塞拜然首府巴庫（Baku）發生了激烈衝突，導致約五十人死亡。派去平亂的蘇軍遇到了亞塞拜然人民陣線成員的激烈抵抗。秩序恢復後，已有大約一百三十名平民被打死，數百人受傷。

波羅的海地區的自治運動也如火如荼，當地人對人口占少數的俄羅斯族的敵意有增無減。一九九〇年五月，受民族主義者主導的愛沙尼亞議會和拉脫維亞議會效仿立陶宛一年多前的做法，投票宣布獨立。整個夏天，蘇聯各地要求自治的活動此起彼伏。就連最重要的烏

克蘭和俄羅斯本身也宣布擁有主權，儘管眼下它們認為這與繼續留在蘇聯並不矛盾。毫無疑問，蘇聯雖然尚未消亡，但已日薄西山。

　　波羅的海共和國的獨立鬥爭給蘇聯造成的困難尤其棘手，但蘇聯尚不肯認輸。一九九一年一月，駐紮在立陶宛首府維爾紐斯和拉脫維亞首府里加（Riga）的蘇軍試圖推翻民選政府，粉碎獨立運動。蘇聯展示武力引起了兩國民眾的巨大抗議，發生流血事件，接下來的動亂中，十四名立陶宛平民和四名拉脫維亞平民死亡，數百人受傷。莫斯科也爆發了反對暴力的大示威，葉爾欽甚至公開支持波羅的海國家爭取自治的行動。暴力阻擋不了已勢不可免的獨立，在二月初舉行的公投中，九成以上的立陶宛人支持獨立。三月初，拉脫維亞和愛沙尼亞也舉行了類似的公投，兩國都有四分之三的選民支持獨立。若是放在過去，即使如此壓倒性的民情可能也會被蘇聯的強大武力鎮壓下去。但是，一九九一年的蘇聯不再願意無視幾乎全體人民的意願，只憑武力留住波羅的海國家。

　　與此同時，制度的銷蝕正朝著蘇聯政治的中心擴展。隨著一黨壟斷的鬆動，派別爭奪開始加劇。改革派和反動派之間的鴻溝日益加寬。有些人希望改革步子邁得更大更快，他們認為戈巴契夫在改變蘇聯的過程中太畏首畏尾。改革派自己的目標也不統一，而且尚未完全定形。有些人想引進資本主義市場制度；還有些人是民族主義者，想讓各加盟共和國獲得更大的權和獨立。葉爾欽在這兩組人中間騎牆，一直沒有清楚表明自己的立場。位於另一個極端的保守派對戈巴契夫的鄙視有增無減。他們眼見，戈巴契夫實行的（在他們眼中）破壞性改變造成蘇聯境況江河日下，為之痛心疾首，但他們力量不夠，無法推翻他。戈巴契夫必須處處小心。他仍然手腕靈活，卻兩邊不討好。他希望維持蘇聯的完整，同時卻又接受甚至歡迎實際上會破壞這個完整的政治和經濟變化，這是他的根本弱點。戈巴契夫真的還想實

現他的初衷，建立改良式的共產主義嗎？還是說他想要西式社會民主和資本主義經濟？無疑的，他的立場趨向了後者。但除了適宜公開表達的官樣文章以外，我們並不很清楚他個人的觀點。儘管改革派敦促他脫離共產黨，儘管他做出的政治選擇顯然是社會民主黨人的選擇，但是他保持了共產黨員的身分和黨總書記的職位。他仍然沒有直接面對蘇聯制度政治緊身衣的束縛和根本性改革之間的矛盾。他腹背受敵，地位日益岌岌可危。

然而，一九九〇年春，戈巴契夫的權力仍然大到足以克服任何內部挑戰，最高蘇維埃和人民代表大會中的大批改革者也支持他。一九九〇年四月，人民代表大會批准了戈巴契夫二月在最高蘇維埃成功推動達成的重大修憲建議。修改後的憲法廢除了共產黨的政治壟斷，承認了多黨政治。三月中旬，戈巴契夫當選為新設立的蘇聯總統。表面上看起來，他的地位甚至得到加強。作為最高蘇維埃主席，他已經是事實上的國家元首了，但總統這個新職位給了他廣泛的行政權，因為人民代表大會決定剝奪政治局的權力。然而事實上，戈巴契夫的地位比以前弱了許多，特別是在葉爾欽一九九〇年五月當選為俄羅斯最高蘇維埃主席，成為占蘇聯全國領土四分之三，最大、最重要的加盟共和國的首長之後。葉爾欽把俄羅斯的利益明確置於蘇聯利益之上，大幅減少了俄羅斯對蘇聯稅收的貢獻，使戈巴契夫的地位受到削弱。葉爾欽贏得了民眾中俄羅斯民族主義者的支持，菁英中欣賞新自由主義的自由市場思想（並希望獲得大規模美國援助）的經濟學家也擁護他。俄羅斯民族主義者認為，除白俄羅斯和烏克蘭以外其他加盟共和國，都是邊緣的非斯拉夫實體，它們若是獨立出去，反而能提高並加強俄羅斯的力量。民眾認為戈巴契夫個人應該對國家凋敝困頓的經濟狀況負全責，他的民望於是一落千丈，葉爾欽則被視為俄羅斯人民利益的捍衛者，一路吉星高照。

接下來的幾個月間，蘇聯在經濟全面崩潰的黑雲壓城下分崩離析。工業生產在一九九〇年已經慘不忍睹，一九九一年更是大幅下降。預算赤字飆升，令人怵目驚心。消費品和燃料都出現短缺。食品價格翻了兩倍。戈巴契夫時乖運蹇，推行的經濟復甦計畫毫無成效。不出意料的，他的民望急劇下滑。根據一九九〇年秋天的一次民意調查，半數以上的蘇聯公民說他們的生活在戈巴契夫當政期間變糟了，只有百分之八的人說生活變好了。

與此同時，激烈反對戈巴契夫的保守派在積聚力量，一九九〇年十月一個名為「聯盟」（Soyuz）的組織成立了。不過，對戈巴契夫最明顯的威脅還是葉爾欽的崛起。葉爾欽那年夏天脫離了共產黨，次年六月在俄羅斯總統選舉中獲勝。種種情況表明，戈巴契夫已無力回天，他掌管的蘇聯滿目瘡痍，葉爾欽卻正在俄羅斯建起穩如泰山的群眾基礎。一九九一年三月，近二十五萬莫斯科公民夷然不顧大批安全警察在場，參加了支持葉爾欽的示威。在曾經強大的蘇聯大廈將傾之時，葉爾欽對俄羅斯的未來充滿信心的話語，贏得了民眾的衷心支持，他展示的有力形象也備受讚賞。

但葉爾欽尚無力挑戰戈巴契夫的最高地位。事實上，一九九一年春，他看到與戈巴契夫合作對自己有利，於是克服分歧，和戈巴契夫一起推動新的聯盟條約（該條約於八月二十日簽署）。這項新聯盟條約表面上是為了增加各加盟共和國的權力，創造一個「主權國家聯盟」（Union of Sovereign States），中央除了掌管經濟政策和軍事事務之外，其餘一律不再插手。其實，葉爾欽真正感興趣的只是增強俄羅斯的權力，也連帶鞏固他自己的地位。

同時，戈巴契夫的保守派敵人蠢蠢欲動。一九九一年七月二十三日，十二位著名人士簽署並在報紙上發表了《致人民書》，強烈譴責降臨在「我們的祖國、歷史、自然和我們光榮的先輩託付給我們的偉

大國家」頭上的「巨大、空前的不幸」，說蘇聯「正在沉淪，山河破碎，正墮入黑暗的深淵」。這十二人主要是黨的幹部（雖然不是最高級別的幹部），還有「聯盟」領導人和兩位軍隊將領。其他反對戈巴契夫的人沒有走到前台，但幾乎可以肯定他們知道《致人民書》的內容，也同意其中表達的情緒。美國人在六月曾提醒戈巴契夫，說一場反對他的陰謀正在醞釀，不過蘇聯國內的主要改革派早就發出過同樣的警告。戈巴契夫沒有被嚇倒，但嚴重低估了危險。他安排葉爾欽在莫斯科暫時代理國務，自己於八月初前往克里米亞度假，休養疲憊的身心。

八月十八日，陰謀者發動了政變。戈巴契夫在度假別墅發現，自己的對外電話被切斷。三名參與政變陰謀的人前來拜訪，勸他暫時把權力交給副總統亞納耶夫（Gennadi Yanaev），但被戈巴契夫斷然拒絕。在莫斯科，大將克留奇科夫（Vladimir Kryuchkov，蘇聯祕密警察的領導）、普戈（Boris Pugo，內政部長）、帕夫洛夫（Valentin Pavlov，總理）、元帥亞佐夫（Dimitri Yazov，國防部長）和副總統亞納耶夫等政變領導人組成了一個國家委員會，計畫在八月十九日宣布進入緊急狀態後由這個委員會來接管治國大任。

事實上，他們的每一步都搞砸了，甚至沒有切斷電話網，也沒能阻止衛星電視的播放，或逮捕葉爾欽和其他仍忠於戈巴契夫的人。他們把莫斯科的軍事行動交由蘇聯空降兵司令格拉契夫（Pavel Grachev）負責，這又是一大失算，因為後來發現他根本不贊成政變。在格拉契夫的暗中支持下，葉爾欽在八月十九日早上得以號召起民眾的支持。這是需要勇氣和膽量的。這場戲劇性事件迅即藉由電視傳遍全球，其中一個場景深深地烙印在人們的記憶中：葉爾欽爬上停在俄羅斯最高蘇維埃大廈（通稱白宮）外面的一輛坦克，痛斥政變。接下來的一天半，局勢非常緊張。國家委員會沒有放棄，下令坦克向白宮推進。但

是，人民的力量再次發揮了重要作用。包括許多年輕莫斯科人在內的大群公民無視武力威脅，舉行了反政變示威。八月二十日，示威活動更加浩大。三名抗議者被打死。那天傍晚，政變開始不攻自潰。策劃者就下一步行動各執己見，軍隊指揮官抗命不從。八月二十一日午後，政變失敗，策劃者被逮捕，其中兩人自殺身亡。次日一早，戈巴契夫自克里米亞歸來。整個危機期間，他始終堅定不移，但我們可以想見，政變嚴重削弱了他的地位。後來的幾天內，我們可以清楚地看到他的權力在迅速流失。此刻的英雄是葉爾欽。

蘇聯的末日正迅速逼近。至此，戈巴契夫透過新的聯盟條約來重振蘇聯的希望已完全破滅。一九九一年八月二十三日，葉爾欽中止了蘇聯共產黨在俄羅斯的活動（十一月六日更是對其發布了禁令）。他還宣布組建新內閣，自己擔任總理，將啟動建立在自由市場經濟原則上的全面經濟改革方案。

其他加盟共和國也開始各行其是。它們幾乎都反對政變。政變失敗後，各加盟共和國馬上利用蘇聯搖搖欲墜、虛弱無力的機會要求獨立。波羅的海共和國是領頭羊。八月二十四日，葉爾欽代表俄羅斯承認了它們的獨立。後來三天內，烏克蘭、白俄羅斯、摩爾多瓦、亞塞拜然、烏茲別克和吉爾吉斯相繼宣布獨立，脫離了蘇聯。九月，若干其他共和國也加入了獨立的行列。只有俄羅斯和哈薩克還留在蘇聯。十二月一日舉行的公投中，百分之九十的烏克蘭人贊成宣布獨立，這是在蘇聯棺材上敲上的最後一顆釘子。一星期後的十二月八日，俄羅斯、烏克蘭和白俄羅斯同意解散蘇聯，組成獨立國家國協（Commonwealth of Independent States，簡稱獨立國協）。這是個鬆散的組織，只在經濟和軍事上保持一定的一致。十二月二十一日，又有八個共和國加入獨立國協。三個波羅的海國家以及和立陶宛一樣在一九九〇年三月就宣布獨立的喬治亞，都拒絕加入獨立國協，決定走自

己的路。

　　戈巴契夫八月二十四日就辭去了蘇聯共產黨總書記，這個自史達林以來蘇聯的最高權力職位。他一度保留了總統的職務，但那基本上只是個空頭銜，總統一職已經失去了真正的權力或目的。在十二月二十五日的電視談話中，戈巴契夫宣布辭去總統職位。那天晚上，戈巴契夫正式將所有權力移交給俄羅斯總統葉爾欽。兩天後的清晨，葉爾欽進入克里姆林宮，打開一瓶威士忌，和幾個心腹手下一起慶祝了這個時刻。

　　戈巴契夫在最後的那次全國電視談話中為自己辯護。他宣稱，他推行的改革乃歷史之必需，完全有理。他說，改革去除了使國家陷入貧困的專制主義，實現了民主變革和開明自由的突破，結束冷戰也消除了再次爆發世界大戰的威脅。戈巴契夫這篇談話在西方也許會得到熱烈歡迎，但在行將就木的蘇聯的公民當中就很難說了。蘇聯人對他的評價分歧嚴重。是戈巴契夫鋪平了道路，使他們得以走向獨立，確立多元民主，獲得共產黨獨攬大權時無法想像的自由。然而，在許多對他不滿的人看來，民主的原則和願望固然可貴，但戈巴契夫造成了他們生活水準下降。戈巴契夫結束了冷戰，但那只是因為他向西方舉手投降，使一個曾經睥睨天下的超級大國屈辱地淪為次等國家。「他在克里姆林宮上台時，我們是帝國，」多年後，莫斯科的一位計程車司機憤憤地回憶說，「但到他六年後離開時，什麼都沒有了。他把我們賣給了西方。他就這麼投降了。」戈巴契夫本人一直對蘇聯解體深感遺憾。「一個前途無限、資源豐富的偉大國家就這樣消亡了，我非常遺憾，」事過很久之後，他在一次採訪中這樣說，「我從來都只是想改良它，絕沒有摧毀它的意思。」

　　一九九一年十二月三十一日，自蘇聯創建六十九年後，催生它的俄國革命爆發七十四年後，蘇聯解體。沒有儀式排場，沒有戲劇性的

收尾，就這樣悄無聲息地完結了。但即使如此，這仍是個劃時代的日子。它象徵著一個重大歷史時代的結束，也代表著可能是現代最令人矚目的政治實驗的失敗。在血流成河的二次大戰的劫難時代，蘇聯占據了中心位置。二戰中，蘇聯與希特勒的德國兩強相拚，死傷無數、遍地焦土，終於取得了勝利。自那以後，蘇聯獲得了在歐洲東半部的統治權，發展為超級大國，不僅給歐洲事務，而且給全球事務都留下了不可磨滅的印記。列寧及其追隨者在一九一七年俄國革命和隨後慘酷的俄國內戰期間，透過暴力鬥爭建立了蘇聯這座大廈，許諾將其建成平等正義的烏托邦。

然而事實證明，這座大廈只適合蘇聯的特殊情況，即使在蘇聯也是在付出了難以想像的代價後才建成的。這個幅員遼闊、經濟社會落後的國家靠著異乎尋常的強迫手段，發展為在四年的慘烈戰爭期間足以跟納粹德國抗衡的強大力量，戰後又成為擁有巨大核子武器庫的超級大國。蘇聯模式無法轉用於歐洲其他地方，因為它們的社會、經濟、政治和文化結構截然不同。無論在蘇聯本身，還是在它戰後的任何一個中歐和東歐衛星國，這種共產主義都不是大多數人民透過自由選舉選擇的制度。支持蘇聯統治的有許多是真正相信共產主義的理想主義者（儘管隨著時間流逝，支持者人數有所減少），但還有更多的投機取巧、隨波逐流的人。但是，事實也日益明顯地證明了，蘇聯關於未來的許諾難以實現，蘇聯的統治全靠極端強迫和壓制自由的鐵鉗控制才得以維持。戈巴契夫放鬆了鐵鉗，使蘇聯人民能夠完全衝開箝制。而沒有了鐵鉗，就只剩下一片虛空。

新時代

有些左派會哀悼蘇聯的終結。蘇聯曾代表著令人樂觀的未來，要

取代資本主義的嚴酷不公，蘇聯的失敗令他們深感遺憾。有失落感的不僅僅是原來的官員和制度的受益者，或哀嘆帝國消亡和強國衰落的人。自青年時期就篤信馬克思主義的偉大歷史學家霍布斯邦和許多其他左翼知識分子一樣，看到了蘇聯制度的系統性缺陷，也承認自己不想生活在那種制度之下，但仍為它的消亡而哀傷。霍布斯邦欽佩戈巴契夫（雖然他希望能有一位「目標不那麼遠大，而是更加務實的改革者」），但對蘇聯解體後的未來發展感到悲觀。他寫道，蘇聯垮台後，「短期和中期的輸家不僅是從前蘇聯的人民，也是全世界的窮苦大眾。」

然而，西方沒有多少人對蘇聯解體感到遺憾，除了始終堅信蘇聯制度優越性的人，而那些人即使在西方共產主義者當中也屬於極少數。自由主義者和社會民主黨人絲毫不覺惋惜，而西歐的，特別是美國的保守右派更是因為贏了冷戰而感到滿意。他們稱讚雷根總統（在他親密的英國助手──「鐵娘子」柴契爾的慫恿下）對共產主義的強硬姿態。他們欣喜地認為，事實證明「星戰計畫」和高額軍費開支十分必要，因為它們顯示了西方經濟的優越，暴露了蘇聯的虛弱。他們揚揚得意，把蘇聯解體炫耀為自由資本主義戰勝了國有社會主義，是自由戰勝了奴役。

不過，多數人並沒有因此而趾高氣揚，他們更多是因為冷戰終於結束、核子戰爭的危險隨之消除而如釋重負，此外還因為一個建立在壓迫和不自由之上的制度終於垮台、西方價值觀占了上風而感到滿意。在中歐和東歐，民眾的釋然儘管反映了類似的情感，調子卻有所不同。他們最感寬慰的是，靠蘇聯撐腰的共產黨政權對他們的長期壓迫終於結束了。他們可以著手恢復自己的民族認同，有朝一日也有望享受到西歐那樣的富裕繁榮。

可是，這種欣喜之情沒有維持多久。從前蘇聯的衛星國進入美麗

新世界後，水土不服，諸事不順。短暫的狂喜在新的苦難面前迅速褪色。對西歐人民來說，蘇聯的垮台拖得太久，最終的完結太平淡，所以沒有因意識形態宿敵的滅亡而迸發沸騰的喜悅。同時，別的事情又轉移了民眾的注意力，特別是伊拉克入侵鄰國科威特造成危機後爆發的波斯灣戰爭。對於蘇聯制度的崩潰，西方真正感到興奮狂喜是在一九八九年十一月柏林圍牆倒塌的那一刻，因為它象徵著蘇聯對東歐的箝制被打破。後來的事態發展不過是一段長長的尾聲。

　　但即使如此，人們還是普遍認識到，蘇聯的消亡代表著一個歷史的節點，一個重要的歷史轉折關頭。記者伍拉科特（Martin Woollacott）一九九一年十二月二十七日在《衛報》上發表的文章，就反映了當時的普遍情感：「二十世紀於一九九一年十二月二十五日莫斯科時間晚上七點結束。」那是戈巴契夫在電視上宣布辭去蘇聯領導人職務的時候。「似乎我們這個世紀的事情提前做完了。代表著本世紀特點的兩次世界大戰、資本主義和共產主義的對抗、老帝國和新強權的衝突這些數十年來相互作用的鬥爭宣告完結。布爾什維克主義終於像邱吉爾一九一八年要求的那樣**自殺**了。」

　　三年後，霍布斯邦在他著名的《極端的年代》（*Age of Extremes*）一書中，也把蘇聯的消亡描述為「短暫的二十世紀」的終結，一個以資本主義與共產主義之爭為主要特點的時代的結束。從保守派的視角來看，美國政治學家福山（Francis Fukuyama）甚至聲稱蘇聯的滅亡象徵著「歷史的終結」。福山在他一九九二年出版的著作《歷史之終結與最後一人》（*The End of History and the Last Man*）中，援用了他在三年前全面變革席捲東歐之際發表的一篇流傳廣泛、爭議很大的文章中的內容。一些批評家幼稚地認為福山在荒謬地宣稱事態將靜止不動，在這個意義上，歷史也將停止。但其實，福山是從哲學的角度探討問題，並部分地吸收了十九世紀初著名德國哲學家黑格爾概述的思

想。黑格爾認為，法國大革命後廣泛傳播的自由平等原則的勝利是歷史的最後階段。福山說，自由民主擊敗了唯一可與它抗衡的挑戰者共產主義之後，意識形態的發展演變就達到了頂峰，「歷史」（首字母 H 要大寫）因此隨之終結。福山寫道，共產主義被擊敗後，「自由民主成為遍及全球不同地區與文化的唯一普遍一致的政治祈望」。自由民主這一「個人自由和人民主權的理念」成了「具有潛在普世地位的意識形態的拳擊場上唯一屹立不倒的競爭者」。那篇大膽的論文引起了激烈的辯論，不出意料地受到嚴厲批評。它不僅被認為觀點錯誤，而且被廣泛視為反映了不可一世的美國新保守主義。

世界歷史後來的發展並未證實福山的論點。世界上大片地區在文化上和政治上拒絕自由民主原則，使人不禁對「歷史終結」這一目的論的假設心生疑惑。經濟自由與政治權威相結合的中國模式給中國帶來了非凡的成長。這對西方以及全世界那些一直認為市場經濟必然帶來西式自由民主的人來說是嚴重的挑戰。未來無法預測，當年黑格爾認定「歷史」到了終點的時候如此，現在也如此。一九八九年到一九九一年間歐洲的動亂，最終導致了蘇聯以及它在近四分之三世紀的時間內，所代表的對資本主義自由民主的替代之路的垮台。即使從福山的哲學角度來看，歐洲的動亂也並不等於「歷史」的終結。但儘管如此，它們造成的政治地震還是撼動了全世界，特別是歐洲。一九九一年後，歐洲換了全新的面貌。

新歐洲沒有了將其從中一切兩半的鐵幕。但是，數十年分裂狀態的結束並不意味著團結的到來。相反的，歐洲分成了四個清楚可辨的集團。不錯，根本的意識形態分裂已不復存在，但不同集團之間的分歧也非同小可。

第一個集團由在蘇聯最後的日子中成立的獨立國協成員國組成，有俄羅斯、烏克蘭、白俄羅斯和八個過去的蘇聯加盟共和國。這些國

家缺乏多元民主與合法自治的傳統，也沒有相應的機構制度（包括教會、工會、獨立報紙），而正是這些機構制度在歐洲其他地方逐漸確立了不受國家控制的廣泛公民自由。統治歐洲這個部分的約七十年的政權垮台後，形勢一片混亂，因此，這些過往的蘇聯加盟共和國轉向能夠維護秩序的強人總統應在意料之中。這樣的強人有俄羅斯的葉爾欽、烏克蘭的克拉夫朱克（Leonid Kravchuk）和自一九九四年起即擔任白俄羅斯總統的盧卡申科（Aleksandr Lukashenko）。歷史和地理的因素將歐洲的這一部分與其他部分隔離開來。它將繼續走自己的另外一條路。

　　另一個極端是西歐國家。對它們來說，德國統一加上蘇聯完結，意味著超越西歐傳統界線和歐洲共同體目前的範圍來實現歐洲一統，突然間成為實實在在的可能。歐洲一體化的問題重新被擺上了檯面。這不僅對確保德國與西方的緊密連結十分必要，也能夠滿足擺脫了蘇聯桎梏的那些國家的願望（但西歐國家從未認真設想過歐洲一體化將包括俄羅斯和其他從前的蘇聯加盟共和國）。如何將新生但貧窮的中歐和東歐民主國家納入歐洲一體化計畫？新歐洲會產生何種地緣政治影響？例如說，西方國家的防衛聯盟北約組織應向東歐擴張到何種程度？抑或是北約現在已無存在的必要，因為鐵幕已成過去，華沙條約組織也不復存在（華約於一九九一年解散）？

　　第三個鬆散的國家集團是原先在西方眼中同屬「東歐」的一些國家，但它們並非團結一致的陣營。它們中間有些國家，特別是波蘭、捷克斯洛伐克和匈牙利，在共產黨政權之前曾有過顯著的民族認同，也有一定的多元民主經驗，雖然斷斷續續。即使在共產黨統治下，它們也在國家的觸角不及之處創造或培育了文化要素。另外，捷克斯洛伐克和匈牙利從不認為自己屬於「東歐」，波蘭的這種感覺倒不那麼強烈。捷匈兩國一貫自視為中部歐洲的核心。中歐在地理分界上比

較模糊，在文化上與奧地利和德國連結緊密，連結延伸的方向大多向西，而非莫斯科的方向。現在，它們看到了重振民族認同、民主傳統和文化活力的機會，尤其感到了西歐繁榮的強大吸引力。在經濟上和文化上，中歐國家努力要重新加入自己與之隔絕已久的歐洲。

愛沙尼亞、拉脫維亞和立陶宛這三個波羅的海國家雖然在地理位置上是東歐的一部分，但它們和中歐國家一樣，有著長期的民族獨立傳統，儘管它們在兩次世界大戰之間建立起來的脆弱的民主制度命不長久。它們因一九四〇年被蘇聯併吞而深懷怨恨，在蘇聯日薄西山時為了重獲獨立而激烈抗爭。現在，它們希望西方，也就是北約和歐洲共同體能保護它們不再受俄羅斯的入侵，幫它們實現西方民主帶來的經濟繁榮。當然，俄羅斯人對北約的任何擴張都滿懷戒備。

蘇聯消亡後，東南歐國家形成了又一個集團。在保加利亞和羅馬尼亞，共產黨統治垮台後上台的政權雖號稱民主，其實是掛羊頭賣狗肉。腐敗猖獗，貧困嚴重，居間的公民社會組織付之闕如，國家因此無法順利過渡為運轉良好的自由民主政體。之前的巨大動亂塵埃落定後，絕大部分權力依然掌握在舊政權官員的手中。這些國家也對歐洲共同體的繁榮羨慕不已，但對它們來說，加入歐洲共同體最多僅是遙遠的憧憬。阿爾巴尼亞更是如此。它在前歐洲共產主義陣營中是最窮的國家，共產黨政權勉強維持到一九九二年三月，那裡貪腐橫行、犯罪肆虐，數十年的專制統治積重難返。這意味著阿爾巴尼亞要發展真正的民主制度，有朝一日加入歐洲共同體，還需要長久的過渡期。

南斯拉夫從來不是蘇聯陣營的成員。狄托一九八〇年五月去世後，嚴重的經濟困難不斷惡化，各種矛盾加劇了開始露頭的族群衝突。隨著一九八九年南斯拉夫聯邦開始走向解體，族群衝突進一步發展，造成了可怕的後果。

最後，蘇聯的消亡和冷戰的結束不僅重塑了歐洲，也改變了全球

政治。戈巴契夫確保蘇聯在最後的年月中與美國協力平息了非洲大陸上，衣索比亞、莫三比克、安哥拉和納米比亞曠日持久的激烈衝突。他還幫助促成南非的非洲民族議會（African National Congress）和長期以來與之鬥爭的種族隔離政權達成和解。非洲民族議會失去了蘇聯的支持，南非爆發共產主義革命的可能性也隨之消退。在這種情況下，南非種族隔離政權的最後一位國家元首戴克拉克（Frederik Willem de Klerk）總統也願意跟非洲民族議會坐下來談判。一九九〇年二月十一日，被囚禁二十七年的曼德拉（Nelson Mandela）獲釋。曼德拉作為反抗南非種族隔離政權鬥爭的化身享譽國際，他的出獄象徵著對未來重新燃起希望的時刻的到來。但是，蘇聯的消亡使一些非洲國家（和拉丁美洲的古巴）失去了某種意義上的保護者，以及資金支持的來源。這些國家面對的未來不是迅速增加的繁榮，而是急速擴張的全球化經濟永無饜足的需求。

特別重要的是，戰後世界中兩個超級大國中的一個轟然倒塌，打開了美國統治全球，在世界事務中一家獨大的可能性，這個可能性一度還成了現實。後來，中國向美國的統治提出了挑戰，重振國力的俄羅斯則是另一位挑戰者。然而此刻，美國新保守主義者因美國將獨霸世界而欣喜雀躍，歡呼美國打贏了冷戰，「美利堅治世」（Pax Americana）的未來看起來一片光明。蘇聯解體後的新時代開始不久，這一論點就在歐洲遇到了考驗，因為歐洲大陸即將重燃戰火。

第十章

嶄新開端

New Beginnings

我覺得歐洲並未充分認識到南斯拉夫發生暴力的可能性，現在暴力隨時可能發生。

——南斯拉夫人權律師波波維奇（Srđa Popović），

一九九一年六月

我問波蘭歷史學家耶德利奇（Jerzy Jedlicki），波蘭在歷史上什麼時候像今天這樣處於如此有利的地位。他毫不猶豫地回答說：「也許在十六世紀下半葉。」

——賈頓艾許，一九九五年十一月

　　冷戰的結束燃起了巨大的希望，歐洲也進入了新開端的時代。最明顯的表現是前共產主義國家開始建立自由經濟體系和民主政府。西歐也在建立歐盟和創立共同貨幣的征程中邁出了新步伐。與此同時，華沙條約組織的軍事機構於一九九一年三月解散，使人燃起了走向持久和平的希望。政治領導人加強歐洲一體化的意願大增，最終建立一個共同追求和平，有民主政府當基礎、共同繁榮做保障的歐洲似乎不再是夢。中歐和東歐人民抱的希望最大，希望舊政權垮台後自己很快

能享受到西歐普遍存在的繁榮。

　　然而，起初興高采烈的人們誰也沒有料到九〇年代前半期的過渡如此困難。這個十年過半後，情況才開始好轉。九〇年代初，就在人們開始萌生希望，以為更加美好的世界即將來臨之時，陰雲再次籠罩歐洲上空。九〇年代伊始，戰火又重返歐洲。

族群戰爭

　　從一九九一年持續到一九九五年的南斯拉夫戰爭（或者應該說是一系列的戰爭），對新歐洲是一大衝擊。這場戰爭的特點一言以蔽之，是可怕的「族群清洗」。在行將解體的南斯拉夫，為加強各地區的民族同一性，採取了強行驅逐和大批屠殺的做法，使歐洲其他國家不寒而慄。歐盟焦慮萬分，努力想解決這個複雜問題，卻無力阻止這場可怕的衝突。聯合國派遣了維和部隊，但沒能維持和平。歸根究柢，事實又再度證明，歐洲無力結束自己土地上的戰爭，並建立持久的戰後處置安排，只能再次依靠美國。

　　許多西方人認為，南斯拉夫的族群戰爭不過是典型的巴爾幹現象，是歷史悠久的衝突的現代版，但這是不經大腦思考貿然得出的結論。南斯拉夫戰爭的確有著關鍵的歷史背景，但那是不久前的歷史，即八〇年代期間南斯拉夫民眾對政權弊病叢生的不滿，被引導為民族主義情緒。一九八〇年五月去世的狄托在他的長期統治期間，無情鎮壓著跟族群相關的不滿情緒，鐵拳壓制和個人威望雙管齊下，在國內複雜的各種利益之間小心地維持著平衡。然而，在平和的表面下卻翻滾著不滿情緒和二戰遺留下來的深刻敵意，當共產主義不再能緩解日益加劇的全面經濟社會困難時，不滿和敵意就噴湧而出。南斯拉夫的族群分裂成了醞釀悲劇的鍋爐。

　　南斯拉夫這個二戰後成立的社會主義聯邦由六個共和國組成，分別為波士尼亞－赫塞哥維納（以下簡稱波赫）、克羅埃西亞、馬其頓、蒙特內哥羅、塞爾維亞，以及斯洛維尼亞。各共和國的人口多少不一，塞爾維亞人（近八百萬）比克羅埃西亞人（不到五百萬，是第二大民族）多得多，最小的蒙特內哥羅共和國人口只有六十萬左右。不同族群人口的分布通常與各共和國的邊界不相吻合，所以一般來說，各共和國的人口都是不同族群的混合，反映了不同的文化傳統、語言和宗教。西北部的斯洛維尼亞幾乎全是同一族群的人，但在聯邦的其他共和國中，沒有整齊的邊界恰好把塞爾維亞人、克羅埃西亞人、穆斯林和其他族群的人各自分隔開來。塞爾維亞共和國中住著許多克羅埃西亞人，克羅埃西亞共和國也有塞爾維亞人聚居地，而在波赫，塞爾維亞人、克羅埃西亞人和二百萬穆斯林比鄰而居，幾百年來一直如此，大家基本相安無事。南斯拉夫的族群大拼盤中還有蒙特內哥羅人、馬其頓人、阿爾巴尼亞人和其他少數族群。狄托鐵腕實施的平衡手段確保了每一個共和國都能夠從戰後幾十年間迅速成長的經濟中受益（儘管程度也許不平等），幫助緩解了深層的族群矛盾。

　　然而，自從一九七〇年代經濟出現下行，日益高漲的民怨開始表現為強調彼此的文化差異和族群認同。就在這個十年的中期，南斯拉夫陷入全面經濟危機，國家難以承受巨額的國際債務，人民生活水準迅速下滑，通膨率飆升，失業嚴重。富裕和貧窮的共和國之間的差距開始拉大，文化與民族的差異更加突出。各自族群的視角造成了雙重的歪曲：富裕的共和國認為貧窮的共和國是寄生蟲，貧窮的共和國則認為富裕的共和國占了大便宜，因為聯邦制度就是為了照顧它們的利益而建立的。

　　斯洛維尼亞在八〇年代早期就已經是南斯拉夫聯邦中最西化、文化上最寬容、經濟上最發達的地區。一九八九年，斯洛維尼亞在經濟

困頓的南斯拉夫中一枝獨秀，把其他地區遠遠甩在後面，在它後面的是克羅埃西亞，但還落後了相當一段距離。另一個極端是波赫，最窘迫的是科索沃地區。社會經濟差距的拉大造成了不滿情緒，進而助長民族偏見和敵意。斯洛維尼亞人和克羅埃西亞人不高興，因為他們相對富裕的資源被調去補貼生產效益不好的地區。塞爾維亞人則羨慕又嫉妒克羅埃西亞人和斯洛維尼亞人較高的生活水準。科索沃地區的塞爾維亞族人指望貝爾格勒保護他們不受阿爾巴尼亞族人的歧視。在國外工作或被迫流亡國外的民族主義者也推波助瀾了國內的族群仇恨。

南斯拉夫人把蘇聯陣營禁受的創痛看在眼裡，自己也在求變。國家深陷困境，共產主義制度卻束手無策，喪失了合法性。政治危機山雨欲來。一九八六年，有百分之八十八的斯洛維尼亞人和百分之七十七的克羅埃西亞人，表示不願意加入共產黨。即使在聯邦最主要的共和國塞爾維亞，不想入黨的人也高達四成。共產主義意識形態的弱化帶來了宗教信仰的重興。塞爾維亞人中的東正教徒、克羅埃西亞人中的天主教徒和波赫穆斯林開始把宗教看作民族身分的象徵，宗教遂成為一個分裂性因素。

各族群的民族主義正迅速取代共產主義，成為主要的意識形態。根據一九八五年的一次民意調查，大部分年輕的成年人仍把自己南斯拉夫人的身分置於族群身分之上（雖然在克羅埃西亞人和斯洛維尼亞人當中，持此觀點的人較少）。然而，其他調查顯示族群關係正在惡化。這在流行文化中也有一定的表現，例如足球迷會把球賽看成族群間激烈競爭的象徵，他們揮舞自己族群的旗幟，高唱二戰期間塞爾維亞民族主義者組成的抗德武裝組織「切特尼克」（Chetnik）的成員唱過的老歌；克羅埃西亞人則做出戰時犯下了嚴重戰爭罪的「烏斯塔沙」（Ustaše）的法西斯式敬禮。一九八〇年代期間，足球流氓行為在一些歐洲國家（特別是英國）相當普遍，在南斯拉夫則多了

赤裸裸的族群因素。例如一九九○年，札格雷布迪那摩隊（Dinamo）對上貝爾格勒紅星隊（Red Star）的比賽中，就有一千五百名克羅埃西亞和塞爾維亞球迷上演了全武行。貝爾格勒紅星隊「鐵桿粉絲團」的領頭人綽號「阿爾坎」（Arkan），真名是拉茲尼亞托維奇（Željko Ražnatović）。他是暴力犯罪分子，不久後就牽頭成立了最臭名遠播的塞爾維亞準軍事部隊。

　　由於族群分裂日漸明顯，在此基礎上也出現了針對歷史的新解釋。自一九八○年代中期起，南斯拉夫的政治氛圍變得比較寬鬆，當局允許人們在書籍、文學、電影和大眾媒體上公開討論過去的禁忌話題。二次大戰就是其中一個禁忌話題，眾人討論這個話題的範圍超出了從前一貫會被稱頌的共產黨游擊隊，甚至就連狄托本人也很難不被批評。這位原本不容褻瀆的民族英雄被說成是腐朽的專制統治者，他的奢華生活跟他在公開場合宣揚的社會主義原則顯得南轅北轍。研究者還修正了狄托在戰爭時的作用，而長期被官方譴責為保王派和反動派（他們還差一點就被說成是徹頭徹尾的法西斯分子）的切特尼克在塞爾維亞也得到平反，而這本身就等同貶低了狄托領導的共產黨游擊隊的作用。九○年代初，以狄托命名的街道和廣場紛紛被改名，狄托的陵墓也被關閉。

　　在利用並濫用歷史來宣揚帶有侵略性、不容異己的族群認同的宣傳中，有個關鍵要素是二戰中克羅埃西亞獨立國的烏斯塔沙法西斯民兵犯下的可怕暴行。烏斯塔沙殺害了數十萬人，主要是塞爾維亞人，以及猶太人和吉普賽人，他們的手段經常殘忍至極。然而，關於被害者的數字究竟有多少，各方卻有很激烈的爭議，例如說塞爾維亞人就會拚命誇大數字，克羅埃西亞人則會極力減少數字。像是不久後擔任克羅埃西亞總統的圖季曼，就非常輕描淡寫烏斯塔沙犯下的血債（他還莫名其妙地把迫害塞爾維亞人的罪責基本上全部推到了猶太人頭

上，並聲稱猶太人在大屠殺中遇害的人數被大大地誇張了）。克羅埃西亞人則強調說，克羅埃西亞在二戰接近尾聲時投降之後，在塞爾維亞游擊隊手中吃盡了苦頭。另一方面，塞爾維亞人腦海中關於烏斯塔沙暴行的集體記憶，也讓愈來愈多的人認為，只有建立塞爾維亞人自己的國家，才能讓歷史不再重演。

象徵著國家團結的戰爭英雄狄托過世後，沒有一個人能夠超越不斷激化的深層族群矛盾，把國家團結在一起。一九七四年南斯拉夫聯邦通過的憲法笨重臃腫，國家雖試圖透過權力下放來達成南斯拉夫的族群平衡，但實際上卻加重了各民族的離心力和國家政治上的困難。狄托生前最後幾年健康惡化期間，國家權力由主席團的八位成員分享（聯邦的六個共和國各一位，外加塞爾維亞的兩個自治省佛伊弗迪納和科索沃各有一位），每人一年輪流擔任國家元首和三軍總司令。南斯拉夫有一個聯邦議會、六個共和國議會、兩個塞爾維亞自治省議會、十個共產黨（包括南斯拉夫全國共產黨和軍中的共產黨）。在這樣複雜的安排中，地區一級黨組織和政府的重要性大於聯邦實體自然不是奇怪的事。但軍隊和安全警察是兩個重大例外，聯邦政府一直控制著這兩股力量。

然而就在此時，仍無跡象顯示衝突迫在眉睫。但不久後，政治手腕嫻熟、青雲直上成為塞爾維亞共產黨領導人的米洛塞維奇（Slobodan Milošević）就認識到，要擴大他的權力和塞爾維亞的力量，不能靠推動共產主義，而是要利用族群的民族主義情緒。

一九八七年四月二十四日，米洛塞維奇在科索沃發表了一篇煽動性極強的演講，點燃了族群衝突擴大的導火線。科索沃在塞爾維亞的神話中占有特殊的位置，因為被視為塞爾維亞民族的搖籃。早在一三八九年，塞爾維亞貴族曾跟土耳其人在科索沃交戰，戰敗後卻英勇地選擇死亡而非投降。到了二十世紀末，塞爾維亞人在科索沃成了少

數族群，積怨甚深。他們認為自己明明是在塞爾維亞人的土地上，卻受到占人口多數的阿爾巴尼亞人（約百分之八十五）嚴重地迫害。米洛塞維奇去科索沃時是共產黨高官，回來時成了眾人崇敬的民族主義者。一群憤怒的塞爾維亞人聲稱遭到科索沃阿族警察的毆打後，米洛塞維奇在電視演講中告訴他們，「這是你們的土地」，還說：「誰都不應該大膽動手打你們。」此言一出，那天夜裡馬上成為迫害阿爾巴尼亞人的暴力之夜。米洛塞維奇給塞爾維亞民族主義火上澆油，而且不僅限於科索沃一地。不久後，他依靠民族主義的幫助，成功登上了塞爾維亞總統的寶座。南斯拉夫漫長的死前掙扎就此開始。

米洛塞維奇在科索沃發表那篇惡劣談話後的三年間，形勢每況愈下。南斯拉夫的經濟陷於崩潰，聯邦政府愈來愈難以掌控各個共和國。同中歐和東歐一樣，爭取民主化和自治的壓力在南斯拉夫內部與日俱增。一九九〇年，南斯拉夫的共產黨統治走到了盡頭，那年舉行了四十多年來首次的多元選舉，民族主義政黨在各處都贏得了勝利，只有塞爾維亞，以及實質上是塞爾維亞傀儡的蒙特內哥羅是例外。但即使在這兩個共和國，共產黨也基本上成了塞爾維亞民族主義的工具。南斯拉夫聯邦陷入了絕望求生的境地。

一九八九年，圖季曼創立了克羅埃西亞民主聯盟黨，在次年的選舉中當選為克羅埃西亞總統。現在，他開始呼籲克羅埃西亞邊界內外的克族人要團結起來。他說波赫是「克羅埃西亞民族國家」，那裡的穆斯林不過是伊斯蘭化的克羅埃西亞人，此言乃不祥之兆。圖季曼的政黨宣稱，要在波赫和塞爾維亞交界的德里納河（River Drina）邊保衛克羅埃西亞。身為總統，圖季曼愈來愈堅決要求實現克羅埃西亞的獨立（起初還口頭上敷衍說要建立鬆散的南斯拉夫聯邦）。克羅埃西亞強硬的民族主義讓這個南斯拉夫第二大共和國內的塞爾維亞少數族群日益忐忑不安。幾乎一夜之間，紅白格子圖案的旗子開始在眾多建

築物上飄揚，這讓塞族人想起了二戰期間令人畏懼的烏斯塔沙建立的克羅埃西亞獨立國。克羅埃西亞語被定為行政機關內唯一允許使用的語言。招牌標誌一律改用克羅埃西亞語的拉丁字母，摒棄了塞族人用的塞爾維亞語的西里爾字母。（貝爾格勒的情形正好相反。拉丁字母被棄用，全部用塞爾維亞語的西里爾字母代替。）行政機構的塞族雇員被辭退，換上了克族人，此前小心維持的族群平衡就此打破。最嚴重的是，塞族人還被剔除出警察隊伍，可以說是重現了法西斯烏斯塔沙的幽靈。

克羅埃西亞的塞族少數族群的恐懼引發了南斯拉夫長達四年的漫長戰爭。戰爭分成幾個階段，其複雜糾結令外人眼花撩亂、不知所以。第一階段發生在斯洛維尼亞經過十天的「假戰」，獲准從南斯拉夫分離出去之後的一九九一至一九九二年。在這一階段，居住在克羅埃西亞塞族聚居區的克族人遭到極其野蠻的驅逐。第二階段是波赫戰爭（波士尼亞戰爭）的前半部分，即一九九二至一九九五年發生在波赫的塞族人、克族人和穆斯林三方之間的血戰。這是塞族人和克族人對穆斯林發動的族群戰爭。在這場令人髮指的族群清洗中，穆斯林是主要受害者。塞族人在這個階段行為最惡劣，收穫卻最大。第三階段是波赫戰爭的後半部分。此時，克族人已建起了自己的軍隊，他們看到跟穆斯林結盟比較有利，於是背刺塞族人，把他們趕出了他們原來占領的地區。在戰爭的最後階段，塞族人是大輸家，遭到了克族人和波赫穆斯林的大肆荼毒。

在戰爭剛開始的時候，克拉伊納（Krajina，這是個古名，意思是「邊界」或「邊境」，它是沿波赫西部和北部邊界的一條狹長地帶）的塞族居民特別惶恐不安（他們占當地人口的百分之十二）。米洛塞維奇燃起了只要他們加入「大塞爾維亞」，就可以得到保護的希望，也煽動了他們對克羅埃西亞鄰居的進犯之心。一九九〇年已經看得出局

勢不妙。一九九一年六月二十五日，克羅埃西亞和斯洛維尼亞同日宣布獨立。消息一出，立即引爆了動亂。米洛塞維奇是這個階段的關鍵人物。對他來說，斯洛維尼亞脫離南斯拉夫（之前發生了為時不長的武裝衝突，基本沒有傷亡）基本上無損於他建立「大塞爾維亞」的野心。他有更大的事要做。現在，他把注意力轉向了克羅埃西亞領土上塞族人的問題。

早在一九九一年三月，米洛塞維奇就承認「南斯拉夫完了」，但由誰來取而代之卻不清楚。當月晚些時候，他跟圖季曼舉行祕密會談，兩人討論了克羅埃西亞和塞爾維亞瓜分波赫的問題。克羅埃西亞和塞爾維亞都想擴張。然而，圖季曼要建立族群單一的克羅埃西亞國，米洛塞維奇則想建立「大塞爾維亞」。在他們把注意力轉向波赫之前，必定會就住在克羅埃西亞、人數可觀的塞爾維亞少數族群問題發生衝突。

克羅埃西亞宣布獨立前，英國記者葛蘭尼（Misha Glenny）在克拉伊納旅行，他所看到的克族人和塞族人彼此間的仇恨讓他感到震驚。他寫道：「克族人和塞族人都和我無休止地爭論，述說著為什麼對方是天生的惡魔。他們會為此提出歷史、宗教、教育和生理的理由。」他認為，這種發自內心的仇恨是過去沒有的，是從南斯拉夫共產主義國家幾近熄滅的餘燼中，噴湧而出的民族主義的產物，貝爾格勒和札格雷布的官媒都蓄意煽風點火。不同族群混居地區和邊境地區的青年男子一心想要當硬漢，紛紛加入了準軍事組織，沉浸在那種族群仇恨高漲、美化暴力的氣氛當中。古老的恐懼和世代相傳的記憶融入了新煽起的仇恨：克族人害怕二戰時的切特尼克再次出現，塞族人則害怕烏斯塔沙借屍還魂。暴力不斷蔓延，激發了反暴力。仇恨殺戮的心態日益擴大，原來平和安分的人也受了傳染。

一九九一年五月，塞族人在南斯拉夫東北部武科瓦爾（Vukovar）

附近的一處村子，殺死了幾個克族警察，還殘害了他們的屍體，此事點燃了克拉伊納各處暴力大爆發的導火線。犯下暴力行為的是幾位塞爾維亞準軍事組織的成員，而為他們撐腰的是南斯拉夫聯邦軍隊的部隊（主要由塞族人組成），由精明強幹、冷酷無情的姆拉迪奇上校（Ratko Mladić，他不久後晉升為將軍）指揮。一九九一年八月到十二月間，大約有八萬居住在塞族人聚居區的克族人被驅逐或被迫逃亡，後來的數個月間又有更多的克族人離開。隨著暴力的蔓延，克拉伊納以外的地區也遭到攻擊。曾經深受遊客喜愛的達爾馬提亞海岸美麗的杜布羅夫尼克（Dubrovnik）遭到轟炸、封鎖，幾成廢墟，儘管這樣做在軍事上沒有什麼道理。亞得里亞海（Adriatic）岸邊的斯普利特港（Split）也難逃厄運。記者和攝影機記錄下了這一切。發生在武科瓦爾這個多瑙河畔秀麗小鎮的可怕暴力最慘無人道，那裡的數千名平民遭受了長達三個月的封鎖和轟炸。在全世界驚恐的注視下，數百人被殺，受傷的更是不計其數，直到一九九一年十一月二十日塞族人拿下武科瓦爾，這才結束了封鎖。

　　戰爭的這一階段於一九九二年一月結束，這是聯合國特使、美國前國務卿范錫（Cyrus Vance）主持進行的談判的結果。交戰雙方達成了停戰協議，由一支大約一萬二千人的聯合國維和部隊監督停戰。然而，這筆協議無法讓被驅逐的克族人感到足夠安全，願意返回劃定的「保護區」，也無法防止南斯拉夫軍隊在接下來幾個月的撤退期間把大部分武器留給塞族民兵和安全部隊。至此，克羅埃西亞約三分之一的土地落入了塞族叛軍的控制之下。

　　曾任英國外交大臣，後任北約祕書長的卡靈頓勳爵（Lord Carrington）的努力奔走，為全面政治解決南斯拉夫的種種難題，帶來了一絲微弱的希望之光。然而，德國為迎合國內強烈的反塞爾維亞輿論，大力向歐洲共同體其他成員國施壓，要求它們承認克羅埃西亞

的獨立。這撲滅了政治解決的希望，對波赫產生了直接的後果。

　　波士尼亞－赫塞哥維納共和國位於南斯拉夫中心，人口中百分之四十四是穆斯林，百分之三十三是塞族人，百分之十七是克族人。它面臨著一個兩難的選擇：要麼是宣布獨立，要麼繼續留在由塞族人主導的南斯拉夫。波赫的塞族領導人是卡拉迪奇（Radovan Karadžić），他原先是個心理學家，八〇年代中期曾獲判盜用公款和詐欺罪。全世界的電視觀眾很快就會熟悉他那一頭亂髮的形象。卡拉迪奇拒絕考慮波赫獨立的可能性，因為那完全違背將所有塞族人納入「大塞爾維亞」的目標。對卡拉迪奇及其追隨者來說，波赫宣布獨立即意味著戰爭。但在一九九二年二月二十九日到三月一日的公投中，有近三分之二的選民表示支持獨立。三月三日，波赫總統伊澤特貝戈維奇（Alija Izetbegović）宣告波赫獨立。身為穆斯林的知識分子伊澤特貝戈維奇原先是律師，八〇年代期間曾因反對共產主義坐過五年的牢。

　　歐洲共同體承認波赫獨立的次日，波赫的塞族人就於四月七日也宣布自行獨立，不久即給自己的地盤起名為「塞族共和國」（Republika Srpska）。此前幾週，塞族民團武裝已經開始在波赫東北部濫殺濫傷穆斯林平民。四月底，波赫古老美麗的首都，幾世紀來一直是不同民族與宗教共同家園的塞拉耶佛（Sarajevo），被數千南斯拉夫部隊（主要是塞族人）以及波赫塞族警察和民團武裝部隊團團包圍。一位名叫莎拉塔・菲力波維克（Zlata Filipovic）的十一歲女孩寫下的日記，可以讓我們看到圍城期間塞拉耶佛居民每天感受的恐懼：「在城裡走路很危險。過橋尤其危險，因為狙擊手會開槍打人。只能跑著過橋。每次（媽媽）出門，爸爸和我都在窗口看著她跑……跑啊，跑啊，跑啊，橋好像沒有盡頭。」圍城持續了幾乎四年，造成近一萬四千人死亡，其中數千人是平民（包括一千五百多名兒童），還有五萬六千人受傷（其中近一萬五千人是兒童）。

　　但並非每個人都深陷族群仇恨之中。有一對二十五歲的情侶，男方是塞族人，女方是穆斯林，兩人上學時就開始相愛。一九九三年五月，他們試圖逃出塞拉耶佛時被打死。不過，他們這樣的人是少數，而且愈來愈少。日益激烈的族群戰爭中可怕的暴力節節升級，至此已吞沒整個地區。米洛塞維奇和圖季曼各自在貝爾格勒和札格雷布袖手旁觀，正如他們在一九九一年祕密會談時認識到的，這樣的局勢對他們有利。他們把戰爭變成了一樁理性的買賣。

　　各方都犯下了暴行，但穆斯林遭受的暴行最令人髮指。殺戮、強暴、毆打、搶劫、毀壞財產（包括住宅、商鋪、清真寺和其他公共建築）都是有計畫、有系統實施恐怖的手段。穆斯林被趕出自己的家園，大片大片的地區遭到族群清洗。恐懼萬分的穆斯林婦女和兒童在波赫北部的巴尼亞盧卡（Banja Luka）被裝進火車運走，恰如半個世紀前猶太人被送去奧斯威辛。男人被抓起來關進現代集中營，慘狀堪比二戰時期。為逃離恐怖，成群結隊的難民沿著公路連續數天長途跋涉，有時要穿越山口。他們即使在逃難途中也未能免於可怕的暴力，備受虐待、恫嚇、搶劫，許多人甚至遭到殺害。據估計，最起碼有二萬名婦女遭到強暴。

　　根據最可靠的估計，直到一九九五年波赫戰爭結束時，死亡人數超過了十萬，六成以上是波赫穆斯林。死亡的平民當中，穆斯林也占絕大多數。他們的悲慘命運是造成伊斯蘭世界極端化加深的一個因素。戰爭中喪生的人裡，百分之二十五是塞族人，百分之八‧三是克族人。約二百二十萬人被迫逃離家園。自二次大戰以來，從未有過哪場戰爭造成如此多人死亡和流離失所。

　　最慘酷的暴行發生在戰爭尾聲。一九九三年，波赫東部的斯雷布雷尼察（Srebrenica）成了塞爾維亞人控制區中的一塊穆斯林飛地，擠滿了為躲避凶殘的族群清洗從附近村莊逃來的難民。那年四月，這

個小鎮被定為「安全區」，置於聯合國保護之下。但儘管如此，塞爾維亞人仍然決心拿下這塊飛地。他們封鎖了糧食供應，連醫療物品也不放行，造成斯雷布雷尼察生活條件嚴重惡化。一九九五年七月六日，姆拉迪奇將軍指揮塞爾維亞軍隊對斯雷布雷尼察發動進攻時，聯合國麾下負責防衛「安全區」的荷蘭部隊只有不到四百人，塞爾維亞軍隊的人數幾乎比他們多四倍。五天後，斯雷布雷尼察落到了塞爾維亞人手中。從七月十二日開始，塞爾維亞人開始把男人和男孩與女人分開（女人被強行送到波士尼亞控制區）。之後，約八千名男人和男孩被帶到樹林裡成批屠殺。這是這場慘酷戰爭中最慘酷的一幕，是歐洲文明的汙點。歐洲以及全世界驚見原以為已被徹底消除的恐怖再次抬頭。在這樁慘劇的刺激下，西方世界終於行動起來，共同致力於結束這場衝突。

在數次的努力中，一度看起來最有成功希望的是范錫和英國前外交大臣歐文（David Owen）的斡旋。但是，提議的解決辦法只要涉及分割領土，就總是遭到某個交戰方的反對。然而，到了一九九五年，塞爾維亞因聯合國的制裁遭到重創，在國際上受到孤立，美國還不顧歐洲的勉強態度，威脅要向波赫穆斯林提供武器（他們的困境引起了國際社會的廣泛同情）；戰爭對塞爾維亞來說開始變得得不償失。此外，波赫的穆斯林和克族人一九九四年三月宣布停戰，使塞爾維亞陷入完全孤立無援的境地。米洛塞維奇決定見好就收，他原來許諾要保護居住在塞爾維亞以外的塞族人，將他們納入「大塞爾維亞」，現在卻完全不顧他們的利益。對米洛塞維奇來說，頑固的波赫塞族人現在成了礙事的麻煩。

一九九五年的兩個決定性步驟彼此相連，一個是克羅埃西亞人在美國壓力下停止了對波赫穆斯林的攻勢，另一個是美國再下決心，要找到波赫戰爭的領土解決方案，完成歐洲和聯合國沒能實現的結果。

這場巨大的流血和嚴重的破壞事件就發生在歐洲人的眼皮底下，發生在歐洲的土地上。在斯雷布雷尼察，聯合國維和部隊的荷蘭士兵眼睜睜地看著穆斯林男人和男孩被拉走處決，卻束手無策。一九九五年，賈頓艾許訪問波赫，痛批「那個叫作歐洲的東西的對外政策，僅僅四年前，它還看起來如此光明，如此充滿希望。」一九九一年，盧森堡外交大臣普斯（Jacques Poos）豪言「歐洲時代的曙光已經降臨」。浸透了鮮血的四年後，此言成了荒誕的笑話。

美國人給尋求和平解決的努力注入了新的緊迫感。華盛頓以同札格雷布開展軍事合作為誘餌，來說服圖季曼停止針對波赫穆斯林的敵對活動，轉而擠壓塞爾維亞人的地盤。與胡蘿蔔同時而來的大棒是，如果克羅埃西亞不從，它將面臨國際孤立和制裁，它的領導人還很可能受到戰爭罪的起訴。圖季曼深知自己的利益所在，自然樂於服從。一九九五年春末和夏季，克羅埃西亞加強了武裝部隊的力量，在克拉伊納扭轉了對塞爾維亞的劣勢，對塞族居住區發動族群清洗。一九九〇年，離達爾馬提亞海岸約六十公里處有個塞族人居住的小鎮克寧（Knin），爆發了塞族人反對克羅埃西亞統治的起義。到了一九九五年，這個經過族群清洗的小鎮歸給了克羅埃西亞。這裡原來有三萬七千名的塞族居民，現在只剩下一個空殼，全部人口僅有二千人。

至此，力量對比發生了徹底改變。一九九一年的輸家圖季曼成了贏家。戰爭初期節節勝利的米洛塞維奇現在退居守勢。米洛塞維奇停止供應武器給波赫塞族人，而沒有米洛塞維奇的支持，波赫塞族人此前的一切所得都可能付諸東流。自衝突爆發以來，從未有哪個時期比此時結束衝突的可能性更大。但是，交戰各方都必須勉為其難做出讓步，方能達成持久的解決方案，而做到這一點尚需時日。

尋求解決方案的道路布滿荊棘，在這條路上勇往直前的郝爾布魯克（Richard Holbrooke）曾任美國助理國務卿，外交經驗豐富，談判

時立場堅定、直截了當。一九九五年九月末，在郝爾布魯克的施壓下，圖季曼和心有不甘的伊澤特貝戈維奇接受了一項解決方案。根據這個方案，波赫仍是主權國家，但將採取聯邦形式，近一半領土由塞族人控制（幾乎全部在塞族共和國境內），克族人則控制約五分之一的領土。這構成了一九九五年十一月在美國俄亥俄州代頓（Dayton）舉行的會議上最終達成的協議的實質內容（該協議於十二月十四日在巴黎正式簽署）。《代頓協議》將由北約一支六萬人的部隊負責執行。這是一個彆扭、脆弱的安排，所有各方都承認它遠非完美。但是，這個務實的安排克服了持續不斷的緊張局勢，證明了自身驚人的持久性。

從某個意義上說，科索沃問題是整個衝突的引爆點。這個問題仍然無解。那裡特有的嚴重族群間暴力並未停止。許多暴力行為是科索沃解放軍犯下的，這支為爭取科索沃獨立而進行武裝鬥爭的阿爾巴尼亞裔的游擊隊中，有些人是前科累累的犯罪分子，雖然大部分人是因為遭受了塞族警察的虐待才轉向極端的。科索沃人從《代頓協議》中學到的一點是暴力能帶來好處。西方低頭接受波赫各方透過武力達成的現實，卻似乎忘記了占科索沃人口絕大多數的阿族人的自治要求。針對科索沃發生的暴力事件，米洛塞維奇的回應是派遣塞爾維亞軍隊清洗阿族人的村莊。接下來的兩年內，估計有一萬名阿族人被殺，五十多萬人逃去了鄰國。一九九八年，塞爾維亞加緊野蠻報復游擊隊的支持者，引發了科索沃人的武裝起義，起義者使用的武器是從阿爾巴尼亞國內的軍火庫中搶劫來的。一九九九年一月十五日，科索沃首府普里斯提納（Priština）南邊的一個村子裡，塞族警察在一次行動中殺死了四十五名阿族人。他們屍體橫陳的照片傳出後，對西方產生了決定性的影響。西方因此憶起斯雷布雷尼察大屠殺，害怕可能會爆發又一場波赫戰爭式的衝突，決心這次一定要在為時已晚前採取行動。

　　波赫戰爭促使西方採納了稱為開明（或人道主義）干預主義的原則，即西方民主國家需要採取行動打擊暴虐的政權，以保護受其威脅的人民的人權。美、俄、英、法、德組成的（自稱的）「接觸小組」（Contact Group），曾尋求解決波赫問題，但未能取得成果。二月六日，接觸小組再次在巴黎附近的朗布依埃開會。米洛塞維奇不顧接觸小組關於採取軍事行動的威脅，拒不接受小組提出的和平計畫，因為計畫規定要在塞爾維亞領土上駐紮北約軍隊。三月十九日，談判終於破裂。一天後，南斯拉夫軍隊（南斯拉夫現在只剩下塞爾維亞和它的傀儡蒙特內哥羅）在科索沃西北部發動了攻勢，其間犯下了大量暴力行為。米洛塞維奇仍然拒絕談判。三月二十四日，北約在美國帶領下大規模空襲南斯拉夫。一千多架飛機對南斯拉夫的基礎設施造成了廣泛破壞，炸毀了首都貝爾格勒的許多建築物，還炸死了數百名平民。由於空襲沒有得到聯合國安理會的批准（俄羅斯和中國表示會動用否決權），因此引起了對其合法性的質疑。西方的很多人為之駭然。然而，贊同西方人道主義干預新理念的人聲稱，如果出現人權遭到踐踏的緊急情況，而政治利益必定導致大國在安理會行使否決權的時候，就必須遵循更高的道德要求。過去的教訓（不只是不久前發生在南斯拉夫的事情）被引作依據，德國人把科索沃發生的喪失人性的行為與希特勒的罪行相比擬，英國人則大談對獨裁者採取綏靖態度的危險。

　　作為對空襲的報復，塞爾維亞軍隊在科索沃加緊了進攻。此時，已有超過七十五萬科索沃人逃離了家園，主要去了阿爾巴尼亞和馬其頓。十一個星期後的一九九九年六月九日，米洛塞維奇終於讓步。次日，北約停止了空襲。科索沃成為南斯拉夫境內的聯合國保護地，由北約的維和部隊保障其安全。科索沃的最後地位仍懸而未決。塞爾維亞人受夠了曾經被視為英雄的米洛塞維奇，一場有爭議的總統大選引發了大規模民眾抗議，迫使米洛塞維奇在壓力面前低頭。二

〇〇〇年十月七日，塞爾維亞民主黨領導人，身為律師的科什圖尼察（Vojislav Koštunica）取代米洛塞維奇成為南斯拉夫總統。一年後，米洛塞維奇被交給前南斯拉夫國際刑事法庭。該法庭一九九三年在荷蘭海牙成立，專為起訴南斯拉夫戰爭期間犯下了嚴重罪行的人。

　　科索沃的前行之路依然崎嶇曲折，它內部主要針對塞爾維亞少數族群的暴力遠未結束。二〇〇八年，在塞爾維亞反對，也未獲聯合國支持的情況下，科索沃議會單方面宣布獨立，立即得到一些國家的承認。此事發生的兩年前，蒙特內哥羅就結束跟塞爾維亞的結盟關係，實現了完全獨立。南斯拉夫在一次大戰的動亂中興起，經過二次大戰的洗禮仍屹立不倒，後來又不懼強權，公然反抗史達林，如今卻因自己內部的仇怨而不復存在。

　　下一步是法律審判。米洛塞維奇是受到海牙國際刑庭指控的一百六十一人中的一個，這些人有一半以上被判處長期監禁。米洛塞維奇在二〇〇六年受審期間去世。卡拉迪奇（經過多年藏匿後才受到指控）最終於二〇一六年三月被判處四十年徒刑。姆拉迪奇也在逃避了法律懲罰的多年後，於二〇一七年十一月被判犯了種族滅絕罪、戰爭罪和反人類罪，處以終身監禁。審判尚未結束，世界的興趣就早已轉向了其他事情。南斯拉夫四年的激戰造成三百萬人生活被毀，數十萬人的親人被殺或成殘。他們大多數人無疑歡迎法院的判決，但他們禁受的痛苦與折磨卻是無法補償的。

　　南斯拉夫的垮台顯示了，即使在新歐洲，強大的武裝力量仍然能把法治踢到一邊。暴力可以獲得回報，大砲的力量再次成為決定性因素。波赫和克羅埃西亞都經歷了族群清洗。南斯拉夫聯邦的廢墟上興起的新生民族國家反映了二十世紀歐洲的普遍模式，各國都具有高度的民族同一性。南斯拉夫解體的過程中，大多數歐洲人對每天在電視上看到的恐怖景象厭惡至極，儘量不去想自己大陸上那個地方發生的

可怕事情。但即使如此，南斯拉夫還是使人們再次看到昔日給歐洲投下的長長陰影。歐洲的共產主義政權消亡後，人們曾期望團結與和平將遍及全大陸，但事實證明那不過是夢幻泡影。

錯寄的希望

在南斯拉夫的災難中，歷史上肆虐於東歐和中歐大部分地區的族群與領土衝突，以最糟糕的形式死灰復燃。歐洲其他國家卻聽之任之，未能阻止，令人痛心疾首。但是，南斯拉夫的悲劇不應掩蓋的事實是，無論過往蘇聯陣營的成員國起初多麼失望，有時甚至灰心幻滅，它們都沒有回歸以前的專制民族主義。代表民主法治原則的歐盟的吸引力，是對任何回歸傾向的最強有力的反制。

一九九〇年，中歐和東歐人民欣喜若狂，轉向全新的經濟與政治制度的過渡初期卻困難重重，因此，他們必定會從欣喜轉為失望。在從國有經濟的共產主義制度轉向自由經濟的民主化政治結構的雙重轉變過程中，人民生活不可避免地陷入嚴重混亂。開頭幾年，生活水準一般都有所下降，到九〇年代後期，經濟成長才開始帶來生活的大幅改善。

中東歐各國在推行根本性經濟改革的過程中，都遵循幾乎已完全取代凱因斯主義成為正統思想的新自由主義理論（具體形式多種多樣）。普遍認為，原在一九八九年為拉美國家設計的所謂「華盛頓共識」（Washington Consensus），是條正確的道路，可由此完成讓東歐和中歐各國奄奄一息的國有經濟脫胎換骨，這項艱巨的任務。華盛頓共識首重透過放鬆管制、私有化、讓市場自由運作來完成經濟的快速自由化。這要求會以最快的速度廢除國家控制和國有制，代之以市場競爭。前共產主義國家的人民要走上西方繁榮富裕的金光大道，首先

必須經過眼淚之谷。人們心中相信，只要能抵達彼岸，這段旅程就是值得的。

中歐和東歐國家的領導人歡迎新自由主義，視其為讓自己的國家儘快趕上經濟發達的西歐的最佳辦法。他們認為，照搬西方的模式是「重新加入」歐洲的鑰匙。哈佛大學經濟學家薩克斯（Jeffrey Sachs）宣導的辦法被稱為「休克療法」，它在歐洲最熱心的支持者是波蘭財政部長巴爾采羅維奇和捷克斯洛伐克財政部長（後來的捷克總理）克勞斯（Václav Klaus）。在儘量迅速徹底地把社會主義經濟轉變為資本主義經濟的戰略中，各種形式的新自由主義理論占據了主導地位。

在脫下社會主義計畫的緊身衣的同時，國家也頒布了新法律來放開經濟。市場價格取代了價格控管。貨幣可以自由兌換。降低或取消了關稅，貨物和資金得以自由流動，國外貿易可以自由化。有關銀行和股票市場的規則，以及一整套金融法律正緊鑼密鼓地制定著。國營公司私有化的腳步加緊進行。開始時，中小型公司的私有化比大企業順利，因為後者起初很難吸引大筆的外國投資。

在過渡時期，國際貨幣基金組織提供了資金補貼，直到一九九七年共計二百七十億美元，不過這是貸款，不是贈款。波蘭特別幸運，欠的債務在一九九三年基本全部取消，這是它作為休克療法的「櫥窗」的獎勵，也是因為波蘭規模較大，具有戰略重要性。歐洲經濟共同體（很快將改名為歐洲聯盟）也提供了援助。歐洲共同體的援助起初只給波蘭和匈牙利，但很快擴大了範圍。然而，歐洲共同體提供的援助比起幫助戰後西歐重建的一九四七年馬歇爾計畫，還是少了許多，要求也更加苛刻。對於從前蘇聯陣營成員國的數百萬公民來說，如此迅速而嚴苛的經濟轉型，在最初幾年會讓他們落入艱難淒慘的境地，只有前德意志民主共和國是個例外，因為西德從國庫中拿出了數十億馬克慷慨相助。但即使如此，東德在經濟轉型開始時也和其他過

往的蘇聯衛星國一樣，失業率飆升，工業產量劇降到一九八八年產量的四分之一，生活水準因之下降。但至少東德人能夠用腳投票，去更富裕的西德，在自己的國家找到工作。大批的人也的確是這樣做。一九八九至一九九〇年，就有約六十萬人（東德人口的近百分之四）離開了東德，後來這個數字下降了一半，到九〇年代後期又開始上升。其他地方的人卻沒有這個選擇，他們的生活水準一般下降得也更厲害。西歐人的收入正在增加，中歐和東歐人民的收入降幅卻達到百分之二十到三十不等。不出意料的，根據一九九三至一九九四年的一份民意調查，保加利亞、捷克、斯洛伐克、匈牙利、波蘭和羅馬尼亞公民中，只有極少數人認為自己的生活比舊政權垮台之前要好。

過渡剛開始的那幾年，所有前共產主義國家的國內生產毛額有所下降。一九九〇至一九九一年，波蘭的工業生產減少了近三分之一，國民生產毛額下降了幾乎五分之一。一九九二年，波蘭勞動人口的百分之十三‧五（二百三十萬人）沒有工作。在團結工會運動的誕生地，著名的格但斯克造船廠，雇員人數從一萬七千人降至九〇年代中期的三千人，虧損大得無法承受。在中歐和東歐，這種情況比比皆是。與一九八九年相比，阿爾巴尼亞一九九三年的工業生產下降了令人瞠目的百分之七十七。僅一九九二年一年，羅馬尼亞的工業產出就猛跌了百分之二十二。捷克斯洛伐克和匈牙利的工業產出從一九八九年到一九九三年減少了三分之一以上。愛沙尼亞、拉脫維亞和立陶宛這三個波羅的海國家的情形也大同小異。每個國家的失業率都急劇上揚，飆升的通膨率造成購買力劇減。鄉村地區也深受打擊。一些國家的農業產出減少到只有舊政權垮台前的一半。農業就業嚴重萎縮，造成農村人口大量外流（雖然與西歐相比仍然高得多，尤其是波羅的海國家、波蘭和務農人口最多的巴爾幹地區）。集體農場的私有化由於所有權爭議和缺乏資金而進展緩慢、分散零碎。私有化形成的農莊大

多規模較小，機械化程度低，無法盈利。

不過，到了九〇年代中期，最壞的時候已經過去，波蘭的情況在一九九二年就有了好轉。整個地區的經濟成長開始加速，平均成長率接近百分之四（比西歐快得多，當然起點也低得多）。失業率開始下降，通膨率也隨之下滑（但依然深陷在經濟困境中的保加利亞和羅馬尼亞狀況並未好轉）。即將進入新千禧年之際，在全球經濟成長的推動下，中歐和東歐的整體經濟幾乎已恢復到一九八九年的水準，經濟結構也完成了改組。雖然這些國家起初付出了高昂的代價，成功的程度也參差不齊，但它們都朝著結束國家壟斷、擴大私有制、建立運作良好的自由化市場經濟邁出了重大步伐。那個十年結束時，前「東方陣營」國家的前途光明了許多。

有必要如此突兀地從社會主義過渡到資本主義，帶給人民如此大的痛苦嗎？關於這個問題，著名經濟學專家當時就意見不一，現在仍各執己見。休克療法的宣導者依然堅信，這劑苦口良藥是恢復經濟健康的最好捷徑。批評者則認為不必下如此猛藥，若是比較循序漸進地適應經濟變化的需求，也能取得同樣的、甚至是更好的結果。他們認為，如果轉變的速度慢一些，更多的透過（現代化的）國家部門來緩解市場力量的影響，那麼各國仍舊能夠走向經濟成長，卻不必經歷如此劇烈的衰退（和隨之而來的社會苦難）。

匈牙利在共產主義政權垮台之前早已採取好步驟，部分地實現了經濟自由化。它經常被用來證明漸進方法的好處。然而，到了一九九五年，匈牙利債台高築，在國際貨幣基金組織和世界銀行的壓力下被迫採取了嚴格的撙節措施。結果，匈牙利的經濟陷入衰退，近三分之一的人口落到了貧窮線以下。失業率的上升、私有化的影響和福利的削減造成了人民普遍的不滿和失望。而休克療法的成功標竿波蘭，很快就避免了它選擇的這個戰略的最壞結果，這是因為波蘭採取了措施

減緩改革速度，特別是推遲了私有化腳步。此外，如前所述，只有波蘭獲得國際貨幣基金組織的債務減免。休克療法的另一個樣板捷克共和國其實仍然提供給大企業大量補貼，但九〇年代中期也沒能逃脫金融危機。（原捷克斯洛伐克聯邦的兩半部無法就國家的政治發展方向達成協議，於一九九三年決定友好分手，成立了捷克共和國和斯洛伐克共和國兩個國家。）關於如何評價休克療法的爭辯是沒有結論的，然而，且不論經濟學家之間常有的深奧難懂的辯論，事實是從社會主義走到資本主義的每條路都布滿了荊棘，沒有康莊大道。

在痛苦的過渡中，體質較好的國家應付得最好。從前的蘇聯陣營中（不算東德的非正常情況），波蘭、匈牙利和捷克工業基礎堅實，商業部門發展迅速，交通運輸基礎設施也相對完備，公民文化初露頭角，所以對西方的投資有吸引力。南斯拉夫聯邦中最先進的斯洛維尼亞基本上也屬於這一類。波羅的海國家在許多方面也能入圍。而羅馬尼亞、保加利亞和阿爾巴尼亞在各個方面都遠遠落後，南斯拉夫大部仍處於戰火之中。

無論新自由主義的這帖猛藥是否合適，新千禧年到來時，中東歐國家的經濟都與西歐經濟日益接軌。長期以來被鐵幕分隔，被迫沿循不同軌跡發展的社會也開始交融。通訊旅行的便利，還有電視、流行文化和體育運動都發揮了作用，推動著不久前還各不相干的社會趨於一致。城市發展得最好，因為旅行自由和通訊便利給它們帶來的好處最大。布拉格和華沙是城市發展日新月異的樣板。不過，作為櫥窗的首都與外省的小鎮及鄉村地區之間差距巨大，後者人口外流嚴重，尤其是年輕人大量流向不斷擴大的大都市。去工業化造成前工業區荒蕪衰敗、發展落後。但即使在這樣的地區，一旦度過了劇烈經濟改組最痛苦的階段，加入歐盟的前景也在人們心中燃起了對未來美好生活的希望。

　　對位處歐洲的前蘇聯加盟共和國來說，加入歐盟的道路卻是此路不通。俄羅斯、烏克蘭、白俄羅斯和摩爾多瓦沒有轉向西方，也無法這樣做。它們形成了東歐的新分界線。中歐普遍存在必要的前提條件，可以成功走過過渡時期，雖然其間歷盡艱辛。但是，在俄羅斯主導的經濟地區，那些前提條件均付之闕如。這裡不存在對商業化經濟進行國家管制的基礎，缺乏對外資的吸引力，基礎設施不足，沒有法治傳統，沒有多元民主，也沒有獨立於國家的公民文化。俄羅斯出現的是強盜大亨式的資本主義。規模巨大的嚴重腐敗行徑把許多國有資源，包括利潤豐厚的石油和天然氣，轉入了毫無道德底線的巨富大亨手中。他們把大量財富拿到西方投資，高調炫富，在地中海購買豪華遊艇，或在倫敦和其他西歐城市購置豪宅。與此同時，俄羅斯工業生產一落千丈，國家債務飆升。一九九〇年代末，俄羅斯聯邦已瀕於經濟崩潰，許多老百姓生活極為困苦。多數民眾覺得共產黨統治時期的生活更好，對蘇聯的解體痛心疾首。

　　擁有東歐最肥沃土地的烏克蘭在九〇年代經歷了長期的經濟危機，通貨膨脹飛揚，經濟嚴重蕭條。國內生產毛額降至舊政權垮台前的一半以下。數十萬烏克蘭人被迫出國打工，把賺來的微薄工資寄回國內養家。例如說，在九〇年代期間，利沃夫（Lviv）的人口因人們出外謀生減少了近五分之一。落後的鄉村地區極為貧困，平均收入遠低於土耳其這樣的國家。

　　白俄羅斯跟摩爾多瓦、烏克蘭一樣，高度依賴俄羅斯。它們在九〇年代也經歷了長期的嚴重經濟蕭條。一九九四年後，白俄羅斯採取措施恢復管制物價和外匯，並限制私人企業，但無法阻止經濟衰退。一九九二年，摩爾多瓦在基礎設施完全跟不上的情況下，突然從計畫經濟轉向自由經濟，造成通膨率和失業率雙雙飆升。結果，大量人口陷入貧困，摩爾多瓦也淪為歐洲最窮的國家之一。這兩個國家與烏克

蘭和俄羅斯一道，用了十年的時間才從蘇聯解體帶來的經濟衝擊中恢復過來。進入新千禧年後，它們的經濟出現了（低起跑點上的）高成長。但是，政治的腐敗已深入社會肌理，與中歐和西歐相比，這幾個國家的貧困依然普遍，經濟不穩定根深柢固。

俄羅斯和其他蘇維埃繼承國的政治風雲激盪，僅有一層民主的表象。總統大權獨攬是普遍趨勢。這些國家一般都重振或維持了保有重要蘇聯特色的專制主義，儘管披上了新的偽裝。烏克蘭的統治人物是庫契馬（Leonid Kuchma），他的政府腐敗嚴重，跟財大氣粗的大亨關係緊密（這些大亨還跟犯罪活動有關）。在白俄羅斯，盧卡申科一九九四年就任總統後，很快就大幅削減了議會權力。俄羅斯總統葉爾欽個性衝動、行事專橫、酗酒無度，在議會內外樹敵眾多。一九九三年，他超越了憲法規定的許可權，激起了一場試圖推翻他的行動，在莫斯科中心造成流血事件，但那場行動以失敗告終。

此事發生後，葉爾欽採取措施，藉由制定新憲法來強化自己的行政權力。新憲法在公投和議會選舉中都得到了選民的支持，但低投票率和強烈懷疑選舉遭到操縱的疑雲，都顯示出葉爾欽地位的合法性不強。後來的幾年內，葉爾欽的民望一路下滑，原因是無所不在、令人瞠目的腐敗，連葉爾欽的家人也捲入了腐敗之中。國家岌岌可危的財政和經濟狀況是葉爾欽漸失民心的另一個原因。一九九二年，政府迅速推行經濟自由化措施，放開了對物價的管控，結果是萬物齊漲，無數公民的儲蓄化為烏有。同年開始的私有化進程不過是把國家的龐大資產，以僅為其真實價值一個零頭的價錢，拱手送給了一小撮超級富豪，那些人成了新組建的大型私有公司的老闆。有組織的犯罪團體使用勒索、訛詐，甚至謀殺的手段強行推動私有化進程，攫取了大量財富。短短幾年內，俄羅斯變成了犯罪橫行的社會。

不出所料的，葉爾欽推行自由化改革的企圖遭受人民廣泛的譴

責，說這不僅是徹頭徹尾的失敗，而且可恥地破壞了國家經濟。一九九〇年代末，俄羅斯經濟出現了一定的復甦。但是，大部分俄羅斯人的生活仍然慘澹艱難，嚴重腐敗和公然濫權仍然比比皆是。難怪許多人留戀國家往昔的榮光。在他們眼中，葉爾欽太親西方，他們希望恢復「真正」的俄羅斯價值觀。

　　一九九九年十二月三十一日，葉爾欽突然宣布辭職。預定的接班人普丁（Vladimir Putin）原來是蘇聯祕密警察「國家安全委員會」（KGB）的一員，那年八月已經出任總理。健康狀況不佳的葉爾欽選擇忠貞不二的普丁做接班人，無疑是因為普丁保證葉爾欽及其家人將免於任何貪腐的指控（普丁上任第一天就發布一道總統令，兌現了這個保證）。有傳言說，普丁上位用了見不得人的手段，這樣的傳言有大量旁證，從未完全消失。根據傳言，一九九九年九月莫斯科發生的導致數百人死傷的一系列爆炸事件，並非如官方所說是車臣恐怖分子所為，而是由俄羅斯祕密警察「俄羅斯聯邦安全局」（簡稱FSB，KGB的繼任機構）一手操辦的。這樣做的目的是為了爭取人民支持普丁向車臣發動報復性戰爭，提高新總統的聲望。無論陰謀論是否站得住腳，事實是，俄羅斯期望有一位沒有葉爾欽那些明顯缺點的新「強人」來為國家掌舵。

　　在這些從前的蘇聯加盟共和國以外，其他的中歐和東歐國家雖然在文化和政治傳統上各有不同，但它們向自由民主的過渡有一些共同特點。儘管適應過程十分艱難，但是它們均未回歸一黨專政。一九九〇年代期間，各種形式的多元政治在各國都站穩了腳跟。民眾非常享受舊政權統治下得不到的自由，如言論自由，旅行自由，不用擔心被捕的自由，信仰宗教的自由等等。舊政權統治下的這些國家有一個共同特點，都有人打小報告，還經常批判其他公民（通常是為了得到物質上的好處或避免吃虧）。東德的史塔西就是個典型，這個幽靈般的

機構無處不在，擁有超過十七萬人的「非官方合作者」。民眾普遍歡迎終結這種告密者的社會。民主政府在原則上和實踐中（雖然經常程度不一），都已被人民所接受。

　　根據一九九三至一九九四年在八個中歐和東歐國家進行的民意調查，多數公民都贊成多個政黨競爭執政權力的原則。烏克蘭、俄羅斯和波蘭的贊成率最低，在百分之四十到四十九之間，波蘭的贊成率如此之低著實出人意料之外。愛沙尼亞、匈牙利、保加利亞和立陶宛居次，在百分之五十一到五十七之間。值得注意的是，羅馬尼亞獨占鰲頭，贊成率遠超正常值，達到了百分之八十一。鑑於羅馬尼亞在舊政權統治下特別慘痛的經歷，這個結果並不完全令人意外。在原則上表示反對的人占被調查者的五分之一左右，應該大多是堅定的前共產黨員。然而，民主的實踐（儘管對此並無確切的定義）完全是另一回事。令人吃驚的是，在這方面持積極態度比例最高的又是羅馬尼亞人，滿意度是百分之三十。（這很可能反映了人民讚許伊列斯古政府在舊政權剛倒台後，為了消除西奧塞古政權最具鎮壓性的措施，而做的一些舉措。）在調查覆蓋的其他七個國家中，滿意度從愛沙尼亞的百分之二十九，到烏克蘭的區區百分之十二不等。中東歐國家不滿民主的實踐狀況確實比西歐國家要高，但是西歐國家也有三分之一的公民對民主實踐基本上持負面態度。政黨被普遍視為必要之惡。

　　中東歐的民眾對民主實踐有偏見是可以理解的。那些國家在共產黨統治時期都存在嚴重的腐敗問題，剛轉為民主政體的時候，形勢並未明顯好轉。沒有一個國家能免於這個問題的困擾。真正的民主需建立在法治基礎之上，但在一些國家中，法治基本上有名無實。在羅馬尼亞、保加利亞和阿爾巴尼亞，制度固有的腐敗和侍從主義最為突出，幾乎與俄羅斯和烏克蘭不相上下，在私有化過程中表現得尤為明顯。斯洛伐克的腐敗也非常嚴重。即使是經濟上比較先進的捷克，私

有化進程中同樣腐敗猖獗，成為導致當權的政府在一九九七年下台的一個因素。

前政權的官員留任也是民眾對新的民主政治態度曖昧的一個原因。大多數吃過苦頭、憎惡舊政權的人，看到許多曾經在共產黨政權裡做官的人搖身一變成了民主派，在政治上「捲土重來」，經常氣憤不已。

只有德國在過渡初期對前共產黨官員，特別是祕密警察成員的行動做過有系統的審查。當然，前東德此時已經納入了根基牢固的自由民主政體。原先共產黨政權的機構框架被迅速拆解，政府獲得了東德的大部分國家安全檔案，對史塔西的活動有了相當的了解，因此得以徹底審查相關人員。但其他國家的情況參差不齊。匈牙利和捷克斯洛伐克的調查基本限於對一九五六年和六八年的蘇聯干預應負責任的人，波蘭的調查則集中於在一九八一年的軍事管制中起了作用的人。除此之外，只有對一九六八年及其後果仍記憶猶新的捷克斯洛伐克，在一九九一年實行了當局稱為「除垢」（lustration，也就是「清洗」）的政策，禁止所有前共產黨官員擔任政府高官。直到六年後的一九九七年，波蘭才頒布了自己的除垢法。

政治幻滅和經濟困苦促使民意轉向原來是共產黨員的政客，那些人通常是以共產黨繼承黨黨員的身分繼續從政。在多元民主制度下，共產黨改頭換面，成為社會民主黨。一九九三年，社會民主黨在波蘭、匈牙利、立陶宛和保加利亞都重掌了政府。作家米奇尼克稱波蘭的這一進程為「天鵝絨復辟」。在羅馬尼亞，一九九○年代執掌大權的伊列斯古原來也是共產黨高官（雖然他並未參與西奧塞古政權犯下的最殘暴的行為）。他領導的羅馬尼亞社會民主黨中有許多前共產黨員，還有的前共產黨員加入了社會勞動黨。在波蘭，領導團結工會的英雄華勒沙（此時他變得更加專橫，民族主義傾向也更加明顯），在

一九九五年的總統選舉中被曾在共產黨政權中擔任部長的克瓦希涅夫斯基（Aleksander Kwaśniewski）擊敗，令世界為之震驚。

雖然多元政府制度總的來說比較穩定，但政府本身卻遠非如此。九〇年代期間，整個中東歐生活水準劇降造成了嚴重動盪。數百萬人失業，高通膨率和貨幣貶值使老百姓的積蓄一夜歸零，這些都導致了社會緊張。每一個政府為處理嚴峻的經濟與社會問題推出的政策都招致了不滿。許多公民過去積極爭取多元選舉，現在卻覺得投票沒有意義。造成這種情況的部分原因是舊時代的遺習，在那時的一黨制度下，選舉只是場鬧劇，每次都是一致鼓掌通過。不過，民眾投票熱情不高也反映了他們對取代共產主義的制度的失望。因為這些原因，投票率下滑，經常處於極低水準。政府推行的政策不得人心，或無法改變惡劣的政策，不能帶來實質改善。選民怨聲載道，再舉行選舉時必然把政府趕下台，政府首長因此很難幹得長久，原屬蘇聯陣營的國家的總理平均在任時間不到兩年半。

政治領導人為提高低迷的民望，經常訴諸民族主義和排外情緒。在民怨沸騰之際，很容易把外國人或少數族群當作代罪羔羊。例如說，斯洛伐克總理梅恰爾（Vladimír Mečiar）的腐敗政府實行半專制統治，嚴格管控大眾媒體，威脅恫嚇政治上的反對派。他在推動自治的過程中大肆鼓吹斯洛伐克人獨有的民族認同和文化。挑動針對占全國人口一成多一點的匈牙利少數族群的敵意，成了他的政治武器，用起來得心應手。此外九〇年代期間，匈牙利國內的民族主義情感和對少數族群的敵意也有增無減。匈牙利找到的代罪羔羊是辛提人（Sinti）和羅姆人（Roma），而匈牙利人在斯洛伐克和羅馬尼亞遭受的歧視則被用來煽動民族主義情緒。曾經自由開明的運動團體「青年民主主義者聯盟」在強人奧班的領導下，轉變為大力鼓吹民族主義的保守組織，專制傾向日漸強烈。在保加利亞，占人口少數的土耳其人

和羅姆人是被歧視的對象。拉脫維亞和愛沙尼亞的法律都包括針對人數較多的俄羅斯少數族群的歧視性規定。立陶宛的歧視較輕，因為俄羅斯族只占該國人口的一小部分。

中歐的新生民主政體儘管有諸多嚴重不足，但到九〇年代結束時都獲得鞏固，這與兩次世界大戰期間的情況截然不同，那時中歐國家幾乎全部轉向了專制主義。經過早期的災難性衰退後，各國經濟有了長足進步，成為鞏固民主體制的一大助力。在確保向穩定民主和經濟繁榮持續進步的方面，另一個非常重要的因素是加入歐盟的前景。雖然民眾在民主初期感受到灰心與失望，但是一想到將來能夠加入歐盟，就對未來有了期盼。九〇年代結束時，實現這個希望對中歐和波羅的海國家來說不再是夢。然而，巴爾幹地區仍然極為貧窮。一九九九年訪問布加勒斯特的荷蘭作家馬柯（Geert Mak），描述了在街上遊蕩的數以千計的流浪兒童（和一群群野狗）。落後的經濟、猖獗的貪腐行徑、薄弱的法治基礎、不牢的民主根基，這一切意味著羅馬尼亞還要等很久才能考慮加入歐盟的事。保加利亞也是一樣。

一九九一年，匈牙利同捷克斯洛伐克和波蘭一起，在匈牙利小鎮維謝格拉德（Visegrád）簽署條約，旨在促進它們彼此間的合作，並推動它們能早日實現融入歐洲的願望。兩年後，隨著捷克共和國和斯洛伐克共和國的創立，原來的三個簽署國成了四個。到一九九六年，它們全部提出了加入歐盟的申請。它們的心情迫切，為了達到加入歐盟的標準，採取了措施來深化民主和法治。例如說，斯洛伐克選民和統治菁英在「重新入歐」前景的激勵下，在一九九八年的選舉中拒絕了梅恰爾虛有其表的民主，摒棄他統治期間最惡劣的做法，遏制了最猖獗的裙帶關係，並引進重大的法律、民主和經濟改革。

新千禧年開始前的十年，是中歐和東歐國家人民歷經浮沉的十年。他們最初希望能夠依照西方那種更加優越的自由民主模式早日

改善生活品質，但很快就大失所望。不過，他們又逐漸產生了新的希望，希望不久後能加入繁榮富裕的歐盟，享受美好未來。

統一的希望

當南斯拉夫墮入流血和毀滅的深淵，中東歐人民的生活在向著資本主義艱難過渡的進程被完全打亂之際，仍沉浸在因對手垮台而志得意滿的情緒中的西歐國家領導人，於一九九一年十二月在荷蘭的馬斯垂克（Maastricht）齊聚一堂，計畫向著「更緊密的聯盟」邁出新的步伐。此時各國創建「共同市場」（將於一九九三年一月一日成立）的努力進展順利，推進歐洲一體化似乎正逢其時。根據一九九一年的民意調查，愈來愈多的歐洲人對歐洲共同體持讚許態度，支持統一西歐的努力。

雖說討論遠非一帆風順，但一九九二年二月七日，歐洲共同體十二個成員國的領導人簽署了開創性的《馬斯垂克條約》（*Treaty of Maastricht*），定於次年十一月生效。制定條約容易，實際追求統一之路卻困難重重。那個十年剩下的時間及之後的努力的確成就斐然，「歐洲聯盟」的成立也意義重大。但是，要克服根深柢固的國家利益，成立以堅持歐洲共同身分為基礎的真正政治聯盟卻是異想天開。

事實上，馬斯垂克會議的期望離創立歐洲的政治聯盟相差很遠。政治聯盟最多僅是個遙遠而渺茫的願景。德國的科爾數年來一直不遺餘力地提倡成立歐洲政治聯盟，他的外交部長根舍也為此大力宣傳，他們二人都把政治聯盟視為終極目標。但是，政治聯盟到底意味著什麼卻沒有定論。即使在德國內部，也有重量級人物（最出名的是德國聯邦銀行行長泰米爾〔Hans Tietmeyer〕）認為貨幣聯盟應在政治聯盟之後成立，而不應在那之前。無論在當時還是之後，政治聯盟的概念

都從未有過明確的定義。

政治聯盟其實不過是一句口號，暗示著旅行的方向。只要不真的企圖予以實現，這個方向在原則上可能對歐洲共同體的多數（雖然不是全部）成員國而言，都是可以接受的。在實踐中，政治聯盟很可能是類似把德國放大到歐洲的規模，成為聯邦形式的「歐羅巴合眾國」。民族國家仍保有一定的權力，但關鍵的權力要轉到歐洲中央政府手中。在共同價值觀的基礎上，民族國家的大部分主權，包括在經濟、社會和安全問題上的主權，都將歸於歐洲層面，由一個充分代表民主權力的議會來行使。但是，如果真的要遵循西德的模式，需要看到，西德的各個組成部分有共同的歷史、傳統和文化，把它們綁在一起的最強有力的紐帶是民族的紐帶。有時被當作另一個榜樣的美利堅合眾國也是一樣。然而，把歷史、傳統、文化、語言各不相同的眾多歐洲民族國家，組建為單一的政治聯盟卻是完全另外一回事。若要建立真正的政治聯盟來取代民族國家組成的鬆散得多的邦聯，需要各國放棄大量主權，但沒有幾個國家願意這樣做。一九九〇年後，德國成了歐洲人口最多、經濟最強的國家，在未來建立的任何政治聯盟中都將占據主導地位。光是因為這點，其他國家就不會熱心推動建立政治聯盟。德國人是最親歐洲的，但科爾非常清楚，就連德國人也不會願意把太多的主權拱手交給設在布魯塞爾的歐洲政府。

建立歐洲政治聯盟的願望本身在很大程度上是對德國黑暗歷史的反彈，也反映了科爾本人想永遠祓除把德國帶入深淵的民族主義魔鬼的堅定決心。這個願望儘管崇高，實際上卻永無實現的可能。科爾自己很快也承認，機會（如果曾經有過的話）已經逝去。他熱心接受建立歐洲政治聯盟的主張，因為那是實現德國統一的代價的一部分。他要以此來表示新德國將和過去的西德一樣，與西方的自由主義價值觀和民主結構密不可分地綁在一起。其他的西歐國家沒有一個與德國的

處境類似，或能夠考慮科爾設想的那種政治聯盟。法國是德國在推動建立歐洲共同體時的主要夥伴，但它對政治聯盟另有想法；英國更是不同意政治聯盟，因為它比誰都敏感任何放棄國家主權的暗示。事實上，對法國總統密特朗來說，政治聯盟遠非優先事項。共同市場成立後，密特朗認為經濟與貨幣聯盟是保持歐洲一體化發展勢頭的最得力的工具。然而，他對於快速推動政治聯盟持謹慎態度，因為他預見到英國尤其會百般抵抗朝著這個方向的努力，也因為他必須小心行事，以免給國內的民族主義者以口實。因此，隨著德國統一即將成為現實（這個前景讓法國人憂懼交加），在科爾和密特朗的互動中，建立歐洲政治聯盟的目標逐漸不再被提起。相較於政治聯盟，早在一九七〇年就由盧森堡首相維爾納提議建立的貨幣聯盟被視為更容易實現的目標（和願景）。貨幣聯盟可以把歐洲綁在一起，法國人認為它也可以遏制德國未來的任何強權野心。

這就是在馬斯垂克會議上達成的妥協。會議決定發行一種尚未命名的單一貨幣（後來確定發行日期不晚於一九九九年一月一日）。創立新貨幣的戰略基本上遵循了德國的思路。科爾在一九九一年十二月滿意地說，經濟與貨幣聯盟條約「帶有德國的印記，我們的穩健政策已成為未來歐洲貨幣秩序的主調」。歐洲中央銀行（最終於一九九八年六月成立）將管理貨幣政策，監督價格穩定。願意接受單一貨幣的國家必須達到統合標準（convergence criteria），加入匯率機制（exchange rate mechanism）以維持各自貨幣的穩定和彼此連結。政府債務不得超過百分之六十，年度赤字不得高於國內生產毛額的百分之三。此外還有低通膨率和低利率的要求。

沒有政治聯盟的貨幣聯盟是一個冒險，過去從未有過這樣的嘗試。歐洲不能效仿美國，因為美國實質上是有中央政府的聯邦制民族國家。既然史無前例，歐洲只能從零開始，為計畫發行的單一貨幣構

建制度安排和政治框架。歐洲的政治領導人明白，他們的努力不能擔保一定會成功。在歐洲領導人舉行馬斯垂克會議的僅僅一個月前，科爾在對德國聯邦議會的演講中直言不諱地概述了此中的風險。他指出：「以為能夠在沒有政治聯盟的情況下長期維持經濟與貨幣聯盟，是個錯誤的想法。」雖然他顯然心存疑慮，許多德國經濟專家也就此提出了警告，但是他仍然繼續推動建立經濟與貨幣聯盟。

除了關於貨幣聯盟的關鍵協議外，馬斯垂克會議還採取了步驟來加緊歐洲在一些重要領域的一體化。各國組建了一個新的法律實體「歐盟」，把歐洲經濟共同體、歐洲原子能共同體和歐洲煤鋼共同體融合為一，大大擴展了政府間合作，將其延伸至外交、安全和司法政策領域，雖然這樣的合作離中央政府的職能還差得很遠。《馬斯垂克條約》還規定，歐盟成員國的公民除了本國公民身分外，還享受歐盟公民的地位。

《馬斯垂克條約》是向著歐洲一體化邁出的一大步。但是，歐洲領導人還在審議條約時，分歧即已顯而易見。英國強烈提倡共同市場和增加歐盟成員，可是，英國在任何有關加緊歐洲一體化的問題上都帶頭作梗。英國透過談判達成安排，使自己可以「選擇不加入」，即留在擬議中的貨幣聯盟之外。英國也獲得了選擇不加入《馬斯垂克條約》的一項議定書（「社會政策章節」）的權利，那項議定書旨在藉由廣泛的社會政策來改善生活與工作環境。丹麥是另一個很不願接受《馬斯垂克條約》規定的國家。作為《馬斯垂克條約》批准過程的一部分，丹麥在一九九二年六月二日舉行了公投，結果是選民拒絕了《馬斯垂克條約》，使歐洲建制派嚴重受挫。丹麥的拒絕意味著《馬斯垂克條約》無法生效。只有在給予了丹麥一些重要豁免後（在防衛和安全承諾、國內事務的某些方面，特別是單一貨幣等問題上免受條約規定的約束），丹麥人才在一九九三年五月的第二次公投中接受了

《馬斯垂克條約》。

　　在那之前，從一開始就在「歐洲專案」中起著關鍵作用的法國，於一九九二年九月舉行了公投，以極其微弱的多數支持批准《馬斯垂克條約》。英國沒有舉行公投，但在接受《馬斯垂克條約》的法案最終獲得議會批准之前，保守黨的「馬斯垂克反叛者」和工黨中反對英國對「社會政策章節」享受豁免的黨員，在一九九二年五月聯手來給保守黨政府造成了無盡的麻煩。即使在德國這個最支持歐洲一體化的國家，民眾也強烈反對用一種歐洲新貨幣來取代他們喜愛的、象徵著德國戰後繁榮的德國馬克。一九九三年十月，經由聯邦憲法法院判決，才確認《馬斯垂克條約》的條款並不侵犯一九四九年的《基本法》中確立的德國人的民主權利。

　　英國、法國和丹麥由於各自的民族文化和歷史，特別不願意在主權問題上做出更多讓步。事實上，沒有一個國家全心歡迎《馬斯垂克條約》的規定。然而，歐洲共同體其他成員國在主權問題上沒有那麼多疑慮。德國、義大利和荷比盧三國早就認識到，把國家主權的某些要素集中起來對歐洲的和平、繁榮與穩定至關重要。西班牙、葡萄牙和希臘加入歐洲共同體不僅是為了實現經濟上的繁榮，也是為了防止倒退回獨裁統治。它們同意，主權的有限合併是達成這些目標必要的積極步驟。愛爾蘭共和國加入歐洲共同體後已經在經濟上獲益良多。它降低了對英國經濟的依賴，針對跟北愛爾蘭的關係這個棘手未決問題的看法，也減少了民族主義的色彩。因此，歐洲共同體大部分成員國對《馬斯垂克條約》持歡迎態度，視其為加強一體化進程中，在原來成果基礎上的必然進展（雖然條約複雜而抽象的性質決定了它無法激起民眾的熱情擁護）。

　　歷經艱難終於面世的《馬斯垂克條約》於一九九三年十一月一日生效。後來的《阿姆斯特丹條約》（*Treaty of Amsterdam*，一九九七

年十月）和《尼斯條約》（*Treaty of Nice*，二〇〇一年二月）又對它做了修正、改動和擴大。通過《馬斯垂克條約》是一個決定性關鍵，它把歐洲共同體這個實質上的經濟實體轉變為歐盟，而歐盟儘管與聯邦制的「歐羅巴合眾國」相去甚遠，但仍然有明確無疑的政治層面和政治雄心。正如《馬斯垂克條約》在丹麥、法國和英國的艱難過關所示，歐盟的政治雄心在這幾個國家中激起了很大的反對。新千禧年初期，歐盟需要進一步修改各國的憲法時，反對的聲浪還將加大。

一九九〇年代晚期，此前《馬斯垂克條約》批准過程相關的動盪已經平息。自那個十年中期開始的經濟成長加強了西歐大部分地區人民的獲取物質感和進步感。一九九五年，十年前在盧森堡的申根（Schengen）達成的協議開始實施，允許人們在歐洲大部分地區自由移動，不設邊界管制。西歐大陸上各國人民因此更加感覺到歐盟帶來了實實在在的好處。歐盟成員國中只有英國和愛爾蘭不在申根區內。

與此同時，即將引進的歐元（這是一九九五年商定的單一貨幣的名稱）遭到的反對有所減弱。一九九九年一月一日，歐元正式成功啟動，起初只是作為兌換貨幣，真正的錢幣要到二〇〇二年才投入流通。貨幣聯盟包括十一個國家（比利時、荷蘭、盧森堡、法國、義大利、德國、愛爾蘭、西班牙、葡萄牙、奧地利和芬蘭）。不過，一些重量級人物預言以後會出麻煩。一九九八年，一百五十五位經濟學家聯名發表宣言，警告說「啟用歐元操之過急」。對於不同經濟體之間在沒有建立財政聯盟或政治聯盟的情況下使用共同貨幣，他們有理由感到擔憂。歐元的啟動正值天氣晴好，發行之後依然風和日麗。但是，如果暴風驟雨來襲，歐元能否頂得住呢？對此誰也沒有答案。畢竟歐元從一開始就首先是政治工程，歐元最重要的目的是推動歐洲一體化。

這在九〇年代初引起了一個明顯的問題：該如何擴大歐盟？令人

頭痛的問題是如何把不久前還屬於蘇聯陣營、經濟結構與西歐截然不同、正在朝著資本主義和自由民主艱難跋涉的國家納入歐盟。

　　擴大歐盟的問題很不簡單。有一種意見認為，應首先加深現有結構，然後再考慮擴大的事情。密特朗總統領導下的法國尤其希望加深西歐各國間的連結，讓中歐和東歐國家成為聯盟成員，但不給予其充分的成員地位。密特朗如此考慮，在很大程度上是因為擔心歐盟若是擴大到東歐，最終將強化德國的地位。德國、英國、丹麥以及其他國家提出了理由充足的反駁意見，支持先擴大再加深。最後，還是政治考量起了決定性作用。一九一九年《凡爾賽條約》簽署後中歐和東歐的苦難史顯然是前車之鑑，必須不惜一切代價避免它們淪為法西斯主義和專制主義國家的災難。地緣政治也是考慮因素，中歐和東歐國家夾在西歐和俄羅斯的勢力範圍中間，它們未來的安全至關重要。南斯拉夫也恰在此時墮入戰爭，更突出了這一關注。

　　因此，一九九三年六月，歐盟在哥本哈根做出決定，歡迎中歐和東歐國家加入，條件是它們必須達到民主、法治、尊重人權、保護少數族群、自由市場經濟運作良好等方面的嚴格標準。一九九四年，匈牙利首先提出申請加入歐盟，接下來，別的國家也排起了申請入歐的長長隊伍。達成哥本哈根協議之前，已經啟動了接受芬蘭、瑞典、挪威和奧地利加入歐盟的程序。這些國家達標沒有問題。除了挪威，其他的都於一九九五年一月一日成為歐盟的正式成員。挪威沒有加入，是因為在一九九四年的公投中，多數選民（和一九七二年一樣）表示反對加入歐盟。然而，中歐和東歐國家在經濟和政治上與歐盟成員國差距明顯，它們等待批准入歐的時間就長得多。

　　擴大歐盟理由有力，加入歐盟的前景幫助促進了中歐和東歐國家的穩定與民主化。但是，中歐和東歐國家經濟與政治文化的發達程度與西歐相去甚遠，把這些國家的七千多萬人順利吸納進來絕非易事。

歐盟總有一天將為此付出代價，變得笨重不靈、凝聚力減弱、經濟不平衡加劇。

西歐令人沮喪的治理狀況

　　雖然民意調查顯示大多數西歐人贊成歐盟，但多數人在九〇年代期間很少關注歐洲事務。他們通常有更切身的事情要操心。然而，他們面臨的有些問題不僅是國內問題，還有歐洲層面的問題。那個十年初開始的歐洲經濟衰退（與一九九〇至一九九一年的美國經濟衰退相重疊）是問題的部分原因。統一的花費對德國產生的影響波及面極廣。各國領導人，無論是法國總統密特朗這樣的政治溫和左派，還是德國總理科爾或接替柴契爾擔任英國首相的梅傑（John Major）這樣的保守右派，面臨的問題都大同小異。問題沒有一個是新出現的，也沒有一個獲得完全掌控，它們包括國家經濟的競爭力，社會開支需求的增加，以及對通膨、失業和國家債務的控制。冷戰結束後，形勢隨之變化，在新的條件下試圖解決上述問題一般都會在政治上失分，而這又經常導致政府換人，但新政府依然面臨著老問題。當然，不同歐洲國家所受影響各不相同，但經濟不景氣是它們的通病。

　　在德國，影響最大的是國家統一造成的負擔。一九九〇年，科爾輕率地發出豪語，說不出三四年，東德就將成為「鮮花盛開的地方」，喚起了人們的期望。更新東德老舊的基礎設施並完全重建東德經濟是一項巨大的工程，德國總理並非唯一嚴重低估這項工程的人。[1] 東德沒有像許諾的那樣迅速走向繁榮，反而是德國全國到一九九

1　作者注：我記得在一九九〇年五月我參加一場在西柏林舉行的會議，在會上我驚訝地聽到大銀行家和大企業家紛紛表示有信心在五年內克服東德的經濟問題。

二年都陷入了經濟不景氣，一直持續了大半個十年，其間東德人付出的代價最為沉重。一九九三年，經濟衰退導致國內生產毛額下降了百分之二，比西德歷史上任何時期降幅都大。一九九五年，德國國債比一九八九年翻了兩倍（不過部分債務來自政府對基礎設施的投資）。

經濟下行產生的一個令人擔憂的副產品是民眾對「尋求庇護者」的敵意，它也代表著日後在歐洲大部不斷加強的一個趨勢。在歐盟尋求庇護的人四分之三以上都去了德國，因為德國出於對納粹時代人性泯滅的糾正，制定的庇護法非常寬鬆。一九九二年，受南斯拉夫戰爭的影響，尋求庇護者達到了四十三‧八萬（雖然其中只有不到百分之五被歸類為逃離政治迫害的人）。此時還發生了一些新納粹分子襲擊移民的可怕事件，使德國人和外部世界為之震驚。這些事件大多發生於，但並不限於德國東部。

儘管經濟遲滯不前，科爾還是在一九九四年十月再次當選總理。那年，他推出了一項受人歡迎的醫療保險計畫，給他的選情加了分。另一個對他有利的因素是對手社民黨的分裂。此外，他作為促成德國統一的總理威望猶存。但是在後來幾年內，德國經濟依然舉步維艱。一九九六年，德國失業人數超過了四百萬，這個數字在過去曾撼動過德國的民主制度。同時，經濟在高昂的勞工和福利成本的重壓下，為保持競爭力而苦苦掙扎。科爾曾經是未來希望的代表，如今卻在德國東部的競選集會上遭到失望選民的起鬨鼓噪。政府似乎已是強弩之末。許多人覺得「該換個人做做看了」，如果民主政體中同一批人執政很久，選民有時就會有這種想法。一九九八年選舉中的主要問題幾乎完全是國內問題，最重要的是居高不下的失業率。八年前在科爾的未來規劃中居中心位置的歐洲一體化幾乎不見蹤影。投票的結果是，科爾被社民黨的施若德（Gerhard Schröder）擊敗，結束了他長達十六年的德國總理生涯。

　　一九九〇年代期間德國的經濟困難也影響到了西歐其他國家。一九九三年，法國失業人數達到創紀錄的三百萬，占勞動人口百分之十以上。同時，占國家開支一大部分的社會福利成本不斷攀升，推動著已經令人擔憂的預算赤字屢創新高。不出意料的，控制國家開支、對一些經濟部門實行私有化的措施引起了民眾的不滿。政府若是推行了不得人心的政策，通常都會敗選。法國也不例外。政府中的主要力量社會黨在一九九三年三月的大選中損失慘重。贏家是席哈克領導的保守右派政黨。兩年後，社會黨人密特朗的第二個總統任期結束，那時他已罹患癌症，而且按憲法規定不能繼續連任。席哈克擊敗社會黨候選人喬斯班，成為下一任總統。法國政治的兩個特點在歐洲其他國家也很普遍，一是指控對手在財務上不乾淨（前總理貝雷戈瓦就是因此自殺的），二是利用民眾對移民的強烈反感（這部分地反映了國民陣線的影響力，其領導人勒龐在一九九五年的總統大選中獲得了百分之十五的選票）。

　　移民問題在義大利尚不突出，然而政治腐敗卻是讓人怵目驚心。作為在德國、法國和英國之後歐洲第四大經濟體的義大利，在九〇年代初已經遇到了嚴重經濟困難。有些困難是德國統一造成的間接後果。一九九二年，德國聯邦銀行大幅提高了貸款利率，通膨率較高、比較脆弱的經濟體因而壓力驟增。其結果是，義大利在當年九月被擠出了歐洲匯率機制。歐洲匯率機制參與國的貨幣會被綁在一起，匯率只能在有限區間內浮動（實際上是隨著德國馬克起伏，而德國央行提高貸款利率後，義大利里拉應聲貶值了百分之二十四）。義大利的根本性問題是債台高築，它的債務相當於國內生產毛額的百分之一百二十，比《馬斯垂克條約》規定的標準高出了一倍。義大利每年的稅收收入近百分之四十都用在了償付債務利息上面。以天主教民主黨領導人安德列奧蒂為首的政府採取了提高稅率、削減公共開支和推行私有

化等補救方法，但這些舉措不可能受老百姓歡迎。

一九九二年，義大利大選即將舉行之際，新聞揭露出了一件巨大的貪腐醜聞，相形之下，常規政治黯然失色。這件醜聞被稱為Tangentopoli（大致的意思是「賄賂之城」），所有主要政黨（以及義大利的一些大公司）的最高領導人都牽涉其中。這件貪腐大案遍及整個政治體系。在兩個月後的議會大選中，所有主要政黨的得票率都隨著下滑。不過，選戰的損失僅是揭露了這個由政客和公共官員組成的龐大貪腐犯罪網絡所產生後果的很小一部分。

這樁醜聞有一千名從政者，以及近一千五百名公務員及工商界人士被控收受賄賂。包括安德列奧蒂在內的一些政治領導人也被強烈懷疑跟黑手黨勾結。後來，前社會黨總理克拉克西經缺席審判（一九九四年他畏罪逃往突尼西亞）被判處二十八年徒刑。安德列奧蒂自己經過十年的審判（包括指控他在一宗謀殺案中與黑手黨狼狽為奸），也在二○○二年被判處二十四年監禁，但他就所有指控提出上訴後，最終被宣判無罪。義大利的公眾忍無可忍。這件醜聞摧毀了自二戰以來呼風喚雨的政治當權派。掌控義大利政治近半個世紀之久的天主教民主黨於一九九四年三月宣告解散，自由黨在二月已經解散，社會黨也於十一月解散。此外，社會民主黨和共和黨也大大衰落，共產黨已在一九九一年解體，分裂成兩個繼承黨，但都達不到原來共產黨的支持度。義大利的政黨政治只得從頭再來，冷戰時期的左右兩大政黨集團已成為過去。義大利成了第一個轉向新的「民粹」政治的西歐國家。

如此的轉變結果令人不安。填補了政治真空的是炫耀跋扈的媒體大亨貝盧斯柯尼（Silvio Berlusconi）。他一度跟克拉克西過從甚密，有傳言說他棄商從政就是為了避免因涉嫌貪腐而被捕。貝盧斯柯尼一九九三年十一月一手創建的義大利力量黨（Forza Italia）有他的媒體帝國做後盾，以他的強勢個性為力量，信誓旦旦地要為義大利帶來新

的開始（用貝盧斯柯尼自己的話說是「新的義大利奇蹟」）。義大利力量黨煽動民粹，反對建制。貝盧斯柯尼把自己標榜為未曾受到過去腐敗的政黨政治玷汙的「圈外人」，說要用讓自己大獲成功的經商才能來重振義大利的雄風。義大利力量黨的組織方式恰如一個追求新自由主義經濟目標的企業。貝盧斯柯尼自信他的民望，能夠贏得在政治上徬徨無依的大批右傾反共選民的支持。然而，他的政黨能否不只是新瓶裝舊酒呢？

　　事實上，右派在賄賂之城的醜聞爆發前已經開始分裂。蘇聯的解體使天主教民主黨失去了意識形態上的黏合劑。新形式的身分政治開始出現。在義大利北部，博西（Umberto Bossi）領導的北方聯盟要求實現地區自治，結束對比較貧窮的南方的補貼。在南方，菲尼（Gianfranco Fini）領導的民族聯盟，是集合了新法西斯主義者和天主教民主黨舊部的右翼保守運動團體，仍舊以反對社會主義政黨作為主要驅動力。貝盧斯柯尼、博西和菲尼在一九九四年三月的選舉中聯手，贏得了近百分之四十三的選票，遠遠超過共產黨的兩個繼承黨組成的左翼「進步聯盟」百分之三十四的得票率。然而，他們的聯合政府根基不牢，九個月後就土崩瓦解，貝盧斯柯尼也被迫辭職。不過，他的政治生涯還未結束，後來他東山再起，又擔任了兩屆義大利政府首長。義大利政府的長期不穩定也依然如舊，自一九四八年以來，每屆政府平均執政時間不到一年。儘管表面上花樣翻新，有時使人眼花撩亂，但其實左右之爭和南北之分一貫是義大利政治的主要斷層線。

　　在英國，梅傑在一九九二年四月初的大選中獲勝，接替柴契爾成為首相，使許多人跌破眼鏡。這是保守黨連續第四次勝選，雖然所獲多數選票的差距大為縮小。不過，梅傑領導的政府軟弱無力，缺乏團結，「歐洲」（英國與歐盟的複雜關係的簡稱）是造成它分裂的主要問題。政府為維持英鎊的堅挺，大幅提升銀行利率，投入了三十億英

鎊以上的資金，卻徒勞無功，不得不於一九九二年九月十六日灰溜溜
地退出歐洲匯率機制（這個日子很快得名「黑色星期三」）。梅傑政
府一直未能從這個屈辱中恢復過來。自那以後，英國經濟陷入衰退，
梅傑因而成為受傷的首相，遭黨內疑歐派百般詰問，被大眾媒體大肆
嘲笑，也因有保守黨大佬牽涉在內的財政醜聞而受到損害（雖然英國
的醜聞跟義大利相比是小巫見大巫）。作為政府首長，他的力量衰弱
到無可救藥的地步。

　　一九九〇年代中期，英國經濟開始強勁復甦，但沒辦法幫助梅
傑太多。一九九四年五月當選為工黨領袖的布萊爾（Tony Blair）與
梅傑的灰暗形象形成了最鮮明的對比。布萊爾口才便給、條理清晰、
笑口常開、魅力四射，似乎是「酷不列顛」[2]的化身。他代表著一個新
的、充滿活力的不列顛，一個外向、親歐、現代、進步、寬容、包
容的不列顛。他提出了超越傳統的階級界線和社會藩籬的「第三條
路」的設想。他領導的黨更名為「新工黨」，摒棄了自一九一八年就
載入黨綱的實現經濟國有化的承諾，努力擁抱市場力量，佐以社會正
義。一九九七年五月一日的大選中，保守黨遭到碾軋，工黨贏得了一
百七十九個議會席位，這是它有史以來獲得的最大的議會多數，四
十三歲的布萊爾成為自一七八三年的小威廉・皮特（William Pitt the
Younger）以來最年輕的首相。經過十八年保守黨政府的統治後，這
似乎是個新的開端，如著名政治記者羅恩斯利（Andrew Rawnsley）
所說，是「國家的重生」。

　　布萊爾從一九九三年繼布希擔任美國總統的柯林頓（Bill Clinton）
身上得到了激勵，而布萊爾自己又成為其他一些歐洲領導人競相效仿
的榜樣。一九九七年被任命為法國總理的社會黨人喬斯班走的似乎就

2　譯者注：指一九九〇年代英國文化創造的繁榮時期。

是未明言的「第三條路」，把改善社會安全、提供保健服務、增加給社會中最窮群體的補助、促進婦女參政、實現一週工作三十五小時等典型的社會主義政策，跟減稅和國營公司私有化等新自由主義政策結合在一起。德國很快也走上了自己版本的「第三條路」。一九九八年的德國選舉中，英俊上相、精力充沛的社民黨人施若德擊敗科爾，結束了自一九八二年持續至今的保守政府，他也是布萊爾在歐陸最出名的仰慕者之一。他和布萊爾一樣，展現了社民黨政府的現代形象。至少在上述國家，保守主義在一九九〇年代中期似乎在節節敗退。

社會民主有了當今時代的新面貌，它宣導在一體化的歐盟內結合社會進步與全球化市場經濟帶來的裨益。許多歐洲人認為這代表著更美好的未來。然而，儘管社會民主取得了顯著成就，它仍然不出幾年就導致廣泛的失望和幻滅情緒。一九九七年，布萊爾在勝選之夜意氣風發地宣布：「新的黎明已經到來。」然而，到來的不是黎明，而是歐洲社會民主運動漫長的夕陽西下。

保守右派和社會民主左派舊有的確定性都開始崩塌。政治分裂愈加嚴重，抗議運動的分量愈來愈大，經常反映在民族主義政黨、綠黨和地區主義政黨的主張中。政治中一個令人不安的因素是，反移民日益成為政客喜歡操弄的政治問題。到九〇年代末，勒龐的國民陣線吸引了近五百萬法國公民的支持（占選民的百分之十五以上），而國民陣線在一九八六年只有二百七十萬名支持者。丹麥人民黨成為丹麥議會中第三大黨，獲得全國人口百分之十二的支持。在瑞士，工業家布洛赫（Christoph Blocher）領導的瑞士人民黨在一九九九年的聯邦選舉中得票率達到百分之二十二‧六，比之前猛增了百分之十二‧六，創下瑞士選舉史上的紀錄，成為瑞士第一大黨。在奧地利，奧地利自由黨在喜歡飆車、言論流露出親納粹情緒的海德爾的領導下，得票率從一九八六年的不到百分之十，上升到一九九九年的百分之二十七。

所有這些運動的成功都有一個共同之處，那就是高調反對移民。其他歐洲國家也有與它們類似的政黨。既然主流政黨和歐盟都支持移民，反移民的民族主義抗議運動就拉起了反體制和反歐盟的政治大旗。除了反移民政黨的鐵桿支持者以外，有很多人只是參加抗議活動，這意味著反移民政黨獲得的支持並不穩定。但無論如何，反移民政黨除了對左翼及右翼主流政黨的綱領產生影響之外，還在後來的年月中把移民問題推到了政治議程上的重要位置。

西歐的一九九〇年代是個起伏變化的十年。事實證明，原來許諾的燦爛前景大多是海市蜃樓。到那個十年中期，大多數民眾的失望不滿溢於言表。向著歐洲一體化邁出的步伐雖然本身是意義重大的成就，但尚未觸及大多數人的日常生活。不過，隨著經濟成長的恢復，那個十年後半期的形勢光明了許多。到九〇年代末，歐洲的東西兩半似乎都將進入一個更加令人興奮的時代。令人驚訝的是，為這個時代定調的是「酷不列顛」。二〇〇〇年元旦前夜，在歐洲人和世界各地數十億人一道喜迎新千禧年來臨時，布萊爾說，他希望「信心和樂觀」能夠裝瓶永久保留。此言道出了時人的心聲。

＊　＊　＊

一九九〇年九月，仍沉浸在冷戰結束的喜悅中的布希總統宣布，一個「新的世界秩序」已經降臨，它將「更遠離恐怖威脅，更有力地謀求正義，更穩固地求取和平」。它將是「一個世界各國……能夠繁榮昌盛、和諧共處的時代」。這些言辭描繪出一幅美好的圖畫，但它很快就成為泡影。

這時的確發生了一些令人鼓舞的事情。伊拉克一九九一年初入侵科威特後，美國在聯合國的授權下率領大型多國聯盟決定性地一舉打敗了伊拉克軍隊。伊拉克領導人海珊（Saddam Hussein）對中東的威

脅似乎就此終結。一九九三年一月，美俄兩國按照《第二階段削減戰略武器條約》（*START II*）同意各自拆除三分之二的核彈頭，進一步減少了核子大戰的威脅。在被委婉地稱為「奧斯陸和平進程」的框架下，阿拉伯國家和以色列的關係也有所改善，以阿雙方的激烈衝突持續多年後，似乎終於出現了解決的希望（但嚴重暴力仍在繼續，預示著前景不妙）。在聯合國的主持下，各國日益認識到急需限制溫室氣體排放，因為它加速了全球暖化和環境破壞，威脅到了整個地球的未來（雖然這樣的認識主要停留在紙面上，沒有多少實際行動）。

但是，與這些積極發展同時存在的還有令人沮喪的消極發展。世界領導人信誓旦旦地保證要消除世界上的貧困，捍衛普遍人權，但實際情況卻沒有或看不出任何改善。撒哈拉以南非洲的極端貧困沒有改善，反而更加惡化。包括索馬利亞在內的一些國家備受饑荒和內戰之苦，陷入近乎無政府的狀態。在世界許多地方，文化與宗教差異，加之實實在在的經濟利益，阻擋著人權方面任何真正的進步。最糟糕的是，就在歐洲國家對於大屠殺的了解空前增加之時，另一場種族滅絕正在盧安達展開，短短三個月內就有一百多萬人死於非命。束手無策的「國際社會」無力阻止盧安達的大屠殺，再次表明「國際社會」不過是個空洞的名詞。

每天晚上，歐洲人在電視新聞上都能看到遙遠的地方發生的可怕事件，怵目驚心。許多人慷慨解囊，向聯合國兒童基金會、紅十字會、樂施會或無國界醫生這樣的慈善機構捐款。但是，人們在普遍感覺到焦灼無助的同時，即使沒有因不斷看到駭人的苦難畫面而變得麻木不仁，也覺得這些可怕的事情離自己很遠，與自己的生活沒有直接關係。許多人嘴上不說，但暗自慶幸歐洲克服了自己災難性的過去，現在不必再禁受這樣的恐怖（他們卻剛好恰巧忘記了南斯拉夫）。

這種自滿很快被打得粉碎。霎時間，無情的事實使人們認識到，

歐洲與日益互相連結的世界密不可分，無法獨善其身，無法跟動亂地區司空見慣的恐怖活動相隔絕，而且這種恐怖活動與歐洲自己的帝國主義歷史有著千絲萬縷的關聯。驚醒世人的事件不是發生在歐洲本土，而是發生在五千多公里外的紐約市。那是名副其實的晴空霹靂。二〇〇一年九月十一日（這個日子很快被普遍稱為「九一一」），歐洲時間剛過正午，發生了一起計畫細緻、執行縝密的大型驚人恐怖攻擊。兩架被劫持的飛機在幾分鐘的時間內先後故意撞入紐約世界貿易中心的兩座大樓。第三架被劫持的客機撞進了五角大廈（美國國防部），第四架飛機上的乘客與劫機者英勇搏鬥，使這架飛往華盛頓特區的飛機在賓州的農田中墜毀。數百萬人在電視上即時看著難以想像的恐怖景象在眼前展開，世貿中心雙子星大樓化為廢墟的災難場景深深地烙在了他們的腦海裡。「九一一」恐怖攻擊造成包括被劫持客機上的乘客在內的約三千人喪生，許多人是為逃離大樓中的熊熊大火而跳樓身亡的，受傷的人數則是死亡人數的兩倍。那些自知將死的人給親人最後的手機訊息令人心碎。很快確定的是，製造此次恐怖攻擊的是恐怖組織「基地」的成員。此事與歐洲有關聯。一手策劃了「九一一」事件的賓拉登（Osama Bin Laden）和其他十四名涉案恐怖分子，都來自美國和歐洲大部分國家在波斯灣地區最重要的盟友——沙烏地阿拉伯。此外，這次恐攻陰謀最先是在德國漢堡策劃的，參與恐攻的恐怖分子中有五人是基地組織漢堡支部的成員，包括生在埃及、駕駛飛機撞入世貿中心大樓的穆罕默德‧阿塔（Mohamed Atta）。

紐約遭受的慘重打擊是自一九四一年十二月珍珠港事件以來，美國遭受的第一次外國侵略。它不僅僅是巨大的衝擊和悲劇，而且是對「西方」價值觀的正面攻擊，而這也正是恐怖分子的意圖。歐洲領導人立即宣布與美國一起共同捍衛那些價值觀。幾天之內，小布希總統就宣布打響「反恐戰爭」，甚至不顧在中東可能會造成負面聯想，將

其稱為「十字軍戰爭」（crusade）。反恐戰爭不僅針對基地組織，而且是一場西方文明保衛戰，是抗擊企圖消滅西方文明的伊斯蘭主義意識形態的鬥爭。布萊爾在西歐領導人中是急先鋒，立即表示英國無條件支持美國。

「九一一」這個日子才真正標誌著新世紀的開始，而不是一年前的二〇〇〇年一月一日。「九一一」之前，西方世界對於伊斯蘭原教旨主義的不斷壯大僅略有所知。然而，「九一一」事件發生後的數年內，英國和其他歐洲國家都捲入了與這支正在上升的力量日益擴大的衝突。歐洲國家的士兵被派往穆斯林國家參加根本無法打贏的戰爭。伊斯蘭恐怖活動很快就將給歐洲的城市造成重創，破壞不同文化間的關係，自由民主陷入要自由還是要安全的兩難處境。對外部世界的問題，歐洲再也無法置身事外。

第十一章

接觸全球

Global Exposure

這些國家和它們的恐怖主義盟友組成了邪惡軸心，正在加緊
武裝，威脅世界和平。

——小布希總統在二○○二年的國情咨文中
提及朝鮮、伊朗和伊拉克

　　當然，歐洲不是最近才開始接觸外部世界。早在中世紀，歐洲和
遠東就有貿易往來。十六世紀征服美洲後，商船載著黃金和其他商品
在大西洋兩岸穿梭。鄂圖曼帝國在巴爾幹地區和匈牙利南部建立統治
後，基督教歐洲兩次擊退了異族土耳其人的入侵。第一次發生在一五
六五年的馬爾他，第二次在維也納附近，時間是一六八三年。十七世
紀，荷蘭在後來的印尼建立了貿易基地。下一個世紀，東印度公司開
始了英國對印度的殖民。十八世紀期間，歐洲國家在加勒比海地區打
過仗。十九世紀，歐洲開始了對非洲、亞洲和世界其他地區的帝國主
義擴張。十九世紀中期，隨著電報、電話、汽船、鐵路的發明，貿易
向世界各地大幅擴張，開始了經常被稱為「第一次全球化」的進程。
接下來是與世界最殘酷的接觸——二十世紀上半葉的兩次世界大戰和
戰間期的全球經濟蕭條。在一九四五年後長時間的戰後復甦過程中，

歐洲附從於美國外交政策的利益，也敞開大門接受來自大西洋彼岸的壓倒性經濟與文化影響，先是西歐，最後中歐和東歐也加了進來。

但儘管如此，我們仍可以感覺得到，歐洲在二十一世紀初與世界的接觸還是有些新內容。歐洲一定有更多的老百姓意識到，他們在和平時代的生活從未像現在這樣受到外部世界的侵入。特別是自從一九九〇年代網際網路開始普及以來，世界似乎變小了。新的千年帶來了歐洲接觸全球的更加尖銳的形式。有一點與過去有著重大的不同：前幾個世紀中，特別是在帝國主義時代，歐洲對其他大陸輸出暴力，但新千禧年的第一個十年中，歐洲初次嘗到了暴力還擊的滋味。

二〇〇一年九月十一日紐約世貿中心遭襲，不僅代表著美國以慘烈的方式與恐怖主義覿面相逢，對歐洲來說也象徵著一個節點的到來。後來幾年，歐洲受到的影響既深且遠，而這又轉而大大影響到民眾對移民和多元文化主義的態度。多元文化主義試圖把來自其他文化的移民納入歐洲生活，它和移民問題一起，既是社會問題，又成為尖銳的政治問題。美國政治學家杭亭頓（Samuel Huntington）在九〇年代曾預言，西方價值觀與伊斯蘭價值觀將發生危險的文化衝突，現在，衝突的陰影似乎又加深了幾分。

另一種新的（或至少是大異於前的）接觸全球的方式，來自全球化經濟及其對日常生活的廣泛影響。「第二次全球化」加強了由來已久的趨勢，但它遠不僅僅是以往事態發展的延續。電腦技術的突飛猛進帶來了通訊革命，金融部門解控後大幅擴張，由於這兩個因素，全球化在深度和廣度上量變導致質變。與地球另一邊取得聯繫不僅更加容易，而且幾乎是即時的。改變的不只是工商業。歐洲和世界其他地方一樣，從未像今天這樣如此緊密地相互聯繫、相互依存。網際網路、手機和電子郵件滲透了社會的方方面面。半個世紀之前還無法想像的事情如今成了現實。

反恐戰爭

　　二〇〇一年九月二十日，紐約遭恐攻一星期後，小布希總統宣布發動反恐戰爭，不打敗「每一個在全球範圍內活動的恐怖團體」誓不罷休。歷史上都是國對國宣戰，戰爭的含義通常也很清楚。然而，針對一個抽象概念的戰爭卻缺乏清楚的定義。不過，反恐戰爭毫無疑問是十分響亮的口號。它捕捉住了「九一一」暴行後美國和大部分西方國家亟欲報仇雪恨的情緒。

　　對美國的襲擊是在阿富汗策劃的。這個四分五裂、無法無天、極端暴力的國家自從一九八九年蘇聯占領結束以來一直處於內戰之中。之前的那個十年間，美國給稱為「聖戰者」的阿富汗地方軍閥和部落酋長提供武器和資金，用來跟蘇聯人作戰。蘇聯一旦撤軍，美國馬上失去了對該地區的興趣。但是巴基斯坦沒有，「聖戰者」組織在巴基斯坦的資助下繼續發展。軍閥各自控制著自己的地盤。喀布爾政府的政令不通，除非軍閥准許。「聖戰者」不僅反蘇聯，也反西方。以上種種為針對西方和直接針對美國的恐怖主義提供了生根發芽的土壤。

　　賓拉登出身於一個富可敵國的沙烏地家庭。一九八八年，他為了打「聖戰」，創立了結構鬆散的基地組織。他一九九六年從蘇丹移居阿富汗，把阿富汗當作了大本營。一九九三年，一些恐怖分子陰謀摧毀紐約世貿中心未遂，其中一個領頭人就曾在阿富汗的基地組織營地中接受過訓練。一九九六年，塔利班奪取了阿富汗首都喀布爾。這個激進團體在巴基斯坦剛起家時成員不多，它奉行最極端的伊斯蘭原教旨主義，在與阿富汗不得人心的腐敗政府作戰時犯下了累累暴行。塔利班在軍事上得到了巴基斯坦情報部門的支持，資金來源是沙烏地阿拉伯的有錢人。很快的，塔利班的惡毒統治就擴張到全國領土的三分之二。賓拉登搬到阿富汗後，與塔利班領導人歐馬爾（Mullah

Mohammed Omar）聯手對美國和西方宣戰，後者是一九九八年襲擊美國駐非洲三所大使館的幕後黑手。根據中情局上呈柯林頓總統的情報，歐瑪爾還策劃將來在美國本土發動襲擊。

所以說，在二○○一年九月十一日的暴行發生很久之前，賓拉登和作為基地組織大本營的阿富汗就已經引起了華盛頓的高度注意。那場令人髮指的襲擊發生後，美國顯然馬上會展開軍事報復。不出三天，國會即授權總統使用一切必要力量摧毀發動襲擊的組織，以及資助了這場襲擊的國家。這等於明白宣示，如果塔利班領導層拒絕交出賓拉登，美國便會入侵阿富汗，首要目標就是摧毀基地組織（其間逮捕或殺死賓拉登）、粉碎塔利班。二○○一年十月七日，美軍和英軍以轟炸行動開路，發動了代號為「持久自由行動」（Operation Enduring Freedom）的針對阿富汗的軍事行動。

英軍從一開始就確定要參加。英國首相布萊爾（據他自己後來所寫）一聽說九月十一日的暴行，就立即認為，基地組織對曼哈頓雙子星大樓的攻擊不僅是針對美國，而且是針對文明世界「真正意義上的宣戰」。他當晚就在電視上宣布，英國將「在這個悲劇的時刻與我們的美國朋友並肩站在一起。和他們一樣，我們不把這一邪惡徹底從世界上消滅絕不甘休。」

其他歐洲領導人則比較謹慎。例如，德國聯邦議會在十一月中旬批准向阿富汗派遣近四千人的聯邦國防軍部隊的決定，僅以一票之差通過。不過，美國出兵的目的和它在紐約遭到恐攻後的自衛權利得到了廣泛的國際聲援。許多國家積極支持美國，包括法國、義大利和俄羅斯。席哈克總統宣布說，面對這場針對所有民主國家的襲擊，「法國不會袖手旁觀」。他似乎未卜先知，接著說：「今天慘遭襲擊的是紐約，但明天可能就是巴黎、柏林、倫敦。」

起初，西方盟軍連戰連捷。控制著約三分之一國土的阿富汗反塔

利班力量（他們自稱聯合陣線或阿富汗北方聯盟）負責地面作戰，他們在猛烈空襲的支持下，於二〇〇一年十一月奪回了喀布爾。十二月初，他們把塔利班趕出了在南方坎達哈（Kandahar）的最後據點。同月晚些時候，聯合國主持建起了一支人數不多的國際安全援助部隊（很快就有二十多個國家參加），負責保衛喀布爾並幫助成立過渡政府。過渡政府的首腦是卡爾扎伊（Hamid Karzai），由美國和英國提供該政府支持。

二〇〇一年十二月，最糟的情況看似已經過去，但其實才剛開始。塔利班退卻了，卻遠遠沒有被消滅，很快就開始重新招兵買馬、壯大力量。賓拉登和他許多最堅定的支持者以及基地組織恐怖網絡的大批人馬成功脫逃，躲進了巴基斯坦西部的偏僻山林。所以，西方國家的兩個首要目標都沒有徹底達到。關於打敗塔利班後如何維持和平，西方國家沒有明確的計畫，結果只能支撐一個腐敗不穩的政權，試圖在這個領土廣袤、暴力嚴重、無法無天的國家中實現和平。經過漫長的十三年，付出了成千上萬生命的代價後（死亡的盟軍將士大約四千人，阿富汗人更多得多），直到二〇一四年，英軍才結束了作戰任務。美國宣布將撤走大部隊，只留下少數人員。（自二〇〇三年起捲入阿富汗戰爭的）北約也撤出阿富汗，將責任移交給了阿富汗政府。此時，沒有哪個客觀的觀察者會說西方國家在阿富汗的長期駐留取得了完全勝利。後來的事件證明這個悲觀的結論不幸言中：阿富汗政府頂不住捲土重來的塔利班，致使華盛頓不得不取消原先的撤軍決定，於二〇一七年宣布向阿富汗增派數千美軍。

阿富汗戰爭起初是美國的報復行動，後來發展為四十三個國家（大多是北約成員國）的軍隊組成的全球盟軍的戰爭。歐洲國家捲入頗深。二〇一一年阿富汗戰爭高峰時期，駐紮在阿富汗的十三萬外國軍隊中約九萬是美軍，剩下的大多是歐洲軍隊。歐洲軍隊中人數最多

的是英軍，約九千五百人，另外一些歐洲國家派出的部隊人數也相當可觀，德國派了約五千人，法國四千人，義大利四千人。波蘭、羅馬尼亞、土耳其和西班牙也向北約部隊派了一定規模的部隊，還有許多別的歐洲國家派遣了小股部隊。

英國人和蘇聯人分別在十九世紀和一九八〇年代領教過，阿富汗對占領軍來說是險境。這個教訓在二十一世紀初再次證明並非虛言。部分原因是阿富汗戰爭的大目標並不明確，是僅僅摧毀基地組織、消滅塔利班嗎？如果是那樣的話，無論起初戰事看起來多麼順利，最後盟軍顯然是失敗了。抑或目標更加宏大，如布萊爾所堅持的，是要把阿富汗重建成一個自立的民主國家？布萊爾後來寫道：「我們是在建設國家。」當然，這兩個目標相互連結。人們認為，要去除恐怖主義的夢魘，必須在阿富汗建立基礎堅實的現代政府來取代失敗的國家政權。我們可以理解急於報復「九一一」恐攻分子的心情，但是在這種情緒的影響下，盟軍嚴重低估了實現更加宏大的第二個目標的難處。在如此貧瘠的土壤中播種西式自由民主吃力不討好，基本上絕無成功的可能。第一次世界大戰後，這類努力在歐洲的許多地方都以失敗告終。在阿富汗，成功的前景則更加渺茫。最樂觀地說也需要幾代人的時間方能達成這個目標，不可能在短短幾年內一蹴可及。派去摧毀塔利班和基地組織的部隊一旦到了那裡，就陷入急劇惡化的局勢，難以脫身。我們很快即可清楚地看到，恐怖會長久存在，而且不僅存在於阿富汗。

發動阿富汗戰爭還有第二個重大誤判。美國及其歐洲盟友低估了自己面對的國際恐怖主義威脅的非同尋常之處，以及它的特點、規模和險惡。恐怖主義並非新生事物，它在中東存在了約三十年，西方情報部門對它並不陌生。當然，一些歐洲國家內部也有恐怖主義活動。愛爾蘭共和軍的暴力行為自六〇年代晚期起在北愛爾蘭一直為害嚴

重（也影響不列顛本土，雖然程度較輕）。西班牙相應的難題是巴斯克分離主義組織「埃塔」。西德和義大利在七〇年代都深受土生土長的恐怖主義的困擾。這些恐怖活動致使許多人死於非命或終身殘疾，然而，二十一世紀的恐怖主義的特點與上述活動有著實質的不同，構成的威脅更是大得不可以道里計。過去的恐怖組織目標有限，它們打擊的是民族國家，它們要爭取的是民族獨立（如愛爾蘭共和軍和埃塔），或在某些國家中打擊資本主義（如西德的巴德－邁因霍夫團體和義大利的紅色旅）。它們的恐怖活動針對的首要目標是它們所攻擊的國家與制度的代表，如領導人、軍人、警察、工商界領袖。它們犯下的暴行當然也波及了許多無辜的旁人，使之不幸喪生，但是它們（通常）會就爆炸活動發出隱晦的警告，否則傷亡會大得多。此外，恐怖分子傷害別人，自己卻通常都會逃走。

　　二十一世紀的恐怖主義則全然不同。它的活動不限於國家，而是全球性的。它沒有集中指揮，人員來自不同國家，打擊的目標遍及世界各地，也在世界各地獲取武器和利用現代大眾媒體從事宣傳活動。它與過去的恐怖主義另一個重大的不同是，這群恐怖分子在進行恐怖活動時心甘情願，甚至迫不及待地要賠上自己的性命，爭先要當為了改變世界的事業而犧牲的烈士。他們的事業氣吞山河——要透過在全世界發動伊斯蘭革命來摧毀一切西方自由價值觀，用伊斯蘭原教旨主義的「真正」價值觀取而代之。美國及其盟國代表著應予摧毀的文化。以色列和所有猶太人支持西方強權（這是由來已久的陰謀論的一個變種），所以也必須予以消滅。為達成這種千禧年主義式的目標，恐怖分子不僅把平民傷亡視為當然，而且盡量擴大對無辜平民的殺傷。按照他們的想法，造成的衝擊愈劇烈，恐怖活動的影響就愈大，西方的力量就愈被削弱，離恐怖行動的目標也就愈近。

　　歐洲人普遍理解美國領導的阿富汗戰爭，至少在戰爭初期是這

樣。消滅塔利班和基地組織的目標得到了各國廣泛支持。二○○一年以前，許多歐洲人也許連阿富汗首都的名字都不知道，但沒過多久，他們就藉由看電視新聞耳熟能詳了坎達哈、赫爾曼德省（Helmand Province）、興都庫什（Hindu Kush）或拉什卡爾加（Lashkar Gah）等地名。電視新聞裡經常報導一些令人悲傷的消息，例如又有西方士兵被殺，或又有多少無辜受害者死於自殺式爆炸攻擊。這類報導代表了戰爭久拖不決，也最清楚地顯示敵人遠未被打敗。於是，最初的對戰爭的那種支持，正緩慢卻不可阻擋地煙消雲散。

　　無論如何，對阿富汗的注意很快轉向了反恐戰爭的第二條戰線。二○○三年三月，美國率領盟軍入侵了伊拉克。盟國中出兵最多的又是英國。但是，與阿富汗戰爭相比，這次行動造成了很大的分裂，從一開始就遇到激烈反對，也很快顯示出其災難性後果。

　　對歐洲人來說，對海珊的伊拉克發動戰爭與拔除摧毀阿富汗的基地組織及塔利班的戰爭完全不同。沒有任何證據表明海珊與賓拉登襲擊美國的陰謀有關。所以，跟針對阿富汗不同，美國沒有報復伊拉克的理由。為伊拉克戰爭辯解必須另找理由，而任何理由都會引起極大爭議。除其他考慮之外，出兵伊拉克引起了尖銳的法律依據問題，其廣泛影響無法估量。伊拉克戰爭等於是反恐戰爭的危險延伸。它所牽涉的問題在歐洲各國國內造成了政府和家庭內部的爭吵和分裂。

　　無人否認，海珊是個獨裁暴君，依靠忠於他的復興黨和令人畏懼的安全機構對伊拉克實行鐵腕統治。他對內推行恐怖治國，對外威脅整個地區，一九九○年八月伊拉克入侵科威特就是明證。在海珊政權下，酷刑、任意處決和其他嚴重侵犯人權的行為司空見慣。他在對伊朗的戰爭中使用過化學武器，也用化學武器攻擊過伊拉克北部的庫德人。伊拉克死於政治、民族和教派殺戮的可能有二十五萬人以上（教派那點源自遜尼派主導的政府對占伊拉克人口多數的什葉派犯下的殺

戮），而這還不算八〇年代兩伊戰爭和一九九一年波斯灣戰爭中死去的人。自一九九〇年起，聯合國在伊拉克入侵科威特之後對伊拉克實施了廣泛的經濟制裁，並延續了整個九〇年代。部分由於這個原因，也因為海珊的殘暴鎮壓，伊拉克這個曾經富裕的國家的大多數國民都陷入了貧困。可憎的伊拉克政權和可恨的獨裁者海珊劣跡斑斑，但是以美國為首的西方國家難道就有權採取軍事行動推翻海珊嗎？

早在一九八〇年代，美國的政治智囊就把伊拉克列為「流氓國家」（rogue state）。這個詞的定義包括具有製造「大規模毀滅性武器」的企圖。一九九八年，一些著名的「新保守派」（這是後來給他們起的名字）就曾敦促柯林頓總統動武推翻海珊。這些人在意識形態上執著於利用美國的軍事霸權對世界強加「美國治下的和平」，後來都在小布希總統的政府裡身居要職。二〇〇一年七月，世貿中心雙子星大樓遭到襲擊的兩個月前，新保守派的強勢人物倫斯斐（Donald Rumsfeld）領導的國防部已經制定了軍事干預伊拉克的具體計畫。紐約恐攻一天後，小布希內閣就討論了出兵伊拉克的問題。當時阿富汗顯然是優先，但情況很快就要變了。

二〇〇二年一月二十九日，塔利班政權被推翻一個月後，阿富汗戰爭似乎勝利在望之時，小布希總統在對國會的演講中特別提到了作為「邪惡軸心」之一的伊拉克，說它藉由獲取大規模毀滅性武器威脅到了世界和平。接下來的幾個月，美國的注意力顯然在轉向伊拉克，將其作為「全球反恐戰爭」的下一階段。小布希的「邪惡軸心」談話在美國大受歡迎。公共輿論受了「九一一」事件的巨大影響，一面倒地贊成總統全力打擊所謂全球恐怖的來源。兩黨也都支持軍事行動。二〇〇一年十二月，共和黨和民主黨參議員聯合提醒總統勿忘「政權更替」的政策，呼籲推翻海珊。至此，伊拉克顯然成為美國議程上的優先事項。

　　歐洲的政府領導人和民眾大多躊躇猶豫，對伊拉克戰爭日益逼近及其可能產生的後果感到擔憂。他們看不出基地組織這一公認的威脅與伊拉克有什麼真正的連結。布萊爾完全與眾不同，他當即宣布英國支持小布希總統。布萊爾認為，擁有大規模毀滅性武器的伊拉克嚴重危及世界的生存。他和小布希一樣，打從一開始就從心底堅信亟須用武力消除這個威脅。二〇〇二年四月他造訪小布希總統在德州的牧場時，已經斷定「除去海珊是為世界，特別是為伊拉克人民除害」。他看到了一九九九年西方為保護科索沃人民而進行的干預是多麼有效。次年，他下令英軍干預（曾經是英國殖民地的）獅子山的內戰，也同樣取得了成功。不久前，他又看到塔利班被逐出阿富汗（當時以為是一勞永逸）。所以，布萊爾堅決支持在伊拉克實現「政權更替」，表現出了幾乎是傳教士般的狂熱。然而他也承認，英國對美國的支持不能以消滅海珊這個暴君為理由，無論此舉是多麼值得歡迎。這個理由在國際法上站不住腳，也不足以贏得英國民眾對戰爭的支持。布萊爾強調，關鍵問題是伊拉克擁有大規模毀滅性武器。

　　第一次波斯灣戰爭後，聯合國於一九九一年強迫海珊銷毀了伊拉克儲存的生化武器和化學武器。美國和英國情報機構都相信，現在他正在重建這類武器。伊拉克若不遵守聯合國安理會第一四四一號決議就將受到攻擊。面對這個威脅，海珊無奈只得允許由瑞典外交家布利克斯（Hans Blix）率領的聯合國武器核查工作隊，於二〇〇二年十一月進入伊拉克展開檢查。二〇〇三年三月七日，布利克斯的工作隊提出報告說沒有發現任何違禁武器。然而，此時核查結果已經不重要了。美國政府心意已決。兩個月前，總統就告訴倫斯斐和國務卿鮑爾（Colin Powell），他決心對海珊動武。布萊爾也早已下定了決心。前一年的七月，他給小布希寫了一封私人密件，對總統保證說：「無論發生什麼事，我都與你同在。」

　　既然原則上已經決定要打仗，接下來就需要說服美國和英國的公眾相信，雖然武器檢查員沒有任何發現，但是海珊真的擁有大規模毀滅性武器，對西方構成了威脅。面對公眾懷疑的增加，小布希政府和布萊爾政府都一口咬定，最終一定能找到海珊的武器。兩個政府拿它們兩國的情報機構提出的有失嚴謹、根據不足、捕風捉影的報告當證據，對公眾宣講動武有理，儘管這些說理其實完全禁不起推敲。在二〇〇三年二月五日召開的聯合國安理會會議上，美國國務卿鮑威爾說：「毫無疑問，海珊擁有生化武器，並且有能力迅速生產出很多很多此類武器。」二〇〇二年，布萊爾不斷對英國民眾強調，西方的目的是解除伊拉克的武裝，不是政權更替。但是，二〇〇二年九月和二〇〇三年二月，他的政府為使民眾對軍事干預伊拉克做好準備，公布了文件檔案，聲稱海珊擁有大規模毀滅性武器，還正在發展核子能力，很快就能夠在四十五分鐘內打到倫敦。這個消息令人驚駭，但後來事實證明是子虛烏有。

　　然而，政治領導人的宣講起到了作用。二〇〇二年十一月，國會批准小布希總統為保衛美國安全對伊拉克採取他認為合適的任何行動。眾議院和參議院只有三分之一的議員（絕大多數是民主黨人）沒有支持這一決定。民眾反對軍事行動的比例更小。二〇〇三年二月的民意調查結果顯示，僅有四分之一多一點的美國人表示反對。大多數人認為打伊拉克有理，雖然他們覺得最好有聯合國的授權。顯然，公眾被總統和國務卿的談話說服了。民意調查顯示，大部分人都相信伊拉克是「九一一」事件的幕後黑手。

　　二〇〇三年三月十八日，英國下議院以比美國國會更大的多數票（四百一十二票贊成，一百四十九票反對）支持入侵伊拉克。工黨議員中只有四分之一投了反對票，保守黨議員更是只有兩人。英國公眾不像美國公眾那樣強烈支持軍事行動，有百分之五十四支持，反對的

不超過百分之三十八，但有跡象顯示公眾的支持並不牢固，隨時可能急劇下降。然而，和在美國一樣，英國民眾（和議會）相信了向他們展示的虛假的戰爭理由。幾乎可以肯定的是，小布希和布萊爾不像後來人們常說的，為戰爭造勢時公然撒謊。但是，位處政治光譜兩端的這兩個人（一個是共和黨總統，一個是工黨首相）都誤導了自己的國民。他們明知有關情報未經核實、漏洞百出，卻仍然以其為依據，歸根究柢是基於他們自己不可動搖的信念，完全置布利克斯領頭的核查工作隊的調查結果於不顧，斷言海珊擁有大規模毀滅性武器。兩人都決心在伊拉克搞「政權更替」，雖然他們以消除海珊對世界的緊迫威脅為藉口，掩蓋了這個真實意圖，布萊爾較小布希更甚。兩人也都準備必要時不經聯合國許可就採取行動，這方面小布希又甚於布萊爾。

此前一個月，英國和歐洲各國都爆發了反對在伊拉克打仗的大規模抗議。二〇〇三年二月十五日，倫敦舉行的抗議集會有約一百萬人參加，是英國歷史上人數最多的集會。德國、法國、希臘、匈牙利、愛爾蘭、荷比盧三國、葡萄牙和其他歐洲國家也爆發了大型反戰示威，規模最大的在義大利（約三百萬人）和西班牙（一百五十萬人）。據估計，全世界共有超過一千萬人參加了示威活動。

對伊戰爭的前景造成了歐洲自鐵幕倒塌以來最尖銳的分裂。英國自認為與美國有「特殊關係」，所以布萊爾和在阿富汗問題上一樣，本能地、不假思索地與小布希總統「並肩」站在一起。席哈克總統領導下的法國所持的觀點卻截然相反。當然，自戴高樂時代以來，法國的外交政策就具有強烈的反美色彩。不過，席哈克對伊拉克戰爭的立場與法國傳統的反美心態絲毫無關。他的反對有扎實的理由，他認為伊拉克戰爭將激起穆斯林的反西方情緒。二〇〇三年一月，他明確表示法國不會加入任何軍事行動。德國由社民黨和綠黨組成的聯合政府首長施若德也堅決反對打仗。事實上，德國比法國更進一步，宣布即

使有聯合國的授權，德國也不會參加。比利時和盧森堡支持法國和德國的立場。歐盟陷入了分裂。支持打仗的有荷蘭、義大利、西班牙、葡萄牙和丹麥，以及所有曾經在鐵幕另一邊，後來加入了北約，正準備加入歐盟的國家。分裂不只影響到歐盟，而且成為北約自一九四九年創立以來最嚴重的危機。北約成員國中有的加入了盟軍，有的沒有。北約本身沒有參與計畫發動的入侵，但北約部隊為（感覺受到鄰國伊拉克威脅的）土耳其提供了防衛支援。

　　美國給那些願意支持軍事干預的國家起名為「自願聯盟」（coalition of the willing），這個聯盟在國際上（特別是在中東）獲得的支持，跟一九九一年的第一次波斯灣戰爭期間實在不可同日而語，後者被普遍視為阻止伊拉克公然侵略別國的合法干預行動。伊拉克戰爭打響後，除美軍外只有英國、波蘭和澳大利亞派遣了作戰部隊，但波蘭和澳大利亞派的部隊很少。

　　對於歐洲的深刻分裂，美國新保守右派的回應是在美國煽動反歐情緒。國防部長倫斯斐痛斥法國和德國，說它們是「老歐洲」的代表，同時讚揚站在美英一邊的中歐和東歐國家為「新歐洲」。法國人尤其受到詆毀謾罵。二〇〇二年，一篇報紙文章就已經不顧風度地罵法國人是「吃乳酪的投降猴子」（意指法國一九四〇年投降納粹）。美國國會食堂的菜單還把「法式薯條」改名為「自由薯條」（不過大多數美國人覺得這個姿態幼稚可笑，法國大使館則指出，法式薯條其實源自比利時）。在這種可笑行為後面，有著對於美國和歐洲對戰爭不同態度的嚴肅反思。作家卡根（Robert Kagan）二〇〇三年出版了一部有影響力的著作《天堂與實力》（*Paradise and Power*）。他表示：「關於當今重大的戰略和國際問題，美國人來自火星，歐洲人來自金星：他們很少彼此同意，互相愈來愈不理解。」卡根的結論是不祥之兆：「美國領導人應該認識到……歐洲其實沒有能力遏制美國。」安理會

二〇〇二年十一月通過的第一四四一號決議給了海珊「最後的機會」，要他遵從對伊拉克進行武器檢查的要求。不過，其中隱含的威脅並未說明海珊若不遵從就將對其採取軍事行動，我們也不清楚海珊是否拒絕完全遵守安理會的決議。布利克斯本人的表態則曖昧不明，但他在二〇〇三年二月表示伊方加大了合作。海珊也是搬起石頭砸自己的腳。他為了威懾西方的軍事行動而虛張聲勢，從未明明白白地否認過他擁有大規模毀滅性武器的指控。這是個致命的失算。布利克斯報告說沒有找到大規模毀滅性武器，但這些武器是不是仍藏在什麼地方呢？

二〇〇三年三月，我們可以清楚地看到法俄兩國一定會否決安理會批准伊拉克軍事行動的任何決議。然而，非要有一份新決議不可嗎？美國人至此顯然失去了對聯合國的耐心，有沒有聯合國的決議反正都要動手。在倫敦，總檢察長高仕文勳爵（Lord Goldsmith）向政府提出了非常值得懷疑的法律諮詢意見，說第一四四一號決議也涵蓋新的軍事行動（雖然他最初的觀點截然相反）。有了這份法律諮詢意見為依靠，英國政府爬上了美國的戰車，只有前外交大臣庫克（Robin Cook）憤而辭職。戰爭沒有聯合國的授權，也就沒有國際合法性。美國等於把國際法拋在了一邊，自行決定如何發動以及何時發動戰爭。

二〇〇三年三月二十日，對伊拉克的入侵打響了。海珊的軍隊顯然不是（主要由美軍組成的）入侵大軍的對手。短短三星期內，軍事戰役即告勝利。四月十二日，巴格達被攻破，戰鬥結束。盟軍的傷亡微乎其微。世界各地的人都在電視上看到了人群合力推倒巴格達市中心海珊塑像的景象。海珊本人在逃，但抓住他是早晚的事。（二〇〇三年十一月，他在家鄉提克里特附近被發現。後來他因反人類罪接受伊拉克法院的審判，被判處死刑，二〇〇六年十二月三十日被絞死。）戰爭結束了，獨裁政權完結了，人們普遍感到寬心而又自得。

五月一日，美國的「林肯號」航空母艦上演了驕狂異常的一幕：小布希總統身穿飛行員制服對水兵（和全世界的電視觀眾）講話，背後的巨幅標語大書「任務完成」。事實上，伊拉克向著持續多年的嚴重混亂和可怕流血的沉淪才剛開始，那裡後來發生的一切給美國及其盟國帶來了持久的後果。

入侵前，小布希總統說要建立一個民主的伊拉克，但伊拉克不是一九四五年的德國。占領者根本不明白自己面對的是什麼問題，也不了解伊拉克文化和政治的敏感之處。美國外交官布萊默（Paul Bremer）領導的伊拉克占領政府完全不稱職。新政府解散了復興黨和伊拉克軍隊，這些錯誤給它自身帶來了巨大損害。美國人設立的政府中，什葉派占主導地位，他們毫不掩飾地公然歧視從原來的統治菁英淪為次等公民的遜尼派少數，進一步加劇了山雨欲來的教派衝突。更嚴重的是二〇〇四年揭露出來的阿布格萊布（Abu Ghraib）監獄中美軍折磨汗辱伊拉克囚犯的事件，有關畫面透過電視傳遍世界。二〇〇二年一月，美國在古巴的關塔那摩灣（GuantanamoBay）建立拘留營，用來監禁主要來自阿富汗的數百名恐怖攻擊嫌疑人，這些人都是未經審判就遭拘禁的。那些人遭受的虐待已經使美國名聲掃地，現在美國的聲望更是跌到谷底。阿布格萊布虐囚事件是對美國以及整個西方世界標榜的人道與正義價值觀的極大嘲諷，伊拉克人民當初也許因美國和英國推翻了海珊的暴政而對它們存有好感，但隨著伊拉克的政治陷入無政府的混亂，暴力肆虐成為常態，民眾對占領者的好感變成了廣泛、日益強烈的仇恨。海珊很壞，但在許多人眼裡，取代海珊的政權更壞。這個局面完全是由於對伊拉克的占領考慮不周、執行不力、對後海珊時代伊拉克的社會秩序毫無完整備案所造成的。占領伊拉克的災難性後果影響的範圍遠遠超出了伊拉克本身。

對伊拉克的入侵、占領者在伊拉克的所作所為，以及海珊政權倒

台後出現的權力真空是送給國際恐怖分子的一份大禮。伊拉克戰爭後，世界各地自九〇年代後半期已經開始增多的恐怖活動飆升。一九九六年，世界上發生了約五百起恐攻事件，到二〇〇三年，這個數字增加到一千八百起，二〇〇六年更是升至五千起左右。受害最深的是中東本身。二〇〇四年，據估計僅在伊拉克就發生了二·六五萬起恐攻事件。伊拉克遭入侵後，因反抗占領被殺以及在兄弟鬩牆的教派衝突中喪生的伊拉克人有五十萬之眾。西方世界受到的影響相對較小。據估計，從一九九八年到二〇〇六年，恐怖分子打擊的目標中英國占百分之四，西班牙占百分之二，土耳其占百分之四，俄羅斯占百分之十一（主要與高加索地區，尤其是車臣的衝突有關），美國占百分之二。但儘管如此，阿富汗戰爭和伊拉克戰爭之後，歐洲還是不可避免地日益暴露在國際恐怖主義的槍口之下。

　　作為美國最重要盟友（和曾經的帝國主義強國）的英國首當其衝。英國與巴基斯坦的緊密連結為傳播聖戰理念，以及在英國的巴裔人口中招募恐怖分子提供了絕好的機會。但是，包括德國、法國、義大利、西班牙、荷蘭、比利時、波蘭、保加利亞和捷克在內的若干其他歐洲國家的情報部門，也在本國發現了聖戰分子網絡，這些網絡許多都與基地組織有關，或是受了基地組織的啟發。網際網路的擴張大大便利了對歐洲內外受眾灌輸聖戰思想的行動。一九九八年，支持恐怖主義的網站只有十二個左右，到二〇〇五年增加到了四千七百個以上。

　　情報部門收集的關於潛在恐攻威脅的情報是預防恐怖主義犯罪的主要防線，但它並不總是有效。二〇〇四年三月十一日早上，安置在馬德里擁擠的通勤火車上的炸彈炸死了一百九十二人，炸傷了約二千人。賓拉登曾放話要報復美國的歐洲盟友。阿茲納（José María Aznar）領導的人民黨保守政府不顧大多數西班牙人的強烈反對，支

持伊拉克戰爭。馬德里慘案有直接的政治動機。爆炸發生三天後舉行的大選中，阿茲納付出了代價。據調查，許多選民在爆炸後改變了立場，轉而投票支持反對伊拉克戰爭的社會黨。贏得大選後，新任首相薩帕特羅（José Luis Rodríguez Zapatero）立即從伊拉克撤回了西班牙部隊。

　　一年後，恐怖活動也擊中了英國。二〇〇五年七月七日，恐怖分子在倫敦地鐵上引爆了三枚炸彈，在市中心的一輛公車上引爆了一枚炸彈，共造成五十二人死亡，七百人受傷。自殺炸彈客都是英國公民，但不被情報部門掌握。他們自稱是伊斯蘭教的戰士，要報復英國對阿富汗、伊拉克和其他地方的穆斯林的壓迫。英國過去也經歷過一次與中東有關的大型恐怖攻擊。一九八八年十二月，利比亞人在一架從倫敦飛往紐約的美國客機上安置炸彈，於蘇格蘭洛克比（Lockerbie）上空爆炸，二百五十九名機組員和乘客無一倖免（飛機殘骸墜地時又砸死了十一人）。那次恐攻明顯是為了報復美國一九八〇年代期間對利比亞的空襲。但是，二〇〇五年七月的炸彈攻擊與洛克比事件不同，它發生在英國首都的中心，打擊的目標不是美國，而是直接針對英國。穆斯林國家的戰爭反彈到了歐洲。

　　後來的幾年顯示了，沒有哪個歐洲國家能夠倖免於恐怖主義。法國和德國雖然反對伊拉克戰爭，但也未能逃脫恐攻。宗教原教旨主義的目的是最有效地進行打擊，尋求容易得手的目標，爭取造成最多的死亡，產生最大的宣傳效果。它的打擊面很廣，是對整個西方的攻擊。

　　雖然伊斯蘭主義早在七〇年代就開始重興，吸引了愈來愈多的穆斯林，但是，阿富汗戰爭，特別是伊拉克戰爭起了強大的推波作用。對伊拉克的災難性干預以及占領早期治理嚴重失當提供了肥沃的土壤，使眾多恐怖組織應運而生，日後給西方造成了無盡的煩惱。有些最殘酷的恐怖組織是按教派形成的，而伊拉克戰爭大大加深了教派間

的鴻溝。遜尼派和什葉派之間的深刻分裂成為助長恐怖主義的一個重要因素。教派分裂影響到了中東複雜的地緣政治。伊朗支持什葉派，沙烏地阿拉伯支持遜尼派，這更進一步造成了局勢不穩。伊朗與俄羅斯關係緊密，信奉伊斯蘭原教旨主義的薩拉菲派占統治地位的沙烏地阿拉伯則是美國、英國和其他歐洲國家的重要盟友。因此，歐洲肯定會繼續深受中東動亂的影響。

全球化的兩面

蘇聯陣營的終結大大推動了全球化經濟。一九九〇年代初（如前一章所述），前東方陣營的國家在全球化影響下歷盡艱難。但是，到了那個十年的後半段，它們就開始和西歐一樣，成為全球經濟成長的獲益者。從九〇年代中期開始，到經濟成長戛然而止的二〇〇八年，無論是東歐人還是西歐人都享受到了經濟蓬勃發展的果實。至少這是大部分人的情況。全球化帶來的物質享受是老一輩人無法想像的。經濟蓬勃發展，世界貿易欣欣向榮，商品跨界流動盛況空前。二十一世紀第一個十年末，貿易量比柏林圍牆倒塌時多了六倍。歐洲所占世界經濟的份額其實自一九二〇年代以來一直呈下降趨勢。也就是說，歐洲經濟規模增大了，但世界其他地區的經濟成長更快。一九八〇年，歐洲占世界貿易的三分之一左右，但三十年後，這個數字降到了約百分之二十。然而，建立歐洲貿易陣營是一大重要舉措。若非採取了推動歐洲一體化的步驟，歐洲貿易份額的下降幅度幾乎肯定會更大。即將進入新千禧年時，擴大後的歐盟成了世界上最大的貿易陣營，進出口量都居於美國和中國之上。

近幾年來，貨物的生產和分配空前國際化。巨大的跨國公司受益最大（技術巨頭受益也愈來愈多）。汽車零組件在多個國家生產後運

到另一個國家組裝的做法日益普遍。作為世界上最大的汽車製造國之一的日本在好幾個歐洲國家都設有大型汽車零組件廠，豐田、本田和日產是歐洲公路上最常見的汽車品牌。消費者把全球化視為理所當然。他們可以從世界各地購買豐富多樣的產品，價格經常便宜得驚人。消費開支大幅上升。電子產品、兒童玩具、服裝和數不勝數的其他商品從東亞國家源源不斷地湧來，那些國家和地區（被稱為「經濟之虎」的韓國、新加坡和台灣）正在經歷空前的高速經濟成長，但商品的最大來源地是僅次於美國的最大經濟體中國。印度是另一個成長迅速的經濟體，那裡的電腦軟體商品和專門技術也在歐洲找到了廣大的市場。歐洲超市的貨架上堆滿了來自全球各地的琳瑯滿目、種類繁多的食材。過去當季才有的水果和蔬菜現在可以從遙遠的熱帶國家進口。數不勝數的地中海和中東菜式、令人眼花撩亂的各種義大利麵、東方香料以及其他食品能滿足每個人的特別口味。葡萄酒不僅有歐洲各地出產的，也有澳大利亞、紐西蘭、美國加州、阿根廷和智利的產品，其價格之低廉在一代人之前是無法想像的。

隨著歐洲國家的製造業繼續其長期下滑的趨勢，服務業幾乎在各地都取代製造業成為占支配地位的經濟部門。到二十世紀末，大多數歐洲國家的服務業雇員占到了勞動力的三分之二到四分之三。在農場或大工廠工作的人只剩下少數，大部分雇員的工作都是管理生產和組織，或者是商業方面的安排，而不是實際製造產品。組織世界各地貨物流動的物流業成為蓬勃發展的產業和商業部門。從一九九〇年到二〇〇八年，跨國公司的數目翻了兩倍有餘。附屬公司增加得更快。「外包」成為全球化經濟的一個關鍵要素，它指的是把企業的一部分職能，無論是行政、製造還是產品分銷，包給一個附屬公司，有時是設在海外的公司。政府也把公共服務外包給私人公司，以減少國家開支。不過，大部分外包都是私營公司進行的。公司可以透過把業務遷

到稅率低的國家來儘量減少稅務負擔。總部留在歐洲，但把實際生產搬去海外人工成本低廉的國家能夠提高利潤，這個進程在數十年來逐漸加速。例如說，早在一九七〇年代，荷蘭跨國公司的勞動力就有四分之三位於海外。外包也經常把生產和分銷鏈中的要素交給個體經營者，公司因此得以避免勞動法規定的繁瑣而昂貴的義務，雖然這常常意味著把沉重的勞動負擔轉嫁到個體經營的小企業頭上。

二十一世紀第一個十年，通訊與跨國關係發生了巨變。特別是全球資訊網（一九八九年由柏納－李〔Tim Berners-Lee〕發明，兩年後向大眾開放）問世後，網際網路迅速普及，開創了一場革命，徹底改變了通訊，使人們能夠以令人屏息的速度和前所未有的方式獲取知識與資訊。輕輕一觸電腦鍵盤，就能訂購海外貨物，而且貨物會以驚人的速度送達自家門前。人們即使天各一方，也可以在幾秒鐘內就透過電子郵件彼此聯絡（造成郵局業務劇減）。金融交易與資金轉帳瞬間即可完成。歐洲對外直接投資總量自二戰以來首次超過了美國。到二十世紀末，歐洲各國間的對外投資幾乎達到美國國內投資額的兩倍。二〇〇二年歐元投入使用後，歐洲的貨幣交易大為簡化。企業受惠，出國旅行者也獲益。

無論是出公差還是休閒，旅行者都能買到價格低廉的機票去往遙遠的地方。即使「九一一」事件後機場安檢嚴密的如鐵桶一般，出境旅遊的熱情（及旅行的便利）也絲毫不減。國際旅遊業是大生意。不同大陸之間的人員流動為歷史之最。參加國際會議和商務會議的旅行增多了。在歐盟的伊拉斯謨計畫[1]下，大學生去另一個國家的大學念書毫無困難，學分資格也可以轉到國外的大學。歐洲公民去任何歐盟

---

1 譯者注：伊拉斯謨計畫（Erasmus programme），歐盟高等教育計畫，旨在促進歐洲大學間學術交流，吸引歐盟以外國家的學生來歐洲學習。

成員國求職或移居都容易了許多。現在，數百萬歐洲人不單是迫於經濟需要，而且是自願去出生國以外的地方居住。在文化上，歐洲各地的人失去了許多過往把他們分隔開來的差異，但當然並非完全實現大同。歐洲各國的民眾在音樂（流行、古典都包括在內）、電影、戲劇和藝術方面的品味驚人地趨同。現在，從服飾上完全看不出誰是東歐人，誰是西歐人。各個國際新聞頻道報導的新聞大同小異（當然，不同頻道有各自國家或地區的視角）。

全球化以上述和許多其他方式迅速改變並改善著人民的生活。全球化在無數方面是大好事，使普通百姓得以享受各種物質上的舒適，而不到半個世紀前，這樣的舒適還僅為社會中相對富裕的少數人專有。全球化趨勢雖然並非剛剛出現，但因通訊革命而大為加速。然而，全球化在產生巨大裨益的同時也帶來了相當大的代價。它顯然具有兩面，有正面也有負面。不可能只取其一而避免其二。

全球化進程中有贏家，也有許多輸家。它造成的一大影響是收入與財富差距的急劇加大。戰後頭二十年間，不平等有所減少，但隨即又開始上升，這一趨勢隨著二十世紀接近尾聲而進一步加速。大多數國家人口中最富裕的百分之十的收入，比最貧窮的百分之十增加得快得多，最富裕的百分之一收入增加的速度更是驚人。受過良好教育、掌握高級技術的管理階層在經濟成長中的獲益超出比例，地位愈高，超出的比例愈大。大公司和金融機構高階管理的薪酬、獎金和股權高得離譜，把大多數公司雇員的收入甩得愈來愈遠。金融市場上最熟練的弄潮兒更是腰纏萬貫。

光譜的另一端是新的無產階級。他們工作不穩、報酬微薄、住所簡陋、入不敷出，不出意料地特別容易債務纏身。婦女尤其處於劣勢，經常又要處理家務，又要打工掙取微薄的收入，做的是非全職或無保障的工作。沒有一技之長、教育程度不高、缺乏必要的識字和算

數能力的人也處境不利。移民或季節工人特別困難，他們只能做報酬低、沒有保障的髒活累活，居住條件惡劣，還常常受到公開或隱晦的歧視。全球化提供了大量移民和短期工人來滿足高漲的需求，黑心雇主因而得以壓低勞動成本。這又引起了工會及工會所代表的工人的不滿，工人們覺得是移民造成了自己工資的下降。

全球化對大企業非常有利，小公司卻經常陷入苦苦掙扎的境地。例如說，大型超市可以透過大量批貨來控制食品市場，小食品商店無力與之競爭，紛紛關門。在書籍銷售行業，大規模經營也特別有利。在倉儲、銷售或折扣方面，小書店都無法與大書商匹敵，經常不得不退出市場。就連一些大公司也在與亞馬遜的競爭中迭遇困難。亞馬遜最初是線上書店，一九九四年在美國成立，後來擴張至整個歐洲。它利用電腦技術實現了供書和送貨速度的革命（幾年後又實現了商品多樣化，銷售的產品五花八門、種類繁多）。

金融管制的放鬆鼓勵資金流向資本投資回報最高的地區。「熱錢」能在霎時間跨過國界，沒有任何阻礙。金融市場成為全球性市場，不再受國家政府規定的限制。金融市場上的投機能令人一夜暴富，但也可能使人血本無歸。二〇〇一年「網際網路泡沫」的破滅就是例子，當時，為了趕上網際網路飛速增長的發財快車，新公司雨後春筍般大批湧現，吸引了巨額冒險投資。新近致富或繼承了財富的人可以神不知鬼不覺地，把錢安全存在外國銀行，利用那裡極低的稅率進一步增加自己的財富。在歐洲，盧森堡、瑞士、安道爾、海峽群島（Channel Islands）和馬恩島（Isle of Man）都有提供這類服務的銀行。

所以，從一九九〇年代中期到二〇〇八年之間這段全球化的鼎盛時期，收入與財富上的差距都急劇擴大其實不足為奇。隨著地產價格的飆升，房主坐看自己的財富直線增加。許多中產階級成員收入一般，但擁有的房屋價格成倍增長。歐洲一些大城市中，最搶手的房地

產大多被富有的外國投資者買下，倫敦就是最好的例子。然而，高昂的價格把大多數普通百姓擠出了房地產市場。特別是年輕人，除非他們繼承了家裡的錢，否則靠一己之力一輩子也掙不夠錢買房，哪怕是最普通的房子。難怪民怨四起。

在北歐國家，收入與財富的不平等沒有那麼尖銳。這些國家與緊跟低稅收、低管制的美國新自由主義模式的英國不同，一貫贊成高稅收，力圖實現更加平均的社會分配。歐陸上大部分西歐國家，特別是法國、德國、義大利，以及荷比盧三國，沒有走北歐的道路，但自二戰以來也發展出了透過社會福利政策來緩和市場影響的強有力的政治傳統。這類政策也在不同程度上減輕了日益嚴重的收入不平等的影響，而這個問題在前東方陣營國家和幾乎整個南歐明顯得多。在從九〇年代末到新千禧年初的「美好年代」，各國即使認識到不平等正不斷加劇，也大都對其視若無睹，或認為那是為享受全球化的更大裨益而付出的代價。然而，「美好年代」一旦終結，發生社會騷動、出現政治上對現有制度挑戰的可能性即明顯增加。

不言自明的，經濟成長和收入增加十分重要，但人們對「生活品質」的評價並不僅限於這些因素。生活品質顯然是一個複雜、高度主觀化的概念。人們試圖使用各種統計指數來在不同國家間做出對比。相關標準包括經濟福祉、政治自由、就業水準和家庭及社區的穩定。對於量化生活品質的結論固然不能無條件相信，但是設在倫敦的《經濟學人》雜誌二〇〇五年做了一次手法最精細的評估，使我們對歐洲在世界上的排名有了一定的概念。愛爾蘭共和國排名最高，近期該國生活水準的提高和國家經濟的迅猛成長無疑起了決定性作用。總的來說，西歐國家的排名都不錯，世界上排名最高的十個國家中有九個在西歐，雖然法國、德國和英國有些落後，也許這說明在複雜多樣的大型經濟體中提高並維持生活品質比較困難。大多數中歐和東歐國家比

西歐落後不少，有些國家（包括保加利亞、羅馬尼亞、塞爾維亞和波士尼亞）落後得更遠。烏克蘭、白俄羅斯、摩爾多瓦和俄羅斯的排名比敘利亞還低，比奈及利亞、坦尚尼亞、海地和辛巴威這幾個墊底的國家高不了多少。

　　歐洲一直存在著財富方面重大的地區和國家差異（更不用說歐洲與世界其他地方，如非洲或南美洲之間的差異）。全球化對各國的影響並不一致。如果一國具備政治穩定、基礎設施齊備、擁有高品質教育系統和靈活的社會價值觀這些前提條件，全球化就可能產生好的影響。西歐大部分國家都具備這些前提條件。有些原先落在後面的地中海國家現在正迎頭趕上。西班牙和葡萄牙的成長率高於西歐核心地區，曾經非常落後的愛爾蘭變成了西方的「經濟之虎」。芬蘭在九〇年代初經歷了嚴重衰退，後來強勢復甦，特別是在一九九五年加入歐盟後，芬蘭的經濟成長迅速，抓住對手機的需求飛速增加的機會，發展成為電子設備主要出口國。

　　但是，即使在相對富裕的西歐，也有全球化的輸家。歐盟的歐洲區域發展基金（European Regional Development Fund）提供的大量資金援助，幫助減輕了最嚴重的地區間差距。然而，一些地區的長期結構性問題是無法克服的。義大利南方的貧窮地區和富裕得多的北方之間的差距由來已久，因為北方更能吸引外資而進一步擴大。就連富裕的德國國內也存在著重大的地區差距：一邊是南部的巴伐利亞和巴登－符騰堡，這些地區欣欣向榮，能吸引蓬勃發展的新技術，還是汽車製造中心；另一邊是西北部的魯爾老工業區和東北部相對貧窮、以農業為主的梅克倫堡（Mecklenburg）。在英國東北部和西北部的老工業區、蘇格蘭的克萊德賽德（Clydeside）和威爾斯谷地，傳統重工業長期衰退，積重難返，而倫敦和英國東南部則在倫敦金融城蒸蒸日上的金融部門帶動下，一片興旺。北愛爾蘭表明了政治穩定對吸引外資

和實現繁榮的重要性。連續三十年，北愛爾蘭的經濟受「麻煩」（指北愛爾蘭問題）拖累，一直欲振乏力，到一九九八年，幾十年的暴力宣告結束後，才迎來了急需的經濟成長。

有的國家政治不穩或基礎設施薄弱，例如，一九九五年，羅馬尼亞每千人只有五台個人電腦，而西歐是每千人二百五十台，還有的國家腐敗猖獗、人口教育程度低（羅馬尼亞又是這方面的典型例子），這樣的國家就很難從全球化中獲益。到二〇〇〇年，中歐和東歐的人均國民生產毛額仍然只有西歐的一半。中歐國家本身又正與巴爾幹國家以及同俄羅斯連結緊密的國家拉開距離。新世紀開始的那幾年，中歐國家保持著政治穩定，改造了基礎設施，部分地藉由低廉的勞動成本吸引外資，借力全球化提升了本國經濟，在追趕西歐的路上取得了一定進步。俄羅斯也開始復甦。這個富含油氣資源的國家利用能源價格的高漲擺脫九〇年代的經濟停滯。從二〇〇〇年到二〇〇八年，俄羅斯的年經濟成長達到了百分之七。普丁總統採取了措施來恢復國家對重要經濟部門的控制與監管，加強政府作用（如採取一些大快人心的舉措，撤職查辦一些最腐敗的寡頭政客，甚至將其中有些人投入監獄），消除俄羅斯高層最令人髮指的貪汙行為，並鼓勵對國內投資。這些措施促進了俄羅斯的經濟重振。雖說不平等依然極為嚴重，但總算止住了繼續擴大的趨勢。

全球化對經濟的巨大刺激對環境特別有害，大大加劇了汙染和全球暖化的危險。不過，為了滿足人民對更好生活的期望，環境保護得到的重視通常比不上保持經濟成長。害怕在經濟成長的競賽中落後也是一個因素。全球化的迅速擴張不可阻擋，若不儘快行動擁抱並適應全球化，就會被甩在後面。

自一九九〇年代中期開始，經濟成長持續了十多年，那時的困難似乎是可控的。但是，如果作為全球化基礎的金融機構突然陷入混

亂，會出現什麼情況呢？沒有人認真考慮過這個可能性。九〇年代中期開始的經濟成長貌似會永遠持續下去。一九九七年五月英國工黨掌握政權後的幾年間，英國財政大臣布朗（Gordon Brown）多次聲稱他給英國經濟帶來了持久的穩定，過去的「大起大落」再也不會發生了。他很快就會深悔出言孟浪。但很多人和布朗一樣，都未能預見全球成長的引擎正驅動著威脅成長的不穩定，全球化經濟正朝著懸崖邊緣直衝過去。

全球化的政治挑戰

　　歐洲各國政府應對全球化挑戰的方式主要取決於各自的國情，但即使在繁榮年代，也明顯存在三個普遍問題。

　　第一個問題來自大大加劇的經濟競爭。競爭迫使各國壓低工資，維持高就業率，保持低通膨（從經濟快速成長的中國進口的廉價商品幫了大忙），減輕稅負。這種做法經常被稱為「逐底競爭」（race to the bottom）。國際資本流動易如反掌，曾經有效的高稅制和各種形式的保護主義因此無法持續。各國政府必須在從全球化中獲益的同時，在國家層面設法抵制全球化的負面影響。如何既應對這些難題，又維持社會凝聚力，堅持歐洲民主國家視為自己本質的文明價值觀，並在民眾期望增加、人口日益老化的情況下維持高水準社會福利，這是所有政府面臨的重大挑戰。沒有一個政府找到了容易執行或令人欣然接受的解決辦法。

　　第二個問題是移民增多對本國人民的影響。高工資經濟體的旺盛增長帶來了對勞動力的巨大需求，貧窮經濟體的民眾趁機湧來。一九八六年成立歐洲共同市場時，完全不可能料到如此大規模的人口流動。政府以各種方式幫助移民融入社會，推動多元文化社會的發

展，卻經常造成社會矛盾，增強少數派政黨鼓吹的「身分政治」的吸引力，繼而加劇政治分裂。這個問題由來已久，到二十一世紀第二個十年變得更為嚴重。即使在經濟發展相對順利、全球增長強勁的年代裡，人們表面不說，心底也經常日益擔憂移民和多元文化現象。

　　第三個嚴重問題在伊拉克戰爭以及馬德里和倫敦恐攻事件後變得更加突出，那就是恐怖主義的威脅。西班牙和英國有對付本土恐怖主義的長期經驗。埃塔和愛爾蘭共和軍的恐怖活動曠日持久，造成死傷累累。但是，這兩個組織後來都從軍事行動逐漸轉向政治行動，等於預設自己的目標無法藉由武裝鬥爭來實現。一九九八年四月達成的《耶穌受難節協議》（*Good Friday Agreement*），象徵著結束北愛爾蘭歷史上長達三十年的悲慘時段進程中的關鍵節點，那三十年間大約有三千五百人死於非命。西班牙的巴斯克分離主義運動自六〇年代以來造成約一千人喪生。不過，西班牙的恐怖暴力也開始減少。以前達成的幾次休戰都只維持了很短的時間，二〇〇六年三月的「永久」停火也僅持續到當年十二月，但二〇一一年一月，埃塔宣布「從此停止武裝活動」。愛爾蘭共和軍和埃塔的恐怖活動雖然造成了大量傷亡（受害者人數遠遠多於二十一世紀第一個十年間恐怖主義在西歐造成的傷亡），但它們目標明確，範圍只限於本國。新的恐怖主義則完全不同。它在二十一世紀第二個十年間變得更加尖銳，但在那之前已經給各國安全部門造成了巨大壓力，促使西方世界的情報部門建起聯絡網加緊合作，以抗擊這個顯然與日俱增的威脅。

　　一九九〇年代初歐洲的巨變推動了西歐國家進行實質性改革的願望。一九九二年通過《馬斯垂克條約》，就是為了大改組歐洲機構。各國也必須適應變化了的形勢。在「新歐洲」、「實現現代化」成為政治口號。在西歐大部，這推動了選民向社會民主派的傾斜。一九九七年，英國的布萊爾政府以壓倒多數當選。次年，施若德成為與綠黨

共同組成的德國聯合政府的總理。一九九七年的法國議會選舉中，左派也取得了勝利。九〇年代晚期，在荷蘭、瑞典、丹麥、奧地利、義大利、葡萄牙和希臘的聯合政府中，社會民主黨都是主導力量。這個大趨勢中也有例外，如西班牙經過社會黨長期執政後，於一九九六年轉向了保守主義。但是，社會民主黨並未建立起選民的支持定在中間偏左的長期轉移，而僅僅是經歷了短暫的一段小陽春。到二十一世紀初，它開始全線敗退。

西歐選民很快改變心意，轉向了中間偏右的保守主義。二〇〇一年到二〇〇六年，社會民主黨在法國、德國、荷蘭、葡萄牙、芬蘭、丹麥和瑞典都失去了政權。這個大趨勢中同樣有例外。在義大利，讓人難以評說的貝盧斯柯尼二〇〇一年重返政壇，成為右翼聯合政府的首腦。但在二〇〇六年的議會選舉中，中間偏左派再次贏回了選民支持。而兩年前西班牙在馬德里恐攻事件發生後就選出了社會黨政府。

進入二十一世紀時，歐洲新式社會民主的兩個典型範例是英國和德國。英國的布萊爾政府和德國的施若德政府在執政頭幾年，似乎都摒棄了前任實行的效果不彰的政策，邁出了可喜的前進步伐。然而，他們二人在改革中試圖結合親市場的政策與經過改造的社會正義概念，引起了極大爭議，在他們各自的黨內支持者當中爭議尤大。到了二〇〇五年，英國工黨和德國社民黨的支持度都直線下跌。

布萊爾承諾「新工黨」（這是他對他的黨的稱呼）將帶領國家實現現代化，這個諾言在一九九七年吸引了數百萬選民。但是，布萊爾在那年選舉中的大勝也在相當大的程度上歸功於一個負面因素，那就是選民反感於梅傑分裂無能的保守黨政府。布萊爾和他的顧問團隊認識到，堅持傳統的工黨政策不再可能贏得足夠的選民支持。去工業化從根本上改變了工人階級。與柴契爾時代之前相比，作為工黨脊梁的工會力量大為削弱。往昔拿階級做文章的修辭似乎已經過時，因為消

費者個人的習慣與生活方式不再以階級來劃分。於是，布萊爾開始爭取工黨大本營以外稱為「中產英格蘭」[2]的中產階級選民的支持。

　　布萊爾政府的執政綱領試圖結合社會民主理念與新自由主義經濟學。批評布萊爾的人斥其為帶有人性面孔的柴契爾主義。這個綱領背離了工黨的一些長期傳統與目標，許多工黨的忠貞黨員為此永遠不肯原諒布萊爾。爭取機會平等取代了消除物質不平等，成為工黨的新目標。自一九一八年即載入工黨黨綱的經濟國有化的承諾被放棄，新工黨不再謀求實現「效率低落」的公有制，而是努力控制並利用能夠創造財富的競爭性自由市場經濟，將其作為社會正義的框架。

　　新工黨當政期間，一九九〇年代中期在保守黨政府下（借全球經濟上揚的東風）已經開始的經濟成長依然強勁。管制進一步放鬆，使倫敦金融城得以鞏固其作為歐洲（在某些意義上也是世界）金融之都的地位。精明的財政大臣布朗撥出資金使布萊爾政府得以開展改善中學、大學和醫院的條件這類急需的工作。社會中有很多窮人的確受了益。稅制和福利待遇的改動把最貧窮人口的收入提高了百分之十。兒童貧困問題減少了。隨著經濟繼續蓬勃發展，中產階級普遍覺得日子變好過了。

　　但是，上述許多進步依靠的是主要由低息信貸支撐的消費熱潮，而低息信貸造成了個人負債的增加。房地產價格的上升使有房者喜氣洋洋，同時不可阻擋地加大了有房者和許多永遠也買不起房的人之間的鴻溝。新工黨執政期間，富者愈富。參與策劃工黨改頭換面的曼德爾森（Peter Mandelson）在一九九八年說，他「一點兒也不在意人們大發橫財，只要他們交稅」（其實許多人都逃稅）。政府以為財富會

2　譯者注：中產英格蘭（Middle England），指英國的中產階級及下層中產階級，他們一般持保守右傾觀點。

從社會高層向社會低層「滴漏」（trickle down），但事實證明那是癡心妄想。

布萊爾做成的事情包括一九九八年把大量權力從倫敦下放到蘇格蘭議會和威爾斯國民議會。他最大的成就是（在前任梅傑已經做出重大進步的基礎上）充當中間人促成了一九九八年四月的《耶穌受難節協議》，結束北愛爾蘭共和派和統一派之間的暴力衝突。雖然布萊爾取得了這些持久的成功，新工黨治下的經濟成長也帶來了物質上的好處，但是，二〇〇三年後，他的名聲因伊拉克戰爭而遭到重創。

伊拉克戰爭使新工黨非常被動。中間偏左派的許多人因伊拉克戰爭對新工黨徹底失望，轉向了自由民主黨，還有人過去放棄了保守主義，現在又回歸了傳統的立場。但儘管如此，布萊爾還是在二〇〇五年五月連續第三次贏得了選舉，創了工黨的紀錄。他的個人吸引力並未完全消失。更重要的是，英國經濟還在繼續強勁成長。然而，工黨的勝選無法掩蓋其民望下滑的事實。工黨只贏得了百分之三十五的普選票，是歷史上英國多數政府[3]得票率最低的。工黨在議會的多數席位也縮水了近一百個。

二〇〇五年七月的倫敦恐攻事件使英國痛苦而強烈地意識到，伊拉克戰爭讓英國面臨愈來愈大的危險。作為回應，布萊爾建議採取新的安全措施。然而，他在這個問題上遇到了民眾的強烈反對。許多人認為，他建議的措施會破壞英國人的自由。政府力推新的反恐法，想把審判前拘押期從原來的十四天延長到九十天。對於這一提案，四十九位工黨議員加入了下議院的多數意見，使布萊爾自一九九七年上任以來在議會初嘗敗績。（最終，議會同意把未遭正式指控的拘押期延長至二十八天。）工黨領導層中有些人，特別是布朗的支持者，開始

---

3 譯者注：多數政府指執政黨在議會中占絕對多數的政府。

施壓，要求布萊爾下台。果不其然，二〇〇七年六月，這位工黨選舉史上最成功的領導人辭去了首相的職務，不久後也離開了議會。伊拉克戰爭給他的名聲染上了永久的汙點。他擔任首相期間取得的重大成就也因此遭到普遍無視或貶低。

一九九七年，布萊爾靠英國「簡單多數當選」的選舉制度獲得了巨大的多數，施若德卻沒有這麼好的運氣。一九九八年，他的社民黨在德國選舉中獲勝，但社民黨贏得的普選票只比組成基督教聯盟的政黨稍多一點。不過，施若德與綠黨（後者只獲得了百分之六‧七的選民支持）組成的聯合政府，還是制定了雄心勃勃的社會改革綱領，包括改變稅制以優先發展潔淨能源（clean energy），頒布禁止歧視同性戀的法律，以及對國籍標準做出重大改動，規定自二〇〇〇年起，獲得德國國籍的主要標準將從族裔改為居住地。但是，施若德政府承繼的嚴重經濟問題是一大挑戰。

僅僅幾年後回頭看去也許就會覺得驚訝，但《經濟學人》雜誌一九九九年六月刊稱德國為「歐洲病夫」。《經濟學人》的那篇文章寫道，德國經濟成長低於新創歐元區的其他國家，失業率居高不下，對外出口因德國在亞洲和俄羅斯的巨大市場的崩塌而萎縮，還要繼續承擔統一的高昂成本。工商界領袖悲觀喪氣，對新上台的左傾政府充滿戒心。這篇文章概述了德國經濟的根本性問題，指出這些問題需要在結構上徹底消除方能實現經濟復興。文章提出了新自由主義的藥方，說德國的企業稅太高，阻礙了投資，必須降低稅率才不致逼得德國公司把業務遷到中歐和東歐去（有些公司已經在這樣做了）。德國仍然「被各種規定綁得動彈不得」。必須解除對商業的管制以刺激消費開支。最重要的是，德國的勞動成本與產量相比過於高昂，福利開支膨脹，這些因素促使公司裁員，造成失業人數增多。文章說，德國必須開展「徹底的結構改革」，「為適應全球化而重新改組」。德國需要大

幅降低企業稅與所得稅的最高稅率，削減福利以「去除德國福利定時炸彈的引信」，鼓勵發展私人公司的退休金，放開對服務業的管制，加快私有化。文章最後說，除非開展上述結構改革，否則「德國短期內不可能摘掉歐洲病夫的帽子」。

換言之，社會民主黨必須加強經濟的全球競爭力，同時又不能破壞福利制度；德國的福利制度歷經多年方才建成，為的是使公民有所依靠、生活得以改善，但現在事實證明它耗費巨大，還限制了經濟進取心。施若德欽佩的布萊爾政府也在尋找辦法解決英國的同樣問題。但布萊爾至少比施若德有一個優勢：柴契爾政府對經濟做出的深刻改革（和對福利國家的限制）為他打下了基礎。德國卻沒有相應的基礎。施若德的改革必然在自己黨內一大部分人當中不得人心，他需要在推行改革的同時保持左派的團結。

他提出的現代化目標幾乎立即遭到財政部長兼社民黨主席拉方丹（Oskar Lafontaine）的反對。拉方丹認為應該採用凱因斯的傳統辦法來治療德國經濟的痼疾。然而，傳統的辦法是藉由提高工資、增加社會開支和降低利率來刺激需求，這些措施都會導致公共債務增加。這類辦法屬於一個已逝的時代，與當今的需求格格不入。

一九九九年三月，拉方丹辭去了黨政職務，施若德顯然贏得了黨內這場關於他的權威和政策導向的較量。施若德真正的麻煩來自他在二○○三年宣布的「二○一○議程」（Agenda 2010），這個方案要改革勞資關係和社會福利，以減少失業，推動經濟成長。德國二○○二年的經濟成長率僅有百分之○‧一，與此同時，雇主與雇員上繳的社會安全金平均占到了工資總額的百分之四十以上。施若德說：「我們若不自己實現現代化，洶湧的市場力量就會對我們實行現代化。」「二○一○議程」試圖結合福利改革與建立具有全球競爭力的經濟所需的措施，不出意料地非常不得人心。「二○一○議程」與布萊爾在

英國推行的政策有相似之處（而布萊爾又受了美國柯林頓總統的啟發）。為了增加經濟的靈活性和競爭力，調整失業補助、病假津貼和國家退休金（其實就是削減），也放鬆公司解雇雇員的限制。這些改變是自半個多世紀之前建立了「社會市場經濟」以來對德國社會安全體系的最大侵蝕。

這些措施受到工商界和自由－保守右派的歡迎，卻為左派所憎惡。改革的確幫助德國經濟逐漸恢復了活力，部分原因是降低了國內生產毛額中工資與薪金所占的比例。不過，改革的結果並非毫無瑕疵。失業率很快下降，但和英國以及其他地方一樣，它掩蓋了一個事實，那就是增加的工作機會大多是非全職工作、臨時性工作和其他形式的不穩定工作，人們別無選擇，只得接受這類工作。貧困人口增多，收入不平等加劇，工資和退休金被壓低，企業高階管理的薪酬卻直線上升。

施若德再也沒能贏回失掉的民心。二〇〇五年九月，他在選舉中落敗，為他的改革方案付出了代價。不過，聯盟黨（由基民盟和巴伐利亞基社盟組成）也只贏得了微弱多數。組建左翼政黨或右翼政黨的聯盟都不可能做到。於是聯盟黨只得和社民黨組成「大聯盟」。在來自基民盟的新任總理梅克爾（Angela Merkel）的領導下，政府基本沿續了施若德確定的經濟方向。德國「歐洲病夫」的稱號很快就變得極不恰當。但在愈來愈多的選民眼中，社民黨變得與它的保守派聯盟夥伴相差無幾。主要政黨彼此日益相似的現象不僅限於德國。從長遠來說，這對民主而言並非幸事。

歐盟的挑戰

布萊爾和施若德面對的問題各有本國特色，但也是歐洲共有的問

題，其根源是全球化的加速。歐盟需要調整結構，應對九○年代初決定使用歐元並准許中歐和東歐國家加入歐盟帶來的挑戰。這兩項決定都導致了新問題的出現。

二○○四年五月一日，歐盟接納了十個新成員國，成員國總數從十五增加到二十五。新成員中的八個（捷克、愛沙尼亞、匈牙利、拉脫維亞、立陶宛、波蘭、斯洛伐克和斯洛維尼亞）曾位於鐵幕另一邊。第九個新成員賽普勒斯自從一九七四年七月遭到土耳其入侵後就分裂為兩部分，但歐盟還是接納了它，因為希臘威脅說，如果不接受賽普勒斯，它就會否決接受前共產主義國家入歐的動議。賽普勒斯加入了歐盟，但它的政治問題並未解決。馬爾他是第十個新成員，這個小型國家由於工黨反對入歐而在政治上陷於分裂，國內生產毛額不高，奉行民族主義的自由－保守派政府急切希望加入歐盟，好從中獲得經濟利益。

在地緣政治意義上，歐盟擴大是好事。但擴大後歐盟內部的經濟不平衡成了問題，因為新成員國比原來的成員國窮得多。二○○四年入歐的新成員國人均國內生產毛額還不到老成員國的一半。愛沙尼亞和斯洛維尼亞在前共產主義國家中是經濟狀況最好的，而中歐最大的國家波蘭的國內生產毛額甚至低於新成員國的平均值。斯洛伐克的國內生產毛額更低。拉脫維亞的平均工資只有二○○四年前的歐盟成員國平均工資的八分之一。

羅馬尼亞和保加利亞二○○七年一月加入歐盟之後，歐盟內部的經濟差距愈加嚴重。這兩個國家的人均國內生產毛額只有歐盟現有成員平均值的三分之一（這個平均值已經被前一批新成員拉低了）。它們都遠遠沒有達到一九九三年在哥本哈根商定的加入歐盟的標準，也都遠非自由民主或法治的模範。腐敗和有組織的犯罪依然猖獗。前共產黨官員把持著政治大權，掌管著安全部門。在經濟上，兩國在歐盟

成員國的繁榮程度名單上墊底。它們顯然沒有達到入歐的標準，但它們還是被歐盟接納為第二十六個和第二十七個成員國。南斯拉夫戰爭後，維持歐洲「邊緣」的穩定成為當務之急，歐盟希望這兩個國家加入後能加快政治與經濟改革。

　　許多東歐人來到富裕的西歐國家找工作，希望改善自己和家人的生活，這完全可以理解。西歐國家，特別是與新歐盟成員國接壤的德國和奧地利，出現了對於中歐廉價勞動力的湧入會影響勞動市場的擔心，這也不足為奇。歐盟成員國的經濟發展水準相差不大的時候，人員跨界自由流動的原則不是什麼大事。現在，它卻受到了質疑。二〇〇一年，歐盟允許成員國在最多七年的時間內暫時限制中歐和東歐國家的移民進入勞動市場，以利用這段時間做出必要調整。到了二〇〇四年，除了英國、愛爾蘭和瑞典，其他國家都實行了移民限制。三年後羅馬尼亞和保加利亞加入歐盟後，不對移民設限的只剩了瑞典一家。

　　二〇〇四年從中東歐來西歐找工作的移民，即使在實施了移民限制的國家中也超過了預期。不過，限制的確起到了一定的遏制作用。相比之下，未設限的國家對移民特別有吸引力，例如說英國興旺發達的經濟使它成為吸引移民的磁石，英國政府預計每年會有一萬五千人左右從新歐盟成員國來到英國。然而，從二〇〇四年五月到二〇〇六年六月，批准的工作許可申請高達四十二萬七千份，其中一半以上是給波蘭移民的。二〇〇一年，英國有五萬八千名波蘭人。十年後，這個數字達到了六十七萬六千人。在很短的時間內，波蘭人成了居住在英國的外國公民中人數最多的群體。

　　二〇〇四年到二〇〇七年，從歐盟成員國中八個前共產主義國家來到英國的移民持續增加。此後的經濟衰退期間，這個趨勢有所減弱。許多移民，大多是年輕人，返回了原籍國。由於英國實施了移民

限制（限制將持續到二〇一四年），二〇〇七年後給羅馬尼亞人和保加利亞人發放的工作許可證，平均每年只有二萬五千份左右。不過，總的趨勢是來自歐洲內外的移民持續急劇增長。

多數分析認為，移民工人的流入對英國經濟大有裨益。這方面的各種估計相差甚遠，因為使用的計算基礎不同。有些估計說，二十一世紀第一個十年中，歐洲移民以各種方式對英國經濟的貢獻價值約莫二百億英鎊。他們在一些關鍵領域不可或缺。沒有移民工人，國民保健服務體系就難以運作，因為它的雇員中幾乎有五分之一是外國人。移民大多年紀較輕，許多人受過良好教育，為了找工作而離鄉背井。他們補上了勞動力的缺口，做的經常是低技能工作，對福利支助的要求相對較少。然而，在移民高度集中的地區，很快就出現了關於工資下降、住宅緊缺、社會服務不敷使用的抱怨，而且聲浪愈來愈大。看法經常與現實不符，但看法也成了一種形式的現實。從歐盟其他成員國急速湧來的移民洪流很快成為日益重要的政治問題。主要由於右翼媒體的煽風點火，對於看似不可阻擋的移民潮出現了不僅限於政治極右派的強烈反對，反對聲浪愈來愈大，有些是幾乎赤裸裸的種族主義言論。

與大部分歐洲國家對該詞的用法不同，英國的「移民」會把從歐盟成員國和從歐洲以外地區（經常是有移民英國的長期傳統的國家，特別是巴基斯坦和印度）來的人都包括在內，還包括愈來愈多來英國念書的外國留學生，其中有些來自歐盟內部，四分之三來自歐盟以外。他們中間的少數人學成之後留了下來，這類人主要來自非歐盟成員國，他們的技能和專業知識一般都是英國所急需的。

歐盟內部和外部的移民有一個關鍵的分別：歐盟內部人員可以自由流動，這意味著不可能限制來自歐盟成員國的移民人數。平均來說，歐盟成員國的移民人數稍低於移民總數的一半（後來幾年間移民

總數平均每年超過了三十萬）。在反移民情緒增強的大背景下，歐盟內部移民成為一個特別敏感的政治問題。

英國的移民問題有一個歐盟其他成員國所沒有的特徵，那就是由於英語在全球廣泛使用，英國對移民來說有一種獨特的吸引力。不過，在當今時代的每一個國家，移動遷徙都是生活現實，是全球化不可阻擋的副產品。第二次世界大戰之前，義大利、愛爾蘭等歐洲國家的國民流向外國，特別是美國。現在這些國家自己成了移民的目的地。如今離鄉外出做工（或躲避戰爭和暴政）比過去容易了。出外尋求更好生活已成為全歐洲的普遍現象。

二〇一〇年，歐盟有四千七百萬人是在居住國以外出生的（占總人口的百分之九・四）。這類人按絕對人數算，最多的是在德國、法國、英國、西班牙、義大利和荷蘭（從高到低排列，從德國的六百四十萬到荷蘭的一百四十萬）。按占人口比例算，奧地利穩占鰲頭（百分之十五・二），瑞典緊隨其後（百分之十四・三），比傳統的移民目的地美國的移民比例還高。在非歐盟國家出生的人所占比例高於在歐盟國家出生的，只有比利時除外（但也僅有些微之差）。

移民在其他地方和在英國一樣，經常遭到敵視，例如，人數激增的羅馬尼亞移民在義大利飽受白眼（二〇〇八年義大利的羅馬尼亞人比七年前多了十倍）。義大利民眾從來就對羅姆人有種族歧視，這在很大程度上促成了他們對羅馬尼亞移民的反感。4 奧地利通過了嚴格限制移民的立法，移民卻仍然源源不斷。民眾的敵意大多針對來自前南斯拉夫和土耳其的移民，這兩國傳統上是移民勞工的最大來源國。

最受敵視的是來自歐盟以外，特別是來自不同文化的移民，穆斯

4　譯者注：羅姆人和羅馬尼亞人不屬於同一種族。羅姆人，又叫吉普賽人，起源於印度次大陸；羅馬尼亞人是歐洲民族。不過，羅馬尼亞有大批羅姆人居住。

林尤其首當其衝，但他們在歐洲已經住了幾十年，有的至今已經是第三代或第四代。對穆斯林的寬容度急劇下降，部分的原因是伊斯蘭原教旨主義的壯大。另一方面，歐洲穆斯林的反西方情緒也相應增加，阿富汗和伊拉克的戰爭更是火上澆油。特別是在大城市中，年輕穆斯林積怨日深。他們感覺自己受到歧視，被剝奪了經濟機會，與社會格格不入。西方干預給中東穆斯林帶來的巨大痛苦使他們怒火滿腔。這一切促使歐洲國家的穆斯林確立自己的獨有身分，與社會的多數人區分開來。他們中間的少數人，尤其是憤恨不滿的年輕人，受了聖戰事業的引誘。穆斯林與其他民眾的相互敵意日益加劇，政治領導人和社區領導人無論怎麼努力推動多元文化主義和社會融合，都成效甚微。社群不僅沒有融合，反而裂痕日深。在愈來愈多的情況中，所謂的多元文化社群內不同文化間的分歧其實幾乎無法調和，而沒有融合，不過是勉強共處而已。

這種緊張有時會導致暴力，二〇〇一年英國北方幾個貧困工業城鎮發生的反穆斯林暴動就是例子。一般來說，敵意掩藏在平靜的表面下。法國的北非裔穆斯林深受敵視，但他們中間許多人自從近半個世紀前的阿爾及利亞戰爭結束後就來法定居了，他們的家人甚至在那以前就已成為法國公民。二〇〇五年，法國城鎮中一些社會服務奇缺的移民聚居區發生嚴重暴動，更是給反穆斯林情緒火上澆油。在荷蘭等其他歐盟國家以及沒有加入歐盟的瑞士，對移民的敵意也開始上升。黨綱內含強烈反移民（和反穆斯林）內容的右翼政黨在許多國家行情看漲。雖然這些政黨尚未進入政治主流，但它們的意見有時反映在了當權政黨關於限制移民的要求之中。

在這種氣氛中，任何進一步擴大歐盟的宏偉計畫即使在理論上得以保留，在實踐中也只得束之高閣。克羅埃西亞按照過去達成的協議，於二〇一三年加入了歐盟。當時，它的國內生產毛額已經高於一

些在它之前加入了歐盟的國家。不過，克羅埃西亞有組織的貪腐和犯罪依然十分普遍。但即使如此，歐盟還是接受了它。這又是一個基於政治考量的決定，目的是借此向巴爾幹國家發出鼓勵的訊號。不過，信奉天主教的克羅埃西亞一直被視為比其他巴爾幹國家更接近西方。相比之下，阿爾巴尼亞、馬其頓、蒙特內哥羅和塞爾維亞想加入歐盟就要經過漫長的等待，科索沃地區和波赫（那裡一九九〇年代的緊張平息了下去，但遠未消失）在可見的未來則完全無望。

等待名單上最大的國家是土耳其。它自一九四九年起就是歐洲理事會成員，一九五二年加入了北約，一九九九年成為歐盟成員候選國。它在公民權利和政治自由方面做出了一定的改進，據說二〇〇四年就已達到了入歐標準。土耳其加入歐盟的談判於二〇〇五年開始，但一年後因未能解決賽普勒斯分裂這個棘手的問題而暫停。德國、法國，特別是英國，都強烈支持土耳其加入歐盟，最主要的原因是土耳其作為歐洲與中東之間的橋梁具有重大戰略意義。奧地利、荷蘭和丹麥是反對土耳其入歐的主力。反對方提出的一個理由是，土耳其人在「文化上」不屬於歐洲。他們說，這個人口七千萬的穆斯林大國仍遠未達到自由民主和法治方面可以接受的標準，歐盟成員國壓倒多數的人口信奉基督教（雖然很多人只是名義上的基督徒），而土耳其的加入將無法挽回地改變歐盟的特點和力量平衡。他們也非常擔心土耳其移民會蜂擁而來，到繁榮得多的西歐國家找工作，那將大大加劇這些國家在吸收移民、維持社會和政治凝聚力方面已有的困難。

二〇〇六年後，土耳其仍然在等待加入歐盟。實際上，它的入歐希望日漸渺茫，看似愈往後愈無望。隨著入歐前景日益暗淡，土耳其正逐漸背離凱末爾一九二三年創建土耳其時定為立國之本的世俗主義，轉向伊斯蘭主義，把民族認同與宗教緊密連結在一起。這在多大程度上是由於歐盟拒絕土耳其造成的，抑或是土耳其內部發展的必然

後果，誰也說不清楚。無論如何，結果是土耳其加入歐盟的排名進一步推後。

與此同時，歐盟出現了重大的結構問題，這在很大程度上是歐盟擴張造成的。二〇〇二年，法國前總統季斯卡在布魯塞爾主持召開歐洲制憲大會，為即將大舉擴張的歐盟制定新的憲法安排。關於具體條文，各方反覆爭執，費時良久。二〇〇四年十月二十九日，擴大後歐盟的所有二十五個成員國終於簽署了一項確立《歐洲憲法》（*Constitution for Europe*）的條約。憲法草案修改了投票的合格多數，規定由歐洲議會選出歐洲委員會，並規定歐洲理事會主席一職會藉由選舉產生，不再繼續此前實行的每六個月輪換一次的輪值主席制。歐洲議會負責批准預算，並與歐洲理事會一道享有立法權。此外還設立了歐洲外交部長的職位。

這些改變與德國外長費歇爾希望建立的歐洲聯邦相距甚遠，別的人卻認為步子邁得太大。二〇〇五年春，法國和荷蘭的選民先後拒絕了憲法草案的建議。《歐洲憲法》就此胎死腹中。不過，一些比較重要的規定經過修正或削弱後，納入了二〇〇七年的《里斯本條約》（*Treaty of Lisbon*）。這項條約最初在愛爾蘭選民那裡遭到了拒絕，特意准許愛爾蘭在幾個方面不受該條約管轄後（不干預愛爾蘭在稅收、家庭政策和中立問題上的主權），才在第二次公投中得到接受，終獲批准。

這些都是對親歐派的打擊，不過歐洲各國對歐盟的態度其實還是相當積極的。二〇〇〇年例行的「歐洲晴雨表」（Eurobarometer）民調顯示，僅有百分之十四的公民不贊成本國加入歐盟，而贊成的公民比例達到了百分之四十九（雖然贊成的比例出現了令人擔憂的下降，一九九一年這個數字曾高達百分之七十二）。滿意度最高的是愛爾蘭、盧森堡和荷蘭，最低的是英國。百分之四十七的歐洲人認為自己

的國家加入歐盟後獲了益，這個數字與九〇年代初相比也大幅滑落。贊成率最高的是愛爾蘭和希臘，最低的是瑞典和再次墊底的英國。

在許多歐洲人眼中，歐盟如迷宮一般，複雜難解、高高在上，是一個離老百姓日常生活很遠的官僚組織。各國政府直接或間接地加深了民眾的這個印象。例如說，政府很少宣傳歐盟為本國窮困地區或基礎設施專案提供的大量資助。歐盟提供的資金也許不足以讓在後工業化時期受到重創的地區恢復往昔的繁榮，但如果使用得當，應該不無小補。但各國政府卻把經濟和政治上的成就全部吹噓為自己的功勞，出了問題抓「布魯塞爾」來救援，把責任推給歐盟官僚的干涉。

歐盟的成員國增多了，也在加大努力實現更緊密、更廣泛的一體化，可是不管由於何種原因，歐盟卻與許多歐洲人隔閡日深。自一九七九年起，歐洲議會選舉的投票人數逐次下降。一九七九年的投票率是百分之六十五・二，二〇〇四年降到了百分之四十五・五。二〇〇四年那年，經濟在成長，歐盟在起草新憲法，並即將進行最大的一次擴張，可是，被問到如果第二天歐盟垮台了會有什麼感覺時，卻有百分之四十三的歐洲人表示無動於衷，百分之十三的人甚至說會感到「如釋重負」，只有百分之三十九的人表示會非常遺憾。民意調查清楚地顯示，絕大多數民眾最強的身分認同點還是自己的民族。相比之下，民眾在情感上對歐洲身分的認同極為薄弱。

不過，歐盟的成就有目共睹。它提供了國際合作的框架，擴大了法治，捍衛了人權，建立安全網絡，創立為多數成員國所接受的單一貨幣。這一切都幫助擴大了繁榮，削弱一度毒化歐洲的民族主義，加強公民社會的力量，建立堅實的民主基礎。

在歐盟以及嚮往加入歐盟（並加入了東擴的北約）的中歐和東歐國家的邊界以外，則是另一個天地。

普丁因素

一九九〇年代，俄羅斯在葉爾欽總統的領導下似乎在向西方民主國家靠攏。一九九六年，俄羅斯成為歐洲理事會成員，簽署了《歐洲人權公約》，次年又與歐盟達成建立夥伴關係的合作協議。當時，莫斯科表示希望俄羅斯以後能夠成為歐盟的正式成員。

然而，進一步融入歐洲的路上障礙重重。人權問題是障礙之一。一九九一年，車臣企圖獨立，俄羅斯軍隊在一九九四至一九九六年和一九九九至二〇〇〇年的兩次平叛期間，做出了嚴重侵犯人權的行為。另一個障礙是莫斯科對北約擴張入東歐部分地區感到深切不滿（北約東擴本身就清楚地顯示了俄羅斯的虛弱）。普丁在一九九九年歲末接替葉爾欽成為俄羅斯聯邦總統後，氣氛開始發生變化。自那時起，俄羅斯政府開始不斷強調俄羅斯的民族價值觀，宣示俄羅斯的大國地位。俄羅斯人民對蘇聯解體後自己國家地位一落千丈普遍感到屈辱，普丁帶領他們擺脫屈辱感，找回作為俄羅斯人的自豪感，獲得了對國家未來重振雄風的信心。

普丁在國際交往，特別是與美國的交往中堅決捍衛俄羅斯的利益，必要時不惜訴諸軍事力量，這提高了他在國內的威信。二〇〇八年八月，俄軍開進（一九九一年獲得獨立的）喬治亞，支持阿布哈茲省（Abkhazia）和南奧塞提省（South Ossetia）爭取獨立的親俄叛軍，更使得普丁的民望如日中天。

對於普丁轉向專制主義的趨勢，莫斯科的知識分子憂心忡忡，但莫斯科以外各州的老百姓並不介意。戈巴契夫時期，蘇聯分崩離析，而在葉爾欽動盪不穩的統治下，俄羅斯國力疲弱。經歷過這一切後，大多數俄羅斯人都支持普丁恢復強有力的國家權威。在一些人眼中，普丁不啻民族救星。俄羅斯經濟借石油和天然氣價格高漲的東風強

力復甦，更給人以開啟新征程的感覺，儘管經濟的根本性問題嚴重如昔，許多人仍然生活在相對貧困之中。腐敗仍舊無處不在，但多數俄羅斯人只要自己的生活有了改善，就會默認接受。民主制度的門面保持了下來，但總統權力再次得到強勢確立，原國家安全委員會人員的政治影響力進一步增強，司法體系服從於政治要求，大眾傳媒受到控制，公共輿論被操縱，反對勢力受到限制，被視為可能構成政治威脅的強大寡頭遭受打壓（與普丁關係密切的則以巨大的物質利益誘其入夥）。普丁的統治高度依賴現代版的中世紀封建主義——用高官厚祿、巨額財富換取國家安全部門高層、官僚機關領導人和工商界領袖的忠誠。「普丁主義」沒有系統性的意識形態理念作為基礎，它的內容一言以蔽之，就是建立強大國家和推行強勢外交政策，以圖恢復俄羅斯的大國地位。

　　普丁領導下的俄羅斯日益強硬，歐盟和歐洲理事會對俄羅斯侵犯人權、干涉司法獨立和日趨強化的反民主立場不以為然。這必然導致雙方漸行漸遠，而不是加大合作。俄羅斯和歐盟雙方一九九七年簽署的《夥伴關係與合作協議》（*Partnership and Cooperation Agreement*）十年期滿後沒有續簽。普丁強調「歐洲不同文明自古以來各有特點」，警告不要試圖彼此強加「人為的**標準**」。他把民眾的不滿引導為對西方的怨恨，西方愈來愈被說成是威脅而非盟友。

　　俄羅斯非常警惕西方侵入它仍然視為自己「勢力範圍」的地方。一九九〇年代北約東擴後，二〇〇四年，歐盟的擴張又至。即使是原來屬於蘇聯的地方也難免歐盟滲透的危險。喬治亞的謝瓦納茲總統（他是戈巴契夫的親密盟友、蘇聯末代外交部長）二〇〇三年被迫下台後，新任總統薩卡希維利（Mikheil Saakashvili）的政府親近西方，甚至申請加入北約。此事和其他事情一起，最終導致了二〇〇八年俄羅斯出兵干預喬治亞。俄羅斯方面特別關注西方影響力可能會擴張到

烏克蘭。二〇〇四年烏克蘭爆發「橙色革命」（因抗議者圍著橙色圍巾而得名），俄羅斯的擔憂大有成真之勢。

　　烏克蘭總統庫契馬的政權嚴重腐敗無能、野蠻殘暴。民眾，特別是年輕人，在二〇〇四年十月底舉行的大選中終於有機會表達對政權的反對。一九九四年初次當選的庫契馬已連任兩屆總統，根據憲法規定，他不能再參加競選。於是庫契馬轉而支持他的總理亞努科維奇（Viktor Yanukovych），後者於十一月二十一日宣布勝選（並接到了普丁的熱烈祝賀）。選舉結果顯然做了假，誰都知道真正的獲勝者是深受民眾歡迎的尤申科（Viktor Yushchenko），選舉前不久，他險些被毒死（幾乎可以肯定是庫契馬的安全部門幹的）。於是，幾十萬人不畏嚴寒，浩浩蕩蕩前往基輔舉行和平抗議，要求公平選舉。在世界媒體的聚焦下，他們堅持抗爭，最終迫使政府於十二月二十六日重新舉行大選。這一次，尤申科毫無爭議地獲得了勝利，隔月就任總統。

　　普丁擔憂地注視著這一切。橙色革命進行之時，一家與克里姆林宮聯繫緊密的雜誌刊文表示：「俄羅斯輸不起爭奪烏克蘭的戰鬥。」俄羅斯擔心西式民主傳播到自己本土。為確保亞努科維奇當選，克里姆林宮狂擲數億美元。美國則投入巨款支持公開宣布要帶領烏克蘭申請加入歐盟的尤申科。對於橙色革命的結果，普丁無奈只得咬牙接受。但是，這劃定了未來潛在衝突的界線。烏克蘭未來是靠攏西歐，還是依靠俄羅斯呢？

　　庫契馬一九九四年當選總統後，確定了烏克蘭與俄羅斯統一的大方向。對他的支持大多來自與俄羅斯連結特別緊密的烏克蘭東部地區，支持度最高的地區是克里米亞，那裡的人口絕大多數是俄羅斯族。克里米亞是一九五四年被赫魯雪夫劃給烏克蘭的。四十年後，俄羅斯議會投票取消了這項割讓決定，但投票產生不了實際效用。在烏克蘭這邊，一九九二年，它對克里米亞強力施壓，迫使其撤回了地方

議會投票通過的一項宣布從烏克蘭獨立出去的決定。烏克蘭分為東西兩部分，西部過去在文化上與波蘭、立陶宛和奧地利聯繫緊密，東部則一直處於俄羅斯文化圈內，這層分裂在克里米亞表現得最為尖銳。烏克蘭分裂的傷口並未因二〇〇四年的橙色革命而癒合，而是將繼續化膿潰爛。

＊　＊　＊

紐約遭到的慘烈恐怖攻擊帶來了阿富汗戰爭和伊拉克戰爭。「九一一」恐攻七年後的二〇〇八年，戰爭造成的創痛在歐洲已經退去。象徵著歐洲從此結束分裂的柏林圍牆倒塌也已是近二十年前的事，其間歐洲的東西兩部愈走愈近。全球化在經濟和政治領域都促成了更大的一致。中東歐國家向資本主義經濟過渡期間遇到的嚴重經濟問題大為減輕，經濟發展之路雖仍崎嶇坎坷，生活標準依然落後於繁榮的西歐，但這些都抹殺不了共產主義結束後生活條件大為改善的事實。如果讓人選擇，沒有誰願意走回頭路。同時，一九九九年啟用（二〇〇二年投入流通）的歐元在十二個西歐國家中取代了本國貨幣。新貨幣投入使用的頭幾年，情況令人鼓舞，它是歐洲互聯互通更加緊密的重要標誌。

政治上也有樂觀的理由。前東方陣營的數百萬人享受到了被剝奪四十多年的個人自由。二〇〇四年和二〇〇七年，歐盟兩次吸納新成員國加入，無論擴大過程中出現了哪些明顯的適應問題，歐盟都不僅增大了規模，而且推廣了自己的根本價值觀。自由民主和法治等西歐價值觀廣泛傳播，與俄羅斯主導地區的狀況形成鮮明對比。前途似乎一片光明。

然而，自得自滿的光鮮表面馬上就要裂開。二〇〇七年，大西洋彼岸傳來消息說幾個美國大型投資銀行陷入了麻煩，因為它們發放的

高風險房地產貸款（稱為「次級貸款」）規模過大，買家向銀行借到大筆貸款，卻可能無力償還。當時沒有多少歐洲人因為這個消息感到緊張。在歐洲，令人擔憂的跡象最先出現在二〇〇七年九月的英國。當時，存戶在北岩建屋互助會（Northern Rock building society，又稱北岩銀行）各分行外面排起了取款的長龍，銀行眼看快要支撐不住。二〇〇八年二月，英國政府被迫國有化了這家銀行。驚慌情緒很快平復了下去。但是，投資和信貸網絡在全球範圍內高度互相依存，美國發生的危機必然會波及其他國家的銀行業和金融業，進而影響到世界經濟。

我們可以精準定位危機在全球範圍內爆發的時刻，那就是二〇〇八年九月十六日美國巨型投資銀行雷曼兄弟公司（Lehman Brothers）申請破產之時。一個月內，歐洲銀行體系就到了崩潰的邊緣。樂觀情緒煙消雲散。危機不斷的撙節時代即將到來。金融崩潰之後，歐洲迥異於昔。

第十二章

危機年代

Crisis Years

當一國的資本發展變為賭場活動的副產品時，事情就很難做好。

——凱因斯，一九三六年

除了對移民的恐懼，還加上很可能被誇大了的擔憂，害怕激進的伊斯蘭聖戰分子混進移民隊伍，把恐怖主義帶入無國界的歐洲。這些憂慮和長期持續的歐元危機一道，助長著歐洲的右翼及民粹主義政黨的勢力，破壞著歐盟的信譽……。

——《紐約時報》，二〇一五年八月二十九日

　　自二〇〇八年起，一系列危機撼動了歐洲的基礎。一九三〇年代以來最嚴重的金融和經濟危機給歐洲國家帶來了如山的債務，使歐元區瀕於傾覆。逃離中東戰亂的巨大難民潮加劇了政治分歧和矛盾。歐洲恐攻事件的增多升高了安全風險。烏克蘭危機可能引爆俄羅斯和西方之間的新冷戰。歐盟遇到了事關生死存亡的危機，因為英國投票決定脫離歐盟。一直以為是完整牢固的一切似乎頃刻間開始土崩瓦解。歐洲這場多方面的大危機是如何發生的呢？

崩潰得免

造成這場被稱為「大衰退」的危機的責任方中，美國是罪魁禍首，但歐洲也心甘情願為虎作倀。危機的根源在很大程度上是金融界的貪婪，在危機爆發前的繁榮中，這種貪婪壓倒了一切責任感。銀行危機加劇了幾乎遍及所有歐洲國家的更廣泛的公共財政危機，而公共財政危機又把經濟拖入了曠日持久的衰退。經濟急劇下行影響到了歐洲所有國家，並持續多年，雖然在不同國家的持續期和嚴重性有所不同。

二〇〇八年九月，美國聯邦銀行拒絕動用國有資金來拯救雷曼兄弟公司，致使它轟然倒塌，造成的衝擊波觸發了全球金融危機。銀行彼此間失去了信任。貸款機制陷入停頓。美國人按照市場經濟的殘酷邏輯任由雷曼兄弟公司滅頂。然而，新自由主義思想家萬萬沒有料到，隨之而來的巨大破壞促成了歐洲的普遍共識，認為國家必須出手拯救陷入困境的銀行，防止金融大崩潰。雖然難以接受，但事實是，歐洲的大銀行太大了，不能任其垮掉。英國最大的四家銀行二〇〇八年的總資產幾乎是國內生產毛額的四倍。歐洲其他一些國家也存在類似情況。

歐洲受創最重的是那些跟風新自由主義最緊、高度依賴無人管制的大型銀行部門的國家。英國的處境尤其危險。二〇〇八年十月六日，短短幾年內就躍居世界最大銀行之列的蘇格蘭皇家銀行（Royal Bank of Scotland）離徹底垮台只剩幾小時的時間。它一旦垮台，就將造成英國經濟崩潰。鑑於蘇格蘭皇家銀行廣泛的國際業務，它的垮台也將摧毀世界各地的經濟。為避免這一結果，英國官員不眠不休，連夜提出一項巨大的金融拯救計畫。按照這項旨在保護存戶、幫助穩定銀行系統的一系列計畫，政府發放了總額五千億英鎊左右的貸款。幾

天後，蘇格蘭皇家銀行實際上被收歸國有，因為英國政府買下了它全部股份的五分之四以上，還收購了大型的蘇格蘭哈利法克斯銀行（HBOS）和較小的勞埃德信託儲蓄銀行（Lloyds TSB）這兩家銀行四成以上的股份。

總的來說，法國、德國、義大利、西班牙和瑞士等國採用了英國的辦法，撥款幫助岌岌可危的銀行。中歐和東歐有十家銀行接受了金融資助。許多政府和英國一樣，為存戶的儲蓄提供擔保。在瑞士、葡萄牙、拉脫維亞和愛爾蘭，政府成為數家銀行的控股方，瑞士被政府控股的銀行是瑞銀集團（UBS），這家巨型銀行發展為全球性投資銀行，但戰線拉得太長。丹麥的羅斯基勒銀行（Roskilde Bank）二〇〇八年瀕臨破產，只能被央行接管。

冰島的困境非常特殊。按相對於國家規模的比例來看，冰島二〇〇八年面臨的銀行危機為歐洲之最。冰島的經濟向銀行業高度傾斜，二〇〇一年就解除了對銀行業的管制。它的三大銀行（Kaupthing、Landsbanki和Glitnir）積累了巨額外債，但隨著投資者的信心在二〇〇八年煙消雲散，三大銀行失去了融資來源，無力還債。冰島政府沒有資金來拯救它們，只得任其解散，由政府出資建立新銀行取而代之。國內存戶的儲蓄雖獲得了保證，但外國投資者和存戶（包括冰島銀行設在外國分行的存戶）損失慘重。銀行危機重創冰島經濟，使冰島墮入深度衰退，直到二〇一一年才開始出現復甦的跡象。二〇一〇年四月，冰島發生火山爆發，噴出的巨大火山灰雲讓國際空中交通連續癱瘓了好幾天。這似乎象徵了冰島不管制銀行業的輕率行為造成的破壞。

政府透過大規模干預來拯救銀行體系，這意味著把屬於納稅人的巨額財富轉到銀行手中。民眾信任銀行，把積蓄存入銀行，以為自己的錢是安全的，卻看到銀行的運作與賭場並無二致。難怪他們對銀行

的信心降到了歷史最低點。危機的始作俑者不僅沒有受到刑事懲罰，反而拿到巨額報酬。收入微薄、生活儉樸的人們看到這些，憤怒和厭惡自然難以抑制，也完全可以理解。蘇格蘭皇家銀行執行長古德溫（Fred Goodwin）是最過分的例子之一。他作為銀行的掌舵人，因過分擴張業務，把銀行這艘大船直接駛入了礁石堆，但是，他辭職後領取的退休金最終減少到了「區區」每年三十萬英鎊。如此豐厚的待遇也許是要補償，他被迫在二〇〇四年放棄「在銀行業上的貢獻」而被授予的騎士爵位吧。

根據官方統計資料，歐盟國家二〇〇七年的公共財政為數十年來最好的一年。二十八個成員國的平均政府債務占國內生產毛額的百分之五十七‧七，低於《馬斯垂克條約》規定的百分之六十的指導數字。只有希臘（百分之一〇三‧一）、義大利（百分之九十九‧八）和比利時（百分之八十七）的比例過高。但不到兩年，歐盟二十八個成員國的平均政府債務（又稱「主權債務」、「國家債務」或「公共債務」）就上升到國內生產毛額的百分之七十二‧八，且升勢不減。希臘、葡萄牙、愛爾蘭和義大利的債務水準尤其高得令人驚心。到二〇〇九年，歐盟國家的經濟成長平均萎縮了百分之四‧二，歐洲墜入了衰退的深淵。

歐元區的處境特別艱難。歐元剛啟用的那幾年正值全球經濟成長，所以一路順風。但風暴一旦來襲，它的深層結構性問題就暴露了出來。一九九一年，科爾總理曾提出警告，說沒有政治聯盟的貨幣聯盟從長遠看是無法持續的，如今看來他簡直是未卜先知。歐元區各國經濟力量懸殊，卻被同一種貨幣綁在一起，一旦爆發經濟危機，馬上就會陷入困境。它們不可能藉由貨幣貶值來提高出口競爭力，因為歐元區不像美國，沒有一個中央政府來指導經濟政策、管理歐元區各地的稅收、撥款幫助處境艱難的地區，除了透過歐盟的區域發展基金提

供補貼。

按照設立歐元區的邏輯，下一步應該是更深入的銀行、經濟和政治聯盟，這意味著建立類似美國的結構，組成民族國家聯邦，設立掌握財政權力的中央聯邦政府。但是，這一點恰恰無法做到，因為民眾堅決反對任何建立歐洲聯邦國家的舉措。如果政府積極為此努力，馬上就會遭到選民的拋棄。隨著經濟衰退的加深，歐洲各國歷史上流傳下來的民族認同非但沒有弱化，反而有所加強。所以，歐元區國家在經濟和政治上的運作空間均極為有限。希望回歸本國貨幣的只是少數人，因為那至少在短期內可能造成生活水準的急劇下降。各國繼續使用歐元的原因之一就是害怕棄用歐元反而會弄巧成拙。為避免處境最糟的國家發生崩潰，需要提供其緊急紓困，但紓困方案需要獲得歐洲央行、國際貨幣基金組織和歐洲委員會（無一是選舉出來的機構）的同意，而且紓困方案規定的條件極為嚴苛。

二〇一〇年春，債務危機把一些國家帶入了危險水域。在愛爾蘭，銀行為房地產提供了巨額資金。房地產泡沫破滅後，房貸違約愈來愈多，政府為苦苦掙扎的銀行提供擔保，結果造成國家債務大增。西班牙也需要紓困因房地產泡沫破滅而損失慘重的銀行。葡萄牙多年來管理公共資金不善，公共部門臃腫龐大。二〇〇九年經濟開始下行，公共債務隨即飛速增加。隨著對償付能力的懷疑日益加重，利率因而上升，國家政府只得大幅削減公共開支，這顯然會降低人民的生活水準，導致稅收下降和債務升高的螺旋式通貨緊縮。

這些國家的困境不單是它們自己的事。它們加在一起只占歐元區國內生產毛額總額的百分之六，但是，因為它們是貨幣聯盟的成員，所以萬一它們破產，就將危及整個歐元區的穩定。若是沒有其他國家（特別是德國）透過歐洲央行和國際貨幣基金組織提供的大量援助，受創最重的國家根本無力從嚴重的財政困境中自拔。但至少現在比一

九三〇年代好,那時各國只能憑一己之力熬過大蕭條,現在陷入困境的歐元區成員國可以依靠其他成員國提供的國際援助(儘管附有強硬的條件)。

希臘的狀況特別令人擔憂。二〇一〇年四月,標準普爾(Standard and Poor's)評級機構將該國債務評級降至「垃圾」(junk)等級。希臘處於債務違約的懸崖邊緣,在國際貨幣市場上求貸無門。於是,它成了第一個向歐盟和國際貨幣基金組織求助並接受這兩個機構大量財政援助的國家。

後來數年間,希臘先後幾次接受了大規模援助(也就是紓困)。愛爾蘭、葡萄牙、西班牙、賽普勒斯、拉脫維亞和羅馬尼亞也得到了規模較小的援助。紓困的供資安排起初是緊急拯救措施,名字有些莫名其妙,叫「歐洲金融穩定基金」(European Financial Stability Facility)和「歐洲金融穩定機制」(European Financial Stabilisation Mechanism)。很快的,這些措施變為更加永久性的紓困基金,取了個與以往相差不大的新名字叫「歐洲穩定機制」(European Stablity Mechanism)。這些措施緩解了危機,卻沒有解決深層的結構性問題。

與此同時,歐洲陷入了深重的衰退(根據官方定義,連續兩個財務季度出現負成長就是經濟衰退)。到二〇〇九年五月,歐盟共有二千一百五十萬人失業,其中近四分之一年齡在十五歲到二十四歲之間。德國、奧地利、荷蘭、丹麥、英國和另外幾個國家的失業率相對較低。其他地方的情形經常可以用悲慘二字來形容。西班牙、希臘、波羅的海國家和愛爾蘭受打擊最重,失業率極高,年輕工人失業尤其多。差不多每五位西班牙人中就有一位沒有工作,年輕人的比例要再高一倍。希臘青年約五分之二沒有工作。二〇〇八至二〇〇九年,愛沙尼亞的失業人口增加了四倍,拉脫維亞和立陶宛增加了二倍。後來幾年,高失業率在這些國家一直是常態。歐元區的第一輪嚴重失業剛

剛開始緩解，第二波失業高潮又於二○一一年強勢來襲。

到了二○一二年初，希臘有三分之一人口跌到了貧窮線下。工資跳水，連最低工資也降了百分之二十二，退休金大幅削減，數千名公共部門的工作人員被解雇。無家可歸的人超過二萬。統計數字後面是無數的個人悲劇。一位失去工作的五十五歲的泥水匠描述了自己從有工作到無家可歸的過程。

他在二○一二年二月回憶說：「頭一天還沒事，第二天經濟危機就擊中了我。我突然被解雇，沒有任何補償……兩個月後，我連房租都付不起了。我存的錢全用去給我後來死去的妻子看病了。」他被趕出了公寓，在他破舊的豐田車裡住了四個月。後來，他連汽油費也擔負不起了，只得去無家可歸者的救濟所求助。「求他們給我個睡覺的地方是很難邁出的一步，」他說，「我感到非常羞愧。」

歐洲許多地方的情況即使不像希臘那麼糟糕，也是一片愁雲慘霧。義大利的生產下降了近百分之二十五，衰退對經濟的破壞持續了五年多，是自二戰以來持續時間最長的經濟衰退。波羅的海國家遭到的打擊也特別沉重。它們原來的高成長率一夜之間陡然下滑，二○○九年，拉脫維亞降到了百分之負十七‧七的負成長。其他東歐國家的經濟也好不到哪裡去，特別是立陶宛、烏克蘭和愛沙尼亞。要恢復到二○○八年的水準還需要等待數年之後。

但並非所有國家都在衰退中損失慘重。在過往繁榮年月裡經濟管理穩健、基礎設施堅實的國家較好地抵禦了衰退風暴的打擊，遭受的損失不大，復甦速度也快。德國經濟很快就有了反彈。二○一○年，德國經濟成長率恢復到可喜的百分之四，施若德政府幾年前頂著爭議開展的艱難改革現在產生了紅利。德國沒有出現大的信貸泡沫，國家財政狀況健康，保留了很大的製造業部門。由於德國主要出口產業轉向新興市場，特別是中國，也由於為了增加企業競爭力而大幅削減

公司稅率，德國的國內生產毛額在二〇一一年初就恢復到了衰退前的水準。

受經濟下行不同程度影響的北歐國家也恢復得相對較快，除了冰島之外。丹麥雖然遭到金融危機的沉重打擊，但過去有大量預算盈餘。丹麥政府的債務低於歐盟建議的國內生產毛額百分之六十的界線，所以財政的基本面是穩固的。政府還迅速採取措施穩定金融系統。二〇〇九年，丹麥經濟開始成長，二〇一一年，復甦勢頭已十分強勁。挪威依靠大量石油出口，甚至有了可觀的預算盈餘。另外，挪威在經濟衰退前就一直推行穩健的金融管理。英國靠北海油田發了大財（按今天的價格遠遠超過一千六百億英鎊），但這筆錢大多被政府大手大腳地花在了減少國家借貸、開展工業重組和降低稅收上面。挪威與英國不同，它在經濟繁榮時期明智地為石油出口收入單獨設立了投資基金，在保證公民極高生活水準的同時減少了公共開支。瑞典也在全球經濟下滑中很快恢復了強勁成長，兩年內就實現經濟高成長率（比當時也已開始復甦的美國的成長率高一倍）。瑞典和挪威一樣，公共部門相對較大，主要為勞動市場提供支持，花在基礎設施、教育和社會安全、醫療衛生和失業救濟上面的開支不減反增。此外，瑞典在一九九〇年代初爆發過金融危機，它事後記取了教訓，建立了抵抗力強的穩定經濟，在好年景時積累健康的預算盈餘，因此在衰退時有一定的運作空間。政府迅速採取行動應對金融問題，把利率壓得極低，懲罰不肯發放貸款的銀行，以此來刺激需求。瑞典逐漸引進的改變與歐洲各地的大勢一致：私有化原來的國有壟斷公司，限制預算，提高勞動市場的靈活性，減少福利（特別是退休金）。不過，這些舉措溫和有度，並不極端，也沒有背離國家以強力保證公民高度社會安全為準則的長期政策框架。瑞典和挪威一樣，不同政治黨派對國家的經濟戰略以及執行方法有著高度的一致性。然而，一九三〇年代建立起來

的（各國有自己特色的）「斯堪的納維亞模式」不可能複製到領土面積大得多、人口一致性小得多、政治與社會分歧深得多的國家。

波蘭是中歐國家中的異數，在經濟衰退中得以倖免。波蘭銀行的貸款額較低，房地產市場很小，政府借債不多。此外，隨著其他國家陷入衰退、工作環境惡化，二百萬移民工人返回波蘭，帶回了自己的積蓄。波蘭還採取了增加政府開支和貶值貨幣這些歐元區做不到的措施。所以，波蘭躲過了經濟衰退。斯洛伐克在腐敗橫行的梅恰爾時代結束後徹底改革了經濟，成功吸引大量外資，也安然度過了經濟衰退風暴。

到二〇一二年中期，最壞的時候基本上已經過去。歐元區的脆弱性大為減輕。二〇一二年七月，歐洲央行行長德拉吉（Mario Draghi）宣布「歐洲央行準備不惜一切維護歐元」，此言不啻一劑強心針。在名為「直接貨幣交易」（Outright Monetary Transactions）的計畫下，歐洲央行宣布，對於獲准得到紓困，但又能重新進入私營借貸市場的歐元區國家，歐洲央行願意購買它們發放的政府債券。這一計畫證明了歐洲央行防止歐元區崩潰的決心，具有提振人心的意義。事實上，沒有國家在這個計畫下提出過要求，因為到二〇一三年，除希臘和賽普勒斯之外，整個歐元區都開始復甦。至此，為解救陷入困境的經濟體所撥的款項已經遠遠超出五千億歐元（比歐洲除了最大最富的國家之外，所有國家的年度國內生產毛額加起來都多），其中大約五分之一來自國際貨幣基金組織，剩下的大多來自歐洲央行。大部分援助都給了希臘。可是，直到二〇一五年，還是有幾個國家的公共債務高得令人擔憂，赤字居高不下。希臘仍然最為水深火熱，債務是國內生產毛額的百分之一七七‧四（理論上歐元區准許的比例上限為百分之六十），給它的援助今後數年間還不能停。

一些別的國家的情況也依然堪憂，如義大利（政府債務是國內生

產毛額的百分之一三二‧三，而且看不出下降的跡象）、葡萄牙（百
分之一二九）、賽普勒斯（百分之一○七‧五）、比利時（百分之一
○五‧八）、西班牙（百分之九十九‧八），甚至還有法國（百分之
九十六‧二，也是沒有下降的趨勢）。主權債務危機的嚴重程度比以
前減輕了不少，但緩解的速度非常緩慢。

　　歐元區度過一場生存危機後大難不死。但它在根本上是健康的
嗎？假若再來一場經濟海嘯，引發像義大利這種較大經濟體內的金
融危機，歐元區還能保全嗎？歐元區沒有中央財政當局，是否從一開
始就先天不足？它開出的紓困藥方會不會不僅治不好病，反而加重病
情？關於這些問題，經濟學家言人人殊。以諾貝爾獎獲獎者史迪格里
茲（Joseph Stiglitz）為首的一批經濟學家認為，歐元區必須進行根本
性結構改革，否則恐怕不會長久。史迪格里茲認為，必要的改革包括
摒棄撙節型經濟措施，改為旨在促進經濟成長的擴張型政策，並推行
債務共同化（mutualization of debt），透過用一國的盈餘去彌補另一
國的赤字來實現經濟趨同，利用歐洲央行的大規模信貸透支投資生產
性企業來刺激經濟。但迄今為止，各國推行這種改革的政治意願仍付
之闕如。

　　事實上，歐元區危機爆發後的發展與史迪格里茲的主張正好相
反。的確，大量資金注入了經濟，但大部分用在拯救銀行上，沒有
直接用來刺激復甦。英格蘭銀行和歐洲央行先後投入巨資（英格蘭
銀行二○○九年到二○一二年間投入了三千七百五十億英鎊，歐洲
央行二○一五至二○一六年投入了一‧一兆歐元）用於新發電子貨
幣來購買政府債券，以增加貨幣供應。這個辦法被稱為「量化寬鬆」
（quantitative easing）。這是在利率幾乎降至零的情況下採行的貨幣政
策的核心，其目的是防止通貨緊縮，避免衰退演變成一九三○年代發
生的那種災難性經濟蕭條。就這個目標而言，量化寬鬆的辦法是行之

有效的。沒有它，經濟衰退會嚴重得多。但是，量化寬鬆在重振經濟方面不太成功，主要是因為銀行不願意發放貸款，人們對經濟心中沒個底，也不願意借錢。所以，大部分刺激資金留在了銀行，沒有轉到廣大民眾手中。量化寬鬆是一種新凱因斯主義的手段，只不過它援助的首要對象是銀行。可是，採取了新凱因斯主義方法後，卻沒有跟進任何其他措施。當衰退已成定局後，補救行動基本上採用了新自由主義的藥方——是收縮而不是擴張。主旨是透過撙節來減少債務。

　　至於這個辦法是否加深並延長了衰退，經濟學家爭論不休，至今沒有結論。採取了撙節措施後，經濟衰退期間大多數國家的債務相對於國內生產毛額的比例不降反升，之後的下降也是個逐漸的過程。那麼，有沒有另外的辦法呢？真正的新凱因斯主義方法短期內一定會增加公共開支和債務負擔。然而，對生產性企業、技能、教育和培訓的投資最終能帶來更快的增長和持久的裨益。瑞典、挪威和丹麥至少部分地執行了這類措施，產生良好的效果。不過，斯堪的納維亞經濟體有其特別之處。經濟惡化之前，它們有巨額的預算盈餘，各政治黨派在許多問題上都意見一致。其他國家很難甚至不可能複製這些特點。北歐國家的金融運作空間在別的國家幾乎不存在。

　　但即使如此，一些著名經濟學家仍堅持認為，削減開支而不刺激經濟只會導致衰退的惡化和持續，因為這樣的措施會扼殺需求、減少稅收，進而迫使政府更多地削減開支，形成惡性循環。不過，即便有心砸錢幫助陷入困境的經濟，也阻礙重重。歐盟自己商定的關於政府債務和赤字上限的規則，就妨礙著許多歐洲國家採取擴張型經濟政策（雖然這些規則在衰退最嚴重時名存實亡）。歐盟的關鍵成員國德國一貫高度重視避免通膨的風險，是鼓吹穩健財政的最強聲音。德國的核心想法是，過往德國為了把國內事務理順，幾年前就進行了必要的結構改革，它也期望其他國家能推行類似的結構改革。二〇一二年三

月，除英國和捷克外，其他所有歐盟成員國的領導人共同簽署了《財政聯盟條約》（*Treaty of Fiscal Union*）。這項條約就是德國起草的，旨在按照德國嚴格執行預算紀律的財政模式，針對國家債務和赤字的規模規定嚴格的、法律上可強制執行的限制。

除了這些妨礙採取新凱因斯主義政策的限制外，另一個巨大障礙是評級機構對一國財政狀況的信心。設在美國的信用評級機構（其中最重要的是標準普爾、穆迪〔Moody's〕和惠譽國際〔Fitch〕）只需調整對某國的信用評級，就能立即給該國財政地位帶來巨大破壞。如果一國的公共債務已至高位，繼續增加公共開支很可能會激怒信用評級機構，加大該國在國際貨幣市場上借貸的難度，因而讓該國的復甦更加舉步維艱。為此，幾乎所有國家的財政部都採行撙節政策來遏制債務。

撙節政治

經濟衰退期間，政治領導人被嚴峻的經濟與社會挑戰搞得焦頭爛額，政治也變得更加動盪不穩。政局開始重組。在所有國家，政治上的成功都照例取決於眾多的本國因素，但幾乎每個國家的政治都少不了政府處理經濟衰退的這個問題。此時各國出現了三種普遍模式（雖然也有例外）。第一種是經濟衰退發生時執政的政黨，無論是左是右，一般都在下次選舉中落敗。第二種是隨著民眾對政治制度的信任減退，不屬於主流「建制派」的抗議運動一般都會獲得更多支持。數百萬民眾怒氣填膺，他們的發怒的對象不僅是搞砸了經濟的本國政府，也有帶給他們如此多苦難的全球化金融資本主義的無形力量。這種憤怒經常表現為尋找代罪羔羊（通常是移民）和高漲的民族主義情緒，後者提供了民眾一種身分感，還使他們覺得自己有能力奪回拱手

交給國際機構的控制權。

第三種普遍潮流是除了少數幾個例外，多數政府，無論何種政治傾向，都採取了撙節措施。政府自主掌控國家經濟的權力受到嚴重限制，掌握真正權力的似乎不再是國家，而是國際金融的幕後操縱者、擁有政府債券的債主、信用評級機構，以及國際貨幣基金組織和歐洲央行等機構，這些機構決定著為陷入困難的經濟體提供支援的規模與條件。

雖然歐洲各國在經濟危機中無一能免，但是經濟結構牢固、政治制度穩定的國家一般都迅速走出了衰退，也沒有發生政治動亂（不過，英國高度依賴它那有缺陷的銀行系統成了它的軟肋）。德國、奧地利、瑞士、荷蘭、丹麥、挪威、瑞典就是此類國家，新加入歐盟的國家中屬於此類的有波蘭和斯洛伐克。當然，經濟動盪對選民的投票傾向有一定影響，但在上述國家中，它只是若干因素中的一個，並不是決定性的。事實上，如果衰退發生前政府治理經濟的成效已經獲得了一定認可，那麼大部分人都會認為現有的國家領導人是保證不致發生大亂的最好人選。德國這個歐洲最重要的經濟體就是一個很好的例子，民眾繼續支持處變不驚、胸有成竹的總理梅克爾，和幹練嚴肅、象徵著經濟穩健的財政部長蕭伯樂（Wolfgang Schäuble）。不單是德國的基督教聯盟這樣的保守黨得以繼續執政，在挪威，工黨也仍然是占統治地位的政治力量。

即使在維持了政治穩定的國家，新成立的政黨或原來位處邊緣的老牌激進政黨也吸引了更多民眾的支持。有些人看到社會民主黨政府採納了他們認為是新自由主義的保守派經濟政策，覺得遭受了背叛，於是轉向更極端的左派。不過，最大的得益者是右翼民粹主義運動。在德國，社會民主黨人仍然因施若德推行的改革不得人心而怨憤痛心，因為一些原本支持社會民主黨的人投向了更激進的左翼政黨「左

翼黨」（Die Linke）。此外，反對歐元，也反對紓困希臘的新右翼政黨「德國選擇黨」（Alternative für Deutschland）也很快獲得令人矚目的支持。芬蘭二〇一一年選舉的要聞是「芬蘭人黨」（Finns Party）取得了突破。這個民族主義政黨能贏得民眾支持，就是因為它反對紓困葡萄牙，也對抗有害的全球化，聲稱全球化在很大程度上是歐盟政治造成的。冰島的金融危機導致了廣泛的群眾抗議，主張自由保守主義的獨立黨在二〇〇九年的選舉中失去了三分之一的支持，黯然結束了十八年的執政期。在比利時，經濟下滑進一步突出了比較富裕的法蘭德斯地區和比較貧窮的前工業區（講法語的）瓦隆地區之間，長期且不斷加深的語言與文化差異，導致政治上的進一步撕裂。二〇一〇至二〇一一年，甚至有近一年的時間無法組建國家政府。

經濟衰退也促使加入歐盟不久的一些中歐國家，倒退回右傾或左傾的專制主義。匈牙利二〇一〇年四月的選舉中，社會黨大敗。奧班的保守政黨「青年民主主義者聯盟」重掌政權。該黨在議會中贏得了足夠的多數，得以力推民族主義議程和通過修憲提議，鞏固了奧班的權力，限制某些公民自由，還削弱了司法獨立。令人驚心的是，尤比克黨（Jobbik）在選舉中獲得近百分之十七的選票，這個極右政黨鼓吹反猶主義，敵視羅姆人，使人想起昔日的法西斯時代。

波蘭也正趨向民族主義色彩強烈的保守右傾專制主義。

波蘭政壇長期以來的競爭現象，早在共產政權垮台後的過渡時期就已經出現了，如今歐洲的危機帶來了新的、更激烈的內容。二〇〇一年時創建的兩個新黨，公民綱領黨（Civic Platform）和法律與公正黨（Law and Justice），均從團結工會衍生而來，但宗旨截然不同。公民綱領黨奉行自由主義，支持自由市場，強烈親歐，在二〇〇一年和二〇〇七年的選舉中贏得了大部分選票。與它激烈競爭的法律與公正黨由萊赫和雅羅斯瓦夫・卡欽斯基（Lech and Jarosław Kaczyński）這

對孿生兄弟執掌，具有強烈的民族主義保守傾向和反自由主義傾向。該黨在二〇一一年的選舉中靠著鼓吹反動的社會綱領擴大了原來的支持基礎（在波蘭東部斬獲尤多），二〇一五年更是高票贏得了大選，希德沃（Beata Szydło）成為新任總理。

陰謀論助了法律與公正黨一臂之力。二〇一〇年四月，時任波蘭總統的萊赫·卡欽斯基坐飛機前往俄羅斯西部的斯摩稜斯克（Smolensk），去參加七十年前二萬多名波蘭軍官慘遭蘇聯祕密警察殺害的紀念活動，途中墜機身亡。造成空難的原因是惡劣的天氣和駕駛員操作失誤。但是，法律與公正黨堅持說總統是被害死的，凶手是自由主義和共產主義的暗黑勢力，或二者的怪異結合。法律與公正黨以此為藉口向波蘭自由派發起日益激烈的攻擊，也敵視反對資本主義自由市場，面對歐盟的態度也更加嚴厲，而這一切都是該黨強調「真正的」波蘭價值的一部分。移民危機恰好與這種氣氛相合。黨內強人、孿生兄弟中的雅羅斯瓦夫·卡欽斯基在二〇一五年大選前說，移民可能會把霍亂病菌帶到歐洲，還可能傳播「各種寄生蟲」。法律與公正黨的專制主義傾向暴露無遺。它成為執政黨之後，縮減了媒體自由，限制同性戀者的權利，還加強針對司法部門的政治管控。

在羅馬尼亞，撙節政策引發大規模抗議，推行這種政策的保守黨政府下台後，政府也出現了專制主義傾向，不過那是在名義上的社會民主黨人彭塔（Victor Ponta）領導下的左傾專制主義。彭塔執政期間，憲法法院的權力被削弱，法律系統日益受政治因素左右，前安全部門的成員仍繼續受到重用，貪腐情事有增無減。至於保加利亞，這個國家的關鍵問題不是專制主義，而是政府軟弱無力，還有反對撙節、反對猖獗的貪腐和有組織犯罪的大規模示威抗議。

歐盟最大的一些西方成員國中，執政黨也因推行了撙節政策而被選民拋棄。在義大利，貝盧斯柯尼的政府二〇一一年秋削減了公共開

支，卻沒能提出任何像樣的整體復甦方案。十一月，貝盧斯柯尼辭職，讓位給蒙蒂（Mario Monti）領導的「技術官僚」政府。蒙蒂是金融專家，曾任歐盟專員。他上台後進一步大幅削減了開支，提高了稅率。但是，經濟狀況持續惡化，群眾抗議（模仿美國人抗議金融危機的「占領華爾街」運動）有增無減，貝盧斯柯尼又宣布要重返政壇。蒙蒂只幹了一年，就於二〇一二年十二月辭去了總理職務。蒙蒂有歐盟領導人和國際貨幣基金組織的支持，歐盟的關鍵成員德國政府也強烈支持他。但是，義大利的民意卻是另一回事。蒙蒂被力邀擔任一個名叫「公民選擇」（Civic Choice）的新政黨領導人，但該黨在二〇一三年二月的大選中僅贏得了百分之十的選票。蒙蒂在鎂光燈下的短暫生涯就此結束。

　　大選造成了政治僵局，一些義大利評論家甚至說國家到了無法治理的地步。政局中最引人注意的是喜劇演員葛里洛（Beppe Grillo）組建的一個全新的反對黨突然崛起，贏得了四分之一的選票。一個喜劇演員在政壇大放異彩，這似乎是對義大利政治的恰當注腳。經過長時間談判後，義大利最終組成了由民主黨的雷塔（Enrico Letta）主持的不穩固的聯合政府。雷塔承諾結束撙節政策，轉而推行增長政策。但新政府出師不利，內閣宣誓就職那天，總理辦公室遭到槍擊。貝盧斯柯尼的自由人民黨（People of Freedom）在這次選舉中與二〇〇八年時相比損失慘重，但仍然在議會兩院都贏得了近三分之一的席位。然而，這回貝盧斯柯尼這位政壇不倒翁卻無法東山再起。他二〇一三年八月被判稅務詐欺罪，由於年齡關係（他當時已超過七十五歲）免於牢獄之災，但被禁止擔任公職並剝奪了參議員資格。

　　被認為應該對危機負責的人必然被趕下權位，這條規律同樣適用於法國。二〇〇八年到二〇一二年間，失業率高得令人擔憂，貧困加重，債務節節攀升，貿易赤字不斷擴大。同時，經濟成長幾乎止步不

前，消費開支下降，稅收減少。在二〇一二年的總統大選中，沙柯吉（Nicholas Sarkozy）總統被對手以微弱多數擊敗，主要原因就是他未能阻止經濟狀況惡化。沙柯吉自二〇〇七年當選後，所作所為日益造成公眾意見分裂，只幹了一屆就被選民拋棄。

　　法國二〇一二年總統大選的獲勝者是社會黨前領導人歐蘭德（François Hollande）。二〇一二年五月六日舉行的第二輪投票中，百分之五十二的選民支持了他，樂觀地相信他將振興經濟。一個月後，社會黨在議會選舉中贏得了國民議會中九十四個席位。應對危機的新方法似乎呼之欲出。但是，法國為刺激經濟所採取的溫和干預措施，根本抵擋不住經濟惡化的勢頭，例如說針對年收入超過一百萬歐元的人徵收百分之七十五的附加所得稅，只實行了兩年就宣告停止，因為這個辦法籌集的資金太少，不足以幫助經濟。批評者還說這造成頂尖的創新者和企業家的疏離，而這批人正是法國最需要的。後來在歐蘭德政府中擔任經濟部長（二〇一七年當選為總統）的馬克宏（Emmanuel Macron）警告說，這個做法將把法國變成「沒有陽光的古巴」。

　　此時，歐蘭德像他的社會黨前任密特朗在一九八〇年代初所做的那樣，經濟戰略上來了個大轉彎。自二〇一四年一月起，他採納了比較有利於企業的政策，其中包括一些新自由主義理念，如降低勞動成本、削減公共開支。但是，無論是提振自己低迷的人氣，還是扭轉經濟繼續惡化的趨勢，歐蘭德都未能成功。他的總統任期乏善可陳，法國困境依舊，民眾積怨日深。歐蘭德成了法蘭西第五共和成立以來最不得人心的總統。二〇一六年十一月，他的支持率跌至創紀錄的百分之四。十二月一日，他成為第一個宣布不尋求連任的法國總統。

　　與此同時，在法國北部和東部凋敝的前工業區以及南部的貧窮地區，許多選民被瑪琳・勒龐（Marine le Pen）宣揚的反布魯塞爾的

民族主義思想所吸引。她力圖洗刷她的父親老勒龐的種族主義者和新法西斯主義者的名聲，取得了一定成功。她領導的國民陣線在二〇一四年五月的歐洲議會選舉中，成為得票率最高的法國政黨，幾乎達到了全部選票的百分之二十五。而這意味著法國政治的嚴重動盪將持續下去。

英國工黨一九九七年上台，執政期內發生了銀行業崩潰，使它為此付出了代價。銀行業崩潰貽害長久，後果逐漸顯現。經過如此嚴重的經濟衰退後，英國的經濟復甦前路漫漫。保守黨抓住這個天賜良機，把造成危機的責任推到工黨頭上，儘管危機的成因顯然是全球性的，不單是英國的責任。其實，危機爆發前，英國的國家債務和開支赤字都在可控範圍內。但是，保守黨的指控揮之不去。另一條效果顯著的批評是說工黨管制銀行業不力，因此鼓勵了引爆危機的投機泡沫。這條批評有些道理，但事實上保守黨比工黨政府更贊成放鬆管制。話說就是保守黨在一九八六年所謂的「大爆炸」中一下子解除了對金融市場的管制，使倫敦金融城發展為如此重要的全球金融中心。而且，換了保守黨，它也會和工黨一樣不得不出手拯救銀行，保護存戶。

但即使如此，危機就是發生在工黨執政期間，這個事實無法否認。自金融市場崩潰以來，預算赤字翻了兩倍，政府債務也急劇增加。布朗的工黨政府日益焦頭爛額，在二〇一〇年五月六日的大選中失利。保守黨睽隔權力十三年後，在首相卡麥隆（David Cameron）的領導下重掌政權。不過，它只是聯合政府中力量較強的一方，另一方是克萊格（Nick Clegg）領導的自由民主黨。在財政大臣奧斯本（George Osborne）的指導下，新政府立即採取了撙節措施來控制赤字和政府債務。後來四年間，赤字的確不斷地逐漸下降，所占國內生產毛額的比例從百分之十·八降到五·一，雖然仍遠超《馬斯垂克條

約》規定的標準。另一方面，政府債務卻從二〇一〇年到二〇一五年逐年遞增，二〇一五年達到了國內生產毛額的百分之八十七‧五。

復甦的腳步極為緩慢。從一九八〇年代起，英國經濟開始從製造業大幅轉向金融業，而經濟衰退來襲後，英國為這個政策付出了代價。英國與歐元區國家不同，它可以控制自己的貨幣，所以英國迅速採取貨幣寬鬆的措施。從二〇〇九年到二〇一三年，英鎊貶值約四分一。然而，出口依舊沒有起色，投資也在低檔徘徊。失業率倒是下降了，但許多工作報酬微薄、沒有保障。二〇一〇年後，英國實行的財政整頓是大型先進經濟體中最嚴苛的，但它的經濟復甦十分緩慢，僅比義大利好一些。二〇一三年，經濟終於出現了一定成長，但那在很大程度上靠的是繁榮的房地產市場、消費者花費（這造成了私人負債的不斷增加）和國家開支（儘管實施了撙節政策，但事實證明不可能像政府起初希望的那樣大量削減國家開支）。

撙節政治的社會代價很高，大部分都壓到了社會中窮人的頭上。公共服務資金的削減大都轉嫁給了地方政府，導致青年服務中心、兒童中心、圖書館和其他維繫社會凝聚力的重要設施紛紛關閉。經濟衰退加劇了社會分裂。包括卡麥隆和奧斯本在內的好幾位內閣成員都是在英格蘭最昂貴的公學受教育，這更加深了政治菁英與普通百姓完全脫節的印象。隨著撙節措施的影響開始顯現，老百姓經常要勒緊褲腰帶艱難度日。收入和財富方面的差距也進一步加大，總收入的百分之十三落入了百分之一的人手中，比荷蘭高出一倍。一九九八年，大企業高階管理的薪酬是員工平均收入的四十七倍；到了二〇一四年，這個數字增加到了一百四十三倍。大企業高階管理收入增加的速度比平均收入增加的速度快四倍以上。高階管理的報酬中位數是每年四百四十萬英鎊，英國民眾的報酬中位數是每年二‧六萬英鎊。按購買力計算，二〇一三年英國家庭的收入比二〇一〇年降低了近百分之六。

最貧窮的百分之二十的家庭平均收入遠遠低於荷蘭、法國和德國。然而，倫敦最熱門地區的房地產價格以每年百分之二十以上的速度飛漲，高檔的梅費爾地區（Mayfair）一座豪宅每週的租金可能比大多數人一年賺的錢都多。

愈來愈多的人買不起房，只能租房，居住的房子經常品質低劣，租客還經常要受無良房東的欺負。多年來，歷屆政府都忽視房屋建設，自柴契爾時代以來沒有執行過任何社會住宅項目，來補充已售出的社宅，這種做法的惡果在經濟衰退中尖銳地表現出來。英國是世界上最富有的國家之一，但愈來愈多的英國公民甚至沒有一個棲身之所。從二〇一〇年到二〇一七年，倫敦被迫露宿街頭的人數飆升一倍以上，在其他大城市也急劇增加。同期，食物銀行提供窮人的餐食增加了百分之一千六百四十二。

二〇一一年，一些城市發生了暴亂，反映出社會最貧窮階層中一些人的憤怒與失望，其中當然也有趁火打劫的心態。參與打劫的許多是移民家庭的年輕人，他們住在破敗失修的大樓裡，看不到未來。這些人是社會中的極端分子。不過，隨著經濟條件惡化，整個社會的態度都變得嚴厲起來，開始尋找代罪羔羊，其中就包括移民和歐盟。愈來愈多的人本著反移民、反歐盟的基本理念轉而支持英國獨立黨（United Kingdom Independence Party）。這個黨實質上是不列顛（其實主要是英格蘭）版本的反全球化民族主義政黨，歐洲許多地方都有類似的政黨。有一位婦女在倫敦一家超市當主管，收入微薄，但有自己的房子。她和她丈夫一九九七年買下這所房子後，至今房價幾乎翻了四倍。她說：「這條街上搬來了波蘭人和奈及利亞人……他們是好人，努力工作，買了房子。但是我們自己也需要房子和工作，他們為什麼來這裡？我們要是脫離歐洲（歐盟），就不會再有這種事。」這就是對歐盟敵意日深的種子。二〇〇五年屬於少數人觀點的「疑歐

論」正在發展為徹底的「恐歐論」，而且在不斷蔓延。

　　葡萄牙、西班牙、愛爾蘭，尤其是希臘，在經濟衰退中受創最重。面對日益加深的嚴峻經濟危機，這些國家的當權政黨陷入苦戰。葡萄牙的社會黨政府提議削減開支、尋求紓困，引起了廣泛的憤怒和大規模抗議，二〇一一年被趕下台，由中間偏右的社會民主黨政府取代。由於葡萄牙的困境每況愈下，新政府也實行了嚴格的撙節措施。為此，社會民主黨政府在二〇一五年十月的選舉中付出了敗選的代價。社會黨重掌政權，但它是少數政府，並不穩定。西班牙的社會黨原本打算使用金融刺激手段，但在日益加深的危機面前不得已轉向了撙節政策。結果，它在二〇一一年十一月的選舉中失去了幾乎五分之四的支持。繼任的保守黨政府實行更加嚴厲的撙節政策，又爆發了貪腐醜聞，也在二〇一五年的選舉中付出代價，失去了三分之一的議會席位。社會黨同樣遭到選民拒絕，反而是左翼抗議運動「我們能」（Podemos）和奉行中間路線的「公民黨」（Ciudadanos）這兩個非建制政黨加起來贏得了三分之一的普選票。這說明撙節政治引起了民怨，損害了西班牙的兩大主要政黨。愛爾蘭也發生了政治地震。二〇一一年二月的大選中，走中間偏右路線的執政黨共和黨因為被視為是造成國家金融困境的罪魁禍首，遭逢自一九二〇年代以來最慘重的敗績。它的主要競爭對手——奉行自由保守主義的統一黨首次成為議會第一大黨（建黨已接近八十年）。愛爾蘭工黨（Irish Labour Party）和民族主義政黨新芬黨也在選舉中大有斬獲，這說明共和黨和統一黨這兩個主要政黨長期雄霸愛爾蘭政壇的地位受到嚴重削弱。

　　希臘政府的混亂超乎尋常，反映了希臘經濟災難的嚴重性。二〇〇九年，經濟已經在迅速收縮，致使保守的執政黨新民主黨（New Democracy）在那年的選舉中落敗。巴本德里歐（George Papandreou）領導的泛希臘社會主義運動黨（PASOK）政府上台幾週後，就宣布

希臘的公共債務比原來承認的多得多。國家無錢償還到期的債務。接著，國際信用評級機構大幅下調了希臘的信用等級。這樣一來，希臘即使能找到借貸方，也要付出更加高昂的借貸成本。政府採取了嚴酷的撙節措施，包括減少公務員的薪資，凍結國家退休金，增加稅收。但這些仍然不夠。二〇一〇年四月，巴本德里歐請求國際紓困，這是希臘第一次求救，後來又提出過數次請求。不出一個月，由國際貨幣基金組織、歐洲央行和歐洲委員會的代表組成的「三頭馬車」，就同意出借希臘一千一百億歐元，條件是希臘必須採行更多的嚴厲撙節措施，改組國家財政。希臘議會勉強同意了這些要求。

在雅典街頭，抗議人潮一波接一波，民眾的憤怒由此可見一斑。一年內，反對撙節的「憤怒的公民」運動（Indignados）組織的群眾抗議，在雅典和其他希臘城市愈演愈烈。警察野蠻對待示威民眾，雙方暴力衝突愈來愈多。有些人把怒火指向德國，認為德國是三頭馬車的幕後指使者。在有的海報上，德國總理梅克爾臉上被畫上了希特勒式的小鬍子。這雖然荒謬，但明確表現出希臘人對德國的敵意。

希臘主要政黨的支持度大幅下降。二〇一一年十一月，巴本德里歐被迫辭職，接手的是一個基礎不牢、政令不通的聯合政府。二〇一二年五月的選舉沒有分出明確的勝負，只得在一個月後再次舉行選舉。自一九七〇年代以來一直占統治地位的泛希臘社會主義運動黨獲得的選票數僅居第三。緊隨（領導著新的聯合政府的）新民主黨之後，獲得選票第二多的是魅力四射的齊普拉斯（Alexis Tsipras）領導的激進左翼聯盟（SYRIZA）。不祥的是，極右翼新法西斯黨金色黎明（Golden Dawn）也贏得了二十一個議會席位。金色黎明利用一部分民眾為自己的苦難尋找代罪羔羊的心理，煽動針對日益增多的移民的怨恨。在移民中有許多人是非法移民，主要是在前一個十年的中期從非洲和中東過來的。

　　二〇一二年二月，一千三百億歐元的第二筆紓困金獲得批准，但希臘人民的生活水準仍在無情地繼續下降，受影響最深的是人口中最窮的那些人。醫療保健的預算砍了百分之二十一・七（嬰兒死亡率因之急劇升高）。教育預算比起危機前削減了三分之一以上。希臘雖然獲得了外來援助，卻仍在二〇一二年三月宣布債務違約。希臘的國家債務得到重組，一千零七十億歐元的債務一筆勾銷。但是，希臘的壓力未有稍減。事實上，幾乎所有的紓困金都用來償還現有債務的利息了，結果是舊債未清又添新債。連續數年毫不放鬆、日益嚴厲的撙節造成的最終結果是，希臘如山的債務比危機爆發之前進一步增多。

　　數十年的執政不力給希臘公民帶來了巨大的代價。希臘的公共部門長期以來人浮於事，官僚部門效率極為低落，逃稅避稅幾乎成為全民行動。福利舞弊比比皆是，冒領已去世親戚的退休金的希臘人多達好幾千人。餐館收費只收現金。醫生收入的一大部分隱匿不報。隱瞞資產成為理所當然。據估計，希臘近三分之一的國內生產毛額來自地下經濟。希臘的退休金開支如脫韁野馬，增加的速度比德國或義大利快一倍以上，許多希臘人早早就退休享清福。整頓好國家事務當然是希臘的當務之急。然而，撙節的速度和嚴苛程度在政治上和社會上幾乎是無法承受的。

　　儘管如此，二〇一三年希臘又接連採取了更多的撙節措施。那一年，數千個公共部門的工作職位被砍，工資也進一步降低。二〇一四年初，希臘政府宣布多年來預算首次出現盈餘。希臘公民聽到這個消息卻高興不起來。他們在二〇一五年一月的選舉中再次把政府趕下了台。一度強大的泛希臘社會主義運動黨這次只得到了區區百分之四・七的選票。選民大幅左轉，使激進左翼聯盟獲得了勝利。齊普拉斯成為新政府的首長（不過他只能和民族主義小黨「獨立希臘人黨」一起組成聯合政府）。當時，希臘經濟出現了一些微弱的復甦跡象，但三

頭馬車認為希臘仍然需要紓困。齊普拉斯藉以贏得選民支持的綱領是斷然拒絕第三次紓困，因為那將導致進一步撙節。齊普拉斯鼓吹要根本性重組希臘的債務，結束撙節政治。在二〇一五年七月的公投中，選民支持了他拒絕新紓困的建議。

齊普拉斯的財政部長、張揚外向的瓦魯法基斯（Yanis Varoufakis）很快成為歐洲各地電視觀眾熟悉的面孔。他力倡改變政策，重組債務（其實就是減免希臘的債務），放棄撙節。他認為撙節是個惡性循環，產生的效果事與願違，此話不無道理。但是，公投後不久，齊普拉斯就改變了立場，勉強接受了第三次紓困的條件。那是一筆八百二十億到八百六十億歐元的貸款，分期支付，到二〇一八年付完。齊普拉斯覺得這是希臘能爭取到的最好結果。他宣稱，任何別的辦法都無異於「自殺」。瓦魯法基斯因為推不動他認為必須實現的改變，已於七月掛冠求去。此後，齊普拉斯人氣直落，黨內一片反對之聲，八月也辭去了職務。

一個月後，由於無法組成替代政府，希臘又舉行了新的選舉，卻沒有帶來政治組合的大變化。齊普拉斯再次受命領導政府。二〇一六年五月，這位起初反對撙節的總理被迫採取了新的撙節措施。二〇一四年，從官方角度看，希臘告別了持續數年的經濟衰退。然而實際上，它的厄運仍陰魂不散。

若是有容易的辦法讓希臘擺脫困境，一定早就用了。但在當時的情況下，每一條出路都被堵死。從根本上減免債務當然對希臘的最終復甦十分必要，但瓦魯法基斯發現，債權方對此不以為然，他們（正如在美國和歐洲其他國家一樣）為自己開脫，說提供貸款完全沒有錯。德國和幾個其他國家堅決拒絕藉由建立「歐元債券」來實現債務共同化。德國的存戶絕不會容忍這種做法，而且這很可能不符合德國憲法。只要債務居高不下、借貸成本高昂，就不可能採用凱因斯主義

的辦法，透過增加政府開支來刺激經濟成長。有些經濟學家提議希臘進行有序債務違約，以便離開歐元區，回歸本國原來的貨幣德拉克馬，但這個辦法至少在短期內可能產生破壞性的經濟與政治後果。民意調查顯示，希臘人願意繼續使用歐元。幾乎可以肯定的是，這與其說是因為老百姓喜愛這種開始時帶來了富足，現在卻成為國家巨大苦難的同義詞的新貨幣，不如說是他們害怕換了貨幣反而更糟。

　　希臘陷入苦難八年後，經過六個多月關於紓困條件的反覆爭執，政府於二〇一七年六月又接受了一筆八十五億歐元的紓困，以避免債務違約。紓困協議開列的條件包括開展一定的自由市場改革。受此協議影響最大的是窮困的退休人員。退休金自危機爆發以來已經降了十二次，從二〇一一年至此減少了百分之四十，現在計畫到二〇一九年還要再砍百分之十八。預計這將引發罷工、示威和政治動盪。漫長黑暗的隧道盡頭唯一的光亮，是債權方終於表示願意採取必要步驟來減少希臘如山的債務，確保希臘債務未來的可持續性。只有實現了這一點，希臘才能從容面對未來。

　　八十年來最嚴重的經濟衰退破壞了經濟，顛覆了政府，給歐洲帶來動盪混亂。但歐洲挺了過來，儘管付出高昂的代價，經歷巨大的困難，留下長久的虛虧。但民主沒有崩潰，沒有墮入法西斯主義和專制主義（雖然中歐的一些趨勢值得關注，而且後來幾年中，反建制的民粹主義政黨在許多國家獲得了支持，這類政黨主要屬於鼓吹民族主義和仇外主義的右翼）。民間社會頂住衰退的打擊，表現出頑強的抗壓能力。儘管各國的政策有各式各樣的弱點和缺失，但它們都願意共同努力應對經濟虛弱的各種問題，這是一九三〇年代大蕭條時所沒有的。當然，此時的形勢尚未向好，但不出幾年，對經濟發展的審慎樂觀即悄然回歸。政治上的動盪仍將繼續，歐洲的經濟危機尚未克服，甚至尚未得到控制，另一場危機就接著到來。這一次，危機的根源是

中東地區的災難性事態發展。在這場危機面前，歐洲的跨國合作很快就走到了盡頭。各國幾乎完全唯本國利益是從。

移民危機

按照聯合國的定義，「國際移民」是「生活在自己出生國以外國家的人」。二〇一五年，世界上的移民據估計有二‧四四億，其中七千六百萬在歐洲。促使移民（大多數是合法的）來到歐洲定居的原因多種多樣：諸如逃避衝突、歧視和侵犯人權的做法；擺脫失業、貧困或饑荒，尋求更好的生活；或者單純是為了尋找工作機會。大部分移民不是「難民」。難民的總數比移民少很多，二〇一四年，全世界的難民有一千九百五十萬左右（約占移民總數的百分之十八）。二〇一五至二〇一六年來到歐洲的移民人數不詳，他們移民純粹或主要是出於經濟動機。但是，歐洲的移民危機首先是難民危機，是圍繞著逃離戰爭、迫害和強行驅趕，來歐洲國家尋求庇護的那些人爆發的危機。他們中間不少人在來歐洲前已經獲得了「難民」地位。因此，關於難民危機的報導通常把「尋求庇護者」和「移民」這兩個詞互換使用。

二〇〇六年，來歐盟國家尋求庇護的人數降到二十萬以下。但自二〇〇七年起，這個數字開始逐年上升，到二〇一五年達到危機爆發點，那年赴歐難民的總人數達到了一百三十萬左右。來自敘利亞、阿富汗和伊拉克三國的尋求庇護者占了總數的一半以上，三國均飽受戰亂之苦，西方對此難辭其咎。

二〇一一年，西方曾對中東爆發的反專制統治的人民起義寄予厚望（這樣的運動很快得名「阿拉伯之春」），希望它能為這個世界上最動盪的地區帶來自由、民主與和平，但這個希望很快就化為泡影。不錯，突尼西亞的班阿里（Zine al-Abidine Ben-Ali）總統、利

比亞的格達費（Muammar al-Gaddafi）上校和埃及的穆巴拉克（Hosni Mubarak）總統等強人統治者被推翻了。但是，利比亞陷入了曠日持久的政治混亂。埃及軍方在前軍隊統帥塞西（Abdel Fattah el-Sisi）的帶領下，很快重新掌握了控制權。大馬士革和敘利亞其他城市爆發的巨大抗議運動一度似乎會導致阿薩德（Bashar al-Assad，他二〇〇〇年接替父親成為國家元首）總統政權的垮台。西方一度以為阿薩德被推翻已成定局，但阿薩德政權遠不到崩潰的地步。與此同時，伊拉克二〇〇三年遭到西方入侵後一片混亂，陷入大規模暴力。海珊倒台後美國管理伊拉克不善更是給局勢火上澆油。於是，一個特別殘暴的恐怖組織應運而生，名為「達伊沙」（Daesh），在西方稱為「伊拉克和大敘利亞伊斯蘭國」（Islamic State of Iraq and Syria），簡稱「伊斯蘭國」（IS），是個空前殘忍的全球性聖戰運動。到二〇一五年，伊拉克和敘利亞都有大片土地落入了它的魔掌。數百萬民眾逃離伊斯蘭國的恐怖統治，大部分棲身於土耳其、黎巴嫩和約旦等鄰國臨時搭建的難民營中，但也有不少難民踏上了路途漫漫、處處險阻的通往歐洲之路。二〇一五年年底，以各種方式抵達歐洲的難民比前一年多了一倍有餘。大部分難民取道東地中海和巴爾幹半島，也有的難民走北非的路線。

　　許多人罄盡囊中所有交給沒有天良的蛇頭，被塞進脆弱不牢、嚴重超載的小船渡過地中海送到希臘和義大利。難民中一個叫阿里的人帶著他的四個孩子逃出伊拉克，在土耳其付給蛇頭八千歐元，買下了一艘大型航海遊艇上的五個座位，想乘船逃往安全的希臘。可是，他們來到偏僻的海灘時，說好的漂亮遊艇卻蹤影全無。他們被手槍逼著登上一條已經載了十一個人的小船。在距離希臘的科斯島（Kos）還有一半路程時，引擎熄火了，小船開始進水，最終沉入大海。希臘的海岸衛隊救起了船上的一些人。但是，阿里的孩子中有兩個沒有活下

來，他眼睜睜地看著他們消失在黑沉沉的愛琴海裡。阿里的經歷只是難民危機中無數悲慘故事中的一個。僅二〇一五年一年，就有不下三千六百名移民在前往歐洲的途中溺亡。在地中海和愛琴海的廣袤海面上，走私人口的蛇頭總是比警察多算一步。

除了想乘船到達歐洲的敘利亞難民外，還有逃離非洲戰亂地區的大批移民和因貧窮而背井離鄉的成千上萬孟加拉經濟移民，他們經由利比亞（該國港口的無政府狀態提供了偷運移民的網絡絕好的機會）從北非渡海前往義大利和希臘。二〇一五年，近一百萬移民湧至這兩個國家的海岸，而希臘還處於經濟危機的水深火熱之中。因為移民人數巨大，所以不可能有系統地核查他們是否真的如他們自稱的是合法難民。大多數移民都想往北去，德國和瑞典是最熱門的目的地。但是，他們很快發現，前路豎立著巨大的障礙。

自一九八〇年代創立了申根區以後，歐洲大部原已解除了國界控制，現在控制又回來了，至少暫時如此。二〇一五年秋的中歐，在從巴爾幹地區而來的主要移民通道上，奧地利在與匈牙利和斯洛維尼亞接壤處設立了邊界管制站，匈牙利也開始沿著與塞爾維亞的邊界修建高高的隔離網，還封鎖了與克羅埃西亞的邊界。斯洛維尼亞也因為無法阻止從克羅埃西亞進入本國的移民，於是也建起了隔離網。斯洛伐克在與匈牙利和奧地利的邊界上建起了臨時管制站。德國與奧地利之間、荷蘭與德國之間也設立了臨時邊界管制站。北歐國家中，丹麥與德國之間、瑞典與丹麥之間也重啟邊界管制。二〇〇三年，法國和英國達成協議，邊境檢查在英吉利海峽的法國一邊進行。按照這個協議，穿過申根區前往英國尋求庇護的約七千人，被留置在加萊（Calais）附近的一個名為「叢林」的拘留中心，裡面的條件汙穢骯髒、極不人道。電視上幾乎每天都有可怕的報導，揭露「叢林」裡淒慘的生活條件，顯示移民拚命搶登穿越海峽去往英國的卡車，有時甚

至出了人命。二〇一六年十月，法國當局終於清空了這個拘留營，把剩下的移民分散到法國的其他地方。但是，到了二〇一七年夏天，又有一千多名移民來到加萊住下，忍受著沒有廁所、沒有自來水、沒有房子住的惡劣條件，準備冒險去英國。

對不受《里斯本條約》規定的歐盟庇護政策約束的英國來說，「叢林」拘留中心幫了大忙，使英國免於難民問題的困擾。移民問題高度敏感，媒體和公眾意識又常常把移民和庇護混為一談。英國政府非常明白這一點，所以寧願花費大筆資金提供敘利亞附近的安全區人道援助（據稱自二〇一二年以來援助金額已經達到十一億英鎊），也不願讓難民來英國尋求庇護。二〇一一年到二〇一六年間，只有大約五千名敘利亞難民在英國得到了庇護。英國政府同意到二〇二〇年再接納二萬名難民。鑑於難民危機巨大，這個回應可不算慷慨。

匈牙利的立場尤其頑固。二〇一五年八月間，面對洶湧而至的五萬人左右的移民潮，匈牙利覺得自己身陷颱風眼中（其實絕大多數難民是要借道前往德國）。匈牙利總理奧班警告說，基督教文化受到了「穆斯林的威脅」，大部分民眾都同意他的觀點。九月初，匈奧邊界和布達佩斯火車站的混亂場景促使德國和奧地利的政府首長——梅克爾和法伊曼（Werner Faymann），未經預警便突然宣布敞開大門接受難民。梅克爾已經說過，德國準備到年底接受大約八十萬難民（實際數字達到了一百一十萬），還說不會對難民人數設上限，此言讓其他歐洲國家大為驚異。梅克爾的表態堅持了樂觀的調子。她滿懷信心地說：「我們應付得了。」

的確，民眾剛開始的反應非常熱情。奧地利的好心人把食物、衣物和飲水送到維也納和薩爾茨堡（Salzburg）的火車站。火車抵達慕尼黑大火車站後，從車廂中湧出的難民受到歡迎人群的歡呼。德國迅速為難民提供臨時住所，給每個難民發放小筆現金，並安排他們學習

德語。難民在自己的祖國以及在逃離戰爭的恐怖路途中備受苦難，有許多令人心碎的故事，這是促使民眾熱情歡迎難民的一個原因。當人們得知奧地利邊界發現一輛卡車中裝有七十一具難民屍體，或看到世界各大報紙登載的被沖到土耳其海岸上的一個敘利亞小男孩屍體的照片時，他們的人性本能都被激發了。無疑的，德國陰暗的歷史也影響了德國人對難民問題的反應。如今德國處理難民問題的做法，等同完全顛倒了導致納粹時代人性滅絕大災難的價值觀。

　　一夜之間要接受如此大批的難民必然使行政當局捉襟見肘、左支右絀，連緊急安置都忙不過來，更遑論組織難民長久融入當地社會。這種情況不僅使許多德國人憤怒不已，而且也引起其他歐洲領導人的不滿，他們覺得梅克爾不跟他們商量就單方面採取行動，造成他們應對難民危機上的巨大壓力。德國國內一些最強烈的譴責聲音來自梅克爾所屬的基民盟的姐妹黨，也就是更加保守、天主教色彩極為濃厚的巴伐利亞基社盟。在之前的那個週末，有大約二萬五千名難民來到了巴伐利亞。基社盟領導人傑霍夫（Horst Seehofer）就激烈批評梅克爾不該不容分說地就斷然決定接納這麼多的難民，他說從長遠來看，沒有哪個社會能禁受得住如此眾多的難民。果不其然，第一批難民到來時德國人表現出的熱情歡迎，轉變為部分的人，特別是老一輩德國人的冷漠以對，甚至是公開的敵意。暴力襲擊移民的事件急劇增加，僅僅針對難民住宿旅店的縱火案就發生了二百二十二起。

　　二〇一五至二〇一六年的跨年夜，德國科隆發生了大群年輕人在慶祝新年的狂歡中趁機騷擾猥褻女性的事件，肇事青年中有些是從敘利亞、伊拉克和阿富汗新來的難民。此事激發了強烈的反移民情緒，也大大提升利用這種情緒的極右勢力的支持度。網路上一片詆毀之聲，顯示出德國人對移民的敵意驟然飆升。此時右翼政黨也不出所料地警告德國的末日將至，新興的反移民政黨「德國選擇黨」的一位領

袖人物的發言危言聳聽，他說科隆發生的事件「預示著我國文化與文明的崩潰日益逼近」。出事那天夜裡，科隆當局未能恰當安排警力，事後迅速採取了措施預防此類犯罪重演。雖然事件的餘波逐漸散去，在右翼圈子之外，民眾也基本上保持了對移民的寬容態度，但是這件事表明了，自由價值觀看似深入歐洲社會肌理，但其實根基很淺，也顯示了人們對移民的偏見和敵意多麼迅速地暴露無遺。這種情況並不僅限於德國。

　　面對難民危機，歐盟成員國不願意接受歐盟提出的公平分配難民的提議，由此可見歐洲團結的有限。二〇一五年九月，在危機的高潮期，歐盟委員會主席容克（Jean-Claude Juncker）提出建立配額制度，按成員國人口數量分配難民的計畫。但是，《維謝格拉德條約》的締約國（匈牙利、波蘭、斯洛伐克和捷克）拒絕接受。歐盟擬議的配額制度不到一年就被扔到了一邊，各國為了援助身陷敘利亞衝突的平民而籌款時，也看不出多少團結精神。歐洲委員會宣布準備花九十二億歐元來幫助處理難民危機，成員國也承諾從國家預算中撥出相應的資金，但其實沒有幾個國家真正撥了款。聯合國呼籲籌集九十億美元幫助因敘利亞戰爭而流離失所的千百萬人（據估計，自二〇一一年以來這個數字超過了一千二百萬），也遠未達到目標。

　　梅克爾二〇一五年九月占據的道德高地很快就遭到侵蝕。她的「開門」政策遭受強烈批評，也需要阻止更多難民湧來。迫於這兩方面的壓力，梅克爾隔月去土耳其首都安卡拉會見土耳其總統艾爾段（Recep Tayyip Erdoğan），希望促成歐盟和土耳其的一項交易（土耳其接受的敘利亞難民比歐盟任何國家都多）。這項交易的主要內容是讓土耳其接受被歐盟拒絕的難民，而作為交換，歐盟會給土耳其三十億歐元的現金，且允許土耳其公民無須簽證即可去歐盟國家旅行，並將積極促成土耳其加入歐盟。安卡拉之行產生的「聯合行動計畫」催

生了二〇一六年三月的協議。自那以後，從土耳其前往希臘各島的
「非法」移民將被送回土耳其，土耳其將竭盡全力封鎖海陸通道，防
止移民進入歐盟國家。從希臘各島遣返到土耳其的敘利亞難民有多
少，歐盟就會在自己成員國內安置同等數目的敘利亞難民。除了最初
給土耳其的三十億歐元現金，二〇一八年年底之前還會再追加三十億
歐元。

　　這個交易充滿了虛偽。歐洲為減輕自己的壓力，不惜賄賂一個與
歐盟的人權和法律保護標準相距甚遠的國家。一年後，成千上萬的移
民仍然滯留在希臘島嶼或大陸上各個條件惡劣、極不人道的拘留中
心。根據慈善組織的紀錄，愈來愈多的難民不僅因自己在敘利亞或逃
亡途中的經歷深受創傷，而且出現了抑鬱和重度焦慮的症狀，甚至有
自殺傾向。至此，住在土耳其的約三百萬難民中，轉至歐盟國家的還
不到三千五百人。從歐盟的角度來看，和土耳其達成的交易無疑是成
功的。

　　二〇一六年，試圖前往歐洲的移民人數僅比前一年的峰值稍有下
降。德國仍然是移民的第一選擇，在歐盟尋求庇護的人百分之六十都
去了德國，比二〇一五年還稍多一些。但是，前往瑞典、芬蘭、丹
麥、匈牙利、奧地利和低地國家等國的移民人數，大幅下降了百分之
五十三到百分之八十六。移民危機在德國也開始消退。另一方面，從
利比亞渡海到義大利的移民人數仍居高不下，不過二〇一七年夏天出
現了顯著減少，因為義大利和利比亞針對走私移民的人口販子採取了
更加嚴厲的態度，也開始加緊控制救援組織。難民危機最嚴重的時刻
可能已經過去。但即使如此，歐洲國家也必須認識到，大規模移民會
長期存在，雖然也許不像二〇一六至二〇一七年時那麼嚴重。這不僅
是因為對那些生活毀於戰爭和可怕的政治暴力的人們來說，歐洲是和
平的避風港，也是因為全球化進程中日益明顯的嚴重經濟差距，必然

造成人口從窮國流向需要勞動力，但本國出生率低，甚至出生率在下滑的富國。

歐盟不得不與土耳其交易所付出的代價是，歐盟變得很不健康地依賴著土耳其，但這個國家卻出手援助敘利亞聖戰分子，在人權和守法方面表現不佳（二〇一六年推翻艾爾段總統的政變未遂後，成千上萬的土耳其公民遭到逮捕），且日益轉向專制主義和伊斯蘭主義。二〇一六年，雙方關係開始惡化。由於政變失敗後土耳其大肆逮捕公民、限制新聞自由，歐盟內部出現了要針對土耳其實施經濟制裁、凍結土耳其入歐談判的呼聲。此時，艾爾段就威脅說要解除邊界管制，任由難民進入歐洲，不過這個威脅並未付諸實施。另外，雖然土耳其理論上仍然是歐盟成員候選國，但是相關的談判曠日持久，實際上已經陷入停頓。但即使如此，難民危機還是加強了土耳其的力量，削弱了歐盟。

恐怖主義威脅

我們每天晚上看到的晚間新聞都充斥著敘利亞的慘狀，這加強了西歐國家穆斯林社群中的極少數人，要向社會復仇的渴望。這些人跟社會疏離，滿懷怨恨，完全拒絕西歐社會的價值觀，認為西歐國家帶給了穆斯林世界巨大的傷害。在以色列和巴勒斯坦無休止的衝突中，西方一貫站在以色列這邊（儘管國際社會大多數成員認為以色列建立定居點的政策是非法的），不支持巴勒斯坦。長期以來，這一直促使西方國家的穆斯林對本國離心離德，而不久前西方國家入侵阿富汗和伊拉克更形同火上澆油。接著，又發生了軍事干預利比亞的事件，以及在這一切之上又加上了敘利亞戰爭。網際網路成了傳播仇恨的有力手段，一些潛在的聖戰分子去了敘利亞，經歷戰鬥訓練後回國伺機發

動恐怖攻擊，或說服容易輕信的人從事恐怖活動。有些這樣的人混進了逃往歐洲的難民隊伍，馬上就有人危言聳聽，極力渲染，誇大這類人的數目。

其實，大多數準備發動恐攻的人都是土生土長的本國人，許多人因為在大城市貧窮郊區的親身經歷而轉向了極端化，有的人來自移民家庭，雖然他們的家人數十年前就在本國扎了根，但一直遭受歧視。我們通常無法確知恐攻的首要動機，但其明顯目標是造成恐懼，煽動不同社群之間的仇恨，以推動「文明衝突」，動搖西方社會的根本。發動恐攻的人認為他們的可怕行為是「信神者」和「不信神者」之間宇宙大戰的一部分。根據他們的變態邏輯，為了報復西方的武器軍火在歷次中東戰爭中殺害無辜的穆斯林，他們就有權殺害無辜的旁觀者，甚至兒童。

西歐國家中，法國受恐攻之害最烈。阿爾及利亞戰爭留下了分裂與歧視的長久傷疤。法國毫不通融地要求所有國民遵守共和國的世俗價值觀，這被許多穆斯林視為在故意挑釁。二〇一一年，法國政府頒布禁令，禁止在公共場所遮蓋面孔。雖然這並不限於穆斯林，但對穆斯林婦女的影響超出了比例。因此，法國穆斯林有特別的理由感到不滿，而其他國家不存在這種情況。此外，在巴黎和其他大城市的郊區，社會服務非常缺乏，這也提供了仇恨生根發芽的肥沃土壤，釀成仇恨的則是法國人口中相當一部分人幾乎不加掩飾的種族主義態度。除了對社會的不滿之外，中東的災難性事態發展也起到了滋長仇恨的作用。

二〇一五年一月七日，基地組織葉門分部的兩名槍手進入諷刺雜誌《查理週刊》（*Charlie Hebdo*）在巴黎的辦公大樓，用自動步槍開火掃射，打死十二人，包括總編輯夏邦尼耶（Stéphane Charbonnier），打傷十一人。這兩名槍手出生在巴黎，父母是阿爾及

利亞移民。他們在第一輪射擊後，又打死四人，打傷數人，然後才被警方開槍擊斃。二○一五年十一月十三日晚，巴黎幾家咖啡館和餐館裡以及法蘭西體育場（Stade de France）外發生了一系列恐怖攻擊，其中自殺炸彈和掃射造成一百三十人死亡，數百人受傷，包括在巴黎巴塔克蘭劇院（Bataclan）參加搖滾音樂會被殺的八十九人。二○一六年七月十四日，法國遭到一種新形式的恐怖攻擊。在尼斯，一輛重型卡車故意撞入慶祝巴士底日[1]的人群，造成八十六人死亡，四百三十四人受傷。七月二十六日星期二上午，發生了另一種令人不寒而慄的襲擊。兩名恐怖分子闖入法國北部盧昂（Rouen）寧靜郊區的一座天主教堂，高喊著讚美真主的口號，並同時割斷正在主持彌撒的一位八十五歲神父的喉管。這些恐攻事件使整個歐洲大陸以及範圍更大的西方世界為之震恐。

　　法國遭受的恐怖攻擊也許有其特有的因素，但是恐怖主義的禍害無人能免。二○一六年三月二十二日早上，布魯塞爾的機場和一處地鐵車站遭到令人髮指的襲擊，三十二名無辜的路人（和三名自殺炸彈客）被炸死，三百四十人被炸傷。二○一六年十二月的柏林，聖誕市集的顧客遭到了與當年夏天在尼斯發生的恐攻類似的襲擊。一輛卡車高速撞入人群，造成十二人死亡，五十六人受傷。二○一七年四月七日的斯德哥爾摩，一位來自烏茲別克的伊斯蘭國支持者申請庇護被拒後，採用了同樣的手法，駕駛卡車衝向購物的人群，造成五人死亡，十五人受傷。

　　英國的邊界管制嚴密，外國恐怖分子無法像對歐陸上的國家那樣長驅直入。二○○五年七月那次造成死傷累累的爆炸是英國本國人製造的。二○一七年三月二十二日，倫敦議會大廈附近又發生一起致命

1　譯者注：此即法國國慶日，紀念一七八九年七月十四日巴士底獄被攻陷。

襲擊事件。襲擊者開車撞入成群的行人，造成五人死亡，五十人受傷，還持刀捅死了一位在議會站崗的手無寸鐵的警察。這位襲擊者也是英國人，五十二歲，用過好幾個身分，因暴力犯罪坐過牢，在沙烏地阿拉伯工作過一段時間，在某個時間點改信了伊斯蘭教。雖然伊斯蘭國聲稱對此次恐攻事件負責，但警察相信此人是獨自行動。二〇一七年五月二十二日，英國發生了自二〇〇五年以來最嚴重的暴行。曼徹斯特的一場流行音樂會結束時，一顆自製炸彈被引爆，炸彈裡裝滿了螺釘和螺栓，意在盡可能造成傷亡。二十二人被炸死（再加上自殺炸彈客），五十九人被炸傷，其中許多是青少年和兒童。自殺炸彈客是個年輕人，住在曼徹斯特，原籍利比亞。格達費被推翻後，利比亞局勢一片混亂，各個恐怖組織趁機坐大，這位年輕人顯然就是在不久前去利比亞期間與恐怖組織建立聯繫後相信了聖戰主義。六月三日傍晚，倫敦在不到三個月的時間內遭到了第三次恐怖攻擊。東倫敦的三位年輕人開著麵包車衝向倫敦橋上的行人，還用刀子捅了附近的幾個人，造成七人死亡，數十人受傷。據說他們在行凶時高喊「這是為了真主」。

二〇一七年八月十七日，開車故意輾壓行人這種簡單但致命的方法再次被使用。在加泰隆尼亞首府巴塞隆納最受旅遊者喜愛的一條街道上，一輛麵包車橫衝直撞，造成十三人死亡（後來在海岸城市坎布里爾斯〔Cambrils〕發生的另一次襲擊又造成一位受害者死亡），一百三十多人受傷。根據警方報告，恐怖分子原來準備發動更大規模的襲擊，但他們不小心炸掉了儲存的炸藥，這才放棄最初的計畫。

二〇一四年後，歐洲的恐攻事件更趨頻繁，沒有一個國家能免於遭受恐怖暴力荼毒的可能。但並非所有恐怖主義都與中東的災難有關，也並非所有恐攻都是穆斯林製造的。二〇一一年，自由開放、崇尚和平的挪威發生了一起人神共憤的恐怖攻擊，導致七十七名年輕

挪威人喪生，大部分人是在參加青年夏令營活動時被殺的。襲擊者是精神錯亂的法西斯主義者和種族主義者布雷維克（Anders Behring Breivik）。俄羅斯的許多恐攻事件起因於車臣戰爭。最嚴重的一次發生在二〇〇四年，車臣分裂分子在北高加索別斯蘭（Beslan）的一所學校裡屠殺了三百三十名人質（一半以上是兒童）。然而，最近二〇一七年四月三日在聖彼得堡地鐵上發生了一次自殺炸彈事件，造成十五死、四十五傷，肇事者是來自中亞吉爾吉斯的一位俄羅斯公民，他跟聖戰組織有聯繫，據說曾在敘利亞待過一段時間。

　　還有許多計畫進行的恐攻由於警察的及時攔阻而未能得逞，或因情報部門的監視而胎死腹中。網路通訊是新型恐怖主義的一個重要部分，有了它，有心人可以模仿發生過的恐攻自己發動攻擊，遍布歐洲各地的個人或團體也可以協調行動。歐洲大部分地區的邊界開放，恐怖分子因此能輕易前往選定的攻擊地點（有時事後會逃往別的國家）。歐洲本國的恐怖分子無論是否跟伊斯蘭國或基地組織有過實際接觸，其行動都是受了這兩個組織的激勵。發生恐攻後，這兩個組織還會在聖戰者圈子裡自我吹噓。哪怕恐攻並非奉它們的指令，而是個別人的單獨行動，它們也會宣稱為恐攻負責。重大的恐怖攻擊令人髮指、震驚世界，卻不具備摧毀西方文明的可能性。不過，它們還是給歐洲烙下了深刻的印記，使人們在因移民危機而普遍感到的文化不安全感之上，又添加了對人身安全的擔憂。歐洲內部有相當一部分人必欲摧毀他們自己居住的和平社區而後快，這令歐洲民眾不寒而慄。據負責英國國內安全的軍情五處估計，僅英國一國就有不下二萬三千名聖戰主義的支持者。在歐洲，潛在恐攻的威脅無處不在。

　　事實上，在伊拉克或敘利亞司空見慣的大規模暴力在歐洲非常罕見。據統計資料顯示，一九七〇至一九九〇年間，恐怖主義行為造成的死亡人數高於一九九〇至二〇一五年間（不過自二〇一一年以

來，恐怖主義行為，特別是宗教極端主義暴力造成的死亡人數不斷
上升）。所以，從數字上看，歐洲遭受恐怖攻擊的危險沒有增加，反
而減少了。然而，人們的實際感受跟統計數字卻大相徑庭。慘烈的恐
攻經常在人群毫無防備，正在享受生活的樂趣時突然降臨。這種隨機
性就是為了加重民眾的不安全感，也的確達到了這樣的效果。恐怖攻
擊影響巨大，每次重大恐攻發生後，大眾傳媒和社交媒體都連續多日
進行大篇幅報導和討論。對政府的安全部門和領導人來說，強調恐攻
的威脅符合其既得利益。政治上精明的做法是誇大威脅，而不是予以
淡化，否則萬一真的發生嚴重恐攻將陷於被動狀態。因此，人們對於
有一天自己不幸在錯誤的時間到了錯誤的地方的恐懼，會遠大於真
正成為恐攻受害者的可能性。但即使如此，無論是由於「威脅疲勞」
（threat fatigue），還是出於懷疑安全部門描述的可怕情景，或者乾脆
是因為聽天由命、及時行樂的心態，老百姓在恐攻過後很快就從暫時
的驚恐中恢復過來，以驚人的速度讓日常生活重回軌道。在此我們必
須承認一個令人不安的事實：在一個自由開放的社會中，不可能打包
票不會發生恐怖主義行為。在可見的未來，恐怖主義將繼續是全球化
社會為自由付出的一部分代價。

　　移民危機和恐怖威脅的加劇產生了兩個意義深長的後果。第一個
是強化安全保障減損了公民自由。人們去什麼地方、看什麼東西，以
及隨意行動的自由受到各種限制。安全提醒、警告、無所不在的監視
鏡頭，還有設在容易受車輛撞擊的公共建築物外的難看混凝土路障這
類實物，已經成為民眾日常生活的一部分。在機場等待安全檢查或邊
境檢查要大排長龍，這被視為為了確保旅行安全而必須忍受的必要麻
煩。參加任何大型公共活動都要耐心等待安檢，就連參觀博物館也不
例外。所有這些防範措施都可以忍受，自由雖然受到了限制，但沒有
被剝奪。不過，生活的樂趣因之大減。

　　第二個重大後果是極右政黨獲得了新的活力。在移民人潮最為顯著的中歐，特別是奧地利和匈牙利，穆斯林移民威脅民族文化的觀點對右派大為有利。即使在北歐和西歐等地，反移民也是導致民族主義政黨支持度增加的一個有力因素。英國獨立黨在二〇一四年的歐洲議會選舉中贏得了百分之二十六・六英國選民的支持，在所有政黨中得票最多。（但在次年舉行的英國大選中，英國獨立黨的表現卻一落千丈，雖然贏得了百分之十二・六的選票，但按照「簡單多數」的制度，只贏得了一個議會席位。）法國國民陣線在法國得到約三分之一選民的支持。初創於二〇一二年的德國選擇黨一開始鼓吹歐洲懷疑論，後轉向反移民，在二〇一六年的幾場邦級選舉中支持度升高到百分之二十以上。荷蘭的自由黨在移民危機期間一度成為國內最受歡迎的政黨，主席威爾德斯（Geert Wilders）力推在荷蘭禁止《古蘭經》，大肆鼓吹阻止他所謂的「荷蘭的伊斯蘭化」。在其他西歐國家，如丹麥、瑞典、奧地利和瑞士，一些政黨大力渲染它們眼中伊斯蘭文化對民族文化的威脅，這類政黨的支持度也明顯上升。民族主義政黨在任何國家都沒能贏得多數選民的支持，但它們的仇外言論對主流政黨並非全無影響。在難民危機和恐怖主義的影響下，歐洲在政治上無疑在向右轉。

　　歐洲正在變化，長期的自由價值觀日益受到質疑。過往的半個多世紀期間，寬容增加的趨勢似乎不可阻擋，現在卻有發生逆轉的危險。民眾的心情有些複雜，甚至自相矛盾。一方面，他們明白需要採取跨國界的集體行動來應對歐洲的危機。例如說民意調查顯示，有壓倒多數的民眾讚許歐盟在提供人道主義援助方面發揮的作用，認為單憑各國一己之力不足以有效應對緊急情況。但另一方面，公民一般都向本國政府尋求保護，移民危機和恐攻威脅加深了他們對歐盟的負面態度。開放邊界象徵著「自由」這個歐盟的核心價值觀，但也讓移民

可以不受阻礙地在歐洲各處流動。現在,許多人認為開放邊界不是幸事,而是詛咒。歐盟代表著一體化、國際團結、寬容與合作。但是,在許多人看來,歐盟正在失去它存在的理由,因為歐盟在處理移民危機時缺乏團結和凝聚力,也拿不出有效的戰略。

普丁的進擊

　　歐洲一邊要應付移民潮,一邊又要面對恐攻威脅的增加,正左支右絀之際,大陸東邊又出現了另個危機。二〇一四年三月十八日,普丁總統宣布將克里米亞併入俄羅斯。三天後,俄羅斯議會「杜馬」批准了這個決定。除了土耳其軍隊一九七四年入侵並占領賽普勒斯北部以外,這是二戰以來歐洲發生的唯一一例吞併領土的情況。克里米亞事件不僅象徵著俄羅斯與烏克蘭之間麻煩不斷的關係的嚴重惡化,還導致俄羅斯與西方北約成員國的直接對抗。俄羅斯的鄰國,特別是波羅的海國家,焦灼不安,擔心俄羅斯有意進一步擴張。新冷戰的幽靈倏然出現,甚至可能會發生更可怕的情形。東歐和中歐再次陷入恐懼之中。

　　克里米亞遭吞併之前,烏克蘭的局勢已經非常不穩。這個國家在一九九一年之前從未嘗過獨立的滋味,也從未有過無可爭議的民族身分。二〇〇四年烏克蘭的橙色革命遠遠未能解決其國內的分歧和衝突,而在該年爭議激烈的總統大選中勝出的尤申科執政期間,針對國內派系矛盾、政治爭吵和嚴重貪腐的指控也接連不斷,到了六年後的二〇一〇年,民眾對他的支持基本上已消失殆盡。可是,新總統亞努科維奇上任後,烏克蘭的貪腐和裙帶關係更加肆虐猖獗。和在俄羅斯一樣,少數寡頭靠攫取國家財產發大財,在此過程中常常使用賄賂、威脅或暴力手段。亞努科維奇的兒子亞歷山大就是一夜暴富。在

對外關係中，亞努科維奇試圖在歐盟和俄羅斯之間維持平衡。然而，對於亞努科維奇宣布要帶領烏克蘭加入歐盟的這個長期目標，俄羅斯當然會不滿。烏克蘭也無法等閒視之俄羅斯的反對，因為該國的天然氣全靠這個強鄰供應。二〇一三年十一月，亞努科維奇突然取消了烏克蘭計畫與歐盟締結的聯繫國協議（Association Agreement），轉而鼓吹加入由俄羅斯、白俄羅斯和哈薩克組成的歐亞關稅同盟（Eurasian Customs Union）。我們難以想像他做出這個決定不是迫於俄羅斯的壓力。事態發展證明，這個決定產生了致命的後果。它激起了數十萬人的巨大抗議示威，特別是在基輔的獨立廣場。接下來，暴力升級，政府也加緊了鎮壓。在西方的壓力下，二月二十一日，亞努科維奇被推翻，成立新的臨時政府，提前舉行了總統大選。亞努科維奇乘直升機逃往烏克蘭東部，從那裡去了俄羅斯。

　　普丁不可能對這樣的羞辱忍氣吞聲。克里米亞恰好為俄羅斯提供了展示力量的目標。克里米亞在一九五四年才併入烏克蘭，克里米亞的人口中俄羅斯族也占大多數，俄羅斯的黑海艦隊也駐紮在那裡，停泊在向烏克蘭租借的塞瓦斯托波爾港（Sevastopol）。向克里米亞出手既能懲罰烏克蘭領導人的反俄立場，又能為普丁贏得俄羅斯民族主義者的喝彩。西方不可能為了克里米亞甘冒打世界大戰的風險，經濟制裁固然不可避免，但並非無法承受。這就是普丁的盤算。

　　亞努科維奇被推翻幾天後（他和普丁的關係搞糟了，但莫斯科仍然視他為烏克蘭的合法總統），沒有佩戴國家標識的武裝人員占領了辛菲羅波爾（Simferopol）的克里米亞議會大廈。他們請求俄羅斯保護克里米亞的俄裔公民，莫斯科立即答應。接下來的幾天內，俄軍開入克里米亞。議會宣布克里米亞獨立，並於三月六日表示希望加入俄羅斯聯邦。二〇一四年三月十六日舉行的全民公投中，據稱幾乎百分之九十七的選民支持加入俄羅斯聯邦。次日，克里米亞議會正式向莫

斯科提出請求。三月十八日，普丁滿足了克里米亞的要求，宣布將其納入俄羅斯聯邦。

　　西方領導人為了以政治途徑解決克里米亞危機進行外交斡旋，卻不出意料地毫無結果。俄羅斯並未因聯合國的譴責而卻步收手。為了要懲罰這一公然違反國際法的行為，除了使局勢升級到爆發核子戰爭的程度這個無法設想的選擇外，只剩下訴諸經濟制裁一途。俄羅斯人的外國銀行帳戶被凍結，旅行也受到了限制，但歐盟由於對俄羅斯的天然氣和煤炭的依賴，能做的非常有限。制裁不會給普丁造成太大困擾。世界領導人組成的八大工業國組織暫時中止了俄羅斯的成員資格，普丁對此也能承受。俄羅斯受到孤立，但烏克蘭很難再從俄羅斯手裡奪回克里米亞。普丁在國內聲望驟升，俄羅斯媒體也把克里米亞的「回歸」稱許為偉大的民族勝利。就連戈巴契夫都說，換成是他，他也會採取和普丁一樣的行動。普丁的強權政治雖然屬於一個已經逝去的時代，但成功了。

　　與此同時，暴力延伸到了烏克蘭東部和南部（以頓巴斯工業區為中心）。自十九世紀末起，大批俄羅斯人從莫斯科地區遷徙到頓巴斯來，在煤礦裡做工，成為這個地區人口中的大多數。口碑良好的國際意見調查機構進行的調查顯示，雖然這些地區的民眾無疑比烏克蘭西部的人更加親俄，但只有一小部分人支持分離主義，大多數人還是贊成維持統一的烏克蘭國家。即使在烏克蘭東部和南部，大多數人，包括多數講俄語的人，也反對俄羅斯干預頓巴斯地區。但是，莫斯科已經準備要提供武器援助給烏克蘭東部的分離主義者，民意不起任何作用。毋庸置疑，在頓巴斯當地，的確有些積極分子為了要讓自己的地區脫離基輔加入俄羅斯，而不惜提槍上戰場。叛軍並不是完全被普丁掌控的提線木偶。

　　從二〇一四年三月開始，親俄抗議示威迅速升級為分離主義叛軍

和烏克蘭政府之間的武裝衝突，而叛軍得到了俄羅斯在武器和準軍事人員方面愈來愈多的支持。只要有莫斯科的支持，暴力就不可能停止。分離主義者衝擊並占領了政府大樓。頓巴斯機場遭到轟炸。戰鬥中使用了重砲、火箭發射器、直升機和裝甲車。到那年秋天，戰鬥已經造成數百人死亡。在一場相關的可怕悲劇中，馬來西亞航空公司的一架客機七月十七日被一枚俄製導彈擊落，機上二百九十八人全數罹難，據報很可能是叛軍誤以為那是烏克蘭軍機而將其擊落。

國際上有許多國家（組織）為了結束衝突而努力著，美國、歐盟、歐洲安全與合作組織都參與其中，德國和法國領導人，以及烏克蘭新當選的總統、烏克蘭最富有的寡頭之一波羅申科（Petro Poroshenko）也努力解決危機，卻均未實現重大突破。二〇一四至二〇一七年，一共達成了十一項停火協議，但無一持久。最重要的成果《明斯克協議》（Minsk Protocol）二〇一四年九月五日達成後，戰火暫時平息，但幾乎馬上就發生了違反停火的行為。不出幾星期，《明斯克協議》即淪為一紙空文。二〇一五年二月十一日，烏克蘭、俄羅斯、法國和德國領導人會談後達成了第二次明斯克停火，但局勢仍不見好轉。雖然偶爾出現一線希望，但普丁仗著國內民眾大力支持他在烏克蘭問題上的舉措，在大部分問題上拒不讓步，似乎決意造成整個烏克蘭的不穩定，防止烏克蘭被拉入西方的軌道。

波羅申科的目標則正好相反。他希望烏克蘭能加入歐盟，但這個希望在可見的未來不可能實現。烏克蘭國內貪腐猖獗，經濟失序，政治混亂。若不進行重大改革，加入歐盟等於癡人說夢。鑑於烏克蘭的問題太大，歐盟根本無意接納它加入。不過，烏克蘭和歐盟於二〇一四年九月十六日再次達成了聯繫國協議（生效時間定在兩年後），這表明普丁為了把烏克蘭拉近俄羅斯採取的策略適得其反。

在烏克蘭國內，衝突雙方很快穩住了陣腳，都不肯讓步。二〇一

四年九月，烏克蘭議會不顧民族主義者的反對，低頭接受現實，給予頓巴斯地區近乎自治的權利。二○一四年十月二十六日，烏克蘭大部分地區舉行選舉，持親西方立場的政黨贏得了勝利。但是，十一月二日在頓巴斯地區單獨舉辦的選舉中（只有俄羅斯承認這次選舉），親俄分離主義勢力不出意料地獲得了壓倒性支持。在可見的未來，沒有顯而易見的辦法能解決烏克蘭領土分裂的問題。

　　普丁仍然不肯讓步，或許也不能讓步。他不能危及自己在國內的地位，因為俄羅斯媒體把俄羅斯對烏東分離主義勢力的支持，拉高到了維護國家威望的高度。無論如何，烏東受俄羅斯支持的分離主義暴力這個潘朵拉盒子一旦打開，普丁即使想重新蓋上也無能為力了。每次俄羅斯在烏克蘭問題上頑固不肯讓步，歐盟對它的制裁就有加緊一步。制裁起初沒有產生多大影響，但二○一四年九月後，制裁除了凍結帳戶和禁止旅行，還擴展到金融、能源和軍備領域，效力開始顯現，成為導致俄羅斯經濟惡化的一個因素。西方最後還剩下一個辦法，那就是加強北約在中歐和東歐的駐軍。北約增加了駐紮在波蘭和波羅的海國家的軍力，二○一六年還在波蘭舉行了軍事演習。俄羅斯（在自己的國界內）也舉行了軍事演習作為回應。這使俄羅斯跟西方的關係達到自冷戰結束以來緊張的頂點。

　　截至二○一七年三月，烏克蘭的戰鬥造成近一萬人死亡（四分之一是平民），成千上萬的人受傷，一百多萬人流離失所。在激烈的宣傳戰中，兩邊顯然都有意扭曲真相。不過，衝突主要是俄羅斯煽動起來的，這點似乎毋庸置疑。雖說俄羅斯竭力隱藏它對分離主義力量的支持，但若沒有俄羅斯的支持，分離勢力的武裝抗爭根本難以為繼。對普丁來說，烏克蘭衝突並未完全遂他的願。的確，頓巴斯實際上成了自治區，但普丁沒能使大部分烏克蘭人疏遠西歐，反而把他們推向了西歐，在此過程中還加強了烏克蘭人的民族情感。沒有烏克蘭的參

與，普丁建立由歐亞關稅同盟發展而來，本意要與歐盟抗衡的「歐亞經濟聯盟」（Eurasian Economic Union）的計畫就沒有意義。與此同時，俄羅斯的經濟在制裁（和油價下跌）影響下損失慘重。普丁可能無法挽回地破壞了俄羅斯與西方的關係。那麼，他為什麼吞併了克里米亞後還要挑起烏克蘭的戰爭呢？他的戰略目標是什麼呢？

最簡單的解釋也是最可信的。普丁實質上要謀求恢復俄羅斯往昔的大國榮光與地位。曾做過國家安全委員會特工的他說，蘇聯崩潰是二十世紀最大的地緣政治災難。在他（以及他的許多同胞）眼中，蘇聯垮台大大削弱了俄羅斯的世界地位，也沉重打擊俄羅斯這個偉大民族的自尊。俄羅斯今天的領導人仍然將從前的蘇聯加盟共和國視為俄羅斯勢力範圍的一部分。很多人認為，蘇聯的解體使這個曾經強大的國家備受屈辱。美國作為唯一的超級大國睥睨世界，俄羅斯卻淪為黑手黨國家，寡頭大亨大權在握、富可敵國，大多數俄羅斯人卻在瀕臨崩潰的經濟中苦苦掙扎。虛弱的俄羅斯無力阻止北約向著原先蘇聯的勢力範圍擴張，甚至進入俄羅斯家門口的波羅的海國家。西方人認為北約沒有惡意，俄羅斯卻視其為危險。西方把一九九九年北約對科索沃地區的干預視為人道主義行動，莫斯科卻怒不可遏，認為北約背離了它作為一個為成員國提供保護的防禦性組織的本分。不過，俄羅斯無力阻止北約的行動。總而言之，俄羅斯是個曾經的強國，在一九九〇年代經歷了深重的民族恥辱。

普丁確實在很大程度上恢復了俄羅斯的民族自豪感和內部力量。他把民族主義言論時刻掛在嘴邊，贏得了民眾的堅定支持，這抵消了民眾對經濟的普遍不滿。烏克蘭和克里米亞在十八世紀屬於俄羅斯帝國，對於俄羅斯的大國地位不可或缺，後來又是蘇聯勢力範圍的關鍵組成部分。二〇一二年，普丁曾說要在後蘇聯地區重新建立一體化。但是，二〇一四年亞努科維奇被推翻，普丁夯實烏克蘭對俄羅斯依賴

的目標隨之付諸東流。於是，普丁決定「收回」克里米亞，這是他破壞烏克蘭東部和南部的穩定，最終造成烏克蘭全國動亂這盤大棋中的一步。但是，普丁失算了。他把自己和他在烏東煽動起來的力量綁在了一起，卻沒有留後路。俄羅斯在烏克蘭東部退又不能退，進又進不了，陷入泥淖無法脫身。也許普丁並不在乎。只要烏東控制在莫斯科手裡，烏克蘭就不是一個統一的民族國家，也就無法加入歐盟和北約。至少這點可以令他滿意。

　　普丁對西方寸步不讓，使他在國內威望大漲。敘利亞戰爭又為他提供一個在世界舞台上重建俄羅斯主導作用的機會。二〇一五年，俄羅斯出兵敘利亞，這是自蘇聯解體後俄軍首次對前蘇聯境外發動干預。這不僅代表著血腥的敘利亞衝突中關鍵的一步，而且為普丁試圖恢復俄羅斯世界強國地位的努力開闢了新舞台。

　　眼看著俄羅斯與西方在克里米亞和烏克蘭問題上對抗，中歐和東歐國家憂懼交加，害怕黑暗的過去會捲土重來。對抗會導致世界大戰嗎？俄羅斯會進而吞併東歐甚至東歐以外的其他地區嗎？波羅的海國家尤其感到恐懼，因為它們仍對自己曾被蘇聯吞併的過往記憶猶新。我們可以理解它們為何如此恐懼，但可能有些反應過度。克里米亞和烏克蘭已經占去了普丁的全部精力，他為什麼要再惹是生非呢？須知用武力吞併占領波羅的海國家殊非易事，那些國家強烈的民族認同在很大程度上是受反俄情緒驅動的（這點與烏東不同）。也沒有證據顯示普丁除了已經採取的措施外，還計畫進一步向歐洲擴張。普丁出兵敘利亞是為了利用美國政策的軟弱來在國際舞台上顯示俄羅斯的力量和影響力，也可以支持俄羅斯的傳統盟友敘利亞和伊朗。但是，沒有跡象顯示俄羅斯有成為蘇聯那個級別的世界強國的野心。僅僅是資源一個項目俄羅斯就做不到，恢復俄羅斯的國力也不可能成為受非俄裔人口熱情擁護的意識形態目標。

　　與此同時，烏克蘭危機烈度稍減，成為令人不安的僵局，但它對世界和平和歐洲穩定都不構成重大威脅。然而，長期以來作為歐洲穩定一大支柱的歐盟本身能否維持下去卻成了問題，因為歐洲大陸的普遍危機出現了一個新發展——英國決定「脫歐」（Brexit），也就是離開歐盟。

英國脫歐

　　當然，主要受二〇一六年六月二十三日舉行的決定命運的脫歐公投影響的是英國，但這卻是歐盟歷史上首次發生成員國要退出的事件，對於已經因經濟危機、移民危機、恐攻危機和與俄羅斯的緊張關係而備受壓力的歐盟來說，這象徵著其發展歷程中的一個重要關頭。

　　二十多年來，「歐洲」一直是英國政治中的一個膿瘡，英國也一直是歐盟最彆扭的成員國。但即使如此，英國是不久前才起意脫歐的，直接原因就是金融危機，還有隨後的撙節政治以及難民危機和恐攻危機的影響。

　　從二〇〇四年到二〇一六年，英國每月進行的意見調查顯示民意的起伏很大，但平均來說，百分之四十四・七的受訪者贊成留在歐盟，百分之四十二・九則不贊成。歐元區危機爆發後，不贊成的比例自二〇一〇年起急劇增加，儘管英國並未加入歐元區（民眾普遍因此感到慶幸）。金融危機爆發後，許多英國人的生活水準停滯不前，甚至出現下降。在這種情況下，英國獨立黨的支持度節節升高，它把覺得被全球化「甩在了後面」的白人工人階級選民的經濟困難，與「不可控制」的歐盟移民牽扯在一起，用這種手段甚至在工黨的鐵桿票倉都贏得了支持。英國獨立黨聲稱移民會壓低英國低技術工人的工資，二〇一五年年底英格蘭銀行發表的一份分析報告在一定程度上也證實

了這個說法。

　　接下來就發生了難民危機。大部分英國選民都認為政府應該有能力控制移民，但歷屆政府都沒有這樣做。梅克爾向一百多萬難民開放德國邊界，因此也開放了歐盟的邊界，這更堅定了選民的這種看法。媒體很容易用移民問題做文章，拉扯上國家安全。據報導，二〇一五年十一月在巴黎令人髮指的恐怖攻擊的肇事者中，就有混在難民中進入歐洲的恐怖分子。英國獨立黨領導人法拉奇（Nigel Farage）就警告說，英國繼續留在歐盟會威脅到國家安全，因為「伊斯蘭國宣稱要向歐洲派遣大批聖戰分子」。為公投造勢期間，英國獨立黨的一幅海報顯示，來英途中的敘利亞難民在斯洛維尼亞邊界上排起長隊，海報上大書「歐盟坑了我們大家」。當然，這是最極端的脫歐宣傳，但確實產生了效果。近一半英國人同意，如果英國留在歐盟，恐怖攻擊的危險會加大。認為需要控制移民的不光是英國獨立黨的支持者，一大部分選民也都持此看法。

　　因此，在公投的造勢活動中，減少來自歐盟的移民成為最重要的問題。有高達百分之六十九的英國人認為從歐盟來的移民「太多了」。移民問題與希望限制移民福利待遇的主張緊密相連。歐盟的反對者很容易把移民問題與國民保健制度的壓力日增連結起來，說「醫療旅遊者耗盡」了英國這個最寶貴的制度的資源，目前移民人數多得無法承受，國民保健制度被「壓得搖搖欲墜」。

　　就是這種不利的情況下，英國首相卡麥隆輕率地許下諾言，說如果二〇一五年選舉後保守黨得以組成多數政府，就會舉行關於英國是否應繼續留在歐盟的公投。卡麥隆主要是想挫損他自己黨內反歐團體的銳氣，阻止支持者流向高調恐歐的英國獨立黨。他可能估計，選舉後保守黨仍將與強烈親歐的自民黨組成聯合政府，如此一來，舉行公投的主意就會胎死腹中。然而，保守黨在二〇一五年的選舉中卻意外

地贏得了絕對多數，卡麥隆別無選擇，只能兌現舉行公投的承諾。此舉原本是政黨政治的手腕，結果卻成了關於國家未來的賭局。

卡麥隆對自己的說服能力超級自信，堅信能夠賭贏。他相信，正如二〇一四年九月的蘇格蘭獨立公投（那次蘇格蘭選民以百分之五十五對百分之四十五拒絕了蘇格蘭獨立），這次公投中，選民也會選擇維持現狀，這個想法也得到了許多專家的附和。卡麥隆把大量賭注押在有關英國留歐條件的重新談判的結果上面。但是，對大部分英國選民來說，卡麥隆同其他二十七個歐盟成員國領導人於二〇一六年二月達成的結果並不值得興奮。卡麥隆聲稱，談判達成了英國作為歐盟成員條件的「實質性改變」，特別是在關鍵的移民問題上面，但人們很快看穿了他的大話。歐盟強硬堅持個人行動自由的關鍵原則，卡麥隆能爭得的唯一讓步是可以限制移民的工作福利，但最多只能限制四年，而且這個政策只有七年的執行期。這個成果太微不足道了。發行量很大的小報《太陽報》（Sun）對這個結果的評語是：「糟透了。」

英國下議院有四分之三的議員贊成留在歐盟。卡麥隆使出渾身解數支持「留歐」運動。但是，他卻放任內閣中的幾個重要閣員支持「脫歐」，其中突出的有司法大臣戈夫（Michael Gove）和前倫敦市長強森（Boris Johnson）。以一頭蓬亂金髮為特色的強森出身富有人家，但很接地氣。畢業於英國伊頓公學的他舉止滑稽、口才機敏，兩者結合得恰到好處，使他成為英國從政者中最受歡迎的人物（但他也造成了公眾意見的高度分裂）。在關於留歐還是脫歐的激烈較量中，強森為推動脫歐成功起了大作用。保守黨中的脫歐派強調恢復國家主權，要把民主權利從布魯塞爾那裡收回到英國手中。英國獨立黨則從民粹主義的角度緊咬移民問題不放。主權和移民是脫歐運動的一體兩面。論點不同，但方向一致。

工黨者中只有少數幾個人積極贊成脫離歐盟，但工黨的留歐派

經常謹慎低調，因為他們清楚地知道，自己選區內有許多人支持脫歐。工黨鼓吹留歐有一大軟肋，那就是它自己的領袖柯賓（Jeremy Corbyn）多年來對歐盟的態度最多只能算不冷不熱。對於留歐，他顯然並不熱心，幾乎沒有發聲支持。

　　民眾意見基本上「留」、「脫」各半。留歐一方的說理幾乎全部圍繞著離開歐盟可能帶來的不利經濟影響，以及其給老百姓生活水準造成的後果。陣容強大的經濟學專家、工商界領袖、銀行家和除英國獨立黨之外所有政黨的政治人物，都一起在選民面前描繪出脫歐將如何沉重打擊英國的經濟。若聽了財政大臣為奧斯本的話，我們會覺得如果公投支持脫歐，經濟必將崩潰，只能採取極端措施來應對。可是，這個被脫歐派譏為「恐嚇計畫」的辦法效果不彰。許多人根本不相信，或視其為危言聳聽的宣傳。戈夫在一次電視訪談中說，有的專家自稱知道什麼辦法最好，但「從來都是錯的」，老百姓「受夠了這樣的專家」。此言更助長了民眾的懷疑。留歐陣營從未宣講過英國留在歐盟有哪些好處，可想而知許多人對歐盟的印象有多差。最關鍵的是，留歐運動沒有強有力的言辭來反擊脫歐論的關鍵要素，也就是如何控制來自歐盟的移民。

　　脫歐運動反覆強調「奪回控制權」，這個口號傳達的訊息簡單有力。而且它也並不都是負面的意思，「奪回控制權」既代表完全拒絕歐盟，也含有未來將更加光明的暗示。這短短幾個字的口號把恢復國家主權、實現民主重生的憧憬，與阻止不受歡迎的移民的權力連在了一起。

　　脫歐運動還使用了恐嚇手法，渲染可能湧入英國的難民的人數、恐怖主義的威脅、民族認同的喪失，以及對公共服務的破壞性壓力。但有些說法是在公然撒謊，例如，脫歐運動說英國每週向布魯塞爾上交三‧五億英鎊，脫歐後，這筆錢將投入國民保健服務，又說土耳

其二〇二〇年可能加入歐盟，屆時又會有超過五百萬人進入英國。無論是刻意顯示公允的英國廣播公司，還是大多持反歐盟立場的報章雜誌，均未站出來駁斥謊言，以正視聽。

二〇一六年六月二十四日，計票完畢，宣布了公投結果。英國自此邁開了脫離歐盟的步伐。參加公投的選民占全體選民的百分之七十二・二，其中百分之五十一・九投票贊成英國退出歐盟，只有百分之四十八・一贊成繼續留在歐盟。蘇格蘭和北愛爾蘭投票贊成留歐，威爾斯和英格蘭贊成脫歐，英格蘭的贊成票比例最大。年紀較大、教育程度較低的選民大多贊成脫歐，年紀較輕、教育程度較高的選民則希望留在歐盟。自稱「英國白人」的投票者多數贊成脫歐，但少數民族選民中只有四分之一贊成脫歐。壓倒多數的倫敦選民投票支持留歐，大型大學所在的城市也是如此（伯明罕和雪菲爾除外）。但是，近四分之三的保守黨議會選區和百分之六十三的工黨選區都投票贊成脫歐。除大城市之外，英格蘭異口同聲地支持脫歐。

公投一結束，卡麥隆就辭去了首相職務。經過保守黨頂層一段短暫的權力鬥爭，梅伊（Theresa May）成為新首相。她曾擔任過六年內政大臣，恰好負責移民這個她始終至為關注的問題。她曾支持留歐，但並不熱心，只是被動隨波逐流。一俟就任首相，她立即改變立場，表現出皈依者的狂熱。她說自己的任務是執行「人民的意志」。「脫歐的意思就是脫歐」這句毫無內容的話常被她掛在嘴邊。她任命了三位最激烈主張脫歐的人負責為脫歐談判做準備。強森被擢升為外交大臣，令許多人驚訝不解（過去擔任這個崇高職務的人須具備出色的外交技能，而無人認為這位新科外交大臣能達到這個要求）。佛克斯（Liam Fox）長期激烈反對歐盟，奉行新自由主義理念，大力提倡自由貿易；他受命去全球各地拉生意，以補償英國與它最大的交易夥伴歐盟之間貿易量下降可能造成的損失。愛虛張聲勢的戴維斯

（David Davis）曾競爭過保守黨領袖職位，他也強烈支持脫歐運動，他被任命為脫歐事務大臣，負起了談判脫歐條件的主要責任。

二〇一七年一月，梅伊宣布了英國脫歐的框架。英國將脫離（柴契爾的政府大力促成的）共同市場，可能也將退出關稅同盟。二〇一七年三月二十九日，首相將英國脫離歐盟的意圖正式通知歐洲理事會主席圖斯克（Donald Tusk）。這意味著英國要與其他二十七個歐盟成員國就英國脫歐的條件展開冗長的談判。大部分中立的評論家都認為，談判結果可能對英國極為不利，甚至可能賠上大不列顛與北愛爾蘭聯盟的未來。蘇格蘭選民投票反對脫歐，卻被中央政府把脫歐的決定強加在自己頭上，蘇格蘭首席大臣史特金（Nicola Sturgeon）為此非常憤怒，提出不排除再次舉行獨立公投，有可能打破蘇格蘭自一七〇七年以來與英格蘭的聯盟。（身為歐盟成員國的）愛爾蘭共和國與（即將脫離歐盟的）北愛爾蘭之間的邊界棘手問題，也有可能在愛爾蘭全島重新開啟令人煩惱的屬國之爭。

得知英國決定脫歐，歐盟各國一片震驚痛心之聲。但此中涉及的遠不止遺憾惋惜之情。一個極重要的成員國求去，說明歐盟需要認真反思。哪裡出了毛病？英國投票脫歐是否反映歐盟內部的深層缺失？歐盟的集中決策和僵硬的原則在其他歐洲國家也引起了民眾的不滿，英國是否至少在一定程度上是被這樣的政策和原則推向離開歐盟的大門？眾多觀察家認為，為了歐盟的長期存在和健康發展，必須對歐盟進行根本性結構改革。但是，各成員國的利益千差萬別，還經常互相抵觸。有鑑於此，怎麼能夠設計出改革方案？即使設計得出來，又怎麼能夠付諸實施呢？顯然，英國脫歐不僅對英國本身，而且對歐盟其他成員國也會產生後果，儘管後果如何尚不清楚。不管英國有時多麼令它的歐洲夥伴討厭，四十多年來也一直是它們的主要交易夥伴，也是歐盟財政的重要出資國。此外，歐盟困難纏身，自二〇〇八年以來

屢受重大危機的衝擊，自信和穩定都受到了損害。

　　歐盟無奈接受英國的脫歐決定後，最迫切的需求是加強內部團結與統一。它不會像英國的一些恐歐報紙聲稱的，對英國進行「懲罰」，但歐盟顯然會不惜代價捍衛歐盟的整體利益。歐盟必須因英國的脫離而得到加強，而不是受到削弱。它必須為自己的未來奠定堅實的基礎，以應對比英國脫歐大得多的危機，包括歐盟自己的生存危機。英國和歐盟準備於二〇一七年夏開始複雜的談判。英方談判團隊由戴維斯領軍，歐盟的首席談判代表是經驗豐富的巴尼耶（Michel Barnier），他是歐盟委員會委員，在法國擔任過部長。可以想見，這將是一個漫長的過程，對雙方都充滿了不確定性。

＊＊＊

　　經濟危機、移民問題和恐怖主義並非歐洲獨有，而是全球性問題。烏克蘭危機產生了國際反響。隨著英國力圖重組自己的全球貿易關係，就連英國脫歐的影響也遠遠超出了英國乃至歐洲的範圍。幾乎連續十年不間斷的各種危機撼動了歐洲文明的基礎，雖然並未將其摧毀。到了二〇一七年夏，歐盟總算度過危機。各種危機得到了遏制，卻沒有克服，也克服不了。全球化進程在過往的三十年間急劇加速，這些危機乃歐盟經歷全球化各種表現的過程所固有的，所以它們對歐洲構成的威脅也不可能乾淨俐落地徹底完結。歐洲的經濟復甦仍欲振乏力，大批移民不可避免，對恐怖主義的嚴峻問題也沒有顯而易見的解決辦法。自從任性衝動、難以預測的川普（Donald J. Trump）於二〇一六年十一月當選美國總統以來，大國間衝突的可能性有所增加。今後許多年中，甚至是幾代人的時間內，歐洲必將繼續受到全球動盪的影響。

　　二〇〇八年以後，現代歐洲許多原來以為理所當然的東西都不再

確定。穩定、繁榮，甚至是維持了數十年的和平都沒了保證。歐洲跟美國的紐帶自二戰以來對西歐（自一九九〇年以來也對東歐大部）來說一直至關重要，但這個紐帶在歐巴馬（Obama）總統任內已經開始鬆脫，更是遭到他的繼任者的直接質疑。長期以來無數人為之奮鬥的自由民主價值觀受到挑戰。二〇一七年的歐洲是脆弱的歐洲，面臨著比戰後任何時期都更嚴重的長期不確定性和不安全感。歐洲能夠找到通往美好未來之路嗎？還是說過往的幽靈可能再次將歐洲籠罩在它的陰影之下呢？

後記

新的不安全時代

A New Era of Insecurity

人性這根曲木，絕然造不出任何筆直的東西。

——康德，一七八四年

第二次世界大戰結束以來的歐洲史令人目眩，有偉大的成就，有深切的失望，也有近幾年的危機所明白顯示的災難。它在許多方面猶如急升飛降的雲霄飛車，一九七〇年代速度開始提升，一九九〇年後急劇加速，進入新世紀後的急衝猛進更是幾乎失控。從冷戰初起時的不安全到過去十年間困擾歐洲的多方面危機的不安全，這段蜿蜒曲折的旅途中有好事，也有許多壞事。那麼，過去七十年歐洲歷史的資產負債表看起來是什麼樣呢？

在承認存在不足的前提下，任何合理的評價肯定都會突出歐洲的巨大進步。二十世紀上半葉的歐洲是新老帝國主義列強逐鹿之地，是實體上和道義上都被戰爭與種族滅絕撕裂的大陸。只要看一看那時的情況，就知道現在的歐洲是多麼今非昔比。今天，大多數歐洲人生活在和平、自由、法治和相對繁榮之中。公開的種族主義被定為非法，即使種族主義態度遠未消除。男女平等的權利在原則上得到了接受，雖然實際上經常受到無視。同性戀男女不再遭受官方歧視，儘管舊的

偏見根深柢固。無論有什麼限制與不足，這些和其他的文化改變都算得上重大進步。

著名英國歷史學家普爾澤（Peter Pulzer）說過：「只有在警察國家生活過的人才知道不再生活在那種國家是什麼感受。」一九三八年納粹吞併奧地利時，住在維也納的他還是個孩子。次年，他跟隨家人逃到英國。那時，儘管二戰尚未打響，也有至少三分之二的歐洲人生活在專制統治下，警察對老百姓可以胡作非為。戰後四十年間，鐵幕內部的歐洲人生活在共產黨統治的高壓國家中。現在，專制統治在前蘇聯有些地方仍然存在。土耳其正在轉向專制主義。匈牙利和波蘭在以民主之名行破壞民主之實。不過，今天的大部分歐洲人生活在自由、民主、法治之中。許多歐洲人如今不必恐懼警察國家的暴政，這是巨大的進步。

把普爾澤的話加以引申，還可以說只有經歷過赤貧的人才真正懂得不再貧窮的感覺，只有親眼見過戰爭恐怖的人才能充分理解和平的意義。

今天的歐洲比以往任何時候都更繁榮。正是它的物質條件再加上它的自由與相對安全，如此強烈地吸引著世界其他地方飽受戰爭和赤貧摧殘的難民。當然，歐洲的繁榮並不平均。貧富差距沒有縮小，反而擴大了。有些國家或國家內有些地區仍比較貧窮。即使富國也有窮人。富裕的西歐國家要開設食物銀行，救濟身無分文的窮人，簡直是醜聞。但即使如此，戰前歐洲的那種深入肌髓的普遍貧窮如今已不復存在。

對經歷了戰爭的那一代人來說，戰後歐洲最卓越的成就是持久的和平。今天的人常常視和平為理所當然。然而，特別是在二戰剛結束的那幾十年間，和平能否保持仍很不確定。毋庸贅言，並非所有地方都一直維持了和平。南斯拉夫在一九九〇年代被戰爭撕裂；高加索

地區發生了極端暴力；最近，烏克蘭東部也爆發了武裝衝突。此外，北愛爾蘭、西班牙、西德和義大利曾備受國內恐怖主義暴力之害。而且，雖然歐洲總的來說保持了和平，但是歐洲前殖民帝國在收縮過程中不可避免地留下了一串暴力的足跡，阿爾及利亞、肯亞和安哥拉都是例子。在世界其他地方造成生靈塗炭的暴力衝突中，歐洲的武器出口助紂為虐，難辭其咎。但即使如此，歐洲沒有發生二十世紀上半葉短短一代人的時間內兩次摧毀了整個大陸的那種大型戰爭。這是戰後所有歐洲人最大的幸事。

我們可以這樣來概括：由於過去七十年迅速而深遠的變化，今天的歐洲比它漫長歷史上的任何其他時期都更和平、繁榮、自由。全球化和技術進步對歐洲人今天享受的物質生活做出了巨大貢獻。但是，如前面的章節所述，它們也產生了很大的負面後果。全球化鋪平了道路，資本主義因而得以突飛猛進。全球投資銀行、大公司和資訊技術巨頭確立了超越民族國家控制的權力。二〇〇七至二〇〇八年，規模龐大、不負責任的金融部門把國際金融體系拉到了崩潰的邊緣。出現了「不穩定無產者」這個新階級，他們是沒有技能的勞動者，往往是移民，做的工作報酬微薄，只住得起品質低劣的房子，物質生活沒有保障。恐怖主義襲擊的增加更加深了缺乏人身安全的感覺，而恐怖主義在很大程度上是歐洲捲入中東戰爭以及歐洲的帝國主義歷史產生的後果。國外的事態發展不再與國內的日常生活毫無關係，這一點變得日益明朗。

如果說儘管存在著重大不足，但過去七十年來歐洲的變化基本上還是積極的，那麼這在很大程度上要歸功於戰後發生的兩件事：北約的成形和歐洲共同體的建立。第三個因素是核子武器的「保證相互毀滅」。它也許是防止歐洲陷入又一場大戰的最重要的威懾因素。

北約的保護和美國的積極參與為西歐戰後秩序提供了至關重要的

保證。尤其自越戰以來，歐洲人普遍對美國外交政策抱有反感（經常是有道理的）。美國自詡為自由的土地、世界的自由守護者，但美國在國外的形象經常與它的自我形象截然不同。不過，反美情緒的增長並不能減損美國在歐洲強大的軍事存在起到的不可或缺的作用，二戰剛結束的那幾十年尤其如此。沒有美國的軍事存在，歐洲大陸西半部就會更加動盪，自由民主就更難鞏固，和平的維持就更難保證。

　　第二個重要因素是歐盟前身的成立。歐盟成立之前的複雜演進過程與其說是戰略設計的產物，不如說是針對一系列無法預料的事件臨時應對和調整的結果。繁複的組織結構成倍擴大；錯綜複雜的經濟安排，特別是關於農業補貼的安排，造成了成員國的分歧；各國擔心會出現一個凌駕於它們之上的組織，這一切都導致了諸多批評和日益增長的敵意。但是，歐洲煤鋼共同體和後來的歐洲經濟共同體無論有何種不足，犯了多少錯誤，存在哪些弱點，都提供了框架，使經濟繁榮得以迅速擴張，夯實了政治穩定的基礎。關鍵的是，它們為實現歐洲的持久和平鋪平了道路，因為它們鞏固法德兩國的友好關係，去除它們之間宿怨的毒瘤，解決這個引爆兩次世界大戰的重要因素。歐洲一體化不斷擴大，納入了希臘、葡萄牙和西班牙這些前專制國家，後來又包括了一九九〇年之前被鐵幕阻隔的國家。就這樣，歐盟將民主原則、法治和國際合作的框架擴展到南歐、中歐和東歐大部。那些地區的國家長期以來一直是歐洲最窮的國家，如今物質生活大為改善；它們在專制統治下生活了數十年，現在得以發展多元民主。對於這些國家來說，這是巨大的進步。

　　歐盟沒能做到的是創立真正的歐洲認同。這並不奇怪，因為歐洲有使用六十多種語言的四十來個國家，各有自己的認同、文化和歷史。也許一些歐盟理想主義者為此感到失望。但事實上，民族國家遠不到壽終正寢的時候。歐洲共同體的基礎更多的是經濟務實主義，

不是政治理想主義（雖然二者一度恰好契合）。如英國經濟史家米爾沃德（Alan Milward）令人信服地指出的那樣，歐洲共同體沒有導致民族國家的消亡，而是「拯救了民族國家」。民族認同仍然完全壓倒任何歐洲認同，近幾十年可以說不僅沒有消退，反而更為加強。但儘管如此，關鍵是釀成了兩次世界大戰的那種危險的侵略性極端民族主義，今天幾乎已不復存在。跨國合作和相互依存的增加大大沖淡並抵消了這種情緒。

　　歐洲認同基本上仍然是種理念與希望，而非現實，但它已經獲得了一種政治意義。在大多數歐洲人眼中，「歐洲」差不多成了歐盟的同義詞（無論是褒義還是貶義）。「歐洲」代表著歐盟成員國組成的密切交織的國家共同體，與歐洲大陸上歐盟以外的其他國家區分開來，主要是與俄羅斯和前蘇聯加盟共和國區分開來。這個「歐洲」既非戴高樂（和其他人）屬意的「由祖國構成的歐洲」，亦非狄洛提倡的超國家實體，而是介乎二者之間的獨特實體。有些人仍然抱有烏托邦式的憧憬，希望有朝一日把不斷擴大的「歐洲」建成一個歐洲聯邦國。愈來愈多的其他人則把「歐洲」視為一個干涉自己民族國家的主權和完整的外在體，對它敬而遠之，甚至懷有敵意。二戰剛結束那幾十年間，新建立的歐洲共同體以防止戰火重燃作為核心目標，但是，隨著時間推移，這點不可避免地被逐漸淡忘。於是，在許多歐洲人眼中，作為歐盟代名詞的「歐洲」就成了一個模糊遙遠的組織，它規定的各種框架影響著大多數人的生活，但它高高在上，民眾無法透過積極參政來對它產生影響。這為民族主義和分離主義運動的政治操作打開了大門。這類運動能激起民眾在情感上的歸依，而歐盟則絕無可能做到。所以，大部分歐洲人對「歐洲」所代表的歐盟可能贊成，也可能不贊成。實際上，歐洲人在情感上主要還是忠於自己的國家或地區（在有些情況中是即將成立的民族國家），而不是「歐洲」。

任何企圖創立有意義的歐洲認同的努力，似乎都注定會遇到一連串不可逾越的障礙。由於宗教信仰的式微和少數族群移民的增加，歐洲已不再能稱為基督教的大陸（多少世紀以來，基督教反正都沒有真正起到團結的作用，更多是造成分裂）。歷史產生的影響也是分裂大於團結。歐洲的多元文化社會意味著沒有一個全體民眾共有的歷史解讀。況且，也從未有過歐洲的歷史解讀（或神話）。對歷史的解讀從來都是國家層面上的，即使那樣也通常會受到人口不同部分的質疑（一個生動的例子是西班牙內戰留下的揮之不去的深遠後果，雖然西班牙內戰爆發距今已有八十多年，佛朗哥也已去世四十餘年）。時至今日，公眾對不久前歷史的了解主要是二次大戰（比對一次大戰了解得多）和對猶太人的大屠殺。然而，對這兩者的紀念都無助於建立歐洲人的共同認同。只要歐洲各民族國家的公民決心在本國堅持和平、自由、多元民主和法治這些歐洲共同的關鍵原則，只要他們致力於維持支撐著這一決心的物質福祉，只要他們盡一切努力加強國家間合作和友誼的紐帶，也許根本無須去尋求鏡花水月的歐洲認同。

對歐洲不久前歷史的評價到此結束，剩下的是關於歐洲未來的問題。歐洲將如何面對今後的重大挑戰？過去的進步是否最終會被視為衰落前的一段好時光？鑑於近幾年來歐盟的聲望不升反降，建立「更緊密聯盟」的計畫還能走多久？俄羅斯及其麾下各國、土耳其以及巴爾幹地區各國同屬歐洲，但位於歐盟邊界以外，多少世紀以來從未完全認同「歐洲」（外部觀察者也從未將它們視為歐洲的一部分）；它們是否注定會離「核心歐洲」愈來愈遠？特別是，歐盟能否「脫胎換骨」，克服眼前的困難，再次激發起曾經有過、但已消失大半的對「歐洲工程」的熱情？這個挑戰是巨大的。

* * *

　　位於華盛頓的美國國家檔案館一處入口的門楣上鑴刻著孔子的
忠告：「溫故而知新。」另一處入口的門楣上鑴刻的是莎士比亞劇作
《暴風雨》中的一句台詞：「凡是過去，皆為序章。」歷史學家研究過
去，可以沿循歐洲跌宕起伏的發展軌跡來到當今。但是，過去是什麼
的序章？嚴格來講，沒有現在，只有過去與未來。過去是一條大致可
以看清的道路（雖然也有數不勝數的昏暗角落和通往幽密叢林的岔
道），直到被「未來」這座令人生畏的大門攔住。透過門上的幾條窄
縫，可以瞥見幾條模糊的路徑向前延伸，未幾即消失於暗色之中。也
許其中一條路看起來稍寬一些，似乎比其他的更像是該走的路。但對
此不能確定，也不可能確定。無論如何，那條路在不遠處也沒入了無
法穿透的黑暗之中。

　　無法看清未來之路通往何方。歷史發展的結構模式，如人口或經
濟社會發展的趨勢，能大致顯示未來數十年的發展走向。但是，未來
永遠充滿變數。對於無法預見的未來，歷史只能提供至為模糊的提
示。長期的結構性進程和無法預測的事件都可能導致巨變。偶發事件
在歷史變化中的作用常常被低估。然而，一場戰役的結果、意外的政
治動亂、統治者的個性這類偶發事件造成巨大影響的事例在歷史上比
比皆是。據說（也許是訛傳）前英國首相麥克米倫被一位記者問到政
府面臨的最大困難是什麼，他回答說：「事件，親愛的孩子，事件。」
此言簡潔地概括了未來的不可預測，以及歷史學家（以及任何人）從
解讀過去轉向猜測未來時遇到的困難。

　　本書截止的二〇一七年，歐洲正在進入未知的世界。它面臨的不
確定和不安全為二次大戰結束以來之最。人們對銀行系統的穩定性仍
不放心，害怕再次發生崩盤。希臘經濟依然處境凶險。德國的貿易盈
餘延續了歐元區內部的不平衡。法國必須採取難以執行、很可能不得
人心的措施來提高經濟競爭力。波蘭和匈牙利出現的專制主義傾向令

人擔憂。英國正忙於十分複雜的脫歐談判。移民危機比二〇一五至二〇一六年的高峰期有所回落，但並未結束，給義大利和希臘造成的壓力尤其沉重。這是一連串重要的全球性政治問題，其中突出的是慘烈的敘利亞戰爭造成的後果。只在歐洲的層面上是遠遠談不上解決這些問題的。歐洲的恐攻次數在增加，注重民主自由的開放型社會永遠無法杜絕恐攻的發生。國際關係令人擔憂。中東仍然是火藥庫，隨時可能爆炸。歐洲與強硬的俄羅斯的關係比自一九九一年以來的任何時候都更緊張。土耳其在敘利亞戰爭中捲入頗深，它在歐洲管控敘利亞戰爭造成的移民危機的努力中至為重要，但它正在向著專制主義發展，與歐洲自由民主的原則漸行漸遠，也在背離它自己世俗主義的根本。中國的崛起是未來歐洲與外部世界關係中又一個不可預料的因素。

　　自二〇〇八年起，末日將至的預言不絕於耳。有的說歐元區和歐盟的隕落過程就此開始；有的說歐洲將再次成為民族國家互相競爭的大陸；有的說一九三〇年代的法西斯主義會捲土重來，歐洲黑暗歷史的幽靈會死灰復燃；有的說俄羅斯會重振國力，對歐洲構成威脅；有的說歐洲在世界上的影響力會衰退；有的說和平與繁榮末日將至；還有的甚至說可能爆發核子戰爭。二〇一六年十一月，川普出人意料地當選為美國總統。這位白宮的新主人衝動任性、難以預測，毫不掩飾對歐洲及其主要價值觀的疏遠。他上任後幾個月來的所作所為使人深感不安，有此感覺的不僅僅是歐洲人。他提出「美國優先」的強硬政策後，保護主義甚至貿易戰都可能捲土重來，經濟動盪的前景令人擔憂。歐洲的焦慮還不止於此。自二戰以來，美國透過對北約的堅定承諾，一直保障著西歐享受的自由，蘇聯解體後又把對自由的保障擴展到歐洲大部分地區。川普在競選時說北約「過時」了，令歐洲錯愕。雖然他後來不再發表這種言論，但是他對北約這個歐洲防衛政策關鍵框架的態度，比戰後任何一位美國總統都模糊曖昧得多。因此，歐洲

自一九四〇年代晚期以來在戰後秩序中一直占據的地位，出現了不確定性。

　　川普的當選也鼓舞了歐洲各地的民族主義者和右翼民粹主義者。他們對民眾的吸引力當然會讓歐洲的自由主義者深為擔憂，因為這威脅到了構成現代歐洲文明實質的價值觀。但是，川普就任總統後的所作所為引起的焦慮遠遠超過了這方面的擔憂。他對全球暖化的壓倒性科學證據嗤之以鼻，這種令人震驚的態度不只對歐洲，而且對全世界都非常有害。如何保護地球不致因碳排放對環境造成無法補救的破壞而走向毀滅，是（並將繼續是）未來幾代人的頭等大事。這個最為嚴峻的問題是歐洲與全世界共同的問題。但是，川普罔顧事實，一心要保護並重建美國的高碳排產業，二〇一七年六月一日宣布美國（它的二氧化碳排放量僅次於中國）退出控制氣候的《巴黎協議》（*Paris Accords*），這項協議兩年前剛剛通過，是近二百個國家經過長時間的艱難談判才達成的。這項國際協議有可能成為環境保護的一個重大突破。川普卻將它打得粉碎。

　　不過，二〇一七年夏我們扒在標著「未來」的大門上向縫隙裡張望，可以看到前路並未完全被陰霾籠罩。一些閃動的光亮依稀可見。美國大選後的幾個月間，歐洲也舉行了幾場關鍵的選舉。這些選舉使人燃起了希望，似乎右翼民粹主義對歐洲長期的自由民主價值觀威脅最嚴重的時候已經過去，可是這個希望很快就歸於破滅。二〇一六年十二月，奧地利舉行了總統選舉（這一次是重選，因為之前五月舉行的總統選舉由於投票中出現了不合規範的情況而被宣布無效），強烈親歐的前綠黨領導人范德貝倫（Alexander Van der Bellen）出乎意料地當選，極右的自由黨候選人霍費爾（Norbert Hofer）遭到選民拒絕。二〇一七年三月十五日的荷蘭大選中，反伊斯蘭、反移民的極右派候選人威爾德斯的成績不如人意，但他的黨還是贏得了百分之十

三的選票。民眾關於移民問題的強烈情緒促使現任首相呂特（Mark Rutte）也轉而發表反移民言論，以便與威爾德斯爭奪選民支持。在關鍵的法國總統選舉中（分兩輪，分別於二〇一七年四月二十三日和五月七日舉行），極右的國民陣線領導人勒龐本來因其恢復國家主權、奪回移民控制和退出歐元區的綱領而獲得強烈支持，但在實際投票中卻遭遇慘敗。獲勝者是堅決親歐、走中間路線的馬克宏，他代表著法國政治以及歐洲政治的新開端。他親手創建的共和國前進黨（La République En Marche）在他當選總統時才初具雛形，但接著在六月的議會選舉中驚人地贏得了國民議會中的絕對多數席位。

法國看似實現了幾乎不可能的事情：一場中間派的革命。馬克宏上台伊始，就與德國總理梅克爾建立起緊密關係，以圖對歐盟進行實質性改革。這使人們一下子振奮起來，覺得找到了脫離前幾年步步危機的險境的出路，看到了歐洲未來的希望。這些可能性能否成真只有未來才能知道。目前的跡象並不特別令人鼓舞。

二〇一七年六月八日的英國選舉也對歐洲有重要影響。保守黨意外失去了一些議會席位，工黨則斬獲頗豐。因此，梅伊政府成功推動通過最徹底脫歐計畫的前景更加渺茫（雖然有些保守黨人熱切期盼這個目標仍然有可能達到）。同時，誰也不清楚政府（或作為反對派的工黨）在六月十九日開始的複雜談判中，到底想達成什麼樣的理想結果。英國獨立黨鼓吹的那種右翼民粹主義如同幕間穿插的雜耍節目，像肥皂泡一樣戳破後不知去向。它三年前曾在歐洲選舉中位居英國政黨首位，但在這輪英國議會選舉中卻連一個席位也沒拿到。脫歐公投的成功使英國獨立黨喪失了大部分存在理由。然而，關於英國該留在歐盟還是脫離歐盟，英國民眾仍分歧嚴重。英國脫歐後幾乎肯定會變窮，國際地位也會下降，換來的可能只是移民人數的些微減少（況且移民主要對英國經濟有利）。脫歐從來似乎就沒什麼道理，現在更是

日益受到質疑。歐盟其他成員國對英國脫歐愈來愈迷惑不解，它們都認為，國家自廢武功莫此為甚。但是，支持脫歐的力量仍然強大。鑑於英國民眾之間以及政府菁英內部如此深刻的分歧，關於英國與歐盟最恰當的新關係的談判前景殊難預測。

二〇一七年夏，一些微小的跡象顯示歐洲正逐漸走出之前十年的深重危機。馬克宏在法國勝選，被普遍視為動盪時代中流砥柱的梅克爾也很可能再次當選德國總理。因此，作為歐盟歷史基礎的法德軸心似乎會獲得新的發展動力。歐盟改革的前景多年來第一次如此光明。同時，歐元區的經濟成長終於再次達到差強人意的水準。看來，如果運氣好，歐洲仍然有可能邁向光明的未來。

然而，二〇一七年九月二十四日德國舉行的重要選舉給這個希望潑了冷水，又一次尖銳地提醒人們，政治形勢可能瞬息萬變。梅克爾不出意料地再度當選，但選舉的最突出特點反映了整個歐洲的趨勢：建制派政黨的選票出現流失，而「體制外」的德國選擇黨獲得的支持大增。組成前一屆聯合政府的政黨（基民盟、它的巴伐利亞姐妹黨基社盟和社民黨）一共失掉了一百零五個聯邦議會席位。基民盟／基社盟獲得的選票降到僅占全部選票的百分之三十三，比二〇一三年跌了百分之八，為一九四九年以來最低。社民黨的得票率降了百分之五，只有百分之二十·五，也創了戰後最糟紀錄。親企業的「體制內」政黨自由民主黨贏得百分之五·九的選票，重返聯邦議會。綠黨和社會主義「左翼黨」也有些許收穫。但造成轟動的是反移民的右翼政黨德國選擇黨的突破。它當年夏天似乎失去了選民支持，卻在大選中捲土重來，贏得了百分之十三的選票，在聯邦議會中占了九十四席。這是六十多年來一個徹頭徹尾的民族主義政黨首次進入聯邦議會。德國選擇黨的成功在很大程度上反映了一部分選民，對政府在二〇一五至二〇一六年難民危機期間採取的政策的不滿。數月前，馬克宏當選法國

總統，歐元區（和範圍更大的歐盟）的改革似乎有望成真。德國大選的結果將對改革的前景產生何種影響目前尚不清楚。恐怕不會起到促進的作用。

二〇一七年歐洲最後一場重要選舉是十月十五日的奧地利大選。大選顯示了右轉趨勢的繼續，也反映了移民問題的持久影響。移民問題在奧地利大選中是一個重大主題，更甚於在德國大選中得到的重視。在這一點上，奧地利不像德國，而是更像它的東邊鄰居匈牙利和其他中歐國家。選舉的大贏家是右翼政黨，保守的奧地利人民黨贏得了百分之三十一・五的選票，極右的自由黨得票率為百分之二十六。兩黨加在一起，所占全部選票的比例增加了百分之十三。競選期間，兩黨都強烈批評從巴爾幹地區湧來的移民潮。人民黨的領導人，時年三十一歲的庫爾茲（Sebastian Kurz）是歐洲最年輕的政黨領導人。在這位英俊上鏡、魅力十足的領袖的領導下，人民黨在移民問題上的立場進一步向右傾斜，攻擊「政治伊斯蘭」，並許諾阻止非法移民。自由黨的言論強硬異常、寸步不讓。它的領導人史特拉赫（Heinz-Christian Strache）宣稱，他不想讓「祖國被伊斯蘭化」。十二月十八日，庫爾茲和史特拉赫同意組成右翼聯合政府。沒有多少抗議的聲音。奧地利與席捲歐洲大部的反移民右傾潮流步調一致。

當然，每個國家的選舉都有其具體特點。但是，在二〇一七年即將結束之際，德國和奧地利的選舉以各自特有的方式契合了遍及歐洲的發展趨勢，也與選擇川普當總統的美國的走向不謀而合。這個將來可能危及社會與政治穩定的趨勢是「體制外」（主要為右翼）民粹主義運動的崛起。這樣的運動利用了大批選民對他們眼中蠢笨、無能或腐敗的主流政黨的憤怒心情。這個對「建制派」的嚴重挑戰是會給政治格局帶來持久的改變，還是會在經濟狀況好轉後逐漸消退，目前尚不得而知。

＊ ＊ ＊

　　有些選舉一時被當作頭條新聞大報特報，但經常事過無痕。比較持久的是歐洲不久前的歷史遺產與全球形勢發展相互交織形成的長期趨勢產生的後果，而這才是會讓當權者操心費神，並將不可避免地對歐洲未來世代產生重要影響的問題。這些長期趨勢顯示，新的不安全時代可能曠日持久。

　　我們可以說，最大的挑戰是阻止氣候變化造成的破壞。當然，這不僅是歐洲，也是全世界面臨的挑戰。減緩並最終阻止氣候變化的進一步長期破壞，以防發生災難性後果，這是今後數代人的任務。在這個問題上，國際社會二〇一五年終於達成了某種一致，通過了《巴黎協議》。兩年後，該協議卻被川普總統撕毀。理性可能最終會取得勝利，儘管也許要等到川普任滿之後。美國這個如此重要的國家也許會重返控制氣候變化的公約，在環境保護中發揮重要作用。但即使沒有美國的參與，也會取得進步，可能速度會慢一些，其間中國最有可能填補美國留下的真空。富裕的歐洲國家已經站到了應對氣候變化的前頭，它們肯定會進一步努力發展再生能源（並從中獲得經濟利益）。過渡到低碳經濟不是可有可無的選擇，而是保障未來社會福祉所必須辦到的事。在防止歐洲大陸（和整個地球）遭到進一步破壞，保障子孫後代的未來的過程中，我們是在與時間賽跑。

　　若不迅速發展再生能源，能源問題就可能成為歐洲各國政府更大的問題，甚至可能引發衝突。工業革命的關鍵原料煤炭如今在多數歐洲國家的能源供應中只占一小部分。但是，歐洲高度依賴中東的石油，而中東是世界上最為戰事頻仍、局勢不穩的地區。儘管沙烏地阿拉伯踐踏人權，資助恐怖主義，但西方仍然支持它，主要就是因為它在全球石油分配過程中舉足輕重的角色。沙烏地阿拉伯是中東少數幾

個尚未爆發破壞性內亂的國家之一（這種情況也可能生變）。有些歐洲國家（包括德國）的石油和天然氣供應高度依賴俄羅斯值得懷疑的善意，這對歐洲國家沒有好處。一九八〇年代發生了車諾比核電廠災難，距今較近的二〇一一年三月，日本又發生了福島核電廠災難。自那之後，原子能的吸引力遠不如前，一些主要歐洲國家的公民乾脆拒絕了這種能源。同時，為了從地球深處的頁岩層開採天然氣和石油，新近投入使用了（美國發明的）水力壓裂法，但這種技術爭議極大，因為它可能會破壞環境，還可能引發地震。歐洲各國根據自己國家優先考慮的問題推行不同的能源政策，但無論是單獨的歐洲國家還是整個歐洲，都面臨著同樣的問題：如果舊能源枯竭，或由於政治原因不再能用，又未能找到並迅速推廣新的再生能源，那麼該如何確保未來的能源供應呢？這是歐洲今後最緊迫的任務之一。

　　人口變化影響到每個國家，政府卻控制不了。人口變化無法阻止，只能管理。它未來將成為一個重大問題。大部分歐洲國家數十年來生育率一直偏低或出現下滑，這意味著只能靠移民來維持經濟成長所需的人口水準。如今人的壽命增加，退休後活得更長，領取退休金的年頭比建立福利國家時設想的長得多，因此需要更加年輕的勞動力隊伍來維持支付退休金所需的稅收。近幾十年來，醫學昌明，進步非凡，人均壽命因而提高。二〇〇三年科學家完成了基因圖譜的繪製，今後這可能會幫助消除更多造成人類早逝的原因。然而，人口老化意味著對健康與社會福利服務的要求增多，使此類服務的成本空前增加，給國家財政造成巨大壓力。各國會設法控制政府開支，結果造成公共服務惡化，因此埋下了更大的社會不滿或騷動的隱患。

　　最近幾十年，特別是蘇東劇變、全球化自一九九〇年起急劇加速以來，由於經濟原因，從歐洲較窮的南部和東部流向較富的北部和西部的移民以幾何級數飆升。中東和非洲一些地區的綿延戰火，特別是

北約軍事干預利比亞造成的爛攤子，也導致近幾年來逃離戰亂的難民數目激增。財富和生活水準上的差距如此巨大，跨越大陸的旅行又比過去容易得多，所以移民問題對後來幾代人也必將仍是重大挑戰。事實上，由於世界上貧窮地區的人口不斷增長，歐洲土生土長的人口相對減少，移民的壓力在今後幾十年間很可能會大為加劇。移民問題可能會成為對歐洲社會凝聚力最嚴峻的挑戰。

一九九〇年代，杭亭頓提出了具有爭議性的「文明衝突」的預言，但多元文化主義不一定必然導致危險的「文明衝突」。然而，今後幾十年間，我們不能排除爆發令人不安的文化衝突的可能性。不久前，保加利亞政治學家克拉斯特夫（Ivan Krastev）曾提出，二〇一五至二〇一六年的嚴重移民危機可能導致歐盟解體。他說，移民危機爆發後，「歐洲陷入了身分危機，它的基督教和啟蒙運動的傳統已不再牢固。」無論此言是否屬實，移民對歐洲（以及歐洲內部各個民族國家）植根於歷史的認同所構成的挑戰都將大大增加。對於移民，特別是膚色不同、文化相異的移民，不容忍的心態也會隨之增加。社會和諧與團結的前景不容樂觀。

財富和收入差距巨大，而且還在繼續擴大，這是歐洲社會的又一個重大挑戰。這個問題不解決，也會增加社會騷動的可能性。最近幾十年來，種種跡象均顯示收入差距出現了擴大。全球化的裨益巨大，但分配既不平均、也不公平。有些人收入猛增，金融業者最為明顯，而缺乏必要的能力、技術或才能的人卻無法從全球化中受益，這樣的人愈來愈多，其中非熟練工人更是跌到了最底層。經濟競爭日趨激烈的同時，社會對窮人的集體責任感在減少。經濟競爭性的加劇、國家作用的降低、公共開支的削減（主要為彌補金融危機的損失），這些因素削弱了二戰剛結束的那幾十年間比較普遍的集體感、責任感和主人翁意識。

　　至遲自一九七〇年代起，個人主義開始發展壯大，全球化大大加強了這個趨勢。購買商品、開支模式和生活方式等方面的個人選擇無限擴大。在很多意義上，這是值得大力歡迎的（不過消費者的喜好和購物決定在很大程度上受到了廣告的巧妙操縱和左右）。但是，在此過程中，個人在社群中的義務感減弱了，而這個趨勢不可逆轉。工業勞動與工業生產形成的階級社會的傳統形式基本消失殆盡。二次大戰後歐洲復甦的過程中，普遍貧窮或較差的生活水準促使人們抱團而不是分散，但如今這種情況也已成為歷史。後工業時代的個人主義仍然很需要國家（尤其是當出了問題的時候），但同時它又想減少國家的作用，通常贊成減稅，反對透過提高稅率來補貼境遇較差的人。只有（社會最穩定、最滿足的）斯堪的納維亞才普遍採用高稅收和廣泛的收入再分配的模式。這個模式在斯堪的納維亞國家成果斐然，但顯然難以推廣到其他地方。

　　自動化的普及也是一個重大挑戰，它影響到歐洲今後幾十年間面臨的許多其他嚴重問題，也很可能會加劇社會凝聚力的流失。電腦技術對歐洲（和世界其他地區）產生了革命性的影響，尤其是在過去四分之一世紀左右的時間內。總的來說，電腦技術給社會帶來了無法想像的裨益。然而，在大多數行業中，電腦在很大程度上至少部分地取代了人工。全球化加劇了所有經濟部門的競爭，促使人們可以透過自動化來降低成本。這適用於自一九七〇年代以來大幅擴張的服務業，也適用於金融業、建築業和製造業。例如，銀行可以大量減少雇員，因為有了電腦控制的取款機和線上銀行服務，銀行不再需要像過去那樣在每條大街上都設立分行。機場期望旅客利用電腦技術自己領取登機牌、托運行李，從而減少對機場工作人員的需求。汽車製造廠雇用的工人曾經數以萬計，但由於技術革命和機器人的發明，現在的工人人數只是原來的一個零頭。今後這樣的情況會更多、更厲害。在許多

經濟領域中，使用機器人將會比雇人更便宜。如何為大量人口提供有報酬的工作，這很可能成為今後幾十年間一個重大的政治、社會和經濟問題。人的勞動時間縮短了，壽命延長了，對本已收縮的社會服務的要求增加了。要應付這種情況，必須大幅提高生產力，但政治領導人卻幾乎尚未開始思考如何應付這個難題。

　　近年來不斷加劇的最後一個巨大挑戰是安全方面的挑戰。國家安全曾經幾乎完全是國家的事。民族國家的頭號任務就是保護自己的公民。但是，種種因素使國家安全成為具有首要跨國意義的問題，這些因素包括全球化、旅行的便利、交通運輸的高速，還有電腦技術這個最重要的因素。國界擋不住國際恐怖主義，所以，安全措施也必須跨越民族國家的邊界。其實，在國際層面上打擊犯罪並非新生事物，一九二〇年代國際刑警組織（Interpol）的成立就代表著這項工作的正式展開（二戰結束後，國際刑警組織重新建立，現在有近二百個成員）。但是，國際犯罪和恐怖主義網絡不斷蔓延，犯罪手法日趨複雜高階，因此，不僅國際刑警組織必須加緊工作，而且各國情報機構也必須定期交流安全資料。恐怖分子在網路上使用社交媒體策劃恐攻已成為歐洲各國情報部門面對的中心問題。另一個問題是網路攻擊日益頻繁。這類攻擊危及文明的基礎，因為它可以阻斷、關閉或摧毀電網或醫療系統這類生死攸關的設施，或侵入高度敏感的軍方安全資料庫。要預防或抵禦任何類型的網路犯罪，必須在情報分享方面開展空前的國際合作。

　　對安全的擔憂不可避免地導致情報部門大幅擴張對普通公民的監視。在自由社會中，為保護公民而採取安全措施，與使用侵入性監視方法侵犯公民的隱私權和保密權，二者間顯然存在著矛盾。如何確保不致在沒有必要的情況下收集資料，如何保護收集到的資料不致受到濫用或被罪犯非法侵入，以及在電腦演算法可以偵知每個人在何

處、有哪些朋友、選擇了何種生活方式的情況下，個人應如何保護自己——這些都是重大的問題。在這些問題中，自由會直接跟現代國家（和大型電腦公司）的監視手段發生碰撞。誰都想要安全，但為了獲得安全，社會願意放棄多少隱私呢？無論如何，歐威爾的小說《一九八四》裡面描述的老大哥監視之下的社會已經近在咫尺。

＊　＊　＊

　　面對這一系列重大問題，歐洲做好應對的準備了嗎？這裡的「歐洲」主要指歐盟。俄羅斯和土耳其各有自己的優先考慮，會推行自己的政策。英國即將走它自己的路，這也許對它有利，但更可能對它不利。歐盟以外的其他國家，如巴爾幹地區的國家，只能在沒有大型國際支助網絡可依靠的情況下應對這些問題。迎接上述巨大挑戰中的每一項都需要高度國際合作。民族國家在十九世紀壓倒其他組織形式成為主要的政治形式，又在二十世紀上半葉幾乎自我毀滅，這些民族國家僅憑一己之力無法解決這些問題。各國認識到，需要加大合作、一體化和統一，歐盟因而逐漸成形，目前仍在成長過程中。歐盟固然是重大的成就，但它作為一個機構有諸多缺陷與弱點。按二〇一七年年底的情況來看，歐盟的狀態並不理想，難以應對今後的重大挑戰。至少，法國和德國可能會為推行重大結構改革提供必要的動力。其他成員國也許對英國決定脫歐深感遺憾，但英國即將退出實際上反而可能產生鞏固歐盟、加速改革的效果。

　　改革會採取何種形式呢？歐盟這個巨大的「妥協工廠」的飛輪和曲軸運轉緩慢。它的制度不適合快速行動。它如此設計，是為了防止任何一個國家占據主導地位。德國自然而然地成為老大，卻不願意出頭。較小的國家對把權力交給德國心存疑慮，對可能重新形成的法德超強聯合感到不安。自從一九七四年建立了由成員國的國家元首和政

府首腦組成的歐洲理事會以來，民族國家的代表成了歐盟最強大的一股力量，儘管他們的離心趨勢受到了歐洲委員會和歐洲議會的集中傾向的遏制。要找到一個既使歐盟有能力應付未來的挑戰，又能滿足二十七個成員國經常相互衝突的要求的解決辦法，實在是困難重重。

　　理論上一個潛在的解決辦法是談論已久、但一直認為不現實的方案，那就是建立與美利堅合眾國的制度類似的聯邦制歐羅巴合眾國，設立中央政府和議會，有自己的防衛與外交政策和充分的預算與財政權。然而，這看來完全沒有實現的可能，在可見的未來肯定不行，也許永遠也不可能。歐洲各國與組成美利堅聯邦的各州不一樣。說到底，各國珍視的是自身的民族利益和認同，而不是自己的歐洲認同，雖然二者很少完全對立。歐盟最強大、最有影響力的成員德國也是一樣。歐盟與作為它核心的歐元區目前的形式非常適合德國。德國從歐元區的獲益比任何其他國家都大。在歐盟複雜的政治遊戲中，德國是最主要的玩家。二〇〇八年金融危機爆發後，改革歐盟的呼聲愈來愈高，但德國是否真正謀求根本性改革仍值得懷疑。鑑於各成員國的利益千差萬別，常常互相衝突，是否有可能實現改革也很難說。

　　歐洲過去留下的遺產絕大部分仍然是關於戰爭、占領和大屠殺的記憶，對於民族認同的形成發揮了關鍵的作用，而美國不存在這種情況。所以，也許在未來長久的時間內，歐盟只能繼續維持鬆散的政體形式。但即使這樣，它也應該壯大集體力量，加快決策速度，以應對眼前和長遠的危機。也許會如人們常說的，歐洲最終將形成一個雙速或多速的歐洲，或者是由一體化程度不同的同心圓組成的歐盟。不過，這樣的設想在實際執行中同樣困難重重。合理的猜測是，在下個十年或更長的時間內，歐盟實質上與目前不會有多大差別。

　　為應付歐洲周圍的外部壓力，歐盟特別需要加強一體化，在外交與防衛問題上快速行動。二〇一七年五月底，德國總理梅克爾暗示了

這個問題。在主要工業化國家組成的七國集團一次有川普總統參加的會議結束後，梅克爾說：「我們歐洲人必須真正掌握自己的命運。」她還說：「我們能夠完全依賴他人的時代在某種意義上已經過去。」此言雖然措辭謹慎，但顯示了歐洲在外交與防衛政策上加大一體化的方向。歐盟開始準備適度重振集體軍事能力（此時，距法國先主動提出，後來又自己否決成立歐洲防衛共同體的提議已經過去了半個多世紀），以輔助北約繼續防衛歐洲。也許未來還會設立歐洲外交部長的職位，比目前歐盟外交與安全政策高級代表的權力更大（高級代表的職權範圍實際上相當有限，因為各成員國都堅決維護自己的外交政策）。

　　第二次世界大戰的遺產，加上戰後關鍵的幾十年間西歐在美國強的軍事力量保障下享受的和平與繁榮，使歐洲成為一個本質上反戰的大陸。英法兩個老牌帝國主義強國對參與海外衝突最為積極（雖然兩國近年來都大幅縮減了軍隊，軍力只夠參加多國行動）。其他國家在考慮動用軍隊的問題上大多極力拖延、萬般不願。這非常值得歡迎。沒有人認為歐洲民主國家之間會爆發重大戰爭。文明價值觀取代了黷武價值觀。過去，歐洲各國間的好戰態度與侵略行徑導致了兩次災難性的世界大戰。今天，我們無法想像這種情況會再次出現。但正因如此，烏克蘭東部爆發軍事暴力才更加令人震驚。它提醒人們，雖然歐盟內部的國家之間幾乎絕無可能爆發戰爭，但是戰爭可以自外部降臨。冷戰後超級大國的競爭將如何展開無法預知。但美國、中國和俄羅斯之間未來有可能發生衝突，甚至是核子戰爭，這樣的衝突也許在某個時候會把歐洲捲進去。爆發了冷戰中第一次對抗的朝鮮半島可能成為未來全球衝突的引爆點。至少，歐盟需要發展快速反應能力，團結一致面對可能出現的外部危險。

　　歐盟成員國能否克服各自根深柢固的既得利益，同意對歐盟進

行深遠的結構性改革，目前尚不得而知。按道理說，需要「加強歐洲」，即建立更緊密的政治聯盟。但政治上是否可行完全是另一回事。歐洲的決策從未像今天這樣被普遍視為菁英的事情，與廣大民眾關心的問題沒有關係。腐敗的醜聞破壞了對領導人的信任。虐待兒童的醜聞侵蝕了人們對基督教會和其他機構的信任。警察掩蓋真相的醜聞損害了民眾對執法機關的信任。所以，民眾對權威的尊重大為縮水也就不足為奇了。今天，人們對民主生活幾大支柱的信任也許跌到了歷史最低點。普及的社交媒體為民眾提供了表達對「建制」或「制度」的憤怒情緒的有力工具。在此過程中，民主（以及作為民主基礎的權力分立）受到危及。在匈牙利、波蘭和土耳其等國可以看到，為了大幅增加政府的行政權，多元民主被利用來破壞民主基礎。依靠公投來決定政策，這本身就反映了背離代議制民主，轉向公民投票制民主的趨勢。靠煽動民眾情緒而不是訴諸理性來操縱民意的空間因而大為擴張。

仇外的民族主義政黨或地區分離主義政黨的崛起，在很大程度上也反映了從體制化「菁英」政治向草根政治運動的轉移。它也代表著自一九八〇年代起在歐洲日漸明顯的身分政治的發展。二〇〇八年金融危機後，這一現象的發展勢頭增強，今後很可能仍是一個重要因素。身分政治不僅限於右翼政黨，例如許多左翼選民也支持蘇格蘭獨立，二〇一七年秋加泰隆尼亞獨立公投的成功也有左翼的因素（西班牙政府和其他國家視公投結果為非法）。蘇格蘭和加泰隆尼亞很久以前曾是獨立的民族國家，這為民族主義政客提供了可資利用的身分基礎，他們借此要求自治，希望獲得經濟上的好處。金融危機產生的政治與經濟後果更給他們提供了可乘之機。但即使如此，身分政治主要還是右派的專屬。極端民族主義的支持者仍然為數眾多。出於種族仇恨的犯罪愈來愈多，網路每天都充斥著可憎的仇外言論。這種情況體

現的心態即使僅代表少數人，也對現代民主數十年來所依靠的自由價值觀構成了威脅。

二次大戰結束以來的七十年間，歐洲經歷了滄桑巨變。它變成了一個民主政體的大陸，即使我們知道有些政體是民主為表、專制為裡。歐洲變成了一個公民社會的大陸，與二十世紀上半葉截然不同，軍方不參與國內政治，因而大大加強了民主穩定的潛能。歐洲學會了無論困難多大、矛盾多深、受挫多重，都努力透過合作與談判來解決問題，而不是訴諸武力。位於歐洲中心的最強大、最有影響力的國家是奉行和平與國際主義的德國，它與一九三〇年代和四〇年代踐踏人權、幾乎摧毀了歐洲文明的德國形成了最鮮明的對比。歐洲為自由而戰，也贏得了自由。它獲得了舉世欽羨的繁榮。它對統一和明確身分認同的尋求仍然在路上。

我們不可能知道今後幾十年將發生什麼，我們唯一能確定的是不確定性。現代生活將繼續充滿不安全，歐洲的未來肯定會和它的過去一樣，千迴百轉、跌宕起伏。

謝詞

　　我要感謝Patrick Argent, Joe Bergin, John Breuilly, Archie Brown, Franz Brüggemeier, Detlef Felken, Christian Göschel, Mike Hannah, Geoffrey Hosking, Thomas Karlauf, Thomas Kielinger, Frances Lynch, Frank O'Gorman, Paul Preston, Colin Steele, Alan Steinweis, Frank Trentmann, Heinrich August Winkler, Charlotte Woodford and Benjamin Ziemann。他們有的和我討論問題，使我深受啟發；有的就專題著述對我提出建議；有的為我提供選刊或書籍；有的對我的工作表示興趣；有的以別的各種方式幫助過我。尤其是在最後一章中，我大量參考了英國、德國和美國主要報紙的傑出記者關於政治、經濟與外交事務的出色報導與分析。因此，雖然我不認識他們本人，但我仍要在這裡向他們表示感謝。我非常感激（素未謀面的）尊敬的《衛報》專欄作家Martin Kettle，他耐心閱讀了本書的手稿，糾正了一些不符合事實的錯誤。

　　我最熱烈地感謝Traude Spät。每次我去慕尼黑，她和她先生Ulrich都對我熱情款待，並經常為我提供德國報紙的剪報，使我了解到不同於英國媒體報導的視角。我尤其感激Traude在我們絞盡腦汁尋找一個能恰當形容過去七十年歐洲歷史跌宕起伏的詞時，建議把本書標題定為「Achterbahn」，即「雲霄飛車」。[1]別的朋友也提供了無私的

1　譯者注：此為本書英文標題Roller-Coaster的含義。

幫助。Laurence Rees、Nicholas Stargardt 和 David Cannadine 慷慨地利用自己的閒暇時間閱讀了本書的文稿，並回饋評論，提出許多真知灼見和修改建議。Laurence 和我因為一起製作電視節目結為摯友，經常與他討論問題使我受益匪淺。我的妻子 Betty 和大兒子 David 也閱讀了書稿並提出眾多詳細問題，使我得以改進書稿。

Simon Winder 是最棒的編輯。他從不來煩擾我，但必要時總是開朗地鼓勵我，並提出寶貴建議。在選擇書中的照片時，他也幫了大忙。正如我以前出版著作時那樣，我要感謝企鵝出版社卓越團隊的所有成員，他們各自以不同的方式對本書的出版做出了貢獻，我特別要感謝 Ellen Davies 的編輯工作和 Richard Duguid 在製作地圖方面的工作。我也非常感激 Richard Mason，這位傑出的審稿人在審稿過程中再次顯示了他的技巧、學識和精準。Dave Cradduck 做的索引非常出色。紐約的 Andrew Wylie，和倫敦 Wylie 經紀公司的 James Pullen 一如既往地繼續為我提供寶貴的支持。

最重要的，我要向我的家人：Betty（和 Hannah）、David、Stephen 和 Becky，以及我們的孫輩 Sophie（和 Paul）、Joe、Ella、Olivia 和 Henry 表示我的愛和感謝。為了我們的孫輩和他們的同代人，我最大的希望是歐洲的未來仍然會以戰後那一代人努力建立的和平、自由與繁榮為基礎，無論這個基礎有多少不如人意之處。

伊恩・克蕭，二〇一八年一月於曼徹斯特

部分參考文獻

我採用了《地獄之行》參考文獻的處理方式。以下列舉的僅限於為我撰寫本書提供了幫助的著作。除了少數的例外情況，沒有列入專題研究論文、學術雜誌上的文章和虛構作品。打星號的是我從中引用過詞句的著作。

*Aaronovitch, David, *Party Animals: My Family and Other Communists*, London, 2016.

Abelshauser, Werner, *Wirtschaftsgeschichte der Bundesrepublik Deutschland 1945–1980*, Frankfurt am Main, 1983.

Acemoglu, Daron and Robinson, James A., *Why Nations Fail: The Origins of Power, Prosperity and Poverty*, London, 2013.

Adenauer, Konrad, *Erinnerungen*, 4 vols, Stuttgart, 1965–8.

Ahonen, Pertti, *After the Expulsion: West Germany and Eastern Europe 1945– 1990*, Oxford, 2003.

*Ahonen, Pertti, *Death at the Berlin Wall*, Oxford, 2011.

Aldcroft, Derek, *The European Economy 1914–2000*, London (1978), 2001.

Aldcroft, Derek and Morewood, Steven, *Economic Change in Eastern Europe since 1918*, Aldershot, 1995.

*Alexievich, Svetlana, *Chernobyl Prayer*, London (1997), 2013.

Anderson, Perry, *The New Old World*, London, 2009.

Annan, Noel, *Our Age: Portrait of a Generation*, London, 1990.

*Applebaum, Anne, *Iron Curtain: The Crushing of Eastern Europe, 1944–1956*,

London, 2012.

Arblaster, Paul, *A History of the Low Countries*, Basingstoke (2006), 2012.

Aron, Raymond, *Mémoires*, Paris, 1983.

Arrighi, Giovanni, *The Long Twentieth Century: Money, Power and the Origins of our Times*, London (1994), 2010.

Ascherson, Neal, *The Struggles for Poland*, London, 1987.

Aust, Stefan, *The Baader-Meinhof Complex*, London, 2008.

Aust, Stefan and Spörl, Gerhard (eds), *Die Gegenwart der Vergangenheit. Der lange Schatten des Dritten Reichs*, Munich, 2004.

Bakewell, Sarah, *At the Existentialist Café*, London, 2016.

Baring, Arnulf, *Im Anfang war Adenauer. Die Entstehung der Kanzlerdemokratie*, Munich, 1971.

Bark, Dennis L. and Gress, David R., *A History of West Germany, 1945–1988*, 2 vols, Oxford, 1989.

Barzun, Jacques, *From Dawn to Decadence: 500 Years of Western Cultural Life: 1500 to the Present*, London, 2000.

Bayly, Christopher and Harper, Tim, *Forgotten Wars: The End of Britain's Asian Empire*, London, 2007.

Beck, Ulrich, *What is Globalization?*, Cambridge, 2000.

Beck, Ulrich, *World at Risk*, Cambridge, 2009.

Behm, Margarete, *So oder so ist das Leben. Eine Jahrhundertfrau erzählt*, Reinbek bei Hamburg, 2004.

*Békés, Csaba, Byrne, Malcolm and Rainer, János M. (eds), *The 1956 Hungarian Revolution: A History in Documents*, Budapest and New York, 2002.

Bell, Daniel, *The End of Ideology: On the Exhaustion of Political Ideas in the Fifties*, Glencoe, IL, 1960.

Bell, P. M. H., *The World Since 1945: An International History*, London, 2001.

Bell, P. M. H., *Twentieth-Century Europe: Unity and Division*, London, 2006.

*Berend, Ivan T., *Central and Eastern Europe 1944–1993: Detour from the Periphery to the Periphery*, Cambridge, 1996.

Berend, Ivan T., *An Economic History of Twentieth-Century Europe*, Cambridge, 2006.

Berend, Ivan T., *From the Soviet Bloc to the European Union: The Economic and Social Transformation of Central and Eastern Europe since 1973*, Cambridge, 2009.

Berend, Ivan T., *Europe Since 1980*, Cambridge, 2010.

Berg, Nicolas, *Der Holocaust und die westdeutschen Historiker. Erforschung und Erinnerung*, Göttingen, 2003.

Berghahn, Volker R., *Modern Germany: Society, Economy and Politics in the Twentieth Century*, Cambridge, 1982.

Berghahn, Volker R., *The Americanisation of West German Industry 1945– 1973*, Leamington Spa, 1986.

Bergin, Joseph, *A History of France*, London, 2015.

Bernstein, Serge and Milza, Pierre, *Histoire de la France au xxe siècle, vol. 3, 1958 à nos jours* Paris (1992), 2009.

Bittner, Stephen V., *The Many Lives of Khrushchev's Thaw: Experience and Memory in Moscow's Arbat*, Ithaca, NY, and London, 2008.

*Blair, Tony, *A Journey*, London, 2010.

Blanning, T. C. W. (ed.), *The Oxford Illustrated History of Modern Europe*, Oxford, 1996.

Blyth, Mark, *Austerity: The History of a Dangerous Idea*, Oxford, 2015.

*Bobbitt, Philip, *Terror and Consent: The Wars for the Twenty-First Century*, London, 2009.

Borodziej, Włodzimierz, *Geschichte Polens im 20. Jahrhundert*, Munich, 2010.

Bosworth, R. J. B., *The Italian Dictatorship: Problems and Perspective in the Interpretation of Mussolini and Fascism*, London, 1998.

Bracher, Karl Dietrich, *Die Auflösung der Weimarer Republik*, Stuttgart/Düsseldorf, 1955.

Bracher, Karl Dietrich, *The German Dilemma: The Throes of Political Emancipation*, London, 1974.

*Brandt, Willy, *Erinnerungen*, Frankfurt am Main, 1994.

*Brandys, Kazimierz, *Warschauer Tagebuch. Die Monate davor 1978–1981*, Frankfurt am Main, 1984.

*Brenan, Gerald, *The Face of Spain*, Harmondsworth (1950), 1987.

*Brendon, Piers, *The Decline and Fall of the British Empire 1781–1997*, London, 2007.

Brenner, Michael, *Nachkriegsland. Eine Spurensuche*, Hamburg, 2015.

Broadberry, Stephen and O'Rourke, Kevin H. (eds), *The Cambridge Economic History of Modern Europe. Vol. 2: 1870 to the Present*, Cambridge, 2010.

*Brown, Archie, *The Gorbachev Factor*, Oxford, 1997.

*Brown, Archie, *Seven Years that Changed the World: Perestroika in Perspective*, Oxford, 2008.

*Brown, Archie, *The Myth of the Strong Leader: Political Leadership in the Modern Age*, London, 2014.

Brown, Gordon, *Beyond the Crash: Overcoming the First Crisis of Globalisation*, London, 2010.

Brown, James Franklin, *The End of Communist Rule in Eastern Europe*, Twickenham, 1991.

Brüggemeier, Franz-Joseph, *Geschichte Grossbritanniens im 20. Jahrhundert*, Munich, 2010.

Brüggemeier, Franz-Joseph, *Schranken der Natur. Umwelt, Gesellschaft, Experimente 1750 bis heute*, Essen, 2014.

*Bruhns, Wibke, *Nachrichtenzeit. Meine unfertigen Erinnerungen*, Munich, 2012.

Buchanan, Tom, *Europe's Troubled Peace 1945–2000*, Oxford, 2006.

Bulliet, Richard W. (ed.), *The Columbia History of the 20th Century*, New York, 1998.

Burg, Steven L. and Shoup, Paul S., *The War in Bosnia-Herzegovina: Ethnic Conflict and International Intervention*, New York, 2000.

Burke, Jason, *The New Threat from Islamic Militancy*, London, 2016.

Burleigh, Michael, *Sacred Causes: Religion and Politics from the European Dictators to Al Qaeda*, London, 2006.

Butler, Michael, Pender, Malcolm and Charnley, Joy (eds), *The Making of Modern Switzerland, 1848–1998*, Basingstoke, 2000.

Calic, Marie-Janine, *Geschichte Jugoslawiens im 20. Jahrhundert*, Munich, 2010.

Cannadine, David, *Ornamentalism: How the British Saw their Empire*, London, 2002.

Cannadine, David, *Margaret Thatcher: A Life and Legacy*, Oxford, 2017.

Clark, Martin, *Modern Italy 1971–1982*, London, 1984.

*Clarke, Harold D., Goodwin, Matthew and Whiteley, Paul, *Brexit: Why Britain Voted to Leave the European Union*, Cambridge, 2017.

*Clarke, Peter, *Hope and Glory: Britain 1900–1990*, London, 1996.

Clogg, Richard, *A Concise History of Greece*, 3rd edn, Cambridge, 2013.

Clogg, Richard and Yannopoulos, George (eds), *Greece under Military Rule*, London, 1972.

Cockburn, Patrick, *The Rise of Islamic State: Isis and the New Sunni Revolution*, London, 2015.

Cohen, Stephen F., Rabinowitch, Alexander and Sharlet, Robert (eds), *The Soviet Union since Stalin*, Bloomington, IN, and London, 1980.

Conan, Eric and Rousso, Henry, *Vichy, un passé qui ne passe pas*, Paris, 1996.

Conway, Martin, 'Democracy in Postwar Western Europe: The Triumph of a Political Model', *European History Quarterly*, 32/1 (2002), 59–84.

Conze, Ekart, Frei, Norbert, Hayes, Peter and Zimmermann, Moshe, *Das Amt und die Vergangenheit. Deutsche Diplomaten im Dritten Reich und in der Bundesrepublik*, Munich, 2010.

Coppolaro, Lucia and Lains, Pedro, 'Portugal and European Integration, 1947–1992: an essay on protected openness in the European Periphery', *e-journal of Portuguese History*, 11/1 (2013), 61–81.

Costa Pinto, António (ed.), *Modern Portugal*, Palo Alto, CA, 1998.

Couloumbis, Theodore A., Kariotis, Theodore and Bellou, Fotini (eds), *Greece in the Twentieth Century*, London, 2003.

Crampton, Richard J., *A Short History of Modern Bulgaria*, Cambridge, 1987.

Crampton, Richard J., *Eastern Europe in the Twentieth Century – and After*, London, 1997.

Crouch, Colin, *Social Change in Western Europe*, Oxford, 1999.

*Dąbrowska, Maria, *Tagebücher 1914–1965*, Frankfurt am Main, 1989.

Dahrendorf, Ralf, *Society and Democracy in Germany*, London, 1968.

Darling, Alistair, *Back from the Brink: 1,000 Days at Number 11*, London, 2011.

Darnton, Robert, *Berlin Journal 1989–1990*, New York, 1991.

*Davies, Norman, *God's Playground. Vol. 2: A History of Poland*, Oxford, 1981.

Davies, Norman, *Europe: A History*, Oxford, 1996.

Deletant, Dennis, *Ceauşescu and the Securitate: Coercion and Dissent in Romania, 1965–1989*, London, 1995.

Deletant, Dennis, *Communist Terror in Romania: Gheorghiu-Dej and the Police State*, London, 1999.

Dobson, Miriam, *Khrushchev's Cold Summer: Gulag Returnees, Crime and the Fate of Reform after Stalin*, Ithaca, NY, and London, 2009.

Dobson, Miriam, 'The Post-Stalin Era: De-Stalinization, Daily Life and Dissent', *Kritika: Explorations in Russian and Eurasian History*, 12/4 (2011), 905–24.

Doering-Manteuffel, Anselm, 'Nach dem Boom. Brüche und Kontinuitäten seit 1970', *Vierteljahrshefte für Zeitgeschichte*, 55/4 (2007), 559–81.

Doering-Manteuffel, Anselm and Raphael, Lutz, *Nach dem Boom. Perspektiven auf die Zeitgeschichte seit 1970*, Göttingen (2008), 2012.

Doering-Manteuffel, Anselm, Raphael, Lutz and Schlemmer, Thomas (eds), *Vorgeschichte der Gegenwart. Dimensionen des Strukturbruchs nach dem Boom*, Göttingen, 2016.

Dols, Chris and Ziemann, Benjamin, 'Progressive Participation and Transnational Activism in the Catholic Church after Vatican II: The Dutch and West German Examples', *Journal of Contemporary History*, 50/3 (2015), 465–85.

Duchêne, François, *Jean Monnet: The First Statesman of Interdependence*, New York, 1994.

Duggan, Christopher, *The Force of Destiny: A History of Italy since 1796*, London, 2008.

Dülffer, Jost, *Europa im Ost-West-Konflikt 1945–1990*, Munich, 2004.

Dyson, Kenneth and Featherstone, Kevin, *The Road to Maastricht: Negotiating Economic and Monetary Union*, Oxford, 1999.

Eder, Jacob S., *Holocaust Angst: The Federal Republic of Germany and American Holocaust Memory since the 1970s*, New York, 2016.

Eichengreen, Barry, *The European Economy since 1945*, Princeton, NJ, 2007.

Eichengreen, Barry, *Hall of Mirrors: The Great Depression, the Great Recession and the Uses – and Misuses – of History*, Oxford, 2015.

Eichengreen, Barry, Landesmann, Michael and Stiefel, Dieter (eds), *The European Economy in an American Mirror*, Abingdon, 2008.

Eley, Geoff, 'Nazism, Politics and the Image of the Past: Thoughts on the West German *Historikerstreit* 1986–1987', *Past and Present*, 121 (1988), 171–208.

Eley, Geoff, *Forging Democracy: The History of the Left in Europe 1850–2000*, New York, 2002.

Ellwood, David W., *Rebuilding Europe: Western Europe, America and Postwar Reconstruction*, London, 1992.

Engelhardt, Marc (ed.), *Die Flüchtlingsrevolution. Wie die neue Völkerwanderung die ganze Welt verändert*, Munich, 2016.

Espinosa-Maestre, Francisco, *Shoot the Messenger? Spanish Democracy and the Crimes of Francoism*, Eastbourne, 2013.

Evans, Richard J., *In Hitler's Shadow: West German Historians and the Attempt to Escape from the Nazi Past*, New York, 1989.

Fanon, Frantz, *The Wretched of the Earth*, Harmondsworth (1961), 1967.

Fäßler, Peter E., *Globalisierung. Ein historisches Kompendium*, Cologne, 2007.

Ferguson, Niall, *The Cash Nexus: Money and Power in the Modern World 1700–2000*, London, 2002.

Ferguson, Niall, *Empire: How Britain Made the Modern World*, London, 2003.

Ferguson, Niall, *The Great Degeneration: How Institutions Decay and Economies Die*, London, 2012.

Ferguson, Niall et al. (eds), *The Shock of the Global: The 1970s in Perspective*, Cambridge, MA, 2010.

*Figes, Orlando, *The Whisperers: Private Life in Stalin's Russia*, London, 2008.

Fink, Carole K., *Cold War: An International History*, 2nd edn, Boulder, CO, 2017.

Fischer-Galati, Stephen, *Twentieth-Century Rumania*, New York, 1970.

Fitzmaurice, John, *The Politics of Belgium: Crisis and Compromise in a Plural Society*, London, 1988.

*Flanner, Janet (Genêt), *Paris Journal 1944–1965*, New York, 1965.

Flora, Peter (ed.), *State, Society and Economy in Western Europe, 1815–1975*, 2 vols, Frankfurt, 1983.

Foster, R. F., *Modern Ireland 1600–1972*, London, 1989.

*Fox, Robert (ed.), *We Were There: An Eyewitness History of the Twentieth Century*, London, 2010.

Frei, Norbert, *Adenauer's Germany and the Nazi Past: The Politics of Amnesty and Integration*, New York, 2002.

Frei, Norbert, *1945 und wir. Das Dritte Reich im Bewußtsein der Deutschen*, Munich, 2005.

Frei, Norbert, *1968. Jugendrevolte und globaler Protest*, Munich, 2008.

Frei, Norbert et al., *Karrieren im Zwielicht. Hitlers Eliten nach 1945*, Frankfurt and New York, 2001.

Frei, Norbert and Süß, Dietmar (eds), *Privatisierung. Idee und Praxis seit den 1970er Jahren*, Göttingen, 2012.

Frevert, Ute, *Eurovisionen. Ansichten guter Europäer im 19. und 20. Jahrhundert*, Frankfurt am Main, 2003.

Friedrich, Jörg, *Die kalte Amnestie. NS-Täter in der Bundesrepublik*, Frankfurt am Main, 1984.

Friedrich, Jörg, *Yalu. An den Ufern des dritten Weltkriegs*, Berlin, 2007.

*Fritzsche, Peter (ed.), *The Turbulent World of Franz Göll: An Ordinary Berliner Writes the Twentieth Century*, Cambridge MA, 2011.

*Fukuyama, Francis, *The End of History and the Last Man*, London, 1992.

Fukuyama, Francis, 'The End of History?', *The National Interest* (Summer 1989), 3–18.

Fukuyama, Francis, *Political Order and Political Decay: From the Industrial Revolution to the Globalisation of Democracy*, London, 2015.

Fulbrook Mary, *Anatomy of a Dictatorship: Inside the GDR 1949–1989*, Oxford, 1995.

Fulbrook, Mary, *Interpretations of the Two Germanies, 1945–1990*, London, 2000.

Fulbrook, Mary, *History of Germany 1918–2000: The Divided Nation*, Oxford (1991), 2002.

Fulbrook Mary, *The People's State: East German Society from Hitler to Honecker*, Oxford, 2005.

Fulbrook, Mary, *Dissonant Lives: Generations and Violence through the German Dictatorships*, Oxford, 2011.

Fulbrook, Mary (ed.), *Europe since 1945*, Oxford, 2001.

Funder, Anna, *Stasiland*, London, 2003.

Furet, François, *The Passing of an Illusion: The Idea of Communism in the Twentieth Century*, Chicago, IL, and London, 1999.

Gaddis, John Lewis, *We Now Know: Rethinking Cold War History*, Oxford, 1997.

Gaddis, John Lewis, *The Cold War*, London, 2005.

Gallant, Thomas W., *Modern Greece: From the War of Independence to the Present*, London (2001), 2016.

Garton Ash, Timothy, *The Polish Revolution: Solidarity*, London (1983), 1999.

*Garton Ash, Timothy, *The Uses of Adversity: Essays on the Fate of Central Europe*, London (1989), 1999.

*Garton Ash, Timothy, *We the People: The Revolution of '89 Witnessed in Warsaw, Budapest, Berlin and Prague*, London (1990), 1999.

*Garton Ash, Timothy, *History of the Present: Essays, Sketches and Despatches from Europe in the 1990s*, London, 1999.

*Garton Ash, Timothy, *Facts are Subversive: Political Writing from a Decade without a Name*, London, 2009.

Garton Ash, Timothy, *The File: A Personal History*, London (1997), 2009. Gassert, Philipp and Steinweis, Alan E. (eds), *Coping with the Nazi Past: West German Debates on Nazism and Generational Conflict, 1955–1975*, New York, 2007.

Gehler, Michael, *Europa. Ideen, Institutionen, Vereinigung*, Munich, 2010.

Geiselberger, Heinrich (ed.), *Die große Regression. Eine internationale Debatte über die gestige Situation der Zeit*, Berlin, 2017.

Genscher Hans-Dietrich and Winkler, Heinrich August, *Europas Zukunft – in bester Verfassung?*, Freiburg im Breisgau, 2013.

Giddens, Anthony, *Europe in the Global Age*, Cambridge, 2007.

Gilbert, Felix, *The End of the European Era, 1890 to the Present*, New York (1970), 1984.

Gilbert, Martin, *Challenge to Civilization: A History of the Twentieth Century, Vol. 3: 1952–1999*, London, 1999.

Gildea, Robert, *The Past in French History*, New Haven, CT, and London, 1994.

Gildea, Robert, *France since 1945*, Oxford, 2002.

*Gildea, Robert, Mark, James, Warring, Anette (eds), *Europe's 1968: Voices of Revolt*, Oxford, 2013.

Gillingham, John, *European Integration, 1950–2003: Superstate or New Market Economy?*, Cambridge, 2003.

Gillingham, John, *The EU: An Obituary*, London, 2016.

Gilmour, David, *The Pursuit of Italy: A History of a Land, its Regions and their Peoples*, London, 2011.

Ginsborg, Paul, *A History of Contemporary Italy 1943–1980*, London, 1990.

*Ginsborg, Paul, *Italy and its Discontents, 1980–2001*, London, 2003.

*Glenny, Misha, *The Fall of Yugoslavia*, London (1992), 1996.

Glenny, Misha, *The Balkans, 1804–1999: Nationalism, War and the Great Powers*, London, 1999.

Golan, Galia, *Reform Rule in Czechoslovakia: The Dubček Era, 1968–1969*, Cambridge, 1973.

*Goltz, Anna von der (ed.), *'Talkin' 'bout my generation': Conflicts of Generation Building and Europe's '1968'*, Göttingen, 2011.

Goltz, Anna von der, 'Generations of 68ers: Age-Related Constructions of Identity and Germany's "1968" ', *Cultural and Social History*, 8/4 (2011), 473–90.

*Gorbachev, Mikhail, *Memoirs*, London, 1997.

Graham, Helen (ed.), *Interrogating Francoism: History and Dictatorship in Twentieth-Century Spain*, London, 2016.

Grant, Matthew and Ziemann, Benjamin (eds), *Understanding the Imaginary War: Culture, Thought and Nuclear Conflict, 1945–90*, Manchester, 2016.

Grenville, J. A. S., *A History of the World from the 20th to the 21st Century*, Abingdon (1994), 2005.

Grimm, Dieter, *Europa ja – aber welches? Zur Verfassung der europäischen Demokratie*, Munich, 2016.

Grob-Fitzgibbon, Benjamin, *Continental Drift: Britain and Europe from the End of Empire to the Rise of Euroscepticism*, Cambridge, 2016.

Guirao, Fernando, Lynch France M. B., and Pérez, Sigfrido M. Ramínez (eds), *Alan S. Milward and a Century of European Change*, New York and Abingdon, 2012.

Hall, Simon, *1956: The World in Revolt*, London, 2016.

*Hanhimäki, Jussi M. and Westad, Odd Arne (eds), *The Cold War: A History in Documents and Eyewitness Accounts*, Oxford, 2004.

Hanrieder, Wolfram, *Germany, America, Europe: Forty Years of German Foreign Policy*, New Haven, CT, and London, 1989.

Harper, John Lamberton, *The Cold War*, Oxford, 2011.

Harrison, Joseph, *An Economic History of Spain*, Manchester, 1978.

Harrison, Joseph, *The Spanish Economy in the Twentieth Century*, London, 1985.

Harrison, Joseph, *The Spanish Economy: From the Civil War to the European Community*, Cambridge, 1995.

Haslam, Jonathan, *Russia's Cold War*, New Haven, CT, and London, 2011.

Havel, Václav et al., *The Power of the Powerless: Citizens against the State in Central-Eastern Europe*, London, 1985.

Hayek, F. A. *The Road to Serfdom*, Abingdon (1944), 2001.

Hayman, Ronald, *Brecht: A Biography*, London, 1983.

*Heffer, Simon, *Like the Roman: The Life of Enoch Powell*, London, 1998.

*Heimann, Mary, *Czechoslovakia: The State that Failed*, New Haven, CT, and London, 2009.

*Hennessy, Peter, *Never Again: Britain 1945–1951*, New York, 1993.

*Hennessy, Peter, *Muddling Through: Power, Politics and the Quality of Government in Postwar Britain*, London, 1996.

*Hennessy, Peter, *Having it so Good: Britain in the Fifties*, London, 2006.

Herbert, Ulrich, *Geschichte Deutschlands im 20. Jahrhundert*, Munich, 2014.

Herbert, Ulrich, 'Europe in High Modernity: Reflections on a Theory of the 20th Century', *Journal of Modern European History*, 5/1 (2007), 5–20.

Herbert, Ulrich and Groehler, Olaf, *Zweierlei Bewältigung. Vier Beiträge über den Umgang mit der NS-Vergangenheit in den beiden deutschen Staaten*, Hamburg, 1992.

Hewison, Robert, *In Anger: British Culture in the Cold War, 1945–60*, London, 1981.

Hewitt, Gavin, *The Lost Continent*, London, 2013.

Hildermeier, Manfred, *Geschichte der Sowjetunion 1917–1991*, Munich, 1998.

Hillebrand, Ernst and Kellner, Anna Maria (eds), *Für ein anderes Europa. Beiträge zu einer notwendigen Debatte*, Bonn, 2014.

Hobsbawm, Eric, *Age of Extremes: The Short Twentieth Century 1914–1991*, London, 1994.

*Hobsbawm, Eric, *Interesting Times: A Twentieth-Century Life*, London, 2002.

Hobsbawm, Eric, *Fractured Times: Culture and Society in the Twentieth Century*, London, 2013.

Hobsbawm, Eric with Polito, Antonio, *The New Century*, London, 2000.

*Hoggart, Richard, *The Uses of Literacy: Aspects of Working-Class Life*, London (1957), 2009.

Hoggart, Richard and Johnson, Douglas, *An Idea of Europe*, London, 1987.

Hopkins, A. G., 'Rethinking Decolonization', *Past and Present*, 200 (2008), 211–47.

*Hosking, Geoffrey, *A History of the Soviet Union*, London, 1985.

Hosking, Geoffrey, 'Why has Nationalism Revived in Europe? The Symbolic Attractions and Fiscal Capabilities of the Nation-State', *Nations and Nationalism*, 22/2 (2016), 210–21.

Howard, Michael and Louis, Wm. Roger (eds), *The Oxford History of the Twentieth Century*, Oxford, 1998.

Hughes, H. Stuart, *Sophisticated Rebels: The Political Culture of European Dissent 1968–1987*, Cambridge MA, 1988.

Huntington, Samuel P., *The Clash of Civilizations and the Remaking of World Order*, London (1996), 2002.

Huskey, Eugene, 'Authoritarian Leadership in the Post-Communist World', *Daedalus*, 145/3 (2016), 69–82.

Ilic, Melanie and Smith, Jeremy (eds), *Soviet State and Society under Nikita Khrushchev*, London, 2009.

Isaacs, Jeremy and Downing, Taylor, *Cold War*, London (1998), 2008.

Jäckel, Eberhard, *Das deutsche Jahrhundert. Eine historische Bilanz*, Stuttgart, 1996.

Jackson, Julian, *Charles de Gaulle*, London, 1990.

James, Harold, *Rambouillet, 15. November 1975. Die Globalisierung der Wirtschaft*, Munich, 1997.

James, Harold, *Europe Reborn: A History, 1914–2000*, London, 2003.

James, Harold, *Finanzmarkt macht Geschichte. Lehren aus den Wirtschaftskrisen*, Göttingen, 2014.

*James, Harold and Stone, Marla (eds), *When the Wall Came Down: Reactions to German Unification*, London, 1992.

James, Lawrence, *The Rise and Fall of the British Empire*, London, 1994.

James, Lawrence, *Raj: The Making and Unmaking of British India*, New York, 1997.

Jarausch, Konrad H., *After Hitler: Recivilizing Germans, 1945–1995*, New York, 2006.

Jarausch, Konrad H., *Out of Ashes: A New History of Europe in the Twentieth Century*, Princeton, NJ, 2015.

Jarausch, Konrad H. (ed.), *Das Ende der Zuversicht? Die siebziger Jahre als Geschichte*, Göttingen, 2008.

Jelavich, Barbara, *History of the Balkans: Twentieth Century*, Cambridge, 1983.

Jelavich, Barbara, *Modern Austria, 1815–1986*, Cambridge, 1987.

Jerram, Leif, *Streetlife: The Untold History of Europe's Twentieth Century*, Oxford, 2013.

Jones, Polly (ed.), *The Dilemmas of De-Stalinization: Negotiating Cultural and Social Change in the Khrushchev Era*, London, 2006.

Judt, Tony, *Past Imperfect: French Intellectuals, 1944–1956*, Berkeley, CA, 1992.

Judt, Tony, *A Grand Illusion? An Essay on Europe*, London, 1997.

Judt, Tony, *The Burden of Responsibility: Blum, Camus, Aron and the French Twentieth Century*, Chicago, IL, and London, 1998.

*Judt, Tony, *Postwar: A History of Europe since 1945*, London, 2005.

Judt, Tony, *Reappraisals: Reflections on the Forgotten Twentieth Century*, London, 2009.

Judt, Tony, *Ill Fares the Land*, London, 2010.

Judt, Tony, *When the Facts Change: Essays 1995–2010*, London, 2015.

Judt, Tony, with Snyder, Timothy, *Thinking the Twentieth Century: Intellectuals and Politics in the Twentieth Century*, London, 2012.

Kaelble, Hartmut, *A Social History of Western Europe 1880–1980*, Dublin, 1989.

Kaelble, Hartmut, *Sozialgeschichte Europas 1945 bis zur Gegenwart*, Munich, 2007.

Kaelble, Hartmut, *The 1970s in Europe: A Period of Disillusionment or Promise?*, German Historical Institute, London, Annual Lecture, 2009, London, 2010.

Kaelble, Hartmut, *Kalter Krieg und Wohlfahrtsstaat. Europa 1945–1989*, Munich, 2011.

*Kagan, Robert, *Paradise and Power: America and Europe in the New World Order*,

London, 2003.

Karlauf, Thomas, *Helmut Schmidt. Die späten Jahre*, Munich, 2016.

Keane, John, *Václav Havel: A Political Tragedy in Six Acts*, London, 1999.

Kedward, Rod, *La Vie en Bleu: France and the French since 1900*, London, 2006.

Kendall, Bridget, *The Cold War: A New Oral History of Life Between East and West*, London, 2017.

*Khrushchev, Nikita, *Khrushchev Remembers*, London, 1971.

King, Stephen D., *Grave New World: The End of Globalization, the Return of History*, New Haven, CT, and London, 2017.

Király, Béla K. and Jónas, Paul (eds), *The Hungarian Revolution of 1956 in Retrospect*, Boulder, CO, 1978.

Kleine-Ahlbrandt, W. Laird, *Europe Since 1945: From Conflict to Community*, Minneapolis-Saint Paul, MN, 1993.

Kocka, Jürgen, *Capitalism: A Short History*, Princeton, NJ, 2016.

Köhler, Henning, *Helmut Kohl. Ein Leben für die Politik*, Cologne, 2014.

König, Helmut, Schmidt, Julia and Sicking, Manfred (eds), *Europas Gedächtnis. Das neue Europa zwischen nationalen Erinnerungen und gemeinsamer Identität*, Bielefeld, 2008.

*Koning, Hans, *Nineteen Sixty-Eight: A Personal Report*, New York, 1987.

Kotkin, Stephen, *Armageddon Averted: The Soviet Collapse, 1970–2000*, Oxford, 2001.

*Kovály, Heda Margolius, *Under a Cruel Star: A Life in Prague 1941–1968*, London (1986), 2012.

Kozlov, Vladimir A., *Mass Uprisings in the USSR: Protest and Rebellion in the Post-Stalin Years*, New York, 2002.

Kramer, Alan, *The West Germany Economy 1945–1955*, New York and Oxford, 1991.

*Kramer, Mark, 'The Soviet Union and the 1956 Crises in Hungary and Poland: Reassessments and New Findings', *Journal of Contemporary History*, 33/2 (1998), 163–214.

*Krastev, Ivan, *After Europe*, Philadelphia, PA, 2017.

Krusche, Dieter (ed.), *Reclams Filmführer*, Stuttgart, 2000.

Kühnhardt, Ludger (ed.), *Crises in European Integration: Challenge and Response,*

1945–2005, New York and Oxford, 2008.

Kuper, Leo, *Genocide: Its Political Use in the Twentieth Century*, Harmondsworth, 1981.

Kuzio, Taras, *Putin's War Against Ukraine: Revolution, Nationalism and Crime*, Toronto, 2017.

Kyle, Keith, *Suez: Britain's End of Empire in the Middle East*, London (1991), 2003.

*Kynaston, David, *Family Britain 1951–57*, London, 2010.

Lacouture, Jean, *De Gaulle. Vol. 2, Le Politique*, Paris, 1985.

*Lange, Peter and Roß, Sabine (eds), *17. Juni 1953 – Zeitzeugen berichten. Protokoll eines Aufstands*, Münster, 2004.

Langguth, Gerd, *The Green Factor in German Politics: From Protest Movement to Political Party*, Boulder, CO, and London, 1984.

Lanzmann, Claude, *Shoah*, Paris, 1985; German edn, Munich, 1988.

*Laqueur, Walter, *Europe Since Hitler*, Harmondsworth, 1970.

Larkin, Maurice, *France since the Popular Front: Government and People, 1936–1986*, Oxford, 1988.

*Lasky, Melvin J. (ed.), *The Hungarian Revolution*, London, 1957.

Ledeen, Michael A., 'Renzo de Felice and the Controversy over Italian Fascism', *Journal of Contemporary History*, 11 (1976), 269–83.

Leffler, Melvyn P. and Westad, Odd Arne (eds), *The Cambridge History of the Cold War*, 3 vols, Cambridge, 2010.

Leggewie, Claus, *Der Kampf um die europäische Erinnerung. Ein Schlachtfeld wird besichtigt*, Munich, 2011.

Lever, Paul, *Berlin Rules: Europe and the German Way*, London, 2017.

Lewin, Moshe, *The Soviet Century*, London, 2005.

Lewis, Michael, *The Big Short: Inside the Doomsday Machine*, New York, 2010.

Lewis Michael, *Flash Boys*, New York, 2014.

Linz, Juan J. and Stephan, Alfred, *Problems of Democratic Transition and Consolidation: Southern Europe, South America and Post-Communist Europe*, Baltimore, MD, 1996.

*Lomax, Bill, *Hungary 1956*, London, 1976.

Loth, Wilfried, 'Helmut Kohl und die Währungsunion', *Vierteljahrshefte für*

Zeitgeschichte, 61/4 (2013), 455–79.

Lüders, Michael, *Wer den Wind sät. Was westliche Politik im Orient anrichtet*, Munich, 2015.

Lüders, Michael, *Die den Sturm ernten. Wie der Westen Syrien ins Chaos stürzte*, Munich, 2017.

Luther, Kurt Richard and Pulzer, Peter (eds), *Austria 1945–95*, Aldershot, 1998.

Lynch, Frances M. B., *France and the International Economy: From Vichy to the Treaty of Rome*, London, 1997.

*MacCulloch, Diarmaid, *A History of Christianity*, London, 2009.

Madden, Thomas, *Istanbul: City of Majesty at the Crossroads of the World*, New York, 2016.

Maddison, Angus, *Monitoring the World Economy 1820–1992*, Paris, 1995. Maddison, Angus, *The World Economy: A Millennial Perspective*, Paris, 2001

Maier, Charles S., *The Unmasterable Past: History, Holocaust and German National Identity*, Cambridge, MA, 1988.

*Maier, Charles S. (ed.), *The Cold War in Europe: Era of a Divided Continent*, New York, 1991.

Mak, Geert, *In Europe: Travels through the Twentieth Century*, London, 2008.

Mak, Geert, *Was, wenn Europa scheitert*, Munich, 2012.

*Malcolmson, Patricia and Robert (eds), *Nella Last in the 1950s*, London, 2010.

Mann, Michael, *The Dark Side of Democracy: Explaining Ethnic Cleansing*, Cambridge, 2005.

Mann, Michael, *Power in the 21st Century: Conversations with John A. Hall*, Cambridge, 2011.

Mann, Michael, *The Sources of Social Power, Vol. 4: Globalizations, 1945– 2011*, Cambridge, 2013.

*Marsh, David, *The Euro: The Battle for the New Global Currency*, New Haven, CT, and London, 2011.

*Märthesheimer, Peter and Frenzel, Ivo (eds), *Im Kreuzfeuer: Der Fernsehfilm 'Holocaust'. Eine Nation ist betroffen*, Frankfurt am Main, 1979.

*Marwick, Arthur, *The Sixties: Cultural Revolution in Britain, France, Italy and the United States, c.1958–c.1974*, Oxford, 1998.

Mazower, Mark, *Dark Continent: Europe's Twentieth Century*, London, 1998.

Mazower, Mark, *The Balkans: From the End of Byzantium to the Present Day*, London, 2000.

McFaul, Michael and Stoner-Weiss, Kathryn, *After the Collapse of Communism: Comparative Lessons of Transition*, Cambridge, 2004.

McMillan, James, *Twentieth-Century France: Politics and Society 1898–1991*, London, 1992.

Menon, Rajan and Rumer, Eugene, *Conflict in Ukraine: The Unwinding of the Post-Cold War Order*, Cambridge, MA, 2015.

Meray, Tibor, *Thirteen Days that Shook the Kremlin*, New York, 1959. *Merridale, Catherine, *Night of Stone: Death and Memory in Russia*, London, 2000.

Merridale, Catherine and Ward, Chris (eds), *Perestroika: The Historical Perspective*, London, 1991.

Merriman, John, *A History of Modern Europe: From the Renaissance to the Present*, New York, 1996.

Merseburger, Peter, *Willy Brandt 1913–1992. Visionär und Realist*, Stuttgart- Munich, 2002.

*Michnik, Adam, *Letters from Prison and Other Essays*, Berkeley, CA, 1985.

*Middelaar, Luuk van, *The Passage to Europe: How a Continent became a Union*, New Haven, CT, and London, 2014.

Millington, Barry (ed.), *The Wagner Compendium: A Guide to Wagner's Life and Music*, New York, 1992.

Milward, Alan S., *The Reconstruction of Western Europe 1945–1951*, London, 1984.

Milward, Alan S., *The European Rescue of the Nation-State*, London, 1992.

Mitscherlich, Alexander and Margarete, *Die Unfähigkeit zu Trauern*, Munich (1967), 1988.

Mommsen, Margareta, *Wer herrscht in Rußland? Der Kreml und die Schatten der Macht*, Munich, 2004.

Mommsen, Margareta, *Das Putin-Syndikat. Russland im Griff der Geheimdienstler*, Munich, 2017.

Mommsen, Margareta and Nußberger, Angelika, *Das System Putin*, Munich, 2007.

Monaco, James, *Film verstehen*, Reinbek bei Hamburg, 1980

Montefiore, Simon Sebag, *Stalin: The Court of the Red Tsar*, London, 2003.

*Moore, Charles, *Margaret Thatcher: The Authorized Biography. Vol. 2: Everything She Wants*, London, 2015.

Morgan, Kenneth O., *Labour in Power 1945–1951*, Oxford, 1985.

Münkler, Herfried, *The New Wars*, Cambridge, 2005.

Naimark, Norman M., *Fires of Hatred: Ethnic Cleansing in Twentieth-Century Europe*, Cambridge, MA, 2001.

Natoli, Claudio, 'Widerstand gegen Nationalsozialismus und Faschismus: Deutsche und italienische Forschungstendenzen im Vergleich', in Klaus- Dietmar Henke and Claudio Natoli (eds), *Mit dem Pathos der Nüchternheit*, Frankfurt and New York, 1991.

Nehring, Holger, *Politics of Security: British and West German Protest Movements and the Early Cold War, 1945–1970*, Oxford, 2013.

Nehring, Holger, 'National Internationalists: British and West German Protests against Nuclear Weapons, the Politics of Transnational Communications and the Social History of the Cold War, 1957–1964', *Contemporary European History*, 14/4 (2005), 559–82.

*Nicholson, Virginia, *Perfect Wives in Ideal Homes: The Story of Women in the 1950s*, London, 2015.

Noelle, Elisabeth and Neumann, Erich (eds), *The Germans: Public Opinion Polls 1947–1966*, Allensbach and Bonn, 1967.

Nora, Pierre, *Realms of Memory: Rethinking the French Past*, ed. Lawrence D. Kritzmann, New York, 1996.

*Novick, Peter, *The Holocaust and Collective Memory*, London, 2001.

Outhwaite, William, *Europe since 1989*, London, 2016.

Pakier, Małgorzata and Stråth, Bo (eds), *A European Memory? Contested Histories and Politics of Remembrance*, New York and Oxford, 2010.

*Parker, David (ed.), *Letters of Solidarity and Friendship: Czechoslovakia 1968–71*, Holmfirth, 2017.

Parker, Stephen, *Bertolt Brecht: A Literary Life*, London, 2014.

Paxton, Robert, *Vichy France: Old Guard and New Order 1940–1944*, New York, 1972.

Petersdorff, Dirk von, *Literaturgeschichte der Bundesrepublik Deutschland. Von 1945 bis zur Gegenwart*, Munich, 2011.

*Pevsner, Nikolaus, *An Outline of European Architecture*, Harmondsworth (1943), 1963.

Piketty, Thomas, *Capital in the Twenty-First Century*, Cambridge, MA, 2014.

Piketty, Thomas, *Chronicles: On our Troubled Times*, London, 2016.

Pleshakov, Constantine, *The Crimean Nexus: Putin's War and the Clash of Civilizations*, New Haven, CT, and London, 2017.

Plokhy, Serhii, *The Gates of Europe: A History of Ukraine*, London, 2015.

Preston, Paul, *The Triumph of Democracy in Spain*, London, 1987.

*Preston, Paul, *Franco*, London, 1993.

Priestland, David, *Merchant, Soldier, Sage: A New History of Power*, London, 2012.

Radisch, Iris, *Camus. Das Ideal der Einfachheit. Eine Biographie*, Reinbek bei Hamburg, 2013.

Rawnsley, Andrew, *The End of the Party: The Rise and Fall of New Labour*, London, 2010.

Reisman, Michael, 'Why Regime Change is (almost always) a Bad Idea', *The American Journal of International Law*, 98 (2004), 516–25.

Reitmayer, Morten and Schlemmer, Thomas (eds), *Die Anfänge der Gegenwart. Umbrüche in Westeuropa nach dem Boom*, Munich, 2014.

*Reynolds, David, *One World Divisible: A Global History Since 1945*, New York, 1999.

Reynolds, David, *In Command of History: Churchill Fighting and Writing the Second World War*, London, 2004.

Reynolds, David, *The Long Shadow: The Great War and the Twentieth Century*, London, 2013.

Richards, Steve, *The Rise of the Outsiders: How Mainstream Politics Lost its Way*, London, 2017.

Roberts, J. M., *Twentieth Century: A History of the World 1901 to the Present*, London, 1999.

*Rödder, Andreas, *21.0. Eine kurze Geschichte der Gegenwart*, Munich, 2015.

*Rogel, Carole, *The Breakup of Yugoslavia and the War in Bosnia*, Westport, CT,

1998.

Rose, Richard, *What is Europe?*, New York, 1996.

Rose, Richard, *Representing Europeans: A Pragmatic Approach*, Oxford, 2013.

Rosh, Lea and Jäckel, Eberhard, *'Der Tod ist ein Meister aus Deutschland.'* *Deportation und Ermordung der Juden. Kollaboration und Verweigerung in Europa*, Hamburg, 1990.

Rousso, Henry, *Le syndrome de Vichy de 1944 à nos jours*, Paris, 1990.

Rousso, Henry, *Vichy. L'événement, la mémoire, l'histoire*, Paris, 2001.

Rousso, Henry, *Frankreich und die 'dunklen Jahre'. Das Regime von Vichy in Geschichte und Gegenwart*, Göttingen, 2010.

Ruane, Kevin, *The Rise and Fall of the European Defence Community*, Basingstoke, 2000.

*Ruhl, Klaus-Jörg (ed.), *'Mein Gott, was soll aus Deutschland werden?' Die Adenauer-Ära 1949–1963*, Munich, 1985.

Runciman, David, *The Confidence Trap: A History of Democracy in Crisis from World War I to the Present*, Princeton, NY, 2015.

Ruzza, Carolo and Fella, Stefano, *Re-inventing the Italian Right: Territorial Politics, Populism and 'Post-Fascism'*, London, 2009.

Sabrow, Martin, 'A Myth of Unity? German Unification as a Challenge in Contemporary History', *Bulletin of the German Historical Institute London*, 38/2 (2016), 46–62.

Sabrow, Martin, '1990: An Epochal Break in German History?', *Bulletin of the German Historical Institute Washington DC*, 60 (2017), 31–42.

Sachs, Jeffrey, *Poland's Jump to the Market Economy*, Cambridge, MA, 1993.

Sakwa, Richard, *Frontline Ukraine: Crisis in the Borderlands*, London, 2016.

*Sandbrook, Dominic, *Never Had It So Good: A History of Britain from Suez to the Beatles*, London, 2005.

Sandbrook, Dominic, *White Heat: A History of Britain in the Swinging Sixties*, London, 2006.

Sandbrook, Dominic, *State of Emergency: The Way We Were: Britain, 1970– 1974*, London, 2010.

Sandbrook, Dominic, *Seasons in the Sun: The Battle for Britain, 1974–1979*, London,

2012.

*Sassoon, Donald, *The Culture of the Europeans: From 1800 to the Present*, London, 2006.

Schabowski, Günter, *Das Politbüro. Ende eines Mythos*, Reinbek bei Hamburg, 1990.

Scharsach, Hans-Henning and Kuch, Kurt, *Haider. Schatten über Europa*, Cologne, 2000.

Schick, Jack M., *The Berlin Crisis, 1958–1962*, Philadelphia, PA, 1971.

Schildt, Axel and Siegfried, Detlef, *Deutsche Kulturgeschichte. Die Bundesrepublik 1945 bis zur Gegenwart*, Munich, 2009.

Schlögel, Karl, *Grenzland Europa. Unterwegs auf einem neuen Kontinent*, Munich, 2013.

Schmidt, Helmut, *Globalisierung. Politische, ökonomische und kulturelle Herausforderungen*, Stuttgart, 1998.

Schmidt, Helmut and Stern, Fritz, *Unser Jahrhundert. Ein Gespräch*, Munich, 2010.

*Schöllgen, Gregor, *Gerhard Schröder. Die Biographie*, Munich, 2016.

Schwarz, Hans-Peter, *Adenauer*, 2 vols, Munich, 1994.

Schwarz, Hans-Peter, *Das Gesicht des Jahrhunderts*, Berlin, 1998.

Schwarz, Hans-Peter, *Helmut Kohl. Eine politische Biographie*, Munich, 2012.

*Schwarz, Hans-Peter, 'Fragen an das 20. Jahrhundert', *Vierteljahrshefte für Zeitgeschichte*, 48 (2000), 1–36.

Seldon, Anthony with Baston, Lewis, *Major: A Political Life*, London, 1998.

Seldon, Anthony with Snowdon, Peter and Collings, Daniel, *Blair Unbound*, London, 2007.

*Service, Robert, *A History of Twentieth-Century Russia*, London, 1998.

*Service, Robert, *Stalin: A Biography*, London, 2004.

Sheehan, James, *The Monopoly of Violence: Why Europeans Hate Going to War*, London, 2007.

Shipman, Tim, *All Out War: The Full Story of How Brexit Sank Britain's Political Class*, London, 2016.

Shipway, Martin, *Decolonization and its Impact: A Comparative Approach to the End of the Colonial Empires*, Oxford, 2008.

Shore, Marci, *Caviar and Ashes: A Warsaw Generation's Life and Death in Marxism,*

1918–1969, New Haven, CT, and London, 2006.

Shore, Marci, *The Taste of Ashes: The Afterlife of Totalitarianism in Eastern Europe*, London, 2013.

Siegfried, André, *De la IVe à la Ve République au jour de jour*, Paris, 1958.

*Silber, Laura and Little, Allan, *The Death of Yugoslavia*, London, 1996.

Simms, Brendan, *Europe: The Struggle for Supremacy, 1453 to the Present*, London, 2013.

Simms, Brendan, *Britain's Europe: A Thousand Years of Conflict and Cooperation*, London, 2016.

Simpson, John, *Unreliable Sources: How the 20th Century was Reported*, London, 2010.

*Sittner, Gernot, *Helmut Kohl und der Mantel der Geschichte*, Munich, 2016.

*Skidelsky, Robert, *Britain since 1900: A Success Story?*, London, 2014.

Sontheimer, Kurt, *Antidemokratisches Denken in der Weimarer Republik*, Munich (1962), 1992.

Spohr, Kristina, *The Global Chancellor: Helmut Schmidt and the Reshaping of the International Order*, Oxford, 2016.

Spohr, Kristina and Reynolds, David (eds), *Transcending the Cold War: Summits, Statecraft, and the Dissolution of Bipolarity in Europe, 1970–1990*, Oxford, 2016.

Stahl, Walter (ed.), *The Politics of Postwar Germany*, New York, 1963.

Staritz, Dietrich, *Geschichte der DDR*, Frankfurt am Main, 1996.

Steinberg, Jonathan, *Why Switzerland?*, Cambridge, 1976.

Steininger, Rolf, *Eine Chance zur Wiedervereinigung? Die Stalin-Note vom 10. März 1952*, Bonn, 1985.

Stern, Fritz, *Dreams and Delusions: National Socialism in the Drama of the German Past*, New York, 1989.

Stern, Fritz, *Fünf Deutschland und ein Leben. Erinnerungen*, Munich, 2007.

Stern, Fritz, *Der Westen im 20. Jahrhundert. Selbstzerstörung, Wiederaufbau, Gefährdungen der Gegenwart*, Göttingen, 2009.

Stiglitz, Joseph E., *The Euro and its Threat to the Future of Europe*, London, 2016.

Stokes, Gale, *The Walls Came Tumbling Down: The Collapse of Communism in*

Eastern Europe, New York, 1993.

Stone, Dan, *Goodbye to all that? The Story of Europe since 1945*, Oxford, 2014.

Stone, Dan (ed.), *The Oxford Handbook of Postwar European History*, Oxford, 2014.

Stöver, Bernd, *Der Kalte Krieg*, Munich, 2003.

Streeck, Wolfgang, *Buying Time: The Delayed Crisis of Democratic Capitalism*, London, 2014.

Streeck, Wolfgang, *How Will Capitalism End?*, London, 2016.

Suny, Ronald Grigor, *The Soviet Experiment*, New York, 1998.

Suny, Ronald Grigor (ed.), *The Cambridge History of Russia. Vol. 3, The Twentieth Century*, Cambridge, 2006.

*Swain, Geoffrey and Swain, Nigel, *Eastern Europe since 1945*, Basingstoke (1993), 2009.

Tanner, Jakob, *Geschichte der Schweiz im 20. Jahrhundert*, Munich, 2015.

*Taubman, William, *Khrushchev: The Man and his Era*, New York, 2003.

*Taubman, William, *Gorbachev: His Life and Times*, New York, 2017.

Taubman, William, Khrushchev, Sergei and Gleason, Abbott (eds), *Nikita Khrushchev*, New Haven, CT, and London, 2000.

*Taylor, A. J. P., *The Origins of the Second World War*, London (1961), 1964.

Taylor, Richard and Pritchard, Colin, *The Protest Makers: The British Nuclear Disarmament Movement of 1958–1965 Twenty Years On*, Oxford, 1980.

Thatcher, Margaret, *The Downing Street Years*, London, 1995.

Ther, Philipp, *Europe since 1989: A History*, Princeton, NJ, 2016.

Therborn, Göran, *European Modernity and Beyond: The Trajectory of European Societies 1945–2000*, London, 1995.

Thränhardt, Dietrich, *Geschichte der Bundesrepublik Deutschland*, Frankfurt am Main, 1986.

Timmermann, Brigitte, *The Third Man's Vienna: Celebrating a Film Classic*, Vienna, 2005.

Tismaneanu, Vladimir, *Fantasies of Salvation*, Princeton, NJ, 1998.

Tismaneanu, Vladimir (ed.), *The Revolutions of 1989*, London, 1999.

Todorov, Tzvetan, *Hope and Memory: Reflections on the Twentieth Century*, London, 2003.

*Tombs, Robert, *The English and their History*, London, 2014.

Tombs, Robert and Tombs, Isabelle, *That Sweet Enemy: The French and the British from the Sun King to the Present*, London, 2006.

Tomka, Béla, *A Social History of Twentieth-Century Europe*, Abingdon, 2013.

*Toynbee, Polly and Walker, David, *Cameron's Coup: How the Tories took Britain to the Brink*, London, 2015.

Trentmann, Frank, *Empire of Things: How We Became a World of Consumers, from the Fifteenth Century to the Twenty-First*, New York, 2016.

Urwin, Derek W., *Western Europe Since 1945: A Political History*, London, 1989.

Vachudova, Milada Anna, *Europe Undivided: Democracy, Leverage, and Integration after Communism*, Oxford, 2005.

Vadney, T. E., *The World Since 1945*, Harmondsworth, 1987.

Varoufakis, Yanis, *And the Weak Suffer What They Must? Europe, Austerity and the Threat to Global Stability*, London, 2016.

Vincent, Mary, *Spain 1833–2002: People and State*, Oxford, 2007.

Vinen, Richard, *A History in Fragments: Europe in the Twentieth Century*, London, 2000.

Wakeman, Rosemary (ed.), *Themes in Modern European History since 1945*, London, 2003.

Waller, Philip and Rowell, John (eds), *Chronology of the 20th Century*, Oxford, 1995.

Wapshott, Nicholas, *Keynes– Hayek: The Clash that Defined Modern Economics*, New York, 2011.

Wasserstein, Bernard, *Barbarism and Civilization: A History of Europe in Our Time*, Oxford, 2009.

Watson, Derek, *Molotov: A Biography*, Basingstoke, 2005.

Weber, Hermann, *Geschichte der DDR*, Munich, 1985.

*Weber, Hermann (ed.), *DDR. Dokumente zur Geschichte der Deutschen Demokratischen Republik 1945–1985*, Munich, 1986.

Wee, Hermann van der, *Prosperity and Upheaval: The World Economy 1945– 1980*, Harmondsworth, 1987.

Wehler, Hans-Ulrich, *Deutsche Gesellschaftsgeschichte. Vol. 5: Bundesrepublik und DDR 1949–1990*, Munich, 2008.

Wehler, Hans-Ulrich, *Land ohne Unterschichten. Neue Essays zur deutschen Geschichte*, Munich, 2010.

Wehler, Hans-Ulrich, *Die neue Umverteilung. Soziale Ungleicheit in Deutschland*, Munich, 2013.

Wehler, Hans-Ulrich, *Die Deutschen und der Kapitalismus. Essays zur Geschichte*, Munich, 2014.

*Werth, Alexander, *France 1940–1955*, London, 1956.

*Weyrauch, Wolfgang (ed.), *Ich lebe in der Bundesrepublik. Fünfzehn Deutsche über Deutschland*, Munich, 1960.

*White, Charles, *The Adventures of the Sons of Neptune*, Scarborough, 2011.

Wiegrefe, Klaus, *Das Zerwürfnis. Helmut Schmidt, Jimmy Carter und die Krise der deutsch-amerikanischen Beziehungen*, Berlin, 2005.

Wilford, Hugh, *The CIA, the British Left and the Cold War: Calling the Tune?*, London, 2003.

Williams, Allan (ed.), *Southern Europe Transformed: Political and Economic Change in Greece, Italy, Portugal and Spain*, London, 1984.

Winkler, Heinrich August, *Auf ewig in Hitlers Schatten? Anmerkungen zur deutschen Geschichte*, Munich, 2007.

Winkler, Heinrich August, *Germany: The Long Road West. Vol. 2: 1933–1990*, Oxford, 2007.

*Winkler, Heinrich August, *Geschichte des Westens. Vol. 3: Vom Kalten Krieg zum Mauerfall*, Munich, 2014.

*Winkler, Heinrich August, *Geschichte des Westens. Vol. 4: Die Zeit der Gegenwart*, Munich, 2015.

Winkler, Heinrich August, *Zerreißproben. Deutschland, Europa und der Westen. Interventionen 1990–2015*, Munich, 2015.

Winkler, Heinrich August, *Zerbricht der Westen? Über die gegenwärtige Krise in Europa und Amerika*, Munich, 2017.

Winter, Martin, *Das Ende einer Illusion. Europa zwischen Anspruch, Wunsch und Wirklichkeit*, Munich, 2015.

Wirsching, Andreas, *Der Preis der Freiheit. Geschichte Europas in unserer Zeit*, Munich, 2012.

Wirsching, Andreas, *Demokratie und Globalisierung. Europa seit 1989*, Munich, 2015.

Wirsching Andreas (ed.), 'European Responses to the Crisis of the 1970s and 1980s', *Journal of Modern European History*, 9/2 (2011).

*Wise, Audrey, *Eyewitness in Revolutionary Portugal*, Nottingham, 1975.

Wittner, Lawrence S., *The Struggle against the Bomb, Vol. 1: One World or None: A History of the World Nuclear Disarmament Movement Through 1963*, Stanford, CA, 1993.

Wittner, Lawrence S., *The Struggle against the Bomb. Vol. 2: Resisting the Bomb: A History of the World Nuclear Disarmament Movement 1954–1970*, Stanford, CA, 1997.

*Wolff, Jochen (ed.), *Der Aufstand. Juni '53 – Augenzeugen berichten*, Berlin, 2003.

Wolfrum, Edgar, *Die Bundesrepublik Deutschland 1949–1990*, Stuttgart, 2005.

Woller, Hans, *Geschichte Italiens im 20. Jahrhundert*, Munich, 2010.

Wright, Vincent (ed.), *Privatization in Western Europe: Pressures, Problems and Paradoxes*, London, 1994.

Yekelchyk, Serhy, *The Conflict in Ukraine: What Everyone Needs to Know*, Oxford, 2015.

*Young, Hugo, *One of Us: A Biography of Margaret Thatcher*, London, 1990.

Young, John W. and Kent, John, *International Relations since 1945: A Global History*, Oxford, 2004.

*Ziemann, Benjamin, *Encounters with Modernity: The Catholic Church in West Germany, 1956–1975*, New York and Oxford, 2014.

Ziemann, Benjamin (ed.), *Peace Movements in Western Europe, Japan and the USA during the Cold War*, Essen, 2007.

Ziemann, Benjamin, 'The Code of Protest: Images of Peace in the West German Peace Movements, 1945–1990', *Contemporary European History*, 17/2 (2008), 237–61.

Ziemann, Benjamin, 'A Quantum of Solace? European Peace Movements during the Cold War and their Elective Affinities, *Archiv für Sozialgeschichte*, 49 (2009), 351–89.

Zöchling, Christa, *Haider. Licht und Schatten einer Karriere*, Vienna, 1999.

Zürcher, Erik J., *Turkey: A Modern History*, London (1993), 2004.

Master's 20

激盪時代
二十世紀歐洲百年史（卷二）
Roller-Coaster: Europe, 1950-2017

作　　者	伊恩·克蕭（Ian Kershaw）
翻　　譯	林　華
編　　輯	邱建智
校　　對	魏秋綢
排　　版	張彩梅

企劃總監	蔡慧華
行銷專員	張意婷
出　　版	八旗文化／遠足文化事業股份有限公司
發　　行	遠足文化事業股份有限公司（讀書共和國集團）
地　　址	新北市新店區民權路108-2號9樓
電　　話	02-22181417
傳　　真	02-22188057
客服專線	0800-221029
信　　箱	gusa0601@gmail.com
Facebook	facebook.com/gusapublishing
Blog	gusapublishing.blogspot.com
法律顧問	華洋法律事務所／蘇文生律師

封面設計	許晉維
印　　刷	前進彩藝有限公司
定　　價	880元
初版一刷	2023年8月
ISBN	978-626-7234-49-5（紙本）、978-626-7234-53-2（PDF）、978-626-7234-54-9（EPUB）

Roller-Coaster: Europe, 1950-2017
Copyright © Ian Kershaw 2018
First published as ROLLER-COASTER in 2018 by Allen Lane, an imprint of Penguin Press.
Penguin Press is part of the Penguin Random House group of companies.
This edition arranged with Penguin Random House through Andrew Nurnberg Associates International Ltd.
本書繁體中文譯稿由林華授權使用

國家圖書館出版品預行編目（CIP）資料

激盪時代：二十世紀歐洲百年史（卷二）／伊恩·克蕭
（Ian Kershaw）著；林華譯. -- 初版. -- 新北市：八旗文
化, 遠足文化事業股份有限公司, 2023.08
　　面；　公分. --（Master's；20）
譯自：Roller-coaster : Europe, 1950-2017
ISBN 978-626-7234-49-5（平裝）

1. CST：二十世紀　2. CST：歐洲史

740.27　　　　　　　　　　　　　　112008935